AF527210

राजनीतिक सिद्धान्त

(POLITICAL THEORY)

यू॰जी॰सी॰/नैट॰/जे॰आर॰एफ॰, एम॰ए॰, बी॰ए॰ (आनर्स), संघ तथा राज्य लोक सेवा आयोग की प्रतियोगी परीक्षाओं के विद्यार्थियों के लिए उपयोगी, वस्तुनिष्ठ प्रश्नों के साथ

भाग-2

चन्द्रदेव प्रसाद

ATLANTIC
PUBLISHERS & DISTRIBUTORS (P) LTD

प्रकाशक :

एटलांटिक पब्लिशर्स एण्ड डिस्ट्रीब्यूटर्स (प्रा.) लि.

7/22, अन्सारी रोड, दरियागंज, नई दिल्ली–110002

दूरभाष : +91-11-40775252, 23273880, 23275880, 23280451

फैक्स : +91-11-23285873

ई–मेल : orders@atlanticbooks.com

वेबसाइट : www.atlanticbooks.com

शाखा कार्यालय :

5, नालाथम्बी स्ट्रीट, वालाजाह रोड, चेन्नई–600002

दूरभाष : +91-44-64611085, 32413319

ई–मेल : chennai@atlanticbooks.com

प्रतिलिप्याधिकार © चन्द्रदेव प्रसाद, 2015

प्रतिलिप्याधिकार लेखक के अधीन सुरक्षित है। इस पुस्तक के किसी भी अंश का पुनरुत्पादन या किसी प्रणाली के सहारे पुनर्प्राप्ति का प्रयास अथवा किसी भी तकनीकी तरीके इलेक्ट्रॉनिक, मैकेनिकल, फोटोकॉपी, रिकार्डिंग या वेब माध्यम से प्रकाशक की अनुमति के बिना वितरित नहीं किया जा सकता है। लेखक एवं प्रकाशक ने अपने प्रयास से इस पुस्तक के तथ्यों और विवरणों को उचित स्रोतों से प्राप्त किया है। अनुमति के लिए सभी अनुरोधों को लिखित रूप में प्रस्तुत किया जाना चाहिए। पुस्तक में प्रकाशित किसी भी सूचना की सत्यता के प्रति तथा इससे होने वाली किसी भी क्षति के लिए प्रकाशक, सम्पादक, लेखक अथवा मुद्रक जिम्मेदार नहीं है।

सभी प्रतिवाद का न्यायिक क्षेत्र केवल नई दिल्ली होगा।

मुद्रक : नाईस प्रिंटिंग प्रेस, A-33/3A, साइट–IV, इंडस्ट्रीयल एरिया, साहिबाबाद, गाजियाबाद, यू॰ पी॰

RAJNITIK SIDDHANT (in Hindi)
By *Chandra Deo Prasad*

प्रेरक एवं मार्गदर्शक

अपने परम पूज्यनीय गुरूदेव
डॉ॰ विश्वनाथ प्रसाद वर्मा
को सादर समर्पित।

लेखक की अन्य रचनाएँ

1. *तुलनात्मक राजनीति*, भाग 1 और भाग 2
2. *यूनानी राजनीतिक विचारक*, भाग 1 और भाग 2
3. *मध्यकालीन एवं आधुनिक राजनीति विचारक*
   (i) संत आगस्टीन (ii) संत एक्वीनास (iii) मेकियावेली
   (iv) मॉंटेस्क्यू (v) जीन बोदां (vi) एडमंड बर्क
4. *हॉब्स, लॉक और रूसो*
   (i) टॉमस हॉब्स (ii) जॉन लॉक (iii) जीन जेक्स रूसो
5. *आधुनिक राजनीति विचारक*
   (i) जर्मी बेन्थम (ii) जॉन स्टुॅअर्ट मिल (iii) हीगल
   (iv) टॉमस हिल ग्रीन (v) कार्ल मार्क्स
6. *गाँधी दर्शन*
7. *कौटिल्य*
8. *राजनीति विज्ञान की मूल धारणा*
9. *मोदीनामा: नरेन्द्र मोदी—भारत का प्रधानमंत्री*
10. *लोहिया का राजनीतिक दर्शन*
11. *लोहिया: एक राजनीतिक जीवनी*
12. *भारतीय संविधान*
13. *भारतीय राष्ट्रीय आन्दोलन*
14. *भारतीय स्थानीय स्वशासन*

निवेदन

प्रस्तुत पुस्तक *राजनीतिक सिद्धांत* त्रिवर्षीय डिग्री के नवीन पाठ्यक्रम पर आधारित है। इसके अन्तर्गत सभी अध्यायों के विचारों की व्याख्या, सम्बद्धता और आलोचना स्वतंत्र एवं निष्पक्ष रूप से करने का प्रयास किया गया है। पुस्तक की भाषा यथासम्भव सरल, स्पष्ट एवं प्रवाहशील रखी गयी है। विद्यार्थियों की सुविधा के लिए पुस्तक के अन्त में सभी अध्यायों से सम्बद्ध महत्वपूर्ण प्रश्न भी एक साथ दे दिए गए हैं।

मैं अपने सभी मित्रों, सहकर्मियों और लेखकों का आभारी हूँ जिनके प्रत्यक्ष एवं परोक्ष परामर्श-प्रोत्साहन के कारण ही इस पुस्तक का प्रणयन हो सका। शिवादेवी, बासुदेव प्रसाद गुप्ता, सुधा, मीना, स्वर्णा, हर्षदेव, परागदेव, सुमन एवं राजदेव, विजया, शिप्रा, आनन्द, प्राची, ऋद्देश्या एवं प्रसन्न धन्यवाद के पात्र हैं, जिनके आशीर्वाद, सतत प्रेरणा, प्रेम और सहयोग से यह पुस्तक पल्लवित-पुष्पित हो सका है।

पुस्तक में रही त्रुटियों के लिए लेखक उत्तरदायी है। इस सम्बन्ध में उचित सुझावों का सहर्ष स्वागत किया जायेगा।

अंत में, इस पुस्तक के प्रकाशन का सारा श्रेय डॉ. के. आर. गुप्ता, अध्यक्ष, एवं भाई हरजीत सिंह, प्रकाशन समन्वयक, एटलांटिक पब्लिशर्स एण्ड डिस्ट्रीब्यूटर्स (प्रा.) लि., नई दिल्ली को है, जिनके अथक प्रयास से यह पुस्तक आपके कर-कमलों में प्रस्तुत है।

चन्द्रदेव प्रसाद

विषय-सूची

खण्ड-3
संप्रभुता
(Sovereignty)

खण्ड-4
राजनीतिक विचार
(Political Ideas)

भाग-2

खण्ड-5
प्रजातन्त्र
(Democracy)

खण्ड-6
राजनीतिक अवधारणाएँ
(Political Concepts)

खण्ड-7
नवीन उपागम
(New Approaches)

खण्ड-8
विभिन्न वाद
(Different ISM)

खण्ड-9
विविध
(Miscellaneous)

परिशिष्ट
(Appendix)

खण्ड-5

प्रजातन्त्र

(Democracy)

22

प्रजातन्त्र
(Democracy)

विषय-प्रवेश (Introduction)

प्रजातन्त्र युग (Democratic Era)–प्रजातन्त्र का सम्बन्ध मानव सभ्यता के साथ है। वह उतना ही प्राचीन है जितना कि मानव-सभ्यता। प्लेटो के समय प्रजातन्त्र राज्य को निकृष्ट समझा जाता था। उसका कोई महत्व नहीं था। मध्य युग में भी लोगों का ध्यान प्रजातन्त्र की ओर नहीं गया। सम्पूर्ण युग राजा एवं पोप के संघर्ष में समाप्त हो गया। मेकियावेली से आधुनिक युग का प्रारम्भ हुआ। प्रजातन्त्र के कुछ सिद्धान्त इनके राजनीतिक विचारों में मिलते हैं। जॉन लॉक एवं रूसो ने तो विश्व को बता दिया कि प्रजातन्त्र राज्य ही सर्वोत्कृष्ट है। इसी से अशान्ति एवं क्रान्ति दूर हो सकती है। प्रथम विश्व-युद्ध के समय अमेरिका के राष्ट्रपति विल्सन ने यह घोषणा की थी कि "हम लोग प्रथम विश्वयुद्ध इसलिए लड़ रहे हैं जिससे विश्व प्रजातन्त्र के लिए सुरक्षित रह सके।"

आज दुनिया के अधिकांश देश प्रजातन्त्र शासन पद्धति को अपना रहे हैं। राजतन्त्र, कुलीनतन्त्र, धर्मतन्त्र का युग लद चुका। जनता धीरे-धीरे शिक्षित हो रही है। वह अपने राजनीतिक अधिकारों एवं कर्तव्यों को समझ रही है। वह अब किसी अन्य के द्वारा शासित नहीं होना चाहती है बल्कि वह स्वयं अपने ऊपर शासन करना चाहती है। विज्ञान ने समय, दूरी एवं प्रकृति पर विजय प्राप्त कर ली है जिससे प्रजातन्त्र राज्य को मूर्त रूप देना सुलभ हो गया है।

उत्पत्ति (Origin)–'प्रजातन्त्र' शब्द अँग्रेजी के 'Democracy' का हिन्दी रूपान्तर है जो ग्रीक के डेमास (Demos) एवं क्रेशिया (Cratia or Kratia) से बना है। डेमास का अर्थ 'जनता' एवं क्रेशिया का अर्थ 'शासन' होता है, अर्थात् प्रजातन्त्र का अर्थ हुआ 'जनता का शासन'। वस्तुतः यदि हम व्यावहारिक दृष्टि से विचार करें तो पता लगेगा कि प्रजातन्त्र का नाम लेता है तो उससे जनता के शासन का चित्र दिमाग में आ जाता है। प्रजातन्त्र को जनतन्त्र या लोकतन्त्र भी कहा जाता है।

प्रजातन्त्र की परिभाषा
(Definition of Democracy)

प्रजातन्त्र की संकुचित परिभाषाएँ (Narrow Definitions of Democracy)

प्रजातन्त्र वास्तव में क्या है? यह तो हम उसकी परिभाषा से पता लगा सकते हैं। यहाँ पर कुछ परिभाषाओं को दिया जा रहा है जो प्रजातन्त्र की सरकार के स्वरूप पर ही प्रकाश डालती हैं। विद्वानों ने निम्न प्रकार से प्रजातन्त्र की परिभाषाएँ दी हैं:

(1) **हेरोडोटस** (Herodotus) के अनुसार, "प्रजातन्त्र उस सरकार का नाम है जिसमें राज्य की शासन शक्ति संविधानुकूल किसी विशेष वर्ग या वर्गों के हाथ में न होकर समाज के समस्त व्यक्तियों के हाथों में हो।"

(2) **अरस्तू** (Aristotle) के अनुसार, "प्रजातन्त्र बहुसंख्यक वर्ग का शासन है।"[1]

(3) **सीले** (Seeley) के अनुसार, "प्रजातन्त्र वह शासन व्यवस्था है जिसमें प्रत्येक व्यक्ति का भाग हो।"[2]

(4) **लार्ड ब्राइस** (Lord Bryce) के अनुसार, "हेरोडोटस के समय से ही प्रजातन्त्र शब्द का प्रयोग शासन के उस स्वरूप का ज्ञान कराने के लिए किया जाता है जिसमें शासन-शक्ति किसी एक विशेष श्रेणी या श्रेणियों में नहीं अपितु समाज के सदस्यों में समग्र रूप से स्थित रहती है।"[3]

(5) **डायसी** (Dicey) के अनुसार, "प्रजातन्त्र वह शासन व्यवस्था है जिसमें राष्ट्र का अधिकांश भाग शासक हो।"[4]

(6) **लेविस** (Lewis) के अनुसार, "प्रजातन्त्र मुख्य रूप से वह सरकार है जिससे सम्पूर्ण राष्ट्र की अधिकांश जनता संप्रभु शक्ति के प्रयोग में भाग लेती है।"[5]

(7) **हॉल** (Hall) के अनुसार, "जनतन्त्र राजनीतिक संगठन का वह स्वरूप है जिसमें जनमत का नियन्त्रण रहता है।"[6]

(8) **स्ट्राँग** (Strong) के अनुसार, "जनतन्त्र का अभिप्राय ऐसी सरकार से है जो शासितों की सक्रिय स्वीकृति पर आधारित हो।"[7]

(9) **अब्राहम लिंकन** (Abraham Lincoln) के अनुसार, "प्रजातन्त्र जनता का, जनता के द्वारा और जनता के लिए शासन है।"[8]

उपर्युक्त सभी परिभाषाएँ प्रजातन्त्र के संकुचित अर्थ को व्यक्त करती हैं। वे केवल शासन के स्वरूप पर ही प्रकाश डालती है। प्रजातन्त्र का यह अर्थ संकुचित है।

प्रजातन्त्र की व्यापक परिभाषाएँ (Broad Definitions of Democracy)

प्रजातन्त्र केवल शासन का ही स्वरूप नहीं है, बल्कि यह समाज एवं राज्य का भी स्वरूप है। इसका सम्बन्ध मनुष्य के आर्थिक एवं नैतिक पहलू से भी है। सच पूछिए तो यह एक जीने का ढंग है। इस सम्बन्ध में निम्नलिखित विद्वानों की परिभाषाएँ उल्लेखनीय हैं:

---

1. "Democracy is the rule of majority."—Aristotle
2. "Democracy is a government in which everyone has a share."—Seeley
3. "The word democracy ever since the time of Herodotus has been used to denote that form of government in which the ruling power of the state is vested not in a particular class or classes, but in the members of the community as a whole."—Lord Bryce
4. "Democracy is a from of government in which the governing body is comparatively a large fraction of the entire nation."—Dicey
5. "Democracy properly signifies a government in which the majority of the nation or community partakes of the sovereign power."—Lewis
6. "Democracy is that from of the political organisation in which public opinion has control."—Hall
7. "Democracy implies that government which shall rest on active consent of the governed."—Strong
8. "Democracy is a government of the people, by the people and for the people."—Abraham Lincoln

(1) **गिडिंग्स** (Giddings) के अनुसार, "प्रजातन्त्र सरकार का भी स्वरूप हो सकता है, राज्य का भी, समाज का भी या इन तीनों का मिश्रित स्वरूप भी।"[1]

(2) **हर्नशॉ** (Hearnshaw) के अनुसार, "प्रजातन्त्र केवल सरकार ही का स्वरूप नहीं है बल्कि वह एक राज्य का और समाज का भी स्वरूप है।"[2]

(3) **मैक्सी** (Maxey) के अनुसार, "प्रजातन्त्र एक ऐसी जीवन पद्धति की खोज है जिसमें कम-से-कम बल प्रयोग या दबाव से व्यक्ति की स्वतः प्रेरित स्वतन्त्र बुद्धि और उसके कार्य-कलाप का मेल बैठाया जा सके, और यह विश्वास है कि ऐसी ही जीवन-पद्धति समस्त मानव जाति के लिए आदर्श पद्धति होगी जो मनुष्य की प्रकृति और विश्व की प्रकृति के साथ सर्वाधिक सम्बन्ध स्थापित करेगी।"[3]

(4) **डिवी** (Dewey) के अनुसार, "प्रजातन्त्र का आधार मानव-प्रकृति की क्षमता तथा मानवीय बुद्धि एवं संचित तथा सहकारी अनुभव की शक्ति में विश्वास है।"[4]

(5) **लॉस्की** (Laski) के अनुसार, "प्रजातन्त्र केवल एक विशेष शासन का ही नाम नहीं वरन् राज्य का भी एक रूप है तथा समाज के रूप में या दशा का भी नाम है और आर्थिक एवं नैतिक व्यवस्था का भी रूप है।"[5]

(6) **बर्न्स** (Burns) के अनुसार, "प्रजातन्त्र व्यवहार में वह कल्पना है जो सभी मनुष्यों को समान मानता देकर भी यह खोजने की कोशिश करता है कि उन सभी में कौन सबसे अच्छा है।"[6]

(7) **डॉ. ई. आर्शीवादम्** (Dr. E. Asirvatham) के अनुसार, "हमारा विश्वास है कि प्रजातन्त्र मानवता के प्रति हमारे उत्साह की व्यवहारिक अभिव्यक्ति है। स्वाधीनता, समानता और भाईचारे के दृश्य विरोधी सिद्धान्तों में पारस्परिक मेल बैठाने का यह ठोस प्रयत्न है जिससे समाज के प्रत्येक व्यक्ति के लिए यह सम्भव बनाया जा सके कि वह अपनी शक्तिभर अपने लिए सर्वोदय कल्याण की सिद्धि कर सके।"[7]

उपर्युक्त परिभाषाएँ प्रजातन्त्र के व्यापक अर्थ को प्रकट करती है। वे कहती हैं कि प्रजातन्त्र केवल सरकार का ही स्वरूप नहीं है, बल्कि वह समाज एवं राज्य का भी स्वरूप है। उसका सम्बन्ध मनुष्य के आर्थिक एवं नैतिक जीवन से भी है। कुछ विद्वान कहते हैं कि प्रजातन्त्र एक जीने का ढंग है। वस्तुतः यदि हम उपर्युक्त परिभाषाओं का विश्लेषण करें तो प्रजातन्त्र के निम्नलिखित स्वरूप दृष्टिगोचर होते हैं:

(क) **प्रजातन्त्र शासन का एक स्वरूप है** (Democracy is a Form of Govt.)–प्रजातन्त्र शासन का एक स्वरूप है। इसका तात्पर्य यह है कि सरकार का गठन जनता द्वारा होता है। जनता ही सरकार को नियमित संचालित

---

1. "Democracy may be either a form of government, a form of state, a form of society or a combination of all three."—Giddings
2. "Democracy is not only a form of government but it is a form of state and society also."—Hearnshaw
3. "Democracy is a search for a way of life in which the voluntary free intelligence and activity of man can be harmonised and co-ordinated with the least possible coercion and it is the belief that such a way of life is the best way for all mankind, the way most in keeping with the nature of man and the nature of the universe."—Maxey
4. "The foundation of democracy is faith in the capacities of human nature, faith in human intelligence and in the power of pooled and co-operative experience."—Dewey
5. "Democracy is not only a form of government, is also a form of society, a form of state and a form of economic and moral order."—Laski
6. "Democracy in practice, is the hypothesis, that all men are equal, which is used in order to discover who are the best."—Burns
7. "Democracy is not only a form of government but it is a form of state and society also."—Dr. E. Asirvatham

एवं नियन्त्रित करती है अर्थात् इसमें जनता ही सर्वेसर्वा होती है। कानून का निर्माण, कार्यान्वयन, इत्यादि उसी के ऊपर निर्भर करता है। वस्तुतः जनता अपने प्रतिनिधियों को चुनती है। सरकार का गठन उन्हीं प्रतिनिधियों के द्वारा होता है। वे सरकार के सम्पूर्ण कार्य सम्पादित करते हैं। इसीलिए प्रजातन्त्र को शासन का एक स्वरूप कहा गया है।

(ख) **प्रजातन्त्र राज्य का एक स्वरूप है** (Democracy is a Form of State)–प्रजातन्त्र से राज्य के स्वरूप का भी बोध होता है। राज्य के अन्दर संप्रभु जनता के हाथों में होती है। ऐसे राज्य को प्रजातान्त्रिक राज्य कहते हैं। हर्नशॉ का कहना है कि "इसमें राज्य का समस्त जन-समूह संप्रभुता का अधिकारी होता है, समस्त राज्य के कार्यों पर अपना नियन्त्रण रखता है और यह निश्चित करता है कि राज्य में किस प्रकार की शासन-व्यवस्था होगी। वस्तुतः जनता के पास ही शासन के निर्माण, नियन्त्रण और विघटन के अधिकार रहते हैं।"[1] प्रजातन्त्र राज्य के स्वरूप पर भी प्रकाश डालता है।

(ग) **प्रजातन्त्र एक सामाजिक व्यवस्था है** (Democracy is a Social Condition)–प्रजातान्त्रिक समाज समानता की भावना पर आधारित होता है। इसमें अमीर-गरीब, ऊँच-नीच, जाति, रंग, धर्म, भाषा पर किसी प्रकार का भेदभाव नहीं किया जाता है। कानून की दृष्टि में भी सभी को समान समझा जाता है। क्रोजियर ने ठीक ही कहा है कि "मनुष्य की भौतिक एवं सामाजिक दशाओं की समानता प्रजातन्त्र का सार है।"[2] अर्थात् प्रजातान्त्रिक समाज में समानता एवं भातृत्व की भावना को सर्वप्रथम स्थान दिया जाता है।

(घ) **प्रजातन्त्र एक आर्थिक व्यवस्था है** (Democracy is an Economic System)–प्रजातन्त्र एवं आर्थिक व्यवस्था में गहरा सम्बन्ध है। पहले लोग आर्थिक व्यवस्था पर उतना जोर नहीं देते थे। किन्तु अब तो यह सिद्ध हो गया है कि बिना आर्थिक व्यवस्था के प्रजातन्त्र सफल नहीं हो सकता है। अर्थात् प्रजातन्त्र धन के सामूहिक उत्पादन एवं वितरण पर जोर देता है। राजनीतिक स्वतन्त्रता आर्थिक समानता में ही सम्भव है। रोटी के अभाव में मतदान पत्र का कोई महत्व नहीं है। एक भूखा व्यक्ति रोटी के टुकड़ों पर उसे बेच भी सकता है। अतः राजनीतिक प्रजातन्त्र एवं आर्थिक प्रजातन्त्र दोनों एक ही गाड़ी के दो पहिये हैं।

(ङ) **नैतिक स्वरूप** (Ethical Form)–प्रजातन्त्र का सम्बन्ध मनुष्य की नैतिकता से भी है। बिना नैतिक पक्ष के मजबूत हुए, प्रजातन्त्र सफल नहीं हो सकता है। इससे मनुष्य की नैतिकता का विकास होता है। प्रत्येक व्यक्ति को अपने व्यक्तित्व के विकास के लिए पूरा अवसर मिलता है। नैतिकता के द्वारा ही प्रजातन्त्र सम्मान पाकर ऊपर उठता है तथा समाज में आदर पाता है। वस्तुतः प्रजातन्त्र राज्य में व्यक्ति स्वयं-साध्य है। वह साधन नहीं होता है। अतः प्रजातन्त्र राज्य में नैतिकता का भी विकास होता है।

(च) **प्रजातन्त्र जीने का एक ढंग है** (Democracy is a Way of Life)–कुछ विद्वानों ने प्रजातन्त्र को जीने का एक ढंग माना है। प्रजातन्त्र राज्य प्रेम, सहानुभूति, दया, क्षमा, सहिष्णुता, सहयोग, परोपकार, सेवा, समानता, स्वतन्त्रता, भ्रातृत्व एवं सह-अस्तित्व पर आधारित होता है। व्यक्ति इन गुणों को अपनाकर, अपने जीवन में प्रयोग करता है, अर्थात् इन्हीं सिद्धान्तों एवं गुणों के आधार पर प्रजातन्त्र राज्य में व्यक्ति अपने जीवन को आगे बढ़ाता है। इसीलिए प्रजातन्त्र को जीने का एक ढंग बताया गया है।

उपर्युक्त व्याख्या से स्पष्ट है कि प्रजातन्त्र केवल सरकार या शासन का ही स्वरूप नहीं है, बल्कि वह तो राज्य, समाज का भी स्वरूप है उसके अन्दर आर्थिक, सामाजिक, राजनीतिक, नैतिक, इत्यादि सभी बातें आती हैं। वह तो मानव जीवन की एक पद्धति है जिसके सहारे जीवन आगे बढ़ता है। अतः प्रजातन्त्र वह शासन-व्यवस्था है जिसमें संप्रभुता जनता के हाथों में रहती है तथा जिसका सम्बन्ध मनुष्य के हर पहलू से होता है।

---

1. "Democracy is a mode of appointing, controlling and dismissing government."—Hearnshaw
2. "The essence of democracy is the equality of man's material and social conditions."—Crozier

प्रजातन्त्र के भेद
(Kinds of Democracy)

प्रजातन्त्र के दो भेद होते हैं–(क) प्रत्यक्ष या शुद्ध प्रजातन्त्र, और (ख) अप्रत्यक्ष या प्रतिनिधि प्रजातन्त्र।

(क) **प्रत्यक्ष प्रजातन्त्र** (Direct Democracy)–प्रत्यक्ष प्रजातन्त्र उसे कहते हैं जिसमें जनता शासन में स्वयं भाग लेती है। वह खुद कानून का निर्माण करती है। प्रत्यक्ष प्रजातन्त्र प्राचीन समय में यूनान एवं रोम में प्रचलित था। चूँकि छोटे-छोटे राज्य थे जिनकी आबादी भी कम होती थी। वयस्क व्यक्ति आसानी से एक जगह पर एकत्रित हो जाते थे। इस प्रकार जनता स्वयं शासन के क्षेत्र में भाग लेती थी। किन्तु आज प्रत्यक्ष प्रजातन्त्र सम्भव नहीं है। पहली बात तो आज के राज्य बहुत बड़े-बड़े हैं। इसके ही साथ आबादी भी काफी है। सभी व्यक्ति आसानी से एक जगह पर एकत्रित नहीं हो सकते हैं। इसलिए प्रत्यक्ष प्रजातन्त्र स्विट्जरलैण्ड को छोड़कर आज किसी भी देश में प्रचलित नहीं है। वस्तुत: प्रत्यक्ष प्रजातन्त्र की आत्मा को जीवित बनाए रखने के लिए निम्नलिखित साधनों को अपनाया गया है:

1. लोक-निर्णय, 2. उपक्रम, 3. प्रत्यावर्तन, तथा 4. लोकमत संग्रह।

(1) **लोक निर्णय** (Referendum)–किसी प्रमुख विषय पर जब जनता का निर्णय लिया जाता है। तब उसे लोक निर्णय कहते हैं। कुछ ऐसे विषय होते हैं जिन पर कानून बनाने के पहले व्यवस्थापिका-सभी को जनता की राय लेनी पड़ती है। अगर जनता उसे बहुमत से स्वीकार करती है तो यह कानून बन जाता है। इस क्रिया को ही लोक निर्णय कहते हैं। यह स्विट्जरलैण्ड में प्रचलित है।

(2) **उपक्रम** (Initiative)–उपक्रम ठीक लोक-निर्णय के विपरीत है। लोक-निर्णय तो सरकार के द्वारा किसी विषय को जनता के पास रखा जाता है। किन्तु उपक्रम के जरिए जनता किसी भी मसविदा को कानून का रूप देने के लिए सरकार के पास या व्यवस्थापिका सभा में पेश करती है। अगर वह बहुमत से पास हो जाता है तो वह कानून का रूप ले लेता है। इसी क्रिया को उपक्रम कहते हैं। यह भी स्विट्जरलैण्ड में पाया जाता है।

लोक-निर्णय एवं उपक्रम में मूल अन्तर यह है कि लोक-निर्णय के जरिए जनता किसी अनावश्यक कानून का खण्डन कर सकती है और उपक्रम के जरिए किसी आवश्यक कानून को बनवा सकती है।

(3) **प्रत्यावर्तन** (Recall)–अप्रत्यक्ष प्रजातन्त्र का शासन जनता के चुने हुए प्रतिनिधियों के द्वारा होता है। ऐसी सम्भावना है कि जनता के चुने हुए प्रतिनिधि व्यवस्थापिका-सभा में जाकर उसके हित को ठुकरा दे। अत: जनता अपने प्रतिनिधि को अवधि पूरा होने के पहले वापस बुला सकती है। उसी क्रिया को प्रत्यावर्तन कहते हैं। यह रूस एवं स्विट्जरलैण्ड में प्रचलित है।

(4) **लोकमत संग्रह** (Plebiscite)–किसी राजनीतिक या राष्ट्रीय महत्व के विषय पर जनता की जब प्रत्यक्ष राय ली जाती है तो उसे हम लोकमत-संग्रह कहते हैं। यह किसी स्थायी व्यवस्था के सम्बन्ध में होता है। कश्मीर समस्या को सुलझाने के लिए संयुक्त राष्ट्र से लोकमत-संग्रह की सिफारिश की गयी है। लोक-निर्णय एवं लोकमत संग्रह में मूल अन्तर यह है कि पहला संविधान या कानून से सम्बन्धित है तथा दूसरा राजनीतिक अथवा राष्ट्रीय महत्व के प्रश्नों से। यह प्राय: हर जगह पाया जाता है।

(ख) **अप्रत्यक्ष प्रजातन्त्र** (Indirect Democracy)–अप्रत्यक्ष प्रजातन्त्र उसे कहते हैं जिसमें शासन का संचालन जनता के चुने हुए प्रतिनिधियों द्वारा किया जाता है। जनता स्वयं भाग नहीं लेती है। यह बड़े-बड़े राज्यों, जैसे–अमेरिका, इंग्लैण्ड, रूस एवं भारत में प्रचलित हैं। इसके भी दो भेद हैं:

(i) संसदीय प्रजातन्त्र, और (ii) अध्यक्षात्मक प्रजातन्त्र।

इनका वर्णन हम सरकार के विभिन्न रूपों में कर चुके हैं। वस्तुत: आज संसार के अधिकांश राज्यों ने अप्रत्यक्ष प्रजातन्त्र को ही अपनाया है। इसका सम्मान अधिक है।

प्रजातन्त्र के गुण
(Merits of Democracy)

1. **जनता का शासन** (Govt. of People)–प्रजातन्त्र के कुछ मौलिक गुण हैं जिनके कारण ही वह आज श्रद्धा का पात्र बना हुआ है। हर जगह उसकी भूरि-भूरि प्रशंसा की जा रही है। प्रजातन्त्र का सबसे बड़ा गुण यह है कि यह जनता की सरकार है। यह जनता के सहयोग पर आधारित है। राजतन्त्र में तो शासक एक राजा होता है। कुलीनतन्त्र में कुछ व्यक्ति ही शासक होते हैं किन्तु प्रजातन्त्र में हर व्यक्ति शासक होता है। राज्य की सार्वभौम सत्ता जनता के हाथों में रहती है। जनता सरकार को भी बदल सकती है। वह शासन के क्षेत्र में सर्वेसर्वा होती है। यही कारण है कि यह सरकार अधिक लोकप्रिय है।

2. **जनमत पर आधारित** (Based on Public Opinion)–प्रजातन्त्र जनमत पर आधारित होता है। यह वैसा राज्य है जिसमें जनमत का स्थान सर्वोपरि होता है। राजतन्त्र, कुलीनतन्त्र एवं अधिनायकवाद में जनमत की उपेक्षा भी की जा सकती है किन्तु प्रजातन्त्र में उसकी अवहेलना नहीं की जा सकती है। चूँकि प्रजातन्त्र की नींव ही जनमत पर टिकी हुई रहती है। कोई भी जनता का प्रतिनिधि जनता के विरुद्ध में कोई कानून नहीं बना सकता है। वह कोई भी ऐसा काम नहीं कर सकता है जो जनमत के विरुद्ध हो। अतः प्रजातन्त्र में जनमत का अधिक महत्व है।

लॉवेल का कहना है कि "पूर्ण प्रजातन्त्र में कोई भी यह शिकायत नहीं कर सकता है कि उसे अपनी बात कहने का अवसर नहीं मिला।"[1]

3. **लोक-कल्याण** (Public Welfare)–प्रजातन्त्र का मुख्य उद्देश्य है लोक-कल्याण। लोक-कल्याण के लिए ही प्रजातन्त्र सरकार की स्थापना की जाती है। इसमें किसी वर्ग-विशेष के कल्याण पर जोर नहीं दिया जाता है। जाति, धर्म, भाषा, प्रान्त, रंग, लिंग के आधार पर पक्षपात नहीं किया जाता है। अधिक से अधिक लोगों की अधिक से अधिक भलाई (The Greatest Good of the Greatest Number) पर जोर दिया जाता है। अतः इसमें लोक-कल्याण की भावना सर्वोपरि होती है।

4. **समानता** (Equality)–प्रजातन्त्र समानता का पोषक है। यह समानता के आधार पर ही टिका हुआ है। इसमें सभी व्यक्ति समान हैं। अमीर-गरीब, ऊँच-नीच, स्त्री-पुरुष, गोरा-काला एवं जाति का भेदभाव नहीं किया जाता है। कानून की दृष्टि में सभी समान हैं। राजनीतिक दृष्टि से भी समान है। किसी को विशेषाधिकार नहीं दिया जाता है। सभी को समान अधिकार प्राप्त होते हैं। डायसी ने कहा है कि "अधिकारों की समानता एवं परिस्थितियों, विचारों, भावनाओं तथा आदर्शों की सादृश्यता होती है।"[2]

इस प्रकार प्रजातन्त्र समानता के सिद्धान्त पर आधारित है।

5. **स्वतन्त्रता** (Freedom)–प्रजातान्त्रिक सरकार में व्यक्ति को काफी स्वतन्त्रता मिलती है। उसे बोलने की एवं अभिव्यक्ति की स्वतन्त्रता मिलती है। घूमने, पेशा चुनने, संघ बनाने, सभा करने, जुलूस निकालने की भी स्वतन्त्रता मिलती है। उसे अपनी वैयक्तिक सम्पत्ति रखने की भी स्वतन्त्रता दी जाती है। राज्य की ओर से किसी भी प्रकार बन्धन नहीं रहता है। राजतन्त्र, कुलीनतन्त्र एवं अधिनायक तन्त्र में तो व्यक्ति को नाममात्र की स्वतन्त्रता दी जाती है।

6. **कार्यक्षमता** (Efficiency)–प्रजातन्त्र राज्य में कार्यक्षमता अधिक होती है। चूँकि सभी व्यक्ति अपने कार्यों को सच्चाई एवं ईमानदारी के साथ करते हैं। गार्नर का कहना है कि "सार्वजनिक चुनाव, सार्वजनिक नियन्त्रण तथा सार्वजनिक उत्तरदायित्व द्वारा अन्य किसी भी शासन प्रणाली की अपेक्षा इसमें कहीं अधिक कार्यक्षमता के होने की सम्भावना है।" कार्यक्षमता के आधार पर ही सच पूछिए तो प्रजातन्त्र टिका हुआ है।

---

1. "In a complete democracy no one can complain that he has not a chance to be heard."—Lowell
2. "A general equality of rights and a similarity of conditions of thought of sentiments and of ideals."—Dicey

7. **भातृत्व** (Fraternity)–स्वतन्त्रता, समानता एवं भातृत्व का नारा फ्रांस की राज्य क्रान्ति के समय लगाया गया था। गौर से देखा जाए तो इन्हीं तीन सिद्धान्तों के मेल से प्रजातन्त्र सरकार की स्थापना होती है। प्रजातन्त्र राज्य में प्रेम, दया, सहानुभूति, सहयोग, सेवा, इत्यादि की स्वतः भावना रहती है। लोग एक-दूसरे को प्रेम एवं श्रद्धा की दृष्टि से देखते हैं। आपस का सम्बन्ध भाई-भाई का होता है।

8. **आत्म-विकास** (Self-Development)–प्रजातन्त्र ही एक ऐसा राज्य है जिसमें हर व्यक्ति को अपने व्यक्तित्व के विकास के लिए पूरा मौका मिलता है। सामाजिक व्यवस्था समानता के आधार पर आधारित होती है, अर्थात् सभी को समान अवसर दिया जाता है। इसके अतिरिक्त, व्यक्ति को विभिन्न प्रकार की स्वतन्त्रताएँ भी दी जाती हैं। उन स्वतन्त्रताओं का उपयोग कर, कोई सामान्य व्यक्ति की ओर बढ़ सकता है। अतः हम देखते हैं कि प्रजातन्त्र में आत्म-विकास की सारी सुविधाएँ उपलब्ध रहती हैं।

9. **राष्ट्रीय प्रेम** (Love for Nation)–प्रजातन्त्र सरकार जनता की इच्छा पर आधारित होती है। यह जनता की सरकार होती है। अतः जनता के हृदय में स्वतः राष्ट्रीय-प्रेम का उद्रेक हो जाता है। चूँकि राष्ट्र की सुरक्षा में ही व्यक्ति की सुरक्षा निहीत है। राष्ट्र की रक्षा के लिए व्यक्ति तैयार रहते हैं। राष्ट्र की अवनति का अर्थ है कि व्यक्ति की अवनति। इसलिए राष्ट्र के सम्मान को बढ़ाने के लिए हर व्यक्ति सतत् प्रयत्नशील रहता है। प्रजातन्त्र राज्य में राष्ट्रीयता की भावना हर व्यक्ति के हृदय में कूट-कूटकर भरी होती है।

10. **राजनीतिक शिक्षा** (Political Education)–प्रजातन्त्र वह शेर है जिसकी गर्जन से सभी व्यक्ति जाग उठते हैं। राजनीतिक दल का इसमें प्रमुख हाथ रहता है। सरकार का निर्माण दल के ही आधार पर होता है। राजनीतिक दल लोगों के अन्दर राजनीतिक शिक्षा प्रदान करता है। वह लोगों को उसके अधिकारों एवं कर्तव्यों से अवगत कराता है। चुनाव में भाग लेना, सही मतदान पत्र का उपयोग करना, इत्यादि की जानकारी भी लोगों को होती है। सी. डी. बर्न्स का कहना है कि "प्रत्येक शासन शिक्षा की एक पद्धति है लेकिन सर्वश्रेष्ठ शिक्षा आत्म-शिक्षा है। इसलिए सर्वोत्तम शासन स्वशासन है जिसको प्रजातन्त्र कहते हैं।"[1]

11. **क्रान्ति नहीं** (No Revolution)–प्रजातन्त्र सरकार जनता की इच्छा पर आधारित होती है। शासन का संचालन भी उसी की इच्छा के अनुसार होता है। हमेशा सांविधानिक तरीकों का प्रयोग किया जाता है। जिस कारण इसमें क्रान्ति होने की सम्भावना बहुत कम रहती है। गिलक्राइस्ट के शब्दों में, "लोकप्रिय सरकार सर्वसम्मति की सरकार है इसलिए स्वभाव से ही वह क्रान्तिकारी नहीं होती।"[2] किन्तु दूसरे राज्यों में हमेशा क्रान्ति की सम्भावना बनी रहती है।

12. **उत्तरदायी सरकार** (Responsible Govt.)–प्रजातन्त्र उत्तरदायी सरकार है। यह हमेशा जनता के प्रति उत्तदायी रहती है। जिस समय यह जनता का विश्वास खो देती है, उसका विघटन हो जाता है। जनता के चुने हुए प्रतिनिधि हमेशा जनता के प्रति उत्तरदायी रहते हैं।

प्रजातन्त्र के अवगुण
(Demerits of Democracy)

प्रजातन्त्र के जितने गुण हैं, उतने ही दोष भी। प्लेटो एवं अरस्तू ने प्रजातन्त्र को निकृष्ट दृष्टि से देखा। लेकी, सिजविक, गिडिंग्स, हेनरीमेन, वेल्स एवं अन्य विद्वानों ने उसकी काफी आलोचना की है अर्थात् इन्होंने हम लोगों का ध्यान उसके दोषों की ओर आकृष्ट किया है:

---

1. "All government is a method of education, but the best education is self-education therefore the best government is self-government which is democracy."—C.D. Burns
2. "Popular government is a government by common consent from its very nature, therefore, it is not likely to be revolutionary."—Gilchrist

1. **मूर्खों का शासन** (Govt. of Fools)—प्रजातन्त्र राज्य का सबसे बड़ा दोष यह है कि यह मूर्खों एवं अयोग्य व्यक्तियों का शासन है। वेल्स ने बुद्धिहीनों एवं अज्ञानियों का शासन बताया है। चूँकि चुनाव में विद्वान एवं पढ़े-लिखे व्यक्ति शायद ही खड़े होते हैं। खड़े भी होते हैं तो हार जाते हैं। लेकी का मत है कि "प्रजातन्त्र का सबसे बड़ा दोष यह है कि यह सबसे अधिक दरिद्र, सबसे अधिक अज्ञानी और अयोग्य लोगों का शासन है। चूँकि स्वभवत: वे ही अधिक संख्या में पाए जाते हैं।"[1]

2. **भीड़तन्त्र** (Mobocracy)—प्रजातन्त्र को भीड़तन्त्र भी कहा जाता है। चूँकि इसका शासन भीड़ के द्वारा होता है। शासक में भीड़ मनोवृत्ति पायी जाती है। मंगरा-बुधुआ सभी शासन के क्षेत्र में आ जाते हैं जिनको शासन का भी अर्थ समझ में नहीं आता है।

3. **अल्पमत का शासन** (Rule of Minority)—प्रजातन्त्र में तो सरकार का गठन बहुमत दल करता है किन्तु जब हम व्यावहारिकता की ओर दृष्टिपात करते हैं तो पता चलता है कि अल्पमत प्राप्त दल ही सरकार की स्थापना करता है। कल्पना कीजिए कि एक लाख मतदाता हैं। 'अ', 'ब', 'स', 'द' चार उम्मीदवार हैं। 'अ' को चालीस हजार, 'ब' को तीस हजार, 'स' को बीस हजार एवं 'द' को दस हजार वोट मिलते हैं। 'अ' को चालीस हजार प्राप्त हुए हैं, इसलिए वह निर्वाचित घोषित किया जाता है। यदि हम सभी मतों की गणना करें तो पता चलेगा कि एक लाख में चालीस हजार ही 'अ' को मिले हैं। साठ हजार दूसरों को मिले। अत: यह सिद्ध है कि अल्पमत द्वारा ही सरकार का गठन होता है।

4. **संख्या का महत्व** (Importance of Quantity)—प्रजातन्त्र के गुण पर नहीं, बल्कि संख्या पर अधिक जोर दिया जाता है।[2] उम्मीदवारों का चुनाव गुण एवं योग्यता पर नहीं होता है, बल्कि उसके चुनाव का मापदण्ड कुछ और ही होता है। निर्वाचित उम्मीदवारों की जाँच की जाय तो उसमें 80% अयोग्य एवं मूर्ख ही पाए जायेंगे।

5. **समानता एवं स्वतन्त्रता का अभाव** (Importance of Quantity)—प्रजातन्त्र की नींव समानता एवं स्वतन्त्रता पर आधारित होती है किन्तु सच पूछा जाए तो व्यावहारिक रूप में समानता एवं स्वतन्त्रता को कोई महत्व नहीं दिया जाता है। प्रजातन्त्र राज्य में भी ऊँच-नीच, गरीब-अमीर का भेदभाव बना रहता है। एक भूखे व्यक्ति के लिए स्वतन्त्रता का कोई मूल्य नहीं है। प्रजातन्त्र राज्य में विद्वान एवं मूर्ख, पंडित एवं मेहतर को समान रेखा पर रखा जाता है किन्तु ऐसा रखना भूल है। उनमें कभी समानता नहीं हो सकती।

6. **अमीरों का शासन** (Rule of Wealthiests)—वस्तुत: प्रजातन्त्र तो अमीरों की सरकार है, चुनाव में लाखों रुपए खर्च किए जाते हैं जो एक गरीब व्यक्ति खर्च नहीं कर सकता है। टिकट भी अमीरों को ही दिया जाता है। इस प्रकार इसमें गरीबों का कोई हाथ नहीं रहता है। कानूनों का निर्माण भी अमीरों के हितों की रक्षा के लिए होता है। उसके अधिकारों की रक्षा पहले की जाती है।

7. **उत्तरदायित्व नहीं** (No Responsibility)—प्रजातन्त्र को उत्तरदायी सरकार कहा जाता है, किन्तु व्यवहार में यह अनुत्तरदायी सरकार है। चूँकि सरकार हमेशा बदलती रहती है, अत: किसी निश्चित नीति या योजना के लिए किसको दोषी ठहराया जाए, यह कठिन हो जाता है। बर्क का कहना है कि "संसार में विशुद्ध प्रजातन्त्र सबसे अधिक लज्जाशून्य वस्तु है और चूँकि यह लज्जाहीन होती है, अत: सबसे निर्भय होती है।" अत: अत्तरदायित्व का इसमें पता लगाना कठिन हो जाता है।

8. **दलबन्दी** (Groupism)—प्रजातन्त्र सरकार की स्थापना दल पर होती है। एक राजनीतिक दल के अन्दर भी बहुत-से छोटे-छोटे दल होते हैं जो अपने स्वार्थ की सिद्धि के लिए कभी-कभी राष्ट्र-हित की बातों को भी ठुकरा

---

1. "The chief danger of democracy is that it is the government by the poorest, the ignorants, the most incapable, who are necessarily the more numbers."—Lecky
2 "It attaches undue importance to quantity rather than quality."

देते हैं। दल-हित की भावना ही उसके सामने काम करती रहती है। वस्तुतः "शासन जनता का, जनता के लिए और जनता के द्वारा न होकर दल का, दल के लिए एवं दल द्वारा हो जाता है।"[1] स्वार्थ-सिद्धि के लिए अनैतिकता का भी सहारा लिया जाता है।

9. **धन का अपव्यय** (Misuse of Money)–प्रजातन्त्र में धन का काफी अपव्यय होता है। एक तो चुनाव में काफी रुपए बर्बाद किए जाते हैं। दूसरे आवश्यकता से अधिक व्यक्ति शासन के काम में लिए जाते हैं। जिस काम को दस व्यक्ति कर सकते हैं, उसके लिए पचास व्यक्तियों की नियुक्ति की जाती है। प्रजातन्त्र में धन को कोई देखने वाला नहीं होता है। मूर्ख जनता कहती है कि सरकार का रुपया बर्बाद हो रहा है। सरकार (कुछ बड़े पदाधिकारी) कहते हैं कि मारो गोली, जनता का पैसा जा रहा है। इसमें हमारा क्या बिगड़ता है? इस प्रकार धन का सदा दुरुपयोग होता रहता है।

10. **समय की बर्बादी** (Wastage of Time)–प्रजातन्त्र राज्य में समय की भी काफी बर्बादी होती है। किसी भी काम को करने के पहले उस पर काफी सोच-समझ लिया जाता है। जनता की राय लेनी वांछनीय है। एक साधारण काम के लिए भी वाद-विवाद करना पड़ता है। इसीलिए प्रजातन्त्र राज्य में लालफीताशाही मशहूर है।

11. **सभ्यता-संस्कृति का विकास नहीं** (No Development of Civilization and Culture)–यह कहा जाता है कि प्रजातन्त्र सभ्यता एवं संस्कृति का शत्रु है। इसमें अधिकतर मूर्ख व्यक्ति रहते हैं। वे सभ्यता एवं संस्कृति के महत्व को नहीं समझ सकते हैं। हेनरीमेन का कहना है कि "प्रजातन्त्र बौद्धिक उन्नति के लिए और साहित्य, विज्ञान एवं कला के विकास के लिए अनुपयुक्त है।"

"प्रजातन्त्र बौद्धिक विकास तथा वैज्ञानिक सत्य की प्रगति के प्रतिकूल है।"

12. **पेशा** (Profession)–बहुत-से लोग राजनीति को पेशा बना लेते हैं। वे इस पेशे को खानदानी समझते हैं। वे कभी भी छोड़ने का नाम नहीं लेते हैं। बड़े दुःख की बात है कि भारत में पिता के मरने पर उसके पुत्र को मन्त्रिमण्डल में स्थान दिया जाता है। पुत्र भले ही अयोग्य, मूर्ख क्यों न हो; राजनीति में दिलचस्पी रखता हो या नहीं। वस्तुतः प्रजातन्त्र के पतन का यह भी एक कारण है।

13. **दुर्जन नेता के लिए स्वर्ग** (Paradise for Demagogues)–प्रजातन्त्र तो दुर्जन नेता के लिए स्वर्ग है। चूँकि झूठ, जाल-फरेब, इत्यादि करने का इसमें पूरा मौका मिलता है। दुर्जन नेता वाक्पटुता एवं झूठ बोलकर जनता को अपने वश में करके वोट ले लेते हैं। सत्यवादी एवं ईमानदार व्यक्ति शायद ही चुनाव में विजयी होते हैं। हार्टमैन का ठीक ही कहना है कि, "प्रजातन्त्र हो-हल्ला करने-वालों का, खुशामदी टट्टुओं का तथा पिछलग्गू व्यक्तियों का स्वर्ग है।"[2]

लार्ड ब्राइस (Lord Bryce) ने प्रजातन्त्र के मुख्यतः छह दोष बताए हैं:

(i) शासन तथा व्यवस्थापन पर धन का अनुचित प्रभाव।

(ii) राजनीति का वैयक्तिक लाभ के लिए प्रयोग।

(iii) शासन में अपव्यय।

(iv) समानता के सिद्धान्त का दुरुपयोग और प्रशासकीय विशेषता की उपेक्षा करना।

(v) राजनीतिक दलों को अनुचित मात्रा में शक्ति मिलती है तथा दल की भक्ति के सामने राजभक्ति गौण हो जाती है।

(vi) व्यवस्थापकगण चुनाव में नागरिकों से मत प्राप्त करने के लिए विशेष राज्य-नियम बनाते हैं तथा राजाज्ञा के विरुद्ध चलने वालों को उचित दण्ड से बचाते हैं।

---

1. "Democracy is a govt. of the party, for the party and by the party."
2. "Democracy is the paradise of shriekar, labbler, word spinner, flatterer and tuft hunter."—Hartman

उपर्युक्त अवगुणों के अलावा प्रजातन्त्र के और भी दोष हैं। वस्तुतः सभी का जिक्र करना सम्भव नहीं है। फिर इन अवगुणों को देखने से पता चलता है कि प्रजातन्त्र में अवगुण ही अवगुण भरे पड़े हैं।

भारतीय प्रजातन्त्र के दोष (Demerits of Indian Democracy)

भारत का प्रजातन्त्र राज्य अभी शिशु-अवस्था में ही क्रीड़ा कर रहा है। उसके सफल विकास के मार्ग में कुछ बाधाएँ हैं जिनका उल्लेख कर देना श्रेयस्कर होगा:

1. **अशिक्षा** (Illiteracy)–भारत की अधिकांश जनता अशिक्षित है। शिक्षा के अभाव में वह प्रजातन्त्र के महत्व को समझ नहीं सकती है। उसे अपने अधिकारों एवं कर्तव्यों का ज्ञान नहीं है। वह मत पत्र का भी सही उपयोग नहीं कर सकती है। अतः अशिक्षित जनता भारतीय प्रजातन्त्र के लिए कोढ़ है।

2. **आर्थिक विषमता** (Economic Disparity)–राजनीतिक स्वतन्त्रता का आर्थिक समानता के अभाव में कोई महत्व नहीं है। भारतीय समाज में अमीरों और गरीबों के बीच में एक बहुत बड़ी खाई है। एक ओर जनता भूख से तड़प रही है, क्षुधा को मिटाने के लिए भोली-भाली स्त्रियाँ वेश्यावृत्ति को अपना रही हैं। दूसरी ओर भारत में एक ऐसा भी वर्ग है जिसके यहाँ घी-दूध की नदियाँ बह रही हैं। धनी-मानी व्यक्ति विलासिता की गोद में क्रीड़ा करते हुए नजर आते हैं। रोटी के टुकड़ों पर वोटों को खरीदा जाता है। वस्तुतः भूखे आदमी के लिए मत का कोई महत्व नहीं है।

3. **सशक्त विरोधी दल का अभाव** (No Strong Opposition Party)–भारत में सशक्त विरोधी दल का अभाव है। यहाँ बहु-दलीय पद्धति प्रचलित है। बहुत-से दल तो जाति, सम्प्रदाय एवं भाषा पर आधारित हैं। सफल प्रजातन्त्र के लिए सशक्त विरोधी दल का रहना अति आवश्यक है।

4. **स्वस्थ जनमत नहीं** (No Sound Public Opinion)–प्रजातन्त्र सरकार में स्वस्थ जनमत का रहना अति आवश्यक है। जनमत के आधार पर ही सरकार का निर्माण होता है। भारतवर्ष में स्वस्थ जनमत का अभाव है। जनमत का निर्माण जाति, धर्म एवं सम्प्रदाय के आधार पर होता है जो जनहित में नहीं होता है।

5. **विभिन्न वाद** (Isms)–भारत में बहुत तरह के वाद हैं। यहाँ पर जातिवाद, सम्प्रदायवाद, सम्प्रादायिकतावाद, भाषावाद एवं प्रान्तवाद का बोलबाला है। सभी वाद के पीछे मर रहे हैं। अपने वाद की स्वार्थसिद्धि के लिए अनर्थ काम भी कर बैठते हैं। प्रजातन्त्र 'वाद' की समस्या को लेकर कभी भी आगे नहीं बढ़ सकता है। उसका अन्त करना आवश्यक है।

6. **दलबन्दी** (Groupism)–भारत में एक तो बहुत-से राजनीतिक दल हैं। इसके अतिरिक्त, एक दल के अन्दर बहुत-से गुट पाये जाते हैं। हर गुट अपने स्वार्थ की पूर्ति में चिन्तित रहता है। हर दल के अन्दर काफी दलबन्दी है। दलबन्दी तो संकुचित विचार के ऊपर है। जाति एवं भाषा की दलबन्दी है। इससे भी प्रजातन्त्र का स्वच्छन्द विकास नहीं हो रहा है।

7. **अन्याय** (Injustice)–भारतवर्ष तो अन्याय का अखाड़ा बन गया है। कहीं भी न्याय का नामोनिशान नहीं। जनता की हजामत हमेशा अन्याय के उस्तरे से बनायी जाती है। जिस व्यक्ति का कोई माँ-बाप नहीं, उसे सरकारी नौकरी कहाँ? भारत में चारों तरफ अन्याय फैला हुआ है।

8. **नैतिकता का अभाव** (Lack of Morality)–प्रजातन्त्र राज्य तभी सफल हो सकता है; जबकि वहाँ की जनता का नैतिक आचरण ठीक हो। बिना नैतिकता के कुछ भी नहीं हो सकता है। भारतवर्ष में तो नैतिकता का सर्वत्र अभाव है। हमारा भारतवर्ष आध्यात्म की भूमि थी; यहाँ के अधिकतर लोग आध्यात्मिक विचार के थे। आज स्थिति प्रतिकूल है। लोग आध्यात्म से भौतिकता की ओर बढ़ रहे हैं। विदेशी लोग तो भौतिकता से आध्यात्म की ओर बढ़ रहे हैं।

9. **भ्रष्टाचार** (Corruption)–नैतिकता के अभाव के कारण भारत की प्रजातान्त्रिक सरकार में भ्रष्टाचार भरा हुआ है। ऊपर से नीचे तक सभी लोग भ्रष्ट हैं। शायद ही कोई मन्त्री होगा जो भ्रष्ट न हो। सभी करोड़ों की सम्पत्ति बनाने के फेर में लगे हुए हैं। लोगों का यही उद्देश्य रहता है कि पाँच वर्ष के अन्दर जितना चाहो, लूट लो। आज मन्त्री बनते हैं, कल देखिए तो आलीशान महल की नींव पड़ गयी। कार सामने आ गयी। दरबारियों की भीड़ लग गयी। दरबार में नृत्य-संगीत, सुरा-सुन्दरी मौजूद हैं। जिस देश की यह हालत है, वह देश कभी भी तरक्की नहीं कर सकता। भ्रष्टाचार के नाम पर कभी भी प्रजातन्त्र आगे नहीं बढ़ सकता है।

10. **समाजसेवियों का अभाव** (Lack of Social Workers)–प्रजातन्त्र राज्य तो सेवा, त्याग एवं सहयोग के बल पर आधारित रहता है। सच्चे समाजसेवियों के द्वारा ही यह राज्य आगे बढ़ सकता है। आज हमारे भारतवर्ष में सच्चे समाज सेवकों का अभाव है। जब तक भारत का एक-एक बच्चा समाज सेवी नहीं होगा, तब तक भारतीय प्रजातन्त्र कभी भी आगे नहीं बढ़ सकता है। जो व्यक्ति अपने भाई, बच्चे एवं पत्नी के लिए त्याग नहीं कर सकता है, वह देश के लिए क्या त्याग कर सकता है।

प्रजातन्त्र की समस्याएँ
(Problems of Democracy)

हमने प्रजातन्त्र के अवगुणों पर विचार कर लिया। सच पूछिए तो जो इसके अवगुण हैं, वहीं तो प्रजातन्त्र की समस्याएँ हैं। प्रजातन्त्र राज्य का तो प्रयोग किया जा रहा है। जहाँ कहीं भी यह राज्य है, सफलता की ओर प्रयाण नहीं कर रहा है। चूँकि वह समस्याओं का समाधान उचित रूप से करने में असमर्थ है। वस्तुतः प्रजातन्त्र की क्या समस्याएँ हैं? उसके बारे में जान लेना उचित है:

1. **उदासीनता** (Indifference)–प्रजातन्त्र प्रजा का राज्य है। जनता का सहयोग इसमें वांछनीय है प्रायः देखा जाता है कि प्रजातान्त्रिक राज्यों में जनता राजनीति में दिलचस्पी नहीं लेती है। वह हमेशा उसके प्रति उदासीन रहती है। प्रजातन्त्र में तो जनता का सक्रिय भाग आवश्यक है। उसमें स्वतः प्रेरणा चाहिए किन्तु इसका अभाव पाया जाता है। इसकी जड़ में राजनीतिक शिक्षा का अभाव ही है।

2. **राजनीतिक दल** (Political Parties)–यह सर्वविदित है कि प्रजातन्त्र सरकार की स्थापना राजनीतिक दलों के आधार पर होती है। राजनीतिक दल ही सब कुछ समझे जाते हैं। सरकार का सारा काम उन्हीं के द्वारा सम्पादित किया जाता है। राजनीतिक दल संकुचित सिद्धान्तों पर आधारित होते हैं। वे भाषा, धर्म, सम्प्रदाय के पक्षपाती होते हैं जिसके कारण देश का वातावरण दूषित हो जाता है। ऐसे दल बहुत कम ही होते हैं जिनका संगठन व्यापक सिद्धान्तों के आधार पर होता है। अतः राजनीतिक दल भी प्रजातन्त्र की एक बहुत बड़ी समस्या है।

3. **प्रतिनिधित्व** (Representation)–प्रजातन्त्र राज्य में जनता प्रतिनिधियों को चुनकर भेजती है। वे ही प्रतिनिधि सरकार का गठन एवं शासन के क्षेत्र में भाग लेते हैं। वस्तुतः ऐसा देखा जाता है कि अयोग्य एवं मूर्ख व्यक्ति ही चुनाव में निर्वाचित हो जाते हैं। वे ही सरकार का निर्माण करते हैं। ऐसी स्थिति में अयोग्य एवं मूर्ख व्यक्तियों द्वारा शासन भी अयोग्य ही होगा। विद्वान एवं योग्य व्यक्ति चुनाव से भागते हैं। वे लड़ना पसन्द नहीं करते हैं। अतः कौन-सी पद्धति को अपनाया जाए जिससे योग्य व्यक्ति शासन में जा सकें।

4. **नौकरशाही** (Bureaucracy)–प्रजातान्त्रिक राज्य में नौकरशाही की प्रवृत्ति काफी बढ़ गयी है। बड़े-बड़े पदाधिकारियों की बात तो दूर रही, ऑफिस का एक चपरासी भी जनता से ठीक से बातचीत नहीं करता है। पदाधिकारी अपने को मालिक और जनता को नौकर सम्झते हैं। ऐसी प्रवृत्ति वाले पदाधिकारियों को तो जनता के सामने शूट कर देना चाहिए, तभी नौकरशाही की प्रवृत्ति दूर हो सकती है।

5. **भ्रष्टाचार** (Corruption)–प्रजातन्त्र राज्य भ्रष्टाचारों का राज्य है। हमारे ऑफिसर तो घूँस लेने में गर्व का अनुभव करते हैं। विश्वविद्यालय, कॉलेज एवं स्कूल का वातावरण भी भ्रष्ट हो गया है। हमारे प्राध्यापक तो मंजनू का पार्ट अदा करते हैं। चीन की जनतान्त्रिक सरकार भ्रष्टाचारिता के कारण ही असफल हुई। भारत की भी प्रजातान्त्रिक सरकार भ्रष्टाचारिता के ही कारण लाल बत्ती की ओर प्रयाण करेगी। उस पर बुद्धिजीवियों का हरा झण्डा फहराया जाएगा।

6. **समानता एवं स्वतन्त्रता का अभाव** (Lack of Equality and Freedom)–प्रजातन्त्र की नींव स्वतन्त्रता एवं समानता पर आधारित है। जब हम प्रजातन्त्र का व्यावहारिक रूप देखते हैं तो पता चलता है कि जहाँ पर राजनीतिक स्वतन्त्रता है, वहाँ पर आर्थिक समानता नहीं है। वस्तुतः दोनों में समन्वय होना चाहिए। आर्थिक समानता के बिना राजनीतिक स्वतन्त्रता का कोई महत्व नहीं है।

7. **केन्द्रीकरण** (Centralisation)–प्रजातन्त्र राज्य तो विकेन्द्रीकरण का प्रतीक है किन्तु वहाँ पर दूसरा ही दृश्य नजर आता है। हर जगह केन्द्रीकरण देखने को मिलता है। वस्तुतः शक्ति का पृथक्करण तो केवल नाम का रहता है। केन्द्रीय सरकार में सारी शक्ति केन्द्रित कर दी जाती है। स्थानीय-सरकारों की भी स्वतन्त्रता खत्म कर दी जाती है।

अतः शक्ति के विकेन्द्रीकरण की भी प्रजातन्त्र की एक सनस्या है।

8. **नैतिक चरित्र का ह्रास** (No Morality)–प्रजातन्त्र की बुनियाद तो नैतिकता पर आधारित है। शासक का सुचरित्र होना अति आवश्यक है। इसके साथ ही वह सत्यवादी एवं ईमानदार हो किन्तु आज के प्रजातन्त्र राज्य में बहुत कम व्यक्ति ऐसे मिलते हैं जिनका चरित्र अच्छा होता है।

9. **सच्चा जनमत नहीं** (No Sound Public Opinion)–प्रजातन्त्र सरकार जनमत पर ही आधारित है। जनमत सच्चा, सही एवं निष्पक्ष होना चाहिए। आज के प्रजातन्त्र राज्य में हम सच्चा जनमत नहीं पाते हैं। इसी के अभाव में प्रजातन्त्र आगे नहीं बढ़ रहा है। अतः सच्चे जनमत की आवश्यक्रता है।

उपर्युक्त समस्याओं को दूर करने की कोशिश की जाए तो प्रजातन्त्र का विकास हो सकता है। समस्याओं का समाधान कैसे किया जाए? यह भी एक समस्या है। अब इस पर विचार करना उचित है।

प्रजातन्त्र की सफलता की शर्तें
(Conditions for the Successful Working of Democracy)

हमने प्रजातन्त्र के अवगुणों पर विचार कर लिया। उसकी समस्याओं से भी परिचित हो गए। वस्तुतः अवगुणों एवं समस्याओं को देखने से पता लगता है कि प्रजातन्त्र राज्य एक सफल राज्य नहीं है। जितना जल्द हो सके, इसका त्याग कर देना चाहिए। विभिन्न दोषों के कारण कुछ विद्वानों का मत है कि प्रजातन्त्र राज्य को समाप्त कर देना चाहिए परन्तु यह उनकी भूल है। जरा हम ठण्डे दिमाग से विचार करें तो दृश्य कुछ और ही मिलेगा। हमने राजतन्त्र, कुलीनतन्त्र, फासिज्म एवं नाजिज्म को अपनाकर देख लिया। अब उन्हें नहीं अपनाना है। साम्यवाद की ओर भी लोगों की आस्था कम है। ऐसी स्थिति में प्रजातन्त्र को छोड़कर कौन-सी शासन पद्धति को अपनाया जाए? यह एक समस्या है।

प्रत्येक समस्या का निदान है। प्रजातन्त्र में कुछ दोष हैं। शरीर के अंग में जहरीला घाव हो जाने के कारण हम पूरे शरीर का नाश नहीं कर सकते बल्कि उस जहरीले अंग का नाश कर शरीर को सुरक्षित रखा जा सकता है। उसी प्रकार कुछ अवगुणों के कारण हम प्रजातन्त्र का अन्त नहीं कर सकते। बर्न्स का विचार है कि "कोई भी इस बात को मानने से इन्कार नहीं कर सकता कि मौजूदा प्रतिनिधि सभाएँ दोषपूर्ण हैं परन्तु अगर कोई मोटरगाड़ी खराब हो जाए तो उसे छोड़ बैलगाड़ी को अपनाना मूर्खता ही होगी चाहे वह कितनी ही आकर्षक क्यों न हो।"[1]

1. "No one denies that existing representative assemblies are defective; but even if an automobile does not work well, it is foolish to go back to a farm cart how so ever romantic."—Burns

अतः यह सिद्ध है कि हम प्रजातन्त्र को कुछ दोषों के कारण त्याग नहीं सकते। वस्तुतः उन दोषों को दूर कर तथा उसके अनुकूल परिस्थितियाँ उत्पन्न कर हम प्रजातन्त्र राज्य को सफलता के मार्ग पर आसानी से ला सकते हैं। अगर निम्नलिखित परिस्थितियों को उत्पन्न किया गया तो निश्चय ही प्रजातन्त्र राज्य सफलता के मार्ग की ओर प्रयाण करेगा:

1. **लिखित संविधान** (Written Constitution)–प्रजातन्त्र राज्य में लिखित संविधान का रहना अति आवश्यक है। संविधान के अनुसार सभी कामों का सम्पादन करना अधिक श्रेयस्कर होगा। इस राज्य में किसी एक व्यक्ति का शासन, नहीं चल सकता बल्कि शासन तो सभी की इच्छा पर आधारित होना चाहिए। संविधान तो जनता की इच्छाओं का प्रतिफल है। जनता की उसका निर्माणकर्त्ता एवं पालनकर्त्ता है। वह अपने द्वारा बनाए हुए कानूनों द्वारा शासित होती रहती है। जिस प्रजातन्त्र राज्य में कानूनों को महत्व नहीं दिया जाता है यानि जहाँ पर स्वेच्छाचारिता को प्रथम स्थान दिया जाता है वह प्रजातन्त्र राज्य सैनिक शासन में शीघ्र ही बदल जाता है। एशिया में कितने ही प्रजातन्त्र राज्य इसके शिकार हुए।

2. **शिक्षा** (Education)–प्रजातन्त्र जनता की सरकार है। इसमें प्रत्येक व्यक्ति के सहयोग की आवश्यकता होती है। ऐसी स्थिति में प्रत्येक व्यक्ति का शिक्षित होना आवश्यक है। शासन एक कला है। हर कोई शासन को नहीं चला सकता। उसके लिए प्रशिक्षण की जरूरत है, जबकि वहाँ पर हर व्यक्ति के लिए उचित शिक्षा की व्यवस्था हो। शिक्षा अनिवार्य एवं निःशुल्क हो। हर व्यक्ति को राजनीतिक शिक्षा मिलनी चाहिए जिससे वह वोट के महत्व को समझ सके। अपने अधिकारों एवं कर्तव्यों को पहचान सके तथा राजनीतिक दलों के कार्यों से अवगत हो सके। आज कुछ देशों में प्रजातन्त्र राज्य असफल हो रहा है। इसका मुख्य कारण है कि यहाँ पर अशिक्षा है। वहाँ के लोग शिक्षित नहीं है। शासन के क्षेत्र में पूर्ण दिलचस्पी नहीं लेते हैं। अतः प्रजातन्त्र की बुनियाद को मजबूत करने के लिए सार्वजनिक शिक्षा की व्यवस्था करना अति आवश्यक है। जे. एस. मिल ने भी सार्वजनिक शिक्षा को स्वीकार किया है।

3. **स्वतन्त्रता** (Freedom)–स्वतन्त्रता प्रजातन्त्र की आत्मा है। प्रजातन्त्र राज्य में जंगल के शेर की तरह हर व्यक्ति स्वतन्त्र है किन्तु दुःख का विषय है कि कुछ प्रजातन्त्र देशों में जनता को पूरी स्वतन्त्रता नहीं दी गयी है। वस्तुतः हर व्यक्ति को बोलने की, भाषण की एवं अभिव्यक्ति की स्वतन्त्रता मिलनी चाहिए। घूमने, संघ बनाने, सभा करने एवं किसी भी पेशे को चुनने की स्वतन्त्रता हर इन्सान को मिलनी चाहिए। उस पर किसी भी प्रकार का प्रतिबन्ध नहीं लगाना चाहिए। समाचार पत्रों, पत्र-पत्रिकाओं, रेडियो, दूरदर्शन इत्यादि को भी पूरी स्वतन्त्रता देनी चाहिए। चूँकि जनमत निर्माण के ये ही मुख्य साधन हैं। जनता पर इनके विचारों का बहुत बड़ा असर पड़ता है। अतः स्वतन्त्रता अपनाकर ही प्रजातन्त्र को आगे बढ़ाया जा सकता है।

4. **समानता** (Equality)–स्वतन्त्रता के साथ समानता भी जुड़ी हुई है। प्रजातन्त्र राज्य में सभी व्यक्ति समान हैं। सभी के लिए एक ही प्रकार के कानून का निर्माण होता है। सभी का समाज में एक ही स्थान है। वस्तुतः प्रजातन्त्र राज्य में जाति, रंग, धर्म, भाषा, सम्प्रदाय के आधार पर असमानता उत्पन्न नहीं करना चाहिए। सभी को समान दृष्टि से देखना चाहिए। गरीब-अमीर का सवाल ही नहीं उठता। सभी एक ही कुर्सी के पदाधिकारी हैं। इस प्रकार की भावना आने से ही प्रजातन्त्र राज्य सफल हो सकता है। उसकी नींव मजबूत हो सकती है। समानता को उत्पन्न करने में शिक्षा एवं सरकार दोनों का हाथ है।

5. **आर्थिक समानता** (Economic Equality)–प्रजातन्त्र राज्य में तो अर्थ की समानता होनी चाहिए। चूँकि आर्थिक समानता के अभाव में राजनीतिक समानता का कोई महत्व नहीं। एक भूखे व्यक्ति के लिए वोट का कोई महत्व नहीं है। आर्थिक समानता का लोग गलत अर्थ समझ लेते हैं। इसका यह अर्थ नहीं कि सभी को समान मात्रा में अर्थ का वितरण हो। वस्तुतः इसका सही अर्थ यह है कि कम से कम सभी को भोजन, वस्त्र, आवास, शिक्षा एवं

चिकित्सा का उचित प्रबन्ध हो। दरिद्र देश में कभी भी प्रजातन्त्र सफल नहीं हो सकता है। अतः अमीर-गरीब के बीच में जो बहुत बड़ी आर्थिक खाई है, उसको पाटना है।

6. **स्वस्थ राजनीतिक दल** (Sound Political Parties)—राजनीतिक दल ही प्रजातन्त्र राज्य में सरकार का गठन करता है। अतः उसका उद्देश्य महान होना चाहिए। उसके सिद्धान्त में जनहित निहित हो। उसका निर्माण संकुचित सिद्धान्तों पर नहीं होना चाहिए। बहुत-से दलों का निर्माण भाषा, जाति एवं सम्प्रदाय पर होता है जो प्रजातन्त्र राज्य के लिए हितकर नहीं है। अतः दलों का संगठन विस्तृत सिद्धान्तों एवं आर्थिक आधारों पर होना चाहिए। उसमें सभी जाति के व्यक्तियों का स्थान रहना चाहिए। वस्तुतः राजनीतिक दल तो प्रजातन्त्र की आत्मा है।

7. **सशक्त विरोधी दल** (Strong Opposition Party)—एक राजनीतिक दल से प्रजातन्त्र शासन का काम नहीं चलता। एक दल के द्वारा तो अधिनायकवाद का प्रादुर्भाव होता है। अतः प्रजातन्त्र राज्य में कम से कम दो दलों का रहना अति आवश्यक है। एक दल सरकार का गठन करता है। जहाँ पर अनेक दल होते हैं वहाँ पर सशक्त विरोधी दल का अभाव रहता है। किन्तु प्रजातन्त्र राज्य में विरोधी दल का रहना आवश्यक है। चूँकि जब एक दल की सरकार असफल हो जाती है तो ऐसी स्थिति में विरोधी दल ही सरकार का गठन करता है। अतः सशक्त विरोधी दल समय की माँग है।

8. **स्वस्थ जनमत** (Sound Public Opinion)—जनमत का स्थान प्रजातन्त्र में सर्वोपरि है। जनमत के आधार पर ही प्रतिनिधि चुने जाते हैं और वही प्रतिनिधि सरकार का निर्माण करते हैं। ऐसी स्थिति में देश के अन्दर स्वस्थ जनमत का प्रचार करना आवश्यक है। उसी के बल पर ही योग्य प्रतिनिधियों का चुनाव हो सकता है। सही जनमत के अभाव में जनता अयोग्य प्रतिनिधियों को चुन लेती है जिससे सरकार का शासन असफल हो जाता है। अतः स्वस्थ जनमत प्रजातन्त्र की अनिवार्य माँग है। अतः उसका निर्माण करना हर व्यक्ति का कर्तव्य है।

9. **निष्पक्ष समाचार पत्र** (Impartial Newspapers)—समाचार पत्रों के जरिए ही देश-विदेश की खबरों को प्रसारित किया जाता है, सरकार की नीतियों का प्रचार किया जाता है, जनता के विचारों को सरकार के पास पहुँचाया जाता है। अतः समाचार पत्रों का निष्पक्ष, स्वतन्त्र एवं निर्भय होना अति आवश्यक है। समाचार पत्रों को पूरी स्वतन्त्रता मिलनी चाहिए। उन पर किसी भी प्रकार का प्रतिबन्ध नहीं रहना चाहिए, तभी स्वस्थ जनमत का निर्माण किया जा सकता है। अतः निष्पक्ष समाचार-पत्र भी समय की माँग है।

10. **ईमानदार पदाधिकारी** (Honest Civil Servants)—सरकार की नीतियों का सम्पादन पदाधिकारियों के द्वारा किया जाता है। राजनीतिक नेता तो बदलते रहते हैं, किन्तु सरकारी पदाधिकारी स्थायी होते हैं। पदाधिकारियों का ईमानदार, सच्चा, प्रेमी एवं सेवी होना बहुत जरूरी है। उसमें प्रभुत्व की जगह पर सेवात्व की भावना होनी चाहिए। आज के पदाधिकारी क्या, एक सरकारी चपरासी भी अपने को कलयुग का देवता समझता है। ऐसी मनोवृत्ति में जनता की हमेशा उपेक्षा की जाती है। जनता के हितों की रक्षा नहीं की जाती है। भ्रष्टाचार का बोलबाला रहता है। घूँस की अधिकता होती है। भ्रष्टाचार एवं घूँसखोरी का जनाजा ईमानदार, सच्चे एवं सेवी पदाधिकारी ही निकाल सकते हैं।

11. **अल्पसंख्यकों की रक्षा** (Protection of Minorities)—प्रजातन्त्र राज्य में अल्पसंख्यकों की रक्षा करनी चाहिए। उनके हितों का हमेशा ख्याल करना चाहिए। उन्हें किसी भी प्रकार की तकलीफ नहीं देनी चाहिए। उसके साथ तो भातृत्व की भावना को अपनाना चाहिए ताकि वह अपने को अजनबी या निर्जन महसूस न कर सकें। अल्पसंख्यकों के हितों की रक्षा में ही प्रजातन्त्र का कल्याण है।

12. **स्वतन्त्र न्यायपालिका** (Independent Judiciary)—स्वतन्त्र न्यायपालिका हर प्रजातन्त्र देश में रहती है। नागरिकों के मौलिक अधिकारों की रक्षा यही करती है। संविधान का उचित रूप से पालन हो रहा है या नहीं? कानूनों की व्याख्या इत्यादि का काम स्वतन्त्र न्यायपालिका का है। न्यायपालिका स्वतन्त्र, निष्पक्ष एवं निर्भीक होनी चाहिए।

13. **राष्ट्र-प्रेम** (Patriotism)–नागरिकों में राष्ट्र-प्रेम की भावना होनी चाहिए। यह राजनीतिक चेतना के द्वारा ही सम्भव है। राष्ट्र-प्रेम की भावना देश और व्यक्ति को एक सूत्र में बाँधती है। इससे देश के बाहरी एवं आन्तरिक सुरक्षा की समस्या का हल होता है।

14. **शान्ति एवं सुव्यवस्था** (Peace and Order)–शान्ति के वातावरण में ही प्रजातन्त्र पनप सकता है। देश के अन्दर सुव्यवस्था एवं अमन चैन का रहना जरूरी है। बिना सुव्यवस्था एवं शान्ति के अवसर का काम नहीं चल सकता है। अशान्ति वातावरण में तो सार्वजनिक जीवन घृणित हो जाएगा। उस समय सरकार का क्या पूछना? अतः प्रजातन्त्र राज्य में हमेशा शान्ति एवं सुव्यवस्था की जरूरत है। यह वातावरण शक्ति या हिंसा के द्वारा नहीं तैयार किया जा सकता है, बल्कि यह तो प्रजातान्त्रिक गुणों एवं प्रेम की भावना पर आधारित होगा।

15. **विश्वास** (Belief)–विश्वास एक दैविक गुण है। सरकार जनता के विश्वास के कारण टिकती है। जिस सरकार में जनता का विश्वास नहीं रहता है, वह तुरन्त असफल हो जाती है। प्रजातन्त्र राज्य भी एक विश्वास की चीज है। यह जनता की सरकार है। अतः इसमें जनता का पूर्ण विश्वास रहना बहुत जरूरी है।

16. **स्थानीय स्व-शासन** (Local Self Govt.)–प्रजातन्त्र सरकार की नींव जनता से तैयार की जाती है, यह ऊपर से लादी नहीं जाती। अतः इसमें स्व-शासन का बहुत ही महत्वपूर्ण स्थान है। हर ग्राम में इसका प्रबन्ध होना चाहिए। चूँकि प्रजातन्त्र के गुणों की शिक्षा स्व-शासन संस्थाओं में पहले दी जाती है। अतः हर स्थानीय संस्था को पूरी स्वतन्त्रता मिलनी चाहिए जिससे वह सुविधापूर्वक स्थानीय कार्यों का सम्पादन कर सके। चूँकि राजनीतिक शिक्षा की स्थानीय-संस्थाएँ सर्वोत्तम पाठशाला हैं। अतः स्थानीय संस्थाओं के अभाव में प्रजातन्त्र की तो कल्पना भी नहीं की जा सकती है।

17. **नैतिकता** (Morality)–मनुष्य का चरित्र प्रजातन्त्र राज्य में बहुत बड़ी शक्ति है। एक गरीब व्यक्ति भी चरित्र के बल पर प्रजातन्त्र राज्य में श्रेष्ठ से श्रेष्ठ पद पर आसीन हो सकता है। चपरासी से लेकर राष्ट्रपति तक का चरित्र ठीक रहना चाहिए। सभी नेताओं का स्वच्छ चरित्र भी वांछनीय है। बिना चरित्र के देश का निर्माण नहीं हो सकता। चरित्र के निर्माण के लिए शरीर को गलाना होता है, एक तपस्या करनी होती है। कठिन तपस्या के बाद ही स्वच्छ चरित्र का निर्माण होता है। वास्तव में इसकी बुनियाद बचपन में ही दे देनी चाहिए तभी सच्चे एवं चरित्रवान नागरिक प्रजातन्त्र की भूमिका पर आयेंगे। हर नागरिक का चरित्र स्वच्छ दर्पण के समान होना चाहिए। आत्मिक बल के द्वारा विश्व पर विजय प्राप्त की जा सकती है।

18. **वाद का अन्त** (End of Isms)–प्रजातन्त्र का राज्य वाद के सहारे नहीं चल सकता। यह तो एक समुद्र है जो समतल है, सभी एक ही स्तर पर है, जातिवाद, गुटवाद, साम्प्रदायिकतावाद, साम्राज्यवाद एवं उपनिवेशवाद इसमें चल नहीं सकते हैं। इसमें तो उन सबों की कोई गुंजाइश ही नहीं है। साम्राज्यवादी राज्य कभी भी प्रजातन्त्र की स्थापना नहीं कर सकता है। वह कभी भी अहिंसा के मार्ग का अवलम्बन नहीं कर सकता है। अतः विभिन्न वादों का अन्त ही प्रजातन्त्र के लिए श्रेयस्कर है।

19. **शान्तिपूर्ण एवं तटस्थ वैदेशिक नीति** (Peaceful and Neutral Foreign Policy)–प्रजातन्त्र राज्यों की वैदेशिक नीति शान्त एवं तटस्थ होनी चाहिए। वैदेशिक नीति का काफी प्रभाव घरेलू नीति पर पड़ता है। दोनों एक-दूसरे से प्रभावित होती रहती है। चीन एवं पाकिस्तान हिंसात्मक एवं दलीय वैदेशिक नीति अपनाकर कभी भी प्रजातन्त्र की स्थापना नहीं कर सकते हैं। अगर वे ऐसा करते हों, तो समझिए जनता को धोखा में डाल रहे हैं। प्रजातन्त्र देशों के लिए शान्ति एवं तटस्थता की नीति अनिवार्य है।

यदि उपर्युक्त गुणों को प्रजातन्त्र राज्य में लाया जाए, तो प्रजातन्त्र लोगों के लिए एक आकर्षक खिलौना बन जाएगा जिसका त्याग करना सम्भव न होगा।

प्रजातन्त्र का भविष्य
(Future of Democracy)

प्रजातन्त्र का भविष्य अनिश्चितता में नहीं है। कुछ विद्वान इसके दोषों को देखकर यह कह बैठते हैं कि प्रजातन्त्र का भविष्य अन्धकारमय है। जहाँ भी प्रजातान्त्रिक सरकार है, शीघ्र ही पतन की ओर अग्रसर हो रही है, उसका टिकना सम्भव नहीं है। दूसरी तरफ, ऐसे भी विचारक हैं जिनका कहना है कि यदि दोषों को हल किया जाए तो प्रजातन्त्र से बढ़कर और किसी दूसरी सरकार की स्थापना नहीं की जा सकती है। कुछ देशों का प्रजातन्त्र विकासोन्मुख है जिसके आधार पर कहा जा सकता है कि प्रजातन्त्र का भविष्य उज्जवल है।

प्रजातन्त्र का स्वरूप बदल सकता है किन्तु उसकी आत्मा अजर, अमर एवं अपरिवर्तनशील है। जब तक स्वतन्त्रता, समानता एवं भ्रातृत्व का रक्त मानव-शरीर में प्रवाहित रहेगा, तब तक प्रजातन्त्र सूरज, चाँद और सितारों की तरह जगमगाता रहेगा।

प्रजातन्त्र के बहुलवादी सिद्धान्त
(Pluralist Theory of Democracy)

भूमिका (Introduction)

20वीं सदी प्रजातन्त्र का युग है ऑस्टिन संप्रभुता के विरुद्ध बहुलवाद का जन्म हुआ। बार्कर, लॉस्की, लिंडसे, मेकाइवर जैसे बहुलवादी विचारकों ने संप्रभुता के विभाजन पर जोर दिया। इसका प्रभाव प्रजातन्त्र पर भी पड़ा। प्रजातन्त्र में शासन-सत्ता विकेन्द्रित होती है। कोई एक व्यक्ति या वर्ग शासक नहीं होता है। संप्रभुता जनता के हाथों में रहती है। ऐसी शासन-व्यवस्था को बहुलवादी प्रजातन्त्र कहा जाता है। यूरोप, अमेरिका और भारत में बहुलवादी प्रजातन्त्र का काफी प्रचार किया गया। जनता द्वारा निर्वाचित प्रतिनिधि ही शासन का कार्य सँभालते हैं। बहुलवादी प्रजातन्त्र में राज्य को एक समुदाय माना गया है। परिवार, चर्च, राजनीतिक दल भी सम्प्रभुता का प्रयोग करते हैं। शासन पर सम्पूर्ण जनता का आधिपत्य होता है।

बहुलवादी प्रजातन्त्र की मुख्य-विशेषताएँ (Main Features of the Pluralist Democracy)–बहुलवादी प्रजातन्त्र की निम्नलिखित विशेषताएँ हैं:

1. **राज्य एक समुदाय है** (State is an Association)–बहुलवादियों ने राज्य को एक समुदाय माना है। उनकी दृष्टि में राज्य, परिवार, चर्च, क्लब और राजनीतिक दल-ये सभी समुदाय हैं। राज्य विशिष्ट कार्यों का सम्पादन करता है। मनुष्य के जीवन के अनेक पहलुओं पर विभिन्न संघों का नियन्त्रण रहता है। ये संघ राज्य की शक्ति पर रोक लगाते हैं। अतएव बहुलवादी प्रजातन्त्र राज्य को एक समुदाय के रूप में देखता है।

2. **दोहरी सरकार** (Double Government)–बहुलवादी प्रजातन्त्र में शक्तियों का विकेन्द्रीकरण रहता है। इसमें दो प्रकार की सरकारें होती हैं–केन्द्रीय और राज्य सरकार। संविधान के द्वारा इन सरकारों के बीच शक्तियों का विभाजन किया रहता है। अमेरिका, कनाडा, और भारत में दोहरी सरकार की व्यवस्था है।

3. **शक्ति-पृथक्करण** (Separation of Powers)–बहुलवादी प्रजातन्त्र में सत्ता को विभाजित करने के लिए शक्ति को व्यवस्थापिका, कार्यपालिका और न्यायपालिका में विभाजित कर दिया जाता है। अमेरिका में सरकार के ये अंग अलग-अलग काम करते हैं, जबकि भारत में न्यायपालिका को अलग रखा गया है। कार्यपालिका को व्यवस्थापिका की ओर उत्तरदायी बनाया गया है। मांटेस्क्यू और ब्लैकस्टन ने शक्ति-पृथक्करण सिद्धान्त का प्रतिपादन किया। सरकार के तीनों अंगों का पूर्ण रूप से पृथक्करण सम्भव और व्यावहारिक नहीं है। उन पर नियन्त्रण और सन्तुलन की व्यवस्था रहती है। इसके माध्यम से सरकार के अंगों को पृथक् रूप से उत्तरदायित्व सौंपा जाता है।

4. **प्रत्येक नागरिक शासन में भाग लेता है** (Every Citizen Participates in Administration)–बहुलवादी प्रजातन्त्र में राज्य का प्रत्येक नागरिक शासन में भाग लेता है। वयस्क मताधिकार के आधार पर निर्वाचन होता है। जनता अपने प्रतिनिधियों को चुनकर संसद और विधानमण्डल में भेजती है। वे ही प्रतिनिधि वास्तविक रूप में शासन करते हैं। अतएव शासन जनता की इच्छानुकूल होता है। सत्ता किसी व्यक्ति-विशेष के हाथों में नहीं रहती है।

5. **स्थानीय स्वशासन** (Local Self Government)–स्थानीय स्वशासन प्रजातन्त्र की नींव है। प्रजातन्त्र में राज्य सरकार के अतिरिक्त, स्थानीय सरकारों की व्यवस्था रहती है जो स्थानीय कार्यों का सम्पादन करती हैं। उनको विधायन के द्वारा सीमित शक्तियाँ प्राप्त होती हैं। इंग्लैण्ड, अमेरिका, फ्रांस, भारत और अन्य देशों में इसकी व्यवस्था है। इसके माध्यम से शक्ति का विकेन्द्रीयकरण किया जाता है तथा आम जनता को शासन में भाग लेने का प्रशिक्षण दिया जाता है।

6. **निगम एवं आयोग** (Corporation and Commission)–इंग्लैण्ड एवं भारत में विभिन्न निगमों के द्वारा शक्ति को विकेन्द्रित किया गया है। अमेरिका में इसके लिए स्वतन्त्र नियामक आयोग की स्थापना की गयी है। आयोग कार्यपालिका के नियन्त्रण से मुक्त रहता है और अपने विशिष्ट कार्यों का सम्पादन करता है। इंग्लैण्ड में ब्रिटिश ब्रॉडकास्टिंग कॉरपोरेशन, भारत में दामोदर घाटी योजना तथा अमेरिका में संचार आयोग, व्यापार आयोग, सामुद्रिक आयोग और विद्युत आयोग इसके मुख्य उदाहरण हैं।

7. **स्वतन्त्र न्यायपालिका** (Independent Judiciary)–बहुलवादी प्रजातन्त्र में एक उच्चतम न्यायालय की व्यवस्था की जाती है जो निष्पक्ष, ईमानदार और स्वतन्त्र होता है। न्यायाधीशों के पद, नियुक्ति, वेतन एवं पेंशन आदि की गारण्टी रहती है। न्यायपालिका सरकारों को नियन्त्रण में रखती है और शक्तियों पर अंकुश लगाती है।

8. **लोककल्याणकारी राज्य** (Public Welfare State)–बहुलवादी प्रजातन्त्र लोककल्याणकारी राज्य में आस्था प्रकट करता है। इसके अन्तर्गत राज्य लोकहित में अधिक से अधिक कार्यों का सम्पादन करता है। बड़े-बड़े उद्योगों पर राज्य का नियन्त्रण रहता है। निजी सम्पत्ति रखने की छूट दी जाती है। आर्थिक पद्धति मिश्रित अर्थव्यवस्था पर आधारित होती है।

निष्कर्ष–उपर्युक्त तथ्यों से यह स्पष्ट है कि बहुलवादी प्रजातन्त्र शक्ति के विकेन्द्रीकरण में विश्वास प्रकट करता है और राज्य को एक समुदाय मानता है। परिवार, चर्च, क्लब, राजनीतिक दल, दबाव समूह, आदि को विशेष महत्व दिया जाता है लेकिन राज्य का स्थान सभी समुदायों में सर्वोच्च होता है।

प्रजातन्त्र का अभिजनवादी सिद्धान्त
(Elitist Theory of Democracy)

भूमिका (Introduction)

परम्परागत प्रजातन्त्र शक्ति के विकेन्द्रीकरण में विश्वास रखता है। इसमें बहुसंख्यक के हाथों में शासन-सत्ता होती है। निर्वाचन में जिस दल को बहुमत प्राप्त होता है, वही सरकार का गठन करता है। शासन सत्ता पर किसी व्यक्ति-विशेष या वर्ग का अधिकार नहीं होता है। लार्ड ब्राइस का भी मत है, "प्रजातन्त्र एक ऐसी शासन-पद्धति है जिसमें राज्य शक्ति किसी वर्ग-विशेष के हाथों में नहीं, बल्कि बहुसंख्यक के हाथों में केन्द्रित होती है।"

परम्परागत प्रजातन्त्र के सिद्धान्तों के विपरीत, कुछ विचारकों का मत है प्रजातन्त्र में शासन सत्ता बहुसंख्यक के हाथों में नहीं, बल्कि कुछ चुने हुए व्यक्तियों के हाथों में होती है। इस वर्ग को अभिजन, शासन अभिजन, शक्ति अभिजन, राजनीतिक वर्ग या सर्वोच्च नेतृत्व कहते हैं।

अभिजनवाद के विचारक (Thinkers of Elitism)–अभिजनवादी सिद्धान्त के प्रमुख विचारक हैं–मोस्का, परेटो, मिचेल्स, जेम्स बर्नहम, सी. राइट मिल्स, लासवेल, आदि। राबर्ट ए. डाल और सारटोरी भी इसके समर्थक हैं।

अभिजनवाद का अर्थ नेतृत्व (Elitism Means Leadership)

साधारणत: अभिजनवादियों के अनुसार अभिजनवाद का अर्थ नेतृत्व होता है। प्रत्येक प्रकार की शासन-प्रणाली में चाहे वह प्रजातन्त्र हो या अन्य तन्त्र, नेतृत्व कुछ व्यक्तियों के हाथों में रहता है। कोई भी राज्य नेतृत्वविहीन नहीं रह सकता। समाज के प्रारम्भ से ही यह प्रचलन चला आ रहा है। हाइमन ने भी कहा है, "इस प्रश्न का जवाब सदियों पूर्व सभ्यता के प्रारम्भ के साथ ही मिल गया। यह तुरन्त अनुभव कर लिया गया कि नेताविहीन समाज नहीं है, क्योंकि जब कभी भी दो या दो से अधिक व्यक्ति एक समाज का निर्माण करते हैं या साथ रहना शुरू कर देते हैं, उसी समय अनियन्त्रित, असीमित या अप्रभावित व्यवहार नहीं रह पाता।"

अभिजनवाद प्रजातन्त्र विरोधी (Elitism Anti-Democracy)–प्रजातन्त्र में नेतृत्व कुछ व्यक्तियों के हाथों में रहता है। ऐसा अभिजनवादी मानते हैं और इस आधार पर अभिजनवाद को प्रजातन्त्र-विरोधी मानते हैं। यह कुछ व्यक्तियों का नेतृत्व ही आगे चलकर अधिनायकवाद को जन्म देता है। अभिजनवाद में इस तरह का भ्रम ठीक नहीं है। सारटोरी ने इस भ्रम को दूर करने के लिए प्रजातन्त्र में अल्पसंख्यक शासक वर्ग माना है। अतएव कुछ विद्वानों के अनुसार अभिजनवाद प्रजातन्त्र विरोधी है और कुछ के अनुसार नहीं।

अभिजनवाद का सही अर्थ (True Meaning of Elitism)

अँग्रेजी के एलिट (Elite) शब्द की उत्पत्ति एलीग्री (Eligere) से हुई है। इसका अर्थ है–चयन द्वारा चुनाव (Selection by Choice)। अँग्रेजी में एलिट का अर्थ साधारण नेतृत्व से लिया जाता है लेकिन समाजशास्त्रियों ने इस शब्द का प्रयोग भिन्न-भिन्न अर्थों में किया है। मोस्का और परेटो इसके मौलिक विचारक माने जाते हैं। मोस्का ने इस वर्ग को शासक वर्ग कहा है। उसके अनुसार एक छोटा-सा वर्ग सम्पूर्ण सत्ता पर अधिकार रखता है। समाज के उच्च वर्ग के सैनिक, राजनीतिक और धार्मिक नेता तथा व्यापारी अभिजन वर्ग का निर्माण करते हैं। परेटो ने अभिजन वर्ग को स्वतन्त्रता, समानता और प्रजातन्त्र का विरोधी बताया है। सी. राइट मिल्स के अनुसार, "अभिजनवादी प्रभुता पदों के धारक व्यक्तियों से निर्मित होती है और उसमें आर्थिक, सैनिक और राजनीतिक वर्ग के सदस्य शामिल होते हैं।"

परेटो मानव समाज को दो वर्गों में बाँटता है–अभिजन और अभिजनेत्तर। फिर वह अभिजन को दो वर्गों में बाँटता है–शासक अभिजन और अशासक अभिजन। मोस्का ने भी समाज को दो वर्गों में बाँटा है–शासक वर्ग और शासित वर्ग। मिचेल्स के अनुसार, "राज्य की सारी शक्तियाँ राजनीतिक दल में केन्द्रित रहती हैं। नेता ही शासक का रूप लेता है और प्रजातान्त्रिक पद्धति को दलीय पद्धति में बदल देता है। सरकार पर दल का आधिपत्य रहता है। अतएव आधुनिक प्रजातन्त्र में दल का प्रभाव रहता है।"[1]

लासवेल ने भी अभिजन पर विचार किया है। उसके शब्दों में, "राजनीति का अध्ययन प्रभाव का अध्ययन है। प्रभाव वे हैं जो जितना भी पाने को हैं, उसका सर्वाधिक पाते हैं।" सर्वाधिक पाने वाले अभिजन हैं, और शेष जनता। वह अभिजन को राजनीतिक शक्तिवर्ग कहता है। उसने इस वर्ग में नेतागण, उच्च प्रशासकीय अधिकारी, सैनिक अधिकारी, व्यापारी, आदि को सम्मिलित किया है। अभिजन वर्ग जनता द्वारा चुनकर आता है लेकिन आगे चलकर वह जनता को गुमराह करता है तथा प्रजातन्त्र के नाम पर अधिनायक की भूमिका निभाता है।

इस प्रकार विभिन्न विचारकों ने अभिजनवाद को भिन्न-भिन्न मान्यताएँ प्रदान की हैं।

अभिजनवाद की विशेषताएँ (Features of Elitism)

उपर्युक्त विवरण से अभिजन वर्ग की निम्नांकित विशेषताएँ स्पष्ट होती हैं:

1. अभिजन वर्ग समाज का अल्पसंख्यक उच्च वर्ग होता है।
2. इसके सदस्य सरकार के सभी महत्वपूर्ण पदों पर आसीन होते हैं।

---

1. "Political parties...a sociological state of the oligarchical tendency of modern democracy."—Michels

3. यह वर्ग सरकार के सभी महत्वपूर्ण निर्णयों को लेता है।

4. इसका हित जनहित के विपरीत होता है।

5. यह वर्ग समाज में उच्च वर्ग के रूप में पूजित होता है।

अभिजनवाद का मूल्यांकन (Evaluation of Elitism)

अधिकांश अभिजनवादी विचारकों ने अभिजनवाद को प्रजातन्त्र का विरोधी माना है। मोस्का और परेटो ने इसे अधिनायकवाद के रूप में देखा है लेकिन आधुनिक विद्वानों ने अभिजनवाद को प्रजातान्त्रिक रूप में देखा है। उनके विचारों का विश्लेषण निम्न प्रकार से किया जा सकता है:

1. लासवेल के अनुसार अभिजनवाद प्रजातन्त्र का विरोधी नहीं, बल्कि उसकी सफलता के लिए आवश्यक है। उसके शब्दों में, "सरकार हमेशा कुछ लोगों की सरकार रहती है लेकिन यह तथ्य प्रजातन्त्र की मात्रा को निश्चित नहीं करता है। नेताओं की संख्या को प्रजातन्त्र की जाँच का आधार मान लेना एक छोटी-सी भूल है क्योंकि समान छोटे-से नेतृत्व के अन्दर काम करते हुए भी प्रजातान्त्रिक रह सकता है। मौलिक प्रश्न उत्तरदायित्व का है।"[1] अतएव शासन सत्ता सदा अल्पसंख्यकों के हाथों में रहती है, उसे प्रजातन्त्र विरोधी नहीं माना जा सकता है।

2. सारटोरी का कथन है कि नेतृत्व और शासन अलग-अलग हैं। अभिजन वर्ग जनता का नेतृत्व करता है, उस पर शासन नहीं। वह जनता की स्वीकृति पाकर ही शासन करता है और जब तक उसका विश्वास बना रहता है, तभी तक वह नेतृत्व करता है। इसलिए उसने अभिजन वर्ग को निर्वाचित बहुतन्त्र कहा है। उसके शब्दों में, "निर्वाचित अभिजनों का बहुतन्त्र है जिसमें निर्वाचित और परस्पर प्रतियोगिता में लगे हुए अल्पसंख्यकों के द्वारा बहुसंख्यकों के प्रभाव को स्थापित किया जाता है।"[2]

3. लार्ड ब्राइस का विचार है, "शायद महान नेताओं की जितनी आवश्यकता प्रजातन्त्र को है, उतनी किसी और प्रकार की सरकार को नहीं।"[3]

4. कार्ल मैनहम का मत है कि "उदारवादी समाज में नेतृत्व की कमी का कारण सही अभिजनों के चुनाव का अभाव रहा है तथा इस कमी ने तानाशाही को बढ़ावा दिया है।"

निष्कर्ष–उपर्युक्त तथ्यों के आधार पर प्रजातन्त्र के अभिजनवादी सिद्धान्त के अनुसार अभिजनवाद प्रजातन्त्र का रक्षक है, भक्षक नहीं। प्रजातन्त्र में शासन सत्ता कुछ व्यक्तियों के हाथों में अवश्य रहती है लेकिन वे अभिजन जनहित में शासन करते हैं। यदि वे तानाशाह बनते हैं तो जन-आन्दोलन उन्हें आगे चलकर अपदस्थ कर देता है। अतएव अभिजनवाद प्रजातान्त्रिक सिद्धान्तों का समर्थक है।

प्रजातन्त्र का मार्क्सवादी सिद्धान्त
(Marxist Theory of Democracy)

उदारवादी एवं साम्यवादी प्रजातन्त्र (Liberal and Communist Democracy)

प्रजातन्त्र क्या है? इसकी सही रूप-रेखा क्या है? इसकी प्राप्ति कैसे की जा सकती है। इस सम्बन्ध में दो विचारधाराएँ हैं–(क) उदारवादी प्रजातन्त्र, और (ख) साम्यवादी प्रजातन्त्र। उदारवादी प्रजातन्त्र को पश्चिमी और

---

1. "Government is always governed by the few, but this fact does not settle the question of degree of democracy of confusing percentage of leaders with the best of democracy. To make an elementary mistake since a society may be democracy and express itself through a small leadership. The key question terms on account ability." —H.D. Lasswell

2. "Democracy is a political system in which the influence of majority is assured by elective and competitive minorities to whom it is entrusted."—Sartori

3. "Perhaps, no form of government needs great leaders so much as democracy does."—Lord Bryce

साम्यवादी प्रजातन्त्र को पूर्वी प्रजातन्त्र भी कहते हैं। उदारवादियों ने साम्यवादी प्रजातन्त्र को खोखली और भ्रममूलक प्रजातन्त्र कहा है। इसके विपरीत, साम्यवादियों ने उदारवादी प्रजातन्त्र को पूँजीवादी, बुर्जुआ या प्रतिक्रियावादी प्रजातन्त्र कहा है।

मार्क्स का प्रजातन्त्र (Marx's Democracy)

कार्ल मार्क्स ने साम्यवादी राज्य में नव-प्रजातन्त्र की स्थापना का दावा किया है। ऐंजिल्स और लेनिन ने उसका समर्थन किया है। मार्क्स के अनुसार प्रजातन्त्र के तीन स्तर होते हैं–

1. बुर्जुआ प्रजातन्त्र, 2. समाजवादी प्रजातन्त्र, और 3. साम्यवादी प्रजातन्त्र।

1. **बुर्जुआ प्रजातन्त्र** (Bourgeois Democracy)–मार्क्स ने कहा है कि यह पूँजीवादी प्रजातन्त्र पश्चिमी सभ्यता की देन है। इसमें शासन-सत्ता पूँजीपतियों के हाथों में रहती है। मजदूरों का शोषण किया जाता है। स्वतन्त्रता, समानता और सम्पत्ति का अधिकार दिया जाता है लेकिन आर्थिक स्वतन्त्रता नहीं रहती है। राज्य एक शोषण करने वाली मशीन के रूप में काम करता है। अतएव इस पूँजीवादी या बुर्जुआ प्रजातन्त्र का नाश होता है। इसके अन्तर्गत मुट्ठीभर पूँजीपति सुखी और शेष जनता गरीब होती है।

2. **समाजवादी प्रजातन्त्र** (Socialist Democracy)–मार्क्स ने कहा है कि पूँजीवादी प्रजातन्त्र के स्थान पर समाजवादी प्रजातन्त्र की स्थापना की जाएगी। इसके अन्तर्गत बड़े-बड़े उद्योग-धन्धों का राष्ट्रीकरण किया जाएगा। निजी सम्पत्ति को कुछ छूट दी जाएगी। शासन-सत्ता पर मजदूरों का अधिकार रहेगा। स्वतन्त्रता, समानता और निजी सम्पत्ति रखने की छूट दी जाएगी। अर्थव्यवस्था उतनी विकसित नहीं रहेगी कि पूर्ण रूप से पूँजीवाद का नाश किया जाए। "प्रत्येक को उसकी योग्यतानुसार काम मिलेगा और काम के अनुसार मजदूरी दी जाएगी।"[1] समाजवादी प्रजातन्त्र का यही निर्देशन सिद्धान्त रहेगा।

3. **साम्यवादी प्रजातन्त्र** (Communist Democracy)–आगे चलकर समाजवादी प्रजातन्त्र का स्थान साम्यवादी प्रजातन्त्र ले लेगा। इसके अन्तर्गत सम्पूर्ण निजी सम्पत्ति का राष्ट्रीकरण कर लिया जाएगा। एक भी पूँजीपति वर्ग नहीं रहेगा। शासन-सत्ता पूर्ण रूप से सर्वहारा वर्ग के हाथों में होगी। सभी को काम पाने का अधिकार, काम के निश्चित घंटे, बेरोजगारी भत्ता, पेंशन, आदि दिया जाएगा। आर्थिक प्रजातन्त्र का साम्राज्य रहेगा। इसमें प्रत्येक को योग्यतानुसार काम और आवश्यकतानुसार पारिश्रमिक दिया जाएगा।[2] इसके साथ ही, एक वर्गविहीन और राज्यविहीन समाज की स्थापना की जाएगी। इसमें किसी का शोषण नहीं किया जाएगा। जनता की सारी आवश्यकताओं की पूर्ति सरकार की ओर से की जाएगी। चारों तरफ सुख-समृद्धि का साम्राज्य रहेगा। सभी व्यक्ति समान और स्वतन्त्र होंगे। लेनिन ने कहा है, "पूरा समाज एक कार्यालय और एक कारखाना, समान कार्य और समान मेहनताना बन जाएगा।"[3] राज्य का भी धीरे-धीरे लोप हो जाएगा तथा उसके साथ प्रजातन्त्र भी समाप्त हो जाएगा।

निष्कर्ष–वस्तुतः मार्क्स ने जिस प्रजातन्त्र की कल्पना की है वह आर्थिक प्रजातन्त्र है। इसमें लोगों को आर्थिक सुविधाएँ दी जायेंगी लेकिन राजनीतिक स्वतन्त्रता का अभाव रहेगा। पश्चिमी प्रजातन्त्र में राजनीतिक सुविधाओं पर अधिक जोर दिया जाता है और आर्थिक सुविधाओं की अपेक्षा की जाती है। प्रजातन्त्र का सही रूप साम्यवादी व्यवस्था में सम्भव नहीं है। वहाँ पर सर्वहारा और साम्यवादी दल की तानाशाही चलती है, जबकि प्रजातन्त्र में शासन पर जनता का प्रभुत्व होना चाहिए। अतएव मार्क्स का प्रजातन्त्र पर जो विचार है, वह एक धोखा और भ्रममूलक है। मार्क्स का प्रजातन्त्र केवल नाम में है, व्यवहार में नहीं। मार्क्सवादी प्रजातन्त्र अधिनायकवाद का ही असली रूप है।

---

1. "From each according to his abilities, to each according to his work."
2. "From each according to his abilities, to each according to his needs."
3. "The whole of society will have become one office and one factory, with equal works and equal pay."—Lenin

प्रश्न
(Questions)

1. प्रजातन्त्र की परिभाषा दीजिए और इसके प्रकारों पर विचार कीजिए।
   Define democracy and point out its various kinds.
2. प्रजातन्त्र क्या है? प्रजातन्त्र के विभिन्न रूपों पर विचार कीजिए।
   What is democracy? Discuss various forms of democracy.
3. प्रजातन्त्र के गुणों का वर्णन कीजिए।
   Describe the merits of democracy.
4. प्रजातन्त्र के अवगुणों पर प्रकाश डालिए।
   Examine the demerits of democracy.
5. प्रजातन्त्र के गुण एवं दोषों का संक्षिप्त रूप से वर्णन कीजिए।
   Describe briefly the merits and demerits of democracy.
6. प्रजातन्त्र से आप क्या समझते हैं? भारतीय प्रजातन्त्र के दोषों की व्याख्या कीजिए।
   What do you mean by democracy? Explain the demerits of the Indian democracy.
7. प्रजातन्त्र की मुख्य समस्याओं पर प्रकाश डालिए।
   Discuss the main problems of democracy.
8. प्रजातन्त्र की सफलता की आवश्यक शर्तों पर विचार कीजिए।
   Discuss the essential conditions for the successful working of democracy.
9. "प्रजातन्त्र केवल शासन का ही रूप नहीं है, वरन् जीवन का भी एक ढंग है।" व्याख्या कीजिए।
   "Democracy is not only form of administration of government but also a way of life." Explain.
10. "प्रजातन्त्र जीने का एक ढंग है।" विवेचना कीजिए।
    "Democracy is a way of life." Discuss.
11. यह कहना गलत है कि "प्रजातन्त्र जनता का जनता के लिए और जनता द्वारा शासन है।" व्याख्या कीजिए।
    It is error to say that "Democracy is a government of the people for people and by the people." Explain.
12. प्रजातन्त्र पर एक संक्षिप्त लेख लिखिए।
    Write a brief essay on democracy.
13. प्रजातन्त्र के भविष्य पर विचार कीजिए।
    Discuss the future of democracy.
14. प्रजातन्त्र के बहुलवादी सिद्धान्त की समीक्षा कीजिए।
    Exmine the pluralist theory of democracy.
15. प्रजातन्त्र के अभिजनवादी सिद्धान्त की विवेचना कीजिए।
    Discuss the elitist theory of democracy.
16. प्रजातन्त्र की परिभाषा दीजिए तथा प्रजातन्त्र के मार्क्सवादी सिद्धान्त की व्याख्या कीजिए।
    Define democracy and explain the Marxist theory of democracy.
17. प्रजातन्त्र के मार्क्सवादी सिद्धान्त की समीक्षा कीजिए।
    Examine the Marxist theory of democracy.
18. प्रजातन्त्र के बहुलवादी और मार्क्सवादी सिद्धान्त की विवेचना कीजिए।
    Discuss the pluralist and Marxist theory of democracy.

19. प्रजातन्त्र के बहुलवादी और अभिजनवादी सिद्धान्त की विवेचना कीजिए।
Describe the pluralist and elitist theories of democracy.

20. निम्नलिखित में से किन्हीं दो पर संक्षिप्त टिप्पणी लिखिए:
(i) प्रजातन्त्र का बहुलवादी सिद्धान्त, (ii) प्रजातन्त्र का अभिजनवादी सिद्धान्त, तथा
(iii) प्रजातन्त्र का मार्क्सवादी सिद्धान्त।
(i) Pluralist theory of democracy, (ii) Elitist theory of democracy, and
(iii) Marxist theory of democracy.

वस्तुनिष्ठ प्रश्न
(Objective Questions)

1. डेमोक्रेसी शब्द डेमोस और क्रोशिया से बना है जो किस भाषा से सम्बन्धित है?
(क) ग्रीक (ख) लैटिन (ग) रोमन (घ) हिन्दी
The word Democracy is derived from Demos and Cratia which are related to which language?
(a) Greek (b) Latin (c) Roman (d) Hindi

2. प्रजातन्त्र का अर्थ है?
(क) राष्ट्रपति का शासन (ख) जनता का शासन (ग) मंत्रियों का शासन (घ) अफसरों का शासन
Democracy means
(a) Rule of the President (b) Rule of People
(c) Rule of Minister (d) Rule of Officers

3. "प्रजातन्त्र बहुसंख्यक वर्ग का शासन है।" यह किसने कहा?
(क) प्लेटो (ख) सीले (ग) अरस्तू (घ) लार्ड ब्राइस
"Democracy is the rule of majority." Who said this?
(a) Plato (b) Seeley (c) Aristotle (d) Lord Bryce

4. "प्रजातन्त्र वह शासन व्यवस्था है जिसमें प्रत्येक व्यक्ति का भाग हो।" यह किसने कहा?
(क) प्लेटो (ख) अरस्तू (ग) लार्ड ब्राइस (घ) सीले
"Democracy is a government in which everyone has a share." Who said this?
(a) Plato (b) Aristotle (c) Lord Bryce (d) Seeley

5. "प्रजातन्त्र जनता का, जनता के द्वारा और जनता के लिए शासन है।" यह किसने कहा?
(क) लिंकन (ख) अरस्तू (ग) सीले (घ) प्लेटो
"Democracy is a government of the people, by the people and for the people." Who said this?
(a) Lincoln (b) Aristotle (c) Seeley (d) Plato

6. "प्रजातन्त्र केवल सरकार ही का स्वरूप नहीं है बल्कि वह एक राज्य का और समाज का भी स्वरूप है।" यह किसने कहा?
(क) सीले (ख) हर्नशॉ (ग) अरस्तू (घ) ब्राइस
"Democracy is not only a form of government but it is a form of state and society also." Who said this?
(a) Seeley (b) Hearnshaw (c) Aristotle (d) Bryce

7. "मनुष्य की भौतिक एवं सामाजिक दशाओं की समानता का सार है।" यह किसने कहा?
(क) अरस्तू (ख) सीले (ग) क्रोजियर (घ) ब्राइस
"The essence of democracy is the equality of man's material and social conditions." Who said this?
(a) Aristotle (b) Seeley (c) Crozier (d) Bryce

8. निम्नलिखित में से कौन-राज्य प्रत्यक्ष प्रजातन्त्र से सम्बन्धित है?
(क) इंग्लैण्ड (ख) भारत (ग) अमेरिका (घ) स्विट्जरलैण्ड
Which country of the following is associated with the Direct Democracy?
(a) England (b) India (c) America (d) Switzerland

9. "पूर्ण प्रजातन्त्र में कोई भी यह शिकायत नहीं कर सकता है कि उसे अपनी बात कहने का अवसर नहीं मिला।" यह किसने कहा?
(क) लॉवेल (ख) ब्राइस (ग) डायसी (घ) सीले
"In a complete democracy no one can complain that he has not a chance to be heard." Who said this?
(a) Lowell (b) Bryce (c) Dicey (d) Seeley

10. "प्रत्येक शासन शिक्षा की एक पद्धति है लेकिन सर्वश्रेष्ठ शिक्षा आत्म-शिक्षा है। इसलिए सर्वोत्तम शासन स्वशासन है जिसको प्रजातन्त्र कहते हैं।" यह किसने कहा?
(क) गिलक्राइस्ट (ख) सी॰ डी॰ बर्न्स (ग) ब्राइस (घ) प्लेटो
"All government is a method of education, but the best education is self-education therefore the best government is self-government which is democracy." Who said this?
(a) Gilchrist (b) C.D. Burns (c) Bryce (d) Plato

11. "लोकप्रिय सरकार सर्वसम्मति की सरकार है इसलिए स्वभाव से ही वह क्रान्तिकारी नहीं होती।" यह किसने कहा?
(क) ब्राइस (ख) सीले (ग) गिलक्राइस्ट (घ) प्लेटो
"Popular government is a government by common consent from its very nature, therefore, it is not likely to be revolutionary." Who said this?
(a) Bryce (b) Seeley (c) Gilchrist (d) Plato

12. "प्रजातन्त्र का सबसे बड़ा दोष यह है कि यह सबसे अधिक दरिद्र, सबसे अधिक अज्ञानी और अयोग्य लोगों का शासन है। चूँकि स्वभावतः वे ही अधिक संख्या में पाए जाते हैं।" यह किसने कहा?
(क) प्लेटो (ख) अरस्तू (ग) सीले (घ) लेकी
"The chief danger of democracy is that it is the government by the poorest, the ignorant, the most incapable, who are necessarily the more numbers." Who said this?
(a) Plato (b) Aristotle (c) Seeley (d) Lecky

13. "प्रजातन्त्र हो-हल्ला करने वालों का, खुशामदी टटुओं का तथा पिछलग्गू व्यक्तियों का स्वर्ग है।" यह किसने कहा?
(क) हार्टमैन (ख) ब्राइस (ग) सीले (घ) प्लेटो
"Democracy is the paradise of Shriekar, Labbler, word spinner, flatter and tuft hunter." Who said this?
(a) Hartman (b) Bryce (c) Seeley (d) Plato

14. "कोई भी इस बात को मानने से इन्कार नहीं कर सकता कि मौजूदा प्रतिनिधि सभाएँ दोषपूर्ण हैं परन्तु अगर कोई मोटरगाड़ी खराब हो जाए तो उसे छोड़ बैलगाड़ी को अपनाना मूर्खता ही होगी चाहे वह कितनी ही आकर्षक क्यों न हो।" यह किसने कहा?

(क) सीले (ख) बर्न्स (ग) प्लेटो (घ) लॉस्की

"No one denies that existing representative assemblies are defective; but even if an automobile does not work well, it is foolish to go back to a farm cart how so ever romantic." Who said this?

(a) Seeley (b) Burns (c) Plato (d) Laski

15. "शायद महान नेताओं की जितनी आवश्यकता प्रजातन्त्र को है, उतनी किसी और प्रकार की सरकार को नहीं।" यह किसने कहा?

(क) प्लेटो (ख) अरस्तू (ग) लार्ड ब्राइस (घ) सीले

"Perhaps, no form of government needs great leaders so much as democracy does." Who said this?

(a) Plato (b) Aristotle (c) Lord Bryce (d) Seeley

16. "प्रत्येक को उसकी योग्यतानुसार काम मिलेगा और काम के अनुसार मजदूरी दी जाएगी।" यह सिद्धान्त किससे सम्बन्धित है?

(क) साम्यवादी प्रजातन्त्र (ख) बुर्जुआ प्रजातन्त्र (ग) प्रत्यक्ष प्रजातन्त्र (घ) समाजवादी प्रजातन्त्र

"From each according to his abilities, to each according to his work." This principle is associated with

(a) Communist democracy (b) Bourgeois democracy
(c) Direct democracy (d) Socialist democracy

17. "प्रत्येक को योग्यतानुसार काम और आवश्यकतानुसार पारिश्रमिक दिया जाएगा।" यह सिद्धान्त किससे सम्बन्धित है?

(क) साम्यवादी प्रजातन्त्र (ख) समाजवादी प्रजातन्त्र (ग) बुर्जुआ प्रजातन्त्र (घ) प्रत्यक्ष प्रजातन्त्र

"From each according to his abilities, to each according to his needs." This principle is associated with

(a) Communist democracy (b) Socialist democracy
(c) Bourgeois democracy (d) Direct democracy

18. "पूरा समाज एक कार्यालय और एक कारखाना, समान कार्य और समान मेहनताना बन जाएगा।" यह किसने कहा?

(क) मार्क्स (ख) लेनिन (ग) स्टालिन (घ) लास्की

"The whole of society will have become one office and one factory, with equal works and equal pay." Who said this?

(a) Marx (b) Lenin (c) Stalin (d) Laski

19. प्रत्यक्ष प्रजातन्त्र का प्रवर्तक कौन है?

(क) प्लेटो (ख) अरस्तू (ग) रूसो (घ) लॉक

Who is the exponent of direct democracy?

(a) Plato (b) Aristotle (c) Rousseau (d) Locke

20. Which of the following is not the correct definition of democracy?
   (a) It is a form of government in which the people govern
   (b) It is a form of government in which the majority governs
   (c) It is a form of government in which the proletariat governs
   (d) It is a form of government in which the adult population of the state has a right to choose its rulers
   (e) None of these
21. Which one of the following is not an essential element of political democracy?
   (a) Every adult citizen has a right to take part in the election of the rulers of the state
   (b) Every adult citizen has a right to contest for the highest political office in the country
   (c) Every citizen is equal before law
   (d) Every citizen has a right to criticize the acts of the government
   (e) Every citizen has a right to work
22. Which of the following does not constitute an essential attribute of democracy?
   (a) Freedom of Speech (b) Freedom of Association
   (c) Freedom of Religion (d) Equality before Law
   (e) Equality of Property
23. Who is the author of *Modern Democracy*?
   (a) Rousseau (b) Laski (c) Joseph Stalin (d) Lord Bryce
24. Which of the following teachers said that political freedom is a sham without economic democracy?
   (a) Individualism (b) Idealism (c) Utilitarianism (d) Socialism (e) Fascism
25. Which is the most important system in a democracy?
   (a) Social system (b) Economic system (c) Political system (d) Party system
26. What is meant by official bureaucracy
   (a) Formal organisation (b) Informal organisation
   (c) Confusion organisation (d) Autocracy
27. The essential feature of democracy is giving prominence to
   (a) Civil Servants (b) The Executive (c) The Judiciary (d) The Citizen
28. The success of democracy depends upon which of the following
   (a) Right to criticise (b) Right to association (c) Right to property
29. In which country did the concept of democracy originate?
   (a) U.S.A. (b) Switzerland (c) Britain (d) U.S.S.R.
30. To a socialist democracy means a society in which
   (a) Inequalities of wealth should be removed by state action
   (b) All the means of production and distribution should be owned by the state
   (c) Free enterprise and state enterprise should co-exist
   (d) Nobody should remain without work
31. Which of the following is not a critic of democracy?
   (a) Maine (b) Lecky (c) Laveleye (d) John Locke
32. Lord Bryce defines democracy as
   (a) "a form of government in which the will of the majority of qualified citizens rules"
   (b) "the progress of all, through all under the leadership of the best and the wisest"

(c) "government by the freely chosen representatives of the people and not by the people themselves"
(d) "nothing more than an experiment in government"

33. "Real democracy is to be found not in a single omnipotent representative assembly, but in a system of co-ordinated functional representative bodies." Who made this observation?
(a) Duguit (b) Herbert Spencer (c) G.D.H. Cole (d) J.S. Mill

34. "The citizen is more important than the physician or the lawyer, the grocer or the steel worker." Who made this observation?
(a) Esmein (b) Marriot (c) Strong (d) E.F. Dale

35. A form of democratic government in which the ruling power of the country is vested in a few elected representatives of the whole body of citizens is known as
(a) Direct democracy (b) Indirect democracy
(c) Parliamentary government (d) None of the above

36. In democracy the final authority rests with
(a) Parliament (b) People (c) The council of Ministers (d) Civil Servants

37. The concept of power elite is connected with
(a) Pareto (b) Mosca (c) C. Wright Mills (d) James Burnham

38. Which of the following philosophers championed the cause of direct democracy?
(a) Hobbes (b) Rousseau (c) Marx (d) Hegel

39. Which one of the following view points is wrong?
(a) Democracy promotes general welfare
(b) Democracy averts revolution
(c) Democracy leads to frequent changes in the policy of government
(d) Democracy promotes patriotism

40. Who defined democracy as "Government of the people, by the people and for the people"?
(a) Woodrow Wilson (b) Lord Bryce (c) Abraham Lincoln (d) Laski

41. Which one of the following thinkers is connected with the Elitist theory?
(a) Vil Fredo Pareto (b) Mosca (c) Robert Michels (d) All the three

42. The pluralist theory of democracy is
(a) Against separation of powers
(b) Against periodical elections
(c) In favour of elections because they help in gauging public opinion
(d) Against decentralization of authority

उत्तर
(Answers)

1. (क) 2. (ख) 3. (ग) 4. (घ) 5. (क) 6. (ख) 7. (ग) 8. (घ) 9. (क)
10. (ख) 11. (ग) 12. (घ) 13. (क) 14. (ख) 15. (ग) 16. (घ) 17. (क) 18. (ख)
19. (ग) 20. (c) 21. (e) 22. (e) 23. (d) 24. (d) 25. (d) 26. (a) 27. (d)
28. (a) 29. (c) 30. (d) 31. (d) 32. (d) 33. (c) 34. (b) 35. (b) 36. (b)
37. (c) 38. (b) 39. (c) 40. (c) 41. (d) 42. (c)

23

राजनीतिक दल
(Political Parties)

राजनीतिक दल का महत्व
(Importance of Political Party)

(i) **इतिहास** (History)–राजनीतिक दल उतना ही प्राचीन है जितना कि राजनीति विज्ञान। अमेरिकन क्रान्ति के पहले इंग्लैण्ड में 'लैंकेस्टरियन्स' (Lancastrians), 'योर्किस्ट' (Yorkists), 'कैवेलियरस' (Cavaliers) और 'राउण्ड हेडस' (Round Heads) दल प्रचलित थे। अमेरिका में भी 'ह्विग्स' (Whigs) और 'टोरीज' दल थे। उस समय ये दल न तो आज की तरह विकसित थे और न महत्वपूर्ण। फिर भी उनका अस्तित्व सरकार के निर्माण में था। मुनरो का कहना है कि "हर समय सरकार के अन्दर दल पाया जाता था।"[1] अर्थात् कोई भी सरकार दल प्रथा से स्वतन्त्र न थी।

(ii) **प्रजातन्त्र के लिए ऑक्सीजन** (Oxygen for a Democratic State)–आज का युग प्रजातन्त्र का है। यह तो दल के ऊपर ही आधारित है। बिना राजनीतिक दल के हम प्रजातन्त्र राज्य की कल्पना भी नहीं कर सकते हैं। वस्तुतः राजनीतिक दल तो प्रजातन्त्र राज्य के ऑक्सीजन हैं। जिस प्रकार ऑक्सीजन के बिना जीवन सम्भव नहीं है, उसी प्रकार राजनीतिक दल के बिना प्रजातान्त्रिक सरकार मुर्दा है। प्रजातन्त्र राज्य में राजनीतिक दल का इतना अधिक महत्व है कि उसे सरकार का चौथा अंग माना गया है। उसके बिना सरकार का गठन हो ही नहीं सकता है। इंग्लैण्ड, अमेरिका एवं भारत में दल का जिक्र नहीं किया गया है फिर भी उसका महत्व वहाँ पर रूस एवं चीन से कम नहीं। प्रजातान्त्रिक सरकार का गठन दल के आधार पर होता है।

(iii) **मेकाइवर** का कहना है कि "राजनीतिक दलों के अभाव में न तो सिद्धान्तों की संगठित अभिव्यक्ति हो सकती है और न नीतियों का उचित विकास ही और न तो नियमित रूप से संसदीय चुनाव के वैधानिक उपायों अथवा मान्य संस्थाओं का सहारा ही लिया जा सकता है जिनके द्वारा राजनीतिक दल अपनी शक्ति को बनाए रखने या प्राप्त करने का प्रयत्न करते हैं।"[2]

---

1. "No where has there ever been a free government without political parties."—Munro
2. "Without political parties there can be no unified statement of principle, no orderly evolution of policy, no regular resort to constitutional device of parliamentary elections nor, of course, any of recognised institutions by means of which a party seeks to gain or maintain power."—MacIver

(iv) **मेरियट** ने भी राजनीतिक दल की महत्ता का वर्णन निम्नांकित शब्दों में किया है, "दलीय व्यवस्था को हम सरकार की एक पूरक संस्था मान सकते हैं जो मतदाताओं को सरकारी अधिकारियों के चुनाव, सार्वजनिक नीति के निर्धारण तथा उससे भी बढ़कर सरकार के संचालन अथवा उसकी आलोचना करने के कार्य में सहायता प्रदान करती है। इस अर्थ में दल को सरकार का एक भाग कर्मचारी वर्ग का विस्तार मान सकते हैं जो उनके निश्चित शासकीय उत्तरदायित्व से तो दूर हटकर उससे कम निश्चित उत्तरदायित्व के रूप निर्धारण एवं संचालन का कार्य करता है।"

(v) **फाइनर**—राजनीतिक दल देश की नीतियों की आलोचना करता है। वह सरकार के कुकृत्यों पर प्रकाश डालता है। चुनाव के समय वह मतदाताओं को निर्देश करता है। वह उनमें राजनीतिक चेतना भरता है। अगर राजनीतिक दल न हो तो मतदाता अपने राजनीतिक अधिकार एवं कर्तव्य को शायद ही पहचान सकेंगे। फाइनर का कहना है कि "दलों के बिना मतदाता या तो नपुंसक हो जायेंगे या विनाशकारी, जो ऐसी असम्भव नीतियों का अनुगमन करेंगे जिससे राजनीतिक यंत्र ध्वंस हो जायेंगे।"[1]

वस्तुतः राजनीतिक दल एवं प्रजातंत्र में स्त्री-पुरुष का सम्बन्ध है। सरकार एवं राजनीतिक दल के अधिकार सीमा का निर्धारण करना कठिन है। इसलिए राजनीतिक दल का महत्व विशेषतः आज के प्रजातन्त्र युग में काफी है।

राजनीतिक दल की परिभाषाएँ
(Definitions of Political Party)

राजनीतिक दल क्या है? इसकी परिभाषा क्या है? इसके बारे में जानना बहुत आवश्यक है। विभिन्न विद्वानों ने इसकी परिभाषायें निम्न प्रकार से की हैं—

(1) **एडमंड बर्क** के अनुसार, "राजनीतिक दल ऐसे व्यक्तियों का समूह है जो किसी राष्ट्रीय हित की पूर्ति के लिए किसी एक विशिष्ट सिद्धान्त को आधार मानकर जिसमें वे सहमत हों, अपना संगठन करते हैं।"[2]

(2) **मेकाइवर** के अनुसार, "राजनीतिक दल वह समुदाय है जिसका संगठन किसी नीति अथवा सिद्धान्त के समर्थन में हुआ हो और जो सांविधानिक उपायों से उस सिद्धान्त अथवा नीति को शासन का आधार बनाने का प्रयत्न करता हो।"[3]

(3) **गिलक्राइस्ट** के अनुसार, "राजनीतिक दल ऐसे नागरिकों का संगठित समूह है जिनके राजनीतिक विचार एक-से होते हैं तथा जो एक राजनीतिक इकाई की तरह काम कर सरकार को नियन्त्रित करने की चेष्टा करते हैं।"[4]

(4) **गेटेल** के अनुसार, "राजनीतिक दल प्रायः संगठित नागरिकों का एक ऐसा समुदाय है जो राजनीतिक इकाई की तरह कार्य करता है और अपने मतदान की शक्ति का प्रयोग कर सरकार को संगठित करना तथा अपनी सामान्य नीति को पूर्ण करना चाहता है।"[5]

---

1. "Without parties an electorate would be either impotent or destructive by embarking on impossible policies that would only wreck the political machine."—Finer
2. "A political party is a body of men united for promoting by their joint endeavours the national interest upon some particular principle in which they are agreed."—Edmund Burke
3. "A political party is an association organised in support of some principles which by constitutional means it endeavours to make the determinant of the government."—MacIver
4. "A political party may thus be defined as an organised group of citizens who profess to share the same political views and who by acting as a political unit, try to control the government."—Gilchrist
5. "A political party consists of a group of citizens, more or less organised who act as a political unit and who by the use of their voting power aim to control the government and carry out their general principles."—Gettell

(5) **लीकॉक** के अनुसार, "राजनीतिक दल संगठित नागरिकों के उस समुदाय को कहते हैं जो इकट्ठे मिलकर एक राजनीतिक इकाई के रूप में कार्य करते हैं। उनके विचार सार्वजनिक प्रश्नों पर एक जैसे होते हैं और वे सामान्य उद्देश्य की पूर्ति के लिए मतदान की शक्ति का प्रयोग करके सरकार पर अपना आधिपत्य स्थापित करना चाहते हैं।"

(6) **मुनरो** के अनुसार, "राजनीतिक दल उन व्यक्तियों का समूह है जो सार्वजनिक समस्याओं पर एकमत रहते हैं।"

उपर्युक्त परिभाषाओं के आधार पर हम राजनीतिक दल की परिभाषा निम्न प्रकार से सरल शब्दों में कर सकते हैं, राजनीतिक दल संगठित व्यक्तियों का वह संघ है जो व्यापक आर्थिक एवं राजनीतिक उद्देश्य की पूर्ति, सांविधानिक तरीकों को अपनाकर, राष्ट्रीय हित में, नयी सरकार के गठन के लिए सतत् प्रयत्नशील रहता है।

राजनीतिक दल के आवश्यक तत्व
(Essential Elements of Political Party)

वस्तुतः जब हम उपर्युक्त परिभाषाओं का विश्लेषण करते हैं तो उसमें निम्नलिखित तत्वों को पाते हैं जिनका रहना अति आवश्यक है। उन तत्वों के अभाव में हम राजनीतिक दल की कल्पना भी नहीं कर सकते हैं।

(i) **संगठन**–एक ही प्रकार के विचार रखने वाले व्यक्तियों का एक संगठन होना चाहिए अर्थात् वे संगठन के सूत्र में अवश्य बँधे रहें। बिना संगठन के राजनीतिक दल सम्भव नहीं है।

(ii) **आधारभूत सिद्धान्तों में एकता**–राजनीतिक दल की स्थापना कुछ आधारभूत सिद्धान्तों को लेकर होती है। वे आर्थिक या राजनीतिक भी हो सकते हैं। उन सिद्धान्तों पर सभी संगठित व्यक्तियों का मतैक्य होना चाहिए। नीतियों के विस्तार में उनका मत कुछ भिन्न हो सकता है किन्तु मूल सिद्धान्तों एवं नीतियों पर एकमत का रहना आवश्यक है।

(iii) **सांविधानिक तरीका**–राजनीतिक दल के अपने सिद्धान्तों एवं नीतियों का कार्यान्वयन करने के लिए हमेशा सांविधानिक तरीके का प्रयोग करना चाहिए। वह कभी भी हिंसात्मक तरीकों को नहीं अपना सकता है। मार-पीट, लूट एवं झगड़े के आधार पर वह कभी भी कुछ नहीं कर सकता है। अतः राजनीतिक दल को सांविधानिक तरीके को अपनाना पड़ता है।

(iv) **राष्ट्रीय हित की पूर्ति**–राजनीतिक दल का उद्देश्य हमेशा राष्ट्रीय हित का होना चाहिए। जाति एवं साम्प्रदायिकता के प्रोत्साहन का उद्देश्य नहीं होना चाहिए। जिस दल का संकुचित उद्देश्य होता है, उससे राष्ट्र की सुरक्षा खतरे में पड़ जाती है। अतः उसका उद्देश्य राष्ट्रीय हित होना चाहिए। राष्ट्रीय हित की पूर्ति के लिए उसे सतत् प्रयत्नशील रहना चाहिए।

(v) **सरकार निर्माण**–राजनीतिक दलों का निर्माण कुछ उद्देश्यों की पूर्ति के लिए होता है। उन उद्देश्यों की पूर्ति तब तक नहीं होती, जब तक वे स्वयं सरकार का गठन नहीं करते हैं। अतः राजनीतिक दल का सबसे बड़ा उद्देश्य है पुरानी सरकार को बदलकर अपने सिद्धान्तों एवं नीतियों के कार्यान्वयन के लिए नयी सरकार का गठन करना।

उपर्युक्त पाँच तत्वों के आधार पर ही प्रत्येक राजनीतिक दल आधारित रहता है।

राजनीतिक दल एवं गुट में अन्तर
(Difference Between Political Party and Faction)

कुछ लोग राजनीतिक दल एवं गुट को एक ही समझ लेते हैं किन्तु वस्तुतः दोनों दो चीजें हैं। अन्तर दोनों में निम्नलिखित पाए जाते हैं–

(1) **उद्देश्य** (Aim)–राजनीतिक दल का उद्देश्य गुट की अपेक्षा व्यापक होता है। वह राष्ट्रीय हित का ख्याल करता है। किन्तु गुट जाति एवं साम्प्रदायिकता पर आधारित होता है। उसका सम्बन्ध केवल एक वर्ग विशेष के हित में अधिक रहता है।

(2) **तरीका** (Method)–राजनीतिक दल हमेशा सांविधानिक तरीके का प्रयोग करता है। किन्तु गुट हिंसात्मक तरीकों को अपनाता है। वह राष्ट्र की सुरक्षा का शत्रु है।

(3) **शक्ति की प्राप्ति** (Achivement of Power)–राजनीतिक दल राजनीतिक शक्ति की प्राप्ति मतदान द्वारा प्राप्त करता है। अर्थात् चुनाव के द्वारा ही वह सरकार पर नियन्त्रण करता है किन्तु गुट शक्ति की प्राप्ति के लिए बल एवं क्रान्ति पैदा करता है। हिंसा एवं क्रान्ति के जरिए वह सरकार पर नियन्त्रण करता है। मुनरो ने कहा है "राजनीतिक दल सिरों की गणना कर कार्य करते हैं परन्तु गुट उन्हें तोड़कर।"[1]

अतः उपर्युक्त कथन से स्पष्ट है कि राजनीतिक दल एवं गुट दोनों अलग-अलग चीज़ हैं। सच पूछा जाए तो गुट निर्माण अपनी स्वार्थ की सिद्धि के लिए राजनीतिक दल में होता है जो राजनीतिक दल की महत्ता को घटा देता है। अतः गुटवाद का हमेशा त्याग करना चाहिए।

राजनीतिक दल के निर्माण का आधार
(Basis for Formation of Political Party)

1. **राजनीतिक आधार** (Political Bases)–राजनीतिक दलों का निर्माण कुछ सिद्धान्तों के आधार पर होता है। हर दल के निर्माण में कोई न कोई सिद्धान्त अवश्य रहता है–कुछ दलों का निर्माण राजनीतिक सिद्धान्तों के आधार पर होता है। उनका मुख्य उद्देश्य रहता है उन राजनीतिक सिद्धान्तों की पूर्ति। कोई दल अध्यक्षात्मक शासन प्रणाली, कोई संसदीय सरकार एवं कुलीनतन्त्र चाहता है। कोई तानाशाही, कोई फासिज्म एवं नाजिज्म चाहता है। इस प्रकार राजनीतिक आधार पर दलों का एक वर्गीकरण किया जाता है।

2. **आर्थिक आधार** (Economic Bases)–दलों का निर्माण आर्थिक सिद्धान्त के आधार पर भी होता है। कोई अर्थ के केन्द्रीकरण में विश्वास करता है। साम्यवादी, काँग्रेस पार्टी एवं समाजवादी दल के आर्थिक सिद्धान्तों में काफी अन्तर है। मजदूर दल मजदूरों की भलाई, कृषक दल कृषकों की भलाई एवं जमींदार दल जमींदारों की भलाई चाहता है। इस प्रकार राजनीतिक दलों का निर्माण आर्थिक आधार पर भी होता है।

3. **संकुचित विचारों पर आधारित** (Based on Narrow Principles)–बहुत से राजनीतिक दलों का निर्माण संकुचित विचारों के आधार पर होता है। वे धर्म, जाति, भाषा, प्रान्त, आदि पर आधारित होते हैं। भारत के मुस्लिम लीग, हिन्दू महासभा, अकाली दल, द्रविड़ मुनेत्र कड़गम इत्यादि दल संकुचित विचारों पर आधारित हैं।

4. **मानसिक आधार** (Mental Bases)–देश के अन्दर विभिन्न प्रकार के मानसिक विचार वाले व्यक्ति रहते हैं। उनके मानसिक विचार के आधार पर भी हम राजनीतिक दल को चार भागों में बाँट सकते हैं–

   (i) **प्रतिक्रियावादी दल** (Reactionary Party)–कुछ दल ऐसे होते हैं जो वर्तमान स्थिति से असन्तुष्ट होकर पीछे की ओर लौटना चाहते हैं। वे सभ्यता को ठीक नहीं मानकर, पीछे लौटना अधिक पसन्द करते हैं। ऐसे दल को प्रतिक्रियावादी दल कहते हैं।

   (ii) **अनुदार दल** (Conservative Party)–कुछ दल ऐसे होते हैं जो किसी भी प्रकार का परिवर्तन नहीं चाहते हैं। वर्तमान स्थिति से न तो आगे बढ़ना चाहते हैं और न पीछे हटना चाहते हैं। वे ज्यों के त्यों (Status Quo) बने रहना चाहते हें। ऐसे दल को अनुदार दल कहते हैं। यह इंग्लैण्ड में पाया जाता है।

---

1. "Political parties act by counting the heads while the factions by breaking them."—Munro

(iii) **उदार दल** (Liberal Party)–कुछ दल ऐसे होते हैं जो वर्तमान स्थिति में क्रमिक सुधार लाना चाहते हैं। वे परिवर्तन में विश्वास रखते हैं। ऐसे दल को उदार दल कहते हैं। यह भी इंग्लैण्ड में है।

(iv) **उग्र दल** (Radical Party)–कुछ दल ऐसे होते हैं जो वर्तमान स्थिति से असन्तुष्ट होकर समूल परिवर्तन लाना चाहते हैं अर्थात् पुरानी सभ्यता की कब्र पर नयी सभ्यता लाना चाहते हैं। इसके लिए वे हिंसात्मक तरीके भी अपनाते हैं। ऐसे दल को उग्र दल कहा जाता है।

किसी-किसी राज्य में प्रतिक्रियावादी दल एवं अनुदार दल के मानने वालों को दक्षिणपंथी कहते हैं। उग्र दल के मानने वालों को वामपंथी कहते हैं और उदार दल के मानने वालों को मध्यवर्ती कहते हैं।

राजनीतिक दल के कार्य
(Functions of Political Party)

1. **जनता को संगठित करना** (To Organise People)–राजनीतिक दल के कार्यों की कोई सीमा नहीं। उसके अनेक कार्य हैं। खासकर प्रजातन्त्र राज्य में तो सभी कार्य उसी के द्वारा सम्पादित किये जाते हैं। सर्वप्रथम राजनीतिक दल जनता को एक सूत्र में बाँधता है। वह जनता को एक राजनीतिक सूत्र में संगठित करता है। इस प्रकार इसके संगठन से जनता में कुछ उत्तरदायित्व की भावना आती है।

2. **राजनीतिक शिक्षा का प्रचार** (Expansion of Political Education)–प्रजातन्त्र राज्य में तो राजनीतिक दल ही राजनीतिक शिक्षा का मुख्य माध्यम है। खासकर ऐसे प्रजातन्त्र देश के लिए जहाँ की अधिकांश जनता अशिक्षित होती है, राजनीतिक दल भाषण, अखबार एवं पर्चों के द्वारा लोगों को राजनीति से परिचित कराता है। वह उनमें राजनीतिक जागरूकता लाता रहता है। उसे उसके अधिकारों एवं कर्तव्यों से परिचित कराता है। वह अपनी नीतियों को जनता के सामने रखता है। इस प्रकार वह हमेशा लोगों में राजनीतिक शिक्षा का प्रचार करता रहता है।

3. **जनमत का निर्माण** (Formation of Public Opinion)–राजनीतिक दल जनमत के निर्माण में सक्रिय भाग लेता है। चूँकि जनमत पर ही उसकी हार एवं जीत निर्भर करती है, अतः वह हमेशा जनमत को अपने दलानुकूल करने की कोशिश करता रहता है।

4. **चुनाव में भाग** (Participation in Election)–राजनीतिक दल चुनाव की प्रतीक्षा उसी प्रकार करता है जिस प्रकार एक नयी दुल्हन अपने पिया से मिलने की। चुनाव के समय विभिन्न दलों को देखते ही बनता है। दलों के नेता लम्बे-लम्बे एवं गर्म-गर्म भाषण देकर मतदाताओं को अपने पक्ष में करने की कोशिश करते हैं। चूँकि यही समय है कि भविष्य का पता चल जाता है। लोगों को मालूम हो जाता है कि कौन दल सरकार बनाने जा रहा है। अतः राजनीतिक दल चुनाव में सक्रिय भाग लेता है।

5. **सरकार का निर्माण** (Formation of Government)–चुनाव में जो दल विजयी होता है अर्थात् बहुमत प्राप्त करता है, वही देश के अन्दर नयी सरकार का गठन करता है। अतः इस प्रकार राजनीतिक दल का कार्य है–सरकार का गठन करना। वस्तुतः यह उसका सबसे मुख्य एवं महत्वपूर्ण कार्य है।

6. **आलोचक** (Critic)–जो दल बहुमत प्राप्त नहीं करता है, वह भी संसद एवं विधानमण्डल में रहता है। वह विरोधी दल के रूप में कार्य करता है। इस हैसियत से वह एक आलोचक का काम करता है। वह सरकार की नीतियों की समय-समय पर आलोचना करता रहता है। सरकार को हमेशा सही रास्ते पर चलने के लिए बाध्य करता रहता है। सरकार की गलत नीतियों को वह जनता के सामने प्रकट करता है। इस प्रकार वह एक आलोचक का काम करता है।

7. **मध्यस्थ** (Mediator)–राजनीतिक दल सरकार एवं जनता के बीच कड़ी है। वह दोनों को जोड़ता रहता है। वह एक ओर जनता के विचारों को सरकार के सामने रखता है तो दूसरी ओर सरकार की नीतियों को जनता के समक्ष रखता है। इस प्रकार वह विचारों का आदान-प्रदान करता रहता है। लॉवेल ने कहा है कि "राजनीतिक दल दलाल का कार्य करता है।"[1]

8. **पदाधिकारियों का चयन** (Selection of Personnel)–राजनीतिक दल अपने पदाधिकारियों को लेता है। वह प्रतियोगी व्यक्तियों को छाँट लेता है जिससे उसका कल्याण होता है। लेखक ने कहा है, "पदाधिकारियों के चयन में राजनीतिक दल चलनी का काम करता है।"[2]

9. **सामाजिक कार्य** (Social Works)–राजनीतिक दल सामाजिक कार्यों को भी बड़ी सुगमतापूर्वक करता है। अमीर-गरीब को एक ही लाठी से हाँकता है। समाज में बहुत-से सुधारात्मक कार्य भी करता है। छुआछूत को मिटाना, हरिजनों का उद्धार, गरीब-पीड़ितों की सेवा, बाढ़-पीड़ित लोगों की सेवा, इत्यादि भी विभिन्न दलों के द्वारा किए जाते हैं। इस प्रकार इससे समाज का भी कल्याण होता रहता है।

10. **समस्या का समाधान** (Solution of Problems)–जटिल समस्याओं के समाधान में राजनीतिक दल दिलचस्पी लेता है। जब तक सरकार किसी समस्या पर सोचती रहती है, तब तक विरोधी दल उसका जवाब दे देता है। अत: वह कठिन से कठिन समस्याओं के समाधान में मदद करता रहता है।

11. **अधिकारों की रक्षा** (Protection of Rights)–राजनीतिक दल नागरिकों के अधिकारों की रक्षा करता है। पहले तो वह नागरिकों को उसके अधिकारों एवं कर्तव्यों के प्रति सचेत कर देता है। अगर कोई उसके अधिकारों का अपहरण करता है, तो वह उसकी रक्षा में मदद करता है।

उपर्युक्त कार्यों के अध्ययन से पता चलता है कि राजनीतिक दल का महत्व अधिक है। बहुत-से कार्यों का सम्पादन करता है। चुनाव लड़ने से लेकर सरकार निर्माण तक का कार्य उसके हाथों में होता है। वह सामाजिक, सांस्कृतिक, मनोरंजन सम्बन्धी एवं सुधारात्मक कार्य भी करता है। अगर दल-प्रथा प्रजातन्त्र राज्य में न रहे तो प्रजातंत्र की आत्मा ही मर जाएगी। प्रजातन्त्र निष्प्राण हो जाएगा। राजनीतिक दल ही सरकार में रक्त का संचार करता है। उसके शरीर में प्राण फूँकता है। अत: राजनीतिक दल के कार्यों की कोई सीमा नहीं है। उसके कार्य अनेक हैं। वह बहुमुखी है।

राजनीतिक दल के गुण
(Merits of Political Party)

राजनीतिक दल में गुणों के साथ ही अवगुण भी हैं। पहले उसके गुणों पर विचार करेंगे–

(1) **जनतन्त्र में सरकार का गठन** (Formation of Government in a Democratic State)–राजनीतिक दल प्रजातन्त्र राज्य में आवश्यक है। राजनीतिक दल जनतन्त्र शासन प्रणाली में सरकार का गठन करता है। सरकार के निर्माण में राजनीतिक दलों का बहुत बड़ा हाथ रहता है।

(2) **सरकार पर नियन्त्रण** (Control Over Government)–एक दल सरकार का निर्माण करता है। शेष दल विरोधी दल के रूप में काम करते हैं। सरकार पर उनका नियन्त्रण काफी रहता है। सरकार को कभी निरंकुश एवं स्वेच्छाचारी नहीं होने देते हैं। बराबर वे उसकी आलोचना किया करते हैं। इस प्रकार राजनीतिक दल सरकार पर एक रूकावट या ब्रेक का काम करता है।

---

1. "Political party is a broker of ideas."—Lowell
2. "The party works as a huge sieve through which the competing types of personnel are shifted and choices are finally made."

(3) **निर्वाचन** (Election)–निर्वाचन की उचित व्यवस्था राजनीतिक दल ही किया करता है। वह उम्मीदवारों को खड़ा करता है। लोगों के सामने अपनी नीतियों को सरल शब्दों में रखता है। इसके साथ ही भाषण, पत्र-पत्रिकाओं एवं पर्चों द्वारा जनता को निर्वाचन में भाग लेने के लिए प्रेरित करता रहता है। इस प्रकार प्रजातन्त्र राज्य में निर्वाचन को सफल बनाने का श्रेय राजनीतिक दल को है।

(4) **सरकार जनमत के अनुसार** (Government Based on Public Opinion)–प्रजातन्त्र राज्य में वही राजनीतिक दल सरकार का गठन करता है जिसे चुनाव में जनता का बहुमत प्राप्त होता है अर्थात् जनता ही अपनी सरकार के मुख्य-मुख्य पदाधिकारियों को चुनती है। अतः जनता द्वारा चुने गए शासक, हमेशा जनमत का ख्याल करते हैं। उन्हें हमेशा भय बना रहता है कि अगर वे जनमत के अनुसार शासन नहीं चलाते हैं तो हो सकता है कि अगले चुनाव में वे विजयी न हों। यही कारण है कि प्रजातन्त्र राज्य में जनमत पर काफी ध्यान दिया जाता है। अतः दलों के रहने के कारण ही सरकार जनमत के अनुसार संचालित होती है।

(5) **आलोचना** (Criticisms)–अगर मान लिया जाए कि कभी-कभी सरकार जनता के विरुद्ध कुछ कार्यों को करती है तो विरोधी दल सरकार की काफी आलोचना करता है। जनता के सामने वैसी निकम्मी एवं खोखली सरकार को प्रदर्शित करता है। आलोचना के डर से भी सरकार कोई ऐसा कदम नहीं उठाती है जो जनमत के विरोध में होता है। अतः आलोचना सरकार को सही रास्ते पर लाने या चलने के लिए एक अमोघ अस्त्र है।

(6) **संघात्मक शासन में सुदृढ़ता** (Soundness in Federal System)–संघीय शासन प्रणाली में सुदृढ़ शासन की आवश्यकता पड़ती है। उसमें केन्द्रीय एवं क्षेत्रीय सरकार में सन्तुलन का रहना अति आवश्यक है। राजनीतिक दल के रहने से किसी भी प्रकार की दिक्कत नहीं होती है। केन्द्र एवं राज्य की सरकारों के बीच में अच्छा सम्बन्ध रहता है और इस प्रकार संघात्मक शासन प्रणाली में सुदृढ़ता आ जाती है।

(7) **सरकार के विभिन्न अंगों में सामंजस्य** (Harmony Among the Organs of Government)–प्रत्येक शासन प्रणाली में कार्यपालिका एवं व्यवस्थापिका में गहरा सम्बन्ध रहना आवश्यक है। सरकार के विभिन्न अंगों में एक-दूसरे का सहयोग वांछनीय है अर्थात् व्यवस्थापिका के सहयोग से कार्यपालिका सुचारू रूप से काम कर सकती है। राजनीतिक दल के कारण ही दोनों में सामंजस्य स्थापित किया जाता है। चूँकि व्यवस्थापिका के ही सदस्य कार्यपालिका में रहते हैं, इस प्रकार शासन में एकरूपता आ जाती है और सरकार के विभिन्न अंग अबाध रूप से अपना काम करते हैं।

(8) **राष्ट्रीय एकता** (National Unity)–राजनीतिक दलों का निर्माण पूरे राज्य के लिए होता है। वे व्यापक दृष्टिकोण पर आधारित होते हैं। उनमें राष्ट्रीय भावना का प्रचार करते हैं। इस प्रकार राष्ट्रीय भावना की जागृति लोगों में राजनीतिक दलों से ही होती है।

(9) **अनुशासन** (Discipline)–राजनीतिक दल का अपना संविधान होता है। उसका अपना नियम होता है जो उसके सदस्यों पर लागू होता है। राजनीतिक दल अपने सभी सदस्यों को एक सूत्र में बाँधता है। वह अनुसाशन की कड़ी में सबको रखता है। इस प्रकार जनता सदस्यों के रूप में रहने के कारण, राजनीतिक दलों के नियम से बद्ध हो जाती है।

(10) **सांविधानिक तरीका** (Constitutional Method)–राजनीतिक दल हमेशा सांविधानिक तरीकों को अपनाते हैं। वे इसी पर जोर देते हैं जिस कारण देश के अन्दर शान्ति एवं सुव्यवस्था बनी रहती है। उसमें किसी भी प्रकार की गड़बड़ी नहीं होती है।

(11) **सुधारात्मक कार्य** (Reformatory Work)–राजनीतिक दल कुछ सुधारात्मक कार्य भी करता है। समाज के अन्दर फैली कुरीतियों को मार भगाता है। छुआछूत, हरिजन उद्धार पर काफी जोर देता है। इसके अतिरिक्त,

अमीर-गरीब की भावना को मिटाने में इसका बहुत बड़ा हाथ रहता है। इस प्रकार वह कुछ न कुछ सामाजिक कल्याण का कार्य करता ही रहता है।

(12) **राजनीतिक चेतना** (Political Consciousness)–राजनीतिक दल प्रजातन्त्र राज्य में बड़ा लाभदायक सिद्ध होता है। अनपढ़ जनता देश की राजनीति में दिलचस्पी नहीं लेती है। वह अपने अधिकारों एवं कर्तव्यों को भी नहीं पहचानती है। ऐसी स्थिति में राजनीतिक दल जनता को उसके अधिकारों एवं कर्तव्यों का ज्ञान कराते हैं। उसे राजनीति में दिलचस्पी लेने को बाध्य करता है। इस प्रकार चुनाव के लिए जनता को मतदाता के रूप में तैयार करता है। राजनीतिक दल हमेशा लोगों में राजनीतिक चेतना का प्रचार करता रहता है।

राजनीतिक दल के अवगुण
(Demerits of Political Party)

राजनीतिक दल के जितने गुण हैं उतने अवगुण भी हैं। अत: अवगुणों पर भी विचार करना आवश्यक है–

(1) **वैयक्तिक स्वतन्त्रता नहीं** (No Individual Freedom)–राजनीतिक दलों के रहने के कारण व्यक्ति अपनी वैयक्तिक स्वतन्त्रता खो देता है। उसका निजी व्यक्तित्व दल के व्यक्तित्व में मिल जाता है। वह दल के विरुद्ध कोई भी काम नहीं कर सकता है। कभी-कभी तो उसे प्रतिकूल बातों को करना पड़ता है और आज्ञाओं का पालन करना पड़ता है। अत: राजनीतिक दलों के रहने से वैयक्तिक स्वतन्त्रता समाप्त हो जाती है।

(2) **राजनीतिक वातावरण दूषित** (Corrupt Political Atmosphere)–राजनीतिक दल जनता का हमेशा समर्थन चाहता है। इसके लिए वह अथक परिश्रम करता है। दल के नेता जनता के बीच में भाषण देते हैं। किताबों को प्रकाशित करते हैं एवं पर्चे बँटवाते हैं। सरकार की कटु आलोचना करते हैं। वे झूठी-झूठी खबर भी प्रचारित करते रहते हैं। इससे देश का राजनीतिक वातावरण दूषित हो जाता है, जनता किंकर्तव्यविमूढ़ हो जाती है।

(3) **शासन में बाधा** (Interference in Administration)–विरोधी दल हमेशा शक्ति में आए हुए दल को गिराना चाहता है। वह उसकी आलोचना करता है। झूठी बातों से बदनाम करता है। विरोधी दल सरकार पर झूठा आरोप भी लगाता है। ये सभी बातें शासन के रास्ते में बाधा उपस्थित करती है।

(4) **देश की एकता में बाधा** (Hindrance in Administration)–अधिक राजनीतिक दलों के रहने से देश का राजनीति वातावरण अशान्त हो जाता है। उनमें से कुछ राजनीतिक दलों का निर्माण जाति, भाषा एवं धर्म के आधार पर होता है जो राष्ट्रीय एकता को हमेशा खतरे में रखता है। भारत की राष्ट्रीय एकता खतरे में क्यों है? इसका मुख्य कारण है कि यहाँ पर कुछ ऐसे दल हैं जो भाषा, साम्प्रदायिकता एवं प्रांत पर आधारित हैं।

(5) **अयोग्य व्यक्ति** (Disqualified Person)–अक्सर देखा जाता है कि अयोग्य व्यक्ति ही चुनाव में विजयी होते हैं। योग्य व्यक्ति हार जाते हैं। इस प्रकार शासन के बड़े-बड़े पद पर अयोग्य व्यक्ति आ जाते हैं। जिससे शासन कार्य ढीला पड़ जाता है। योग्य व्यक्ति तो चुनाव में खड़े भी नहीं होते हैं। अत: दल पर आधारित सरकार अयोग्य व्यक्तियों की सरकार होती है।

(6) **स्वार्थसिद्धि** (Selfish Motive)–अयोग्य व्यक्तियों का दिमाग संकुचित रहता है। वे जब सरकार के क्षेत्र में आते हैं तो अपने स्वार्थ की सिद्धि में दत्तचित होकर लग जाते हैं। जन कल्याण तो वे भूल ही जाते हैं। स्वार्थसिद्धि के लिए दलों में कुछ नेताओं का गुट बन जाता है। वे तरह-तरह की योजनाओं के द्वारा अपनी मनोकामना की पूर्ति करते हैं।

(7) **दलहित** (Party-Interest)–राजनीतिक दल अपने हित पर अधिक जोर देता है। दलहित की भावना सर्वोपरि होती है। राष्ट्र, देश एवं जनता के हित से उन्हें कोई मतलब नहीं रहता है। अत: इससे दलहित को प्रोत्साहन मिलता है।

(8) **धनवानों का नियन्त्रण** (Control of Richmen)–वस्तुतः राजनीतिक दल में तो धनवानों का ही बोलबाला रहता है। चूँकि चुनाव लड़ने के लिए काफी पैसे की जरूरत पड़ती है जो धनवानों के द्वारा दी जाती है। अतः सरकार का जो गठन होता है उसमें धनी लोगों का काफी हाथ रहता है, गरीबों की गुजर नहीं। अतः सरकार धनवानों से नियन्त्रित रहती है।

(9) **नैतिकता का ह्रास** (Absence of Morality)–नैतिकता के ह्रास में राजनीतिक दलों का बहुत बड़ा हाथ है। वे झूठा प्रचार करते हैं, जनता को चकमा देते हैं, उनकी आँखों में धूल झोंकते हैं। नेता लोग तो पग-पग पर झूठ बोलते हैं, भोली-भाली जनता को धोखा देकर उसके अमूल्य वोट को ले लेते हैं। अतः जनसमूह की नैतिकता का ह्रास हो रहा है।

(10) **अस्थायी सरकार** (Instable Government)–अधिक राजनीतिक दलों के रहने के कारण सरकार अस्थायी हो जाती है। सरकार बनना-बिगड़ना चन्द में ही हो जाता है। पंचम गणतंत्र के पहले फ्रांस में अस्थायी सरकार थी जो बराबर बदलती रहती थी। अतः दलों के रहने से सरकार का स्थायीपन खत्म हो जाता है।

(11) **भ्रष्टाचार एवं फूट** (Corruption and Disruption)–राजनीतिक दल समाज के अन्दर फूट, घृणा, ईर्ष्या एवं भ्रष्टाचार की भावना को ला देता है। अमेरिका का वाशिंगटन राजनीतिक दल के विरुद्ध था। इसीलिए वहाँ के संविधान में राजनीतिक दलों की चर्चा नहीं की गई है।

(12) **विद्यार्थियों पर बुरा असर** (Bad Effect on Students)–बड़े-बड़े नेताओं के जोशीले भाषण सुनकर, बहुत-से विद्यार्थी राजनीति में आ जाते हैं। कभी-कभी तो मार-पीट, दंगा-फसाद में भी भाग ले लेते हैं जिसके कारण उनका जीवन सदा के लिए समाप्त हो जाता है, वे आगे नहीं बढ़ सकते हैं। अतः दलों से विद्यार्थियों पर बुरा असर पड़ता है।

(13) **देश का पतन** (Deterioration of Nation)–राजनीतिक दल तो कभी-कभी देश को पतन की ओर ले जाता है। उससे जनता को बहुत बड़ी हानि होती है। हिटलर एवं मुसोलिनी जर्मनी एवं इटली को पतन की ओर ही ले गये। उनके चलते दोनों देश बर्बाद हो गये। इसके साथ ही जनता में अशान्ति एवं गरीबी फैली।

(14) **गरीबी** (Poverty)–जो दल सरकार का गठन करता है, उसके लिए पैसे की समस्या नहीं उठती है। विरोधी दल जब शक्ति में नहीं आते हैं तो उनके सदस्यों को हमेशा आर्थिक संकट का सामना करना पड़ता है, उनके बाल-बच्चे भूखों मरते हैं। अतः राजनीतिक दल गरीबी को फैलाता है।

अतः इस प्रकार हम देखते हैं कि राजनीतिक दल के अवगुण भी बहुत हैं।

दल पद्धति
(Party Systems)

राजनीतिक दल तो प्रायः सभी देशों में होते हैं। किन्तु सभी जगह एक ही प्रकार की दल-पद्धति नहीं है। कहीं एक-दलीय पद्धति, कहीं द्वि-दलीय पद्धति तो कहीं बहु-दलीय पद्धति होती है। सब पर अलग-अलग विचार करना आवश्यक है।

एक-दलीय पद्धति (Single-Party System)

जिस राज्य में केवल एक ही राजनीतिक दल होता है वहाँ की सरकार के गठन में एक ही दल भाग लेता है। दूसरे दल की गुंजाइश नहीं रहती है तो ऐसी व्यवस्था को एक-दलीय पद्धति कहते हैं।

(1) **गुण** (Merits)–एक दल पर आधारित सरकार स्थायी होती है। लोगों में विचारों की एकरूपता रहती है। सरकार की नीति एवं योजना एक होती है। लोगों तथा शासक में कोई मतभेद नहीं रहता है। शासन का कार्य सुचारू

रूप से चलता है। देश की प्रगति बड़ी तेजी के साथ होती है। सरकार के भंग होने का भय नहीं रहता है। वह निश्चित होकर काम करती रहती है। जनता का विश्वास ऐसी सरकारों में हो जाता है।

(2) **अवगुण** (Demerits)–इस पद्धति का सबसे बड़ा दोष यह है कि यह अधिनायकवाद को जन्म देती है। शासक तानाशाह के रूप में राज्य करता है। जनमत का कोई महत्व नहीं रहता है। जनता की भावनाओं को हमेशा कुचल दिया जाता है। विरोधी दल के न रहने से सरकार मनमानी करती है। उसमें स्वच्छन्दता, निरंकुशता आ जाती है। यह शासन बहुत दिनों नहीं टिकता है।

(3) **रूस, चीन, पोलैण्ड में** (In Russia, China and Poland)–एक-दलीय पद्धति द्वितीय विश्वयुद्ध के पहले जर्मनी में हिटलर एवं इटली में मुसोलिनी के द्वारा बनायी गयी थी। वे अधिनायक की तरह राज्य करते थे। इधर साम्यवाद के प्रचार होने से, साम्यवादी राज्यों में, जैसे–रूस, चीन, पोलैण्ड एवं चेकोस्लोवाकिया इत्यादि में प्रचलित है, एक दलीय पद्धति प्रजातंत्र की आत्मा के विरुद्ध है। जहाँ कहीं भी यह पद्धति प्रचलित है, वहाँ की जनता सन्तुष्ट नहीं है। अतः एकदलीय पद्धति तो मानव स्वभाव के प्रतिकूल है। इसका त्याज्य करना ही श्रेयस्कर है।

द्वि-दलीय पद्धति (Two-party System)

जहाँ मुख्यतः दो राजनीतिक दल पाये जाते हैं तथा जहाँ की सरकार इन्हीं दो दलों पर आधारित होती है, वहाँ हम कहते हैं कि द्वि-दलीय पद्धति प्रचलित है। एक दल सरकार का गठन करता है और दूसरा दल विरोधी दल का काम करता है।

गुण (Merits)–द्वि-दलीय पद्धति के अन्दर निम्नलिखित गुण हैं–

(1) **सरकार में स्थिरता** (Stability in Government)–सर्वप्रथम राज्य के अन्दर दो दल रहने से, एक दल सरकार का गठन करता है और दूसरा विरोधी दल काम करता है। अतः एक दल निश्चित रूप से बहुमत प्राप्त कर सरकार का गठन करता है। सरकार स्थायी रूप से एक निश्चित अवधि तक काम करती है। उसमें कोई व्यवधान नहीं होता है जैसा कि हम बहु-दलीय पद्धति में पाते हैं। अतः दो दलों के रहने से सरकार में स्थायित्व आ जाता है।

(2) **बहुमत की सरकार** (Majority Government)–दो दल से जनता स्पष्ट रूप से किसी न किसी दल को अपना मत देती है। इस प्रकार किसी न किसी दल को बहुमत प्राप्त होता ही है। बहुमत प्राप्त दल ही सरकार का गठन करता है। अतः सरकार जनता के बहुमत पर आधारित होती है किन्तु बहु-दलीय पद्धति में तो कम मत प्राप्त दल भी सरकार का गठन कर लेता है, इसमें वैसी बात नहीं होती है।

(3) **निर्भयता** (Fearlessness)–जो दल सरकार का गठन करता है, वह निर्भय होकर अपनी नीतियों एवं योजनाओं का कार्यान्वयन करता है। चूँकि बहुमत उसके पक्ष में रहता है, अतः सरकार के भंग होने का उसे डर नहीं रहता है।

(4) **प्रत्यक्ष चुनाव** (Direct Election)–राज्य के अन्दर दो दल रहने के कारण दोनों में प्रत्यक्ष रूप से मत के लिए संघर्ष होता है। जनता के सामने भी स्पष्टता रहती है। वह अपना मत दो में से चाहे किसी को भी दे। इस प्रकार दोनों दलों का निर्वाचन प्रत्यक्ष रूप से होता है।

(5) **शक्तिशाली विरोधी दल** (Strong Opposition Party)–दो दल रहने के कारण एक दल तो सरकार का गठन करता है और दूसरा दल विरोधी दल का काम करता है। विरोधी दल का, ऐसी स्थिति में महत्व काफी बढ़ जाता है। उसकी आलोचनाओं एवं नीतियों पर सरकार ध्यान देती है। विरोधी दल ऐसी स्थिति में सरकार को उलट भी सकता है।

(6) **दलीय अनुशासन** (Party Discipline)–द्वि-दलीय पद्धति में दलीय अनुशासन सदस्यों पर काफी रहता है। कोई भी सदस्य दलीय आज्ञा का उल्लंघन नहीं कर सकता है किन्तु बहुदलीय पद्धति में वैसी बात नहीं रहती है, वहाँ अनुशासन का उतना महत्व नहीं रहता है।

अवगुण (Demerits)–द्वि-दलीय पद्धति में गुण के साथ कुछ अवगुण भी हैं–

(1) **अस्वाभाविक** (Unnatural)–द्वि-दलीय पद्धति अस्वभाविक है। राज्य की सम्पूर्ण जनता को केवल दो ही दलों में बाँटना न्यायसंगत नहीं है। जनता के दिमाग भिन्न-भिन्न हैं। बाध्य होकर जनता को दो में से किसी एक दल को चुनना पड़ता है। अतः द्वि-दलीय पद्धति में सभी जनता का मत प्रतिनिधित्व नहीं होता है।

(2) **अधिक अनुशासन** (Too Much Discipline)–द्वि-दलीय पद्धति में काफी दलीय अनुशासन रहता है। बड़े नेताओं के अधीन सभी सदस्यों को काम करना पड़ता है। छोटे नेताओं की उनके सामने नहीं चलती है। अतः वे अपने विचारों को स्वतन्त्र रूप से प्रकट नहीं कर सकते हैं। वे हमेशा दल के बंधन में घिरे रहते हैं।

(3) **निरंकुशता** (Absoluteness)–इस प्रणाली में बहुमत प्राप्त दल निर्भय होकर शासन करता है। वह इसमें निरंकुशता का भी प्रयोग करता है। चूँकि उसे अपदस्थ होने का कोई डर नहीं रहता है, अतः द्वि-दलीय पद्धति स्वेच्छाचारिता एवं निरंकुशता की जन्मदात्री है।

(4) **इंग्लैण्ड व अमेरिका में प्रचलित** (In England and America)–द्वि-दलीय शासन पद्धति इंग्लैण्ड, अमेरिका एवं अन्य देशों में प्रचलित है। इंग्लैण्ड में मुख्यतः अनुदार दल एवं श्रमिक दल हैं। अमेरिका में रिपब्लिकन एवं डेमोक्रेटिक दल भी हैं। कुछ अन्य छोटे-छोटे दल हैं जिनका स्थान वहाँ पर गौण है।

बहु-दलीय पद्धति (Multi-Party System)

जिस राज्य में बहुत-से राजनीतिक दल रहते हैं तो हम कहते हैं कि वहाँ पर बहु-दलीय पद्धति प्रचलित है। इसमें संयुक्त सरकार भी बनती है।

गुण (Merits)

(1) **निरंकुशता का अभाव** (Absence of Absoluteness)–बहु-दलीय पद्धति का सबसे बड़ा गुण यह है कि इसमें निरंकुशता का अभाव रहता है। सरकार जनता की इच्छानुसार शासन का कार्य करता है।

(2) **विचारों का प्रतिनिधित्व** (Representation of Thoughts)–एक-दलीय या द्वि-दलीय पद्धति में जनता के सभी विचारों का प्रतिनिधित्व नहीं होता है। उसे सीमा के अन्दर रहना पड़ता है किन्तु बहु-दलीय पद्धति में बहुत-से दलों के रहने के कारण विचारों का पूर्ण रूप से प्रतिनिधित्व होता है।

(3) **स्वतन्त्रता** (Freedom)–बहु-दलीय पद्धति में जनता को काफी स्वतन्त्रता मिलती है। अनुशासन की उतनी मात्रा उन पर नहीं होती है जितनी कि द्वि-दलीय पद्धति में पाते हैं।

अवगुण (Demerits)–बहु-दलीय पद्धति में बहुत दल रहने के कारण किसी एक दल को बहुमत प्राप्त नहीं होता है। अतः संयुक्त सरकार बनानी पड़ती है। वह सरकार भी अस्थायी होती है। सरकार अनिश्चितता के कारण बड़ी-बड़ी एवं दीर्घकालीन योजनाओं को लागू नहीं कर सकती है। इसके अतिरिक्त, शासन में दृढ़ता एवं अनुरूपता नहीं आती है। ऐसी सरकार के प्रति लोगों की आस्था कम रहती है।

बहु-दलीय पद्धति भारत एवं इटली में प्रचलित है। पाँचवें गणतन्त्र से पहले फ्रांस में भी प्रचलित थी। किन्तु वहाँ पर एक मजबूत दल का निर्माण किया गया है।

द्वि-दलीय पद्धति वांछनीय (Bi-Party System is Desirable)–उपर्युक्त दलीय पद्धति के गुणों एवं अवगुणों पर विचार करने के बाद पता चलता है कि विश्व की अधिकांश जनता द्वि-दलीय या त्रि-दलीय पद्धति के पक्ष में

है क्योंकि इससे स्थायी सरकार का निर्माण होता है, शासन में सुदृढ़ता आती है। इसके साथ ही व्यक्ति को स्वतन्त्रता भी प्राप्त होती है। कुछ विद्वान त्रि-दलीय पद्धति के पक्ष में हैं। इसमें विचारों की स्वतन्त्रता का क्षेत्र व्यापक होता है। वस्तुतः एक अच्छी सरकार के गठन एवं सुशासन के लिए न दो से कम और तीन से अधिक राजनीतिक दल होने चाहिए।

राजनीतिक दलों की सफलता की शर्तें (Conditions for the Successful Working of Political Parties)

क्या दलरहित सरकार सम्भव है? (Is Partyless Government Possible?)–अब प्रश्न उठता है कि राजनीतिक दलों में अधिक अवगुण हैं। अतः इसे त्याग देना चाहिए। श्री अंय्यंगर, श्री जयप्रकाश नारायण एवं अन्य विद्वान दलरहित सरकार के निर्माण के पक्ष में हैं। वे कहते हैं कि राजनीतिक दलों का उन्मूलन कर देना चाहिए। बिना दल पर आधारित सरकार स्थायी एवं सुदृढ़ होगी।

उनके मतों को आँख मूँदकर मान लेना ठीक नहीं। अगर राजनीतिक दलों का उन्मूलन कर दिया जाए, तो किस आधार पर सरकार का गठन होगा? सरकार की क्या रूपरेखा होगी? इस प्रजातन्त्र युग में राजनीतिक दलों का उन्मूलन करना प्रजातन्त्र का गला घोंटना है। साम्यवादी राज्य में राजनीतिक दलों को संविधान में लिख दिया गया है। सर्वशक्तिशाली राज्य के लिए जब राजनीतिक दल जरूरी हैं तो प्रजातन्त्र राज्यों के लिए तो अति अनिवार्य हैं। अतः राजनीतिक दलों का उन्मूलन एवं दलरहित सरकार का गठन सम्भत्र नहीं है। राजनीतिक दलों में यदि निम्नलिखित सुधार लाया जाय तो अच्छी सरकार का गठन होगा जिससे देश में शान्ति एवं सुव्यवस्था आएगी–

(1) **व्यापक सिद्धान्त पर आधारित** (Based on Broad Principles)–राजनीतिक दलों की सफलता के लिए यह आवश्यक है कि उनका निर्माण व्यापक राजनीतिक एवं आर्थिक सिद्धान्तों पर होना चाहिए। वे जाति, धर्म, भाषा एवं साम्प्रदायिकता के आधार पर आधारित नहीं रहने चाहिए। विस्तृत सिद्धान्त पर आधारित नहीं रहने चाहिए। विस्तृत सिद्धान्त पर आधारित दल ही जनहित एवं राष्ट्रहित कर सकता है।

(2) **दो या तीन दल** (Two or Three Parties)–राजनीतिक दलों की संख्या का कम होना अति आवश्यक है। कम से कम दो और अधिक से अधिक तीन राजनीतिक दल किसी भी राज्य में रहने चाहिए, तभी सरकार का गठन ठीक से होगा एवं शासन सुचारू रूप से चलेगा। एक दल के रहने से राज्य निरंकुश हो जाएगा एवं बहुत-से दलों के रहने से संयुक्त सरकार की स्थापना होगी। अतः दो या तीन दलों का रहना ही श्रेयस्कर है।

(3) **किसी एक नेता का स्थायी नेतृत्व नहीं** (Not Permanent Leadership of a Leader)–किसी भी राजनीतिक दल में किसी एक खास नेता का नेतृत्व स्थायी रूप से नहीं होना चाहिए जैसा कि अभी काँग्रेस पार्टी में है। यह दल को डुबा देता है। वस्तुतः दल का एक विधान होना चाहिए जिसके अनुसार सभी को नेतृत्व का मौका मिले। ऐसा करने से दल के अन्दर अशान्ति एवं फूट न होगी।

(4) **राष्ट्रहित की कामना** (Desire for National Interest)–राजनीतिक दल को दलीय हित का त्याग कर राष्ट्रीय हित को अपनाना चाहिए। क्योंकि राष्ट्र के हित में ही दल का भी हित सम्मिलित है। दलीय हित की ओर अधिक महत्व देने से, राष्ट्र का पतन हो जाता है और राष्ट्र की संस्कृति चौपट हो जाती है। इसलिए हर दल को राष्ट्रीय हित की कामना करनी चाहिए।

(5) **अनुशासन** (Discipline)–राजनीतिक दलों के सदस्यों में काफी अनुशासन रहना चाहिए। अनुशासन के बल पर ही कोई दल चुनाव में विजयी होता है। बहु-दलीय पद्धति में इस अनुशासन की कमी होती है। अतः दल के अन्दर अनुशासन रहना आवश्यक है।

(6) **व्यापक संगठन** (Broad Organisation)–राजनीतिक दलों का संगठन व्यापक रूप होना चाहिए। वे राज्य में जाल की तरह फैले रहने चाहिए, तभी वे जनता पर प्रभाव डाल सकते हैं। उनकी सफलता उनके व्यापक संगठन पर निर्भर करती है।

(7) **चरित्रवान नेता** (Leader should be a Man of Character)–राजनीतिक दल के नेता को चरित्रवान होना अति आवश्यक है। क्योंकि उसका असर पूरे देशवासियों पर पड़ता है। उसमें त्याग, सहानुभूति, क्षमता एवं सहयोग की भावना होनी चाहिए। वह ईमानदार हो। सत्यवान, ईमानदार, कर्तव्यनिष्ठ नेता ही सरकार का संगठन ठीक से कर सकते हैं।

(8) **निश्चित एवं स्पष्ट नीति** (Definite and Clear Policy)–प्रत्येक राजनीतिक दल की नीति स्पष्ट एवं निश्चित होनी चाहिए। उसकी घरेलू एवं वैदेशिक नीति स्पष्ट होनी चाहिए जो साधारण जनता की समझ में भी आ जाए। जिस दल की नीति स्पष्ट होती है, वह अधिक लोकप्रिय हो जाता है। लोगों की आस्था उसमें हो जाती है।

(9) **सक्रिय राजनीतिक दल** (Active Political Party)–राजनीतिक दलों का सक्रिय होना अति आवश्यक है। अक्सर देखा जाता है कि चुनाव के समय में वे अधिक सक्रिय रहते हैं, उसके बाद सो जाते हैं। ऐसा नहीं होना चाहिए। उन्हें हमेशा परचा, भाषण, पत्र-पत्रिकाओं एवं किताबों के जरिए जनता की दिलचस्पी को बढ़ाना चाहिए। सक्रिय दल ही राष्ट्र के लिए कुछ कर सकता है।

(10) **शिक्षित जनता** (Educated People)–राजनीतिक दल की सफलता के लिए जनता का शिक्षित होना अति आवश्यक है। शिक्षित व्यक्ति ही अपने राजनीतिक अधिकारों एवं कर्तव्यों को समझ सकते हैं। वे देश के शासन में भाग ले सकते हैं। अतः उन्हें शिक्षित होना बहुत जरूरी है। शिक्षा के अभाव में राजनीतिक दल आगे नहीं बढ़ सकता है। इंग्लैण्ड एवं अमेरिका के लोग अधिक शिक्षित हैं जिस कारण वहाँ के राजनीतिक दलों में कम दोष हैं किन्तु भारत में अधिक लोग अशिक्षित हैं जिस कारण यहाँ के राजनीतिक दलों में अधिक दोष हैं। अतः राजनीतिक दलों की सफलता शिक्षित जनता पर भी निर्भर करती है।

(11) **निष्पक्ष प्रेस** (Impartial Press)–निष्पक्ष एवं न्याययुक्त प्रेस का रहना आवश्यक है। दलों के नेताओं का भाषण एवं उनकी नीतियों का जनता में प्रचार समाचार-पत्रों के द्वारा ही होता है। अतः निष्पक्ष एवं स्वतन्त्र प्रेस का रहना जरूरी है।

(12) **दलों में एकता** (Unity in Parties)–दलों के अन्दर एकता का रहना अति आवश्यक है। आन्तरिक कलह नहीं रहनी चाहिए। दल के अन्दर निष्पक्षता एवं न्याय होना चाहिए। सभी के व्यक्तित्व का आदर करना चाहिए।

(13) **प्रशासन में हस्तक्षेप नहीं** (No Interference in Administration)–राजनीतिक दल को प्रशासन के क्षेत्र में हस्तक्षेप नहीं करना चाहिए। प्रशासन के पदाधिकारियों की नियुक्ति लोक सेवा आयोग से होनी चाहिए। ऐसा करने से शासन की नींव मजबूत होती है।

(14) **विरोधी दल का स्वागत** (Welcome to Opposite Party)–विशेषतः प्रजातन्त्र राज्य में विरोधी दल अत्याज्य है। उसका रहना अति आवश्यक है। अतः विरोधी दल का हमेशा स्वागत करना चाहिए। उसकी नीतियों, सुझावों एवं विचारों पर ध्यान देना चाहिए। विरोधी दल को उचित महत्व देना चाहिए, तभी किसी जगह की सरकार सफलीभूत हो सकती है।

(15) **वेतन** (Salary)–राजनीतिक दल की आमदनी का कोई स्रोत नहीं होता है। जो दल सरकार का गठन करता है, उसे तो सरकार से अर्थ की प्राप्ति होती है। दूसरे शब्दों में कह सकते हैं कि सरकार का खजाना ही उसके हाथों में रहता है। विरोधी दल की आर्थिक स्थिति बड़ी नाजुक होती है। अतः विरोधी दल के नेताओं एवं सदस्यों को वेतन

का प्रबन्ध करना चाहिए। जैसे कि इंग्लैण्ड एवं कनाडा में दिया जाता है। विरोधी दल के नेताओं को वेतन देने से, वे देश की राजनीति में अधिक दिलचस्पी लेंगे। इस प्रकार राजनीतिक दल सफलता की ओर प्रयाण करेगा।

(16) **निजी पुलिस नहीं** (No Private Force)–राजनीतिक दलों को निजी पुलिस रखने की अनुमति नहीं मिलनी चाहिए नहीं तो इसका परिणाम घातक होता है। जर्मनी में नाजी पार्टी एवं इटली में फासिस्ट पार्टी को पुलिस रखने का अधिकार था जिसका परिणाम आगे चलकर बुरा निकला। अतः राजनीतिक दलों को निजी सेना रखने की अनुमति नहीं मिलनी चाहिए।

यदि उपर्युक्त सुधारों को राजनीतिक दल में लाया जाए तो राजनीतिक दल पर आधारित सरकार जनता के लिए अधिक लाभकर सिद्ध होगी। वह काफी सन्तुष्ट एवं आनन्दित होगी। अतः राजनीतिक दलों को त्यागना सम्भव नहीं है। उसमें इन सुधारों को लाकर उसकी महत्ता में चार चाँद लगा सकते हैं।

प्रश्न
(Questions)

1. राजनीतिक दल की परिभाषा दीजिए तथा इसके महत्व को बताइए।
   Define Political Party and show its importance.
2. राजनीतिक दल क्या है? इसके कौन-कौन से आधारभूत सिद्धान्त हैं? विवेचना कीजिए।
   What is Political Party? What are the basic Elements? Discuss.
3. राजनीतिक दल के कार्यों की विवेचना कीजिए।
   Discuss the functions of Political Party.
4. राजनीतिक दल के गुण एवं दोषों का वर्णन कीजिए।
   Describe the merits and demerits of Political Party.
5. संक्षेप में, दल-पद्धति के विभिन्न रूपों का विवेचन कीजिए।
   Discuss briefly the various forms of Political system.
6. द्वि-दलीय पद्धति के गुण एवं दोषों का वर्णन कीजिए।
   Describe the merits and demerits of the bi-party system.
7. कौन-सी दल-पद्धति प्रजातन्त्र के लिए उपयुक्त है? विवेचना कीजिए।
   Which Party-system is suitable for a democratic state? Explain.
8. प्रजातन्त्र में राजनीतिक दल के महत्व पर प्रकाश डालिए।
   Discuss the role of Political Party in democracy.
9. राजनीतिक दल की सफलता के लिए आवश्यक शर्तों की विवेचना कीजिए।
   Discuss the essential conditions for the successful working of Political Party.

वस्तुनिष्ठ प्रश्न
(Objective Questions)

1. "हर समय सरकार के अन्दर दल पाया जाता है।" यह किसने कहा?
   (क) मुनरो (ख) फाइनर (ग) गेटेल (घ) बर्क
   "No where has there ever been a free government without political parties." Who said this?
   (a) Munro (b) Finer (c) Gettell (d) Burke

2. "दलों के बिना मतदाता या तो नपुंसक हो जायेंगे या विनाशकारी, जो ऐसी असम्भव नीतियों का अनुगमन करेंगे जिससे राजनीतिक यंत्र ध्वंस हो जायेंगे।" यह किसने कहा?
(क) मुनरो (ख) फाइनर (ग) गेटेल (घ) बर्क
"Without parties an electorate would be either impotent or destructive by embarking on impossible policies that would only wreck the political machine." Who said this?
(a) Munro (b) Finer (c) Gettell (d) Burke
3. "राजनीतिक दल ऐसे व्यक्तियों का समूह है जो किसी राष्ट्रीय हित की पूर्ति के लिए किसी विशिष्ट सिद्धान्त को आधार मानकर जिसमें वे सहमत हों, अपना संगठन करते हैं।" यह किसने कहा?
(क) फाइनर (ख) मुनरो (ग) बर्क (घ) गेटेल
"A political party is a body of men united for promoting by their joint endeavours the national interest upon some particular principle in which they are agreed." Who said this?
(a) Finer (b) Munro (c) Burke (d) Gettell
4. "राजनीतिक दल ऐसे नागरिकों का संगठित समूह है जिनके राजनीतिक विचार एक-से होते हैं तथा जो एक राजनीतिक इकाई की तरह काम कर सरकार को नियन्त्रित करने की चेष्टा करते हैं।" यह किसने कहा?
(क) मुनरो (ख) फाइनर (ग) बर्क (घ) गिलक्राइस्ट
"A political party may thus be defined as an organized group of citizens who profess to share the same political view and who by acting as a political unit, try to control the government." Who said this?
(a) Munro (b) Finer (c) Burke (d) Gilchrist
5. "राजनीतिक दल सिरों की गणना कर कार्य करते हैं परन्तु गुट उन्हें तोड़कर।" यह किसने कहा?
(क) मुनरो (ख) फाइनर (ग) बर्क (घ) गेटेल
"Political parties act by counting the heads while the faction by breaking them." Who said this?
(a) Munro (b) Finer (c) Burke (d) Gettell
6. "राजनीतिक दल दलाल का कार्य करता है।" यह किसने कहा?
(क) मुनरो (ख) लॉवेल (ग) बर्क (घ) गेटेल
"Political Party is a broker of ideas." Who said this?
(a) Munro (b) Lowell (c) Burke (d) Gettell
7. भारत में दल रहित सरकार का मुख्य प्रणेता कौन था?
(क) नेहरू (ख) लोहिया (ग) जयप्रकाश (घ) पटेल
In India who was the main exponent of the party less government?
(a) Nehru (b) Lohia (c) Jai Prakash (d) Patel
8. किस देश में द्वि-दलीय पद्धति पायी जाती है?
(क) चीन (ख) भारत (ग) रूस (घ) इंग्लैण्ड
In which country the Bi-Party system is prevalent?
(a) China (b) India (c) Russia (d) England
9. किस देश में एक-दलीय पद्धति पायी जाती है?
(क) चीन (ख) भारत (ग) इंग्लैण्ड (घ) अमेरिका

In which country the one-party system is prevalent?

(a) China (b) India (c) England (d) America

10. किस देश में बहु-दलीय पद्धति पाई जाती है?

(क) चीन (ख) भारत (ग) इंग्लैण्ड (घ) अमेरिका

In which country the multi-party system is prevalent?

(a) China (b) India (c) England (d) America

11. "A Political Party is a body of men, united for the purpose of promoting, by their joint endeavours, the public interest upon some principles on which they are agreed." Who said this?

(a) MacIver (b) Burke (c) Lord Bryce (d) Laski (e) Willoughby

12. The main political parties in England are

(a) Democratic and Republic (b) Conservative and Labour
(c) Liberal and Communist (d) Liberal Socialists and Radical Socialists

13. In the U.S.S.R. there is

(a) one-party system (b) two-party system
(c) multi-party system (d) no-party system

14. Which of the following is not an element of a political party?

(a) An organised group of persons
(b) Fidelity to certain common principles
(c) A common programme
(d) A common religion
(e) A desire to serve the interests of a wide section of the community

15. Which of the following is not a political party?

(a) To create and express public opinion
(b) To capture political power
(c) To put into practice its policies and programme
(d) To criticize the acts of omission and commission of the government
(e) To promote the spiritual good of the people

16. Who said "Political parties go along way in helping to educate, formulate and organize public opinion"?

(a) Gettell (b) Barker (c) Laski (d) Lord Bryce

17. The conservative party anywhere would stand for

(a) Private ownership (b) Public ownership
(c) Mixed economy (d) Gradual nationalization of the means of production

18. The party is a link between the legislature and the _______

(a) People (b) Voters (c) Government

19. Which of the following is not an element of a political party?

(a) Having roots in religion
(b) An organized group of persons
(c) Fidelity to certain common principles
(d) Wedded to the promotion of national interests

20. Who said "an alert and intelligent public opinion is the first essential of democracy"?
    (a) Mahatma Gandhi (b) J.L. Nehru (c) Asirvatham (d) E.B. Schulz
21. In England also there obtains a two-party system. One of the political parties is the Labour Party. The other is
    (a) The Liberals (b) The Conservative Party
    (c) The Social Democrats (d) The Republicans
22. A political party has been defined as "an association organized in support of some principles or policy which by constitutional means endeavours to make the determinant of government" by
    (a) MacIver (b) Burke (c) Bryce (d) Machiavelli
23. Which one of the following demerits of political parties is wrong?
    (a) Political parties divide the people and disrupt national unity
    (b) Political parties break the rigidity of the separation of powers
    (c) Political parties deny freedom of speech and expression to an individual and he becomes a mere log in the party machinery
    (d) Political parties encourage political favouritism
24. A totalitarian state has generally
    (a) Single-party system (b) Bi-party system
    (c) Multi-party system (d) No political parties
25. Multi-party system is found in
    (a) France (b) China (c) Britain (d) U.S.A.

उत्तर
(Answers)

1. (क) 2. (ख) 3. (ग) 4. (घ) 5. (क) 6. (ख) 7. (ग) 8. (घ) 9. (क)
10. (ख) 11. (b) 12. (b) 13. (a) 14. (d) 15. (e) 16. (d) 17. (a) 18. (b)
19. (a) 20. (c) 21. (b) 22. (a) 23. (b) 24. (a) 25. (a)

24

दबाव समूह या हित समूह
(Pressure Groups or Interest Groups)

भूमिका (Introduction)

दबाव समूह को हित समूह भी कहा जाता है। आधुनिक राजनीति में इसका महत्वपूर्ण स्थान है। यह अमेरिकी राजनीति की देन है। प्रजातान्त्रिक राज्यों में दबाव समूह का उदय और विकास बड़ी तेजी के साथ हो रहा है। राजनीतिक दल व्यक्ति और शासन के बीच सम्पर्क स्थापित करता है लेकिन व्यक्ति के सामाजिक, आर्थिक और सांस्कृतिक हितों की रक्षा हेतु दबाव समूहों का जन्म हुआ। दबाव समूह का उद्देश्य सत्ता प्राप्त करना नहीं रहता, बल्कि सत्तारूढ़ दल की नीतियों को अपने पक्ष में प्रभावित करना होता है। ये नीति संगठन होते हैं जो सामाजिक, आर्थिक और सांस्कृतिक हितों की रक्षा के लिए सक्रिय रहते हैं। नीति निर्धारण और प्रशासन पर इनका प्रत्यक्ष और परोक्ष रूप से प्रभाव पड़ता रहता है। आज की राजनीति में इसकी सेवा अनिवार्य हो गयी है।

1908 में आर्थर बेंटले की पुस्तक *Process of Government*, डेविड बी० ट्रूमैन की पुस्तक *Government Process* और वी० ओ० की जूनियर की पुस्तक *Politics, Parties and Pressure Groups* का अधिक योगदान दबाव समूह के विकास में रहा है। अमेरिका, इंग्लैण्ड, फ्रांस, इटली और भारत में दबाव समूहों की नींव मजबूत हो गयी है।

बहुलवादी दबाव समूह के स्थान पर समूह या संघ, आमंड, रोमन कोकोविज, हिचनर और हार्बोल्ड ने हित समूह तथा वी० ओ० की जूनियर, हैरी एक्स्टीन, पिनॉक और स्मिथ ने दबाव समूह शब्द का प्रयोग किया है। वस्तुतः दबाव समूह ही अधिक प्रचलित नाम है।

दबाव समूह की परिभाषाएँ
(Definitions of Pressure Groups)

दबाव समूह की निम्नलिखित परिभाषाएँ विशेष रूप से उल्लेखनीय हैं–

1. **मायरन वीनर** (Myron Weiner) के अनुसार, "हित या दबाव समूहों से हमारा तात्पर्य शासन के ढाँचे के बाहर स्वैच्छिक रूप से संगठित ऐसे समूहों से होता है जो प्रशासनिक अधिकारियों की नामजदगी और नियुक्ति, विधि-निर्माण और सार्वजनिक नीति के क्रियान्वयन को प्रभावित करने में प्रयत्नशील रहते हैं।"[1]

---

1. "By interest or pressure group we mean only voluntary organised group, outside the government structure, who attempts to influence the nomination or appointment of government personnel, the adoption of public policy, its administration and adjudicature."—Myron Weiner

2. **ओडीगार्ड** (Odegard) के शब्दों में, "दबाव समूह ऐसे लोगों का औपचारिक संगठन है जिसके एक या अधिक सामान्य उद्देश्य या स्वार्थ होते हैं और घटनाओं के क्रम को, विशेष रूप से सार्वजनिक नीति के निर्माण तथा प्रशासनिक कार्यों को इसलिए प्रभावित करने का प्रयत्न करते हैं कि वे अपने हितों की रक्षा एवं वृद्धि कर सकें।"

3. **एच० जेगलर** (H. Zeiglar) के मतानुसार, "दबाव समूह ऐसा संगठित समूह है जो अपने सदस्यों को सरकारी पदों पर बिठाए बिना सरकारी निर्णयों को प्रभावित करने की इच्छा रखते हैं।"

4. **हिचनर एवं हार्बोल्ड** (Hitchner and Harbold) के शब्दों में, "कुछ व्यक्तियों का ऐसा समूह है जो मान्य एवं सामान्य उद्देश्यों की प्राप्ति के लिए सरकार से कुछ माँगें करके सामान्य नीतियों को प्रभावित करने का प्रयत्न करते हैं।"

5. **कार्टर एवं हर्ज** (Carter and Herz) के अनुसार, "एक स्वतन्त्र समाज के हित-समूहों को स्वतन्त्र रूप से संगठित होने की अनुमति होती है जब ये समूह सरकारी यंत्र और प्रक्रिया पर प्रभाव डालने का प्रयत्न करते हैं और इस प्रकार कानूनों, नियमों, लाइसेंस, करारोपण तथा अन्य विधायी और प्रशासकीय कार्यों को अपने अनुकूल ढालने की चेष्टा करते हैं तो स्पष्ट ही ये हित दबाव समूह में बदल जाते हैं। अब हित समूहों की गतिविधियाँ सरकार पर दबाव डालने की हो जाती है।"

6. **मेकाइवर** (MacIver) के शब्दों में, "जब कई व्यक्ति किसी समान और कमोबेश स्थायी स्थिति या लाभ की रक्षा करने, उसे बनाए रखने या उसे बढ़ाने के लिए एकत्रित होते हैं तो हित शब्द का व्यवहार इस प्रकार एकीकृत करने वाले उद्देश्य के लिए किया जाता है। इस रूप में हित शब्द न केवल उस संगठन के लिए प्रयोग किया जाता है जिसका निर्माण किया जाता है, बल्कि उस उद्देश्य के लिए किया जाता है जिसके लिए संगठन का निर्माण किया जाता है तथा जो संगठित व्यक्तियों के बीच संगठन का आधार है। ऐसा संगठन आर्थिक एवं राजनीतिक विशेषताएँ रखता है तथा संगठित होता है, क्योंकि इसका मुख्य उद्देश्य न केवल हितों की रक्षा करना होता है, बल्कि अपने प्रतिद्वन्द्वियों का विरोध करना भी होता है।"

7. **हेनरी ए० टर्नर** (Henry A. Turner) के अनुसार, "परिभाषा से ही दबाव समूह राजनीतिक दलों से अलग संगठन होते हैं जो सार्वजनिक नीति के किसी पहलू को प्रभावित करने का प्रयास करते हैं। वे अपने-आप न तो दल के कार्यक्रम तैयार करते हैं और न ही सार्वजनिक पदों के लिए उम्मीदवार नामजद करते हैं। फिर भी दबाव समूह अवश्य ही राजनीतिक दलों की संकल्प समितियों के सामने पेश होते हैं, ताकि वे उनसे अपने कार्यक्रमों का समर्थन करने का निवेदन कर सकें, परन्तु यह दलों के मंचों की योजना के रूप में होता है। वे प्रायः दोनों प्रमुख दलों का समर्थन प्राप्त करने की कोशिश करते हैं और इस प्रकार अपने कार्यक्रम को दलीय विवाद के क्षेत्र से हटा लेते हैं। अनेक समूह दल के सदस्यों को सार्वजनिक पदों पर निर्वाचित कराने में भी सक्रिय होते हैं।"[1]

उपर्युक्त परिभाषाओं से यह स्पष्ट है कि दबाव समूह अपने सदस्यों के सामाजिक, आर्थिक, सांस्कृतिक और धार्मिक हितों की रक्षा के लिए तत्पर रहते हैं तथा सरकारी निर्णयों को अपने अनुकूल करते हैं।

दबाव समूह के लक्षण
(Features of Pressure Group)

दबाव समूह के निम्नांकित लक्षण उल्लेखनीय हैं–

1. "By definition, pressure groups are non-partisan organizations which attempt to influence some phase of public policy. They do not themselves draft party programmes or nominate candidates to public office. Pressure associations do, however, appear before the resolution committees of political parties to urge the endorsement of their programme as plans in the parties, platforms. They often attempt to secure the endorsement of both, major parties and thus remove their programme form the Arena of partisan controversy."—Turner

1. **सीमित उद्देश्य** (Limited Aim)–दबाव समूह का उद्देश्य सार्वजनिक नहीं होता है, बल्कि उसका उद्देश्य अपने सदस्यों के कल्याण तक ही सीमित होता है।

2. **सीमित सदस्यता** (Limited Membership)–दबाव समूह की सदस्यता अपने वर्ग तक ही सीमित रहती है, जैसे–मजदूर संघ और अखिल भारतीय ट्रेड यूनियन काँग्रेस की सदस्यता केवल मजदूरों तक सीमित है।

3. **अनेक समूहों की सदस्यता** (Membership of Many Groups)–दबाव समूहों की सदस्यता परस्पर-व्यापी होती है। एक ही व्यक्ति अनेक दबाव समूहों या संघों का एक सदस्य हो सकता है।

4. **निजी हित** (Private Interest)–दबाव समूह संगठित और असंगठित दोनों होते हैं, जैसे–फेडरेशन आफ चेम्बर ऑफ ट्रेड एण्ड कॉमर्स, आल इण्डिया ट्रेड यूनियन काँग्रेस तथा ऑल इण्डिया मिल ओनर्स एसोसिएशन, आदि पूरी तरह से संगठित हैं, जबकि अनेक छोटे-छोटे दबाव समूह असंगठित हैं।

5. **सांविधानिक और असांविधानिक साधनों का प्रयोग** (Use of Constitutional and Un-constitutional Methods)–दबाव समूह अपने हितों की पूर्ति के लिए सांविधानिक और असांविधानिक साधनों का प्रयोग सभी प्रकार के साधनों का प्रयोग करता है।

6. **अनिश्चित कार्यकाल** (Indefinite Duration)–दबाव समूह बनते और समाप्त होते रहते हैं। हित पूर्ति के बाद उसका विघटन भी कर दिया जाता है।

7. **सर्वव्यापक प्रकृति** (Universal Nature)–दबाव समूह प्रजातान्त्रिक, सर्वाधिकारवादी, आदि सभी व्यवस्थाओं में पाया जाता है। रॉबर्ट सी॰ बोन ने भी लिखा है, "दबाव समूह सभी राजनीतिक व्यवस्थाओं में, यहाँ तक कि सर्वाधिकारवादी राज्यों में भी पाए जाते हैं। केवल यह तथ्य कि दबाव समूह साम्यवादी राज्यों में भी होते हैं, इनकी सर्वव्यापकता का प्रमाण है।"

8. **राजनीति एवं प्रशासन में अप्रत्यक्ष भूमिका** (Indirect Role in Politics and Administration)–दबाव समूह निर्वाचन लड़कर राजनीतिक सत्ता नहीं हथियाना चाहते। उनका लक्ष्य तो मन्त्रियों, प्रशासकों, विधायकों और सांसदों पर विभिन्न तरीकों से दबाव डालकर अपना कार्य करवाना होता हैं वह अप्रत्यक्ष रूप से राजनीति एवं शासन को प्रभावित करते रहते हैं। वह राजनीतिक निर्णयों और प्रशासनिक कार्यों पर अपना प्रभाव डालते रहता है।

राजनीतिक दलों एवं दबाव समूहों में भेद
(Difference between Political Parties and Pressure Groups)

राजनीतिक दलों एवं दबाव समूहों में निम्नांकित भेद हैं–

1. **उद्देश्य**–राजनीतिक दल का उद्देश्य कार्यक्रम राष्ट्रव्यापी या प्रादेशिक भी होता है। उसका मन्त्रियों, विधायकों और प्रशासकों पर दबाव डालकर अपना कार्य करवाता है।

2. **राष्ट्रव्यापी कार्यक्रम**–राजनीतिक दल का कार्यक्रम राष्ट्रव्यापी या प्रादेशिक भी होता है। उसका सम्बन्ध राष्ट्रव्यापी समस्याओं से रहता है, जबकि दबाव समूह का सम्बन्ध अपने वर्गहित से।

3. **व्यापक संगठन**–राजनीतिक दल का संगठन काफी व्यापक होता है। इसके लाखों सदस्य होते हैं। दूसरी ओर, दबाव समूह का आकार छोटा होता है। इसके सदस्य सीमित संख्या में होते हैं।

4. **संगठित**–राजनीतिक दल संगठित होता है, जबकि दबाव समूह संगठित और असंगठित दोनों होता है।

5. **साधन**–राजनीतिक दल अपने उद्देश्य की प्राप्ति के लिए सांविधानिक तरीका अपनाता है, जबकि दबाव समूह सांविधानिक और अन्य तरीकों को भी।

6. **सक्रिय**–राजनीतिक दल राजनीति में सदा सक्रिय होता है, जबकि दबाव समूह अपना काम निकलवाने के समय ही।

दबाव समूहों का वर्गीकरण
(Classification of Pressure Groups)

दबाव समूहों का वर्गीकरण निम्नलिखित रूप से दर्शाया जा सकता है–

ब्लोण्डेल (Blondel) के अनुसार दबाव समूह दो प्रकार के होते हैं:

(क) **सामुदायिक दबाव समूह**–इसकी स्थापना के मूल में व्यक्तियों के सामाजिक सम्बन्ध होते हैं। यह रूढ़िगत और संस्थात्मक दो रूपों में पाया जाता है।

(ख) **संघात्मक दबाव समूह**–इसकी स्थापना के पीछे किसी विशिष्ट लक्ष्य की प्राप्ति प्रेरक तत्व होता है। इसके भी दो रूप हैं–संरक्षणात्मक और उत्थानात्मक।

आमंड (Almond) के अनुसार दबाव समूहों के चार प्रकार होते हैं–

(क) संस्थात्मक, (ख) असंघात्मक, (ग) प्रदर्शनात्मक या अनियमित, तथा (घ) संघात्मक।

ब्लोण्डेल, आमंड एवं अन्य विद्वानों के अनुसार दबाव समूह को निम्नलिखित चार भागों में बाँटा जा सकता है–

1. **संस्थानात्मक दबाव समूह** (The Institutional Pressure Groups)–सरकार की प्रक्रिया को चलाने में दबाव समूह संस्थागत माने जाते हैं। संस्थागत दबाव समूह राजनीतिक दल, विधान सभा, सेना, नौकरशाही, आदि में सक्रिय रहता है।

2. **समुदायात्मक दबाव समूह** (Associational Pressure Groups)–ये हितों की अभिव्यक्ति के विशेषीकृत संघ होते हैं। इनका मुख्य उद्देश्य अपने विशिष्ट हितों की पूर्ति करना होता है, जैसे–श्रमिक संगठन, कृषक संगठन, व्यवसायिक संगठन, आदि।

3. **असमुदायिक दबाव समूह** (Non-associational Pressure Groups)–ये जाति, धर्म, रक्त-सम्बन्ध या अन्य किसी परम्परागत लक्षण पर आधारित होते हैं। ये असंगठित होते हैं।

4. **प्रदर्शनकारी या अनियमित दबाव समूह** (Anomic Pressure Groups)–ये अचानक गठित होते हैं और हित-विशेष की पूर्ति के बाद समाप्त हो जाते हैं। ये अपनी माँगों को लेकर गैर-सांविधानिक उपायों का प्रयोग करते हैं। ये हड़ताल करना, सत्याग्रह, घेराव, बैठक, रैली, प्रदर्शन, आदि को अपनाते हैं।

दबाव समूहों के साधन
(Methods of Pressure Groups)

दबाव समूह अपने उद्देश्य की पूर्ति हेतु निम्नांकित साधनों को अपनाता है–

1. **लॉबींग** (Lobbying)–लॉबींग का अर्थ है–विधानमण्डल के सदस्यों को प्रभावित कर, अपने हित में कानून का निर्माण करवाना। विधायकों से निजी सम्पर्क स्थापित करके, किसी विधेयक को अपने पक्ष में दबाव समूह पारित करवाते हैं। इसके लिए प्रदर्शन, तार, टेलिफोन, पत्र एवं शिष्टमण्डल का भी प्रयोग किया जाता है। पश्चिमी देशों में इसका अधिक प्रयोग किया जाता है।

2. **प्रसार** (Propaganda)–दबाव समूह अपने उद्देश्य की प्राप्ति के लिए रेडियो, टेलीविजन, प्रेस, समाचार पत्र, आदि का खुलकर प्रयोग करता है। वह इनके माध्यम से अपनी नीतियों का प्रचार करता है।

3. **आँकड़ों का प्रकाशन** (Publication of Datas)–दबाव समूह अपनी नीतियों को पास कराने हेतु आँकड़ें प्रकाशित करता है।

4. **बैठक आयोजित करना** (To Organise Meetings)–दबाव समूह अपने उद्देश्यों की प्राप्ति हेतु बैठक, सेमिनार, विचारगोष्ठी, वार्ताएँ, आदि का आयोजन करता है।

5. **घूँस** (Bribery)–दबाव समूह अपने उद्देश्य की प्राप्ति हेतु विधायकों, मन्त्रियों एवं अधिकारियों को घूँस तक देता है। सुरा-सुन्दरी का भी प्रबन्ध किया जाता है। बेईमानी का भी रास्ता अपनाया जाता है।

6. **निर्वाचन में रुचि** (Interest in Election)–दबाव समूह सांसदों और विधायकों के निर्वाचन में रुचि रखता है। वह ऐसे सदस्यों को जिताता है जो उनके हित की रक्षा करते हैं।

7. **न्यायालय की शरण** (Shelter of the Court)–संसद या विधान मण्डल कोई ऐसा कानून पारित कर देता है जो दबाव समूह के हित के विपरीत होता है तो ऐसी स्थिति में दबाव समूह अपने हित की रक्षा हेतु न्यायालय की शरण ले सकता है। बैंक राष्ट्रीयकरण के समय न्यायालय की शरण ली गयी थी।

दबाव समूह की भूमिका के निर्धारक तत्व
(Determining Factors of the Role of Pressure Groups)

दबाव समूह की भूमिका के निर्धारक तत्व निम्न हैं–

1. **शासन का स्वरूप** (Nature of Administration)–प्रजातन्त्र में दबाव समूह खुले रूप से और अधिक सक्रियता से काम करता है, जबकि सर्वाधिकारवादी राज्यों में इसकी भूमिका सीमित होती है। दबाव समूह की भूमिका अध्यक्षात्मक व्यवस्था में कम और संसदीय व्यवस्था में अधिक होती है।

2. **सामाजिक स्थिति** (Social Status)–विकसित, आधुनिकीकृत, खुला, सभ्य और औद्योगिक समाज में दबाव समूह की भूमिका अधिक होती है, जबकि अर्द्ध-विकसित और पिछड़े समाज में कम।

3. **राजनीतिक दल की स्थिति** (Position of Political Party)–द्वि-दलीय व्यवस्था वाले राज्यों में दबाव समूह का प्रभाव अधिक और बहुदलीय व्यवस्था में कम रहता है। अनेक दलों के रहने से दबाव समूह की महत्ता बढ़ जाती है।

4. **दबाव समूह की स्थिति** (Position of Pressure Group)–यदि दबाव समूह का संगठन ठीक, अच्छा नेतृत्व, वित्तीय स्थिति ठीक है और अधिक समय से चला आ रहा है तो राजनीति पर उसका प्रभाव अधिक पड़ता है। इन गुणों के अभाव में उसका प्रभाव शून्य रहता है।

दबाव समूहों के कार्य, महत्व एवं उपयोगिता
(Functions, Importance and Utility of the Pressure Groups)

कुछ समय पहले दबाव समूह को हेय दृष्टि से देखा जाता था। प्रजातन्त्र राज्य में उसका महत्व नहीं था। जैसा कि फ्रेडरिक ने लिखा है, "क्या कूड़ा ढोने वाले और क्या राजनीति विज्ञान के गम्भीर छात्र सभी इन दबाव समूहों को हेय दृष्टि से देखते थे। इन्हें ऐसी पाशविक शक्ति माना जाता था जो प्रजातन्त्र की आधारशिला को नष्ट करने पर तुली हुई हो।"[1]

लेकिन अब वस्तुस्थिति बदल गयी है। राजनीति में दबाव समूह के महत्व को समझा जाने लगा है। प्रजातन्त्र में निर्वाचन प्रादेशिक आधार पर होता है। प्रत्येक व्यवसाय का प्रतिनिधित्व नहीं होता है। अतएव व्यवसायों के हितों की

1. "Pressure groups were held upto scorn both by muckmakers and by serious students of politics. They were the sinister force growing at the foundations of modern democracy and representative government."—Friedrick

रक्षा के लिए दबाव समूहों का जन्म हुआ। ये दबाव समूह मन्त्रियों, विधायकों और प्रशासकों पर अपना नियन्त्रण रखते हैं। प्रजातन्त्र राज्य में दबाव समूह का महत्व प्रतिदिन बढ़ता जा रहा है। इसलिए फाइनर ने दबाव समूह को अज्ञात साम्राज्य, सेलिन ने अनौपचारिक सरकार और मेकिन ने अदृश्य सरकार कहकर पुकारा है।

दबाव समूहों के कार्य, महत्व और उपयोगिता का विवेचन निम्नलिखित रूप से किया जा सकता है–

1. **प्रजातन्त्र की अभिव्यक्ति** (Expression of Democracy)–दबाव समूह प्रजातन्त्र की अभिव्यक्ति का साधन माना जाता है। यह प्रजातन्त्र की सफलता के लिए जनमत तैयार करता है तथा विशिष्ट नीतियों का समर्थन करता है। यह आँकड़ें और सूचनाएँ एकत्रित करके विधेयक को प्रभावित करता रहता है और सही कानून बनाने में सहायक होता है।

2. **सूचना एवं आँकड़े एकत्रित करना** (To Collect Informations and Datas)–दबाव समूह विभिन्न स्रोतों से किसी समस्या या विधेयक के सम्बन्ध में सूचनाएँ और आँकड़े एकत्रित करके सरकार को पहुँचाता रहता है। इन्हीं सूचनाओं और आँकड़ों के सन्दर्भ में विधेयक कानून का रूप लेता है।

3. **शासन को प्रभावित करना** (To Influence Administration)–दबाव समूह अनेक साधनों के माध्यम से अपने हितों की रक्षा के लिए शासन पर हमेशा प्रभाव डालता रहता है। विभिन्न व्यवसायों का प्रशासन पर आधिपत्य रहता है।

4. **कानून निर्माण में सहायता** (Help in Law Making)–दबाव समूह कानून के निर्माण में महत्वपूर्ण भूमिका अदा करता है। यह सरकार को उचित परामर्श एवं सही सूचनाएँ देकर कानून के निर्माण में मदद करता है। यह सांसदों और विधायकों पर नियन्त्रण रखता है। यह जनहित में कानून बनाने के लिए सरकार को प्रेरित करता रहता है।

5. **व्यवसायों का प्रतिनिधित्व** (Representation of Professions)–प्रजातन्त्र में प्रादेशिक आधार पर निर्वाचन होता है। अतएव विभिन्न व्यवसायों का प्रतिनिधित्व संसद या विधानमंडल में नहीं हो पाता है। दबाव समूह विभिन्न व्यवसायों के हितों की रक्षा के लिए कदम उठाता है। यह क्षेत्रीय प्रतिनिधित्व के पूरक के रूप में काम करता है। वी॰ ओ॰ की का मत है, "इस प्रकार ये दबाव समूह दलीय पद्धति में प्रतिनिधित्व के कार्य को सम्पन्न करते और क्षेत्रीय प्रतिनिधित्व की कमी को दूर कर देते हैं।"

6. **व्यक्ति और सरकार के बीच संचार** (Communique between Individual and Government)–व्यक्ति और सरकार के बीच संचार के रूप में काम करता है। यह व्यक्ति और सरकार के हितों के बीच सामंजस्य स्थापित करता है। रॉडी का कथन है, "निर्वाचित नेता दबाव समूहों के माध्यम से अपने निर्वाचकों की इच्छा-आकांक्षाओं का पता लगा लेते हैं। अतः इन्हें गैर-सरकारी संचार सूत्र कहा जा सकता है।"

7. **समाज एवं प्रशासन में संतुलन** (Balance between Society and Administration)–समाज में व्यापारी, श्रमिक, किसान, डॉक्टर, प्रोफेसर, इंजीनियर, महिला एवं धर्म सम्बन्धी विभिन्न समुदाय होते हैं। दबाव समूह इन समुदायों में सन्तुलन स्थापित करता है। वह प्रशासन के सामने उनकी बातों को रखता है। समाज में किसी भी प्रकार की गड़बड़ी नहीं हो? प्रशासन ठीक से करे? इसके लिए दबाव समूह प्रयत्नशील रहता है।

8. **सरकार पर सीमा** (A Brake on Government)–दबाव समूह सरकार की निरंकुशता को सीमित करता है। यह सरकार पर सदा अंकुश लगाता रहता है। सरकार के हाथों में शक्तियों का केन्द्रीकरण हो रहा है। ऐसी स्थिति में, दबाव समूह उस पर अंकुश रखता है।

उपर्युक्त तथ्यों से यह स्पष्ट है कि प्रजातन्त्र सरकार में दबाव समूहों की उपयोगिता और महत्व काफी है।

दबाव समूहों की आलोचना
(Criticism of Pressure Groups)

दबाव समूह की आलोचना के निम्नांकित आधार है–

1. **अप्रजातान्त्रिक** (Undemocratic)–दबाव समूह राजनीति पर सदा प्रभाव डालता रहता है। यह मन्त्रियों और विधायकों पर अंकुश रखता है। यह अपने कार्यों के लिए किसी के प्रति उत्तरदायी नहीं रहता है, इसलिए इसे अप्रजातान्त्रिक कहा जाता है।

2. **संकीर्णता का प्रतीक** (Symbol of Narrowness)–दबाव समूह अपने हितों की रक्षा के लिए प्रयत्नशील रहता है। इसका दृष्टिकोण सदा संकीर्ण रहता है जो समाज और राष्ट्र के व्यापक हितों से मेल नहीं खाता है।

3. **सार्वजनिक हितों की उपेक्षा** (Negligence of the Public Interests)–दबाव समूह संकीर्ण विचारों पर खतरा पहुँचता है। जहाँ पर वर्गीय हित पर विशेष जोर दिया जाता है, वहाँ सार्वजनिक हित की उपेक्षा की जाती है।

4. **भ्रष्ट आचरण** (Corrupt Behaviour)–आलोचकों का कहना है कि दबाव समूह मन्त्रियों, विधायकों और प्रशासकों को घूँस देकर या अन्य प्रलोभन देकर उनके आचरण को भ्रष्ट कर देता है जिसका परिणाम होता है कि वे सार्वजनिक हित की उपेक्षा करते हैं। वी० ओ० की का भी मत है, "दबाव शब्द का प्रयोग मस्तिष्क में एक ऐसे शैतान लोबिइस्ट का चित्र अंकित कर देता है जो उचित पथगामी विधायक को सार्वजनिक हित की धारणा से हटने के लिए अनुचित दबाव डालने का प्रयास कर रहा है।"

5. **अन्तर्राष्ट्रीयता के विरुद्ध** (Against Internationalism)–अमेरिका, इंग्लैण्ड और अन्य देशों में कुछ ऐसे दबाव समूह काम कर रहे हैं जो शस्त्रों की बिक्री के लिए जोर देते हैं। इससे युद्ध को प्रोत्साहन मिलता है। अतएव उनका यह कार्य अन्तर्राष्ट्रीयता में बाधक सिद्ध होता है।

विभिन्न राज्यों में दबाव समूह
(Pressure Groups in Different States)

1. **अमेरिका** (The United States)–अमेरिका में सबसे अधिक संख्या में दबाव समूह पाए जाते हैं। वहाँ के दबाव समूहों को दो भागों में बाँटा जाता है–(क) आर्थिक, और (ख) अनार्थिक। नेशनल फेडरेशन ऑफ पोस्ट ऑफिस क्लर्कस आर्थिक तथा अमेरीकन यहूदी समिति अनार्थिक दबाव समूह के उदाहरण हैं। यहाँ पूँजीपतियों और मजदूरों के अनेक दबाव समूह पाए जाते हैं। ये दबाव समूह काँग्रेस और प्रशासन को प्रभावित करते रहते हैं। इसलिए इन्हें संविधान के बाहर कार्यरत काँग्रेस का तीसरा सदन (Third House of the Congress outside Constitution) कहा जाता है।

2. **इंग्लैण्ड** (England)–इंग्लैण्ड में भी अनेक दबाव समूह पाए जाते हैं। ये दबाव समूह स्थानीय, राजकीय और राष्ट्रीय धरातल पर क्रियाशील रहते हैं। ये हमेशा विधायकों को प्रभावित करते रहते हैं और अपने हितों की रक्षा करते हैं।

3. **भारत** (India)–भारत में दबाव समूह चार प्रकार के पाए जाते हैं–

(i) जाति एवं भाषा पर आधारित समूह।

(ii) साम्प्रदायिक समूह तथा छात्र संगठन।

(iii) विशेष हितों से सम्बन्ध समूह, जैसे–व्यापार, ट्रेड यूनियन, आदि।

(iv) गाँधीवादी विचारधारा पर आधारित समूह।

भारत में अखिल भारतीय वस्तु निर्माता संगठन, चेम्बर ऑफ कॉमर्स, मजदूर संगठन, अखिल भारतीय ट्रेड यूनियन काँग्रेस, भारतीय राष्ट्रीय ट्रेड यूनियन काँग्रेस, स्टूडेण्ट्स फेडरेशन आदि, उल्लेखनीय दबाव समूह हैं।

प्रश्न
(Questions)

1. दबाव समूह की परिभाषा दीजिए तथा इसके लक्षणों का वर्णन कीजिए।
   Define pressure groups and describe its features.
2. दबाव समूह क्या है? राजनीतिक दल एवं दबाव समूह के भेद को स्पष्ट कीजिए।
   What is pressure group? Explain the difference between political party and pressure groups.
3. दबाव समूह के साधन एवं वर्गीकरण पर विचार कीजिए।
   Examine the methods and classification of pressure groups.
4. दबाव समूह के कार्य, महत्व एवं उपयोगिता की समीक्षा कीजिए।
   Examine the functions, importance and utility of pressure groups.
5. अमेरिका, इंग्लैण्ड तथा भारत में दबाव समूह की भूमिका को स्पष्ट कीजिए।
   Explain the role of pressure groups in America, England and India.

वस्तुनिष्ठ प्रश्न
(Objective Questions)

1. *दि प्रोशेस ऑफ गवर्नमेन्ट* पुस्तक के लेखक कौन हैं?
   (क) बेंटले (ख) ट्रूमैन (ग) वीनर (घ) टर्नर
   Who is the author of the book *The Process of Government?*
   (a) Bentley (b) Trueman (c) Weiner (d) Turner
2. *गवर्नमेण्ट प्रोशेस* पुस्तक के रचयिता कौन हैं?
   (क) बेंटले (ख) ट्रूमैन (ग) वीनर (घ) टर्नर
   Who is the author of the book *Government Process?*
   (a) Bentley (b) Trueman (c) Weiner (d) Turner
3. *पॉलिटिक्स, पार्टीज तथा प्रेस्सर ग्रुप्स* पुस्तक के लेखक कौन हैं?
   (क) टर्नर (ख) ट्रूमैन (ग) वी॰ओ॰ की (जूनियर) (घ) बेंटले
   Who is the author of the book *Politics, Parties and Pressure Groups*?
   (a) Turner (b) Trueman (c) V.O. Key (Jr.) (d) Bentley
4. "हित या दबाव समूहों से हमारा तात्पर्य शासन के ढाँचे के बाहर स्वैच्छिक रूप से संगठित ऐसे समूहों से होता है जो प्रशासनिक अधिकारियों की नामजदगी और नियुक्ति, विधि-निर्माण और सार्वजनिक नीति के क्रियान्वयन को प्रभावित करने में प्रयत्नशील रहते हैं।" यह किसने कहा?
   (क) ओडीगार्ड (ख) मेकाइवर (ग) टर्नर (घ) मायरन वीनर
   "By interest or pressure group we mean only voluntary organised group, outside the government structure, who attempts to influence the nomination or appointment of government personnel, the adoption of public policy, its administration and adjudicature." Who said this?
   (a) Odegard (b) MacIver (c) Turner (d) Myron Weiner

5. "क्या कूड़ा ढोने वाले और क्या राजनीति विज्ञान के गम्भीर छात्र सभी इन दबाव समूहों को हेय दृष्टि से देखते थे। इन्हें ऐसी पाशविक शक्ति माना जाता था जो प्रजातन्त्र की आधारशिला को नष्ट करने पर तुली हुई हो।" यह किसने कहा?

(क) फ्रेडरिक (ख) वीनर (ग) टर्नर (घ) ओडीगार्ड

"Pressure groups were held upto scorn both by muckmakers and by serious students of politics. They were the sinister force growing at the foundations of modern democracy and representative government." Who said this?

(a) Friedrick (b) Weiner (c) Turner (d) Odegard

6. Which of the following is incorrect?
   (a) The objects of a pressure group are limited
   (b) The membership of a pressure group is limited
   (c) It uses constitutional or unconstitutional means
   (d) It may be organised or unorganised
   (e) It tries to capture and wield political power
7. All pressure groups are
   (a) Temporary
   (b) Permanent
   (c) Some are temporary while others permanent
   (d) Formed for a fixed term
8. Pressure groups differ from political parties in so far as
   (a) They contest elections (b) They have large membership
   (c) They pursue broader objectives (d) Their field of operation is very limited
9. Interest groups are found
   (a) Only in democratic countries (b) In capitalist society
   (c) Only in totalitarian countries (d) In all countries

उत्तर
(Answers)

1. (क) 2. (ख) 3. (ग) 4. (घ) 5. (क) 6. (e) 7. (c) 8. (d) 9. (d)

25

मताधिकार एवं प्रतिनिधित्व के तरीके
(Franchise and the Methods of Representation)

निर्वाचन का महत्व
(Importance of Election)

जनता प्रजातन्त्र की आधारशिला है–वैज्ञानिक दृष्टिकोण से आधुनिक युग वैज्ञानिक युग है किन्तु राजनीतिशास्त्र के विचारकों के अनुसार यह प्रजातन्त्र का युग है। विश्व के कोने-कोने से प्रजातन्त्र की आवाज आ रही है। विश्व के अधिकांश देशों में प्रजातन्त्रीय सरकार की स्थापना की गयी है। सच पूछिए तो प्रजातन्त्र का सिद्धान्त उतना ही प्राचीन है जितनी कि मानव-सभ्यता। प्राचीन समय में नगर-राज्यों में एवं भारत में प्रत्यक्ष प्रजातन्त्रीय सरकार की व्यवस्था थी। वस्तुतः प्रजातन्त्रीय सरकार की आधारशिला जनता है।

जनता प्रजातन्त्र में सरकार का संगठन एवं संचालन करती है–विश्व में महान परिवर्तन हो गया, हो रहा है और होगा। नगर-राज्यों का रूप बड़े-बड़े राज्यों ने ले लिया है। अब राज्य के सभी व्यक्ति एक स्थान पर एकत्रित होकर सरकार का संचालन नहीं कर सकते हैं। अतः आधुनिक युग में प्रत्यक्ष प्रजातन्त्रीय सरकार की स्थापना करना अत्यन्त ही कठिन है। उसके स्थान पर प्रत्येक राज्य में अप्रत्यक्ष प्रजातन्त्रीय सरकार की स्थापना हो रही है। इसे प्रतिनिध्यात्मक सरकार (Representative Government) भी कहते हैं। इसके अन्तर्गत मतदाता अपने मत के द्वारा सरकार के संगठन एवं संचालन के लिए प्रतिनिधियों को चुनते हैं। वस्तुतः ये ही प्रतिनिधि संसद या विधानमण्डल में जाकर व्यवस्थापिका तथा कार्यपालिका का निर्माण करते हैं एवं विभिन्न कानूनों को बनाकर देश पर शासन करते हैं।

जनता सर्वप्रभुत्वशाली होती है–इसका परिणाम यह होता है कि प्रजातन्त्र में शासन जनता के मनोनुकूल होता है। राज्य की सर्वप्रभुत्वशक्ति जनता के हाथों में रहती है। जनता कभी भी अन्यायी एवं भ्रष्ट सरकार को उलटकर, नयी सरकार का चुनाव कर सकती है। जनता प्रतिनिधियों का चुनाव करती है। अतः यह स्पष्ट है कि इस प्रजातन्त्र युग के प्रजातन्त्रीय शासन-प्रणाली में निर्वाचन का बहुत बड़ा महत्व है।

निर्वाचन का उद्देश्य
(Aims of Election)

प्रजातन्त्र राज्य में निर्वाचन के अनेक उद्देश्य हैं–

1. निर्वाचन का प्रधान उद्देश्य है–व्यस्थापिका के सदस्यों को निर्वाचित करना।

2. निर्वाचन में राजनीतिक दल अपनी नीति, कार्यक्रम एवं योजना को जनता के समक्ष रखता है और उन पर उसकी राय लेता है। जनता जिस दल की नीति को अच्छा समझती है, उसी को विजयी बनाती है।
3. निर्वाचन के द्वारा जनता शासन के प्रति दिलचस्पी पैदा की जाती है।
4. निर्वाचन जनता में राजनीतिक चेतना पैदा करता है।
5. निर्वाचन जनता और सरकार के बीच एक कड़ी है जो उनके सम्बन्ध को पवित्र बनाए रखता है।
6. निर्वाचन नयी सरकार के गठन करने का माध्यम है।

निर्वाचकगण
(Electorates)

प्रजातन्त्र राज्य में स्त्री-पुरुष को जाति, धर्म, भाषा, रंग एवं लिंग का बिना भेदभाव किए, मत देने का अधिकार दिया जाता है जिसे मताधिकार या निर्वाचन का अधिकार कहा जाता है। जिसे मत देने का अधिकार दिया जाता है उसे मतदाता या निर्वाचक कहा जाता है और बहुत-से मतदाताओं या निर्वाचकों का ही सामूहिक नाम निर्वाचकगण है। यह राजनीति विज्ञान का विशेष शब्द है जिसका ज्ञान आवश्यक एवं वांछनीय है।

बालिग मताधिकार (Adult Franchise)

बालिग मताधिकार प्रजातंत्र का एक बहुत बड़ा अंग है जिसकी परिभाषा जानना आवश्यक है। जब किसी राज्य में प्रत्येक बालिग मताधिकार को जाति, धर्म, भाषा एवं लिंग के भेदभाव के बिना मतदान का अधिकार प्रदान किया जाता है, तब उसे ही बालिग मताधिकार या वयस्क मताधिकार कहते हैं। पागल, दिवालिया, अपराधी एवं विदेशी इस अधिकार से वंचित रहते हैं।

1. **सार्वजनिक बालिग मताधिकार** (Universal Adult Suffrage)—बालिग मताधिकार के सम्बन्ध में विद्वानों में मतभेद है। इस सम्बन्ध में दो विचारधाराएँ हैं। पहले मत का कहना है कि प्रजातन्त्र राज्य में सभी बालिग स्त्री-पुरुष को मत देने का अधिकार मिलना चाहिए। लेकिन बच्चे, पागल, दिवालिया, अपराधी एवं विदेशी इस अधिकार से वंचित रहेंगे। इसी को सार्वजनिक बालिग मताधिकार कहते हैं। विद्वानों का विचार है कि मताधिकार व्यक्तियों का नैसर्गिक एवं जन्म-सिद्ध अधिकार है।

2. **सीमित बालिग मताधिकार** (Limited Adult Suffrage)—दूसरे मत के विचारकों का कहना है कि मताधिकार व्यक्तियों का नैसर्गिक एवं जन्म-अधिकार नहीं है, बल्कि वह राज्य द्वारा प्रदान किया हुआ एक पवित्र अधिकार है। अतः यह अधिकार उन्हीं व्यक्तियों को देना चाहिए जो इसके प्रयोग की क्षमता एवं योग्यता रखते हों। इससे स्पष्ट है कि यह सीमित व्यक्तियों को ही मताधिकार देने के पक्ष में है। इसीलिए इसे सीमित बालिग मताधिकार कहा जाता है।

वर्तमान समय में अधिकांश प्रजातन्त्र राज्यों में सार्वजनिक बालिग मताधिकार को ही अपनाया गया है। बालिग या वयस्क होने के लिए भिन्न-भिन्न देशों में अलग-अलग आयु निर्धारित की गयी है, जैसे—रूस और भारत में 18 वर्ष, इंग्लैण्ड और अमेरिका में 21 वर्ष, नार्वे में 23 वर्ष तथा बेल्जियम में 25 वर्ष।

बालिग मताधिकार के पक्ष में तर्क—आज विश्व के अधिकांश प्रजातन्त्रीय शासन में बालिग मताधिकार की प्रणाली को अपनाया गया है फिर भी उसके पक्ष में निम्नलिखित तर्क दिए जाते हैं।

1. **प्रजातन्त्र के अनुकूल** (Suited to Democracy)—बालिग मताधिकार प्रजातन्त्र के मूलभूत सिद्धान्तों के अनुकूल है। इसके द्वारा जनता का शासन, जनता के लिए एवं जनता द्वारा संचालित होता है। राज्य की सार्वभौमसत्ता जनता के हाथों में रहती है। बालिग मताधिकार द्वारा निर्वाचित व्यक्ति ही सरकार का संगठन करते हैं।

2. **समानता** (Equality)–प्रजातन्त्र में समानता रहना आवश्यक है। बालिग मताधिकार समानता के सिद्धान्त का पोषक है। वह इसका क्रियात्मक रूप है। इसके द्वारा सभी व्यक्तियों को प्रत्यक्ष एवं अप्रत्यक्ष रूप से शासन के क्षेत्र में भाग लेने का अवसर प्राप्त होता है। सभी के राजनीतिक, सामाजिक एवं आर्थिक अधिकारों की रक्षा की जाती है।

3. **उत्तरदायित्व की भावना** (Feeling of Responsibility)–बालिग मताधिकार प्रत्येक बालिग स्त्री-पुरुष को मत देने का अधिकार प्रदान करता है। जनता के अन्तर्गत उत्तरदायित्व की भावना आती है। वह सरकार के गठन एवं उसकी कार्यविधियों में काफी दिलचस्पी लेती है।

4. **अधिकार और कर्तव्यों का ज्ञान** (Knowledge of Rights and Duties)–प्रजातन्त्रीय शासन प्रणाली में नागरिकों को कुछ अधिकार और कर्तव्य प्राप्त होते हैं। वस्तुतः बालिग मताधिकार उनको दिलाने में काफी हाथ रहता है।

5. **राजनीतिक चेतना** (Political Consciousness)–बालिग मताधिकार के द्वारा साधारण जनता को प्रशासन के क्षेत्र में आने का अवसर प्राप्त होता है। जनता प्रशासन के क्षेत्र में आकर सरकार के विभिन्न कार्यों से परिचित होती है। उसे देश की सामाजिक एवं आर्थिक स्थितियों का ज्ञान होता है। वह राजनीति के तथ्यों को पहचानने लगती है।

6. **न्यायसंगत** (Justiciable)–राज्य के प्रशासन में सभी को समान अवसर मिलना चाहिए। राज्य के सभी कानून एवं नियम सभी व्यक्तियों के लिए समान हैं। बालिग मताधिकार इस अभाव की पूर्ति करता है। अतः यह बहुत हद तक न्यायसंगत है।

7. **लोक-सत्ता** (Popular Sovereignty)–बालिग मताधिकार के आधार पर सरकार का गठन होता है। जनता को सरकार बनाने एवं बिगाड़ने का अधिकार रहता है। इसका तात्पर्य यह हुआ कि जनता के ही हाथों में लोक सत्ता रहती है। इससे कोई भी सरकार जनता की इच्छाओं के विरुद्ध शासन नहीं कर सकती है।

8. **राष्ट्रीयता की भावना** (Feeling of Nationalism)–सम्पूर्ण राज्य में प्रत्येक बालिग स्त्री-पुरुष को बालिग मताधिकार प्राप्त रहता है। यह राष्ट्र को एक सूत्र में बाँधता है। नागरिकों में राष्ट्रीयता की भावना आती है। यह उस समय देखने को मिलता है जब सम्पूर्ण राष्ट्र में आम चुनाव होता है।

9. **सार्वजनिक हित की रक्षा** (Protection of Public Interest)–बालिग मताधिकार के द्वारा सार्वजनिक हितों की रक्षा की जाती है। सार्वजनिक कार्यों में दिलचस्पी रखने वाला ही व्यक्ति निर्वाचित होता है। निर्वाचित व्यक्ति यदि सार्वजनिक हित के विरुद्ध कार्य करता है तो उसे दूसरे चुनाव में निर्वाचित नहीं किया जाता है। अतः प्रत्येक निर्वाचित व्यक्ति जनहित को ध्यान में रखकर ही कोई कार्य करता है।

10. **सभी वर्गों का प्रतिनिधित्व** (Representation of All Classes)–बालिग मताधिकार के अन्तर्गत समाज के सभी वर्गों का प्रतिनिधित्व होता है। यह किसी जाति, धर्म, भाषा, रंग एवं लिंग पर आधारित नहीं है। इसका परिणाम यह होता है कि समाज के सभी वर्गों में सुखी एवं शान्ति का वातावरण रहता है।

विपक्ष में तर्क–बालिग मताधिकार के विपक्ष में भी बहुत-से तर्क दिये जाते हैं। 19वीं शताब्दी में जे॰एस॰ मिल, लेकी, सिजविक एवं हेनरीमेन ने बालिग मताधिकार का जबर्दस्त विरोध किया है।

उनका विचार है कि मतदाताओं की योग्यता पर भी ध्यान देना चाहिए। मतदान कोई मजाक नहीं है। इसके अन्तर्गत महान उत्तरदायित्व की भावना छिपी हुई है। सभी व्यक्तियों को मताधिकार देने से स्वतन्त्रता, सभ्यता एवं सरकार का विनाश हो सकता है। वे बालिग मताधिकार के विरुद्ध निम्नलिखित तर्क देते हैं–

1. **अशिक्षित जनता** (Illiterate People)–प्रजातन्त्रीय शासन प्रणाली की आधारशिला जनता है। यह देखा जाता है कि अधिकांश जनता अशिक्षित होती है। ऐसी जनता मतदान के महत्व को नहीं समझती है। इसका परिणाम यह

होता है कि अयोग्य व्यक्तियों का निर्वाचन हो जाता है जिससे शासन के क्षेत्र में काफी गड़बड़ी पैदा होती है। अतः अशिक्षित व्यक्तियों को मताधिकार नहीं देना चाहिए। बालिग मताधिकार सभी को मताधिकार देता है। अतः यह उचित नहीं है।

2. **निर्धनता** (Poverty)—बहुत कम ही जनता सुखी-सम्पन्न है। अधिकांश जनता गरीबी के दलदल में फँसी रहती है। उन्हें दोनों समय खाने को रोटियाँ भी नहीं मिलती हैं। अतः पैसे के प्रलोभन में ऐसे व्यक्ति अपने अमूल्य मतदान-पत्र को बेच डालते हैं जिसका परिणाम यह होता है कि धनी-मानी अयोग्य व्यक्ति भी वोट खरीदकर विजयी बन जाता है। ऐसे व्यक्ति शासन के क्षेत्र में क्या कर सकते हैं? अतः बालिग मताधिकार ठीक नहीं है। मताधिकार का निर्णय धन पर भी होना चाहिए।

3. **शासन की जटिलता** (Complexity of Administration)—शासन की जटिलता दिन-प्रतिदिन बढ़ रही है। साधारण बुद्धि वाला व्यक्ति शासन की पेचीदगी को आसानी से नहीं समझ सकता है। उसके लिए बुद्धि की आवश्यकता होती है। बालिग मताधिकार के द्वारा यह न्याय नहीं हो पाता है। अतः मताधिकार उन्हीं को मिलना चाहिए जो शासन की जटिलता को आसानी से समझ सकें।

4. **स्त्रियों को मताधिकार नहीं** (No Suffrage to Women)—कुछ व्यक्ति स्त्रियों को बालिग मताधिकार देने के विरुद्ध हैं। उनका तर्क यह है कि स्त्रियों का क्षेत्र घरेलू एवं पारिवारिक जीवन है। उसमें शारीरिक दुर्बलता एवं मानसिक अयोग्यता पायी जाती है। वे शासन के योग्य नहीं हैं। बाहरी क्षेत्र में स्त्रियों को लाना ही भ्रष्टता का प्रचार करना है। स्त्रियाँ शासन की जटिलता को नहीं समझ सकती हैं। अतः उन्हें मताधिकार न देना ही श्रेयस्कर है। स्विट्जरलैण्ड सबसे प्राचीन प्रजातन्त्र राज्य है लेकिन वहाँ स्त्रियों को मताधिकार प्राप्त नहीं था।

5. **नागरिक भावना की कमी** (Lack of Civic Sense)—आम जनता में नागरिक भावना की कमी है। वह समाज के हित को ठीक से समझ नहीं पाती है। उसका अन्य नागरिकों के प्रति क्या कर्तव्य होना चाहिए, यह उन्हें पता नहीं। नागरिक भावनाओं के अभाव में सार्वजनिक हित की आशा नहीं की जा सकती है। अतः सभी व्यक्तियों को मताधिकार नहीं देना चाहिए।

6. **मताधिकार एक पावन कर्तव्य है** (Right to Vote is a Sacred Duty)—बालिग मताधिकार साधारण चीज नहीं है। यह एक पावन कर्तव्य है। विशेषतः प्रजातन्त्र राज्य में इसका बहुत बड़ा महत्व है। अतः इसका उपयोग बड़ी सतर्कता एवं बुद्धिमत्ता से होना चाहिए। इसी के उपयोग पर राष्ट्र का जीवन निर्भर करता है।

उपर्युक्त तर्कों से स्पष्ट है कि बालिग मताधिकार का महत्व बड़ा है किन्तु उसके विपक्ष में जो तर्क दिए गए हैं, वे सभी मान्य नहीं हैं। भारत, इंग्लैण्ड एवं अमेरिका में जनता को बालिग मताधिकार प्राप्त है। अशिक्षा, निर्धनता एवं नागरिक भावना की कमी से शासन पर कोई बुरा प्रभाव नहीं पड़ा है। स्त्रियों को बालिग मताधिकार देना आवश्यक है। इससे आधा राष्ट्र राजनीतिक चेतना को प्राप्त करता है।

अतः आदर्श प्रजातन्त्रीय राज्य के लिए बालिग मताधिकार सर्वोत्तम है। उसके अभाव में हम आदर्श प्रजातन्त्र की स्थापना नहीं कर सकते हैं। अतः बालिग मताधिकार के अन्तर्गत कुछ दुर्गुणों के होते हुए भी यह वांछनीय एवं अनिवार्य है। राष्ट्र का कल्याण एवं विकास उसी पर आश्रित है।

(1) **स्त्रियाँ मताधिकार के योग्य नहीं** (Women not fit for the Right to Franchise)—बीसवीं शताब्दी के प्रथम दशक तक संसार की प्रायः स्त्रियाँ मताधिकार से वंचित थीं। उन्हें मतदान कर राजनीति में भाग लेने का अवसर प्राप्त नहीं था। महिलाओं को मताधिकार दिया जाए या नहीं? इस सम्बन्ध में दो मत हैं। पहले मत का कहना है कि स्त्रियों को मताधिकार नहीं मिलना चाहिए। यह अपनी पुष्टि के लिए निम्नलिखित तर्क देता है। कार्यक्षेत्र-स्त्रियाँ

घर की स्वामिनी हैं। पुरुषों का क्षेत्र बाहर है। स्त्रियों का सम्बन्ध घरेलू जीवन से है। उन्हें राजनीति से कोई मतलब नहीं हैं। अतः उन्हें मताधिकार देने की कोई आवश्यकता नहीं है।

(2) **स्त्रियों में मानसिक एवं शारीरिक दुर्बलता**—स्त्रियाँ स्वभाव से भीरु होती हैं। पुरुषों की तुलना में वे बहुत कमजोर होती हैं। इसके अतिरिक्त, वे मानसिक दृष्टि से भी कमजोर होती हैं। देश की जटिल समस्याओं को सुलझाने के लिए बुद्धि की आवश्यकता पड़ती है। अतः उन्हें राजनीति के कीचड़ में नहीं फँसना चाहिए।

(3) **नारी सुलभ गुणों का नाश**—नारी में कुछ स्वाभाविक गुण होते हैं, जैसे—दया, क्षमा, सुशीलता, सहिष्णुता, प्रेम, लज्जा एवं कोमलता। राजनीति में आने से ये गुण समाप्त हो सकते हैं।

(4) **पारिवारिक अशान्ति**—स्त्रियों और पुरुषों को बराबर का अधिकार दिया जाए तो परिवार के अन्तर्गत अशान्ति फैलती है। पति-पत्नी का सम्बन्ध नर्कमय हो जाता है। पुरुष समाजवाद का पोषक है तो उसकी पत्नी साम्यवाद की समर्थक बन जाती है। इससे पारिवारिक द्वेष फैलता है। इसलिए स्त्रियों को मताधिकार नहीं दिया जाए।

(5) **सतीत्व का नाश**—जो नारी घर से बाहर पैर निकालती है, उसका सतीत्व नष्ट हो जाता है। वस्तुतः ऐसा देखा जाता है कि जिस महिला को बाहर घूमने की स्वतन्त्रता दी गयी, वह पथ-भ्रष्ट हो गई। राजनीति पुरुषों का क्षेत्र है। स्त्रियाँ उस क्षेत्र में आकर कब तक अपने सतीत्व की रक्षा कर सकती हैं? कुछ मानव-कमजोरियाँ हैं जिन पर विजय पाना कठिन है।

अतः उपर्युक्त तथ्यों के आधार पर स्त्रियों को मताधिकार नहीं मिलना चाहिए।

दूसरे मत का विचार है कि स्त्रियों को मताधिकार अवश्य मिलना चाहिए। जे॰एस॰ मिल एवं बेंथम ने इसका जोरदार समर्थन किया है। उनका कहना है कि स्त्रियाँ राष्ट्र की आधी आबादी है। यदि आधी आबादी को जाग्रत नहीं किया जाए तो राष्ट्र कभी भी विकसित नहीं हो सकता है। जितने भी तर्क 'स्त्रियों को मताधिकार नहीं मिलना चाहिए' में दिए गए, वे खण्डन करते हैं। उनके अनुसार स्त्रियों का कार्यक्षेत्र केवल घरेलू जीवन या परिवार ही नहीं है बल्कि सम्पूर्ण राष्ट्र है। स्त्रियाँ शारीरिक दृष्टि से काफी स्वस्थ और मजबूत होती हैं। वे मानसिक दृष्टि से भी काफी प्रबुद्ध होती हैं। आज की स्त्रियाँ संसार में शारीरिक एवं मानसिक दृष्टि से सराहनीय काम की हैं। नारी गुणों का लोप नहीं होता है और न पारिवारिक अशान्ति फैलती है, यदि स्त्रियाँ पतिव्रता और आदर्श नारियाँ हों। अतः स्त्रियों को मताधिकार मिलना चाहिए। यही कारण है कि इंगलैण्ड में 1918 तथा अमेरिका में 1920 ई॰ में स्त्रियों को मताधिकार दिया गया। भारत एवं अन्य जनतान्त्रिक एवं साम्यवादी शासन-प्रणालियों में भी स्त्रियों को मताधिकार प्राप्त है किन्तु स्विट्जरलैण्ड में अभी हाल में ही स्त्रियों को मताधिकार प्राप्त हुआ है।

निर्वाचन के तरीके
(Methods of Election)

सामान्यतः निर्वाचन के दो तरीके हैं—

1. प्रत्यक्ष निर्वाचन (Direct Election), एवं
2. अप्रत्यक्ष निर्वाचन (Indirect Election)।

1. **प्रत्यक्ष निर्वाचन** (Direct Election)—प्रत्यक्ष निर्वाचन उस निर्वाचन को कहते हैं जिसमें मतदाता प्रत्यक्ष रूप से स्वयं मतदान केन्द्रों पर जाकर मतदान करते तथा अपने प्रतिनिधियों का निर्वाचन करते हैं।[1]

---

1. If the voters directly take part in the election and elect their representatives, it is known as the direct method of election.

प्रत्यक्ष निर्वाचन प्रणाली बहुत ही आसान है। मतदाता अपने मतदान केन्द्रों पर जाकर उम्मीदवारों को चुनते हैं। जिस उम्मीदवार को सबसे अधिक मत मिलते हैं, वह विजयी घोषित होता है। भारत की लोकसभा, इंग्लैण्ड की कॉमन्स सभा, विधानमण्डल एवं अन्य राज्यों के प्रथम सदन का गठन प्रत्यक्ष निर्वाचन के आधार पर ही होता है।

2. **अप्रत्यक्ष निर्वाचन** (Indirect Election)–जब मतदाता अपने मतदान द्वारा एक ऐसे निर्वाचक मण्डल का निर्वाचन करते हैं जिसके सदस्य प्रतिनिधियों का निर्वाचन करते हैं तो इस पद्धति को अप्रत्यक्ष निर्वाचन कहते हैं।[1]

अप्रत्यक्ष निर्वाचन के द्वारा चुनाव दो बार होता है। एक बार मतदाता निर्वाचक मण्डल का निर्वाचन करते हैं और दूसरी बार निर्वाचक नण्डल के सदस्य प्रतिनिधियों का निर्वाचन करते हैं।

भारत में राज्यसभा तथा राज्यों के द्वितीय सदन का गठन अप्रत्यक्ष निर्वाचन के द्वारा ही होता है। विश्व के अन्य देशों के द्वितीय सदन का गठन भी इसी पद्धति के द्वारा किया जाता है।

भारत में निर्वाचन की प्रक्रिया
(Process of Election in India)

मतदाताओं की सूची (Voters' List)–भारत एक प्रजातान्त्रिक देश है। यहाँ की निर्वाचन प्रक्रिया का क्या रूप है? इसे जानना आवश्यक है। भारत में एक चुनाव आयोग की व्यवस्था की गयी है जिसके ऊपर चुनाव सम्बन्धी सभी उत्तरदायित्व हैं। हमारे यहाँ सबसे पहले मतदाताओं की एक सूची तैयार की जाती है। सरकार जनगणना के आधार पर मतदाताओं की सूची तैयार करती है। सरकार एक निश्चित समय जनता को देती है जिसके अन्तर्गत वे अपना नाम मतदाताओं की सूची में दर्ज करा लें यदि जनगणना में किसी तरह छूट गया हो। इसके बाद, सरकार मतदाताओं की अन्तिम सूची प्रकाशित करती है। इस सूची में जिनका नाम रहता है, वे ही चुनाव में मतदान के योग्य होते हैं। इस प्रकार मतदाताओं की सूची तैयार की जाती है।

निर्वाचन का समय निश्चित होने के बाद मनोनयन पत्र दाखिल करने की एक तारीख निश्चित की जाती है। उस निश्चित तिथि तक उम्मीदवार को मनोनयन पत्र अपने-अपने निर्वाचन क्षेत्र के रिटर्निंग ऑफिसर के पास जमा कर देना पड़ता है। मनोनयन पत्र की जाँच होती है। जिसका मनोनयन पत्र ठीक होता है, उस उम्मीदवार की नामजदगी की जाती है। उम्मीदवारों को मनोनयन पत्र अपनी स्वेच्छा से वापस लेने के लिए एक तिथि निश्चित की जाती है। जो वापस लेना चहाते हैं, वे वाप्स ले लेते हैं। तत्पश्चात् उम्मीदवारों की सूची प्रकाशित की जाती है। जिस निर्वाचन क्षेत्र से एक ही व्यक्ति का मनोनयन-पत्र होता है, वह निर्वाचित घोषित होता है और जिसमें अनेक उम्मीदवार होते हैं वहाँ पर निर्वाचन किया जाता है।

निर्वाचन की तिथि निश्चित की जाती है। राजनीतिक दल काफी प्रचार करते हैं।

निर्वाचन क्षेत्र (Constituencies)–सम्पूर्ण देश को निर्वाचन क्षेत्रों में बाँट दिया जाता है। संसद एवं विधान का निर्वाचन क्षेत्र भिन्न-भिन्न होता है। निर्वाचन क्षेत्र दो प्रकार के होते हैं:

1. एक-सदस्यीय निर्वाचन क्षेत्र, और
2. बहु-सदस्यीय निर्वाचन क्षेत्र।

1. **एक-सदस्यीय निर्वाचन क्षेत्र** (Single Member Constituencies)–एक-सदस्यीय निर्वाचन क्षेत्र से एक ही सदस्य का निर्वाचन होता है। इस प्रकार के निर्वाचन क्षेत्र में प्रत्येक मतदाता को केवल एक मतदान करने का अधिकार रहता है। इस प्रकार एक उम्मीदवार ही इस प्रकार के प्रत्येक निर्वाचन क्षेत्र से चुना जाता है।

---

1. When the voters do not directly participate in the election of their representatives, but choose only an intermediary body which elects the representatives, the method of election is called indirect.

2. **बहु-सदस्यीय निर्वाचन क्षेत्र** (Multiple Member Constituencies)–बहु-सदस्यीय निर्वाचन क्षेत्र के अन्तर्गत सम्पूर्ण देश को कई बड़े-बड़े निर्वाचन क्षेत्रों में बाँट दिया जाता है। प्रत्येक निर्वाचन क्षेत्र से एक से अधिक उम्मीदवार निर्वाचित किए जाते हैं। मतदाताओं को उतने ही मत देने का अधिकार होता है जितने उम्मीदवार उस क्षेत्र से निर्वाचित होने हैं।

मतदान प्रणाली
(Method of Voting)

मतदान केन्द्र (Polling Booths)–एक निर्वाचन क्षेत्र के सभी मतदाताओं का एक स्थान पर एकत्रित होना सम्भव एवं सुविधाजनक नहीं है। अतः एक निर्वाचन क्षेत्र में अनेक मतदान केन्द्र स्थापित किए जाते हैं। वहाँ पर मतदान-पत्र पेटियाँ रहती हैं। मतदाता सूची के अनुसार मतदाता आकर अपना वोट मत-पत्र पेटियों में डालते हैं। मत-पत्र पेटियाँ एक एकान्त कोठरी में रखी होती हैं। निर्वाचन एक प्रेजाइडिंग ऑफिसर के निरीक्षण में होता है। वहाँ पर सरकार की ओर से पुलिस की भी व्यवस्था रहती है।

मतदान गुप्त तरीके से होता है (Voting by Secret Ballot)–मतदाताओं को बैलट-पेपर दिए जाते हैं। जिस पर सभी उम्मीदवारों का नाम छपा रहता है। इच्छित उम्मीदवार के नाम के सामने क्रास (×) का चिन्ह, मतदाता लगाकर बैलट-बाक्स में डाल देता है। यह मतदान गुप्त तरीके से होता है। किसी भी व्यक्ति को यह नहीं मालूम होता कि कौन मतदाता किस उम्मीदवार को वोट देगा। आज विश्व के अधिकांश राज्यों में गुप्त मतदान प्रणाली प्रचलित है। भारत में भी गुप्त मतदान प्रणाली ही अपनायी गयी है।

निर्वाचन का समय जब समाप्त हो जाता है तो सभी मतदान पेटियों को एक स्थान पर एकत्रित किया जाता है। रिटर्निंग ऑफिसर कुछ व्यक्तियों के सहयोग से मतों की गणना करते हैं। वहाँ पर उम्मीदवार अथवा उनके प्रतिनिधि उपस्थित रहते हैं। जिस व्यक्ति को अत्यधिक मत मिलते हैं, वह विजयी घोषित किया जाता है।

भारत में उपर्युक्त तरीके से निर्वाचन की क्रिया पूर्ण की जाती है।

अल्पसंख्यकों का प्रतिनिधित्व
(Representation of Minorities)

प्रत्येक समूह में कुछ अल्पसंख्यक होते हैं जिनका सरकार के गठन में प्रतिनिधित्व होना आवश्यक है। अब प्रश्न यह उठता है कि अल्पसंख्यक किसे कहते हैं। राष्ट्र के ऐसे जन-समूह को अल्पसंख्यक कहते हैं जिसके व्यक्ति परस्पर एकता का भाव रखते हुए भी बहुसंख्यक से अनेक बातों में भिन्न होते हैं। भिन्नता के कारण सामाजिक, आर्थिक, धार्मिक एवं साम्प्रदायिक हो सकते हैं।

प्रजातन्त्र में बहुमत दल वालों की सरकार होती है। अल्पसंख्यकों की सदा उपेक्षा की जाती है लेकिन एक आदर्श प्रजातन्त्रीय सरकार में अल्पसंख्यकों के मत का आदर करना वांछनीय है। जे०एस० मिल का कहना है कि "यदि बहुसंख्यक वर्ग को शासन करने का स्वयं-सिद्ध अधिकार है तो अल्पसंख्यक वर्गों को भी इस बात का समान अधिकार है कि उनकी बात सुनी जाए।" लेकी का भी विचार है कि "अल्पसंख्यकों को भी प्रतिनिधित्व देने का बहुत बड़ा महत्व है। यदि एक निर्वाचन क्षेत्र में दो-तिहाई मतदाता किसी एक दल के लिए और एक-तिहाई किसी दूसरे दल के लिए वोट देते हैं तो यह उचित है कि बहुसंख्यकों को दो-तिहाई और अल्पसंख्यकों को एक-तिहाई प्रतिनिधित्व मिलना चाहिए।"

अल्पसंख्यकों को उचित प्रतिनिधित्व देने के लिए निम्नलिखित निर्वाचन सम्बन्धी तरीकों को अपनाया जा सकता है:

1. **आनुपातिक प्रतिनिधित्व** (Proportional Representation)–आनुपातिक प्रतिनिधित्व का उद्देश्य जनता के प्रत्येक वर्ग के व्यक्तियों को उनके मतदाताओं की संख्या के अनुपात में प्रतिनिधित्व देना है। इस प्रणाली का आधार हस्तान्तरित होने वाले मत इसमें प्रतिनिधियों का निर्वाचन बहु-सदस्यीय निर्वाचन क्षेत्रों में होता है। प्रत्येक मतदाता को एक ही मत देने का अधिकार रहता है लेकिन उसे यह अधिकार होता है कि वह उम्मीदवारों के नाम के आगे अपनी पसन्दगी के आधार पर 1, 2, 3, 4, 5, 6, 7 अंकित कर सकता है। इससे मतदाता को इस बात का आश्वासन रहता है कि यदि उसकी पहली पसन्द के उम्मीदवार को उसके मत की आवश्यकता नहीं या वह पहली मतगणना में हार जाए तो उसकी दूसरी या तीसरी पसंदगी का उम्मीदवार इससे लाभ उठाएगा। उम्मीदवारों को निर्वाचित होने के लिए एक निश्चित मात्रा में मत प्राप्त करने पड़ते हैं जिसे निर्वाचन अंक कहते हैं। सर्वप्रथम पहली पसन्द के मतों की गणना होती है। जिस उम्मीदवार को निर्वाचन अंक प्राप्त हो जाता है, उसे निर्वाचित घोषित कर दिया जाता है। इसके बाद, प्रथम मतों को दूसरी पसन्द वाले उम्मीदवारों के नाम हस्तान्तरित कर दिया जाता है। यह प्रक्रिया तब तक चलती रहती है जब तक सदस्यों की आवश्यक संख्या निर्वाचित नहीं हो जाती है। भारत के राष्ट्रपति का निर्वाचन इसी प्रणाली के द्वारा होता है।

2. **सीमित मतदान प्रणाली** (Limited Vote System)–अल्पसंख्यकों के प्रतिनिधित्व में सीमित मतदान प्रणाली भी लाभदायक है। इस प्रणाली के अनुसार सम्पूर्ण देश कई निर्वाचन क्षेत्रों में बाँट दिया जाता है और प्रत्येक क्षेत्र से कम से कम तीन प्रतिनिधि भेजे जाते हैं। मतदाताओं को तीन से कम, यानी दो मत देने का अधिकार रहता है। परिणामत: अल्पसंख्यक वाले संगठित होकर तीसरी जगह पर कब्जा कर सकते हैं। इटली, इंग्लैण्ड एवं अन्य देशों में इस प्रणाली का प्रयोग किया गया था किन्तु सफलीभूत नहीं हो सका। अत: यह प्रणाली अव्यावहारिक एवं कठिन है।

3. **संचित मतदान प्रणाली** (Cumulative Vote System)–संचित मतदान प्रणाली में किसी बहुसंख्यक निर्वाचन क्षेत्र में से जितने सदस्य निर्वाचित होने वाले हैं, उतने हो मत देने का अधिकार प्रत्येक मतदाता को रहता है। मतदाता चाहे तो अपने सम्पूर्ण वोट किसी एक ही उम्मीदवार को दे दे या अनेक उम्मीदवारों में उन्हें बाँट दे। उदाहरण के लिए, यदि किसी निर्वाचन क्षेत्र से तीन जगह हैं तो वहाँ के प्रत्येक मतदाता को तीन वोट देने का अधिकार रहता है। कोई मतदाता यदि चाहे तो तीनों वोट एक ही उम्मीदवार को दे सकता है या उसे तीन उम्मीदवारों के बीच विभाजित कर सकता है। अत: इस प्रणाली में अल्पसंख्यकों को अपने वोट अपने उम्मीदवार को देने का अवसर मिलता है जिससे उसके निर्वाचित होने की आशा रहती है लेकिन यह प्रणाली दोषपूर्ण है। कारण यह है कि इसमें बहुत-से वोट यों ही बेकार हो जाते हैं। इसके साथ ही, कभी-कभी अल्पसंख्यकों को इसमें अनुपात से अधिक मत मिल जाते हैं। अत: यह भी विशेष लाभदायक नहीं है।

4. **पृथक् निर्वाचन प्रणाली** (Separate Electoral System)–पृथक् निर्वाचन प्रणाली को साम्प्रदायिक प्रतिनिधित्व की प्रणाली भी कहते हैं। इसके अनुसार निर्वाचन के लिए जनसंख्या को धार्मिक आधार पर विभाजित किया जाता है और विभिन्न सम्प्रदायों के लिए अलग-अलग निर्वाचन संघ बनाए जाते हैं। जैसे–हिन्दू, मुसलमान, ईसाई, सिखों के अलग-अलग निर्वाचन संघ हो सकते हैं और विभिन्न सम्प्रदाय के व्यक्ति अपने सम्प्रदाय से ही अपना प्रतिनिधि चुनेंगे। ब्रिटिश शासन काल में साम्प्रदायिक निर्वाचन प्रणाली अपनायी गयी थी जिसके अनुसार हिन्दू, मुसलमान, सिख, ईसाई एवं पारसियों को अलग-अलग उम्मीदवार चुनने की इजाजत थी। यह प्रणाली अत्यन्त ही दोषपूर्ण है। इससे राष्ट्रीयता की भावना पर गहरा धक्का लगता है।

5. **सुरक्षित निर्वाचन प्रणाली** (Joint Electorate with Reservation)–भारत में इस प्रणाली को अपनाया गया है। इसके अनुसार अल्पसंख्यकों के प्रतिनिधियों के लिए उनकी जनसंख्या के अनुपात में कुछ जगह सुरक्षित रखी जाती हैं लेकिन इन सुरक्षित जगहों के लिए सदस्यों का निर्वाचन केवल अल्पसंख्यक जाति के मतों से ही नहीं, बल्कि सभी मतदाताओं के मतों से होता है। हमारे देश में अनुसूचित जाति, अनुसूचित जनजाति तथा ऐंग्लो-इण्डियन के लिए संसद

एवं विधानमण्डल में स्थान सुरक्षित रख लिए गए हैं। यह प्रणाली बहुत हद तक अच्छी है क्योंकि इसमें अल्पसंख्यकों का प्रतिनिधित्व भी हो जाता है एवं राष्ट्रीय एकता की भावना भी बनी रहती है। फिर भी हमेशा के लिए यह प्रणाली उपयुक्त नहीं है।

6. **पेशागत प्रतिनिधित्व** (Functional or Occupational Representation)–प्रादेशिक निर्वाचन से एक ही व्यक्ति सभी पेशेवालों का प्रतिनिधित्व करता है। यह एक व्यक्ति से सम्भव नहीं है कि निर्वाचन क्षेत्र के सभी पेशेवालों के हित को ध्यान में रखें। अत: कुछ विचारकों का कहना है कि प्रत्येक पेशेवाले को अपना प्रतिनिधित्व चुनने का अधिकार मिलना चाहिए। जैसे–डॉक्टर, अभियन्ता, प्रोफेसर, मोची, बढ़ई, कुम्हार, बनिया, क्लर्क, आदि प्रत्येक पेशेवाले को अपना प्रतिनिधि चुनने का अधिकार मिलना चाहिए तभी उसके हित की अभिव्यक्ति होगी। द्वितीय सदन के गठन में पेशागत प्रतिनिधित्व को भी कुछ अपनाया गया है किन्तु सच पूछिए तो यह प्रणाली भी सम्भव नहीं है।

निर्वाचन से लाभ
(Merit of Election)

निर्वाचन से निम्नलिखित लाभ हैं:

1. प्रजातन्त्र राज्य में निर्वाचन अनिवार्य है। निर्वाचन ही सरकार की आधारशिला है। बिना निर्वाचन के सरकार का गठन नहीं हो सकता है।
2. निर्वाचन के द्वारा जनता अपने अधिकारों और कर्तव्यों के प्रति जागरूक होती है।
3. निर्वाचन जनता में राजनीतिक चेतना उत्पन्न कराता है। जनता राजनीति में दिलचस्पी लेने लगती है।
4. निर्वाचन जनता में शिक्षा फैलाने का एक माध्यम है। जनता नागरिक गुणों को पहचानने लगती है।
5. जनता निर्वाचन के समय अपने विचारों की अभिव्यक्ति कर सकती है। वह विभिन्न राजनीतिक दलों की नीति एवं कार्यक्रमों को जानती है। देश की मौलिक समस्याओं का ज्ञान उन्हें होता है।
6. निर्वाचन के द्वारा भ्रष्ट, अन्यायी सरकार का विनाश एवं सशक्त, न्यायी सरकार की स्थापना होती है।

निर्वाचन के दोष
(Demerits of Election)

निर्वाचन के निम्नलिखित दोष हैं:

1. निर्वाचन शिक्षित व्यक्तियों के लिए अधिक उपयुक्त है। अशिक्षित जनता मतों का ठीक से प्रयोग नहीं करती है। जाति-पाँति के आधार पर उसका व्यवहार किया जाता है जो दोषपूर्ण है।
2. प्रजातन्त्र राज्य में अशिक्षा एवं अज्ञानता के कारण बहुत-से मतदाता अपना मत देते ही नहीं हैं। उनका मत बेकार हो जाता है।
3. निर्वाचन से झूठी बातों का आश्वासन एवं प्रचार किया जाता है। जनता को धोखा देकर उसके अमूल्य वोट को ले लिया जाता है जिससे अयोग्य उम्मीदवार का चुनाव हो जाता है।
4. निर्वाचन में अधिक पैसा खर्च होता है। अच्छे एवं योग्य व्यक्ति शायद ही निर्वाचन में आते हैं। अत: देश उनकी सेवाओं से वंचित रहता है।
5. निर्धनता निर्वाचन के मार्ग में एक बहुत बड़ा रोड़ा है। निर्धन के लिए वोट का कोई महत्व नहीं है। वह रोटी के टुकड़े पर अपना अमूल्य वोट को बेच डालता है।

इस प्रकार निर्वाचन के अनेक दोष हैं। इससे निष्कर्ष यह नहीं निकालना चाहिए कि निर्वाचन को हमेशा के लिए 'नमस्ते' किया जाए बल्कि निर्वाचन के दोषों को दूर करना ही विवेकपूर्ण कार्य होगा।

आदर्श निर्वाचन प्रणाली की विशेषताएँ
(Characteristics of a Good Electoral System)

एक आदर्श निर्वाचन प्रणाली के लिए निम्नलिखित विशेषताओं का होना आवश्यक है:

1. निर्वाचन बालिग मताधिकार के आधार पर होना चाहिए।
2. मतदान गुप्त तरीके से होना चाहिए।
3. मतदाताओं को शिक्षित एवं विवेकशील होना चाहिए।
4. निर्वाचन प्रत्यक्ष होना चाहिए। इससे उम्मीदवार और मतदाताओं में निकट का सम्बन्ध स्थापित होता है।
5. निर्वाचन के समय अनैतिक तथा अवांछनीय कार्यों पर प्रतिबन्ध होना चाहिए।
6. निर्वाचन में अल्पसंख्यकों का उचित प्रतिनिधित्व होना चाहिए।
7. निर्वाचन सरल एवं कम खर्चीला हो, तो सर्वोत्तम है।
8. निर्वाचन में जाति, धर्म, भाषा, रंग एवं लिंग का कोई भेदभाव नहीं होना चाहिए।

भारत और निर्वाचन
(India and Election)

1. अधिक मतदाताओं की संख्या–भारत एक विशाल प्रजातन्त्र देश है। इस देश में निर्वाचन सम्बन्धी कुछ मौलिक समस्याएँ हैं जिन पर विचार करना आवश्यक है। सर्वप्रथम, यहाँ पर निर्वाचन बालिग मताधिकार के आधार पर होता है। सभी बालिग स्त्री-पुरुषों को मत देने का अधिकार है बशर्ते वे पागल, दिवालिया, अपराधी एवं विदेशी न हों भारत में मतदाताओं की संख्या काफी अधिक है। 1952 के आम चुनाव में मतदाताओं की संख्या 17.3 करोड़ तथा 1962 में 21 करोड़ थी जो 1998 में बढ़कर 60 करोड़ से अधिक हो गई। इन आँकड़ों से स्पष्ट है कि भारत में मतदाताओं की संख्या दिनोंदिन बढ़ती जा रही है।

2. **अशिक्षा** (Illiteracy)–भारत में करोड़ों व्यक्ति अशिक्षित हैं। अभी तक यहाँ पर 52.21 प्रतिशत जनता शिक्षित है। प्रजातन्त्र राज्य में सम्पूर्ण जनता का शिक्षित होना आवश्यक है। शिक्षित जनता ही वोट के महत्व को ठीक से समझ सकती है। वह राजनीतिज्ञों के झूठे वादों एवं नारों में नहीं आ सकती है। चूँकि जनता अशिक्षित है इसलिए अधिकांश अयोग्य उम्मीदवार ही निर्वाचित होते हैं।

3. **जातीयता एवं साम्प्रदायिकता** (Casteism and Communalism)–भारत में अनेक जातियाँ हैं। सभी जातियों का अपना-अपना महत्व एवं स्थान है। यहाँ की 48% जनता अशिक्षित है। उसके विचार संकीर्ण होते हैं। भारत विश्व का धर्मगुरु है। संसार के अधिकांश धर्मों की जन्मभूमि भारत ही है। अत: यहाँ पर अनेक धर्मों के व्यक्ति हैं। निर्वाचन के समय जातीयता एवं साम्प्रदायिकता की भावना को उभारा जाता है जिसका परिणाम बहुत ही बुरा होता है। अत: प्रजातन्त्र राज्य के निर्वाचन के मार्ग में जातीयता एवं साम्प्रदायिकता एक बहुत बड़ा अवरोध है।

4. **निर्धनता** (Poverty)–एक जमाना था जब भारत की अमीरी दुनिया में मशहूर थी किन्तु आज दुर्भाग्य है कि उसकी गरीबी ही दुनिया में मशहूर है। एक ओर भारत के गगन-चुम्बी महलों में रहने के लिए व्यक्ति नहीं हैं और दूसरी ओर फुटपाथ पर भी सोने के लिए जगह नहीं मिलती है। कितने ही भारतीय भाई, माताएँ, बहनें तथा बच्चे दाने-दाने के लिए तड़प-तड़प कर प्राण गवाँ रहे हैं। दूसरी ओर कुछ अमीर भारतीय खा-खाकर मर रहे हैं। ऐसी स्थिति में निर्धन व्यक्ति पैसे के लोभ में अपने वोट को बेच डालता है। इसका परिणाम यह होता है कि अयोग्य एवं अमीर व्यक्ति पैसे के बल से विजय दुंदुभी पीटता है।

5. **नकली मतदाताओं की भरमार** (Fake Voters Excess)–निर्वाचन में नकली मतदाताओं की काफी भरमार रहती है। मोहन का वोट सोहन जाकर दे देता है। नतीजा यह होता है कि एक मतदाता अनेक बार जाकर अनेक मतदाताओं के वोट को डाल आता है। इससे जनता में विक्षोभ की भावना पैदा होती है।

6. **चुनाव खर्चीला** (Expensive Election)–भारत का निर्वाचन काफी खर्चीला है। एक गरीब किन्तु योग्य और ईमानदार होते हुए भी निर्वाचन में उम्मीदवार बनने का साहस नहीं कर सकता है। इसका मुख्य कारण उसकी गरीबी है। इस प्रकार भारत गुदड़ियों के लाल की सेवाओं से वंचित हो रहा है।

7. **नैतिक पतन** (Downfall of Morality)–अधिकांश भारतीयों का नैतिक पतन हो गया है। माफ कीजिएगा, विशेषकर अमीरों, बढ़े-बड़े नेताओं एवं समाज के प्रमुख व्यक्तियों में ही यह बीमारी काफी तेजी के साथ फैली हुई है। जो राष्ट्र के कर्णधार हैं वे ही नैतिकता से हीन हैं। राष्ट्रभक्त, देशभक्त, समाज सुधारक, परपीड़क, साधु एवं अन्य ऐसे ही परोपकारी व्यक्ति दृढ़ नैतिकता का ढोंग रचते हैं।

भारत के सामने उपर्युक्त ऐसी समस्याएँ हैं जिनका अगर समाधान नहीं किया गया तो देश की प्रजातान्त्रिक सरकार की आलीशान इमारत अचानक बैठ जाएगी। इन दुर्गुणों को दूर कर ही हम भारत में कुछ कर सकते हैं। इन सभी समस्याओं का समाधान तब तक नहीं हो सकता जब तक कि राजनीतिक सत्ता नवयुवकों के हाथों में नहीं चली जाती। आर्थिक समस्याओं पर विजय पानी होगी। वर्तमान शिक्षा प्रणाली में आमूल परिवर्तन लाकर देश का नौनिहाल एवं राष्ट्र के भावी कर्णधारों को सत्य और अहिंसा के पथ पर ले चलना होगा। इसी से भारत का कल्याण है।

प्रश्न
(Questions)

1. निर्वाचन के उद्देश्य एवं महत्व पर प्रकाश डालिए।
   Examine the aims and importance of election.
2. बालिग मताधिकार के पक्ष एवं विपक्ष में तर्क दीजिए।
   Give arguments in favour and against of the adult franchise.
3. बालिग मताधिकार पर एक लेख लिखिए।
   Write an essay on adult franchise.
4. महिला मताधिकार का वर्णन कीजिए।
   Describe the women's franchise.
5. निर्वाचन के तरीकों पर विचार कीजिए।
   Explain the methods of election.
6. भारत में निर्वाचन-प्रक्रिया का वर्णन कीजिए।
   Describe the process of election in India.
7. अल्पसंख्यकों के प्रतिनिधित्व के तरीकों की समीक्षा कीजिए।
   Examine the methods of minorities.
8. आदर्श निर्वाचन-प्रणाली की विशेषताओं का वर्णन कीजिए।
   Describe the characteristics of good election system.
9. भारत और निर्वाचन-पर एक लेख लिखिए।
   Write an essay on India and election.

वस्तुनिष्ठ प्रश्न
(Objective Questions)

1. इनमें से कौन एक निर्वाचन का उद्देश्य नहीं है?
(क) धर्म का प्रचार करना (ख) व्यवस्थापिका के सदस्यों को निर्वाचित करना
(ग) जनता में राजनीतिक चेतना उत्पन्न करना (घ) शासन के प्रति दिलचस्पी पैदा करना
Which one of the following is not the aim of election?
(a) To propagate religion
(b) To elect members of the legislature
(c) To create political consciousness in people
(d) To create interest towards administration

2. भारत में बालिग मताधिकार की उम्र क्या है?
(क) 21 वर्ष (ख) 18 वर्ष (ग) 23 वर्ष (घ) 24 वर्ष
What is the age of adult suffrage in India?
(a) 21 years (b) 18 years (c) 23 years (d) 24 years

3. बेल्जियम में बालिग मताधिकार की उम्र क्या है?
(क) 21 वर्ष (ख) 18 वर्ष (ग) 25 वर्ष (घ) 23 वर्ष
What is the age of adult suffrage in Belgium?
(a) 21 years (b) 18 years (c) 25 years (d) 23 years

4. अमेरिका में बालिग मताधिकार की उम्र क्या है?
(क) 24 वर्ष (ख) 18 वर्ष (ग) 25 वर्ष (घ) 21 वर्ष
What is the age of adult suffrage in America?
(a) 24 years (b) 18 years (c) 25 years (d) 21 years

5. नार्वे में बालिग मताधिकार की उम्र क्या है?
(क) 23 वर्ष (ख) 21 वर्ष (ग) 28 वर्ष (घ) 25 वर्ष
What is the age of adult suffrage in Norway?
(a) 23 years (b) 21 years (c) 28 years (d) 25 years

6. रूस में बालिग मताधिकार की उम्र क्या है?
(क) 21 वर्ष (ख) 18 वर्ष (ग) 23 वर्ष (घ) 25 वर्ष
What is the age of adult suffrage in Russia?
(a) 21 years (b) 18 years (c) 23 years (d) 25 years

7. इंग्लैण्ड में बालिग मताधिकार की उम्र क्या है?
(क) 18 वर्ष (ख) 23 वर्ष (ग) 21 वर्ष (घ) 25 वर्ष
What is the age of adult suffrage in England?
(a) 18 years (b) 23 years (c) 21 years (d) 25 years

8. इंग्लैण्ड में महिलाओं को किस वर्ष मताधिकार दिया गया?
(क) 1920 (ख) 1917 (ग) 1919 (घ) 1918

Which year the right to vote to women was given in England?

(a) 1920 (b) 1917 (c) 1919 (d) 1918

9. अमेरिका में महिलाओं को किस वर्ष मताधिकार दिया गया?

(क) 1920 (ख) 1925 (ग) 1820 (घ) 1918

Which year the right to vote to women was given in America?

(a) 1920 (b) 1925 (c) 1820 (d) 1918

10. 1998 में भारत में मतदाताओं की संख्या लगभग कितनी थी?

(क) 50 करोड़ (ख) 60 करोड़ (ग) 40 करोड़ (घ) 80 करोड़

In 1998, what was the approximate number of voters in India?

(a) 50 Crores (b) 60 Crores (c) 40 Crores (d) 80 Crores

11. Universal Adult Franchise implies a right to vote to all

(a) Residents of the state
(b) Adult residents of the state
(c) Adult citizen of the state
(d) Adult female citizens of the state
(e) Adult citizens of the state

12. When the voters take part in the elections of representative bodies themselves and elect the members, the system is known as

(a) Representative democracy
(b) Direct election
(c) Universal adult suffrage
(d) Direct democracy
(e) Proportional Representation

13. In indirect election

(a) People take part in the election directly
(b) Voters do not directly take part in the elections but elect an intermediate body which finally elects the members
(c) Elected members are not responsible to the people
(d) Elected members are not responsible to the executive

14. A term which means that a new law passed by the legislature would not become an Act unless approved by the majority of the electorate is known as

(a) Initiative (b) Referendum (c) Recall (d) Plebiscite
(e) Proportional Representation

15. What is meant by the electorate?

(a) The collective word used for areas into which the whole state is divided for purposes of elections
(b) The whole body of the people who are elected by the people as their representatives to govern the state
(c) The various methods of election used to elect representatives
(d) The body of citizens who elect those who govern
(e) None of these

16. Which of the following advocated the system of proportional representation?

(a) Jeremy Bentham (b) J.S. Mill (c) Laski (d) Herbert Spencer (e) John Locke

17. What does proportional representation seek to achieve?
    (a) It secures to the various groups among the election representation in the national and local bodies in proportion to their voting strength
    (b) It ensures direct participation by the people in the affairs of the government
    (c) It ensures right to work to every citizen
    (d) It ensures equal division of property among the citizens
    (e) None of these
18. Who made the following observation?
    "All true and democratic representation is functional representation. The omnicompetent state with its omnicompetent parliament is unsuitable to any really democratic country."
    (a) Karl Marx (b) Plato (c) Hegel (d) G.D.H. Cole (e) Vinoba Bhave
19. A citizen of India is entitled to vote at an election of the House of People at the age of
    (a) 18 years (b) 21 years (c) 20 years (d) 25 years
20. Who said, "There is no alternative to universal suffrage"?
    (a) Jeremy Bentham (b) Thomas Hobbes (c) Edmund Burke (d) Harold Laski
21. Women in England got right of franchise on equal terms with me in
    (a) 1688 (b) 1911 (c) 1928 (d) 1950
22. Under the Hare Scheme every voter enjoys
    (a) One effective vote
    (b) As many votes as there are seats to be filled
    (c) One vote less than the number of seats to be filled up
    (d) Only two votes
23. Under the List System there are
    (a) Single member constituencies (b) Two member constituencies
    (c) Multi-member constitencies (d) None of the above
24. One of the strong advocates of Functional Representation was
    (a) Rousseau (b) Mirabeau (c) Marx (d) Engels
25. Communal representation pre-supposes the existence of
    (a) A joint electorate
    (b) Separate electorate
    (c) Reservation of seats
    (d) There can be both joint as well as separate electorates
26. The quota under the Hare Scheme is determined by
    (a) Dividing the total number of votes by two
    (b) Dividing the total number of valid polled votes by the number of seats to filled up plus one and by adding one to the quotient
    (c) The number of votes is fixed by law before the election is held
    (d) The number of votes is decided by all the contesting candidates before the election
27. Under single transferable vote system each votes can
    (a) Single member constituencies (b) Two member constituencies
    (c) Multi-member constituencies (d) None of the above

28. What is the main requirement of the Single Transferable Vote System?
    (a) Single member constituencies
    (b) Double member constituencies
    (c) Multi-member constituencies
    (d) No restriction of any type

उत्तर
(Answers)

1. (क) 2. (ख) 3. (ग) 4. (घ) 5. (क) 6. (ख) 7. (ग) 8. (घ) 9. (क)
10. (ख) 11. (e) 12. (b) 13. (b) 14. (b) 15. (d) 16. (d) 17. (b) 18. (a)
19. (b) 20. (d) 21. (c) 22. (a) 23. (c) 24. (b) 25. (b) 26. (b) 27. (c)
28. (c)

26

जनमत
(Public Opinion)

भूमिका (Introduction)

जनमत का दूसरा नाम लोकमत है। आधुनिक युग प्रजातन्त्र का है। प्रजातन्त्र सरकार जनता की, जनता के लिए और जनता द्वारा होती है। जनमत का सम्बन्ध जनता से है। जनमत प्रजातन्त्र की आत्मा है। जनमत के आधार पर ही प्रजातन्त्र का गठन किया जाता है। जनमत सरकार पर हमेशा नियन्त्रण रखता है। यह सरकार को निरंकुश होने से रोकता है। सही जनमत प्रजातन्त्र का प्रहरी है। यह जनता के अधिकारों की रक्षा करता है। अन्तर्राष्ट्रीय क्षेत्र में भी जनमत का बहुत बड़ा महत्व है। जनमत के आधार पर ही संयुक्त राष्ट्र की स्थापना की गयी है। डेविड ह्यूम का कथन है, "सभी सरकारें चाहे वे कितनी ही दूषित क्यों न हों, अपनी शक्ति के लिए जनमत पर निर्भर करती है।"[1] अतएव प्रत्येक सरकार के लिए जनमत ऑक्सीजन है।

जनमत का महत्व
(Importance of Public Opinion)

प्रत्येक युग में प्रत्येक सरकार में जनमत का विशेष महत्व रहा है। प्रजातान्त्रिक सरकार की नींव जनमत पर ही आधारित होती है। जनमत की उपेक्षा कर कोई सरकार स्थायी रूप से शासन नहीं चला सकती है, जैसा कि गैसेल का कहना है, "जनमत के अतिरिक्त अन्य किसी वस्तु को शासन का आधार बनाकर पृथ्वी पर कभी कोई शासन नहीं कर सकता है।"[2] जनमत की महत्ता पर प्रकाश डालते हुए पुंताम्बेकर ने भी कहा है, "जनमत वह शक्ति है जो राज्य के संगठन में पथ-प्रदर्शक और निर्देशक का कार्य करती है। सरकार को जनमत के प्रति ही उत्तरदायी होना चाहिए। जनमत ही वह कसौटी है जिसके आधार पर हमारे आदर्शों एवं विचारों की परीक्षा होनी चाहिए तथा उसी के आधार पर उन्हें स्वीकार या अस्वीकार करना चाहिए।"

जनमत के महत्व को निम्नांकित रूप से प्रदर्शित किया जा सकता है:

1. **जनमत प्रजातन्त्र की आत्मा है** (Public Opinion is the Soul of Democracy)–प्रजातन्त्र जनता की सरकार होती है जिसका गठन जनमत के आधार पर किया जाता है। जनमत को प्रजातन्त्र की आत्मा कहा गया है। आजकल अप्रत्यक्ष प्रजातन्त्र राज्य का प्रचलन है जिसके निर्माण में जनमत का पूर्ण हाथ रहता है। जनमत की नींव

---

1. "All the governments, however bad, depend for their authority on public opinion."—David Hume
2. "Never has anyone ruled on earth by basing his rule essentially on anything other than public opinion."—Gassell

पर ही प्रजातन्त्र रूपी भव्य महल खड़ा किया जाता है। इस संदर्भ में गेटेल का भी कथन है, "प्रजातान्त्रिक शासन की सफलता जनमत की सबलता और इस बात पर निर्भर करती है कि जनमत सरकार के कार्यों और नीतियों को किस सीमा तक नियन्त्रित करता है।"[1]

2. **सरकार पर नियन्त्रण** (Control over Government)–जनमत सरकार हमेशा नियन्त्रण रखता है। यह सरकार को निरंकुश और तानाशाह होने से रोकता है। सरकार कोई भी काम जनता के जनमत के विरुद्ध नहीं कर सकती है। "प्रबुद्ध जनमत तो प्रजातन्त्र सरकार का प्रहरी है।"[2]

जनमत व्यस्थापिका और कार्यपालिका के लिए प्रकाश-स्तम्भ का काम करता है। कानूनों का निर्माण जनमत के आधार पर होता है। उन कानूनों का पालन भी जनमत के द्वारा ही किया जाता है। जनमत हमेशा कार्यपालिका को निर्देश करता रहता है। वस्तुतः "वैधानिक संप्रभुता और अन्तिम राजनीतिक संप्रभुता के बीच उचित सम्बन्ध स्थापित करना जनमत का सच्चा कार्य है।"[3]

अतएव ऐसी स्थिति में, "सचेत एवं सुविज्ञ जनमत प्रजातन्त्र की पहली आवश्यकता समझी जाती है।"[4] इस प्रकार प्रजातान्त्रिक सरकार के लिए जनमत अत्याज्य है।

3. **नागरिकों के अधिकारों की रक्षा** (Protection of the Rights of Citizens)–जनमत मनुष्य के सामाजिक जीवन को नियन्त्रित करता रहता है। सामाजिक कुरीतियों और अन्याय को दूर करने में जनमत का बहुत बड़ा हाथ रहता है। जब भी सामाजिक वातावरण भ्रष्ट, विषाक्त और अशान्त हुआ है, तभी जनमत के द्वारा उसकी शुद्धि की गई है। सामाजिक समस्याओं के समाधान में भी जनमत का बहुत बड़ा हाथ रहता है। इस प्रकार समाज के संगठन, सुधार और विकास में जनमत का काफी हाथ रहता है। समाज की प्रगति जनमत पर आधारित है। शुल्ज का भी कथन है, "जनमत एक प्रबल सामाजिक शक्ति है जिसकी अवहेलना करने वाला राजनीतिक दल स्वयं अपने लिए संकट आमंत्रित करता है।"[5]

4. **राजनीतिक चेतना** (Political Consciousness)–जनमत के द्वारा नागरिकों में राजनीतिक चेतना उत्पन्न की जाती है। यह नागरिकों को उनके अधिकारों एवं कर्तव्यों से अवगत कराता है। जनता राजनीति में सक्रिय भाग लेती है।

5. **राजतन्त्र, कुलीनतन्त्र एवं निरंकुशतन्त्र पर नियन्त्रण** (Control over Monarchy, Aristocracy and Tyranny)–जनमत प्रजातन्त्र का प्रहरी है। इसके साथ ही, इसका नियन्त्रण स्वेच्छाचारी राजा, प्रपंची कुलीन वर्ग एवं तानाशाह शासन पर भी रहता है। जनमत के द्वारा ही स्वेच्छाचारी राजा एवं तानाशाह शासक के विरुद्ध नारा लगााया जाता है तथा उनके शासन का पालन कर, जनइच्छा के आधार पर शासन स्थापित किया जाता है। नेपोलियन, मुसोलिनी और हिटलर को भी जनमत के सामने झुकना पड़ा।

6. **महान राजनीतिक परिवर्तन** (Great Political Change)–विद्वानों का विचार है कि विश्व के महान राजनीतिक परिवर्तन की आधारशिला जनमत है। जनमत के द्वारा ही बड़े-बड़े आततायी राजाओं और साम्राज्यों का पतन

---

1. "The success of democratic government depends upon the degree to which the public opinion is sound, well-developed and effective in controlling the actions and policies of government."—Gettell
2. "Enlightened public opinion is the watch dog of democracy."
3. "The true function of public opinion is to effect a proper relation between the legal and ultimate political sovereignty."
4. "An alert and intelligent public opinion is the first essential of democracy."
5. "Public opinion is generally recognised to be a social force which enters into calculation of active participants in the governmental process."—E.B. Schulz

किया गया है। इंग्लैण्ड की गौरवपूर्ण क्रान्ति (1688 ई.), फ्रांस की क्रान्ति (1789 ई०), रूसी क्रान्ति (1917 ई०) भारतीय स्वतन्त्रता संग्राम (1885-1947 ई०) आदि अनेक उदाहरण हैं जिनकी सफलता प्रबुद्ध और सफल जनमत पर आधारित है।

7. **आर्थिक परिवर्तन** (Economic Change)–प्रत्येक देश की आर्थिक नीति जनमत पर आधारित होती है। जनमत के कारण ही अमेरिका, इंग्लैण्ड एवं अन्य देशों में पूँजीवादी व्यवस्था प्रचलित है। जनमत के आधार पर ही रूस एवं चीन में साम्यवादी आर्थिक व्यवस्था अपनायी गई। भारत में जनमत न तो पूर्णरूपेण पूँजीवाद और न साम्यवाद ही चाहता है, बल्कि यहाँ की जनता मिश्रित आर्थिक व्यवस्था में आस्था प्रकट करती है। इसीलिए, भारत में लोक निगम एवं निजी उद्योगों दोनों की व्यवस्था की गयी है। अतएव किसी देश के आर्थिक विकास में जनमत का पूरा हाथ रहता है।

8. **अन्तर्राष्ट्रीय महत्व** (International Importance)–अन्तर्राष्ट्रीय क्षेत्र में भी जनमत का काफी महत्व रहा है। अन्तर्राष्ट्रीय समस्याओं, विवादों एवं झगड़ों का समाधान जनमत के ही आधार पर होता है। विश्व जनमत के आधार पर ही प्रथम विश्व युद्ध के बाद राष्ट्र-संघ एवं द्वितीय विश्व युद्ध के बाद संयुक्त राष्ट्र संघ की स्थापना की गई। संयुक्त राष्ट्र विश्व जनमत का प्रकाश स्तम्भ है। अणु युद्ध, रंगभेद नीति, साम्राज्यवाद, उपनिवेशवाद आदि के विरुद्ध विश्व जनमत है। अतएव जनमत का महत्व राष्ट्रीय सीमा के अन्दर ही नहीं, बल्कि अन्तर्राष्ट्रीय क्षेत्र में भी है।

उपर्युक्त तथ्यों से स्पष्ट है कि प्रजातन्त्र, राजतन्त्र, निरंकुशतन्त्र, कुलीनतन्त्र, आर्थिक, सामाजिक, राजनीतिक, स्थानीय, राष्ट्रीय एवं अन्तर्राष्ट्रीय क्षेत्रों में भी समान रूप से जनमत का महत्व है।

जनमत की परिभाषाएँ
(Definitions of Public Opinion)

जनमत क्या है? भ्रामक जनमत क्या है? सही जनमत क्या है? इन प्रश्नों का सही उत्तर तभी जान सकते हैं जब जनमत की विभिन्न परिभाषाओं का अध्ययन किया जाए। सर्वप्रथम, जनमत की प्रमुख परिभाषाओं का उल्लेख निम्नांकित रूप से किया जा सकता है:

1. **वाल्टर लिपमैन** (Walter Lippmann) के अनुसार, "जनमत लोगों के मस्तिष्क की वे धारणाएँ हैं जो वे अपने बारे में, दूसरों के बारे में तथा अपनी आवश्यकताओं, उद्देश्यों एवं सम्बन्धों के बारे में रखते हैं।"[1]

2. **कैरोल** (Carroll) के शब्दों में, "व्यवहार में जनमत का प्रयोग सामान्य जनता की मिश्रित प्रतिक्रिया के रूप में किया जाता है।"[2]

3. **लार्ड ब्राइस** (Lord Bryce) के मतानुसार, "जनमत प्रयोग प्राय: सार्वजनिक हितों सम्बन्धी विषयों पर लोगों के एकत्रित विचारों को सूचित करने के लिए किया जाता है।"[3]

4. **सोल्टाऊ** (Soltau) के शब्दों में, "इस शब्द का प्रयोग साधारणत: उन विचारों एवं इच्छाओं के सम्बन्ध में किया जाता है जो जनता अपने सामान्य जीव के सम्बन्ध में रखती है।"[4]

---

1. "The picture inside the heads of human being, the picture of themselves, of others, of their needs, purposes and relationships are their public opinion."—Walter Lippmann
2. "In its common use it (Public opinion) refers to the composite reaction of the general public."—Carroll
3. "Public opinion is the aggregate of the views, men hold regarding matters that affect the interest of the community."—Lord Bryce
4. "The term is usually applied to what people think and want for their common life."—Soltau

5. **डूब** (Doob) के विचारानुसार, "जनमत का अर्थ है–एक ही सामाजिक समूह के रूप में जनता का किसी प्रश्न या समस्या के प्रति विचार।"[1]

6. **रॉसेक** (Roucek) के अनुसार, "जनमत किसी विशेष समय या स्थान में प्रचलित प्रभावपूर्ण विभिन्न एवं पारस्परिक विरोधी विचारधाराओं के आधार पर बना हुआ सर्वमान्य मत के समान होता है।..... यह उन समस्याओं के सम्बन्ध में जो यद्यपि विवादास्पद हैं परन्तु जिनका सम्बन्ध सम्पूर्ण समूह से है, उप-समूह के सदस्यों द्वारा अभिव्यक्त अपेक्षाकृत एक रूप वणेयता है।"[2]

7. **विलोबी** (Willoughby) के शब्दों में, "जितने ही अधिक लोगों द्वारा कोई मत ग्रहीत होगा, उतना ही अधिक वह सार्वजनीन होगा।"[3]

8. **किंबाल यंग** (Kimball Young) के अनुसार, "जनमत उन मतों से बनता है जो किसी एक निश्चित समय में जनता के मत होते हैं।"

9. **ग्रेजिया** (Grazia) के अनुसार, "जनमत उस समय स्थापित होता है जब जनता के सदस्यों में किसी राजनीतिक समस्या के हल के प्रति विभिन्न विचार होते हैं। अतः जनमत वह विश्वास है जो किसी राजनीतिक समस्या के प्रति लोगों द्वारा ग्रहीत किया जाता है।"[4]

10. **जिंसबर्ग** (Ginsberg) के शब्दों में, "जनमत का अभिप्राय समाज में प्रचलित उन विचारों व निर्णयों के समूह से होता है जो लगभग निश्चित रूप में प्रतिपादित होते हैं जिनमें स्थिरता होती है और जिनको स्वीकार करने वाले लोग उनको इस अर्थ में सामाजिक मानते हैं कि वे समाज के रहने वाले अनेक लोगों के मस्तिष्कों द्वारा समान रूप से विचार किए जाने के परिणाम हैं।"[5]

11. **विलियम एलबिग** (William Albig) के शब्दों में, "जनमत व्यक्तियों के किसी समूह के उन सब सदस्यों की अभिव्यक्ति है जो किसी विशेष प्रश्न पर किसी भी रूप में अपना ध्यान लगाए हों।"[6]

12. **लॉवेल** (Lowell) के अनुसार, "जनमत के लिए केवल बहुमत ही प्रर्याप्त नहीं होता और न सर्वसम्मति ही आवश्यक होती है। कोई मत तभी जनमत हो सकता है जिससे अल्पमत चाहे सहमत न भी हो, फिर भी भय के कारण नहीं, बल्कि दृढ़ विश्वास के कारण उसे स्वीकार करता हो।"[7]

---

1. "Public opinion refers to people's attitude on an issue when they are members of the same social group."—Doob
2. "The opinion is the nature of the consensus arrived at on the basis of the pre-dominating cross-currents of views that prevail in a given time or place.... It is relatively homogeneous expression of preference by members of a group concerning issues which though debatable concern the group as a whole."—Roucek
3. "The more generally an opinion held the more public it can be said to be."—Willoughby
4. "Public opinion exists whenever members of the public are divided over the proper solution of an issue that is relevant to the state. Hence, public opinion is defined as a belief held by a number of people regarding a political issue."—Grazia
5. "By public opinion is thus meant the mass of ideas and judgements operative in a community which are more or less definitely formulated and have a certain stability and are felt by the people who entertain or hold them to be social in the sense that are built of many minds acting in common."—Ginsberg
6. "Public opinion is the expression of all those members of group who are giving attention in any way to a given issue."—William Albig
7. "In order that an opinion may be public majority is not enough and unanimity is not required, but the opinion must be such that while the minority may not share it, they feel bound by conviction, not by fear to accept it and if democracy is complete the submission of the minority must be given ungrudgingly."—Lowell

13. **बेनी प्रसाद** (Beni Prasad) के शब्दों में, "जनमत तभी उचित जनमत कहा जाता है, जबकि वह सम्पूर्ण समाज कल्याण के लिए प्रेरित करता है।"[1]

जनमत का अर्थ
(Meaning of Public Opinion)

जनमत की विभिन्न परिभाषाओं के विश्लेषण के बाद यह निष्कर्ष निकलता है कि जनमत का प्रयोग मुख्यत: दो अर्थों में किया जाता है:

(क) जनमत का भ्रामक अर्थ, तथा

(ख) जनमत का सही अर्थ।

(क) जनमत का भ्रामक या गलत अर्थ (Wrong Conception of Public Opinion)

बहुमत जनमत होता है (Majority is Public Opinion)–जनमत अंग्रेजी के पब्लिक ओपिनियन (Public Opinion) का हिन्दी अनुवाद है। पब्लिक (Public) का अर्थ जनता तथा ओपिनियन (Opinion) का अर्थ मत होता है अर्थात् जनता के मत को जनमत कहते हैं। साधारण बोलचाल की भाषा में किसी सार्वजनिक समस्या पर जनता के बहुमत को जनमत कहा जाता है, चाहे वह बहुमत लोकहित में हो या नहीं?

लेकिन उपर्युक्त जनमत का अर्थ भ्रामक या गलत है। राजनीति विज्ञान में बहुमत को जनमत नहीं कहा जाता है, बल्कि उसका प्रयोग एक विशेष अर्थ में किया जाता है।

(ख) जनमत का सही अर्थ (True Conception of Public Opinion)

जनमत विवेक एवं जनकल्याण या आधारित (True Public Opinion based on Wisdom and People's Welfare)–विभिन्न विद्वानों की उपर्युक्त परिभाषाओं के अध्ययन से यह स्पष्ट है कि सही जनमत स्वार्थरहित बुद्धि एवं जनकल्याण पर आधारित होता है। ऐसा जनमत एक व्यक्ति, कुछ व्यक्ति या अनेक व्यक्तियों के द्वारा प्रकट किया जा सकता है, जैसे–ब्रिटिश सरकार के समय महात्मा गाँधी भारतवासियों के जनमत के प्रतीक माने जाते थे। सरल शब्दों में, जनमत की सही परिभाषा निम्न प्रकार से दी जा सकती है, "सच्चा जनमत यह है जो विवेक और स्वार्थरहित बुद्धि के आधार-स्तम्भ पर अवलम्बित हो तथा जो किसी जाति या वर्ग-विशेष के हित का नहीं, वरन् पूरे समाज के हित पर दृष्टि रखता हो।"

जनमत के आवश्यक तत्व
(Essential Elements of Public Opinion)

जनमत की उपर्युक्त परिभाषा के अनुसार सच्चे जनमत में निम्नांकित तत्वों का होना अति आवश्यक है:

1. **जन-साधारण की स्वीकृति** (Acceptance of Common People)–जनमत का पहला तत्व या विशेषता यह है कि जनमत चाहे एक या कुछ या अनेक व्यक्तियों के द्वारा प्रकट किया जाए लेकिन उस जनमत पर जनसाधारण की स्वीकृति वांछनीय है अर्थात् साधारण जनता उस मत को स्वीकार करती हो।

2. **सार्वजनिक हित की कामना** (Desire for Public Welfare)–जनमत हमेशा सार्वजनिक हित की कामना करता हो। यह किसी व्यक्ति-विशेष या वर्ग-विशेष के हित का ध्यान न रखकर, सम्पूर्ण समाज के हित में विश्वास रखता हो।

---

1. "Opinion may be regarded as truly public when it is motivated by a regard for the welfare of the whole society."—Beni Prasad

3. **विवेकशील तथा स्वार्थरहित मत** (Reasonable and Selfless Opinion)–सही जनमत विवेकशील तथा स्वार्थरहित होता है। यह भावावेश या अस्थायी विचारों पर आधारित नहीं होता है। यह जनता का स्थायी और विवेकशील मत होता है।

4. **नैतिकता तथा न्याय पर आधारित मत** (Opinion Based on Morality and Justice)–सही जनमत नैतिक और न्याय पर आधारित होता है। इसके अन्तर्गत सम्पूर्ण समाज का हित निहित होता है। इसके अन्तर्गत अनैतिकता या अन्याय का कोई स्थान नहीं रहता है।

5. **अल्पसंख्यक जातियों के हितों की रक्षा** (Protection of the Interest of the Minority Communities)–सही जनमत के अन्तर्गत अल्पसंख्यक जातियों के हितों की रक्षा की जाती है। इससे समाज की किसी भी बड़ी या छोटी जाति का अहित नहीं होता है।

संक्षेप में, उस विवेकशील एवं स्वार्थरहित मत को जनमत कहते हैं जिसमें सम्पूर्ण व्यक्ति और समाज का हित निहित रहता है।

जनमत निर्माण के साधन
(Agencies for the Formation of Public Opinion)

जनमत निर्माण के अनेक साधन हैं। इस पर लेखकों के विचार भिन्न-भिन्न हैं। लार्ड ब्राइस ने जनमत के निर्माण में मानव तत्व पर अधिक जोर दिया है। फाइनर के अनुसार, समाचार-पत्र, प्रेस, शिक्षण-संस्थाएँ, क्लब, सभाएँ, सिनेमा, रेडियो, राजनीतिक दल, संसद एवं निर्वाचन आदि जनमत निर्माण के प्रमुख साधन हैं। रैम्जे मूर का भी कथन है कि प्रेस, धार्मिक मंच एवं जनसभा जनमत निर्माण के मुख्य साधन हैं।

वस्तुतः जनमत निर्माण के प्रमुख साधनों का उल्लेख निम्नांकित रूप से किया जा सकता है:

1. **मनुष्य** (Man)–लार्ड ब्राइस ने जनमत निर्माण में मनुष्य की भूमिका पर विशेष बल दिया है। राजनीतिक नेता, सांसद, पत्रकार और समाजसेवी लोग जनमत के निर्माण में सक्रियता से भाग लेते हैं। मनुष्य ही युग सृष्टा और जनमत निर्माता होता है। मनुष्य जनमत रूपी गाड़ी की वह धुरी है जिसके इर्द-गिर्द देश की सम्पूर्ण राजनीति घूमती रहती है।

2. **समाचार-पत्र** (Newspapers)–जनमत निर्माण का सबसे प्रभावशाली साधन समाचार-पत्र या प्रेस है। इसके माध्यम से संसार की सभी जगहों की प्रतिदिन की घटनाओं का ज्ञान जनता को होता है। विभिन्न देशों की सरकार किस प्रकार काम कर रही है? इसकी सूचना जनता को मिलती रहती है। अन्तर्राष्ट्रीय, राष्ट्रीय और स्थानीय घटनाओं की सूचना निरन्तर समाचार-पत्रों द्वारा मिलती रहती है। जनता समाचार-पत्र पढ़कर किसी सरकार या घटना पर अपने मत का निर्माण करती है।

विशेषतः प्रजातन्त्र राज्य जो जनमत पर ही आधारित होता है उसकी सफलता में समाचार-पत्रों का बहुत बड़ा हाथ रहता है। इसीलिए लिपमैन ने जनमत को प्रजातन्त्र का धर्मग्रन्थ कहा है। समाचार-पत्र लोगों के अन्दर हमेशा राजनीतिक चेतना का प्रचार करता रहता है। यह नागरिकों को उनके अधिकारों एवं कर्तव्यों से परिचित कराता रहता है। यह सरकार की गलत नीतियों की कटु आलोचना कर, उसे सही मार्ग पर चलने के लिए बाध्य करता रहता है। यह जनता की आवाज को सरकार के पास और सरकार के निर्णयों को जनता के पास पहुँचाने का काम करते रहते हैं। विल्की का मत है, "प्रेस की स्वतन्त्रता किसी जीवित प्रजातन्त्र के लिए प्राणवायु है।"[1]

विद्वानों का विचार है कि सही जनमत के निर्माण के लिए प्रेस को पूरी स्वतन्त्रता मिलनी चाहिए। समाचार-पत्रों में सही घटनाओं का ही चित्रण होना चाहिए। जाति, वर्ग, राष्ट्र, धर्म आदि के आधार पर किसी घटना के सत्य को

---

1. "Freedom of the press is the stuff of life for any vital democracy."—W. Wilkie

नहीं छिपाना चाहिए। असत्य समाचार पर आधारित मत कभी भी सही जनमत का रूप नहीं लेता है। अतएव समाचार-पत्र स्वतन्त्र, निष्पक्ष और निर्भीक होना चाहिए, तभी स्वस्थ जनमत का निर्माण सम्भव है। नेपोलियन ने इसकी महत्ता को स्वीकार करते हुए कहा था, "एक लाख तलवारों की अपेक्षा मुझे तीन समाचार-पत्रों से अधिक भय है।"

3. **सार्वजनिक सभाएँ** (Public Meetings)–समाचार-पत्र द्वारा शिक्षित व्यक्ति ही विश्व की घटनाओं को जान सकता है। अशिक्षित जनता के लिए समाचार-पत्र बेकार है। सार्वजनिक सभाएँ ऐसे अशिक्षित व्यक्तियों के लिए वरदान सिद्ध होती हैं। बड़े-बड़े विद्वानों और नेताओं का भाषण होता है। भाषण का प्रभाव जनता पर प्रत्यक्ष रूप से पड़ता है। वक्ता एवं जनता का प्रत्यक्ष रूप से सम्बन्ध होता है। कभी-कभी तो भाषण के द्वारा किसी काम को करने के लिए जनता काफी उत्तेजित हो जाती है। जनता भावावेश में कुछ न कुछ कर डालती है।

इतना ही नहीं, भाषणों के द्वारा सरकार की गलत नीतियों की कटु आलोचनाएँ की जाती हैं। विरोधी दल का इसमें सबसे बड़ा हाथ रहता है। इस प्रकार सभा एवं भाषणों के द्वारा जनता पर काफी प्रभाव डाला जाता है। जनता वक्ताओं के मत से सहमत होकर अपना मत प्रकट करती है जो आगे चलकर जनमत का रूप ले लेता है। वस्तुतः सच्चा जनमत बनाने के लिए भाषणों में सच्ची घटनाओं एवं सच्ची बातों का ही उल्लेख होना चाहिए।

4. **राजनीतिक दल** (Political Party)–राजनीतिक दल प्रजातन्त्र की आत्मा है। प्रजातन्त्र में सरकार का गठन राजनीतिक दल के आधार पर होता है जहाँ एक दल सरकार का गठन करता है और दूसरा विरोधी दल का निर्माण करता है। राजनीतिक दल जनता को एक सूत्र में बाँधता है। यह जनता को हमेशा राजनीतिक चेतना प्रदान करता रहता है। यह निष्क्रिय एवं उदासीन जनता को सक्रिय और दिलचस्प बना देता है।

विरोधी दल सरकार की गलत नीतियों की आलोचना करता है। यह सरकार को हमेशा सही रास्ते पर चलने के लिए बाध्य करता है। प्रत्येक राजनीतिक दल अपने कार्यक्रम, विचार और नीति का प्रचार करने के लिए एवं जनता को अपने पक्ष में लाने के लिए पैम्फलेट, पोस्टर और जुलूस निकालता है। यह समाचार-पत्र, लेख, पत्र, पत्रिकाएँ, पुस्तकें, हैण्डबिल, इत्यादि प्रकाशित करके जनता के बीच वितरित करता है। जनता उससे प्रभावित होकर किसी भी समस्या पर अपने जनमत का निर्माण करती है। लार्ड ब्राइस ने भी कहा है, "जनमत को प्रशिक्षित करने, उसके निर्माण और अभिव्यक्ति में राजनीतिक दल के द्वारा अत्यधिक महत्वपूर्ण कार्य किया जाता है।"[1]

लॉस्की का भी कथन है, "राजनीतिक दल जलसे और अधिवेशन आयोजित करता है तथा एजेण्ट, व्याख्यानदाताओं और प्रचारकों के माध्यम से जनता को शिक्षित करने का प्रयास करता है। राजनीतिक दल स्थानीय एवं राष्ट्रीय समाचार-पत्रों तथा प्रचार के आधार पर अपनी नीति जनता के सम्मुख रखता है।"

गेटेल के विचारानुसार, "राजनीतिक दल अपने स्वार्थों के समर्थन के लिए जनमत को आकृष्ट करने के उद्देश्य से विस्तृत विचार संघर्ष करते हैं।"

इस प्रकार जनमत के निर्माण में राजनीतिक दलों का प्रमुख हाथ रहता है।

5. **राजनीतिक साहित्य** (Political Literature)–राजनीतिक साहित्य द्वारा भी जनमत का निर्माण होता है। बड़े-बड़े विचारक, विद्वान और राजनीतिज्ञ अपनी भावनाओं और विचारों को मूर्त रूप पुस्तकों में देते हैं। जनता उन पुस्तकों को पढ़ती है। पढ़ने के बाद, उसके मस्तिष्क में क्रिया-प्रतिक्रिया उत्पन्न होती है। विचारों की बाढ़ आती है। परिणाम यह होता है कि जनता का मत लेखकों के मत के समान हो जाता है। रूसो, मॉण्टेस्क्यू और वाल्टेयर के राजनीतिक साहित्य ने फ्रांस में क्रांति पैदा की और लुईस चौदहवें के विरुद्ध जनमत का निर्माण किया गया। कार्ल मार्क्स के साहित्य ने रूस में क्रांति पैदा की। इस प्रकार राजनीतिक साहित्य का जनमत निर्माण में काफी हाथ रहता है।

---

1. "Political parties go a great way in helping to educate, formulate and organise public opinion."—Lord Bryce

6. **रेडियो, सिनेमा एवं टेलीविजन** (Radio, Cinema and Television)–आम जनता को देश-विदेश की घटनाओं की जानकारी समाचार पत्रों से होती है लेकिन उनसे केवल शिक्षित वर्ग ही लाभान्वित होता है। ऐसी स्थिति में रेडियो, सिनेमा और टेलीविजन के द्वारा अशिक्षित जनता देश-विदेश की घटनाओं की जानकारी प्राप्त करती है।

(क) **रेडियो**–रेडियो के द्वारा प्रादेशिक, राष्ट्रीय और अन्तर्राष्ट्रीय समाचारों को प्रसारित किया जाता है, जिससे अनेक नर-नारी लाभान्वित होते हैं। बड़े-बड़े नेताओं का भाषण भी रेडियो से प्रसारित किया जाता है। रेडियों द्वारा प्रसारित समाचारों का प्रचण्ड प्रभाव जनमानस पर पड़ता है जो जनमत के निर्माण में मदद करता है।

(ख) **सिनेमा**–आधुनिक युग में सिनेमा प्रचार और प्रसार का बहुत बड़ा माध्यम है। यह केवल मनोरंजन का ही साधन नहीं है, बल्कि इसके द्वारा सामाजिक, आर्थिक और राजनीतिक समस्याओं का भी चित्रण किया जाता है। इससे करोड़ों लोग लाभान्वित होते हैं। सिनेमा सभ्यता और संस्कृति के प्रचार का भी एक माध्यम है। फिल्म्स डिवीजन और डाकुमेंटरी फिल्म्स के द्वारा नागरिकों को काफी शिक्षा दी जाती है और मनोरंजन भी किया जाता है। यह जनमत के निर्माण में काफी सहायता करता है।

(ग) **टेलीविजन**–बीसवीं सदी की अमूल्य देन टेलीविजन का आविष्कार है। इसने रेडियो और सिनेमा को पीछे छोड़ दिया। टेलीविजन के द्वारा सामाजिक, आर्थिक, शैक्षणिक, राजनीतिक और धार्मिक समस्याओं का सजीव चित्र उपस्थित किया जाता है जिनका प्रचण्ड प्रभाव जन-मानस पर पड़ता है। बड़े-बड़े विज्ञापन भी इसके द्वारा किए जाते हैं। घर में बैठे-बैठे लोग विश्व की घटनाओं की केवल जानकारी ही प्राप्त नहीं करते, बल्कि उन घटनाओं को अपनी आँखों से भी देखते हैं। इससे जनमत निर्माण का मार्ग प्रशस्त होता है।

वस्तुतः रेडियो, सिनेमा और टेलीविजन के द्वारा निष्पक्ष और सही समाचार का ही प्रसार होना चाहिए। समाचारों का प्रसारण जाति, वर्ग, क्षेत्र, धर्म और राष्ट्रीयता पर आधारित नहीं होना चाहिए। चलचित्र का निर्माण वास्तविक घटनाओं, तथ्यों और सत्य पर आधारित होना चाहिए। टेलीविजन के द्वारा भी सही घटनाओं का दिग्दर्शन होना चाहिए, तभी सही जनमत का निर्माण सम्भव है।

7. **शिक्षण-संस्थाएँ** (Educational Institutions)–शिक्षण-संस्थाओं के अन्तर्गत स्कूल, कालेज और विश्वविद्यालय आते हैं। हमारे भावी नागरिक और शासक इन्हीं संस्थाओं में पलते हैं। प्राध्यापकों द्वारा विद्यार्थियों को भिन्न-भिन्न प्रकार की शिक्षा दी जाती है। वहाँ पर केवल किताबों का ही ज्ञान नहीं कराया जाता है, बल्कि देश-विदेश की वर्तमान घटनाओं पर भी प्रकाश डाला जाता है। विद्यार्थी ग्यारह वर्ष तक स्कूल और छः वर्षों तक कॉलेज में शिक्षकों से शिक्षा प्राप्त करते हैं। अतएव शिक्षकों का प्रभाव विद्यार्थियों पर प्रचण्ड रूप से पड़ता है। जिस प्रकार की शिक्षा विद्यार्थियों को दी जाती है, वे उसी प्रकार के चरित्र का निर्माण करते हैं।

रूस और चीन में साम्यवाद की शिक्षा शिक्षण संस्थाओं के द्वारा दी जाती है। भारतीय स्वतन्त्रता संग्राम में विद्यार्थियों ने भी भाग लिया था। स्कूल, कॉलेज और विश्वविद्यालयों को सच्चा ज्ञान का प्रचार करना चाहिए। इसलिए उनको ज्ञान मंदिर कहा जाता है। विद्यार्थियों को सत्य और विवेक के आधार पर ही किसी समस्या के समाधान के लिए बाध्य करना चाहिए। शिक्षण संस्थाओं का परिसर शान्त, शुद्ध और पवित्र होना चाहिए, तभी सही जनमत का निर्माण सम्भव है। किसी भी राष्ट्र के भविष्य को उज्जवल बनाने में शिक्षण संस्थाओं का हाथ आगे रहता है। इसी के माध्यम से सही जनमत का निर्माण हो सकता है।

8. **संघ** (Association)–राज्य में विभिन्न संघों या समुदायों का निर्माण किसी विशेष उद्देश्य की पूर्ति हेतु किया जाता है। सामाजिक, आर्थिक, राजनीतिक, श्रमिक एवं मनोरंजनात्मक संघ पाये जाते हैं। ये अपनी समस्या का समाधान करते हैं। इनका प्रचण्ड प्रभाव जनता पर पड़ता है। ये संघ सरकार की गलत नीतियों की आलोचना करते हैं और अपने

सदस्यों के हितों की रक्षा करते हैं। मजदूर संघ एक ऐसा ही संघ है जो सरकार पर हमेशा प्रभाव डालता रहता है। विभिन्न संघों पर आधारित मत वास्तविकता के समीप होता है जो जनमत के निर्माण में काफी सहायक होता है।

9. **संसद एवं विधानमण्डल** (Parliament and Legislature)–जनता के चुने हुए प्रतिनिधि संसद और विधानमण्डल में जाते हैं। वहाँ पर जनता की सारी समस्याओं पर वाद-विवाद किया जाता है। सरकार अपने कार्यक्रम और नीतियों को जनता के सामने रखती है। उन्हीं नीतियों के द्वारा सम्पूर्ण देश पर वह शासन करती है। जनता के प्रतिनिधि सरकार को सही मार्ग पर चलने के लिए बाध्य करते हैं। विभिन्न प्रकार के कानूनों का भी निर्माण संसद और विधानमण्डल के द्वारा किया जाता है। कानूनों पर काफी वाद-विवाद होता है जिसका प्रभाव जनता पर पड़ता है जो आगे चलकर जनमत निर्माण में सहायक होता है।

इसके साथ ही, विरोधी दल सरकार पर कटु प्रहार करता है। यह मन्त्रियों से प्रश्न पूछकर स्थगन प्रस्ताव, अविश्वास प्रस्ताव आदि के माध्यम से करता है जो जनता का ध्यान आकृष्ट करता है। इसका बहुत बड़ा प्रभाव जनमत निर्माण पर पड़ता है।

10. **धार्मिक एवं सांस्कृतिक संगठन** (Religious and Cultural Organisations)–भारत एक धर्म-प्रधान देश है। यहाँ पर हिन्दू, मुस्लिम, सिख, ईसाई एवं अन्य धर्मों के मानने वाले लोग रहते हैं। भारत की राजनीति धर्म से प्रभावित होती रहती है। धर्म लोगों को सत्य एवं न्याय की ओर ले जाने के लिए हमेशा प्रेरित रहते हैं। भारत एक धर्मनिरपेक्ष राज्य है लेकिन धर्म का प्रचण्ड प्रभाव देश की राजनीति पर पड़ता है। मुस्लिम लीग ने पाकिस्तान की स्थापना की। आर्य-समाज, रामकृष्ण मिशन, कैथोलिक मिशन, गुरुद्वारा, आदि ऐसे धार्मिक संगठन हैं जो भारत की राजनीति को हमेशा प्रभावित करते रहते हैं। निर्वाचन की आधारशिला मन्दिर, मस्जिद, गुरुद्वारा एवं गिरजाघरों में होती है। धार्मिक नेताओं की बहुत बड़ी भूमिका निर्वाचन के समय होती है। अतएव वे जनता के मत को प्रभावित करते रहते हैं जो आगे चलकर जनमत का रूप ले लेता है। सांस्कृतिक संगठनों का भी हाथ जनमत के निर्माण में होता है।

11. **निर्वाचन** (Election)–प्रजातन्त्र राज्य में निर्वाचन का एक विशेष महत्व होता है। वहाँ पर निर्वाचन के आधार पर ही नयी सरकार का गठन किया जाता है। वस्तुतः निर्वाचन के समय ही जनमत के महत्व को देखने का अवसर मिलता है। निर्वाचन के समय विभिन्न दल अपनी नीतियों, कार्यक्रमों और सिद्धान्तों का प्रचार और प्रसार करते हैं। बड़े-बड़े नेताओं के लम्बे-लम्बे और गर्म भाषण होते हैं। वे देश की सामाजिक, आर्थिक एवं राजनीतिक पहलुओं पर विशेष रूप से प्रकाश डालते हैं तथा जनता का ध्यान उनकी ओर आकृष्ट करते हैं। निर्वाचन के समय सभी जनता नेताओं के भाषणों को बड़ी दिलचस्पी के साथ सुनती है। चारों तरफ का वातावरण गर्म रहता है। राजनीतिक क्षेत्र में खलबली मची हुई रहती है। पैम्फलेट, पर्चे, हैण्डबिल, आदि का काफी वितरण किया जाता है।

इस प्रकार, उपर्युक्त साधनों के द्वारा जनता के मत को प्रभावित किया जाता है। निर्वाचन के समय जनता भी राजनीतिक वातावरण से पूर्णरूप से परिचित हो जाती है। सभी परिस्थितियों के समझने के बाद, जनता अपने मत का प्रयोग करती है जो आगे चलकर जनमत के रूप में प्रकट होता है। अतएव जनमत निर्माण में निर्वाचन की भूमिका सराहनीय रहती है।

12. **प्रचार एवं अफवाहें** (Propaganda and Rumours)–प्रचार एवं अफवाहें भी जनमत निर्माण में महत्वपूर्ण भूमिका निभाती हैं। प्रजातान्त्रिक सरकार अपनी नीतियों, योजनाओं, कार्यक्रमों एवं सिद्धान्तों को सफल बनाने के लिए प्रचार का सहारा लेती है। प्रचार एवं अफवाहों का महत्व निर्वाचन, हड़ताल, युद्ध और अन्य ऐसे ही अवसरों पर देखने को मिलता है। अफवाहों के बल पर ही कितने ही उम्मीदवार चुनाव में विजयी होते हैं। नेपोलियन, मुसोलिनी और हिटलर ने अफवाहों के सहारे ही शासन चलाया।

अफवाहों के पीछे सत्य और असत्य दोनों रहते हैं। अगर उसमें सत्यता का अंश है तो जनमत सच्चा होता है। अगर अफवाह असत्य है तो जनमत का निर्माण नहीं होगा। विशेषतः राजनीति के क्षेत्र में अफवाह की आवश्यकता

पग-पग पर पड़ती है। उसके बिना युद्ध भी नहीं जीता जा सकता है। अफवाहें विभिन्न दलों, गुटों और व्यक्तियों द्वारा अपने स्वार्थ की सिद्धि हेतु फैलाई जाती हैं जिनके माध्यम से भोली-भाली जनता को गुमराह किया जाता है। इसीलिए हड़ताल, दंगे, निर्वाचन और युद्ध के समय सरकार जनता को अफवाहों से बचने की सलाह देती है। इस प्रकार जनमत निर्माण में प्रचार और अफवाहों का बहुत बड़ा हाथ रहता है।

निष्कर्ष–उपर्युक्त तथ्यों से स्पष्ट है कि जनमत के निर्माण में अनेक साधनों का हाथ रहता है। मनुष्य, समाचार-पत्र, सार्वजनिक सभाएँ, राजनीतिक दल, राजनीतिक साहित्य, रेडियो, सिनेमा एवं टेलीविजन, शिक्षण-संस्थाएँ, संघ, संसद एवं विधानमण्डल, धार्मिक एवं सांस्कृतिक संगठन, निर्वाचन, प्रचार एवं अफवाहें, आदि ऐसे प्रभावशाली साधन हैं जो जनमत को हमेशा प्रभावित करते रहते हैं। इसके अतिरिक्त, राष्ट्रीय ध्वज, राष्ट्रीय गीत, प्राचीन स्मारक, संत पुरुष, दार्शनिक तथा करिश्मावादी नेता भी जनमत निर्माण में महत्वपूर्ण भूमिका निभाते हैं। अतएव जनमत वह इन्द्रधनुष है जो विविध साधनों रूपी रंगों से जड़ित है और जिसकी आकर्षक छवि जनता-जनार्दन को मन्त्र-मुग्ध करती रहती है एवं राजनीतिक क्षितिज पर शीतल मुस्कान बिखेरती रहती है।

स्वस्थ जनमत निर्माण की आवश्यक शर्तें
(Necessary Conditions for the Formulation of Sound Public Opinion)

स्वस्थ जनमत के आधार पर ही स्वस्थ सरकार का निर्माण किया जाता है। विशेषत: प्रजातन्त्र राज्य में स्वस्थ जनमत का होना आवश्यक है, तभी यह शासन-पद्धति सफल हो सकती है। स्वस्थ जनमत निर्माण की आवश्यक शर्तों का उल्लेख निम्नांकित रूप से किया जा सकता है:

1. **शिक्षा** (Education)–स्वस्थ जनमत निर्माण की पहली शर्त है–जनता का शिक्षित होना। विशेषत: प्रजातन्त्र राज्य में प्रत्येक व्यक्ति का शिक्षित होना अति आवश्यक है क्योंकि सरकार-संचालन का कार्य उन्हीं कन्धों पर होता है। शिक्षित नागरिक किसी भी समस्या को ठीक से समझ सकता है और तभी वह अपना मत प्रकट कर सकता है। अगर सभी नागरिक शिक्षित हों तो अवश्य ही उनका मत विवेक पर आधारित होगा। उसमें स्वार्थ की भावना नहीं होगी। इस प्रकार विवेकशील और स्वार्थरहित मत ही स्वस्थ जनमत का रूप लेता है। अतएव शिक्षा के द्वारा ही स्वस्थ जनमत का निर्माण किया जा सकता है।

2. **आदर्श शिक्षा-प्रणाली** (Ideal Educational System)–सामान्य शिक्षा और आदर्श शिक्षा में अन्तर है। सामान्य शिक्षा व्यक्ति को साक्षर बनाती है, जबकि आदर्श शिक्षा के द्वारा आदर्श नागरिक की श्रेणियाँ तैयार की जाती हैं। आदर्श शिक्षा ही व्यक्ति को महान बनाती है। आज की शिक्षा-प्रणाली दूषित है। विद्यार्थियों को जातिवाद, दलवाद, गुटवाद, साम्प्रदायिकतावाद, आदि का पाठ पढ़ाया जाता है जिसके कारण उनकी बुद्धि संकुचित हो जाती है और स्वस्थ मत प्रकट करने में असमर्थ हो जाते हैं।

अतएव आदर्श शिक्षा प्रणाली पर जोर देना चाहिए। आदर्श स्कूल, कॉलेज एवं विश्वविद्यालय की स्थापना होनी चाहिए। विद्यार्थियों को दया, परोपकार, सहानुभूति, प्रेम एवं सहयोग का पाठ पढ़ाना चाहिए। उन्हें व्यापक दृष्टि से सोचने के लिए प्रेरित करना चाहिए। व्यापक दृष्टि पर आधारित मत ही स्वस्थ जनमत का रूप लेता है। अतएव आदर्श शिक्षा पर बल देना चाहिए। केन्द्रीय एवं नवोदय विद्यालय आदर्श विद्यालय का रूप है।

3. **आर्थिक समानता** (Economic Equality)–निर्धनता स्वस्थ जनमत निर्माण के मार्ग में एक बहुत बड़ा अवरोध है। निर्धन व्यक्ति से कभी भी स्वस्थ जनमत की आशा नहीं की जा सकती है। अतएव समाज के अन्दर आर्थिक समानता होना अति आवश्यक है। अमीर और गरीब के बीच आर्थिक खाई अधिक नहीं होनी चाहिए। आर्थिक समानता का अर्थ है कि समाज के सभी व्यक्तियों को कम से कम भोजन, वस्त्र, आवास, शिक्षा एवं चिकित्सा की व्यवस्था आसानी से होनी चाहिए। जिस समाज के अन्दर मनुष्य की मौलिक आवश्यकताओं की पूर्ति की रक्षा की

जाएगी, वह समाज राजनीतिक दृष्टि से बहुत आगे रहेगा। पेट की समस्या हल होने के बाद ही लोग अन्य समस्याओं में अभिरुचि लेंगे। स्वस्थ जनमत के निर्माण के लिए, गरीबी का अन्त करके आर्थिक समानता लानी होगी।

4. **निष्पक्ष समाचार-पत्र** (Impartial Newspapers)–दलीय समाचार-पत्र भी स्वस्थ जनमत निर्माण में अवरोध उपस्थित करता है। यह अपने स्वार्थ की पूर्ति हेतु समाचारों को दूषित और विकृत कर देता है जिसका बुरा प्रभाव जनता पर पड़ता है। गलत समाचार पर आधारित मत भी गलत होता है। अतएव स्वस्थ जनमत के निर्माण के लिए, प्रत्येक समाचार-पत्र को निष्पक्ष एवं निर्भीक होना चाहिए। उसे घटनाओं का प्रकाशन उसी रूप में करना चाहिए, जिस रूप में वे घटी हों। उनमें विकृति नहीं लानी चाहिए। इस प्रकार न्याय, निष्पक्षता और निर्भीकता पर आधारित समाचार-पत्र ही स्वस्थ जनमत का निर्माण कर सकता है।

5. **स्वस्थ राजनीतिक दल** (Sound Political Party)–जाति, वर्ग, क्षेत्र, सम्प्रदाय, भाषा एवं धर्म पर आधारित राजनीतिक दल स्वस्थ जनमत निर्माण के मार्ग में रोड़ा उपस्थित करता है। दूसरे शब्दों में, संकुचित विचार पर आधारित राजनीतिक दल कभी-भी देश के अन्दर स्वस्थ जनमत तैयार नहीं कर सकता है। अतएव राजनीतिक दल का निर्माण व्यापक आर्थिक एवं राजनीतिक सिद्धान्तों पर होना चाहिए। राजनीतिक दल का गठन उच्च एवं सामाजिक हित की भावनाओं पर होना चाहिए। ऐसा ही राजनीतिक दल स्वतन्त्र और निष्पक्ष होकर जनता एवं देश की सेवा कर सकता है। यह अपने सिद्धान्तों और नीतियों का सही प्रचार करता है। यह जनता को सही विचारों से अवगत कराता है। अतएव स्वस्थ जनमत का निर्माण स्वस्थ राजनीतिक दल ही कर सकता है।

6. **स्वतन्त्रता** (Liberty)–परतन्त्र राज्य में जनमत का कोई महत्व नहीं है। जनमत तो स्वतन्त्र राज्य की देन है। इसका सबसे अधिक महत्व प्रजातन्त्र राज्य में होता है। आर्थिक समानता के साथ-साथ नागरिकों को स्वतन्त्रता भी मिलनी चाहिए। प्रत्येक नागरिक को बोलने, लिखने और भाषण देने की स्वतन्त्रता मिलनी चाहिए, तभी वह अपने मत को सही ढंग से प्रकट कर सकता है जो आगे चलकर स्वस्थ जनमत का रूप धारण करता है।

7. **साम्प्रदायिकता का अन्त** (End of Communalism)–स्वस्थ जनमत निर्माण के लिए साम्प्रदायिकता का अन्त आवश्यक है। किसी भी देश में जाति, वंश, भाषा, धर्म और साम्प्रदायिकता, आदि स्वस्थ जनमत के निर्माण में बाधा उपस्थित करते हैं। संकुचित विचारों और साम्प्रदायिकता के आधार पर स्वस्थ जनमत तैयार नहीं किया जा सकता है। साम्प्रदायिकता मनुष्य की बुद्धि को भ्रष्ट कर देती है। व्यक्ति सत्य-असत्य, न्याय-अन्याय, पाप-पुण्य, आदि की पहचान खो बैठता है। अतएव स्वस्थ जनमत तभी सम्भव है, जबकि साम्प्रदायिकता का अन्त किया जाये।

8. **विश्व-बन्धुत्व की भावना** (Feeling of Universal Brotherhood)– विद्वानों का मत है कि आज सम्पूर्ण विश्व ने एक परिवार का रूप ले लिया है। विश्व-बन्धुत्व की भावना से ही नागरिकों का विचार विकसित होगा। परिवार, स्कूल, कॉलेज और विश्वविद्यालय के माध्यम से बच्चों में विश्व-बन्धुत्व की भावना का संचार किया जा सकता है। इससे बच्चों का दृष्टिकोण व्यापक होगा। वे समस्याओं का समाधान उचित ढंग से करेंगे। विश्व-बन्धुत्व की भावना पर आधारित मत ही स्वस्थ जनमत का रूप ले सकता है।

उपर्युक्त तथ्यों से यह स्पष्ट है कि शिक्षा, आदर्श शिक्षा-प्रणाली, आर्थिक समानता, निष्पक्ष समाचार-पत्र, स्वस्थ राजनीतिक दल, स्वतन्त्रता, साम्प्रदायिकता का अन्त, विश्व-बन्धुत्व की भावना एवं अन्य ऐसे साधनों के द्वारा ही स्वस्थ जनमत का निर्माण किया जा सकता है। प्रजातान्त्रिक सरकार की सफलता के लिए स्वस्थ जनमत अत्याज्य है।

स्वस्थ जनमत निर्माण में बाधाएँ
(Hindrances to the Formulation of Sound Public Opinion)

स्वस्थ जनमत निर्माण के मार्ग में निम्नांकित प्रमुख बाधाएँ उल्लेखनीय हैं:

1. **अशिक्षा** (Illiteracy)–अशिक्षा स्वस्थ जनमत के निर्माण में सबसे बड़ी बाधा है। अशिक्षित जनता देश की समस्याओं को ठीक से नहीं समझती है। वह राजनीतिक जीवन में भी अभिरुचि नहीं लेती है। वह अपने अधिकारों एवं कर्तव्यों को ठीक से नहीं समझ पाती है। चतुर नेता जनता को गुमराह करके उसके मत को गलत ढंग से ले लेता है। अतएव अशिक्षा स्वस्थ जनमत के निर्माण में बाधा उपस्थित करती है। स्वस्थ जनमत के लिए शिक्षित जनता का होना आवश्यक है। प्रजातन्त्र राज्य की आधारशिला ही शिक्षा है।

2. **निर्धनता** (Poverty)–निर्धनता या गरीबी स्वस्थ जनमत के निर्माण में दूसरी सबसे बड़ी बाधा है। सम्पत्ति के अभाव में मनुष्य कुछ भी नहीं कर सकता है। उसे शिक्षा के लिए भी धन की आवश्यकता होती है। निर्धन व्यक्ति कभी भी देश की राजनीति में अभिरुचि नहीं ले सकता। वह तो पेट की ज्वाला शान्त करने में दिन-रात लगा रहता है। अतएव वह देश-विदेश की समस्याओं पर अपना मत नहीं दे सकता है। यहाँ तक कि निर्वाचन में वह अपने मत को रोटी के टुकड़ों पर बेच डालता है। अत: निर्धनता भी स्वस्थ जनमत के मार्ग में एक बहुत बड़ा रोड़ा है।

3. **दूषित शिक्षा-प्रणाली** (Defective Educational System)–आजकल स्कूल, कालेज और विश्वविद्यालयों में जो शिक्षा दी जाती है वह दोषपूर्ण होती है। विद्यार्थियों को व्यापक दृष्टिकोण से सोचने के लिए नहीं बताया जाता है। उन्हें जातीयता, प्रान्तीयता, साम्प्रदायिकता, आदि की सीख दी जाती है। उनकी बुद्धि को कलुषित किया जाता है। ऐसे विद्यार्थी जब नागरिक जीवन में प्रवेश करते हैं तो वे सभी समस्याओं का समाधान संकुचित विचारों से करते हैं जिसके कारण उनका मत स्वस्थ जनमत का रूप नहीं ले पाता है। अतएव दूषित शिक्षा- प्रणाली से भी स्वस्थ जनमत का निर्माण नहीं हो पाता है।

4. **दलीय समाचार-पत्र** (Party Newspapers)–अनेक समाचार-पत्र जाति, वर्ग, भाषा, दल एवं धर्म पर आधारित होता है। ऐसे दलीय समाचार-पत्रों का दृष्टिकोण संकुचित होता है। वे कभी भी सच्ची खबरें प्रकाशित नहीं करते हैं। वे समाचारों के प्रकाशन अपने स्वार्थ की सिद्धि के लिए करते हैं। अतएव गलत समाचारों पर आधारित जनता का मत गलत होता है। इसलिए स्वस्थ जनमत के निर्माण हेतु दलीय समाचार-पत्रों का अन्त होना चाहिए।

5. **दोषपूर्ण राजनीतिक दल** (Defective Political Party)–प्रजातंत्र राज्य की सरकार राजनीतिक दल के आधार पर गठित होती है। राजनीतिक दल का निर्माण जातीयता, साम्प्रदायिकता, भाषा, क्षेत्र एवं धर्म के आधार पर होता है। यह जातिवाद एवं साम्प्रदायिकतावाद का प्रचार करता है। यह जनता को झूठी खबर देकर भ्रम में डालता रहता है। यह जनता को जातिवाद, क्षेत्रीयता, साम्प्रदायिकतावाद, आदि पर चलने के लिए बाध्य करता है। इस प्रकार लोगों का संकुचित दृष्टिकोण रहने के कारण, स्वस्थ जनमत का निर्माण नहीं हो पाता है। दोषपूर्ण या संकुचित विचारों पर आधारित राजनीतिक दल स्वस्थ जनमत के मार्ग में सदा अवरोध उपस्थित करता है।

6. **राजनीतिक चेतना का अभाव** (Lack of Political Consciousness)–सामान्य नागरिकों में नागरिक भावना और नागरिक चेतना का अभाव पाया जाता है। वे देश की राजनीति के प्रति उदासीन रहते हैं। वे अपने अधिकारों और कर्तव्यों को भी ठीक से नहीं समझ पाते हैं। वे सार्वजनिक समस्याओं के प्रति कोई अभिरुचि नहीं रखते हैं जिसके कारण वे किसी समस्या पर अपने मत का निर्माण सही ढंग से नहीं कर पाते हैं। अतएव नागरिक भावना और राजनीतिक चेतना के अभाव में स्वस्थ जनमत का निर्माण नहीं हो पाता है।

7. **जातीयता एवं साम्प्रदायिकता** (Casteism and Communalism)–स्वस्थ जनमत के निर्माण में सबसे बड़ी बाधा–जातीयता एवं साम्प्रदायिकता की भावना है। लोग जाति, वर्ग एवं सम्प्रदाय के प्रति अधिक आसक्त रहते हैं जिसके कारण, किसी भी राजनीतिक समस्या के प्रति उनका दृष्टिकोण संकुचित होता है। वे किसी समस्या पर सही जनमत का निर्माण नहीं कर पाते हैं। अतएव स्वस्थ जनमत के लिए वर्ग, जाति, सम्प्रदाय, भाषा, क्षेत्र एवं धर्म पर आधारित मतों का अन्त करना होगा। लोगों का विचार उच्च होना चाहिए, तभी स्वस्थ जनमत का निर्माण हो सकता है।

8. **सामाजिक बुराइयाँ** (Social Evils)–समाज के अन्तर्गत बहुत-सी बुराइयाँ प्रचलित हैं। छुआछूत, गरीबी-अमीरी, दहेज, व्यक्तिवाद, वेश्यावृत्ति, मदिरापान, जुआ, आदि कुछ ऐसी सामाजिक बुराइयाँ हैं जिनके द्वारा समाज को हमेशा हानि पहुँचाती रहती हैं। ऐसी स्थिति में कोई भी व्यक्ति स्वतंत्र रूप से मत प्रकट नहीं कर सकता है। अतएव स्वतंत्र एवं सही जनमत के निर्माण हेतु सामाजिक बुराइयों को समाप्त करना होगा।

9. **राष्ट्रीयता का अभाव** (Lack of Nationality)–स्वस्थ जनमत निर्माण में राष्ट्रीयता की भावना की भूमिका महत्वपूर्ण होती है। वर्तमान समय में, नागरिकों में राष्ट्रीयता की भावना का अभाव पाया जाता है जिसके कारण लोगों का दृष्टिकोण राष्ट्रीय नहीं होता है। वे राष्ट्रीय समस्याओं पर अपना मत सही रूप से प्रकट नहीं करते हैं, इसलिए स्वस्थ जनमत का निर्माण नहीं हो पाता है। अतएव नागरिकों में राष्ट्रीयता की भावना आने पर ही स्वस्थ जनमत का निर्माण संभव है।

इस प्रकार, अशिक्षा, निर्धनता, दूषित शिक्षा-प्रणाली, दलीय समाचार-पत्र, दोषपूर्ण राजनीतिक दल, राजनीतिक चेतना का अभाव, जातीयता एवं साम्प्रदायिकता, सामाजिक बुराइयाँ तथा राष्ट्रीयता का अभाव, आदि, स्वस्थ जनमत का निर्माण के मार्ग की प्रमुख बाधाएँ हैं।

भारत में जनमत की स्थिति
(Position of Public Opinion in India)

15 अगस्त, 1947 ई० को भारत सदियों की गुलामी से स्वतंत्र हुआ। 26 जनवरी, 1950 ई० से भारत में अपना संविधान लागू किया गया। भारत एक प्रजातांत्रिक राज्य है जिसकी आर्थिक नीति समाजवाद पर आधारित है। प्रजातंत्र राज्य का गठन निर्वाचन के द्वारा जनता करती है। जनमत की महत्वपूर्ण भूमिका निर्वाचन में होती है। यह प्रजातंत्र की नाड़ी है। भारत में स्वस्थ जनमत का सदा अभाव रहा है जिसके समर्थन में निम्नांकित तर्क दिए जा सकते हैं:

1. **अशिक्षा** (Illiteracy)–भारत की 48% जनता अशिक्षित है। गाँवों में तो निरक्षरता का साम्राज्य छाया हुआ है जिसके कारण यहाँ के नागरिक अपने अधिकारों, कर्तव्यों और राजनीतिक समस्याओं को ठीक से नहीं समझ पाते हैं। परिणाम यह होता है कि आम जनता किसी राजनीतिक समस्या पर अपना सही मत का निर्माण नहीं कर पाती है। अतएव अशिक्षा के कारण स्वस्थ जनमत का निर्माण नहीं हो पाता है।

2. **गरीबी** (Poverty)–विश्व में भारत एक गरीब देश माना जाता है। भारत की अधिकांश जनता गरीब है। गाँवों में ग्रामीणों की आर्थिक स्थिति अत्यन्त ही दयनीय है। अर्थिक विषमता के कारण निर्वाचन के समय गरीब जनता अपने मत का सही ढंग से प्रयोग नहीं कर पाती है। पेट की ज्वाला को शांत करने के लिए, वह अपने मत को बेच देती है। वह किसी समस्या पर अपना सही मत नहीं प्रकट करती है जिसके कारण स्वस्थ जनमत का निर्माण नहीं हो पाता है।

3. **दोषपूर्ण शिक्षण संस्थाएँ** (Defective Educational System)–स्वतंत्र भारत की शिक्षण-संस्थाएँ दोषपूर्ण हैं। स्कूल, कॉलेज और विश्वविद्यालयों के अन्तर्गत केवल किताबी ज्ञान दिया जाता है। विद्यार्थियों के शारीरिक और नैतिक विकास पर बल नहीं दिया जाता है। उन्हें संकुचित विचारों के धरातल से ऊपर नहीं उठाया जाता है जिसका परिणाम यह होता है कि वे किसी समस्या पर अपना सही मत का निर्माण नहीं करते हैं। अतएव स्वस्थ जनमत के निर्माण के लिए आदर्श शिक्षण-संस्थाओं की स्थापना आवश्यक है।

4. **पक्षपातपूर्ण समाचार-पत्र** (Partial Newspapers)–भारत के अधिकांश समाचार-पत्र पक्षपातपूर्ण समाचारों का प्रसार करते हैं। किसी भी घटना को सही ढंग से प्रकाशित नहीं किया जाता है। वास्तविक तथ्यों को छिपाया जाता है। गलत समाचारों पर आधारित जनता का मत गलत होता है। अत: स्वस्थ जनमत के निर्माण में पक्षपातपूर्ण समाचार-पत्र बहुत बड़ा अवरोध है। सही जनमत के लिए समाचार-पत्रों को निष्पक्ष और निर्भीक होना चाहिए।

5. **दोषपूर्ण राजनीतिक दल** (Defective Political Party)–भारत के अधिकांश राजनीतिक दल जाति, वंश, क्षेत्र, भाषा और धर्म पर आधारित हैं। संकीर्ण विचारों पर आधारित राजनीतिक दल संकीर्णता का प्रचार करते हैं जो स्वस्थ जनमत के निर्माण में बाधक सिद्ध होता है। अतएव स्वस्थ जनमत के निर्माण के लिए निष्पक्ष राजनीतिक दल और सहायक विरोधी दल का होना अति आवश्यक है।

6. **राजनीतिक चेतना का अभाव** (Lack of Political Consciousness)–भारत की जनता में नागरिक भावना और राजनीतिक चेतना का अभाव पाया जाता है। यहाँ के नागरिक राजनीतिक समस्याओं के प्रति उदासीन रहते हैं। अर्थात–वे देश की ज्वलंत समस्याओं पर अपना मत नहीं प्रकट करते हैं। अतएव चन्द व्यक्तियों का मत ही जनमत का रूप ले लेता है जो राष्ट्र के लिए घातक सिद्ध होता है। सही जनमत के लिए भारतीयों में नागरिक भावना और राजनीतिक चेतना का संचार करना होगा।

7. **जातीयता एवं साम्प्रदायिकता** (Casteism and Communalism)–भारत का समाज जातिवाद एवं साम्प्रदायवाद है। यहाँ पर जाति और सम्प्रदाय का इतना प्रचंड प्रभाव है कि सभी समस्याओं का समाधान इन्हीं की कसौटी पर सोचा जाता है जिससे गलत मत का निर्माण होता है और वह मत स्वस्थ जनमत के मार्ग में बाधा उपस्थित करता है। अतएव स्वस्थ जनमत के लिए जातिवाद एवं साम्प्रदायवाद को समूल नष्ट करना होगा।

8. **रेडियो, सिनेमा एवं टेलीविजन पर सरकार का नियंत्रण** (Government Control over Cinema, Radio and Television)–वर्तमान युग में संचार की दुनिया में रेडियो, सिनेमा एवं टेलीविजन की भूमिका महत्वपूर्ण है। रेडियो समाचारों का प्रमुख साधन है। सिनेमा के द्वारा सामाजिक, आर्थिक एवं राजनीतिक समस्याओं को जनता के सामने रखा जाता है। टेलीविजन विश्व की घटनाओं का सही चित्र जनता के सामने उपस्थित करता है। भारत में रेडियो, सिनेमा और टेलीविजन पर सरकार का काफी नियन्त्रण है जिसके कारण सही तथ्यों को जनता के सामने नहीं रखा जाता है। इससे गलत मत का निर्माण होता है। अतएव सही जनमत के लिए यह आवश्यक है कि रेडियो, सिनेमा एवं टेलीविजन पर से अवांछित नियंत्रण हटाया जाए। इसके लिए 1977 के अन्तिम महीनों में प्रसार भारती अधिनियम पारित किया गया।

9. **नैतिकता का अभाव** (Lack of Morality)–भारतीयों में नैतिकता का अभाव है। वे अपने स्वार्थ पूर्ति हेतु कुछ भी कर सकते हैं। यही कारण है कि निर्वाचन के समय मतों का दुरुपयोग होता है। सही मत समझते हुए भी गलत मत के जरिए लोगों का निर्वाचन करते हैं जो स्वस्थ जनमत में बाधक सिद्ध होता है। अतएव सही जनमत के लिए भारतीयों में नैतिकता का संचार करना होगा।

10. **राष्ट्रीय भावना का अभाव** (Lack of the National Feeling)–कोई भी राष्ट्र राष्ट्रीय भावना से जीवित रहता है और प्रगति के मार्ग पर चलता है। भारतीयों में राष्ट्रीय भावना का अभाव है। वे राष्ट्रीय ध्वज, राष्ट्रीय गीत और राष्ट्रीय सम्पत्ति को अपना नहीं समझते हैं। राष्ट्रीय भावना का अभाव में सही मत का निर्माण नहीं हो पाता है। अतएव स्वस्थ जनमत के निर्माण हेतु भारतीयों में राष्ट्रीय भावना को जाग्रत करना होगा।

निष्कर्ष–उपर्युक्त तथ्यों के अध्ययन से यह स्पष्ट है कि अनुकूल परिस्थितियों के अभाव में स्वस्थ जनमत का निर्माण नहीं हो पा रहा है। स्वस्थ जनमत के निर्माण के लिए–अशिक्षा, गरीबी, दोषपूर्ण शिक्षण-संस्थाएँ, पक्षपातपूर्ण समाचार-पत्र, दोषपूर्ण राजनीतिक दल, राजनीतिक चेतना का अभाव, जातीयता एवं साम्प्रदायिकता, रेडियो, सिनेमा एवं टेलीविजन पर सरकारी नियंत्रण, नैतिकता का अभाव जैसी बाधाओं को दूर करना होगा। भारत विश्व का धर्मगुरु है। यह प्राकृतिक सम्पदा से युक्त है। यहाँ ऋषि, महर्षि, साधु-संत, विद्वानों एवं वैज्ञानिकों की कमी नहीं है। यदि व्यापक दृष्टिकोण से बहुजन सुखाय और बहुजन हिताय के सिद्धान्त के आधार पर भारत की सरकार शासन करे तो स्वस्थ जनमत का तिरंगा झंडा भारत को ही नहीं, बल्कि सम्पूर्ण विश्व को ज्ञान के मार्ग पर ले जा सकता है।

प्रश्न
(Questions)

1. भारत जैसे प्रजातान्त्रिक राज्य में जनमत के महत्व पर प्रकाश डालिए।
   Discuss the importance of public opinion in a democratic state like India.
2. जनमत की परिभाषा दीजिए तथा इसके निर्माण के साधनों का वर्णन कीजिए।
   Define public opinion and describe the agencies for its formation.
3. जनमत के अर्थ को बताइए। जनमत निर्माण के साधनों की समीक्षा कीजिए।
   Give the meaning of public opinion. Examine the agencies for the formation of public opinion.
4. स्वस्थ जनमत निर्माण के साधनों की विवेचना कीजिए।
   Discuss the agencies for the formation of sound public opinion.
5. स्वस्थ जनमत के निर्माण में कौन-सी बाधाएँ हैं? इन बाधाओं को दूर करने के उपाय बताइए।
   What are the hindrances to the formation of sound public opinion? Suggest measures to remove these hindrances.
6. स्वस्थ जनमत के निर्माण की आवश्यक परिस्थितियाँ बताइए। ये परिस्थितियाँ भारत में किस सीमा तक विद्यमान हैं?
   What are the necessary conditions for the formation of sound public opinion? How far these condition are present in India?
7. भारत में जनमत की स्थिति पर प्रकाश डालिए।
   Throw light on the position of public opinion in India.
8. जनमत का निर्माण कैसे होता है? इसकी महत्ता पर प्रकाश डालिए।
   How is public opinion formed? Explain its importance.
9. "एक सजग तथा विवेकपूर्ण जनमत प्रजातन्त्र का प्रथम आवश्यकता है।" इस कथन के प्रकाश में प्रजातान्त्रिक ढाँचे में जनमत के महत्व को स्पष्ट कीजिए।
   "An alert and enlightened public opinion is the first essential of democracy?" In the light of this statement explain the importance of public opinion in a democratic set-up.
10. जनमत का क्या अर्थ है? इसके निर्माण की एजेन्सियों की विवेचना कीजिए।
    What is ment by public opinion? Discuss the agencies of its formation.

वस्तुनिष्ठ प्रश्न
(Objective Questions)

1. "सभी सरकारें चाहे वे कितनी ही दूषित क्यों न हो, अपनी शक्ति के लिए जनमत पर निर्भर करती है।" यह किसने कहा?
   (क) डेविड ह्यूम (ख) गेटेल (ग) गैसेल (घ) लार्ड ब्राइस
   "All governments however bad, depend for their authority on public opinion." Who said this?
   (a) David Hume (b) Gettell (c) Gassell (d) Lord Bryce
2. "जनमत के अतिरिक्त अन्य किसी वस्तु को शासन का आधार बनाकर पृथ्वी पर कभी कोई शासन नहीं कर सका है।" यह किसने कहा?
   (क) डेविड ह्यूम (ख) गैसेल (ग) गेटेल (घ) लार्ड ब्राइस

"Never has anyone ruled on earth by basing his rule essentially on anything other than public opinion." Who said this?

(a) David Hume (b) Gassell (c) Gettell (d) Lord Bryce

3. "प्रजातान्त्रिक शासन की सफलता जनमत की सबलता इस बात निर्भर करती है कि जनमत सरकार के कार्यों और नीतियों को किस सीमा तक नियन्त्रित करता है।" यह किसने कहा?

(क) लार्ड ब्राइस (ख) डेविड ह्यूम (ग) गेटेल (घ) डूब

"The success of democratic government depends upon the degree to which the public opinion is sound, well-developed and effective in controlling the actions and policies of government." Who said this?

(a) Lord Bryce (b) David Hume (c) Gettell (d) Doob

4. "जनमत एक प्रबल सामाजिक शक्ति है जिसकी अवहेलना करने वाला राजनीतिक दल स्वयं अपने लिए संकट आमन्त्रित करता है।" यह किसने कहा?

(क) लार्ड ब्राइस (ख) डूब (ग) गेटेल (घ) शुल्ज

"Public opinion is generally recognised to be a social force which enters into calculation of active participants in the governmental process." Who said this?

(a) Lord Bryce (b) Doob (c) Gettell (d) Schulz

5. "जनमत लोगों के मस्तिष्क की वे धारणाएँ हैं जो वे अपने बारे में दूसरों के बारे में तथा अपनी आवश्यकताओं, उद्देश्यों एवं सम्बन्धों के बारे में रखते हैं।" यह किसकी परिभाषा है?

(क) लिपमैन (ख) लार्ड ब्राइस (ग) डूब (घ) कैरोल

"The picture inside the heads of human beings, the picture of themselves, of others, of their needs, purposes and relationships are their public opinion." Whose definition is of this?

(a) Lippmann (b) Lord Bryce (c) Doob (d) Carroll

6. "व्यवहार में जनमत का प्रयोग सामान्य जनता की मिश्रित प्रतिक्रिया के रूप में किया जाता है।" यह किसने कहा?

(क) डूब (ख) कैरोल (ग) लार्ड ब्राइस (घ) लिपमैन

"In its common use it (public opinion) refers to the composite reaction of the general public." Who said this?

(a) Doob (b) Carroll (c) Lord Bryce (d) Lippmann

7. "जनमत का प्रयोग प्रायः सार्वजनिक हितों सम्बन्धी विषयों पर लोगों के विचारों को सूचित करने के लिए किया जाता है।" यह किसने कहा?

(क) डूब (ख) कैरोल (ग) लार्ड ब्राइस (घ) लिपमैन

"Public opinion is the aggregate of the views, men hold regarding matters that affect the interest of the community." Who said this?

(a) Doob (b) Carroll (c) Lord Bryce (d) Lippmann

8. "जनमत के लिए केवल बहुमत ही प्रर्याप्त नहीं होता और न सर्वसम्मति ही आवश्यक होती है। कोई मत तभी जनमत हो सकता है जिससे अल्पमत चाहे सहमत न भी हो, फिर भी भय के कारण नहीं, बल्कि दृढ़ विश्वास के कारण उसे स्वीकार करता हो।" यह किसने कहा?

(क) डूब (ख) लार्ड ब्राइस (ग) बेनी प्रसाद (घ) लॉवेल

"In order that an opinion may be public a majority is not required, but the opinion must be such that while the minority may not share it, they feel bound by conviction, not by bear to accept it and if democracy is complete the submission of the minority must be given ungrudgingly." Who said this?

(a) Doob (b) Lord Bryce (c) Beni Prasad (d) Lowell

9. "जनमत तभी उचित जनमत कहा जाता है, जबकि वह सम्पूर्ण समाज कल्याण के लिए प्रेरित करता है।" यह किसने कहा?

(क) बेनी प्रसाद (ख) डूब (ग) नेहरू (घ) लॉवेल

"Opinion may be regarded as truly public when it is motivated by a regard for the welfare of the whole society." Who said this?

(a) Beni Prasad (b) Doob (c) Nehru (d) Lowell

10. *पब्लिक ओपिनियन* पुस्तक के रचयिता कौन हैं?

(क) लावेल (ख) लिपमैन (ग) डूब (घ) गेटेल

Who is the author of the book *Public Opinion*?

(a) Lowell (b) Lippmann (c) Doob (d) Gettell

11. "प्रेस की स्वतन्त्रता किसी जीवित प्रजातन्त्र के लिए प्राणवायु है।" यह किसने कहा?

(क) लॉवेल (ख) डूब (ग) विल्की (घ) लार्ड ब्राइस

"Freedom of the press is the stuff of life for any vital democracy." Who said this?

(a) Lowell (b) Doob (c) Wilkie (d) Lord Bryce

12. "जनमत को प्रशिक्षित करने, उसके निर्माण और अभिव्यक्ति में राजनीतिक दल के द्वारा अत्यधिक महत्वपूर्ण कार्य किया जाता है।" यह किसने कहा?

(क) डूब (ख) विल्की (ग) गेटेल (घ) लार्ड ब्राइस

"Political parties go a great way in helping to educate, formulate and organise public opinion." Who said this?

(a) Doob (b) Wilkie (c) Gettell (d) Lord Bryce

13. कौन-सी सरकार जनमत पर आधारित होती है?

(क) प्रजातंत्र (ख) राजतन्त्र (ग) धनिकतंत्र (घ) अधिनायकतन्त्र

Which government is based on public opinion?

(a) Democracy (b) Monarchy (c) Oligarchy (d) Dictatorship

14. इनमें से कौन जनमत का एक अभिकरण नहीं है?

(क) प्रेस (ख) न्यायपालिका (ग) रेडियो (घ) टेलीविजन

Which one of the following is not an agency of public opinion?

(a) Press (b) Judiciary (c) Radio (d) Television

15. स्वस्थ जनमत के निर्माण में कौन तत्व बाधक है?

(क) निरक्षरता (ख) धार्मिक भावना (ग) सभी (घ) दलीय समाचार-पत्र

Which element is a hindrance in the formation of sound public opinion?

(a) Illiteracy (b) Religious feeling (c) All (d) Party newspaper

16. सही जनमत में किसकी भलाई होती है?
(क) धनी वर्ग (ख) गरीब वर्ग (ग) मध्यम वर्ग (घ) सम्पूर्ण समाज
Which one is benefitted by the right public opinion?
(a) Rich class (b) Poor class (c) Middle class (d) Whole Society
17. प्रजातंत्र का सही आधार क्या है?
(क) जनमत (ख) अल्पमत (ग) गरीबमत (घ) धनीमत
What is the true basis of democracy?
(a) Public opinion (b) Minority (c) Poor's opinion (d) Rich's opinion
18. Which of the following is not an essential element of public opinion?
(a) Public issues
(b) Views and ideas of the generality of the people not necessarily of all the people
(c) Freedom from narrow interests and rational thinking
(d) Sense of public good or common consciousness of the common good
(e) Concurrence of the intellectual
19. Which of the following functions is not expected to be discharged public opinion?
(a) To control the arbitrariness of the government
(b) To awaken and develop public consciousness on public issues
(c) To bring about a rapport between the legal sovereign
(d) To enable the people to participate directly in the process of legislation
(e) None of these
20. "The real safeguard of rights is the public opinion", is a statement by
(a) Laski (b) Garner (c) Aristotle (d) Gettell
21. Who said "An alert and intelligent public opinion is the first essential of democracy"?
(a) Mahatma Gandhi (b) J.L. Nehru (c) Dr. Asirvatham (d) E.B. Schulz
22. Which of the following agencies exercises maximum influence on the formulation of public opinion?
(a) Educational institutions (b) Religious institutions
(c) Trade Associations (d) Press and Radio
23. Law and public opinion
(a) Are generally opposed to each other (b) Generally conform to each other
(c) There is not relationship between the two (d) Law creates the public opinion

उत्तर
(Answers)

1. (क) 2. (ख) 3. (ग) 4. (घ) 5. (क) 6. (ख) 7. (ग) 8. (घ) 9. (क)
10. (ख) 11. (ग) 12. (घ) 13. (क) 14. (ख) 15. (ग) 16. (घ) 17. (क) 18. (d)
19. (d) 20. (b) 21. (c) 22. (d) 23. (d)

खण्ड–6

राजनीतिक अवधारणाएँ

(Political Concepts)

27

शक्ति-अवधारणा
(The Concept of Power)

भूमिका (Introduction)

राजनीतिक विज्ञान रूपी शरीर में शक्ति रक्त है जो प्राण का संचार करता है। राज्य शक्ति की देवी है। शक्ति राजनीति विज्ञान की मूलभूत अवधारणा है। इसके अभाव में राज्य या राजनीति की कल्पना करना, बालू की दीवार तैयार करना है। एस. एस. अलमर का कथन है कि "शक्ति का अध्ययन अनेक समाजशास्त्रों द्वारा भी किया जाता है लेकिन उनमें से सम्भवत: कोई भी शक्ति की अवधारणा से उतना सम्बद्ध नहीं है जितना राजनीति विज्ञान। अरस्तू से आज तक के राजनीतिक लेखों का केन्द्रीय विषय शक्ति रहा है जिसके इर्द-गिर्द सम्पूर्ण राजनीति विज्ञान चक्कर काटता रहता है।"[1] प्राचीनकाल से ही राजनीति में शक्ति का किसी-न-किसी रूप में अध्ययन होता आया है। भारत, चीन, यूनान, मिस्र, मेसोपोटामिया, बेबीलोन तथा सीरिया इन सभी प्राचीन संस्कृतियों में शक्ति का काफी महत्व था और इसी कारण प्लेटो, अरस्तू एवं कौटिल्य ने शक्ति या दण्ड की महत्ता पर किसी-न-किसी रूप में प्रकाश डाला है। राजनीति विज्ञान का मध्ययुगीन राजनीतिक साहित्य राजा और पोप के बीच हुई शक्ति प्रदर्शन की धर्म-राजनीति है। लेकिन शक्ति के अर्थ स्रोत, वर्गीकरण, प्रयोग, सीमाएँ, इत्यादि का जितने विस्तार से अध्ययन आज किया जाता है, उतना पूर्व के राजनीतिक दर्शन में देखने को नहीं मिलता है।

आधुनिक युग में मेकियावेली तथा टॉमस हॉब्स ने प्रिन्स और लेवियाथन में शक्ति का जो बीजारोपण किया, वह लॉसवेल, काप्लान तथा रॉबर्ट डाल के द्वारा पल्लवित और पुष्पित किया गया। हेनरिक ट्रीटश्के और नीत्शे ने भी अपने लेखों में शक्ति की व्याख्या एक महत्वपूर्ण तथ्य के रूप में की है। प्रथम विश्व-युद्ध के पूर्व एक जर्मन विद्वान एरिक काफमाँ ने लिखा था कि, "राज्य शक्ति के विकास, वृद्धि और प्रदर्शन का प्रतीक है।"[2] लॉसवेल, केटलिन, रसेल, मेकाइवर, मैक्स वेबर, चार्ल्स मेरियम, विलियम ए., रॉब्सन, काप्लान, मार्गेन्थाद रॉबर्ट डाल तथा अन्य विद्वानों ने शक्ति की व्याख्या की है।

केटलिन ने राजनीतिक विज्ञान को परिभाषित करते हुए उसे शक्ति का विज्ञान कहा है। मेकाइवर के शब्दों में, "समस्त गति, सभी सम्बन्ध, सभी प्रक्रियाएँ, समस्त व्यवस्थाएँ तथा प्रकृति में घटने वाली प्रत्येक घटना शक्ति की अभिव्यक्ति है।

1. "Of all the social sciences, no one has been more concerned with the concept of power than political science. A content analysis of the political writings from Aristotle to the present world no doubt revel power as the control concept around which attempt to explain politics have revolved."—Ulmar, S.S. *Introductory Reading in Political Behaviour*, p. 332.
2. "The essence of state is machtent baltung (development, increase and display of power)."—Erich Kaufinann

मैक्स वेबर के अनुसार, 'राजनीति शक्ति से अपृथकनीय है।' ह्वाटकिन्स के मतानुसार, राजनीति विज्ञान केवल राज्य या विशिष्ट संस्थाओं का अध्ययन मात्र नहीं वरन् शक्ति की समस्या के अन्तर्गत सभी समुदायों की गवेषणा है।"

रॉब्सन भी राजनीति विज्ञान को समाज में शक्ति, उसकी प्रकृति, आधार प्रक्रियाएँ, विषय विस्तार तथा निष्कर्षों से सम्बन्धित मानता है। मैक्स वेबर, वैंडलिन, रसेल, रॉब्सन तथा अन्य विचारकों ने शक्ति के बारे में चिन्तन प्रारम्भ किया लेकिन शिकागो सम्प्रदाय के मेरियम, लॉसवेल तथा मॉर्गेन्थाव जैसे विद्वानों से राजनीति के केन्द्रीय तत्व के रूप में शक्ति के महत्व की व्याख्या की है। उसके शब्दों में, "शक्ति की राजनीति मनुष्य की सत्ता-लिप्सा में निहित है तथा इस तरह यह सामाजिक जीवन का अभिन्न अंग बन गयी है।"[1] उसने 'पावर ऐज ए पॉलिटिकल कॉन्सेप्ट' में कहा है कि वर्तमान समय में राजनीति विज्ञान का अध्ययन शक्ति के इर्द-गिर्द हो रहा है। लॉसवेल और काप्लान ने अपने ग्रन्थ 'पॉवर एण्ड सोसायटी' में शक्ति के सिद्धान्त की सुव्यवस्थित और विस्तारपूर्वक व्याख्या की है और लिखा है कि "शक्ति का सिद्धान्त राजनीति विज्ञान का सबसे मौलिक सिद्धान्त है और यह राजनीतिक प्रक्रियाओं के निर्माण तथा शक्तियों के प्रयोग एवं वितरण में विशिष्ट तत्व के रूप में काम करता है।"[2]

शक्ति की परिभाषाएँ
(Definitions of Power)

राजनीति विज्ञान के क्षेत्र में शक्ति शब्द का प्रयोग एक विशिष्ट अर्थ में किया जाता है। बल, प्रभाव, प्रभुत्व, सत्ता, आदि शक्ति के स्थान पर प्रयोग में लाए जाते हैं जो भ्रामक हैं। शक्ति की सही परिभाषा जानना आवश्यक है। वैसे तो चार्ल्स मेरियम का तर्क है कि शक्ति की परिभाषा के झमेले में पड़ना व्यर्थ है क्योंकि हम प्रतिदिन उसके विविध रूपों को देखते हैं तथा भलीभाँति यह समझते हैं कि शक्ति का क्या अर्थ है। फिर भी विचारों की स्पष्टता के लिए शक्ति की सही परिभाषा जानना आवश्यक है। शक्ति की निम्नलिखित परिभाषाएँ विशेष रूप से उल्लेखनीय और विचारणीय हैं:

(क) **टॉमस हॉब्स** के अनुसार, "शक्ति भविष्य में कुछ निश्चित लक्ष्यों को प्राप्त करने का एक वर्तमान साधन है।"[3]

(ख) **मेकाइवर** के अनुसार, "शक्ति से तात्पर्य व्यक्तियों या व्यवहार को नियन्त्रित करने, विनियमित करने या निर्देशित करने की क्षमता है।"

(ग) **ड्यूबीन** के अनुसार, "संगठित अन्तर्क्रियाओं की व्यवस्थाओं के पीछे निहित तत्व को शक्ति कहा जाता है।"

(घ) **केटलिन** के अनुसार, "सभी मनुष्यों में अपने संकल्प को कार्यरूप में परिणत करने की सामान्य इच्छा होती है। इस संकल्प के माध्यम से ही वे अपने लक्ष्यों की पूर्ति करते हैं। लक्ष्यों की पूर्ति के लिए मुख्य आवश्यकता स्वतन्त्रता होती है। शक्ति इस पूर्ति के लिए अनिवार्य शर्त है।"

(ङ) **फिफनर** और **शेरवुड** के अनुसार, "शक्ति आदेश देने की क्षमता है।"

(च) **मॉर्गेन्थाव** के अनुसार, "राजनीतिक शक्ति से राजकीय सत्ता धारण करने वाले व्यक्तियों के पारस्परिक सम्बन्ध तथा जनता के साथ उनके सम्बन्ध का बोध होता है।"[4]

---

1. "Power politics was rooted in the lust for power which is common to all men and for this reason was inseparable from social life itself."—Morgenthau, H.J., *Power As A Political Concept*.
2. "The concept of power is perhaps the most fundamental in the whole of political science, the political process in the shaping, distribution and exercise of power."—Lasswell and Kaplan, *Power and Society*.
3. "Power is the present means to secure some future apparent good."—Thomas Hobbes
4. "By political power we refer to the mutual relations of control among holders of public authority and between the latter and the people at large."—Morgenthau

(छ) **काप्लान** के अनुसार, "शक्ति संगठित क्रिया द्वारा किसी आयोजन को पूर्ण करने की एक योग्यता है।"[1]

(ज) **रॉबर्ट बायर्सटेड** के अनुसार, "शक्ति बल प्रयोग की योग्यता है, न कि उसका वास्तविक प्रयोग।"

(झ) **एम. जी. स्मिथ** के अनुसार, "शक्ति व्यक्तियों, समूहों, नियमों या भौतिक दशाओं के प्रतिरोध के होते हुए भी स्वायत्ततापूर्ण कदम उठाने की क्षमता का नाम है।"

(ञ) **फ्रेडरिक** के अनुसार, "शक्ति प्रमुखतया एक विचार नहीं है। यह केवल अधिकार ही नहीं, वरन् एक सम्बन्ध भी है।"[2]

(ट) **कार्लो इवेस्टिन** के अनुसार, "समाज ध्रुव की हैसियत से विभिन्न शक्ति-सम्बन्धों, जैसे राजनीतिक, सामाजिक, आर्थिक, धार्मिक, नैतिक सांस्कृतिक आदि की प्रणाली है।"[3]

(ठ) **लॉसवेल** के अनुसार, "राजनीतिक क्रिया-कलाप का प्रारम्भ उस परिस्थिति में होता है जिसमें कर्ता विभिन्न मूल्यों की प्राप्ति के लिए प्रयत्न करता है और शक्ति जिसकी आवश्यक (सम्भवतः पर्याप्त) शर्त होती है।"

(ड) **रॉबर्ट ए. डाल** के अनुसार, "शक्ति उन क्रियाओं का नाम है जिनको राजनीति की संज्ञा दी गयी है।"

उपर्युक्त परिभाषाओं के विश्लेषण से यह स्पष्ट है कि राजनीति शक्ति पर आधारित है। सजीव एवं व्यवहारिक राजनीति के लिए शक्ति का होना अनिवार्य है। रॉबर्ट डाल ने शक्ति के सम्बन्ध में दो दृष्टिकोणों का संकेत किया है–(क) शक्ति का सम्बन्ध दूसरे अनेक प्रकार के राजनीतिक सम्बन्धों में एक विशेष प्रकार का है जिसके ऊपर विशेष बल दिये जाने की आवश्यकता है; और (ख) शक्ति दूसरी मानवीय गतिविधियों से पृथक् उन क्रियाओं का नाम है जिनको राजनीति कहा जाता है। मैक्स वेबर का कथन है कि शक्ति एक ऐसी सम्भावना है जिसमें एक कर्ता सामाजिक सम्बन्धों में अवस्थित होकर बिना उस सम्भावना के आधार पर निर्भर हुए किन्तु प्रतिरोध के होते हुए भी स्वयं के संकल्प को पूरा करने की स्थिति में होगा। अनेक विद्वानों ने शक्ति, सत्ता और प्रभुत्व को पर्यायवाची माना है लेकिन कुछ विद्वानों के विचारानुसार शक्ति और सत्ता परस्परव्यापी होते हुए भी एक-दूसरे से भिन्न हैं। शक्ति व्यक्तियों, समूहों, नियमों या भौतिक दशाओं के प्रतिरोध के होते हुए भी स्वायत्ततापूर्ण कदम उठाने की क्षमता का नाम है। मेकियावेली तथा हॉब्स ने शक्ति को एक स्वतन्त्र तत्व के रूप में माना है। कुछ विद्वानों ने शक्ति के मनोवैज्ञानिक तत्वों का अन्वेषण किया है। शक्ति विचार या इच्छा से उत्पन्न होकर उसकी पूर्ति के लिए संकल्प बनती है और यही स्थिति शक्ति की माँग अर्थात् अपने लक्ष्यों को प्राप्त करने की स्वतन्त्रता के रूप में अभिव्यक्त होती है। कुछ विद्वानों ने शक्ति को सामाजिक व्यवस्थाओं और अन्तःक्रियाओं में अन्तर्निहित माना है। उनका कथन है कि शक्ति प्रकट नहीं होती है। बल और सत्ता उसके अभिव्यक्त रूप हैं। अतः शक्ति का महत्व राजनीतिक तथा सामाजिक दोनों ही क्षेत्रों में समान रूप से है। दोनों क्षेत्रों में यह संकल्प को पूरा करने की क्षमता या स्वतन्त्रता के रूप में व्यक्त होती है।

लॉसवेल शक्ति को प्रभाव का पर्यायवाची रूप मानता है। उसका कथन है कि समाज में कतिपय मूल्यों और मूल्यवान वस्तुओं की प्राप्ति के लिए प्रत्येक व्यक्ति अपना प्रभाव डालने का प्रयत्न करता है तथा इस प्रभाव-प्रयत्न में शक्ति का माप निहित रहता है। अतएव लॉसवेल का विचार है कि राजनीति विज्ञान का अभीष्ट वह राजनीति है जो बतलाए कि कौन, क्या और कैसे प्राप्त करता है।[4] इस प्रकार शक्ति के साथ ही मूल्यों का अध्ययन भी राजनीति में महत्वपूर्ण हो जाता है। लॉसवेल के शक्ति-सिद्धान्त को वितरणात्मक विश्लेषण की संज्ञा दी है। इस विश्लेषण का

---

1. "Power is an ability to achieve results through concerted action."—Kaplan
2. "Power is not primarily a thing, a possession but rather a relation."—Frederick, C.J.
3. "Society as a pole is a system of power relations political, social, economic, religious, moral, cultural and others."—Karlo Ewestin, *Political Power and Government Process*.
4. Lasswell, *Politics—Who gets, What, When and How*. New York, 1936.

मुख्य विषय राजनीतिक प्रतिक्रियाओं के अन्तर्गत मूल्य और उन मूल्यों के वितरण का अध्ययन करना है अर्थात् सूक्ष्म रूप से वह कौन, क्या, कब और कैसे पाता है से सम्बन्धित है। लॉसवेल के मतानुसार वितरणात्मक उपागम की निम्नलिखित विशेषताएँ हैं:

(क) निर्णय-निर्माण प्रक्रिया शक्ति के रूप को निर्धारित करने वाला परिणाम है।

(ख) व्यक्ति मूल्यों को प्राप्त करने के लिए राजनीतिक प्रक्रियाओं में लिप्त रहता है।

(ग) राजनीतिक प्रक्रियाएँ शक्ति और प्रभाव से सम्बन्धित होती हैं, किन्तु स्वयं राजनीतिक प्रतिक्रियाओं के मूल में विभिन्न व्यक्तियों की पारस्परिक अन्तःक्रियाएँ सन्निहित होती हैं।

(घ) यद्यपि राजनीतिक प्रक्रिया के अन्तर्गत कर्ताओं की स्थिति में परिवर्तन होता रहता है किन्तु कर्ताओं का स्थान महत्वपूर्ण होता है।

लॉसवेल की शक्ति परिभाषा का सबसे बड़ा दोष यह है व्यक्ति के सभी कार्य राजनीति विज्ञान के अध्ययन क्षेत्र की परिधि में आ जाते हैं जिनका आधार शक्ति है, जैसे–परिवार, चर्च, डाक, इत्यादि। इसका परिणाम यह होता है कि राजनीतिक तथा अराजनीतिक क्रिया-कलाप राजनीति विज्ञान की परिधि से बाहर निकल जाता है।

राजनीतिक शक्ति सैनिक शक्ति से भिन्न–विद्वानों का विचार है कि राजनीतिक शक्ति सैनिक शक्ति से भिन्न है। शक्ति वास्तविक बल-प्रयोग नहीं है बल्कि बल-प्रयोग की क्षमता है। मॉर्गेन्थाव ने राजनीतिक शक्ति को मनोवैज्ञानिक शक्ति माना है जिसके द्वारा मनुष्य दूसरे मनुष्यों की क्रियाओं और मस्तिष्कों पर नियन्त्रण रखता है। इसके विपरीत, सैनिक शक्ति हिंसा या दमन का वास्तविक प्रयोग है। जब हिंसा या दमन का वास्तविक प्रयोग किया जाता है तो उसका अर्थ यह है कि सैनिक या अर्द्ध-सैनिक शक्ति के पक्ष में राजनीतिक शक्ति ने अपने अधिकारों का त्याग कर दिया है। फिर भी यह कहा जा सकता है कि सैनिक शक्ति राजनीति शक्ति की पृष्ठभूमि में रहती है। उस दृष्टिकोण से सैनिक-शक्ति को राजनीतिक शक्ति का एक अंग माना जा सकता है। डायक का ऐसा ही मत है। उसका कथन है कि संघर्ष राजनीति का सार है, चाहे वह शब्दों द्वारा या हिंसा द्वारा किया जाए।

शक्ति के स्रोत
(Sources of Power)

विभिन्न विद्वानों के अनुसार शक्ति के मुख्यतः दो स्रोत हैं–आंतरिक स्रोत और बाह्य स्रोत। आन्तरिक स्रोत के अन्तर्गत आत्म-ज्ञान, आत्म-सम्मान, आत्म-संयम, व्यक्तिगत आकर्षण, प्रेम, प्रभाव, विश्वास तथा बाह्य स्रोत में संगठन, आर्थिक साधन, बल प्रयोग, सत्ता, स्वामित्व, इत्यादि सम्मिलित हैं।

आन्तरिक स्रोत

(क) **आत्म-ज्ञान**–सुकरात ने 'अपने को जानो' का नारा लगाया। उसका कहना था कि प्रत्येक मनुष्य को ज्ञान से अनुशासित और बुद्धि से नियन्त्रित होना चाहिए। ज्ञान मनुष्य को अन्धकार से प्रकाश की ओर ले जाता है। वह मनुष्य में प्रेरणा-शक्ति और आत्मीय शक्ति उत्पन्न करता है।

(ख) **आत्म-सम्मान**–मनुष्य के अन्दर आत्म-सम्मान की भावना होनी चाहिए। इसी के आधार पर कोई व्यक्ति समाज में प्रतिष्ठा प्राप्त कर सकता है।

(ग) **आत्म-संयम**–व्यक्ति के व्यक्तित्व को महान बनाने में आत्म-संयम का बहुत बड़ा हाथ रहता है। काम, क्रोध, मद और लोभ पर विजय पाना अति आवश्यक है। सुकरात ने स्पष्ट शब्दों में कहा है कि "आत्म-ज्ञान, आत्म-सम्मान और आत्म-संयम के द्वारा ही मनुष्य महान बन सकता है।"[1]

---

1. "Self-knowledge, self-reverence and self-control—these three alone lead men to sovereign power."—Socrates

(घ) **व्यक्तिगत आकर्षण**–व्यक्तिगत आकर्षण भी शक्ति-स्रोत का एक माध्यम है। महात्मा गाँधी सत्य और अहिंसा के प्रतीक थे। सुभाषचन्द्र बोस क्रान्ति के अग्रदूत थे। सरदार वल्लभ भाई पटेल लौह पुरुष की मूर्ति थे। ये महान व्यक्ति भारतीयों के हृदय में शक्ति का संचार करते हैं।

(ङ) **प्रेम**–प्रेम शक्ति अर्जन का असीमित स्रोत है। इसके माध्यम से विश्व के हृदय को जीता जा सकता है। महात्मा गाँधी ने प्रेम के द्वारा ही अँग्रेजों के हृदय को जीतकर भारत को स्वतन्त्र कराया।

(च) **प्रभाव**–प्रभाव भी शक्ति का एक स्रोत है। किसी-किसी व्यक्ति का समाज में ऐसा प्रभाव होता हैं कि उसके नाम से ही बहुत-से कार्य सम्पादित किए जाते हैं।

(छ) **विश्वास**–विश्वास व्यक्ति में साख उत्पन्न करता है। सम्पूर्ण विश्व विश्वास पर आधारित है। समाज का काम एक-दूसरे के विश्वास से ही चल रहा है। विश्वास शक्ति उत्पन्न करने में मदद करता है।

बाह्य स्रोत

(क) **संगठन**–राज्य संगठन का एक महत्वपूर्ण अंग है जो शक्ति का प्रतीक है। यह सम्पूर्ण मानव समाज पर अपनी शक्ति के आधार पर शासन करता है।

(ख) **आर्थिक साधन**–वर्तमान भौतिकवादी युग में आर्थिक साधन का बहुत बड़ा महत्व है। जिस व्यक्ति के पास प्रचुर मात्रा में धन-दौलत है वह समाज में पूज्य और शक्तिशाली समझा जाता है।

(ग) **बल प्रयोग**–किसी भी व्यक्ति का शारीरिक बल शक्ति का सूचक है। वह अपने बल प्रयोग के द्वारा समाज में शक्ति अर्जन कर सकता है।

(घ) **सत्ता**–राजनीतिक सत्ता शक्ति का सूचक है। जिन तत्वों के द्वारा शक्ति अधिक शक्ति अर्जित करती है, उसे सत्ता की संज्ञा दी जाती है।

उपर्युक्त तथ्यों से यह स्पष्ट है कि शक्ति के विविध स्रोत हैं। उनकी पूरी सूची नहीं बनायी जा सकती है। समय और परिस्थिति के अनुसार शक्ति के स्रोत बदलते रहते हैं। जिसके कारण विभिन्न विद्वानों ने शक्ति स्रोत पर अपने भिन्न-भिन्न विचार प्रकट किये हैं।

शक्ति का वर्गीकरण
(Classification of Power)

विभिन्न विद्वानों में शक्ति के वर्गीकरण पर विभिन्न मत है। प्रचलित शक्ति के वर्गीकरण का उल्लेख हम निम्नलिखित रूप से कर सकते हैं:

मैक्स वेबर ने औचित्यता के आधार पर तीन रूप बताए हैं:

(क) **वैधानिक**–जब शक्ति-सम्पन्न लोगों द्वारा बनाए गए कानून, निर्देशों, आदि की वैधानिकता से अधीनस्थ लोगों को विश्वास होता है तो वह औचित्यपूर्ण शक्ति वैधानिक कहलाती है।

(ख) **परम्परागत**–जब शक्तिशाली लोगों द्वारा प्रसारित आदेशों को परम्परा के आधार पर पवित्र माना जाता है या परम्परा के कारण ही शक्ति का प्रयोग किया जाता है तो उसे औचित्यपूर्ण शक्ति का परम्परागत रूप कहा जाता है।

(ग) **करिश्मावादी**–जब ऑचित्य की मान्यता का आधार शक्तिशाली के व्यक्तिगत गुणों के प्रति भक्ति होती है तो उसे करिश्मावादी औचित्य शक्ति कहा जाता है।

बायर्सटेड ने शक्ति की अनेक परम्पराओं का वर्णन किया है–

(क) **प्रच्छन्न और प्रकट**–दृश्यता के आधार पर शक्ति के दो रूप हैं–यदि शक्ति अदृश्य और अज्ञात है तो उसे 'प्रच्छन्न-शक्ति' कहते हैं तथा प्रकट रूप में उसे सत्ता और बल कहते हैं।

(ख) **दमनात्मक और अदमनात्मक**–दमन के आधार पर शक्ति दमनात्मक और अदमनात्मक हो सकती है। 'दमनात्मक शक्ति' बल के रूप में और 'अदमनात्मक शक्ति' प्रभाव के रूप में अभिव्यक्त होती है।

(ग) **औपचारिक और अनौपचारिक**–औपचारिकता के दृष्टिकोण से शक्ति औपचारिक और अनौपचारिक हो सकती है। 'औपचारिक शक्ति' कानून या संविधान द्वारा शासकों से प्राप्त होती है, जबकि 'अनौपचारिक शक्ति' बिना कानूनी मान्यता के वास्तव में प्राप्त कर ली जाती है।

शक्ति प्रयोग के आधार पर–(क) प्रत्यक्ष, और (ख) अप्रत्यक्ष–यदि धारक स्वयं शक्ति का प्रयोग करता है तो वह प्रत्यक्ष कहलाएगी और यदि उसका प्रयोग अधीनस्थों द्वारा होता है तो उसे अप्रत्यक्ष कहा जाएगा।

व्यवहार के आधार पर–(क) बल, (ख) प्रभुत्व, तथा (ग) छल-योजना। शक्ति-प्रवाह के आधार पर शक्ति के तीन रूप होते हैं:

(क) एक-पक्षीय, (ख) द्विपक्षीय, और (ग) बहुपक्षीय।

केन्द्रीकरण के आधार पर शक्ति के तीन रूप हैं–(क) संकेन्द्रित, (ख) विकेन्द्रित, और (ग) विस्तृत। केन्द्रित होने पर केन्द्रीय सत्ता का नियन्त्रण होता है, विकेन्द्रित होने पर शक्तियाँ अनेक अधीनस्थ नियमों में बँट जाती है और विस्तृत प्रकार में शक्ति का स्वरूप बिखरा हुआ एवं स्पष्ट होता है।

परिणाम के आधार पर शक्ति के दो रूप हैं–(क) ऐच्छिक, और (ख) अनैच्छिक।

शक्ति की मात्रा तथा प्रभाव के आधार पर–राज्यों को (क) महान, (ख) मध्यम, और (ग) निम्न शक्तियाँ कहा जाता है। महान शक्तियाँ विश्व की राजनीति और आर्थिक व्यवस्था की शक्ति पर नियन्त्रण करती है।

क्षेत्रीयता के आधार पर–क्षेत्रीयता के आधार पर शक्ति के तीन रूप हैं–(क) अन्तर्राष्ट्रीय, (ख) राष्ट्रीय, और (ग) क्षेत्र-विशेष।

उपर्युक्त शक्ति-वर्गीकरण से यह स्पष्ट है कि शक्ति के अनेक प्रकार हैं लेकिन मूलरूप से शक्ति एक क्षमता या योग्यता है। छल-प्रपंच, बल, पराक्रम, प्रभुत्व, सत्ता आदि इसके विभिन्न रूप हैं। वस्तुतः परिस्थितियों के अनुसार शक्ति का रूप परिवर्तित होता रहता है। विभिन्न परिस्थितियों और दृष्टिकोणों के आधार पर शक्ति के भिन्न-भिन्न रूप होते हैं।

शक्ति-अन्वेषण के उत्तरदायी कारण
(Responsible Factors for Power-Seeking)

राजनीति विज्ञान में शक्ति का विशेष महत्व हैं। कोई व्यक्ति शक्ति-प्राप्ति हेतु क्यों सचेष्ट रहता है? इस सम्बन्ध में निम्नलिखित कारणों का उल्लेख किया जाता है:

(क) **शक्ति-प्राप्ति मानव-स्वभाव में निहित**–विद्वानों का मत है कि शक्ति-प्राप्ति की प्रवृत्ति मानव स्वभाव में निहित है। जिस व्यक्ति को शक्ति मिलती है, वह उससे पृथक् नहीं होना चाहता है। यही कारण है कि आज के नेता एक बार सत्ता प्राप्ति के बाद, सत्ता से हटना नहीं चाहते हैं। सरकारी पदाधिकारियों के साथ भी यही बात है।

(ख) **निजी स्वार्थ की सचेतन खोज**–मेकियावेली, टॉमस हॉब्स तथा अन्य विचारकों का कथन है कि मनुष्य निजी स्वार्थ के लिए भी शक्ति में आना चाहता है क्योंकि आत्म-स्वार्थ की सचेतन खोज व्यक्तियों को शक्ति प्राप्त करने के लिए उत्प्रेरित करती है। सिकन्दर, नेपोलियन, मुसोलिनी और हिटलर उसके ज्वलन्त उदाहरण हैं।

(ग) **शक्ति-प्राप्ति की अचेतन इच्छा**–फ्रायड का विचार है कि मनुष्य की अचेतन इच्छा मनुष्य को शक्ति-प्राप्ति के लिए उत्प्रेरित करती है। मनुष्य के अचेतन मन में शक्ति की भूख उस शेर की तरह सोयी हुई है जो जगते ही अपनी शक्ति का प्रदर्शन करने लगता है।

(घ) **वंचित इच्छाओं की पूर्ति हेतु**–जो व्यक्ति शक्ति के पीछे दीवाना रहता है, वह किसी-न-किसी रूप में अपनी वंचित इच्छाओं की पूर्ति करना चाहता है। यदि वह बचपन में किसी चीज से वंचित रहता है। तो वह बड़ा होने पर उसे प्राप्त करना चाहता है और उसकी प्राप्ति हेतु शक्ति के पीछे दीवाना हो सकता है।

(ङ) **सामूहिक स्वार्थ की पूर्ति हेतु**–कुछ विचारकों का कहना है कि सामूहिक स्वार्थ की पूर्ति हेतु भी व्यक्ति शक्ति के पीछे दीवाने रहते हैं। शक्ति के द्वारा वे अपनी जाति और समुदाय में अधिक-से-अधिक कल्याण करना चाहते हैं।

आलोचकों का कथन है कि यदि शक्ति-प्राप्ति के उपर्युक्त पाँचों कारणों का विश्लेषण किया जाए तो वे अपने आप में त्रुटिपूर्ण हैं। यह कहना कि शक्ति-प्राप्ति मानव-स्वभाव में निहित है, सत्य नहीं है। शक्ति-प्राप्ति का प्रयास वंचित इच्छाओं और अचेतन इच्छाओं की पूर्ति हेतु किया जाता है, ऐसा कहना भी उचित नहीं दिखाई पड़ता है। फ्रायड ने शक्ति-प्राप्ति को अचेतन इच्छा की पूर्ति का प्रयास बताया है जो वास्तविकता से दूर है। यह भी कहना कि शक्ति का प्रयोग सामूहिक स्वार्थ में किया जाता है, उचित नहीं है। सिकन्दर, नेपोलियन, मुसोलिनी और हिटलर के काले कारनामें विश्व के समक्ष हैं।

रॉबर्ट ए. डाल की शक्ति-प्राप्ति के सम्बन्ध में विश्लेषण–रॉबर्ट डाल ने मॉडर्न पॉलिटिकल एनालिसिस में शक्ति-प्राप्ति के कुछ विशेष कारणों की मीमांसा की है जो निम्नलिखित हैं:

(क) शक्ति-प्राप्ति की खोज करने वालों के व्यक्तित्व तथा प्रकृति की वैज्ञानिक जानकारी अपर्याप्त है।

(ख) व्यक्ति शक्ति की प्राप्ति केवल अपने लिए ही नहीं करता, वरन् शक्ति के यान्त्रिक महत्व को ध्यान में रखकर भी अपना प्रयत्न करता है।

(ग) अन्य व्यवहारों की तरह शक्ति-प्राप्ति की खोज एक सन्देह नहीं है। वस्तुत: यह चेतन और अचेतन प्रकृतियों का सम्मिश्रण है।

(घ) कारण चाहे कुछ भी हो, कुछ व्यक्ति शक्ति-प्राप्ति के लिए दूसरे व्यक्तियों से अधिक प्रयत्न करते हैं।

सच पूछा जाए तो अधिकांश मनुष्य शक्ति-प्राप्ति का प्रयास सामूहिक स्वार्थ की भावना से प्रेरित होकर करते हैं। वे अधिकांश नागरिकों का कल्याण करना चाहते हैं। वे शक्ति की प्राप्ति राज्य के कल्याण हेतु और उसके अन्तर्गत नागरिकों के जीवन, स्वतन्त्रता तथा सम्पत्ति की रक्षा के लिए सचेष्ट रहते हैं। शक्ति का सदुपयोग जनहित में वांछनीय हैं।

शक्ति का प्रयोग
(Use of Power)

विद्वानों का विचार है कि शक्ति का प्रयोग विभिन्न रूपों में किया जाता है। शक्ति का प्रयोग अनुशक्तियों के द्वारा किया जाता है। इन अनुशक्तियों की मात्रा और प्रकार देश, काल एवं संस्कृति विशेष के अनुसार परिवर्तित होते रहते हैं। जब कोई शक्ति प्रयोग में असफल हो जाती है तो वह दूसरी शक्ति द्वारा प्रतिस्थापित की जाती है। प्रयोग में शक्ति प्रतिशोधात्मक या सुधारात्मक होती है। जब इसका रूप प्रतिशोधात्मक होता है तो इसके परिणाम भयानक होते हैं, जैसे–जेल, जुर्माना, पिटाई, पदच्युति, इत्यादि। सुधारात्मक रूप में शक्ति का प्रयोग सुधार के लिए किया जाता है, जैसे–पुरस्कार, आर्थिक लाभ, सम्मान, इत्यादि। जब शक्ति का अमर्यादित रूप से प्रयोग किया जाता

है तो उसका दुरुपयोग और अतिक्रमण होता है और उसके भीषण तथा भयानक परिणाम होते हैं। अतएव शक्ति का प्रयोग हमेशा मर्यादित ढंग से होना चाहिए।

शक्ति की सीमाएँ
(Limitations of Power)

शक्ति का प्रयोग उचित और मर्यादित ढंग से हो, इसके लिए उस पर कुछ सीमाओं का होना वांछनीय है। कोई भी व्यक्ति शक्ति प्राप्त करने के बाद उससे पृथक् नहीं होना चाहता। लॉर्ड एक्टन ने बड़े ही सुन्दर शब्दों में कहा है कि "शक्ति मनुष्य को भ्रष्ट कर देती है और पूर्ण शक्ति पूर्ण रूप से भ्रष्ट करती है।"[1] इससे यह स्पष्ट है कि शक्ति का प्रयोग उन्मुक्त, अमर्यादित और अनियन्त्रित ढंग से नहीं होना चाहिए क्योंकि जब कभी भी शक्ति का प्रयोग अमर्यादित ढंग से हुआ है तो उसके भीषण और भयावह परिणाम हुए हैं। शक्ति की सीमाएँ प्रयोगकर्ता के उद्देश्यों, क्षमता, कार्य-पद्धतियों तथा प्रतियोगिता जैसे साधनों से उत्पन्न होती है। शक्ति के सदुपयोग हेतु उस पर निम्नलिखित सीमाएँ प्रत्यक्ष या अप्रत्यक्ष रूप से काम करती हैं:

(क) **ऐतिहासिक परम्पराएँ**–जिस व्यक्ति के हाथों में शक्ति होती है, वह उसके प्रयोग में ऐतिहासिक परम्पराओं का सदा ध्यान रखता है। वह ऐतिहासिक परम्पराओं के विरुद्ध कोई कदम नहीं उठाता है।

(ख) **समूहों का दबाव**–समाज के विभिन्न समूहों के दबाव के कारण भी शक्ति का प्रयोग अमर्यादित ढंग से नहीं किया जाता है। शक्ति के प्रयोगकर्ता पर समूहों का दबाव हमेशा बना रहता है।

(ग) **सार्वजनिक सहमति**–प्रजातन्त्र राज्य में सार्वजनिक सहमति का शासन के क्षेत्र में बहुत बड़ा हाथ रहता है। कोई भी शासन सार्वजनिक सहमति के विरुद्ध कोई निर्णय नहीं लेता है। क्योंकि यदि वह ऐसा करता है तो उसका पतन शीघ्र हो जाता है।

(घ) **राजनीतिक चेतना**–आज प्रजातन्त्र का युग है। जनता में काफी राजनीतिक चेतना आ गयी है। वह शासक की गतिविधियों पर हमेशा ध्यान रखती है जो उसकी शक्ति पर अंकुश सिद्ध होता है।

(ङ) **बाह्य नियन्त्रण**–जब कभी किसी देश का शासक अपनी शक्ति का अमर्यादित ढंग से प्रयोग करने लगता है तथा अपने देश में प्रजातन्त्रीय सिद्धान्त को समाप्त करने लगता है तो दूसरा देश उस पर अंकुश लगाने का प्रयत्न करता है। अतएव बाह्य नियन्त्रण के द्वारा भी किसी देश की शक्ति मर्यादित रहती है।

(च) **नैतिकता**–शक्ति के प्रयोगकर्ता पर नैतिकता का बहुत बड़ा बन्धन रहता है। वह कोई भी ऐसा कदम नहीं उठाता है जो नैतिकता के विरुद्ध हो।

(छ) **धर्म**–शक्ति को मर्यादित रखने में धर्म का बहुत बड़ा हाथ रहता है। कोई भी शक्ति प्रयोगकर्ता ऐसा कदम नहीं उठा सकता है जो धर्म के विरुद्ध हो। वह हमेशा नर्क से दूर और स्वर्ग के समीप जाना अधिक पसन्द करता है।

अत: यह स्पष्ट है कि व्यवहार में शक्ति का मर्यादित होना शक्ति के संरक्षण और उसके समुचित विकास के लिए आवश्यक है। यदि शक्ति अमर्यादित हो जाती है तो उसमें स्वत: विनाशकारी प्रवृत्तियाँ जग जाती हैं। मर्यादित शक्ति स्थायी होती है, जबकि अमर्यादित शक्ति अय्याशी और स्वच्छन्दता का प्रतीक मानी जाती है। इसलिए शक्ति पर एक हद तक सीमाओं का होना अति आवश्यक है।

---

1. "Power tends to corrupt a man and absolute power corrupts absolutely."—Lord Acton

शक्ति का प्रभाव, बल, सत्ता तथा दमन से सम्बन्ध (Relationship of Power with Influence, Force, Authority and Coercion)–राजनीति विज्ञान में शक्ति, प्रभाव, सत्ता, दबाव, बल, दमन, अनुनय आदि शब्दों का विशेष महत्व है। इन सभी को एक मान लेना भंयकर भूल होगी। शक्ति और प्रभाव दोनों प्रभावित व्यक्ति के व्यवहार को परिवर्तित करते हैं लेकिन प्रभाव को शक्ति की आवश्यकता नहीं पड़ती तथा शक्ति भी बिना प्रभाव के रह सकती है। कोई शक्तिशाली व्यक्ति आवश्यक नहीं कि प्रभावशाली भी हो। जैसे–मुसोलिनी, हिटलर और चंगेज खाँ केवल शक्ति के प्रतीक थे, जबकि नेपोलियन और अब्राहम लिंकन शक्ति और प्रभाव दोनों के प्रतीक थे।

बायर्सटेड ने शक्ति के तीन रूप बताए हैं–बल, प्रभाव और प्रभुत्व। शक्ति बल का भी पर्याय नहीं है। शक्ति की पृष्ठभूमि में बल रह सकता है लेकिन वह पृथक् है। शक्ति का मनोभाव या पूर्व-क्षमता है जो बल को सम्भव बनाती है।

शक्ति का एक महत्वपूर्ण प्रकट रूप सत्ता है। सत्ता आदेश देने के अधिकार को कहा जाता है, जबकि शक्ति आदेश देने की क्षमता को। शक्ति एक मनोभाव है, जबकि सत्ता संस्थायीकृत सत्ता के माध्यम से ही शक्ति किसी संस्था के द्वारा व्यवहार में प्रकट होती है। परम्परागत राजनीति विज्ञान में सम्प्रभुता की कानूनी अवधारणा वास्तव में शक्ति के बहुत समीप है।

रोवे ने शक्ति का आधार पराक्रम माना है जो कभी-कभी दबाव और दमन के रूप में प्रकट होता है। दमन शक्ति प्रयोग का प्रकार है लेकिन समस्त शक्तियाँ दमनात्मक नहीं हैं। फिर भी, शक्ति और दमन में निकट सम्बन्ध रहता है। प्रजातन्त्र में शक्ति को अनुनय के रूप में देखा जाता है।

इस प्रकार, शक्ति, प्रभाव, बल, सत्ता, दमन तथा अनुनय का राजनीति विज्ञान में अलग-अलग महत्व है।

निष्कर्ष–प्रजातन्त्रीय शासन पद्धति में शक्ति का निवास कहाँ रहता है? यह विचारणीय प्रश्न है। अनेक शोधों से यह सिद्ध हुआ है कि वास्तविक शक्ति जनता के हाथों में नहीं रहती, बल्कि अल्पसंख्यक जनता के हाथों में रहती है जिसे राजनीतिक अभिजन कहते हैं। आज समाज के जितने भी सम्बन्ध हैं, उनमें शक्ति का प्रभाव अधिक दिखाई पड़ता है क्योंकि सम्पूर्ण समाज शक्ति सम्बन्धों की एक प्रणाली है। बर्ट्रेण्ड रसेल ने ठीक ही कहा है कि शक्ति के सन्दर्भ में ही प्राचीन या आधुनिक इतिहास का अध्ययन सम्भव है। आज विधान मण्डल, कार्यपालिका, न्यायपालिका, कानूनी संस्थाओं, राजनीतिक दलों आदि का सही रूप से अध्ययन शक्ति के सन्दर्भ में ही किया जा सकता है। अतएव आधुनिक राजनीतिक गतिविधियाँ शक्ति पर ही आधारित हैं।

राजनीति विज्ञान में शक्ति-सम्बन्धी दो विचारधाराएँ प्रचलित हैं–(क) शक्ति व्यक्ति को भ्रष्ट करती है, और (ख) शक्ति व्यक्ति को भ्रष्ट नहीं करती है।

प्रथम विचारधारानुसार शक्ति व्यक्ति को भ्रष्ट करती है। लॉर्ड एक्टन इसका मुख्य प्रतिपादक है। शक्ति के दुरुपयोग को रोकने के लिए मॉण्टस्क्यू ने शक्ति-पृथक्करण सिद्धान्त का प्रतिपादन किया। बर्ट्रेण्ड रसेल का विचार है कि शक्ति के व्यवहार से ऐसा लगता है कि वह व्यक्ति जिसके पास शक्ति है, उसे शक्ति का हमेशा अभाव मालूम होता है। इसलिए वह शक्ति के लिए सदा प्रयत्नशील रहता है। वह शक्ति का प्रयोग सीमाओं के अन्तर्गत नहीं करता। वह शक्ति-प्राप्ति हेतु गलत साधन अपनाता है तथा उसका दुरुपयोग भी करता है।

द्वितीय विचारधारा के मुख्य प्रतिपादक लॉसवेल हैं जिसने लॉर्ड एक्टन के विचार का व्यावहारिक विधि से विश्लेषण किया है। उसने विश्लेषण में उन महान व्यक्तियों के जीवन की घटनाओं का अध्ययन किया है जो ऊँचे पदों पर आसीन थे। उसका निष्कर्ष है कि शक्ति व्यक्ति को प्रत्येक परिस्थिति में भ्रष्ट नहीं करती। ऐसा भी देखा गया है कि व्यक्ति भ्रष्ट होता है जिसके पास शक्ति का अभाव रहता है। अतएव लॉसवेल ने शक्ति के अध्ययन के लिए और व्यावहारिक

दृष्टिकोण की सफलता के लिए शक्ति-सम्बन्धी अनेक सिद्धान्तों की मीमांसा की है। शक्ति राजनीति विज्ञान की वह धुरी है जिसके इर्द-गिर्द सम्पूर्ण मानव समाज चक्कर काटता रहता है।

प्रश्न
(Questions)

1. शक्ति अवधारणा की विवेचना कीजिए।
   Discuss the concept of power.
2. शक्ति की परिभाषा दीजिए तथा इसके विभिन्न प्रकारों का वर्णन कीजिए।
   Define power and describe its different kinds.
3. शक्ति क्या है? इसके विभिन्न स्रोतों का उल्लेख कीजिए।
   What is power? Mention its different sources.
4. शक्ति की परिभाषा प्रयोग और सीमाओं का वर्णन कीजिए।
   Describe the definition, use and limitations of power.

वस्तुनिष्ठ प्रश्न
(Objective Questions)

1. "शक्ति का अध्ययन अनेक समाजशास्त्रों द्वारा भी किया जाता है लेकिन उनमें से सम्भवत: कोई भी शक्ति की अवधारणा से उतना सम्बद्ध नहीं है जितना राजनीति विज्ञान....." यह किसने कहाँ?
   (क) अलमर (ख) हॉब्स (ग) केटलिन (घ) लॉसवेल
   "Of all the Social Science, no one has been more concerned with the concept of power than Political Science...." Who said this?
   (a) Ulmar (b) Hobbes (c) Catlin (d) Lasswell
2. "शक्ति की राजनीति मनुष्य की सत्ता-लिप्सा में निहित है तथा इस तरह यह सामाजिक जीवन का अभिन्न अंग बन गयी है।" यह किसने कहा?
   (क) अलमर (ख) मॉर्गेन्थाव (ग) हॉब्स (घ) केटलिन
   "Power politics was rooted in the lust for power which is common to all men and for this reason was inseparable from social life itself." Who said this?
   (a) Ulmar (b) Morgenthau (c) Hobbes (d) Catlin
3. *पावर ऐज ए पोलिटिकल कॉन्सेप्ट* ग्रंथ के रचयिता कौन हैं?
   (क) हॉब्स (ख) अलमर (ग) मॉर्गेन्थाव (घ) केटलिन
   Who is the author of the book *Power As A Political Concept*?
   (a) Hobbes (b) Ulmar (c) Morgenthau (d) Catlin
4. "शक्ति का सिद्धान्त राजनीति विज्ञान का सबसे मौलिक सिद्धान्त है और यह राजनीतिक प्रक्रियाओं के निर्माण तथा शक्तियों के प्रयोग एवं वितरण में विशिष्ट तत्व के रूप में काम करता है।" यह किसने कहा?
   (क) अलमर (ख) हॉब्स (ग) केटलिन (घ) लॉसवेल और काप्लान
   "The concept of power is perhaps the most fundamental in the whole of Political Science, the political process in the shaping, distribution and exercise of power." Who said this?
   (a) Ulmar (b) Hobbes (c) Catlin (d) Lasswell and Kaplan

5. "शक्ति भविष्य में कुछ निश्चित लक्ष्यों को प्राप्त करने का एक वर्तमान साधन है।" यह किसने कहा?
(क) हॉब्स (ख) केटलिन (ग) काप्लान (घ) लॉसवेल
"Power is the present means to secure some future apparent good." Who said this?
(a) Hobbes (b) Catlin (c) Kaplan (d) Lasswell

6. "राजनीतिक शक्ति से राजकीय सत्ता धारण करने वाले व्यक्तियों के पारस्परिक सम्बन्ध तथा जनता के साथ उनके सम्बन्ध का बोध होता है।" यह किसने कहा?
(क) हॉब्स (ख) मॉर्गेन्थाव (ग) केटलिन (घ) लॉसवेल
"By political power we refer to the mutual relations of control among holders of public authority and between the latter and the people at large." Who said this?
(a) Hobbes (b) Morgenthau (c) Catlin (d) Lasswell

7. "शक्ति संगठित क्रिया द्वारा किसी आयोजन को पूर्ण करने की एक योग्यता है।" यह किसने कहा?
(क) लॉसवेल (ख) हॉब्स (ग) काप्लान (घ) केटलिन
"Power is an ability to achieve results through concerted action." Who said this?
(a) Lasswell (b) Hobbes (c) Kaplan (d) Catlin

8. "शक्ति प्रमुखतया एक विचार नहीं है। यह केवल अधिकार ही नहीं, वरन् एक सम्बन्ध भी है।" यह किसने कहा?
(क) केटलिन (ख) हॉब्स (ग) काप्लान (घ) फ्रेडरिक
"Power is not primarily a thing, a possession but rather a relation." Who said this?
(a) Catlin (b) Hobbes (c) Kaplan (d) Friedrich

9. "समाज एक ध्रुव की हैसियत से विभिन्न शक्ति-सम्बन्धों, जैसे—राजनीतिक, सामाजिक, आर्थिक, नैतिक, सांस्कृतिक आदि की प्रणाली है।" यह किसने कहा?
(क) कार्लो इवेस्टिन (ख) केटलिन (ग) हॉब्स (घ) काप्लान
"Society as a pole is a system of power relations political, social, economic, religious, moral, cultural and other." Who said this?
(a) Karlo Ewestin (b) Catlin (c) Hobbes (d) Kaplan

10. *पॉलिटिक्स—हू गेटस, ह्वाट, ह्वेन एंड हाउ* ग्रंथ के लेखक कौन हैं?
(क) केटलिन (ख) लॉसवेल (ग) मॉर्गेन्थाव (घ) हॉब्स
Who is the author of the book *Politics—Who gets, What, When and How*?
(a) Catlin (b) Lasswell (c) Morgenthau (d) Hobbes

11. *पावर एंड सोसायटी* पुस्तक के लेखक कौन हैं?
(क) मॉर्गेन्थाव (ख) केटलिन (ग) लॉसवेल एंड काप्लान (घ) हाब्स एंड अलमर
Who is the author of the book *Power and Society*?
(a) Morgenthau (b) Catlin (c) Lasswell and Kaplan (d) Hobbes and Ulmar

12. "आत्म-ज्ञान, आत्म-सम्मान और आत्म-संयम के द्वारा ही मनुष्य महान बन सकता है।" यह किसने कहा?
(क) हॉब्स (ख) प्लेटो (ग) हीगल (घ) सुकरात

"Self-knowledge, Self-reverence and Self-control these three alone lead men to sovereign power." Who said this?

(a) Hobbes (b) Plato (c) Hegel (d) Socrates

13. *मॉडर्न पॉलिटिकल एनालिसिस* ग्रन्थ के रचयिता कौन हैं?

(क) रॉबर्ट डल (ख) केटलिन (ग) काप्लान (घ) लॉसवेल

Who is the author of the book *Modern Political Analysis?*

(a) Robert Dahl (b) Catlin (c) Kaplan (d) Lasswell

14. "शक्ति मनुष्य को भ्रष्ट कर देती है और पूर्ण शक्ति पूर्ण रूप से भ्रष्ट करती है।" यह किसने कहा?

(क) हॉब्स (ख) लॉर्ड एक्टन (ग) रसेल (घ) मॉर्गेन्थाव

"Power tends to corrupt a man and absolute power corrupts absolutely." Who said this?

(a) Hobbes (b) Lord Acton (c) Russell (d) Morgenthau

15. What is *Power*?

(a) The ability to tackle the problems involved
(b) The ability to influence people in carrying out the work processes
(c) The ability to get one's wishes carried out despite opposition
(d) All of the above

उत्तर
(Answers)

1. (क) 2. (ख) 3. (ग) 4. (घ) 5. (क) 6. (ख) 7. (ग) 8. (घ) 9. (क)
10. (ख) 11. (ग) 12. (घ) 13. (क) 14. (ख) 15. (c)

28

सत्ता
(Authority)

भूमिका (Introduction)

आधुनिक राजनीति विज्ञान के अन्तर्गत सत्ता अध्ययन का एक महत्वपूर्ण विषय रहा है। यह शासकों को कम-से-कम राजनीतिक साधनों के प्रयोग द्वारा शासन करने में सक्षम बनाती है। इसीलिए इसे राज्य व्यवस्था रूपी शरीर की आत्मा कहा गया है। सत्ता शक्ति तथा प्रभाव जैसी राजनीतिक क्रियाओं का मूल उपकरण है। उसी के माध्यम से अनुशासन, पदक्रम, निर्णय, समन्वय, आदि क्रियाएँ सम्भव होती हैं। सत्ता औपचारिक और अनौपचारिक दोनों प्रकार के संगठन में महत्वपूर्ण भूमिका प्रदान करती है।

सत्ता का विकास
(Evolution of Authority)

सत्ता की अवधारणा का विकास सुकरात, प्लेटो, ऑगस्टीन जैसे विचारकों से ही प्रारम्भ होता है लेकिन इसका व्यापक विवेचन मैक्स वेबर ने किया। आगे चलकर लॉसवेल, साइमन, बायर्सटेड, मिचेल्स, फ्रेडरिक, जैसे विद्वानों ने सत्ता पर विस्तारपूर्वक विचार किया है। सत्ता सभी प्रकार के मानव संगठन में व्याप्त है। परिवार, समूह, विद्यालय, चर्च, प्रशासकीय सेविवर्ग, राष्ट्र-राज्य तथा अन्तर्राष्ट्रीय संगठन, आदि सभी सत्ता द्वारा जुड़े हुए हैं। अतएव सत्ता का तत्व राज्य से भी अधिक प्राचीन और मौलिक है।

सत्ता का अर्थ
(Meaning of Authority)

विभिन्न विद्वानों ने सत्ता की परिभाषाएँ निम्नलिखित रूप से दी हैं:

अन्तर्राष्ट्रीय सामाजिक विज्ञानों के ज्ञान-कोश–इसके अन्तर्गत सत्ता को निम्न प्रकार से परिभाषित किया गया है–(क) किसी कार्यालय या व्यक्ति की सम्पत्ति के रूप में और (ख) कार्यालयों के वरिष्ठ तथा अधीनस्थ अधिकारियों के बीच सम्बन्ध का साधन जिसके आधार पर उसे साकार किया जाता है, अधिकार के रूप में।

बायर्सटेड–सत्ता संस्थाकृत शक्ति है। प्रायः उसकी वैधानिकता को औचित्यपूर्णता के साथ मिला दिया जाता है।

लासवेल और **कॉप्लान**–सत्ता औपचारिक शक्ति है।

रोवे–सत्ता व्यक्ति या व्यक्ति समूहों की राजनीतिक विनिश्चयों के निर्माण और राजनीतिक व्यवहार को प्रभावित करने का अधिकार है।

बीच–दूसरे के कार्यों को प्रभावित या निर्देशित करने के औचित्यपूर्ण अधिकार को सत्ता कहते हैं।

जे. मेरिटेन–सत्ता नेतृत्व और आदेश देने, दूसरों के द्वारा सुने जाने तथा अनुज्ञा-पालन के अधिकार को कहते हैं।

यूनेस्को रिपोर्ट (1955)–सत्ता वह शक्ति है जो स्वीकृत, ज्ञात, सम्मानित और औचित्यपूर्ण हो।

हर्बर्ट साइमन–सत्ता अधीनस्थों के व्यवहार को प्रत्यक्ष प्रभावित करने का अधिकार है।

हर्बर्ट साइमन का कथन है कि सत्ता का अस्तित्व तभी होता है जब वरिष्ठ और अधीनस्थ के बीच सम्बन्ध स्थापित होता है। वास्तव में, सत्ता-स्थिति में दो प्रकार के व्यवहार होते हैं–(क) अनुपालन की आशा, तथा (ख) अनुपालन की इच्छा।

उपर्युक्त परिभाषाओं के विश्लेषण से यह स्पष्ट है कि सत्ता एक विशेष परिस्थिति की देन है। यह उस समय पैदा होती है, जबकि वरिष्ठ और अधीनस्थ व्यक्तियों के बीच में सम्बन्ध स्थापित होता है। सत्ता में सहमति तथा औचित्यपूर्णता का होना आवश्यक है। सत्ता को इसलिए स्वीकार नहीं किया जाता है कि अधिकारियों द्वारा दी जाती है, बल्कि इसका वास्तविक आधार अधीनस्थ या जिन्हें निर्देश दिए जाते हैं, उनकी सहमति होती है। अधीनस्थ जब इस बात को स्वीकार करते हैं कि आदेशों का स्रोत उचित है, तभी आदेश देने वाले अधिकारी को सत्ता से युक्त कहा जाता है। अतएव सत्ता अधीनस्थ की स्वीकृति के साथ शक्ति का प्रयोग कहा जाता है। इसके साथ ही, सत्ता औपचारिक होती है। उसका उपयोग पद या संस्था के माध्यम से किया जाता है। सत्ता के पीछे कानूनी शक्ति का होना आवश्यक है। साथ ही अधीनस्थ अधिकारी आज्ञा का पालन करने के लिए इच्छुक हों तथा वे यह अनुभव करें कि आज्ञा के पीछे औचित्यपूर्णता है

सत्ता की विशेषताएँ
(Characteristics of Authority)

सत्ता की निम्नलिखित विशेषताएँ होती हैं:

(क) सत्ता निश्चित, स्पष्ट और औपचारिक होती है।

(ख) सत्ता कानूनी, वस्तुपरक तथा संगठनात्मक होती है।

(ग) सत्ता को पहचानने के लिए विभिन्न चिह्नों, जैसे–ताज, मोहर, वेशभूषा, आदि का प्रयोग किया जाता है।

(घ) सत्ता में अधीनस्थों की भूमिका अधिक होती है।

(ङ) सत्ता को व्यक्तियों, समूहों और संस्थाओं में प्रत्यायोजन किया जा सकता है।

सत्ता-सिद्धान्त
(Theory of Authority)

सत्ता की प्रकृति के सम्बन्ध में विभिन्न सिद्धान्त प्रचलित हैं। बीच ने सत्ता की प्रकृति के सम्बन्ध में दो सिद्धान्तों उल्लेख किया है:

(क) औपचारिक सत्ता-सिद्धान्त, और

(ख) स्वीकृत सत्ता-सिद्धान्त।

(क) **औपचारिक सत्ता**–सिद्धान्त–इस सिद्धान्त के अनुसार सत्ता का प्रवाह ऊपर से नीचे की ओर चलता है। ऊपर के अधिकारी जो सत्ता में रहते हैं, अधीनस्थ अधिकारियों को आदेश देते हैं। नौकरशाही इसका ज्वलन्त उदाहरण है।

(ख) **स्वीकृत सत्ता-सिद्धान्त**–व्यवहारवादी इस सिद्धान्त में विश्वास करते हैं। इस सिद्धान्त के अनुसार सत्ता कानूनी रूप से तो केवल औपचारिक होती है। इसका वास्तविक आधार तो अधीनस्थों की स्वीकृति होती है। जब अधीनस्थ स्वेच्छा से आदेश के अधिकारियों को स्वीकार कर लेते हैं तो वह सत्ता-स्थिति बन जाती है लेकिन इसके लिए अधीनस्थ अधिकारियों में कुछ गुणों का होना आवश्यक हो जाता है। बर्नार्ड का कथन है कि अधीनस्थों में कुछ ऐसे गुण होने चाहिए जिससे ऊपर के आदेश को समझ सकें तथा पालन कर सकें।

सत्ता के प्रकार
(Kinds of Authority)

मैक्स वेबर ने सत्ता के निम्नलिखित तीन प्रकारों का उल्लेख किया है:

(क) परम्परागत सत्ता, (ख) बौद्धिक कानूनी सत्ता, और (ग) करिश्मात्मक सत्ता।

(क) **परम्परागत सत्ता**–जब अधीनस्थ अधिकारी वरिष्ठ अधिकारियों के आदेशों को इस आधार पर स्वीकार करते हैं कि ऐसा हमेशा से होता आया है तो सत्ता के इस रूप को परम्परागत सत्ता कहा जाता है। इस प्रकार की सत्ता स्वेच्छाचारी होती है। अधीनस्थ अधिकारी सेवक होते हैं। राजतन्त्र इसका उत्तम उदाहरण हैं।

(ख) **बौद्धिक कानूनी सत्ता**–जब अधीनस्थ कर्मचारीगण किसी नियम या कानून को औचित्यपूर्णता के आधार पर स्वीकार करते हैं तो इसे बौद्धिक कानूनी सत्ता कहते हैं। जैसे–आधुनिक नौकरशाही में कर्मचारीगण वरिष्ठ अधिकारियों की आज्ञा का पालन इसलिए करते हैं कि उनके आदेशों का आधार वैधानिक होता है।

(ग) **करिश्मात्मक सत्ता**–जब अधीनस्थ कर्मचारी वरिष्ठ अधिकारी के आदेशों को न्याय-संगत इस आधार पर मानते हैं कि उनका व्यक्तिगत प्रभाव है तो उसे करिश्मात्मक सत्ता कहते हैं। इसके अन्तर्गत नेता के करिश्मात्मक व्यक्तित्व होने के कारण उसके आदेशों का पालन करते हैं।

व्यापक अर्थ में सत्ता के और भी प्रकार होते हैं, जैसे:

क्षेत्रीयता के आधार पर–(क) स्थानीय, (ख) प्रान्तीय, (ग) राष्ट्रीय, और (घ) अन्तर्राष्ट्रीय।

सरकार के अंगों के आधार पर–(क) व्यवस्थापिका, (ख) कार्यपालिका, और (ग) न्यायपालिका।

विभिन्न विषयों के आधार पर–(क) सामाजिक, (ख) आर्थिक, और (ग) धार्मिक।

राजनीतिक आधार पर–(क) राजनीतिक, और (ख) प्रशासनिक।

सत्ता के कार्य
(Functions of Authority)

सत्ता के कार्य अनन्त हैं। वह विभिन्न परिस्थितियों में विभिन्न उद्देश्यों की पूर्ति हेतु निम्नांकित कार्यों का सम्पादन करती हैं:

(क) **विकास**–विकास सजीवता का चिह्न है। सत्ता अपने विभाग, राज्य और देश के विकास हेतु अनेक साधनों को अपनाती है। एक विकसित देश ही विश्व में पूजित होता है।

(ख) **समन्वय**–प्रशासनिक कड़ी को सशक्त रखने के लिए सत्ता विभिन्न विभागों में समन्वय स्थापित करती रहती है।

(ग) **अनुशासन**–प्रशासनिक पवित्रता को बनाये रखने के लिए कर्मचारियों में अनुशासन का रहना आवश्यक है। सत्ता अनुशासन के द्वारा ही सम्पूर्ण प्रशासन को एकता के सूत्र में आबद्ध रखती है।

(घ) **निर्णय**–प्रशासन के सफल संचालन हेतु सत्ता को हमेशा निर्णय लेने पड़ते हैं। इसीलिए हर्बर्ट साइमन ने विनिश्चय निर्माण-प्रक्रिया को अधिक महत्वपूर्ण बताया है।

(ङ) **नियन्त्रण**–सत्ता को सुरक्षित रखने के लिए प्रशासनिक कर्मचारियों पर उचित नियन्त्रण आवश्यक है। सत्ता विभिन्न साधनों के द्वारा प्रशासन पर नियन्त्रण रखती है।

सत्ता और शक्ति
(Authority and Power)

राजनीति विज्ञान में सत्ता और शक्ति परस्पर-सम्बन्धित होते हुए भी एक-दूसरे से पृथक् अस्तित्व रखते हैं। शक्ति, व्यक्ति, समूहों या भौतिक परिस्थितियों के प्रतिरोध के होते हुए भी स्वतन्त्र कार्य करने की क्षमता का नाम है। यह आदेश देने की क्षमता प्रदान करता है। आवश्यकता पड़ने पर यह दूसरों पर आरोपित भी की जा सकती है। चूँकि, यह मनोभावनात्मक और अनिश्चित है, इसलिए इसे निश्चित रूप देना आवश्यक हो जाता है। इसे निश्चित स्थानों के माध्यम से प्राप्त किया जाता है।

दूसरी ओर सत्ता वह शक्ति है जो स्वीकृत, ज्ञात, सम्मानित तथा औचित्यपूर्ण होती है। जब शक्ति संस्थाकृत हो जाती है या संस्था के माध्यम से व्यक्त होने लगती है तब यह सत्ता का रूप ले लेती है। सत्ता को व्यक्तियों, समूहों या संस्थाओं में प्रत्यायोजन किया जा सकता है। इसलिए यह स्पष्ट और निश्चित होती है। यहाँ तक कि इसे पहचानने के लिए विभिन्न चिह्नों, जैसे–ताज, मोहर, वेशभूषा, आदि स्थिति को प्रदान किया जाता है।

इसके अतिरिक्त, सत्ता की बाह्यता के पीछे शक्ति होती है लेकिन जब शक्ति का प्रयोग किया जाता है तो सत्ता नहीं रहती। केवल सत्ता को असफल होने से बचाने के लिए शक्ति को संयुक्त कर दिया जाता है। वस्तुतः यह स्वयं संयुक्त नहीं होती। सत्ता तथा शक्ति को संयोजित करने के लिए विशेष योजना और प्रबन्ध का सहारा लेना पड़ता है। एम. जी. स्मिथ का कथन है कि "शक्ति के अभाव में सत्ता अप्रभावशाली होती है तथा बिना सत्ता के शक्ति असंस्थायीकृत और अनिश्चित रहती है।" अतएव सत्ता और शक्ति में राजनीतिक संगठनों के माध्यम से एकीकरण स्थापित किया जाता है। इस प्रकार सत्ता और शक्ति एक-दूसरे से स्वतन्त्र होते हुए भी, दोनों में घनिष्ठ सम्बन्ध है। दोनों एक सिक्के के दो पहलू हैं।

सत्ता और प्रभाव
(Authority and Influence)

प्रायः सत्ता और प्रभाव को पर्यायवाची मान लिया जाता है लेकिन दोनों में अन्तर है। सत्ता औपचारिक, निश्चित और विशिष्ट होती है। जबकि प्रभाव में निश्चितता और स्पष्टता का अभाव होता है। सत्ता में अधिक भूमिका अधीनस्थ की होती है। सत्ता के लिए यह आवश्यक है कि इसके आदेशों का अनुपालन बिना किसी तर्क-वितर्क के किया जाए।

प्रभाव की प्रक्रिया में प्रभावक का महत्वपूर्ण स्थान होता है। प्रभावक का प्रभाव उसके व्यक्तित्व, मूल्यों और नेतृत्व की कुशलता पर निर्भर करता है। प्रभाव व्यक्तिनिष्ठ तथा मनोवैज्ञानिक होता है, जबकि सत्ता कानूनी-वस्तुपरक तथा संगठनात्मक होती है फिर भी दोनों एक-दूसरे के पूरक हैं। प्रभाव, शक्ति, सत्ता तथा दमन के बीच में जो दरारें होती हैं उनको भर देता है अतएव यह प्रयत्न किया जाता है कि सत्ता के अधिकारियों के पास पर्याप्त प्रभाव रहे जिससे उन्हें कम-से-कम शक्ति या दमन का प्रयोग करना पड़े।

सत्ता और औचित्यपूर्णता
(Authority and Legitimacy)

सत्ता और औचित्यपूर्णता भी एक-दूसरे से सम्बन्धित हैं। सत्ता वह शक्ति है जो सम्मानित, ज्ञान और औचित्यपूर्ण हो। सत्ता को इसलिए स्वीकार नहीं किया जाता कि वह पदाधिकारियों द्वारा दी जाती है, बल्कि इसलिए कि जिन लोगों को उसे मानना है उसकी सामान्य स्वीकृति उसे प्राप्त रहती है। इस प्रकार सत्ता का वास्तविक आधार शक्ति या बल

नहीं वरन् सत्ता को मानने वालों की स्वीकृति उसे प्राप्त रहती है। इस प्रकार सत्ता का वास्तविक आधार शक्ति या बल नहीं वरन् सत्ता को मानने वालों की स्वीकृति होती है। सत्ता की इस स्थिति को औचित्यपूर्णता कहा जाता है। इसके साथ ही सत्ताधारी को प्राप्त अधिकार के स्रोत में अधीनस्थ वर्ग को विश्वास रहना चाहिए। इस स्थिति में सत्ता अधिक सफलतापूर्वक काम कर सकती है। संक्षेप में, औचित्यपूर्णता के अभाव में सत्ता प्रभावहीन हो जाती है और अन्त में वह बल या दमन प्रयोग का सहारा लेती है। वस्तुतः सत्ता की प्रभावशीलता का वास्तविक आधार औचित्यपूर्णता है।

निष्कर्ष–उपर्युक्त तथ्यों से यह स्पष्ट है कि राजनीति विज्ञान के क्षेत्र में सत्ता को एक विशिष्ट स्थान प्राप्त है। सत्ता को निष्पक्ष तथा सन्तुलित होना चाहिए, चूँकि इसका सम्बन्ध विनिश्चय-निर्माण और प्रशासन से रहता है। इसका प्रधान गुण है–अपने अधीनस्थों में आज्ञाकारिता तथा अनुशासन को सुरक्षित रखना। सत्ता अपने आप में गौरवशाली, सम्मानित और पूज्य है।

प्रश्न
(Questions)

1. सत्ता की परिभाषा दीजिए तथा उसकी विशेषताओं का उल्लेख कीजिए।
   Define authority and point out its characteristics.
2. सत्ता का अर्थ बताइए तथा सत्ता-सिद्धान्त की विवेचना कीजिए।
   Explain the meaning of authority and discuss the theory of authority.
3. सत्ता क्या है? उसके विभिन्न प्रकारों का वर्णन कीजिए।
   What is authority? Describe its various kinds.
4. सत्ता से आप क्या समझते हैं? उसके कार्यों का उल्लेख कीजिए।
   What do you mean by authority? Point out its functions.
5. सत्ता का शक्ति, प्रभाव तथा औचित्यपूर्णता से सम्बन्ध स्पष्ट कीजिए।
   Explain the relationship of authority with power, influence and legitimacy.
6. सत्ता पर एक लेख लिखिए।
   Write an essay on authority.
7. सत्ता क्या है? उसका शक्ति से क्या सम्बन्ध है?
   What is authority. How it is related to power?
8. सत्ता की परिभाषा दीजिए तथा प्रभाव से उसके सम्बन्ध को स्पष्ट कीजिए।
   Define authority and show its relationship with influence.

वस्तुनिष्ठ प्रश्न
(Objective Questions)

1. इनमें से कौन एक सत्ता का व्यापक विवेचन किया?
   (क) मैक्सवेबर (ख) सुकरात (ग) प्लेटो (घ) ऑगस्टीन
   Which one of the following discussed the authority in detail?
   (a) Maxweber (b) Socrates (c) Plato (d) Augustine
2. इनमें से कौन एक सत्ता का प्रणेता नहीं है?
   (क) मैक्सवेबर (ख) अरस्तू (ग) लासवेल (घ) साइमन

Which one of the following is not an exponent of authority?
(a) Maxweber (b) Aristotle (c) Lasswell (d) Simon

3. "सत्ता संस्थाकृत शक्ति है। प्रायः उसकी वैधानिकता को औचित्यपूर्णता के साथ मिला दिया जाता है।" यह किसने कहा?
(क) साइमन (ख) लासवेल (ग) बायर्सटेड (घ) काप्लान

4. "सत्ता एक औपचारिक शक्ति है।" यह किसने कहा?
(क) साइमन (ख) मैक्सवेबर (ग) रोवे (घ) लासवेल और काप्लान

5. "सत्ता व्यक्ति या व्यक्ति समूहों की राजनीतिक विनिश्चयों के निर्माण और राजनीतिक व्यवहार को प्रभावित करने का अधिकार है।" यह किसने कहा?
(क) रोवे (ख) लासवेल (ग) काप्लान (घ) मैक्सवेबर

6. दूसरे के कार्यों को प्रभावित या निर्देशित करने के औचित्यपूर्ण अधिकार को सत्ता कहते हैं।" यह किसने कहा?
(क) साइमन (ख) बीच (ग) रोवे (घ) लासवेल

7. "सत्ता नेतृत्व और आदेश देने, दूसरों के द्वारा सुने जाने तथा अनुज्ञा-पालन के अधिकार को कहते हैं।" यह किसने कहा?
(क) साइमन (ख) रोवे (ग) जे० मेरिटेन (घ) लासवेल

8. "सत्ता वह शक्ति है जो स्वीकृत, ज्ञात, सम्भावित और औचित्यपूर्ण हो।" यह किसने कहा?
(क) रोवे (ख) साइमन (ग) लासवेल (घ) यूनेस्को रिपोर्ट

9. "सत्ता अधीनस्थों के व्यवहार को प्रत्यक्ष प्रभावित करने का अधिकार है।" यह किसने कहा?
(क) हर्बर्ट साइमन (ख) लासवेल (ग) मैक्सवेबर (घ) रोवे

10. "शक्ति के अभाव में सत्ता अप्रभावशाली होती है तथा बिना सत्ता के शक्ति असंस्थायीकृत और अनिश्चित रहती है।" यह किसने कहा?
(क) लासवेल (ख) एम० जी० स्मिथ (ग) रोवे (घ) मैक्सवेबर

उत्तर
(Answers)

1. (क) 2. (ख) 3. (ग) 4. (घ) 5. (क) 6. (ख) 7. (ग) 8. (घ) 9. (क)
10. (ख)

29

औचित्यपूर्णता
(Legitimacy)

औचित्यपूर्णता का महत्व
(Importance of Legitimacy)

औचित्यपूर्णता का अध्ययन आधुनिक राजनीतिक विज्ञान की देन है। यह शक्ति, प्रभाव और सत्ता को व्यावहारिक रूप प्रदान करता है। सभ्यता तथा संस्कृति के विकास के साथ-साथ दमनात्मक शक्ति की भूमिका घटती जा रही है। अब मानव-जीवन के संचालन में अदमनात्मक-शक्तियों, जैसे—प्रभाव, सत्ता, नेतृत्व, आदि का प्रभाव बढ़ता जा रहा है। दमनात्मक-शक्तियों का प्रयोग कुछ विशेष परिस्थितियों में ही किया जा रहा है। इस प्रयोग के पीछे भी जन-समर्थन रहता है। इस जन-समर्थन को ही औचित्यपूर्णता कहा जाता है। वस्तुतः शक्ति तथा उसके सभी रूपों के अध्ययन के लिए औचित्यपूर्णता एक पूर्व-स्थिति है।

औचित्यपूर्णता के स्रोत
(Sources of Legitimacy)

मैक्सवेबर, फ्रेडरिक, जोन्स जैसे विद्वानों ने औचित्यपूर्णता के विभिन्न स्रोतों पर प्रकाश डाला है। जिनका उल्लेख निम्नलिखित रूप से किया जा सकता है:

मैक्सवेबर के अनुसार औचित्यपूर्णता के तीन प्रमुख स्रोत हैं:

(क) परम्पराएँ,

(ख) कानूनी-बौद्धिक सत्ता, तथा

(ग) राजनेताओं का करिश्मा।

ग्रेस ए. जोन्स ने ब्रिटिश राजनीतिक व्यवस्था के आधार पर निम्नांकित औचित्यपूर्णता के स्रोतों का वर्णन किया है:

(क) अहिंसा की परम्परा,

(ख) स्वतन्त्रता,

(ग) सामंजस्यपूर्ण और एकीकृत समाज,

(घ) विभिन्न संकेत तथा धार्मिक विधियाँ,

(ङ) निर्वाचन प्रक्रिया,

(च) परम्पराओं की निरन्तरता,

(छ) राजनीतिक संस्कृति, और

(ज) राजनीतिक तथा सामाजिक संस्थाओं में भूतकालीन निरन्तरता।

फ्रेडरिक ने औचित्यपूर्णता के चार स्रोतों का उल्लेख किया है:

(क) परम्परागत,

(ख) क्रियाविधि,

(ग) दार्शनिक तथा न्यायशास्त्र सम्बन्धी, और

(घ) धार्मिक।

प्रजातन्त्र में औचित्यपूर्णता के स्रोत:

(क) स्वतन्त्र तथा सामयिक निर्वाचन,

(ख) लोकप्रिय सहमति,

(ग) वयस्क मताधिकार,

(घ) प्रतिनिधित्व, तथा

(ङ) बहुमत का शासन।

विद्वानों का विचार है कि राज्य-व्यवस्था के अनुसार औचित्यपूर्णता के स्रोत में परिवर्तन होता रहता है।

औचित्यपूर्णता का अर्थ
(Meaning of Legitimacy)

औचित्यपूर्णता शब्द का अँग्रेजी रूपान्तर लेजिटिमेसी (Legitimacy) है जिसकी उत्पत्ति लैटिन भाषा के लेजिटिमस (Legitimus) से हुई है और जिसका अर्थ वैज्ञानिक होता है। सिसरो ने लेजिमम (Legimum) शब्द का प्रयोग विधि द्वारा गठित शक्तियों या न्यायधीशों के लिए किया है। प्लेटो ने न्याय-सिद्धान्त के अन्तर्गत औचित्यपूर्णता का बीजारोपण किया है। अरस्तू ने कानून-सम्मत शासन के रूप में औचित्यपूर्णता का वर्णन किया है। जॉन लॉक ने सहमति तथा समझौते के माध्यम से इस सिद्धान्त का समर्थन किया है। आधुनिक युग में मैक्सवेबर ने पहली बार औचित्यपूर्णता शब्द का प्रतिपादन एक सार्वभौम सिद्धान्त के रूप में किया है। उसके अनुसार औचित्यपूर्णता विश्वास पर आधारित होती है तथा अनुपालन प्राप्त करती है।

साधारण भाषा में शासकों या राजनीतिक पद ग्रहण करने वालों के उस अधिकार को राजनीतिक औचित्य कहा जाता है जिसे शासित या जनता प्रत्यक्ष अथवा परोक्ष रूप से स्वीकार करते हैं। जब अधीनस्थ वर्ग अपनी विवेक-शक्ति को स्थगित कर वरिष्ठ व्यक्तियों के आदेशों को स्वीकार करते हैं तो उनकी स्वीकृति का आधार अधिकारियों के कार्यों का औचित्य ही होता है। वस्तुत: औचित्यपूर्णता एक विशेष सिद्धान्त है जो राजनीतिक पद ग्रहण करने वाले व्यक्ति या व्यक्ति-समूह द्वारा इस आधार पर शक्ति प्रयोग का अधिकार देता है कि जनता या उसका बहुत बड़ा भाग यह स्वीकार करता है कि उसका प्रयोग सत्ता-प्रदान करने के सामान्य स्वीकृत नियमों और क्रिया-विधियों पर आधारित है। इस प्रकार औचित्यपूर्णता शासकीय शक्ति की नींव है।

औचित्यपूर्णता के अभाव में सरकार के प्रति अविश्वास प्रकट किया जाता है। युद्ध और क्रान्ति होती है। सत्तारूढ़ शासकों का तख्ता पलट दिया जाता है। इसीलिए सरकार पर नियन्त्रण हो जाने के बाद, शासक वर्ग यह प्रयत्न करता

है कि उसके नियमों को व्यापक रूप से स्वीकार किया जाए लेकिन केवल हिंसा, दण्ड या दमन के भय से नहीं, बल्कि इस विश्वास पर कि ऐसा करना नैतिक दृष्टि से उचित है। इस प्रकार का विश्वास राज्य-व्यवस्था के सभी अंगों, कार्यों, नीतियों, अधिकारियों, आदि के प्रति होना चाहिए। इसी गुण को औचित्यपूर्णता कहा जाता है।

औचित्यपूर्णता के अभाव में शक्ति प्रभावशाली नहीं हो पाती क्योंकि राजनीतिक विकास सभ्यता की प्रगति के दमनात्मक शक्ति पर प्रयोग कम हो जाता है। इसलिए शक्ति के पीछे जन-समर्थन आवश्यक हो जाता है। दूसरे शब्दों में, राजनेता अपने प्रभाव की औचित्यपूर्णता का वस्त्र पहनकर उसे सत्ता का रूप देता है। सत्ता की प्राप्ति के बाद अधीनस्थ व्यक्ति उसका अनुपालन करना नैतिक दृष्टि से सहायककारी मानने लगते हैं। इस प्रकार औचित्यपूर्णता प्रभाव, शक्ति तथा सत्ता को व्यावहारिक रूप प्रदान करने में सहायता करता है। रोवे के अनुसार औचित्यपूर्णता का प्रभाव, शक्ति तथा सत्ता से घनिष्ठ सम्बन्ध है। प्रजातन्त्र में औचित्यपूर्णता की अत्यधिक आवश्यकता पड़ती है, क्योंकि इसका आधार सहमति है। प्रजातन्त्र में औचित्यपूर्णता ऑक्सीजन स्वरूप है। वस्तुतः कोई भी सरकार केवल शक्ति और भय के बल पर शासितों से अपनी आज्ञा का पालन नहीं करवा सकती। उसे अपनी शक्ति के लिए जनता की सहमति प्राप्त करनी होगी।

उपरोक्त आधार पर रॉबर्ट डाल ने औचित्यपूर्णता की परिभाषा इस प्रकार दी है—"जब शासकों को यह विश्वास उत्पन्न हो जाता है कि सरकार में अवस्थित शासकों और पदाधिकारियों के कार्य, प्रक्रियाएँ, निर्णय, नीतियों और सरकारी संस्थाओं की संरचनाएँ यथोचित तथा नैतिक हैं एवं इस औचित्य और नैतिकता के आधार पर वे स्वीकार करने योग्य हैं तो जनता के इस विश्वास पर आधारित सरकार को औचित्यपूर्णता कहा जाता है।"

औचित्यपूर्णता का वर्गीकरण
(Classification of Legitimacy)

विभिन्न विद्वानों में औचित्यपूर्णता के वर्गीकरण पर मतभेद है। डॉल्फ स्टर्नबर्जर ने औचित्यपूर्णता को दो वर्गों में विभाजित किया है:

(क) **दैवी औचित्यपूर्णता**—प्राचीनकाल में राजतन्त्र के अन्तर्गत राजा को ईश्वर का दूत माना जाता था और यह विश्वास किया जाता था कि राजा को शासन का अधिकार ईश्वर ने दिया है। प्राचीन चीनी तथा जापानी सम्राटों को सूर्य-पुत्र कहा जाता था। प्राचीन मिस्र के सम्राट को भी देवतुल्य माना जाता था। ये सभी दैवी औचित्य के उदाहरण हैं।

(ख) **नागरिक औचित्यपूर्णता**—जब सामान्य हित के लिए विभिन्न स्वायत्तशासी इकाईयों के बीच सहयोग समझौते के रूप में होता है तो उसे नागरिक औचित्यपूर्णता कहते हैं, जैसे—मध्यकाल के आर्थिक संघ तथा आधुनिक सांविधानिक व्यवस्थाएँ, आदि।

मैक्सवेबर ने औचित्यपूर्णता को तीन वर्गों में रखा है:

(क) परम्परागत,
(ख) बौद्धिक-कानूनी, और
(ग) करिश्मात्मक।

सत्ता के प्रसंग में इसका वर्णन किया गया है।

रॉबर्ट डाल ने औचित्यपूर्णता को सरकारों के वर्गीकरण का आधार बनाया है:

(क) **उच्चस्तरीय औचित्यपूर्णता**—रॉबर्ट डाल उच्चस्तरीय औचित्यपूर्णता रखने वाली सरकारों को एक वर्ग में रखता है; और

(ख) **दुर्बल औचित्यपूर्णता**–दूसरे वर्ग में वह दुर्बल औचित्यपूर्णता वाली सरकारों को रखता है। अत्याचारतन्त्र उसका ज्वलन्त उदाहरण है।

औचित्यपूर्णता तथा राजनीतिक दायित्व
(Legitimacy and Political Liability)

औचित्यपूर्णता के कारण ही नागरिक राज्य व्यवस्था और संगठनों में विश्वास रखते हैं। अतएव शासक वर्ग का यह राजनीतिक दायित्व हो जाता है कि वह औचित्य की सीमाओं में रहकर काम करें जिससे जन-समुदाय का विश्वास बना रहे। औचित्यपूर्णता की दृष्टि से शासन के निम्नलिखित दायित्व विशेष रूप से उल्लेखनीय हैं:

(क) प्रगतिशील लक्ष्यों और मूल्यों को जन-सहमति से निर्धारित करना।

(ख) सीमित, स्वीकृत और समय-समय पर शक्ति तथा सत्ता प्रयोग का अनुमोदन प्राप्त करना।

(ग) न्यूनतम मौलिक अधिकारों की स्वतन्त्र तथा निष्पक्ष न्यायपालिका के अन्तर्गत व्यवस्था करना।

(घ) सत्ता का विकेन्द्रित संगठन करना।

(ङ) न्यूनतम आवश्यकताओं की पूर्ति करना तथा लोक-कल्याण पर ध्यान देना।

(च) प्रजातन्त्र के अन्तर्गत नौकरशाही, सेना तथा प्रशासकीय संगठन को पूर्णत: राजनीतिक सत्ता के अधीन रखना।

(छ) स्वतन्त्र निर्वाचन, प्रतिनिधित्यात्मक व्यवस्था, वयस्क मताधिकार, स्वतन्त्र और निष्पक्ष संचार साधन तथा नागरिक शासन को सुरक्षित रखना।

(ज) सुरक्षा की समुचित व्यवस्था करना।

निष्कर्ष–उपर्युक्त तथ्यों से यह स्पष्ट है कि किसी भी राज व्यवस्था को समुचित रूप से चलाने के लिए औचित्यपूर्णता आवश्यक है। दूसरे शब्दों में कहा जा सकता है कि जब तक शासन-व्यवस्था के प्रति जन-समुदाय का विश्वास नहीं बन जाता, तब तक वह शासन-व्यवस्था अपने आप में सफल सिद्ध नहीं हो सकती। अतएव शासक वर्ग का यह राजनीतिक दायित्व हो जाता है कि वह कभी भी औचित्यपूर्णता की सीमाओं को पार नहीं करें जिसके चलते जनता को क्रान्ति का सहारा लेना पड़ता है। अत: औचित्यपूर्णता की नींव पर ही किसी भी राज्य की शासन-व्यवस्था रूपी इमारत टिकी हुई है।

प्रश्न
(Questions)

1. औचित्यपूर्णता के महत्व तथा अर्थ को स्पष्ट कीजिए।
   Explain the importance and meaning of Legitimacy.
2. औचित्यपूर्णता की परिभाषा दीजिए तथा उसके विभिन्न स्रोतों का उल्लेख कीजिए।
   Define Legitimacy and mention its different sources.
3. औचित्यपूर्णता क्या है? उसके वर्गीकरण पर प्रकाश डालिए।
   What is Legitimacy? Discuss its classification.
4. औचित्यपूर्णता का क्या अर्थ है? राजनीतिक दायित्व का उल्लेख कीजिए।
   What is the meaning of Legitimacy? Mention political liability.
5. औचित्यपूर्णता पर एक संक्षिप्त लेख लिखिए।
   Write a short essay on Legitimacy.

वस्तुनिष्ठ प्रश्न
(Objective Questions)

1. लेजिटिमेसी शब्द की उत्पत्ति किस भाषा के लेजिटिमस (Legitimus) से हुई है?
   (क) लैटिन (ख) ग्रीक (ग) जर्मन (घ) फ्रेंच
2. इनमें से कौन एक का औचित्यपूर्णता के स्त्रोत से सम्बन्ध नहीं है?
   (क) मैक्सवेबर (ख) प्लेटो (ग) जोन्स (घ) फ्रेडरिक
3. "जब शासकों को यह विश्वास उत्पन्न हो जाता है कि सरकार में अवस्थित शासकों और पदाधिकारियों के कार्य, प्रक्रियाएँ, निर्णय, नीतियों और सरकारी संस्थाओं की संरचनाएँ यथोचित तथा नैतिक है एवं इस औचित्य और नैतिकता के आधार पर वे स्वीकार करने योग्य हैं तो जनता के इस विश्वास पर आधारित सरकार को औचित्यपूर्णता कहा जाता है।" यह किसकी परिभाषा है?
   (क) मैक्सवेबर (ख) जोन्स (ग) रॉबर्ट डाल (घ) फ्रेडरिक
4. इनमें से कौन एक प्रजातन्त्र में औचित्यपूर्णता के स्रोत नहीं हैं?
   (क) लोकप्रिय सहमति (ख) वयस्क मताधिकार
   (ग) बहुमत का शासन (घ) धर्म की अनुमति

उत्तर
(Answers)

1. (क) 2. (ख) 3. (ग) 4. (घ)

खण्ड-7

नवीन उपागम

(New Approaches)

30

व्यवहारवाद
(Behaviouralism)

भूमिका (Introduction)

व्यवहारवादी क्रान्ति का प्रारम्भ बीसवीं सदी से होता है। विद्वानों का मत है कि यह परम्परागत राजनीति विज्ञान की उपलब्धियों के प्रति असन्तोष का परिणाम है। जब राजनीतिक विचारकों की परम्परागत विश्लेषण पद्धतियों, जैसे–ऐतिहासिक, दार्शनिक, वर्णनात्मक, वैज्ञानिक और संस्थागत परिणामों से निराशा हुई तो उन्होंने विश्लेषण की नयी पद्धतियों को खोज निकालने का कार्य प्रारम्भ किया। व्यवहारवादी पद्धति राजनीतिक घटनाओं का प्रेक्षण और परीक्षण (Observation and Verification) कर राजनीति विज्ञान के अन्तर्गत अनुभवजन्य (Empirical) सिद्धान्तों के आधार पर प्रतिपादन करती है। व्यवहारवाद का उद्देश्य सरकार और राजनीति सम्बन्धी सभी घटनाओं को प्रेक्षित (Observed) और प्रेक्षण योग्य (Observable) मानव व्यवहार के रूप में व्यक्त करना है। व्यवहारवादी विज्ञान की भाँति राजनीति विज्ञान में भी सामान्य सिद्धान्तों का प्रतिपादन करना चाहते हैं और उन्हें जीवन की वास्तविकताओं पर आधारित कर अधिक उपयोगी बनाने का प्रयास करते हैं। व्यवहारवाद राजनीतिशास्त्र को विज्ञान का स्तर दिलाने का एक प्रयास है। वैज्ञानिक परिशुद्धता, प्रेक्षण, सत्यापन, परीक्षण, परिमाणन और प्राक्कल्पना व्यवहारवाद के मुख्य आधार-स्तम्भ हैं। रॉबर्ट ए. डाल का भी मत है, "व्यवहारवादी क्रान्ति परम्परागत राजनीति विज्ञान की उपलब्धियों के प्रति असन्तोष का परिणाम है, जिसका उद्देश्य राजनीति विज्ञान को अधिक वैज्ञानिक बनाना है।"

व्यवहारवाद का विकास
(Growth of Behaviouralism)

यद्यपि व्यवहारवाद बीसवीं सदी की अध्ययन पद्धति है लेकिन इसका इतिहास बहुत पुराना है। हेरोडोटस, सुकरात, प्लेटो, अरस्तू, मेकियावेली और टॉमस हॉब्स के विचारों में व्यवहारवाद की जड़ें पाते हैं। आधुनिक व्यवहारवाद अनुभववाद पर आधारित है जो काफी प्राचीन है लेकिन इसका आधुनिक संस्थापक जॉन लॉक है। आगे चलकर बहुलवाद ने अनुभववाद की जड़ें गहरी कीं और कार्ल मार्क्स, मैक्स वेबर, दुर्खीम जैसे विचाकों ने उसे गति प्रदान की।

आधुनिक अनुभववादी राजनीति विज्ञान का जन्म अमेरिका में हुआ। अमेरिका में 1920 के आस-पास राजनीतिक व्यवहार (Political Behaviour), व्यवहारवाद (Behaviouralism) पर वाद-विवाद प्रारम्भ हो गया था। सर्वप्रथम, इन शब्दों का प्रयोग एक अमेरिकन पत्रकार फ्रैंक केंट (Frank Kent) ने अपनी पुस्तक *The Political Behaviour* में किया लेकिन हर्बर्ट टिंगस्टन (Herbert Tingsten) ने इन शब्दों का वास्तविक अर्थ दिया।

व्यवहारवाद शब्द अमेरिका में अधिक लोकप्रिय हुआ। अमेरिकन सीनेटर समाज विज्ञान के नाम से चिढ़ते थे। अत: आर्थिक सहायता पाने के लिए विद्वानों ने समाज विज्ञान को व्यवहारवादी विज्ञान की संज्ञा दे दी। फोर्ड संस्थान ने व्यवहारवादी विज्ञान विभाग की स्थापना की। आगे चलकर व्यवहारवादी आन्दोलन प्रगति के मार्ग पर चला।

इस प्रकार अनुभववाद की परम्परा में व्यवहारवाद का जन्म और विकास हुआ। राजनीति विज्ञान में व्यवहारवादी दृष्टिकोण को प्रारम्भ करने का श्रेय ग्राहम वालास और बेंटले को है। ग्राहम वालास की पुस्तक *Human Nature in Politics* का प्रकाशन 1908 ई. में हुआ जिसके अन्तर्गत उसने राजनीति के अध्ययन के लिए मनोवैज्ञानिक पद्धति को अपनाने का तर्क दिया। बेंटले ने अपनी पुस्तक *The Process of Government* (1908) में राजनीतिक प्रक्रिया के कार्यक्रम और समूह प्रक्रियाओं के अध्ययन की ओर ध्यान आकर्षित किया। चार्ल्स ई. मेरियम ने व्यवहारवाद को आगे बढ़ाया। उसकी पुस्तक *New Aspects of Politics* (1952) व्यवहारवादयों के लिए गीता सिद्ध हुई। उसने शिकागो विश्वविद्यालय में व्यवहारवादी आन्दोलन को चलाया, जो शिकागो सम्प्रदाय के नाम से प्रसिद्ध हुआ। लासवेल, वी. ओ. की जूनियर, डेविड ट्रूमैन, हर्बर्ट साइमन और आमण्ड ने व्यवहारवादी आन्दोलन को आगे बढ़ाने में मेरियम को काफी सहायता दी। स्टुअर्ट राइस की पुस्तक *Quantitative Methods of Politics* (1928) और केटलिन की पुस्तक *A Study of the Principles of Politics* (1930) ने व्यवहारवादी आन्दोलन के विचारों को काफी शक्ति प्रदान की।

इस प्रकार अमेरिका में विभिन्न विश्वविद्यालयों और शोध संस्थाओं के द्वारा व्यवहारवादी आन्दोलन को काफी आगे बढ़ाया गया। इंग्लैण्ड, भारत और अन्य देशों में भी व्यवहारवादी आन्दोलन काफी जोर पकड़ रहा था। रॉबर्ट ए. डाल ने कहा है, "अब व्यवहारवादी आन्दोलन राजनीति विज्ञान का आधुनिक स्वरूप बन गया है जो उसकी विजय का प्रतीक है।"

व्यवहारवाद के प्रेरणा-स्रोत
(Inspiring Sources of Behaviouralism)

विद्वानों ने व्यवहारवाद के निम्नांकित प्रेरणा-स्रोतों पर विचार किया है:

1. **चार्ल्स ई. मेरियम** (Charles E. Merriam)–व्यवहारवाद का पहला प्रेरणा-स्रोत चार्ल्स मेरियम है। उसने शिकागो विश्वविद्यालय में व्यवहारवाद का केन्द्र स्थापित किया जिससे अनेक विद्वान प्रभावित हुए और वे जमकर व्यवहारवाद का प्रचार करने लगे।

2. **यूरोपियन विद्वान** (European Scholars)–1930 ई. के लगभग कुछ यूरोपियन विद्वान अमेरिका आकर बस गए और वे व्यवहारवाद से काफी प्रभावित होकर उसका प्रचार करने लगे। वे विद्वान थे–फ्रेंज न्यूमैन (Franz Neuman), सिगमण्ड न्यूमैन (Sigmund Neuman), पॉल लाजार्सफेल्ड (Paul Lazarsfeld), हैंस स्पेयर (Hans Speir), हैंस गर्च (Hans Gerch) और रीनहार्ड बेडिक्स (Reinhard Bendix)।

3. **द्वितीय विश्वयुद्ध** (Second World War)–द्वितीय विश्वयुद्ध में भीषण नरसंहार हुआ। जीवन और सम्पत्ति की क्षति बड़े पैमाने पर हुई। रोटी की करुण पुकार ने विद्वानों को वास्तविकता के धरातल पर आने को बाध्य किया। राजनीतिक वैज्ञानिक वास्तविक घटनाओं का विश्लेषण करने को बाध्य हुए।

4. **अमेरिकी विद्वान** (American Scholars)–पेंडल्टन हेरिंग (Pendleton Herring) और वी. ओ. की जूनियर (V.O. Key Jr.) जैसे अमेरिकन विद्वानों ने व्यवहारवाद के विकास में काफी योगदान दिया। 1940 ई. में सोशल साइन्स रिसर्च कौंसिल (Social Science Research Council) की स्थापना हुई। इसके द्वारा अन्तर्विषयक अध्ययनों पर जोर दिया गया।

5. **सर्वेक्षण पद्धति का विकास** (Development of Survey Method)–टिंगस्टन ने सर्वयोग्य मतदान-सांख्यिकी (Aggregate Voting Statistics) पद्धति का प्रारम्भ किया। मिशिगन और कोलम्बिया विश्वविद्यालयों में सर्वेक्षण पद्धति का काफी प्रयोग किया गया जिसने व्यवहारवाद को आगे बढ़ाने में काफी मदद की।

6. **लोकोपकारी संस्थाएँ** (Philanthropic Institutions)–अमेरिका में व्यवहारवाद को आगे बढ़ाने में कार्नेगी, रॉकफेलर और फोर्ड जैसी लोकोपकारी संस्थाओं का अधिक योगदान रहा है। इन संस्थाओं ने काफी धनराशि देकर व्यवहारवाद को आगे बढ़ाया।

व्यवहारवाद की परिभाषाएँ
(Definitions of Behaviouralism)

कुछ विद्वानों ने व्यवहारवाद की परिभाषा निम्न रूप से दी हैं:

1. **जोसेफ डनर** (Joseph Dunnuer) के अनुसार, "यह (व्यवहारवाद) सामाजिक घटना का पूर्वाभिमुखीकरण है जो मुख्यतः अनुभव, तार्किक प्रत्यक्षवाद और अनुशासनिक स्वार्थों से सम्बन्धित रहता है।"[1]

2. **रॉबर्ट ए. डाल** (Robert A. Dahl) के शब्दों में, "व्यवहारवाद विषय के आनुभविक तत्वों को वैज्ञानिक बनाने का, जिस अर्थ में उसकी गणना हम आनुभविक विज्ञानों में करते हैं, एक प्रयत्न मात्र है।"[2]

3. **हेंज यूलाऊ** (Heinz Eulau) के अनुसार, "राजनीतिक व्यवहारवाद वस्तुतः अनुभववाद है जिसका मूल उद्देश्य मनुष्य के राजनीतिक व्यवहारों की परिस्थितियों, शर्तों और परिणामों का पता लगाना है।"

4. **डेविड ट्रूमैन** (David Trueman) के अनुसार, "उसमें (व्यवहारवाद में) मनुष्यों और समूहों की वे सभी क्रियाएँ और अन्तः क्रियाएँ, जिनका सम्बन्ध प्रशासन की प्रक्रिया से है, समाविष्ट है।"[3]

उपर्युक्त परिभाषाओं से यह स्पष्ट है कि व्यवहारवाद अनुभववाद का ही दूसरा नाम है। इसके अन्तर्गत शोधकर्त्ता प्राप्त तथ्यों और आँकड़ों के आधार पर राजनीतिक व्यवस्था में भाग लेने वालों के व्यवहार का अध्ययन कर सही राजनीतिक निष्कर्ष निकालने का प्रयत्न करता है। वस्तुतः व्यवहारवाद राजनीति विज्ञान में नवीन दृष्टिकोण, नवीन पद्धतियों, वैज्ञानिक उपकरणों और तकनीकी पर जोर देकर राजनीति विज्ञान को अधिक परिपक्व बनाना चाहता है। इसके साथ ही, यह अन्तः अनुशासनात्मक दृष्टिकोण पर बल देता है। इसमें अन्तर्विषयों का अध्ययन किया जाता है।

व्यवहारवाद की विशेषताएँ
(Features of Behaviouralism)

विद्वानों का मत है कि व्यवहारवाद मनुष्य के बाह्य राजनीतिक आचरणों का ही अध्ययन नहीं करता है। बल्कि उसका सम्बन्ध राजनीतिक उद्देश्यों, मूल्यों और विश्वासों से भी रहता है। किर्क पैट्रिक ने व्यवहारवाद की निम्न चार विशेषताओं को बताया है:

---

1. "It is orientation to the study of the social phenomenon characterised mainly by empiricism, logical positivism and disciplinary interest."—Joseph Dunnuer
2. "It is simply an attempt to make the empirical components of the discipline more scientific. As that term is generally understood in the empirical sciences."—Robert A. Dahl
3. "Political behaviour is comprehending these actions and interactions of men and groups which are involved in the process of governing."—David Trueman

1. **व्यक्ति और समूहों के व्यवहारों का अध्ययन**—व्यवहारवाद व्यक्ति और समूहों के व्यवहारों का अध्ययन करता है। यूलाऊ ने भी कहा है, "यह व्यवहारवादी व्यक्तियों और सामाजिक समूहों के व्यवहारों को अपने विश्लेषण की इकाई तथा लक्ष्य मानता है।"[1]

2. **अन्तः अनुशासनात्मक दृष्टिकोण**—व्यवहारवाद में विभिन्न सामाजिक शास्त्रों, जैसे—मनोविज्ञान, इतिहास, समाजशास्त्र, अर्थशास्त्र, आदि के अध्ययन की एकता पर बल दिया जाता है।

3. **शोध एवं तकनीकों पर बल**—व्यवहारवाद अन्य सामाजिक विज्ञानों में प्रचलित शोध एवं तकनीकों को राजनीति विज्ञान में अपनाने पर जोर देता है।

4. **क्रमबद्ध आनुभविक सिद्धान्त के रूप में अध्ययन**—व्यवहारवाद में राजनीतिक व्यवहारों, संरचनाओं संस्थाओं और प्रक्रियाओं का क्रमबद्ध आनुभविक सिद्धान्त के रूप में अध्ययन किया जाता है। डेविड ईस्टन, आमण्ड, कार्ल डोयच और रिग्स ने अनुभववादी सिद्धान्त की स्थापना में काफी योगदान दिया है।

व्यवहारवाद के उद्देश्य
(Objectives of Behaviouralism)

व्यवहारवाद क्यों (Why) की खोज करता है। वह मनोविज्ञान, समाजशास्त्र, अर्थशास्त्र, मानव विज्ञान जैसे शास्त्रों के साथ घनिष्ठ सम्बन्ध स्थापित करता है। डेविड ईस्टन के अनुसार, व्यवहारवाद के अग्रांकित आठ उद्देश्य या मान्यताएँ हैं:

1. **नियमन** (Regularization)—व्यवहारवादियों के अनुसार मनुष्य के राजनीतिक व्यवहार में समानताएँ खोजी जा सकती हैं। कुछ निश्चित प्रकार के कार्य-कलापों और परिस्थितियों में मनुष्य कुछ निश्चित प्रकार के व्यवहार का ढंग अपनाता है। वैज्ञानिक अनुसन्धान के लिए यह आवश्यक होता है कि इन सामान्य तत्वों और प्रायः दुहराए जाने वाले तत्वों को खोजकर उसके आधार पर किए गए सामान्यीकरण के आधार पर मनुष्य के व्यवहार का नियमन किया जाए।

2. **सत्यापन** (Verification)—व्यवहारवादी अध्ययन में यह आवश्यक होता है कि मानव व्यवहार के सम्बन्ध में एकत्रित सामग्री को अवसर आने पर दुबारा वैज्ञानिक विधियों द्वारा जाँचा जाए और उसकी पुष्टि की जाए। इस क्रिया को सत्यापन कहा जाता है।

3. **प्रविधियाँ या तकनीक** (Techniques)—विश्वसनीय जानकारी प्राप्त करने या सामग्री एकत्रित करने के लिए यह आवश्यक होता है कि कुछ विश्वसनीय प्रविधियों या तकनीकों का प्रयोग किया जाए। इस सम्बन्ध में व्यवहारवादी प्रश्नावली, पर्यवेक्षण, सहभागी, पर्यवेक्षण, विषय विचारक विश्लेषण आदि तकनीकों का प्रयोग करते हैं।

4. **परिमाणीकरण** (Quantification)—मानव व्यवहार सम्बन्धी नियमों की खोज में पुनरावृत्तियों की गणना का आश्रय लिया जाता है और उनका परिणाम ढूँढा जाता है जिसे परिमाणीकरण कहते हैं। परिमाणीकरण के माध्यम से दो या अधिक तथ्यों और उनमें रूपान्तरों के बीच के सम्बन्धों को खोज निकालने में सहायता मिलती है। परिमाणीकरण में आँकड़ों और सांख्यिकी का प्रयोग भी किया जाता है जिनके परिणामों में और अधिक शुद्धता लाई जा सके।

5. **मूल्य** (Value)—परम्परावादी विचारक नैतिक मूल्यों में विश्वास रखते हैं, जबकि व्यवहारवादी मूल्यों की दृष्टि से तटस्थ रहना चाहते हैं। व्यवहारवादियों का कथन है कि व्यवहारवादी राजविज्ञान राजनीति का वैज्ञानिक अध्ययन है जिसका नैतिक प्रश्नों से कोई सम्बन्ध नहीं है लेकिन कुछ न कुछ रूप में राजनीति में नैतिक मूल्यों का रहना आवश्यक है।

---

1. "It (Behaviouralism) specifies as the unit or object of analysis the behaviour of persons and social groups." —Eulau

6. **क्रमबद्धीकरण** (Systematization)–व्यवहारवादियों का कहना है कि सामग्री के एकत्रीकरण में यह आवश्यक है कि उसे क्रमबद्ध किया जाए जिससे उसके आधार पर सामान्य सिद्धान्तों की सृष्टि की जाए तथा मानव-व्यवहार में कार्यकरण स्थापित किया जाए।

7. **विशुद्ध विज्ञान** (Pure Science)–व्यवहारवादियों का कहना है कि मानव व्यवहार को निर्देशित करने वाले मौलिक सिद्धान्त पूर्णतः वैज्ञानिक होने चाहिए। वे मानव व्यवहार का यथार्थ अध्ययन करते हैं लेकिन उनकी समस्याओं और निदान के प्रति उदासीन रहते हैं, यह विचार व्यवहारवादियों के एक वर्ग का ही है। लासवेल ने विज्ञान के प्रायोगिक पहलू पर अधिक बल दिया है जो नीति निर्माण में मदद करता है।

8. **एकीकरण** (Integration)–व्यवहारवादियों का कथन है कि मानव-व्यवहार समष्टिमय है। अतः उसका अध्ययन खण्डों में नहीं होना चाहिए। मनुष्य को राजनीतिक, सामाजिक, आर्थिक, सांस्कृतिक, आदि सभी प्रकार की घटनाओं का अध्ययन करना चाहिए। अतएव सभी समाजशास्त्रों को लेकर मानव-व्यवहार का अध्ययन करना चाहिए। इसी को अन्तर-अनुशासनात्मक अध्ययन कहा जाता है।

उपर्युक्त तथ्यों से यह स्पष्ट है कि व्यवहारवाद ने राजनीतिशास्त्र का विज्ञान (Science of Politics) की स्थिति प्रदान करने का प्रयास किया है। प्रारम्भ में, व्यवहारवाद का प्रयोग मतदान व्यवहार का अध्ययन और लघु समुदायों के अध्ययन के लिए होता था लेकिन अब राष्ट्रीय और अन्तर्राष्ट्रीय व्यवस्थाओं के अध्ययन में उसका प्रयोग किया जा रहा है।

व्यवहारवाद की सीमाएँ
(Limitations of Behaviouralism)

सिबली (Sibley), के अनुसार व्यवहारवाद की निम्नलिखित सीमाएँ विशेष रूप से उल्लेखनीय हैं:

1. व्यवहारवादी वैज्ञानिक भविष्यवाणियाँ करने का प्रयास कर सकते हैं लेकिन वे भविष्यवाणियाँ यदि, किन्तु, परन्तु, आदि विशेषणों से जुड़ी हुई हो सकती हैं। अमुक घटना कब घटेगी, यह व्यवहारवादी नहीं कह सकते।

2. सिबली का मत है कि व्यवहारवाद का क्षेत्र क्या और क्यों एक सीमित है लेकिन राजनीति विज्ञान का क्षेत्र क्या और क्यों तक ही सीमित नहीं है, बल्कि कैसा और क्यों का भी अध्ययन करता है।

3. व्यवहारवादी यह नहीं कह सकते कि मानव व्यवहार कैसा होना चाहिए? अतः वे नीति-निर्धारण में सहायक नहीं हो सकते। नीति-निर्धारण में सदैव विभिन्न विकल्पों में से एक को चुनना होता है। अतएव नीति निर्माण के उद्देश्य से व्यवहारवाद की उपयोगिता सीमित है।

4. व्यवहारवाद मूल्य निरपेक्षता में विश्वास करता है लेकिन पूर्ण रूप से मूल्यों की उपेक्षा नहीं की जा सकती है।

5. राजनीति को केवल व्यवहारवादी तरीकों से ही परिभाषित नहीं किया जा सकता, बल्कि मानसिक चक्षु से भी उसके सत्य स्वरूप का पता लगाया जा सकता है।

6. राजनीतिक जीवन में हमें किसे श्रेष्ठ समझना चाहिए, इस विषय में व्यवहारवादी काफी प्रकाश डाल सकता है लेकिन सभी परिस्थितियों के लिए अन्तिम मूल्यों का चुनाव नहीं कर सकता।

7. व्यवहारवादी केवल वर्तमान समस्याओं या घटनाओं का ही वैज्ञानिक अध्ययन करता है। भूत और भविष्य से उसका कोई सम्बन्ध नहीं रहता है। अतः उसका अध्ययन आंशिक होता है।

8. मनुष्य के आचरण के सम्बन्ध में भविष्यवाणी करने के लिए समान परिस्थितियों का होना आवश्यक है। बहुत-सी अवधारणाओं को व्यवहारवादी तरीके से प्राप्त नहीं किया जा सकता है।

इस प्रकार व्यवहारवादी दृष्टिकोण अनेक सीमाओं से मर्यादित है। मानव जीवन को केवल विज्ञान की विधियों से ही नहीं समझा जा सकता है। यद्यपि व्यवहारवादी नए-नए तरीकों की खोज में लगे हुए हैं।

व्यवहारवाद की आलोचना
(Criticism of Behaviouralism)

विभिन्न आलोचकों ने व्यवहारवाद के मुख्य सिद्धान्तों के आलोक में इसकी आलोचना निम्न प्रकार से की है:

1. **नियमन** (Regularization)–डेविड ईस्टन ने व्यवहारवाद का पहला आधार नियमन माना है लेकिन व्यवहारवाद की इस विशेषता की आलोचना करते हुए परम्परावादियों का कथन है कि चूँकि वास्तविक राजनीतिक जीवन विभिन्नताओं और पृथकताओं से भरा पड़ा है। इसलिए नियमितताओं को खोज निकालना कठिन है और यदि नियमितताएँ पायी भी जायें तो वे अति मामूली प्रकार की होंगी।

2. **सत्यापन** (Verification)–परम्परावादी सत्यापन की भी आलोचना करते हैं क्योंकि मनुष्य के सभी प्रकार के राजनीतिक व्यवहारों को न तो पर्यवेक्षित किया जा सकता है और न प्राकृतिक विज्ञानों की तरह उससे प्राप्त सभी निष्कर्षों को परीक्षित ही किया जा सकता है।

3. **प्रविधियाँ या तकनीक** (Techniques)–परम्परावादी राजनीति विज्ञान के अध्ययन में वैज्ञानिक प्रविधियों और उपकरणों के उपयोग पर अधिक बल देने का बड़ा विरोध करते हैं क्योंकि एक तो राजनीतिक क्रियाओं का सफल अध्ययन इनके द्वारा नहीं किया जा सकता और साथ ही अध्ययन-विधि के सामने विषयस्तु के गौण पड़ जाने का डर है।

4. **परिमाणीकरण** (Quantification)–आलोचकों का कथन है कि परिमाणीकरण के लक्ष्य को प्राप्त करना असम्भव है, चूँकि अधिकांश आँकड़े अमापनीय होते हैं।

5. **मूल्य** (Value)–व्यवहारवाद मूल्य निरपेक्षता में विश्वास रखता है। इस सम्बन्ध में परम्परावादियों का कथन है कि यह सही है कि आधुनिक अनुभवादी राजनीति शास्त्र इस तथ्य से पूर्णत: सम्बद्ध नहीं है मनुष्य को कैसा व्यवहार करना चाहिए किन्तु आधुनिक राजनीति शास्त्र पूर्णत: मूल्यविहीन भी नहीं हो सकता यहाँ तक कि प्राकृतिक विज्ञानों में भी शोधकर्त्ता अपने उद्देश्यों के चयन और परीक्षण की प्रक्रिया में अपने मूल्यों से स्वतन्त्र नहीं रह पाता। इसलिए राजनीतिशास्त्र के शोधकर्त्ताओं से पूर्णत: मूल्यविहीन होने की आशा करना व्यर्थ है।

6. **क्रमबद्धीकरण** (Systematization)–व्यवहारवादी सिद्धान्त और तथ्य को एक-दूसरे से पृथक नहीं करते। वे प्राकृतिक विज्ञानों की भाँति राजनीति शास्त्र में सामान्य सिद्धान्त के नियमों की स्थापना करना चाहते हैं जिसे आलोचक हास्यास्पद समझते हैं।

7. **विशुद्ध विज्ञान** (Pure Science)–व्यवहारवादी वर्तमान समस्याओं का वैज्ञानिक अध्ययन करते हैं। वे प्रायोगिक अनुसन्धान पर कम जोर देते हैं। आलोचकों का कथन है कि विशुद्ध सैद्धान्तिक अनुसंधान के बदले प्रायोगिक अनुसन्धान पर अधिक जोर देना चाहिए। यह व्यवहारवाद का बहुत बड़ा दोष है।

8. **एकीकरण** (Integration)–व्यवहारवादियों का कथन है कि मनुष्य एक सामाजिक प्राणी है। अतएव उसके सामाजिक, राजनीतिक, आर्थिक, सांस्कृतिक और अन्य पहलुओं का एक साथ अध्ययन करना चाहिए। वे विषयों के अन्तर-अनुशासन पर जोर देते हैं लेकिन आलोचकों का कहना है कि विभिन्न समाजशास्त्रों के अध्ययन से राजनीति विज्ञान अपना अस्तित्व खो सकता है।

9. **जटिल एवं हास्यास्पद शब्दावली**–तटस्थता और वस्तुवादिता की खोज में व्यवहारवादियों ने नयी, जटिल और हास्यास्पद शब्दावलियों का निर्माण किया है।

10. **अपूर्ण**–व्यवहारवाद का अध्ययन 'क्या है' तक सीमित है, 'क्या होना चाहिए' इससे कोई मतलब नहीं। अत: व्यवहारवाद अपूर्ण है।

11. **व्यवहारवादी जनतन्त्र मूल्यविहीन नहीं**–व्यवहारवादी उदारवादी जनतन्त्र में विश्वास रखते हैं जो बिना मूल्य के सम्भव नहीं है। अत: मूल्यनिपेक्षता और उदारवादी जनतन्त्र दोनों की एक साथ कल्पना करना गलत है।

12. **सामाजिक जीवन में महत्व नहीं**–व्यवहारवादी छोटी-छोटी समस्याओं पर केवल आँकड़े जमा करते हैं जिनका सामाजिक जीवन में कोई महत्व नहीं रहता है।

13. **नैतिक मूल्य में विश्वास नहीं**–व्यवहारवादी नैतिक मूल्य में विश्वास नहीं करते हैं लेकिन नैतिक मूल्यों के अभाव में राजनीति विज्ञान का सही अध्ययन नहीं किया जा सकता है।

14. **धार्मिक कट्टरपंथी**–कुछ आलोचकों का कथन है कि व्यवहारवादी धार्मिक कट्टरपंथी हैं। वे अहंकारी भी हैं।

15. **विशुद्ध विज्ञान नहीं**–व्यवहारवाद विशुद्ध विज्ञान का दावा नहीं कर सकता है। वह ऋतु विज्ञान या मौसम विज्ञान की तरह भविष्यवाणियाँ कर सकता है। वह सही वैज्ञानिक नियमों का आविष्कार नहीं कर सकता है।

16. **आराम कुर्सी वाले बुद्धिजीवी**–व्यवहारवादियों को आराम कुर्सी वाले बुद्धिजीवी कहा गया है, क्योंकि उन्होंने तात्कालिक और गम्भीर समस्याओं से अपने को अलग कर लिया है।

17. **राजनीति विज्ञान का विकास नहीं**–आलोचकों का कहना है कि लाखों डालर खर्च करने पर भी राजनीति विज्ञान का सही रूप में विकास नहीं हो पाया है। राजनीति विज्ञान का विकास एक मृगतृष्णा बना हुआ है।

18. **डेविड ईस्टन महान आलोचक**–डेविड ईस्टन जो व्यवहारवाद का सबसे बड़ा प्रतिपादक है, उसी ने आगे चलकर व्यवहार को चुनौती दी। 1970 ई. के आस-पास उत्तर-व्यवहारवादी क्रान्ति का जन्म हुआ जिसका नेतृत्व डेविड ईस्टन ने किया। उसने व्यवहारवाद की कटु आलोचना की।

निष्कर्ष–उपर्युक्त आलोचनाओं के आधार पर यह नहीं समझना चाहिए कि व्यवहारवाद का राजनीति विज्ञान में कोई महत्व नहीं है। उसने राजनीति विज्ञान के स्वरूप को परिवर्तित करने में बड़ा योगदान किया है। उसने अन्तर-अनुशासन, नयी तकनीक, वैज्ञानिक दृष्टिकोण और अध्ययन के नये क्षेत्र का आविष्कार किया है। रॉबट डाल ने भविष्यवाणी की थी कि व्यवहारवाद आगे चलकर स्वाभाविक मृत्यु को प्राप्त करेगा जो आज सही प्रतीत हो रहा है।

उत्तर-व्यवहारवाद
(Post-Behaviouralism)

डेविड ईस्टन व्यवहारवाद का प्रमुख प्रणेता था। उसने ही 1960 ई. में व्यवहारवाद पर प्रचण्ड प्रहार किया। उसने जो नये विचार दिए, वे उत्तर-व्यवहारवाद के नाम से प्रचलित हुए। 1970 ई. में उत्तर-व्यवहारवाद ने काफी जोर पकड़ लिया। 1945-1960 ई. के बीच अमेरिकन विश्वविद्यालयों में राजनीति विज्ञान को प्राकृतिक विज्ञान के कठोर अनुशासन में बाँधने का प्रयत्न किया गया लेकिन असफलता हाथ लगी। व्यवहारवादी वास्तविक समस्याओं से हटकर अवधारणा, मॉडल, सिद्धान्त, ढाँचे आदि का अध्ययन करने लगा। विश्व में पाए जाने वाले आर्थिक संकट, सामाजिक समस्याएँ, युद्ध, आदि से व्यवहारवाद का कोई सम्बन्ध नहीं रहा। अतएव उत्तर-व्यवहारवाद में यह जोर दिया गया कि राजनीति वैज्ञानिकों को वास्तविक समस्याओं का अध्ययन करना चाहिए। उसकी राजनीति संगत और क्रियाशील (Relevance and Active) होनी चाहिए। राजनीति में मूल्यों पर भी ध्यान रखना चाहिए। उत्तर-व्यवहारवादियों ने कहा, "बौद्धिक धर्म की समाज में एक निश्चित और महत्वपूर्ण भूमिका है और ज्ञान का उपयोग जीवन के लिए किया जाना चाहिए।"

उत्तर-व्यवहारवाद की विशेषताएँ (Features of the Post-behaviouralism)

डेविड ईस्टन के अनुसार उत्तर-व्यवहारवाद संगति और कर्म पर आधारित है। उसने उत्तर-व्यवहारवाद की सात विशेषताओं का उल्लेख किया है जिन्हें वह संगति का सिद्धान्त (Relevance and Active) कहता है। उत्तर-व्यवहारवाद की सात विशेषताएँ निम्नांकित हैं:

1. **सामाजिक परिवर्तन पर बल** (Emphasis on Social Change)—व्यवहारवाद यथास्थिति और सामाजिक संरक्षण के साथ जुड़ गया था। उत्तर-व्यवहारवाद ने सामाजिक परिवर्तन पर बल दिया। गतिशीलता ही सामाजिक परिवर्तन का चिह्न है।

2. **विषय पर जोर** (Emphasis on Subject)—व्यवहारवाद में अध्ययन की प्रविधि पर अधिक जोर दिया गया लेकिन उत्तर-व्यवहारवादियों ने प्रविधि के स्थान पर विषय के अध्ययन पर अधिक बल दिया है। व्यवहारवाद का मूलमन्त्र यह रहा है कि अस्पष्ट होने से गलत होना अच्छा है लेकिन उत्तर-व्यवहारवादियों ने नारा दिया कि "असंगतिपूर्ण परिशुद्धता की अपेक्षा अस्पष्ट होना अच्छा है।"

3. **वास्तविक समस्याओं का अध्ययन** (Study of Real Problems)—व्यवहारवाद अमूर्त अवधारणाओं और विकल्पों के अध्ययन में लिप्त हो गया था। उसके शोध और अनुसन्धान वास्तविक समस्याओं से परे थे। उत्तर-व्यवहारवाद ने जीवन की वास्तविक समस्याओं के अध्ययन पर बल दिया।

4. **मूल्यों पर बल** (Emphasis on Values)—व्यवहारवाद मूल्य निरपेक्ष राजनीति पर बल देता है। लेकिन उत्तर-व्यवहारवादियों ने कहा कि राजनीति में मूल्यों की निर्णायक भूमिका रहती है। मूल्य-विहीन राजनीति का कोई महत्व नहीं रहता है। अतएव राजनीति को सही ढंग से समझने के लिए मूल्यों पर ध्यान देना आवश्यक है।

5. **बुद्धिजीवियों का महत्व** (Importance of Scholars)—व्यवहारवाद में शोधकर्त्ता, प्रविधिज्ञ और तकनीशियन का अधिक बोलबाला था। उत्तर-व्यवहारवादियों ने कहा कि बौद्धिक वर्ग की समाज में एक निश्चित और महत्वपूर्ण भूमिका है। राजनीति के अध्ययन में बुद्धिजीवियों का बहुत बड़ा हाथ रहता है।

6. **कर्मनिष्ठ विज्ञान** (Science Based on Action)—उत्तर-व्यवहारवादी कर्मनिष्ठता पर अधिक जोर देते हैं तथा उनका मत है कि समाज का पुनर्निर्माण कर्म के द्वारा ही सम्भव है। डेविड ईस्टन के शब्दों में, "जानने का अर्थ है कार्य में उत्तरदायित्व को धारण करना और कार्य का अर्थ है समाज के पुनर्निर्माण में व्यस्त रहना।"

7. **राजनीतिकरण** (Politicalization)—समाज में बुद्धिजीवियों की भूमिका महत्वपूर्ण होती है। वे कर्तव्यों और लक्ष्यों का निर्धारण कर, समाज को नयी दिशा में मोड़ने का प्रयास करते हैं। अतएव व्यावसायिक संघों और विश्वविद्यालयों का अनिवार्य रूप से राजनीतिकरण हो जाएगा जो वांछनीय है।

निष्कर्ष—1970 ई. के बाद, व्यवहारवाद और उत्तर-व्यवहारवाद में विरोध की स्थिति समाप्त हो गयी है। व्यवहारवाद का आनुभविक अध्ययन उतना ही आवश्यक है जितना कि उत्तर-व्यवहारवाद का वास्तविक परिस्थितियों में अध्ययन। अतएव राजनीति विज्ञान में व्यवहारवाद और उत्तर-व्यवहारवाद दोनों का अध्ययन आवश्यक है। दोनों में मिश्रित रूप से ही राजनीति विज्ञान को आगे बढ़ाया जा सकता है।

प्रश्न
(Questions)

1. राजनीति विज्ञान में व्यवहारवाद की व्याख्या कीजिए।
   Explain Behaviouralism in Political Science.

2. व्यवहारवाद की परिभाषा दीजिए एवं इसके प्रेरणा-स्रोतों पर प्रकाश डालिए।
   Define Behaviouralism and examine its inspiring sources.
3. व्यवहारवाद के विकास एवं विशेषताओं का वर्णन कीजिए।
   Describe the growth and features of Behaviouralism.
4. व्यवहारवाद क्या है? इसके उद्देश्यों की समीक्षा कीजिए।
   What is Behaviouralism? Examine its objectives.
5. व्यवहारवाद की परिभाषा दीजिए तथा इसकी सीमाओं का वर्णन कीजिए।
   Define Behaviouralism and describe its limitations.
6. व्यवहारवाद का एक आलोचनात्मक अध्ययन प्रस्तुत कीजिए।
   Make a Critical study of Behaviouralism.
7. उत्तर-व्यवहारवाद की विशेषताओं का वर्णन करें।
   Describe the features of Post-behaviouralism.

वस्तुनिष्ठ प्रश्न
(Objective Questions)

1. "व्यवहारवादी क्रान्ति परम्परागत राजनीति विज्ञान की उपलब्धियों के प्रति असन्तोष का परिणाम है, जिसका उद्देश्य राजनीति विज्ञान को अधिक वैज्ञानिक बनाना है।" यह किसने कहा?
   (क) रॉबर्ट डाल (ख) मेरियम (ग) मैक्सवेबर (घ) फ्रेंक केंट
2. *ह्यूमन नेचर इन पॉलिटिक्स* ग्रन्थ के लेखक कौन है?
   (क) लासवेल (ख) ग्राहम वालास (ग) हॉब्स (घ) मेरियम
   Who is the author of the book *Human Nature in Politics?*
   (a) Lasswell (b) Graham Wallas (c) Hobbes (d) Merriam
3. *दि प्रोसेस ऑफ गवर्नमेण्ट* पुस्तक के रचनाकार कौन हैं?
   (क) लासवेल (ख) साइमन (ग) बेंटले (घ) मेरियम
   Who is the author of the book *The Process of Government?*
   (a) Lasswell (b) Simon (c) Bentley (d) Merriam
4. *न्यू ऑस्पेक्टस ऑफ पॉलिटिक्स* पुस्तक के रचयिता कौन हैं?
   (क) लासवेल (ख) साइमन (ग) बेंटले (घ) मेरियम
   Who is the author of the book *New Aspects of Politics?*
   (a) Lasswell (b) Simon (c) Bentley (d) Merriam
5. *दि पॉलिटिक्ल बिहेवियर* पुस्तक के लेखक कौन हैं?
   (क) फैंक केंट (ख) लासवेल (ग) बेंटले (घ) मेरियम
   Who is the author of the book *The Political Behaviour*?
   (a) Frank Kent (b) Lasswell (c) Bentley (d) Merriam
6. *ए स्टडी ऑफ दि प्रिंसिपुल्स ऑफ पॉलिटिक्स* ग्रन्थ के रचयिता कौन हैं?
   (क) लासवेल (ख) केटलिन (ग) बेंटले (घ) मेरियम

Who is the author of the book *A Study of the Principles of Politics*?

(a) Lasswell (b) Catlin (c) Bentley (d) Merriam

7. "यह (व्यवहारवाद) सामाजिक घटना का पूर्वाभिमुखीकरण है जो मुख्यत: अनुभव, तार्किक प्रत्यक्षवाद और अनुशासनिक स्वार्थों से सम्बन्धित रहता है।" यह किसकी परिभाषा है?

(क) रॉबर्ट डाल (ख) लासवेल (ग) जोसेफडनर (घ) बेंटले

"It is orientation to the study of the social phenomenon characterised mainly by empiricism, logical positivism and disciplinary interest." Whose definition is this?

(a) Robert Dahl (b) Lasswell (c) Joseph Dunnuer (d) Bentley

8. "व्यवहारवाद विषय के आनुभविक तत्वों को वैज्ञानिक बनाने का, जिस अर्थ में उसकी गणना हम आनुभविक विज्ञानों में करते हैं, एक प्रयत्नमात्र है।" यह किसने कहा?

(क) लासवेल (ख) बेंटले (ग) ट्रूमैन (घ) रॉबर्ट डाल

"It is simply an attempt to make the empirical components of the discipline more scientific. As that term is generally understood in the empirical sciences." Who said this?

(a) Lasswell (b) Bentley (c) Trueman (d) Robert Dahl

9. "उसमें (व्यवहारवाद में) मनुष्यों और समूहों की वे सभी क्रियाएँ, जिनका सम्बन्ध प्रशासन की प्रक्रिया से है, समाविस्ट है।" यह किसने कहा?

(क) डेविड ट्रूमैन (ख) लासवेल (ग) बेंटले (घ) रॉबर्ट डाल

"Political behaviour is comprehensive these actions and interactions of men and groups which are involved in the process of governing." Who said this?

(a) David Trueman (b) Lasswell (c) Bentley (d) Robert Dahl

10. "यह व्यवहारवादी व्यक्तियों और सामाजिक समूहों के व्यवहारों को अपने विश्लेषणों की इकाई तथा लक्ष्य मानता है।" यह किसने कहा?

(क) लासवेल (ख) यूलाऊ (ग) बेंटले (घ) रॉबर्ट डाल

"It (Behaviouralism) specifies as the unit or object of analysis the behaviour of persons and social groups." Who said this?

(a) Lasswell (b) Eulau (c) Bentley (d) Robert Dahl

11. डेविड ईस्टन के अनुसार व्यवहारवाद के कितने प्रमुख उद्देश्य हैं?

(क) दस (ख) नौ (ग) आठ (घ) पाँच

How many the main objectives of behaviouralism are according to David Easton?

(a) Ten (b) Nine (c) Eight (d) Five

12. व्यवहारवाद का प्रमुख प्रणेता कौन है?

(क) बेंटले (ख) ट्रूमैन (ग) लासवेल (घ) डेविड ईस्टन

Who is the main exponent of behaviouralism?

(a) Bentley (b) Trueman (c) Lasswell (d) David Easton

13. उत्तर-व्यवहारवाद के प्रमुख प्रणेता कौन थे?

(क) डेविड ईस्टन (ख) बेंटले (ग) लासवेल (घ) ट्रूमैन

Who is the main exponent of the Post-behaviouralism?
(a) David Easton (b) Bentley (c) Lasswell (d) Trueman

14. डेविड ईस्टन के अनुसार उत्तर-व्यवहारवाद की प्रमुख विशेषताएँ कितनी हैं?
(क) आठ (ख) सात (ग) छह (घ) दस

How many the main features of Post-behaviouralism are according to David Easton?
(a) Eight (b) Seven (c) Six (d) Ten

15. "असंगतिपूर्ण परिशुद्धता की अपेक्षा अस्पष्ट होना अच्छा है।" यह नारा किसने दिया?
(क) व्यवहारवादी (ख) समाजवादी (ग) उत्तर-व्यवहारवादी (घ) अराजकतावादी

"It was better to be vague than non-relevantly by precise." This slogan was given by whom?
(a) Behaviouralist (b) Socialist (c) Post-behaviouralist (d) Anarchist

उत्तर
(Answers)

1. (क) 2. (ख) 3. (ग) 4. (घ) 5. (क) 6. (ख) 7. (ग) 8. (घ) 9. (क)
10. (ख) 11. (ग) 12. (घ) 13. (क) 14. (ख) 15. (ग)

31

राजनीतिक व्यवस्था
(The Political System)

भूमिका (Introduction)

राजनीतिक व्यवस्था को अनेक नामों से पुकारा जाता है, जैसे—व्यवस्था उपागम (System Approach), व्यवस्था सिद्धान्त (System Theory), व्यवस्था विश्लेषण (System Analysis), निवेश-निर्गत प्रतिरूप (Input-Output Model) आदि। डेविड ईस्टन इसके प्रमुख प्रतिपादक हैं। आगे चलकर आमण्ड और एप्टर ने इस सिद्धान्त को आगे बढ़ाया। बीसवीं सदी में प्रथम और द्वितीय विश्वयुद्ध के बाद राजनीति विज्ञान में नये दृष्टिकोणों का जन्म हुआ। राज्य और सरकार के साथ-साथ जाति, वर्ग, धर्म, शिक्षा, आदि का अध्ययन भी आवश्यक समझा जाने लगा। राजनीति विज्ञान को अधिक वैज्ञानिक और क्रमबद्ध किया जाने लगा। इस सन्दर्भ में राजनीतिक व्यवस्था का विकास हुआ।

राजनीतिक व्यवस्था की उत्पत्ति के कारण
(Causes for the Origin of the Political System)

राजनीतिक व्यवस्था की उत्पत्ति में निम्नलिखित कारणों का हाथ रहा है:

1. **पुराने विचारों की अनुपयुक्तता** (Inadequacy of Old Concepts)—दूसरे विश्वयुद्ध के बाद राज्य, राष्ट्र, सरकार, संविधान जैसे शब्दों का प्रयोग एशिया और अफ्रीका में विभिन्न अर्थों में किया जाने लगा। इनके कार्य और व्यवहार में काफी अन्तर पड़ गया। अतः पुराने विचारों के स्थान पर नये दृष्टिकोण की आवश्यकता हुई।

2. **व्यापक ढाँचे की आवश्यकता** (Necessity of Comprehensive Framework)—प्राचीन और मध्यकालीन राजनीति विज्ञान केवल औपचारिक संस्थाओं, जैसे—राज्य और सरकार का अध्ययन करता था। आज अनौपचारिक संस्थानों, जैसे—परिवार, जाति वर्ग, धर्म, दबाव समूह, आदि का भी राजनीति पर काफी प्रभाव पड़ रहा है। अतएव उनका अध्ययन आवश्यक हो गया है।

3. **मुक्त दृष्टिकोण** (Free Approach)—आज की राजनीति साम्यवाद, समाजवाद, पूँजीवाद, लोकतन्त्र, तानाशाह, आदि से प्रभावित है। अतएव राजनीतिक विश्लेषण के लिए विचारधारा रहित या मुक्त दृष्टिकोण की आवश्यकता है जो समय, स्थान और विचारधारा से स्वतन्त्र हो।

4. **यथार्थवादी दृष्टिकोण** (Real Approach)—परम्परावादी राजनीति कल्पना और आदर्श पर आधारित थी। आज की राजनीति में यथार्थवादी दृष्टिकोण की आवश्यकता है। यथार्थवादी दृष्टिकोण के आधार पर ही तथ्यों को सही ढंग से समझा जा सकता है।

5. **वैज्ञानिक अध्ययन** (Scientific Study)–राजनीति को अधिक वैज्ञानिक बनाने के लिए राजनीतिक व्यवस्था का जन्म हुआ। उसका क्रमबद्ध अध्ययन आवश्यक हो गया। इसके लिए नये दृष्टिकोणों का आविष्कार किया गया।

राजनीतिक व्यवस्था का अर्थ या परिभाषा (Meaning or Definition of the Political System)

व्यवस्था शब्द भौतिक विज्ञानों से लिया गया है। भौतिक विज्ञानों के अन्तर्गत व्यवस्था का अर्थ सुपरिभाषित अन्तर्क्रियाओं के समूह से है जिसकी सीमाएँ निश्चित की जा सकें। दूसरे शब्दों में, समाज के अन्तर्गत क्रिया और प्रतिक्रिया पर आधारित तथा किन्हीं निश्चित नियमों से चालित जो सम्बन्ध होते हैं, उन्हें ही व्यवस्था कहा जाता है। राजनीतिक व्यवस्था का अर्थ राजनीतिक क्षेत्र में सक्रिय विभिन्न समुदायों और संगठनों से है तथा ये राजनीतिक व्यवस्थाएँ किसी न किसी रूप में सर्वत्र पायी जाती हैं। सार्वजनिक जीवन में भाग लेने वाले व्यक्ति इस व्यवस्था का निर्माण करते हैं। राजनीतिक व्यवस्था समाज व्यवस्था की उप-व्यवस्था है तथा राजनीतिक व्यवस्था में भी अनेक उप-व्यवस्थाएँ होती हैं।

विभिन्न विद्वानों ने राजनीतिक व्यवस्था की परिभाषा निम्न रूप से दी है:

1. **आमण्ड और कोलमैन** (Almond and Coleman) के अनुसार, "राजनीतिक व्यवस्था समाज में वैध व्यवस्था बनाए रखने वाली या परिवर्तन लाने वाली पद्धति है।"[1]

2. **जीन ब्लोण्डेल** (Jean Blondel) के शब्दों में, "राजनीतिक व्यवस्था का निर्धारण इस आधार पर होता है कि कौन शासन करता है, किस रूप में शासन करता है तथा किस उद्देश्य से शासन करता है।"[2]

3. **रॉबर्ट डाल** (Robert Dahl) के अनुसार, "राजनीतिक व्यवस्था मानव-सम्बन्धों का वह स्थायी समरूप है जिसके अन्तर्गत शक्ति, नियम या सत्ता महत्वपूर्ण मात्रा में अन्तर्ग्रस्त हों।"[3]

4. **डेविड ईस्टन** (David Easton) के शब्दों में, "किसी समाज में पारस्परिक क्रियाओं की ऐसी व्यवस्था को, जिससे उस समाज में बाध्यकारी या अधिकारपूर्ण नीति निर्धारण होते हैं, राजनीतिक व्यवस्था कहा जाता है।"[4]

बाद में, **डेविड ईस्टन** ने राजनीतिक व्यवस्था की अधिक स्पष्ट परिभाषा इस प्रकार दी है:

"राजनीतिक व्यवस्था स्वयं में परिपूर्ण सत्ता है जो उस वातावरण या परिवेश, जिससे वह घिरी हुई होती है और जिसके अन्तर्गत वह प्रचलित होती है, स्पष्टतः पृथक्करणीय होती है।"

5. **आमण्ड तथा पावेल** (Almond & Powell) के अनुसार, "राजनीतिक व्यवस्था से इसके अंगों की अन्तर्निर्भरता और इसके पर्यावरण में किसी न किसी प्रकार की सीमा का बोध होता है।"

उपर्युक्त परिभाषाओं से यह स्पष्ट है कि राजनीतिक व्यवस्था एक ऐसी उप-व्यवस्था है जिसके विभिन्न भाग एक-दूसरे से सम्बन्धित होते हैं। एक भाग में परिवर्तन होने से सम्पूर्ण व्यवस्था प्रभावित होती है।

---

1. "The political system is the legitimate order, maintaining or transforming system in the society."—Almond & Coleman
2. Jean Blondel, *An Introduction to Comparative Government*.
3. "A political system is any persistent pattern of human relationships that involves to a significant extent-power, rule or authority."—Robert Dahl
4. "Political system of interactions in any society through which finding and authoritative allocation of values are made implemented."—David Easton

राजनीतिक व्यवस्था की आधारभूत विशेषताएँ या गुण
(Basic Features or Qualifications of the Political System)

आमण्ड तथा पावेल के अनुसार राजनीतिक व्यवस्था की निम्नलिखित आधारभूत विशेषताएँ या गुण हैं:

1. **व्यापकता** (Wideness)–व्यापकता का अर्थ है–राजनीतिक व्यवस्था के अन्तर्गत सभी परस्पर-क्रियाओं को सम्मिलित किया जाता है अर्थात् राज्य और सरकार के साथ-साथ परिवार, जाति, धर्म, दबाव समूह, आदि सभी का अध्ययन किया जाता है।

2. **अंगों में पारस्परिक-निर्भरता** (Interdependence of Parts)–अंगों की पारस्परिक-निर्भरता का अर्थ यह है कि जब किसी व्यवस्था में किसी अंग के गुणों में परिवर्तन होता है तो इस परिवर्तन का प्रभाव उस व्यवस्था के अन्य सभी अंगों पर पड़ता है, जैसे–मानव शरीर एक व्यवस्था है। जब शरीर के किसी एक अंग में पीड़ा होती है तो उसका प्रभाव सम्पूर्ण शरीर पर पड़ता है।

3. **सीमाएँ** (Limitations)–सीमाओं का यह अर्थ है कि प्रत्येक व्यवस्था किसी एक बिन्दू से प्रारम्भ होती है और किसी एक निश्चित स्थान पर उसका अन्त होता है। राजनीतिक व्यवस्था की सीमा का अर्थ नागरिकों और मतदाताओं, आदि की अन्तःकार्यकारी भूमिकाओं से है। राजनीतिक सीमा में लोग उस समय आते हैं जब वे गैर-राजनीतिक क्रियाओं को छोड़कर राजनीतिक गतिविधियों में भाग लेते हैं, जैसे–एक किसान मतदान के समय राजनीतिक सीमा के अन्तर्गत आ जाता है।

राजनीतिक व्यवस्था की सीमा लचीली होती है। यह सिकुड़ती और फैलती रहती है। युद्ध या चुनाव के समय राजनीतिक व्यवस्था की सीमा फैल जाती है तथा पूर्ण शान्ति के समय सिकुड़ जाती है।

4. **पर्यावरण** (Environment)–प्रत्येक राजनीतिक व्यवस्था स्वयं स्वतन्त्र न होकर पर्यावरणों–आर्थिक, सामाजिक, सांस्कृतिक से घिरी होने के कारण प्रभावित होती है। राजनीति इस पर्यावरण के अन्तर्गत कार्य करती है। इसके अन्तर्गत निवेश (Input), निर्गत (Output) और प्रति-सम्भरण (Feedback) की क्रिया होती रहती है।

5. **बाध्यकारी शक्ति** (Binding Force)–राजनीतिक व्यवस्था के पास बाध्यकारी शक्ति होती है जिसके आधार पर लोगों को इसके नियमों और कानूनों को मानने के लिए बाध्य किया जा सकता है।

वस्तुतः राजनीतिक व्यवस्था में व्यवस्थापिका, कार्यपालिका और न्यायपालिका के साथ वे सभी संरचनाएँ आ जाती हैं जो राजनीतिक भूमिकाओं से सम्बन्धित होती हैं, जैसे–राजनीतिक दल, दबाव समूह, प्रदर्शन, संचार, आदि।

राजनीतिक व्यवस्था की सामान्य विशेषताएँ
(General Features of the Political System)

राबर्ट डाल के अनुसार राजनीतिक व्यवस्था की कुछ सामान्य विशेषताएँ निम्नांकित हैं:

1. **राजनीतिक स्त्रोतों का असमान वितरण** (Unequal Distribution of Political Resources)–प्रत्येक व्यवस्था में राजनीतिक स्त्रोतों का असमान वितरण होता है। राजनीतिक स्त्रोतों के द्वारा एक व्यक्ति दूसरे के राजनीतिक व्यवहार के अन्तर्गत कुछ लोग सरकार की नीतियों और निर्णयों को प्रभावित करने के लिए अधिक चेष्टा करते हैं। शासकीय निर्णयों, नियमों और नीतियों को प्रभावित करने की क्षमता का ही नाम राजनीतिक प्रभाव है।

2. **राजनीतिक प्रभाव प्राप्त करने की चेष्टा** (Attempt to Gain Political Influence)–राजनीतिक व्यवस्था के अन्तर्गत कुछ लोग सरकार की नीतियों और निर्णयों को प्रभावित करने के लिए अधिक चेष्टा करते हैं। शासकीय निर्णयों, नियमों और नीतियों को प्रभावित करने की क्षमता का ही नाम राजनीतिक प्रभाव है।

3. **राजनीतिक प्रभाव का असमान वितरण** (Unequal Distribution of Political Influence)–राजनीतिक व्यवस्था के अन्तर्गत राजनीतिक प्रभाव का असमान वितरण होता है। इसका प्रमुख कारण राजनीतिक साधनों का असमान वितरण है। कुछ व्यक्तियों के पास राजनीतिक साधन अधिक होते हैं जिनके द्वारा वे सरकार को प्रभावित कर सकते हैं।

4. **संघर्षपूर्ण उद्देश्यों का समाधान** (Resolution of Conflicting Aims)–प्रत्येक राजनीतिक व्यवस्था के अन्तर्गत रहने वाले व्यक्तियों के उद्देश्यों में भेद होता है और यह भेद उनमें परस्पर-संघर्ष की स्थिति को जन्म देता है। राजनीतिक व्यवस्था में विभिन्न साधनों द्वारा इस संघर्ष को दूर किया जाता है। इसके लिए मध्यस्थता, पंच निर्णय और समझाने-बुझाने, आदि के साधनों का प्रयोग किया जाता है। राज्य संघर्षों को दूर करने के लिए बाध्यकारी साधनों का भी प्रयोग होता है।

5. **औचित्यपूर्णता की प्राप्ति** (Acquisition of Legitimacy)–प्रत्येक राजनीतिक व्यवस्था में नेताओं द्वारा विरोधी हितों और माँगों का समाधान करने के लिए भय, शक्ति, हिंसा या दण्ड के स्थान पर नैतिकता को अधिक महत्व देते हैं। औचित्यपूर्णता का अर्थ है–लोगों में विश्वास पैदा करना तथा समस्या का समाधान नैतिकता और विश्वास के आधार पर करना।

6. **विचारधारा का विकास** (Development of Ideology)–राजनीतिक व्यवस्था के अन्तर्गत एक सामान्य विचारधारा का विकास किया जाता है जो सभी के लिए हितकारी होती है। वस्तुतः प्रत्येक राजनीतिक व्यवस्था में लोगों की विभिन्न विचारधाराएँ हो सकती हैं लेकिन यदि राजनीतिक व्यवस्था द्वारा अपनायी गयी विचारधारा को अधिकांश लोग मानें, तो यह उस व्यवस्था का आधार बन सकती है।

7. **अन्य राजनीतिक व्यवस्थाओं का प्रभाव** (Impact of other Political Ideologies)–एक राजनीतिक व्यवस्था का प्रभाव दूसरी राजनीतिक व्यवस्थाओं पर पड़ता है। कोई भी राजनीतिक व्यवस्था अलग अस्तित्व नहीं रखती है। उस पर अतीत का भी प्रभाव पड़ता है। राजनीतिक व्यवस्था का संचालन अन्तर्राष्ट्रीय सन्धियों और समझौतों को ध्यान में रखकर किया जाता है।

8. **परिवर्तन का प्रभाव** (Influence of Change)–कोई भी राजनीतिक व्यवस्था स्थिर नहीं होती। समय और परिस्थितियों के अनुसार उसमें परिवर्तन होता रहता है। अतएव प्रत्येक राजनीतिक व्यवस्था परिवर्तनशील है। प्लेटो ने अपने आदर्श राज्य के सम्बन्ध में भी कहा था, "प्रत्येक चीज जो प्रारम्भ होती है, उसका अन्त भी होता है। यहाँ तक कि तुम्हारा संविधान भी हमेशा नहीं चलता रहेगा, वरन् कालान्तर में कुछ नष्ट हो जाएगा।"

डेविड ईस्टन के व्यवस्था उपागम या निवेश-निर्गत प्रतिरूप
(The System Approach or Input-Output Model of David Easton)

भूमिका (Introduction)

डेविड ईस्टन के व्यवस्था उपागम को अनेक नामों से पुकारा जाता है, जैसे–व्यवस्था सिद्धान्त (System Theory), व्यवस्था विश्लेषण (System Analysis), राजनीतिक व्यवस्था (Political System) और निवेश-निर्गत प्रतिरूप (Input-output Model), आदि। डेविड ईस्टन को व्यवस्था उपागम का जनक माना जाता है। एक लेखक ने कहा है कि डेविड ईस्टन पहला प्रमुख राजनीतिशास्त्री था जिसने व्यवस्था विश्लेषण उपागम के आधार पर राजनीति के अध्ययन के लिए उसे मानव विज्ञान या समाजशास्त्र से ज्यों-का-त्यों लेने के बदले में स्वतन्त्र व्यवस्थित संरचना का विकास किया।

1953 में डेविड ईस्टन ने अपनी पुस्तक *Political System* में पहली बार व्यवस्था उपागम का उल्लेख किया। 1965 में *A Framework for Political Analysis* and *A System's Analysis of Political Life* पुस्तकों का प्रकाशन हुआ जिनके अन्तर्गत व्यवस्था उपागम की स्पष्ट और विस्तारपूर्वक व्याख्या की गयी। ईस्टन ने अनेक शोध निबन्ध भी लिखे। उनका उद्देश्य राजनीतिक विज्ञान में एक सामाजिक सिद्धान्त का विकास करना है जिसके लिए उन्होंने व्यवस्था उपागम को अपनाया।

व्यवस्था उपागम का अर्थ एवं परिभाषा (Meaning and Definition of the System Approach)

डेविड ईस्टन के व्यवस्था उपागम या निवेश-निर्गत प्रतिरूप राजनीतिक विज्ञान में एक मौलिक देन है। उपागम आँकड़ों का संग्रह करने, उनकी संकल्पना करने, उन्हें संहिताबद्ध करने तथा उनके जोड़-तोड़ करने का ढाँचा है। कुछ विद्वानों ने ईस्टन के व्यवस्था उपागम की व्याख्या निम्न रूप से की है:

1. **यंग** (Young) के अनुसार, "यह (निवेश-निर्गत) उपागम एक बड़ा व्यवस्थात्मक उपागम है। इसकी विशेषता यह है कि यह एक राजनीति शास्त्र की मौलिक दृष्टि का परिणाम है। इसे अन्य विषयों से आयातित नहीं किया गया है।"

2. **मीहान** (Meihan) के शब्दों में, "ईस्टन राजनीति विज्ञान का सर्वाधिक सुसंगत और सुव्यवस्थित प्रकार्यवादी है (भले ही वह स्वयं को प्रकार्यवादी मानने से इन्कार करता हो) जिसने व्यवस्था उपागम का राजनीति में प्रयोग किया। व्यवस्था उसके विश्लेषण की आधारभूत इकाई है। वह अपनी शोध रचनाओं में अन्तर (Inter) तथा आन्तर (Intra) व्यवस्थाओं के व्यवहार का अध्ययन करता है। इस प्रकार उसका व्यवस्था उपागम सामान्य व्यवस्था सिद्धान्त के निकट है। लेकिन, वह व्यवस्था उपागम का सृजनात्मक पक्ष ही ग्रहण करता है और उसको विशिष्ट समस्याओं या व्यस्थाओं के विश्लेषण में प्रयुक्त नहीं करता है। उसके लिए व्यवस्था विचारात्मक, विश्लेषणात्मक या अमूर्त धारणा है। ईस्टन इस उपागम के माध्यम से एक ऐसा अवधारणात्मक विचार बन्ध प्रस्तुत करता है जो ईस्टन के अनुसार सम्पूर्ण राजनीतिक जीवन के लिए एक सामान्य सिद्धान्त के रूप में प्रकट होने की सम्भावनाएँ रखता है।"

3. **डेविड ईस्टन** (David Easton) के अनुसार, "राजनीतिक पद्धति संस्थाओं और प्रतिक्रियाओं का एक जटिल समूह है जो समाज के भीतर आधिकारिक मूल्यों का विनियोजन करती है।"

दूसरे शब्दों में, ईस्टन के अनुसार राजनीतिक व्यवस्था अन्त:क्रियाओं का ऐसा समूह है जिसके अन्तर्गत माँगों को निर्गत में बदला जाता है। किसी भी व्यवस्था को जीवित रखने के लिए यह आवश्यक है कि उसमें निरन्तर निवेश होता है। निवेश के बिना कोई भी व्यवस्था कार्य नहीं कर सकती है तथा निर्गत के बिना उसके कार्यों को समझा नहीं जा सकता।

व्यवस्था उपागम की मुख्य विशेषताएँ (Main Features of the System Approach)

डेविड ईस्टन के व्यवस्था उपागम की निम्नलिखित विशेषताएँ उल्लेखनीय हैं:

1. राजनीतिक पद्धति सामाजिक पद्धति का ही एक अंग है। इसके द्वारा ही समाज के लिए मूल्यों का निर्धारण किया जाता है।
2. राजनीतिक पद्धति में अनुक्रियाशीलता (Responding) और स्वचालित पद्धति (Self-regulation system) वर्तमान रहती है जिससे वह अपनी प्रक्रियाओं तथा संरचनाओं में परिवर्तन करने में समर्थ होती है।
3. राजनीतिक पद्धति आन्तरिक और बाहरी दोनों प्रकार के पर्यावरणों से घिरी रहती है।
4. राजनीतिक पद्धति के निवेशों और निर्गतों में उचित सन्तुलन बने रहने की स्थिति में ही राजनीतिक पद्धति स्थिर अवस्था में रह सकती है।

5. राजनीतिक पद्धति एक खुली पद्धति होती है जिस पर पर्यावरण के कारणों का प्रभाव पड़े बिना नहीं रहता है।

6. राजनीतिक पद्धति स्थिर नहीं, गतिशील होती है।

व्यवस्था उपागम या निवेश-निर्गत उपागम के प्रमुख आधार (Main Bases of the System Approach)

डेविड ईस्टन व्यवस्था उपागम या निवेश-निर्गत प्रतिरूप की व्याख्या निम्नलिखित रूप से की जा सकती है:

1. **राजनीतिक व्यवस्था** (Political System)–डेविड ईस्टन राजनीति का अध्ययन एक व्यवस्था के रूप में करता है। इस व्यवस्था का निर्माण उन व्यक्तियों द्वारा होता है जो नीति का निर्माण और कार्यान्वयन करते हैं। राजनीतिक व्यवस्था सामाजिक व्यवस्था का एक अंग है। ईस्टन का मत है कि राजनीतिक पद्धति तथा पर्यावरण के बीच विनिमय और लेन-देन का काम चलते रहता है। राजनीतिक व्यवस्था बाध्यकारी होने पर भी, अपने पर्यावरण से सदा प्रभावित होती रहती है।

2. **पर्यावरण** (Environment)–प्रत्येक राजनीतिक पद्धति पर्यावरण से प्रभावित होती है। पर्यावरण को दो भागों में बाँटा जा सकता है–समाज के भीतर का और समाज के बाहर का। समाज के भीतर के पर्यावरण में सामाजिक संरचना, संस्कृति, अर्थव्यवस्था या व्यक्तित्व आते हैं जो समाज के कार्यकारी टुकड़े माने जाते हैं। समाज से बाहर के पर्यावरण के अन्तर्गत–अन्तर्राष्ट्रीय अर्थव्यवस्था, अन्तर्राष्ट्रीय राजनीतिक पद्धति और अन्तर्राष्ट्रीय संस्कृति, आदि आती हैं। राजनीतिक पद्धति से बाहर दोनों पर्यावरणों में निवास करने वाली विभिन्न पद्धति मिलकर सम्पूर्ण पर्यावरण को बनाती हैं।

3. **निवेश** (Input)–राजनीतिक पद्धति एक ऐसे वातावरण (पर्यावरण) में काम करती है जहाँ उसके ऊपर अनेक प्रकार के प्रभाव सामाजिक, जातीय, राष्ट्रीय, राजनीतिक, धार्मिक, आर्थिक और अन्तर्राष्ट्रीय, आदि हो सकते हैं। वस्तुत: सम्पूर्ण वातावरण में जिस किसी भी तरह का प्रभाव राजनीतिक पद्धति पर पड़ता है, उसे निवेश कहा जाता है।

निवेश दो प्रकार का होता है–(क) माँग, और (ख) समर्थन।

(क) माँग (Demand)–वातावरण के उन प्रभावों को माँग कहा जाता है जो राजनीतिक पद्धति पर किसी न किसी प्रकार का दबाव डालते हैं जिससे राजनीतिक पद्धति दूसरी दिशा की ओर उन्मुख होती है।

माँग दो प्रकार की होती है–विशिष्ट माँग और सामान्य माँग। विशिष्ट माँग का सम्बन्ध किसी निश्चित क्षेत्र, उद्देश्य और विषय से होता है, जैसे–बाढ़ के समय बाँध का निर्माण करना।

सामान्य माँग के अन्तर्गत अनेक माँगे उभरती हैं। यह विचाराधारा के रूप में सामने आती हैं। इन माँगों का उद्देश्य समाज में आमूल परिवर्तन लाना होता है।

(ख) समर्थन (Support)–राजनीतिक व्यवस्था में कार्यों का जनता द्वारा समर्थन आवश्यक है। बिना जनता के समर्थन के माँगों का कोई मूल्य नहीं रहता है। माँगों के पीछे जनता के समर्थन रहने पर उनका प्रचण्ड प्रभाव राजनीतिक व्यवस्था पर पड़ता है। इसी क्रिया को निवेश कहते हैं।

समर्थन से निम्नलिखित लाभ होते हैं:

(i) समर्थन के द्वारा अधिकारियों का ध्यान माँगों की ओर आकर्षित किया जाता है।

(ii) समर्थन एक ऐसी कड़ी है जो राजनीतिक व्यवस्था को पर्यावरण से जोड़ती है।

(iii) समर्थन से शासन में स्थिरता आती है।

(iv) समर्थन सामाजिक एकता को सुरक्षित रखता है।

4. **निर्गत** (Output)–जनता की माँग और समर्थन के आधार पर सरकार द्वारा जो निर्णय लिए जाते हैं उन्हें निर्गत कहते हैं। इसी निर्गत के कारण कोई भी राजनीतिक व्यवस्था प्रभावित होती है। यह निर्णय व्यवस्थापिका, कार्यपालिका, न्यायपालिका या विभिन्न आयोगों द्वारा लिए जाते हैं।

निर्गत भी निम्न दो प्रकार का होता है–(i) आधिकारिक निर्गत (Authorative Output) और (ii) सम्बद्ध निर्गत (Associated Output)। आधिकारिक निर्गत बाध्यकारी होता है, जबकि सम्बद्ध निर्गत बाध्यकारी नहीं।

5. **पुनर्निवेशन या प्रतिसम्भरण प्रक्रिया** (Feedback Process)–शासक वर्ग के कारण जनता में एक प्रतिक्रिया होती है और जिन साधनों के द्वारा वातावरण पर प्रभाव पड़ता है, उसे पुनर्निवेशन प्रक्रिया कहते हैं। दूसरे शब्दों में, निर्गत का उद्देश्य जनता की आवश्यकताओं को पूरा करना होता है। राजनीतिक व्यवस्था के निर्गत से जनता की आवश्यकताओं की पूर्ति हुई या नहीं या जनता में इस सम्बन्ध में क्या प्रतिक्रिया हुई? इस सम्बन्ध में जो सूचनाएँ शासक वर्ग के पास आती हैं, उन्हें पुनर्निवेशन या प्रतिसम्भरण प्रक्रिया कहते हैं।

इस प्रकार निवेश अर्थात् माँग और समर्थन के आधार पर निर्गत का जन्म होना और फिर पुनर्निवेशन प्रक्रिया के रूप में राजनीतिक व्यवस्था का कार्य निरन्तर चलता रहता है। यही डेविड ईस्टन की राजनीतिक व्यवस्था या निवेश-निर्गत विश्लेषण है।

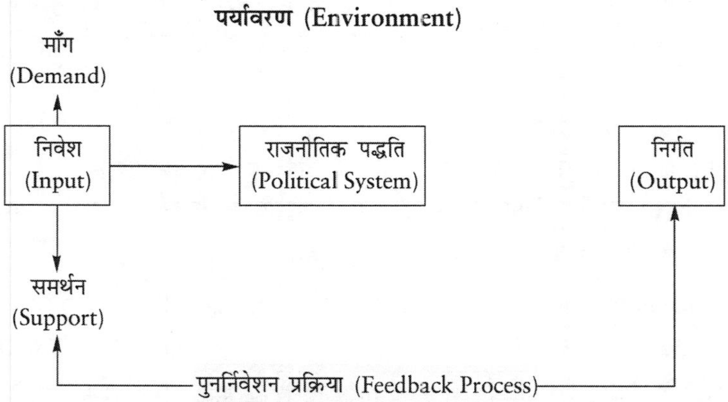

डेविड ईस्टन के व्यवस्था उपागम को निम्नलिखित चित्र द्वारा अधिक स्पष्ट किया जा सकता है:

डेविड ईस्टन व्यवस्था उपागम या निवेश-निर्गत उपागम
(David Easton's system Approach or Input-Output Approach)

ईस्टन के व्यवस्था उपागम का महत्व या लाभ (Importance or Advantages of Easton's System Approach)

इसके निम्नलिखित महत्व या लाभ हैं:

1. व्यवस्था उपागम सम्पूर्ण राजनीतिक व्यवस्था पर ध्यान केन्द्रित करता है।
2. यह राजनीतिक व्यवस्थाओं के गत्यात्मक विश्लेषण का मार्ग प्रशस्त करता है।
3. इसके माध्यम से राजनीतिक व्यवस्था में तुलना और विश्लेषण का प्रयोग किया जाता है।
4. इससे राजनीतिक व्यवस्था में परिवर्तन और विकास की दिशा का पता लगाया जा सकता है।
5. इसके आधार पर राजनीतिक व्यवस्था की क्षमता का पता लगाया जा सकता है।

6. यह अवधारणा विकास की गति का भी संकेत देने में समर्थ है।
7. यह तुलनात्मक विश्लेषण की श्रेष्ठतम तकनीक है।

ईस्टन के व्यवस्था उपागम की आलोचना (Criticism of Easton's System Approach)

डेविड ईस्टन के व्यवस्था उपागम की निम्नलिखित आलोचनाएँ उल्लेखनीय हैं:

1. डेविड ईस्टन ने मशीनों के चक्का को भी प्रतिक्रिया का आधार माना है। वस्तुत: मशीन व्यक्ति का स्थान नहीं ले सकती। अतएव मशीन पर आधारित ईस्टन का विश्लेषण ठीक नहीं है।
2. ओ. आर. यंग ने अपनी पुस्तक *System of Political Science* में ईस्टन के व्यवस्था उपागम को कोरावादी बताया है।
3. व्यवस्था उपागम राजनीतिक अभिजन वर्ग का अध्ययन करता है, सामान्य जनता का नहीं।
4. व्यवस्था उपागम इस अध्ययन पर जोर देता है कि शासन में परिवर्तन के बावजूद राजनीतिक पद्धति अपने को किस प्रकार बनाए रखती है।
5. व्यवस्था उपागम सम्पूर्ण का अध्ययन नहीं करके, भाग का ही अध्ययन करता है।
6. यह राजनीतिक व्यवस्था के विकास के विभिन्न चरणों पर प्रकाश नहीं डालता है।
7. इसके अन्तर्गत नियन्त्रण, शक्ति और प्रभाव जैसे अवधारणाओं की उपेक्षा की गयी है।
8. ईस्टन की व्यवस्था में कभी-कभी वास्तविक माँगों की पूर्ति नहीं हो पाती क्योंकि इस व्यवस्था में प्रशासकीय अधिकारी माँगों की पूर्ति में मनमानी करने लगते हैं।
9. इस प्रक्रिया में क्रमबद्धता की कमी पायी जाती है क्योंकि निवेश और निर्गत के बाद पुन: जनता की माँगों पर कभी ध्यान दिया जाता है।
10. इसमें पुनर्निवेशन प्रक्रिया की उपेक्षा की गयी है।

निष्कर्ष—उपर्युक्त तथ्यों के आधार पर यह कहा जा सकता है कि डेविड ईस्टन का व्यवस्था उपागम राजनीति विज्ञान के क्षेत्र में एक मौलिक देन है। ईस्टन की राजनीतिक व्यवस्था परम्परावादी राजनीतिक से हटकर एक नवीन दृष्टिकोण को जन्म देती है। परम्परावादी राजनीतिक राज्य, सरकार और आदर्शवाद पर आधारित थी लेकिन डेविड ईस्टन ने राजनीतिक व्यवस्था के द्वारा राजनीति को वास्तविकता के धरातल पर लाकर खड़ा किया है। वास्तविक रूप में राजनीतिक में क्या हो रहा है? ईस्टन का व्यवस्था उपागम इसे समझने में मदद करता है। इसके द्वारा प्राचीन, आधुनिक, छोटा, बड़ा, प्रजातन्त्रीय, तानाशाही, राष्ट्रीय एवं अन्तर्राष्ट्रीय सभी समस्याओं का अध्ययन आसानी से किया जा सकता है। अतएव आधुनिक राजनीतिक में ईस्टन का व्यवस्था उपागम या निवेश-निर्गत विश्लेषण एक महत्वपूर्ण स्थान रखता है।

प्रश्न
(Questions)

1. राजनीतिक व्यवस्था क्या है? इसकी प्रमुख विशेषताओं का वर्णन कीजिए।
   What is political system? Describe its main features.
2. राजनीतिक व्यवस्था पर एक लेख लिखिए।
   Write an essay on the political system.

3. डेविड ईस्टन के व्यवस्था उपागम की विवेचना कीजिए।
   Discuss David Easton's system approach.
4. डेविड ईस्टन के निवेश-निर्गत उपागम की समीक्षा कीजिए।
   Examine the Input-Output approach of David Easton.
5. डेविड ईस्टन के व्यवस्था उपागम क्या है? इसके प्रमुख आधारों का वर्णन कीजिए।
   What is David Easton's system approach? Describe its main premises.

वस्तुनिष्ठ प्रश्न
(Objective Questions)

1. राजनीतिक व्यवस्था के प्रमुख प्रतिपादक कौन हैं?
   (क) डेविड ईस्टन (ख) लासवेल (ग) रॉबर्ट डाल (घ) आमण्ड
   Who is the main propounder of the Political System?
   (a) David Easton (b) Lasswell (c) Robert Dahl (d) Almond
2. राजनीतिक व्यवस्था अनेक नामों से पुकारा जाता है? इनमें कौन सही नहीं हैं?
   (क) व्यवस्था सिद्धान्त (ख) समूह सिद्धान्त (ग) व्यवस्था विश्लेषण (घ) निवेश-निर्गत प्रतिरूप
   The Political System is called by many names. Which one of the following is not correct?
   (a) System theory (b) Group theory (c) System analysis (d) Input-output Model
3. "राजनीतिक व्यवस्था समाज में वैध व्यवस्था बनाए रखने वाली या परिवर्तन लाने वाली पद्धति है।" यह किसने कहा?
   (क) रॉबर्ट डाल (ख) डेविड ईस्टन (ग) आमण्ड और कोलमैन (घ) आमण्ड और वर्बा
   "The Political System is the legitimate order, maintaining or transforming system in society." Who said this?
   (a) Robert Dahl (b) David Easton (c) Almond and Coleman (d) Almond and Verba
4. "राजनीतिक व्यवस्था का निर्धारण इस आधार पर होता है कि कौन शासन करता है, किस रूप में शासन करता है तथा किस उद्देश्य से करता है।" यह किसने कहा?
   (क) आमण्ड (ख) कोलमैन (ग) डेविड ईस्टन (घ) जीन ब्लोण्डेल
5. *एन इंट्रोडक्शन टू कम्पेरिटिव गवर्नमेण्ट* पुस्तक के लेखक कौन हैं?
   (क) जीन ब्लोण्डेल (ख) आमण्ड (ग) कोलमैन (घ) डेविड ईस्टन
   Who is the author of the book *An Introduction to Comparative Government*?
   (a) Jean Blondel (b) Almond (c) Coleman (d) David Easton
6. "राजनीतिक व्यवस्था मानव-सम्बन्धों का वह स्थायी समरूप है जिसके अन्तर्गत शक्ति, नियम या सत्ता महत्वपूर्ण मात्रा में अन्तर्ग्रस्त हों।" यह किसने कहा?
   (क) कोलमैन (ख) रॉबर्ट डाल (ग) डेविड ईस्टन (घ) आमण्ड
   "A Political System is any persistent-pattern of human relationships that involves to a significant extent power, rule or authority." Who said this?
   (a) Coleman (b) Robert Dahl (c) David Easton (d) Almond

7. "किसी समाज में पारस्परिक क्रियाओं की ऐसी व्यवस्था को, जिससे उस समाज में बाध्यकारी या अधिकारपूर्ण नीति निर्धारण होते हैं, राजनीतिक व्यवस्था कहा जाता है।" यह किसने कहा?

(क) रॉबर्ट डाल (ख) कोलमैन (ग) डेविड ईस्टन (घ) आमण्ड

"Political System of interactions in any society through which finding and authoritative allocation of values are made implemented." Who said this?

(a) Robert Dahl (b) Coleman (c) David Easton (d) Almond

8. *पॉलिटिकल सिस्टम* ग्रंथ के रचयिता कौन हैं?

(क) आमण्ड (ख) पावेल (ग) कोलमैन (घ) डेविड ईस्टन

Who is the author of the book *Political System*?

(a) Almond (b) Powell (c) Coleman (d) David Easton

9. *सिस्टम ऑफ पॉलिटिकल साइन्स* पुस्तक के लेखक कौन हैं?

(क) यंग (ख) कोलमैन (ग) डेविड ईस्टन (घ) आमण्ड

Who is the author of the book *System of Political Science*?

(a) Young (b) Coleman (c) David Easton (d) Almond

उत्तर
(Answers)

1. (क) 2. (ख) 3. (ग) 4. (घ) 5. (क) 6. (ख) 7. (ग) 8. (घ) 9. (क)

32

संरचनात्मक-कार्यात्मक उपागम
(The Structural-Functional Approach)

भूमिका (Introduction)

द्वितीय विश्वयुद्ध के बाद राजनीति विज्ञान के क्षेत्र में महत्वपूर्ण परिवर्तन हुए। अमेरिकन विचारकों ने व्यवहारवादी दृष्टिकोण का प्रचार किया। व्यवहारवादी क्रान्ति ने विद्वानों का ध्यान आकृष्ट किया तथा बताया कि सबसे पहले जो घटनाएँ घट रही हैं; या जो समस्याएँ हमारे सामने हैं; उन्हीं का अध्ययन अति आवश्यक है। इससे प्लेटो तथा अरस्तू के परम्परागत विचारों पर आघात पहुँचा एवं राजनीति विज्ञान में नये दृष्टिकोण का विकास हुआ। इस सन्दर्भ में निम्नलिखित विशेष रूप से उल्लेखनीय हैं:

1. डेविड ईस्टन का व्यवस्था विश्लेषण (The System Approach of David Easton)
2. आमण्ड का संरचनात्मक-कार्यात्मक दृष्टिकोण (Almond's Structural-Functional Approach)
3. निर्णयकारी दृष्टिकोण (Decision-making Approach)
4. समूह सिद्धान्त (Group Theory)

सर्वप्रथम राजनीति विज्ञान में क्षेत्र में डेविड ईस्टन ने पद्धति विश्लेषण (System Analysis) या निवेश-निर्गत (Input-Output) सिद्धान्तों का विश्लेषण किया लेकिन इससे विद्वानों को सन्तोष नहीं हुआ। इसकी प्रतिक्रियास्वरूप आमण्ड ने संरचनात्मक-कार्यात्मक दृष्टिकोण के सिद्धान्त की रचना की जो अपने आप में एक विशेष महत्व रखता है।

संरचनात्मक-कार्यात्मक दृष्टिकोण का अर्थ
(Meaning of the Structural-Functional Approach)

संरचनात्मक-कार्यात्मक दृष्टिकोण इस बात की व्याख्या करता है कि कौन-सी संरचना (संगठन) या राजनीतिक व्यवस्था के अन्तर्गत कौन-से कार्यों का सम्पादन करती है। यह दृष्टिकोण दो शब्दों से बना है:

(क) संरचना (Structure), तथा

(ख) कार्य (Function)।

(क) संरचना का अर्थ (Meaning of Structure)

राजनीतिक पद्धति में क्रियाओं के करने की व्यवस्था को संरचना कहते हैं। प्रत्येक राजनीतिक व्यवस्था में क्रियाओं के निष्पादन का भार विभिन्न संगठनों के ऊपर रहता है और इन्हीं संगठनों को संरचना कहा जाता है।

प्रत्येक संगठन को संरचना नहीं कहा जा सकता है। वैसे ही संगठन को संरचना का नाम दिया जा सकता है जो राजनीतिक व्यवस्था को बनाए रखने की क्रिया को नियमित रूप से निष्पादित करता है, जैसे–संसद, कार्यपालिका, गतिशील मशीन की तरह सदा कार्य करती रहती हैं। मार्टन और यंग ने संरचना की व्याख्या इसी अर्थ में की है और किसी भी राजनीतिक पद्धति के लिए उसका रहना आवश्यक बताया है।

(ख) कार्य का अर्थ (Meaning of Function)

राजनीतिक व्यवस्था में संरचना या संगठन द्वारा जो कार्य स्थायी रूप से किए जाते हैं, उन्हीं को कार्य की संज्ञा दी जाती है।

(i) **यंग** (Young) के शब्दों में, "कार्य क्रिया प्रतिमान की व्यवस्था के लिए, जिससे वह प्रचलित होता है, एक वस्तुनिष्ठ परिणाम है।"

(ii) **रॉबर्ट बोन** (Robert Bone) के अनुसार, "एक प्रकार की व्यवस्था को बनाए रखने और उसे विकसित करने के लिए किया जाने वाला क्रिया प्रतिमान जो नियमित रूप से चलता है, कार्य कहलाता है।"

सभी प्रकार के क्रिया प्रतिमानों को कार्य नहीं कहा जा सकता है। वैसी ही क्रियाओं को कार्य माना जाता है जो राजनीतिक पद्धति के अस्तित्व को बनाए रखने के लिए और इसके विकास के लिए आवश्यक होते हैं। जो कार्य राजनीतिक पद्धति के लिए घातक होते हैं, उन्हें कार्य-विकार्य (Dysfunction) की संज्ञा दी जाती है।

विद्वानों का कथन है कि कार्य शब्द का व्यवहार ही विभिन्न अर्थों में किया जाता है। कुछ संरचनाओं द्वारा स्पष्ट रूप से कार्य किए जाते हैं, उन्हें स्पष्ट कार्य कहते हैं। कुछ कार्य अस्पष्ट रूप से किए जाते हैं, उनको अव्यक्त कार्य (Latent Function) कहते हैं।

उसी प्रकार सभी संरचनाएँ समान रूप से कार्य नहीं करती हैं। एक ही प्रकार की संरचना विभिन्न देशों में विभिन्न प्रकार के कार्य करती हैं, जैसे–अमेरिकन काँग्रेस और भारतीय संसद दोनों एक ही प्रकार के संगठन हैं लेकिन दोनों के कार्यों में विभिन्नता पायी जाती है।

संरचनात्मक-कार्यात्मक दृष्टिकोण की विशेषताएँ (Features of the Structural-Functional Approach)

एलेन बॉल (Allen Ball) के अनुसार, सामान्य व्यवस्था सिद्धान्त के परिणामस्वरूप संरचनात्मक-कार्यात्मक दृष्टिकोण का जन्म हुआ। राजनीति में आमण्ड एवं पावेल ने इसका विशेष रूप से प्रयोग किया है और उन्होंने डेविड ईस्टन की तरह राजनीतिक व्यवस्था के चार लक्षण बताए हैं:

(i) राजनीतिक व्यवस्था के भागों से अन्त:निर्भरता,

(ii) राजनीतिक व्यवस्था की सीमा,

(iii) राजनीतिक व्यवस्था के पर्यावरण, और

(iv) राजनीतिक व्यवस्था द्वारा बाध्यकारी शक्ति का प्रयोग।

डेविड ईस्टन ने राजनीतिक व्यवस्था को निवेश-निर्गत (Input-Output) के रूप में समझने का प्रयास किया है, जबकि आमण्ड और पावेल ने इसे संरचनाओं और कार्यों (Structures and Functions) के आधार पर समझने का प्रयत्न किया है। संरचनात्मक-कार्यात्मक दृष्टिकोण की प्रमुख विशेषताएँ निम्नांकित हैं:

1. **सम्पूर्ण राजनीतिक व्यवस्था पर बल** (Emphasis on the Whole Political System)–डेविड ईस्टन की तरह आमण्ड भी राजनीतिक पद्धति को ही अपने विश्लेषण का मुख्य आधार मानता है लेकिन आमण्ड ने ईस्टन से भिन्न सम्पूर्ण राजनीतिक पद्धति को विश्लेषण का आधार बनाया है।

डेविड ईस्टन अपने विश्लेषण में राजनीतिक पद्धति से बाहर उत्पन्न होने वाली क्रियाओं को तब तक सम्मिलित करना पसन्द करता है जब तक वह समर्थनों के रूप में राजनीतिक पद्धति के पर्यावरण में प्रवेश नहीं करें। दूसरी ओर, आमण्ड अपने विश्लेषण में सीमा के बाहर भी जाना पसन्द करता है जिससे ठोस निष्कर्ष पर पहुँचा जा सके। इस प्रकार आमण्ड ईस्टन से एक कदम आगे बढ़ जाता है।

2. **विशिष्ट कार्यों की शर्त का प्रतिपादन** (Postulation of Particular Functions, Requested)–विशिष्ट कार्यों को करने के लिए ही विभिन्न संरचनाओं या संगठनों का गठन किया जाता है संगठनों से आशा की जाती है कि वे निर्धारित कार्यों का सम्पादन करते रहें जिससे राजनीतिक पद्धति में उनकी भूमिका महत्वपूर्ण बनी रही। आमण्ड यह स्वीकार करता है कि विभिन्न राजनीतिक पद्धतियों में कार्यों की समानता होते हुए भी संगठनों में विभिन्नताएँ पायी जाती हैं।

3. **विभिन्न संरचनाओं की कार्यात्मक अन्तःनिर्भरता** (Functional Interdependence of Diverse Structures)–आमण्ड के अनुसार राजनीतिक पद्धति में विद्यमान विभिन्न संरचनाओं में अन्तःनिर्भरता कार्यात्मक आध ार पर आधारित है। दूसरे शब्दों में, प्रत्येक संगठन दूसरे संगठन द्वारा सम्पादित कार्यों से प्रभावित होता रहता है। सभी संगठनों का उद्देश्य एक रहता है और इसके लिए वे एक-दूसरे पर निर्भर रहते हैं।

4. **संरचनात्मक प्रतिस्थापन्नता की मान्यता** (Recognition of Structural Substitutibility)–आमण्ड का कथन है कि प्रत्येक प्रद्धति में सांस्कृतिक विभिन्नताएँ वर्तमान रहती हैं इसलिए संरचनाओं में अन्तर पाया जाता है। दूसरे शब्दों में, कार्यों के सम्पादन के लिए विभिन्न राजनीतिक पद्धतियों में विभिन्न प्रकार की संरचनाओं का गठन किया जाता है। इस प्रकार संरचनाओं में परिवर्तन होता रहता है। एक संगठन के स्थान पर दूसरे संगठन का निर्माण किया जाता है। इसी को प्रतिस्थापन्नता कहते हैं।

5. **कार्यात्मक और विकार्यात्मक संरचनाओं की मान्यता** (Recognition of Functional and Dysfunctional Structure)–प्रत्येक राजनीतिक पद्धति में कार्य और विकार्य दोनों प्रक्रियाएँ चलती रहती हैं। राजनीतिक व्यवस्था के अन्तर्गत संगठन द्वारा निरन्तर कार्य किए जाते हैं लेकिन इसके साथ-साथ संगठनों द्वारा कुछ ऐसे भी कार्य होते रहते हैं जिनका बुरा प्रभाव राजनीतिक व्यवस्था पर पड़ता है जिन्हें विकार्य कहा जाता है।

वस्तुत: किसी भी राजनीतिक पद्धति में कार्य और विकार्य साथ-साथ चलते रहते हैं। अत: दोनों को मान्यताएँ देनी ही पड़ती हैं। संरचनात्मक दृष्टिकोण इस द्विमुखी कार्य को स्वीकार करता है।

आमण्ड एवं पावेल के संरचनात्मक-कार्यात्मक दृष्टिकोण का विश्लेषण
(Analysis of the Almond and Powell's Structural-Functional Approach)

भूमिका (Introduction)

जहाँ डेविड ईस्टन ने राजनीतिक पद्धति को माँगों, समर्थनों, निर्णयों और नीतियों के रूप में समझने का प्रयास किया है, वहाँ आमण्ड ने राजनीतिक पद्धति को संरचनात्मक और कार्यात्मक आधार पर समझने का प्रयास किया है। उसने सिद्धान्त को अधिक व्यापक बनाया है। उसने अपने सिद्धान्त की व्याख्या दो दृष्टिकोणों या पहलुओं से की है:

(क) संरचनात्मक पहलू (Structural Aspect)

आमण्ड का कथन है कि किसी भी राजनीतिक व्यवस्था में संगठन का महत्वपूर्ण स्थान है। संगठन के द्वारा नाना प्रकार के कार्य सम्पादित किए जाते हैं। इस प्रकार राजनीतिक व्यवस्था के लिए संगठन आवश्यक हैं तथा संगठन को जीवित रखने के लिए कार्यों का सम्पादन आवश्यक है। ये तीनों एक-दूसरे से सम्बन्धित हैं। संरचनात्मक पहलू के अन्तर्गत निम्नांकित तीन लक्षणों पर विचार किया जाता है:

1. **राजनीतिक संरचनाएँ** (Political Structures)–आमण्ड का कहना है कि संरचनाओं की व्याख्या केवल संस्थाओं के रूप में नहीं की जा सकती है, बल्कि राजनीतिक भूमिका के रूप में ही उसे अच्छी तरह समझा जा सकता है।

2. **राजनीतिक संस्कृति** (Political Culture)–आमण्ड के अनुसार राजनीतिक पद्धति में तीन मुख्य प्रवृत्तियाँ वर्तमान रहती हैं जिससे राजनीतिक संस्कृति का गठन होता है। इसमें राजनीतिक चेतना, भावात्मक अभिमुखीकरण और राजनीतिक समुदाय प्रमुख है।

3. **राजनीतिक अभिजन** (Political Elite)–संरचनात्मक पहलू के अन्तर्गत राजनीतिक अभिजनों की भूमिका पर विचार किया जाता है जिससे राजनीतिक संस्कृति में व्याप्त संघर्षों और विभेदों को दूर किया जाता है।

इस प्रकार आमण्ड ने संरचनात्मक पहलू के अन्तर्गत राजनीतिक संरचनाएँ, राजनीतिक संस्कृति और राजनीतिक अभिजन पर विचार किया है।

(ख) कार्यात्मक पहलू (Functional Aspect)

आमण्ड का कहना है कि प्रत्येक राजनीतिक पद्धति में स्थायित्व और परिवर्तन की प्रक्रिया चलती रहती है। उसके अनुसार कार्यात्मक पहलू के अन्तर्गत निम्नलिखित तीन प्रकार की प्रक्रियाएँ होती हैं:

1. निवेश,
2. रूपान्तर प्रक्रिया, तथा
3. निर्गत।

1. **निवेश** (Input)–(अ) **माँग** (Demand)–आमण्ड ने माँगों को चार भागों में बाँटा है:

(i) वस्तुओं और सेवाओं की वितरण सम्बन्धी माँगें।

(ii) व्यवहारों को नियन्त्रण करने सम्बन्धी माँगें।

(iii) राजनीतिक सहभागिता सम्बन्धी माँगें।

(iv) संचार सम्बन्धी माँगें।

(ब) **समर्थन** (Support)–आमण्ड ने माँगों की तरह समर्थन को भी चार भागों में बाँटा है:

(i) भौतिकवादी समर्थन–जिसमें कर देना आता है।

(ii) आज्ञाकारिता–इसके अन्तर्गत सरकार के आदेशों का पालन करना होता है।

(iii) सहभागिता समर्थन का अर्थ–मत प्रकट करना होता है।

(iv) श्रद्धात्मक समर्थन–जिसके अन्तर्गत शासकों का सम्मान करना होता है।

आमण्ड का कहना है कि राजनीतिक व्यवस्था में निवेशों की महत्वपूर्ण भूमिका होती है।

2. **रूपान्तर प्रक्रिया** (Conversion Process)–डेविड ईस्टन ने भी रूपान्तर प्रक्रिया का वर्णन किया है लेकिन आमण्ड ने इसको व्यवहारिक रूप देने का प्रयास किया है। आमण्ड के अनुसार रूपान्तर प्रक्रिया को दो भागों में बाँटा जा सकता है:

(अ) माँगों को निर्णय लायक बनाने की प्रक्रिया।

(ब) माँगों पर निर्णय होने की प्रक्रिया।

आमण्ड ने तीन कार्यात्मक प्रवर्गों को राजनीतिक स्तर पर रूपान्तर प्रक्रिया में मुख्य माना है, जैसे:

(अ) **हित-स्वरूपीकरण** (Interest Articulation)–यह वह प्रक्रिया है जिसमें व्यक्ति, समूह, संस्थाएँ अपनी माँगों को सरकार और राजनीतिक पद्धति के ध्यान देने योग्य बनाने का काम करते हैं। हित-स्वरूपीकरण के कार्य में हित समूह के प्रतिनिधि और संस्थाएँ संलग्न रहती है।

(ब) **हित-समूहीकरण** (Interest Aggregation)–इसके अन्तर्गत वैसे तरीके आते हैं जिनके द्वारा माँगें सत्ताधारियों के सामने विचार करने हेतु प्रस्तुत की जाती है।

(स) **राजनीतिक संचार** (Political Communication)–हर प्रकार की राजनीतिक अन्त:क्रियाओं में राजनीतिक संचार होता है।

आमण्ड के अनुसार शासकीय स्तर पर भी रूपान्तर प्रक्रिया के तीन चरण हैं:

(अ) कानून बनाना, (ब) कानून को लागू करना, और (स) कानून के आधार पर न्याय देना।

3. **निर्गत** (Output)–आमण्ड के अनुसार राजनीतिक पद्धति द्वारा लिए गए निर्णयों को निर्गत कहा जाता है। उसने निर्गत को भी चार भागों में विभाजित किया है, जैसे:

(अ) **निकालने वाले निर्गत** (Extractive Output)–इसके अन्तर्गत कर वसूली, व्यक्तिगत सेवा और राजनीतिक योगदान को सम्मिलित किया जाता है।

(ब) **विनियात्मक निर्गत** (Regulative Output)–इसमें मानव-व्यवहार को नियन्त्रित करने सम्बन्धी निर्गत आते हैं।

(स) **वितरण निर्गत** (Distributive Output)–इसमें सरकारी सेवाएँ, वस्तुओं और अनुदानों का आबंटन, आदि आते हैं।

(द) **प्रतीकात्मक निर्गत** (Symbolic Output)–मान्य मूल्य की पुष्टि करने वाली नीति घोषणाएँ सम्बन्धी निर्गत इसी श्रेणी में आते हैं।

उपयोगिता
(Utility)

आमण्ड का संरचनात्मक-कार्यात्मक सिद्धान्त की निम्नलिखित उपयोगिताएँ उल्लेखनीय हैं:

1. यह सिद्धान्त डेविड ईस्टन की तुलना में अधिक व्यापक है।
2. आमण्ड ने इस दृष्टिकोण का प्रयोग राजनीतिक विकास के सामान्य सिद्धान्त को प्रतिपादित करने में किया है।
3. इसमें वास्तविकता पर अधिक बल दिया गया है।
4. यह दृष्टिकोण राजनीतिक गत्यात्मक अनुशासन को अधिक स्पष्ट करता है।
5. यह राजनीतिक पद्धति के सभी पहलुओं पर प्रकाश डालता है।
6. यह तुलनात्मक राजनीति का अध्ययन सही ढंग से करता है।
7. इसके द्वारा सही निष्कर्ष निकाले जा सकते हैं और विज्ञान की तरह भविष्यवाणियाँ भी की जा सकती हैं।

आलोचना
(Criticism)

आमण्ड के संरचनात्मक-कार्यात्मक दृष्टिकोण की आलोचना निम्नलिखित रूप से की गयी है:

1. यह दृष्टिकोण रूढ़िवादी विचारों का समर्थक है।
2. आलोचकों का कहना है कि यह दृष्टिकोण मूल्यरहित है।
3. यह दृष्टिकोण इस प्रश्न का उत्तर देने में असमर्थ है कि राजनीतिक पद्धति में निरन्तर होने वाला परिवर्तन राजनीतिक पद्धति के लिए लाभदायक है या हानिकारक।
4. यह जानना कठिन हो जाता है कि कौन-सी संरचनाएँ कौन-से कार्य सम्पादन करती हैं।
5. यह सामाजिक पद्धति के विभिन्न पद्धतियों की अन्त:क्रियाओं की उपेक्षा करता है।

निष्कर्ष–उपर्युक्त दोषों के होते हुए भी संरचनात्मक-कार्यात्मक दृष्टिकोण राजनीतिक पद्धति के लिए अधिक उपयोगी है। यह ठीक ही कहा जाता है कि आमण्ड अपना अध्ययन वहाँ से प्रारम्भ करता है जहाँ डेविड ईस्टन समाप्त कर देता है। वस्तुत: आमण्ड का सबसे बड़ा योगदान यह है कि उसने पद्धति सिद्धान्त को व्यावहारिक-कार्यात्मक रूप दिया जिसे व्यवहार में पद्धति सिद्धान्त से भिन्न माना जाता है। कुछ विद्वानों का मत है कि राजनीति को परम्परागत जकड़नों से मुक्त कर एक नवीन और गत्यात्मक अनुशासन बनाने का श्रेय संरचनात्मक-कार्यात्मक दृष्टिकोण को है। एप्टर और एक्सटीन (Apter and Eckstein) ने कहा है कि "द्वितीय विश्वयुद्ध के बाद संरचनात्मक-कार्यात्मक उपागम का प्रयोग अधिकाधिक रूप में हुआ।"

प्रश्न
(Questions)

1. संरचनात्मक-कार्यात्मक उपागम की आलोचनात्मक विवेचना कीजिए।
   Examine critically the Structural-Functional Approach.
2. आधुनिक राजनीतिक विज्ञान में आमण्ड के संरचनात्मक-कार्यात्मक उपागम का मूल्यांकन कीजिए।
   Evaluate Almond's Structural-Functional Approach in modern political science.
3. संरचनात्मक-कार्यात्मक उपागम से आप क्या समझते हैं? इस उपागम के प्रमुख लक्षण क्या है?
   What do you mean by Structural-Functional Approach? What are the salient features of this approach?
4. आमण्ड एवं पावेल के संरचनात्मक-कार्यात्मक उपागम का विश्लेषण कीजिए।
   Analyse the Almond and Powell's Structural-Functional Approach.

वस्तुनिष्ठ प्रश्न
(Objective Questions)

1. "कार्य क्रिया प्रतिमान की व्यवस्था के लिए, जिससे वह प्रचलित होता है, एक वस्तुनिष्ठ प्रश्न है।" यह किसने कहा?
   (क) यंग (ख) आमण्ड (ग) रॉबर्ट बोन (घ) कोलमैन
2. "एक प्रकार की व्यवस्था को बनाए रखने और उसे विकसित करने के लिए किया जाने वाला क्रिया प्रतिमान जो नियमित रूप से चलता है, कार्य कहलाता है।" यह किसने कहा?
   (क) यंग (ख) राबर्ट बोन (ग) कोलमैन (घ) आमण्ड
3. संरचनात्मक-कार्यात्मक उपगम का प्रमुख प्रतिपादक कौन है?
   (क) कोलमैन (ख) डेविड ईस्टन (ग) आमण्ड (घ) लासवेल

Who is the main exponent of the Structural-Functional Approach?

(a) Coleman (b) David Easton (c) Almond (d) Lasswell

4. "द्वितीय विश्वयुद्ध के बाद संरचनात्मक-कार्यात्मक उपागम का प्रयोग अधिकाधिक रूप में हुआ।" यह किसने कहा?

(क) लासवेल (ख) आमण्ड और पावेल (ग) डेविड ईस्टन (घ) एप्टर और एक्सटीन

"The Structural-Functional Approach was profusely used after the Second World War." Who said this?

(a) Lasswell (b) Almond and Powell
(c) David Easton (d) Apter and Eckstein

उत्तर
(Answers)

1. (क) 2. (ख) 3. (ग) 4. (घ)

33

समूह सिद्धान्त
(Group Theory)

समूह सिद्धान्त की पृष्ठभूमि
(Background of the Group Theory)

राजनीति विज्ञान के क्षेत्र में समूह सिद्धान्त बीसवीं सदी की देन है। इसकी उत्पत्ति में अनेक दर्शनों का हाथ रहा है। समाजशास्त्र, शिक्षाशास्त्र, मनोविज्ञान और अर्थशास्त्र में एक नए दृष्टिकोण का अविर्भाव हो रहा था। समाजशास्त्र में समूह के अध्ययन पर विशेष बल दिया जा रहा था। वह समूहों की संरचना, प्रकार, महत्व, व्यवहार, समूह में व्यक्ति की भूमिका, नेतृत्व जैसे विषयों पर विचार कर रहा था।

शिक्षाशास्त्र में जॉन डेवी (John Dewey) ने कहा कि मनुष्य के व्यक्तित्व का अर्थ उसके सामूहिक क्रियाकलाप में ही प्रदर्शित होता है।

मनोविज्ञान में फ्रायड (Freud) के मनोविश्लेषण पर आधृत व्यक्ति की स्वतन्त्र इच्छा का खण्डन करेन हॉर्नी (Karen Horney) ने किया और कहा कि मनुष्य के व्यक्तित्व के निर्माण में सांस्कृतिक समूह का बहुत बड़ा हाथ रहता है।

अर्थशास्त्र में वेबलेन (Veblen), क्लार्क (Clark), एण्ड्रूज (Andrews) तथा अन्य विद्वानों ने आर्थिक समूहों, जैसे–बैंक, निगम और सहकारिता के अध्ययन पर जोर दिया, जो आर्थिक क्रियाओं का आधार समझा जाता है। राजनीति विज्ञान में समूह की धारणा का विकास बहुलवादियों ने किया है। समूहवाद की बौद्धिक जड़ें बहुलवाद में पायी जाती हैं। इंग्लैण्ड के फिग्गिस, मेटलैण्ड, जी. डी. एच. कोल और लॉस्की जैसे विद्वानों ने व्यक्तिवाद तथा आदर्शवाद दोनों को अतिवाद बताकर एक मध्यम मार्ग का अनुसरण किया जो बहुलवाद के रूप में सामने आया। समूहवाद इसी बहुलवाद की सगी बहिन है जिसका जन्म और विकास अमेरिकी भूमि पर हुआ। ऑर्थर बेण्टले इसका जन्मदाता माना जाता है।

समूह सिद्धान्त के प्रतिपादक
(Main Propounders of the Group Theory)

अमेरिकी विचारक ऑर्थर बेण्टले को समूह सिद्धान्त का जनक माना जाता है। दूसरे विद्वानों ने इसे विकसित किया और आगे बढ़ाया।

समूह सिद्धान्त के प्रमुख प्रतिपादकों और समर्थकों के निम्नांकित नाम विशेष रूप से उल्लेखनीय हैं:

1. आर्थर बेण्टले (Arthur Bentley),
2. डेविड ट्रूमैन (David Trueman),
3. अर्ल लाथम (Earl Latham),
4. पेण्डल्टन हेरिंग (Pendleton Herring),
5. डब्लू. बी. मुनरो (W.B. Munro),
6. पीटर ओडीगार्ड (Peter Odegard),
7. सेटस्नीडर (E.E. Schattschneider),
8. वी. ओ. की (V.O. Key),
9. जोसफ लॉ पालोम्बरा (Joseph La Palombara),
10. गोलम्बीस्की (Golembiewski), तथा
11. सिडनी वर्बा (Sydney Verba).

1908 में प्रकाशित बेण्टले की पुस्तक *दि प्रोसेस ऑफ गवर्नमेण्ट* समूह सिद्धान्त की जननी है लेकिन यह सिद्धान्त अनेक दशकों तक अंधेरे कक्ष में पड़ा रहा। इसे प्रकाश में लाने का श्रेय डेविड ट्रूमैन को है जिसकी पुस्तक *दि गवर्नमेण्टल प्रोसेस* का प्रकाशन 1951 ई. में हुआ। डेविड ट्रूमैन, अर्ल लाथम, पेल्टेसन, मॉनिपेंनी ने समूह सिद्धान्त का विस्तार किया और आगे बढ़ाया। आधुनिक समूह विश्लेषकों में सिडनी वर्बा, जोसेफ ला पालोम्बरा, वेल्स, शील्स और गोलम्बीस्की के नाम विशेष रूप से उल्लेखनीय हैं।

समूह सिद्धान्त की परिभाषा
(Definition of the Group Theory)

समूह की परिभाषा (Definition of Group)

बेण्टले और ट्रूमैन ने अपने सिद्धान्तों की व्याख्या के प्रारम्भ में पहले समूह की और फिर राजनीतिक समूह की परिभाषाएँ दी हैं। समूह सिद्धान्त के अन्तर्गत समूह ही चिन्तन का केन्द्र-बिन्दु होता है।

सामान्य अर्थ में, "समूह एक ऐसा कार्यशील संगठन है जो सामान्य हितों और उद्देश्यों के लिए कार्यशील है।"[1]

समूह की इस परिभाषा से तीन बातें स्पष्ट होती हैं:

(i) यह व्यक्ति की सामूहिक स्थिति को संकेत करता है;
(ii) समूहों की रचना सामान्य हितों एवं उद्देश्यों के लिए की जाती है; तथा
(iii) समूहों को कार्यशील रहना चाहिए।

---

1. कुछ प्रतिपादकों के ग्रन्थों के नाम निम्नलिखित हैं:
The Process of Government (Bloomington Indiana : The Principal Press, 1949)
The Government Process (New York: Alfred, R. Knoff Inc., 1951)
The Group Basis of Politics (Ithaca: Cornell University Press, 1952)
Group Representation before the Congress (Bath More, 1929)
The Invisible Government (New York: MacMilan, 1928)
Pressure Politics (New York: Columbia University Press, 1928)
Politics, Pressure and the Tariff (New York: Holt Rincharr and Winston Inc., 1935)
Politics, Parties and Pressure Groups (New York: Thomas, Y. Crowell Company, 1958)

1. **बेण्टले** (Bentley) के अनुसार, "Group is a certain portion of the men of a society taken...not as a physical mass cut off from other masses of men, but as a mass activity, which does not prelude the men who participate in it from participating like wise in many other group activities."[1]

बेण्टले की इस परिभाषा के विश्लेषण से दो बातें स्पष्ट होती हैं:

(क) समूह के जीवन का आधार उसकी कार्यशीलता है, और

(ख) समूहों की बहुलता समाज का स्वाभाविक लक्षण है।

बेण्टले ने कार्यशीलता के साथ-साथ हित को भी समूह का केन्द्रीय तत्व माना है। कार्यशीलता के अन्तर्गत मानव के सामूहिक विचारों, भावनाओं, लक्ष्यों और प्रयासों, आदि को सम्मिलित किया गया है। इसके पीछे सामान्य हित की प्रेरणा रहती है। बेण्टले का कथन है कि प्रत्येक समूह का अपना हित होता है।

2. **ट्रूमैन** (Trueman) के शब्दों में, "राजनीतिक समूह मानव का वह समूह है, जिसके सामान्य हित हों और जिन हितों के इर्द-गिर्द बने हुए उद्देश्यों को उसके सदस्य राजनीतिक प्रक्रिया से प्राप्त करना चाहते हों।"[2]

3. **अर्ल लाथम** (Earl Latham) के अनुसार, "समाज उन समूहों का जो परिवर्तनों की अथक प्रक्रिया में लगे एक-दूसरे के साथ जुड़ते हैं, तथा शक्ति के अनेक संघ और संगठन बनाते-बिगड़ते रहते हैं।"[3]

उपर्युक्त परिभाषाएँ समूह सिद्धान्त के समस्त चिन्तन का आधार हैं। समूह सिद्धान्त की मान्यता है कि समाज न तो विशिष्ट संस्थाओं से बनता है और न सारभूत मूल्यों से, बल्कि गतिशील प्रक्रियाओं से। बेण्टले की दृष्टि में, इन समूहों के विश्लेषण में राजनीति और राजनीतिक व्यवहार का समस्त अध्ययन समाविष्ट है। यदि समूहों का पूरा विवरण दे दिया जाए तो उसमें देश की राजनीति का समस्त विवरण आ जाता है।

समूह सिद्धान्त की मूल धारणाएँ (Basic Conception of the Group Theory)

1. राज्य की प्रकृति (Nature of Politics)

समूह सिद्धान्त के प्रतिपादकों ने राजनीति की प्रकृति पर दो मत प्रकट किए हैं:

(i) **बेण्टले का मत** (Bentley's View)–बेण्टले के अनुसार सभी राजनीतिक समूहों का कार्य ही राजनीति है। राजनीति का क्षेत्र समूहों के व्यवहार से प्रारम्भ होता है तथा समूहों के व्यवहार में ही समाप्त होता है। उसके शब्दों में, "जब समूहों का उचित रूप से वर्णन कर दिया जाता है तो प्रत्येक वस्तु का स्वयं ही वर्णन हो जाता है।"

(ii) **ट्रूमैन का मत** (Trueman's View)–ट्रूमैन का कथन है कि यद्यपि समूहों के कार्यकलाप राजनीति में केन्द्रीय महत्व रखते हैं और उनके बिना राजनीतिक यथार्थ का अध्ययन नहीं किया जा सकता लेकिन यह कहना सही नहीं है कि राजनीति में और कोई तत्व ही नहीं है एवं यह समूहों के साथ प्रारम्भ होकर समूहों के साथ ही अन्त हो जाती है।

इन दोनों मतों में ट्रूमैन का मत अधिक युक्ति-संगत है। वस्तुतः राजनीति समूहों का पर्याय नहीं है। समूहों के बाहर भी बहुत-सी चीजें बच जाती हैं जो राजनीति का अंग हैं, जैसे–राजनीतिक समाजीकरण, राजनीतिक संस्कृति, अभिजन, आदि।

---

1. Bentley, A., *The Process of Government.*
2. Truman, David, *The Governmental Process.*
3. Latham, E., *The Group Basis of Politics.*

आलोचकों का विचार है कि बेण्टले और ट्रूमैन दोनों का मत त्रुटिपूर्ण है क्योंकि उन लोगों ने प्रजातान्त्रिक व्यवस्था की पृष्ठभूमि में विचार किया है। समूह का महत्व राजतन्त्र, कुलीनतन्त्र, धनिकतन्त्र, अधिनायकतन्त्र आदि में कितना रहेगा, इस पर विचार नहीं किया गया है।

2. समूहों का स्वरूप एवं व्यवहार (The Nature and Behaviour of Groups)

प्रायः सभी समूहवादी समूह और उसके व्यवहार को केन्द्रीय महत्व का स्थान देते हैं लेकिन व्यक्ति और समूह के बीच सम्बन्ध की प्रकृति के बारे में वे एकमत नहीं हैं। व्यक्ति का समूह में क्या स्थान होगा? इस पर दो मत हैं–(i) व्यक्तिवादी, और (ii) समग्रवादी।

(i) **व्यक्तिवादी मत** (Individualistic View)–इस मत के प्रतिपादक ट्रूमैन हैं। उसने व्यक्ति की महत्ता पर बल दिया है। उसका मत है कि व्यक्ति के व्यक्तित्व के अनेक पहलू होते हैं। उसका व्यक्तित्व एक ही समूह की परिधि में नहीं समा सकता। अतएव उसे अनेक समूहों में भाग लेना पड़ता है। समूह की सदस्यता से उसका व्यक्तित्व विलीन नहीं हो जाता, बल्कि वह समूह के माध्यम से अपने हितों की पूर्ति करता है और अपने व्यक्तित्व का विकास करता है। व्यक्तिसमूह का केन्द्र-बिन्दु है तथा उसकी भूमिका महत्वपूर्ण होती है।

(ii) **समग्रवादी मत** (Wholistic View)–इसके मुख्य प्रतिपादक बेण्टले हैं। उसके अनुसार समूह व्यक्तित्व ही वास्तविक व्यक्तित्व है। समूह व्यक्ति को अपने आप में समाविष्ट कर लेता है। व्यक्ति का पृथक् रूप से कोई व्यक्तित्व नहीं रह जाता। बेण्टले के शब्दों में, "केवल सामूहिक व्यवहार के अतिरिक्त राजनीतिक व्यवहार कुछ भी नहीं है।"

वस्तुतः व्यक्ति को राजनीतिक प्रक्रिया के समय अपने विचार, दृष्टिकोण एवं मनोभावनाओं आदि को महत्व न देकर, केवल समूह के व्यवहार को ही ध्यान में रखना चाहिए। इस प्रकार, बेण्टले ने समूह की महत्ता पर बल दिया है।

3. समूह व्यवहार, राजनीतिक प्रक्रिया एवं सरकार की भूमिका (Group Behaviour, Political Process and Government Role)

(क) **समूह व्यवहार एवं राजनीतिक प्रक्रिया** (Group Behaviour and Political Process)–प्रत्येक समाज में अनेक हित होते हैं जो अनेक समूहों का निर्माण करते हैं इनमें समान हित वाले लोग संगठित होकर अपने हितों की पूर्ति का प्रयत्न करते हैं। ये समूह अलग रहकर या परस्पर-सहयोग करके राजनीतिक प्रक्रिया को भी प्रभावित करते हैं, ताकि अपने हितों को आगे बढ़ा सकें। समूह सिद्धान्त राजनीति विज्ञान के क्षेत्र में समूहों के व्यवहार के केवल उसी पक्ष को लेता है जिसमें वे अपने हितों की प्राप्ति के लिए राजनीतिक प्रक्रिया को प्रभावित करते हैं। इससे यथार्थ राजनीति को समझने में मदद मिलती है।

(ख) **सरकार की भूमिका** (Role of Government)–समूह सिद्धान्त में सरकार के कार्यकलापों की अहम् भूमिका होती है। विभिन्न समूह सरकारी नीति को प्रभावित करके अपने हितों की पूर्ति का प्रयत्न करते हैं। सरकार की प्रभावशाली भूमिका एवं प्रकृति पर निम्न दो मत उल्लेखनीय हैं:

(i) **बेण्टले का मत** (Bentley's View)–बेण्टले का मत है कि सरकार भी एक समूह है जिसके अपने हित या हित सम्बन्धी प्राथमिकताएँ हो सकती हैं जो कुछ समूहों के हित में और कुछ के अहित में हों लेकिन सरकार अपने स्तर पर उन समूहों से ऊँची नहीं है, बराबर के स्तर की है। अतएव सरकार की भूमिका है विभिन्न समूहों के हित सम्बन्धी दबावों के बोझ को सहना और अन्त में यह घोषित करना है कि इन दबावों की प्रतियोगिता में विजयी समूह कौन है।

इस प्रकार सरकार की स्वयं की भूमिका नहीं है। वह केवल मापक यन्त्र है। बेण्टले के शब्दों में, "सरकारी प्रक्रियाएँ वह तकनीकें हैं जिनके माध्यम से हित समूह कार्य करते हैं। वे स्वयं में राजनीतिक प्रक्रिया के सम्बन्ध में स्वतन्त्र प्रभाव नहीं है।" अतएव उसने सरकार को एक रेफरी माना है।

(ii) **ट्रूमैन का मत** (Trueman's View)–ट्रूमैन का मत है कि सरकार स्वयं एक समूह है और उसके स्वयं के हित हैं। रेफरी की भूमिका नहीं निभाती, बल्कि राज्य की नीति को उन हितों एवं मूल्यों के पक्ष में चुकाती है जो उसे प्रिय हैं। लाथम ने ठीक ही कहा है, "सरकार द्वारा समूहों के बीच प्रतियोगिता के नियम निर्धारित और लागू किए जाते हैं।"[1]

ट्रूमैन का कथन है कि सरकार अपने मूल्यात्मक कार्य सम्पन्न करते हुए किसी समूह की समाप्ति या उसके संगठन में गम्भीर परिवर्तन की व्यवस्था कर सकती है। अतएव समाज में मूल्यों के वितरण की दृष्टि से सरकार की भूमिका निर्णायक होती है। इस प्रकार समूहों में सरकार का स्थान विशिष्ट होता है।

समूहों की प्रतियोगिता पर नियन्त्रण
(Control Over the Competition of Groups)

विभिन्न समूहों के बीच प्रतियोगिता और संघर्ष की स्थिति कहीं भयावह न हो जाए, इसके लिए बेण्टले और ट्रूमैन ने इस प्रतियोगिता को नियन्त्रित बनाए रखने पर बल दिया है। उन्होंने नियन्त्रण के निम्न पाँच उपाय बताए हैं:

(1) **सरकार मध्यस्थ**–सरकार प्रतियोगी हितों के बीच मध्यस्थ का काम करती है।

(2) **व्यक्ति अनेक समूहों का सदस्य**–व्यक्ति एक ही समय अनेक समूहों के सदस्य होते हैं। इसलिए, वह दूसरे समूहों के अहित में काम नहीं करता है।

(3) **विरोधी स्वयं नियन्त्रणकर्ता**–विरोधी प्रतियोगी हित स्वयं ही एक-दूसरे पर नियन्त्रणकर्ता बन जाते हैं।

(4) **समूह नियन्त्रण**–जब एक या कुछ समूह सरकार पर अपनी सत्ता जमाने का प्रयत्न करते हैं तो अन्य समूह अकेले या एक साथ इसका प्रतिरोध करते हैं।

(5) **राजनीतिक समाजीकरण**–राजनीतिक समाजीकरण के कारण जनमानस उग्र नहीं होता, बल्कि मध्यममार्गी बन जाता है। यह विभिन्न समूहों के बीच सन्तुलन एवं नियन्त्रण स्थापित करता है।

समूह सिद्धान्त का मूल्यांकन
(Evolution of the Group Theory)

समूह सिद्धान्त का मूल्यांकन प्राय: व्यवहारवादी अध्ययन और शोध की पृष्ठभूमि में हुआ है जिसका विवरण निम्नांकित रूप से किया जा सकता है:

समूह सिद्धान्त की उपलब्धियाँ (Achievements of the Group Theory)

1. **उपयोगी सिद्धान्त**–समूह सिद्धान्त सभी प्रकार की सामाजिक और राजनीतिक प्रक्रियाओं के तुलनात्मक विश्लेषण के लिए उपयोगी सिद्ध होता है।
2. समूह सिद्धान्त राजनीतिक व्यवस्था के स्थायित्व के तथ्यगत और सम्भावित विवेचन में सहयोगी, बनता है।
3. **उपयोगी साधन**–समूह सिद्धान्त राजनीतिक परिवर्तन के अध्ययन का उपयोगी साधन है।

---

1. "It establishes the norms of Permissible behaviour in group relations, and it enforces these norms."—Latham

समूह सिद्धान्त के दोष (Demerits of the Group Theory)

समूह सिद्धान्त के निम्नलिखित दोष विशेष रूप से उल्लेखनीय हैं:

1. **अस्पष्ट सिद्धान्त** (Vague Theory)–आलोचकों का कथन है कि समूह सिद्धान्त अस्पष्ट और भ्रममूलक है। समूह सिद्धान्त के प्रतिपादकों में मतैक्य नहीं है। उन लोगों के विचारों में काफी विभिन्नता है।
2. **निश्चित परिभाषा नहीं** (No Definite Definition)–समूह सिद्धान्त के प्रतिपादकों ने जिन शब्दों का प्रयोग किया है, उनकी निश्चित परिभाषा नहीं दी है, जैसे–समूह, हित, राज्य, सरकार, आदि।
3. **समूह तक सीमित** (Limited to Group)–समूह सिद्धान्त के प्रतिपादक समूह के इर्द-गिर्द घूमते हैं। वे राष्ट्र जैसे व्यापक संगठन की उपेक्षा करते हैं।
4. **विकसित राजनीतिक व्यवस्था के लिए** (For Developed Political System)–समूह सिद्धान्त केवल विकसित राजनीतिक व्यवस्था पर लागू होता है। इसका जन्म अमरीकी पृष्ठभूमि में होने के कारण संस्कृतिबद्धता से दूषित है। समूहों की प्रकृति अनेक विकसित एवं विकासशील देशों में ऐसी नहीं है। अतएव यह सामान्य सिद्धान्त का रूप नहीं ले सकता है।
5. **व्यक्ति विरोधी** (Against Individual)–आलोचकों ने समूह सिद्धान्त को व्यक्ति विरोधी बताया है क्योंकि इसमें समूह की महत्ता पर अधिक बल दिया गया है और व्यक्ति की उपेक्षा की गयी है।
6. **समाज विरोधी** (Against Society)–समूह को समाज के प्रतिकूल मानना गलत है क्योंकि, वह तो समाज की केवल एक उप-व्यवस्था मात्र है। समाज सनातन है और समूह से उसकी महत्ता अधिक है।
7. **समूहनिष्ठा संदेहात्मक** (Group Devotion Doubtful)–बेण्टले ने व्यक्ति के समूह निष्ठा में पूर्ण विश्वास व्यक्त किया है लेकिन समूह के प्रति निष्ठा अपने आप में एक अत्यधिक जटिल समस्या है।
8. **पहुँच** (Access)–समूह सिद्धान्त के प्रतिपादकों ने पहुँच शब्द का प्रयोग किया है जिसका अर्थ है–निर्णय निर्माताओं तक पहुँच लेकिन वे उन पर बाहर या भीतर से दबाव डालते हैं–इस पर उनका विचार स्पष्ट नहीं है।
9. **शब्दों की उपेक्षा** (Negligence of Words)–समूह सिद्धान्त के प्रतिपादक न्याय, कानून, विचार, भावना, लोकचरित्र, सामान्य इच्छा और सामान्य कल्याण जैसे शब्दों के प्रति भी उपेक्षा का दृष्टिकोण अपनाते हैं।
10. **अदृश्य प्रभावों पर मौन** (Silent on Invisible Influences)–यद्यपि समूह सिद्धान्त व्यावहारिक शोध पर आधारित होने का दावा करता है लेकिन व्यक्ति व्यवहार पर पड़ने वाले अदृश्य प्रभावों के सम्बन्ध में सर्वथा मौन है जिन्हें बेण्टले ने सरल मनोविज्ञानपरता (Simple Psychologism) कहकर टालने का प्रयत्न किया है।
11. **सन्तुलन** (Balance)–समूह सिद्धान्त के प्रतिपादक समाज में सन्तुलन बनाए रखना चाहते हैं। लेकिन सन्तुलन का निर्वाह कैसे होगा? इस पर वे अस्पष्ट हैं।
12. **लक्ष्य** (Aim)–समूह सिद्धान्तवादी का कथन है कि समूह की गतिविधियाँ उसके अपने हित विशेष के द्वारा संचालित होती हैं। लेकिन, यह नहीं बताया गया है कि वह हित कैसे निर्धारित किया जाता है और किस उद्देश्य से। जो सिद्धान्त लक्ष्यों की व्याख्या तक एक पाने में असमर्थ हो, वह सामाजिक परिवर्तन कैसे कर सकता है।
13. **परिवर्तन** (Change)–किसी भी मूलभूत या व्यवस्थागत परिवर्तन को समझने, उसका विश्लेषण करने या दिशा निर्देश करने का समूह सिद्धान्त ने कोई प्रयत्न नहीं किया है।

14. **यंग की आलोचना** (Criticism of Young)–यंग की निम्नांकित तीन आधारों पर समूह सिद्धान्त की आलोचना की है–

(क) **मूर्तिकरण** (Reification)–प्रथम उपागम की विशेषताओं से सम्बन्धित आलोचना अवधारणाओं के विषय में की गयी है। ये जीवशास्त्रीय सादृश्यताओं का उपयोग करने के कारण *मूर्तिकरण* के क्षेत्र से ग्रसित हो गयी है।

(ख) **न्यूनीकरण** (Reductionism)–समाज के व्यापक मानवीय अनुभव को समूह-जीवन में परिसीमित नहीं किया जा सकता है। ऐसा करने के कारण उन्हें न्यूनीकरण के दोष से ग्रसित कहा जाता है।

(ग) **सीमित सिद्धान्त** (Limited Theory)–समूह सिद्धान्त किसी भी दशा में एक सामान्य या पूर्ण विकसित व्याख्यात्मक सिद्धान्त नहीं माना जा सकता है। इसे उपव्यवस्था-उन्मुख और सीमित माना जाना चाहिए। केवल खेल के नियमों या स्वभावगत पृष्ठभूमि की धारणाओं के आधार पर एक सामान्य हितों, दावों या लक्ष्यों के रूप में सरकार या समाज की अवधारणा को स्पष्ट नहीं किया जा सकता है।

निष्कर्ष–बेण्टले ने समूह सिद्धान्त के माध्यम से राजनीतिक घटनाओं का अध्ययन करना चाहा है लेकिन, इसका जन्म, विकास और प्रयोग अमरीकी राजनीतिक घटनाओं के परिपेक्ष्य में किया गया है जो विकासशील और पिछड़े देशों के लिए उपयुक्त नहीं है। समूह सिद्धान्त व्यक्ति की अपेक्षा समूह को अधिक महत्वपूर्ण, गतिशील, प्रभावशाली और सनातन माना है–यही उसकी मुख्य उपलब्धि है। बिस्मार्क, मेटरनिख, मुसोलिनी, हिटलर, चर्चिल, रूजवेल्ट और गाँधी जैसे व्यक्तियों की राजनीति में अहम् भूमिका की उपेक्षा समूह सिद्धान्त में की गयी है जो इसके प्रमुख दोष हैं। वस्तुतः समूह सिद्धान्त राजनीतिक घटनाओं के अध्ययन और सामाजिक परिवर्तन का एक साधन हो सकता है, लक्ष्य नहीं।

प्रश्न
(Questions)

1. राजनीतिक विश्लेषण के समूह उपागम की विवेचना कीजिए।
   Discuss the group approach to political analysis.
2. राजनीति में समूह उपागम क्या है? इसकी क्या सीमाएँ हैं।
   What is group approach in politics? What are its limitations?
3. राजनीति के समूह उपागम से आप क्या समझते हैं? इसके गुण और दोषों की विवेचना कीजिए।
   What do you mean by group approach to politics? Discuss its merits and demerits.
4. राजनीति के अध्ययन में समूह उपागम पर एक निबन्ध लिखें।
   Write an essay on group approach to politics.
5. समूह उपागम की परिभाषा दीजिए। समूह सिद्धान्त की मूल धारणाओं की समीक्षा कीजिए।
   Define group approach. Examine the basic conceptions of group approach.

वस्तुनिष्ठ प्रश्न
(Objective Questions)

1. समूह सिद्धान्त का जनक कौन है?
   (क) ए॰ बेंटले (ख) मुनरो (ग) लास्की (घ) कोल
   Who is the father of Group Theory?
   (a) A. Bentley (b) Munro (c) Laski (d) Cole

2. इनमें से कौन एक समूह सिद्धान्त से सम्बन्धित नहीं है?
(क) बेंटले (ख) बेन्थम (ग) ट्रूमैन (घ) मुनरो
Which one of the following is not associated with the Group Theory?
(a) Bentley (b) Bentham (c) Trueman (d) Munro

3. "Group is a certain portion of the men of a society taken...not as a physical mass cut off from other masses of men, but as a mass activity, which does not prelude the men who participate in it from participating like-wise in many other group activities." Whose definition is this?
(a) Trueman (b) Munro (c) Bentley (d) G.D.H. Cole

4. "राजनीतिक समूह मानव का वह समूह है; जिसके सामान्य हित हों और जिन हितों के इर्द-गिर्द बने हुए उद्देश्यों को उसके सदस्य राजनीतिक प्रक्रिया से प्राप्त करना चाहते हों।" यह किसने कहा?
(क) बेंटले (ख) मुनरो (ग) लासवेल (घ) ट्रूमैन

5. "समाज उन समूहों का, जो परिवर्तनों की अथक प्रक्रिया में लगे एक दूसरे के साथ जुड़ते हैं, तथा शक्ति के अनेक संघ और संगठन बनाते-बिगड़ते रहते हैं।" यह किसने कहा?
(क) लाथम (ख) मुनरो (ग) बेंटले (घ) ट्रूमैन

6. *दि ग्रुप बेसिस ऑफ पॉलिटिक्स* पुस्तक के रचयिता कौन हैं?
(क) मुनरो (ख) अर्ल लाथम (ग) बेंटले (घ) लासवेल
Who is the author of the book *The Group Basis of Politics*?
(a) Munro (b) Earl Latham (c) Bentley (d) Lasswell

7. *दि प्रोसेस ऑफ गवर्नमेंट* ग्रंथ के लेखक कौन हैं?
(क) लाथम (ख) मुनरो (ग) बेंटले (घ) लासवेल
Who is the author of the book *The Process of Government*?
(a) Latham (b) Munro (c) Bentley (d) Lasswell

8. *दि गवर्नमेंटल प्रोसेस* पुस्तक के लेखक कौन हैं?
(क) मुनरो (ख) लासवेल (ग) लाथम (घ) ट्रूमैन
Who is the author of the book *The Governmental Process*?
(a) Munro (b) Lasswell (c) Latham (d) Trueman

9. "सरकार द्वारा समूहों के बीच प्रतियोगिता के नियम निर्धारित और लागू किए जाते हैं।" यह किसने कहा?
(क) लाथम (ख) मुनरो (ग) बेंटले (घ) लासवेल
"It establishes the norms of permissible behaviour in group relations, and it enforces these norms." Who said this?
(a) Latham (b) Munro (c) Bentley (d) Lasswell

उत्तर
(Answers)

1. (क) 2. (ख) 3. (ग) 4. (घ) 5. (क) 6. (ख) 7. (ग) 8. (घ) 9. (क)

खण्ड-8

विभिन्न वाद

(Different ISM)

34

व्यक्तिवाद
(Individualism)

भूमिका (Introduction)

व्यक्ति एक जीवित प्राणी है। राज्य एक निर्जीव और अमूर्त संस्था है। व्यक्ति राज्य का निर्माण अपने हित के लिए करता है। व्यक्ति और राज्य में क्या सम्बन्ध है? राज्य का कार्यक्षेत्र क्या होना चाहिए? इस सन्दर्भ में अनेक सिद्धान्त प्रचलित हैं। व्यक्तिवाद उन्हीं सिद्धान्तों का एक रूप है। दूसरे शब्दों में, व्यक्तिवाद व्यक्ति और राज्य के सम्बन्धों को निर्धारित करता है। वह राज्य के कार्यक्षेत्र पर भी प्रकाश डालता है। व्यक्तिवाद राज्य को एक आवश्यक बुराई मानता है,[1] लेकिन वह राज्य के अस्तित्व को आवश्यक मानता है। जैसा कि स्पेंसर का कथन है, "राज्यों की सत्ता इसलिए आवश्यक है कि समाज में अपराध की भावना विद्यमान है। अतः राज्य का मुख्य कर्तव्य रक्षा करना और मर्यादित करना है, न कि पोषण करना और समुन्नत करना।"[2]

फ्रीमैन का भी विचार है, "किसी रूप में भी राज्य मुनष्य की अपूर्णता का चिह्न है।"[3] इससे यह स्पष्ट है कि राज्य का रहना मानव जीवन के लिए आवश्यक है।

व्यक्तिवाद की उत्पत्ति एवं विकास
(Origin and Growth of Individualism)

सोफिस्ट (Sophists)–व्यक्ति और व्यक्तिवाद दोनों उन जुड़वाँ बच्चों के समान हैं जिनका जन्म एक साथ हुआ। राजनीतिक विचारधारा के इतिहास में व्यक्तिवाद का बीजारोपण सोफिस्ट के विचारों में हुआ। सोफिस्ट राज्य को एक आवश्यक बुराई मानते थे। वे वैयक्तिक स्वतन्त्रता के पक्ष में थे।

यूनानी विचारक (Greek Thinkers)–राजनीति विज्ञान के मूल प्रणेता प्लेटो और अरस्तू के ग्रन्थ रिपब्लिक एवं पॉलिटिक्स में व्यक्तिवाद की झलक मिलती है।

समझौतावादी विचारक (Contractualist Thinkers)–टॉमस हॉब्स, जॉन लॉक और रूसो समझौतावादी विचारक हैं। उनका राजनीतिक दर्शन व्यक्तिवाद से ओत-प्रोत है। इनमें जॉन लॉक को व्यक्तिवाद का मूल प्रणेता माना जाता है। उसका व्यक्तिवाद प्राकृतिक अधिकारों पर आधारित है। उसकी दृष्टि में राज्य को केवल तीन कार्य करने

---

1. "The state is a necessary evil."
2. "State exists merely because crime exists and to principal function, therefore, is to protect and restrain, not to foster and promote."—Spencer
3. "The best form of government is no government in any shape is a sign of man's imperfection."—Freeman

चाहिए अर्थात् नागरिकों के जीवन, स्वतन्त्रता और सम्पत्ति की रक्षा करनी चाहिए। लॉक के अनुसार व्यक्ति ही सम्पूर्ण शक्ति का केन्द्र है। वही सम्पूर्ण सामाजिक तथा राजनीतिक व्यवस्था का केन्द्र-बिन्दु है।

निर्बाधवादी (Physiocrats)–वास्तविक रूप में व्यक्तिवाद का जन्म अठारहवीं सदी के उत्तरार्द्ध में, फिजियोक्रेट नाम से पुकारे जाने वाले अर्थशास्त्रियों के इस विचार में हुआ कि राज्य को व्यक्ति के आर्थिक कार्यों में हस्तक्षेप नहीं करना चाहिए तथा व्यापार और वाणिज्य राज्य-नियन्त्रण से मुक्त होना चाहिए। इंग्लैण्ड और फ्रांस के अर्थशास्त्रियों ने व्यक्तिवादी आन्दोलन को प्रखर किया। एडम स्मिथ, माल्थस और रिकार्डो का नाम विशेष रूप से उल्लेखनीय है।

जीवविज्ञानी (Biologists)–उन्नीसवीं सदी के मध्य जीवविज्ञान के विकासवादी सिद्धान्त ने जीवन-संघर्ष के आधार पर मानवीय विकास के लिए अनियन्त्रित प्रतियोगिता का समर्थन किया।

व्यक्तिवादी विचारक: बेंथम, मिल एवं स्पेंसर–व्यक्तिवाद मूलत: अठारहवीं और उन्नीसवीं सदी की देन है। इसके प्रमुख प्रतिपादक जर्मी बेंथम, जॉन स्टुअर्ट मिल और हरबर्ट स्पेन्सर हैं। बेंथम के मतानुसार राज्य का कार्य अधिक-से-अधिक सुख प्रदान करना है। मिल की पुस्तक ऑन लिबर्टी व्यक्तिवाद की बाइबिल है। उसके अनुसार मानव के व्यक्तित्व के विकास के लिए व्यक्ति की स्वतन्त्रता पर किसी प्रकार का नियन्त्रण अनुचित है। "व्यक्ति अपने शरीर और मस्तिष्क का सम्प्रभु है।"[1] मिल के अनुसार, "व्यक्ति के सम्पूर्ण आचरण के दो भाग हैं–आत्मपरक कार्य और सामाजिक कार्य। राज्य केवल व्यक्ति के सामाजिक कार्यों का नियन्त्रण कर सकता है, आत्मपरक कार्यों का नहीं।"

स्पेन्सर ने योग्यतम अतिजीवी के सिद्धान्त के आधार पर व्यक्तिवादी सिद्धान्त का प्रतिपादन किया। उसके शब्दों में, "प्रकृति में ही जीवन-संग्राम है जिसमें अयोग्य व्यक्तियों का नाश निश्चित है।"[2] व्यक्तिवादियों का मत है कि राज्य को न्यूनतम कार्य करना चाहिए, इसी में व्यक्ति के व्यक्तित्व का विकास सम्भव है। वस्तुत: व्यक्तिवाद अठारहवीं और उन्नीसवीं सदी का वह महत्वपूर्ण आर्थिक एवं राजनीतिक आन्दोलन और दर्शन है जो यह मानकर चलता है कि प्रत्येक व्यक्ति अपने हितों का सर्वोत्तम निर्णायक है और राज्य को अपूर्णता का प्रतीक कहकर उसकी निन्दा करता है तथा आर्थिक क्षेत्र में स्वतन्त्र प्रतियोगिता का समर्थन करके राज्य का कम से कम हस्तक्षेप चाहता है।

प्रमुख व्यक्तिवादी विचारक
(Main Individualist Thinkers)

उपर्युक्त विवरण से यह स्पष्ट है कि जॉन लॉक, जर्मी बेंथम, जॉन स्टुअर्ट मिल, हरबर्ट स्पेन्सर प्रमुख व्यक्तिवादी विचारक हैं। अर्थशास्त्रियों में एडम स्मिथ, माल्थस और रिकार्डो का नाम उल्लेखनीय है। इसके अतिरिक्त क्वेसने, डी टॉकविल, हम्बोल्ट, फरग्यूसन, लिम ब्रुश, डोनस्थोर्प, समनर, फिक्टे, कांट, हेनरी सिजविक, डी. रॉकवेल जैसे विचारकों के भी नाम उल्लेखनीय हैं।

व्यक्तिवाद की व्याख्या
(Individualism Explained)

व्यक्तिवादी सिद्धान्त को फ्रेंच भाषा में लैसेज फेयर (Laissez Faire) भी कहा जाता है जिसका अंग्रेजी में शाब्दिक अर्थ है कि व्यक्ति को अकेला छोड़ दिया जाए (Leave the individual alone) अर्थात् राज्य और सरकार व्यक्ति को स्वयं उन्नति करने के लिए अकेला छोड़ दें। राज्य या सरकार को व्यक्ति के कार्य में उसी समय हस्तक्षेप करना चाहिए जबकि एक व्यक्ति का कार्य दूसरे व्यक्ति की स्वतन्त्रता में अनुचित तरीके से हस्तक्षेप करे। वस्तुत: व्यक्ति

1. "An individual is sovereign over his body and mind."—Mill
2. "If we are to evolve a race of strong, able and virile human beings. We shall leave individuals to themselves, the strong will survive and the unfit will be eliminated."—Spencer

ही अपने हित की बात अच्छी तरह समझ सकता है। अतएव उसे अपने हित के कार्य में पूर्ण स्वतन्त्रता होनी चाहिए तथा राज्य को उसके कार्यों में न्यूनतम हस्तक्षेप करना चाहिए। व्यक्तिवादियों का मत है, संसार जैसा चलता है, चलने दो; उसके कार्यों में हस्तक्षेप मत करो, क्योंकि वह अपना नियन्त्रण स्वयं कर लेता है।"

संक्षेप में, व्यक्तिवाद वह सिद्धान्त है जो व्यक्तियों को अधिकतम स्वतन्त्रता प्रदान करता है तथा राज्य के न्यूनतम हस्तक्षेप में विश्वास रखता है।

व्यक्तिवाद के मौलिक सिद्धान्त
(Fundamental Principles of Individualism)

व्यक्तिवाद के मौलिक सिद्धान्त का वर्णन निम्नांकित रूप से किया जा सकता है:

1. **राज्य एक आवश्यक बुराई है** (State is a Necessary Evil)–व्यक्तिवाद राज्य को एक आवश्यक बुराई मानता है लेकिन मानव-स्वभाव में निहित स्वार्थ एक आवश्यक बुराई होते हुए भी आवश्यक है। राज्य व्यक्ति की अपूर्णता का सूचक है। जैसा कि फ्रीमैन ने कहा है, "किसी भी रूप में सरकार का अस्तित्व मनुष्य की अपूर्णता का प्रतीक है। सरकार की आदर्श अवस्था वह है जिसमें सरकार बिल्कुल न हो।"[1] इस प्रकार, राज्य आवश्यक होते हुए भी एक बुराई ही है। राज्य का अस्तित्व उसी प्रकार आवश्यक है, जिस प्रकार युद्ध एक विकार होते हुए भी आवश्यक है।

2. **व्यक्ति साध्य और राज्य साधन है** (Individual is an End and State is a Means)–व्यक्तिवाद व्यक्ति को साध्य और राज्य को साधन मानता है। व्यक्तिवादियों का मत है कि राज्य व्यक्ति के लिए है, न कि व्यक्ति राज्य के लिए। उनके अनुसार मानव जीवन राज्य का परिणाम नहीं है, बल्कि राज्य की स्थापना मनुष्यों ने अपनी आवश्यकताओं की पूर्ति के लिए की है। स्पेन्सर का भी विचार है, "राज्य एक संयुक्त सुरक्षा कम्पनी है जिसका उद्देश्य पारस्परिक हित-रक्षा तथा कल्याण है।"[2]

व्यक्तिवादी राज्य को व्यक्तियों का समूह मात्र मानते हैं और उनकी दृष्टि में व्यक्तियों के सुख में ही राज्य की उन्नति है। अतएव व्यक्ति साध्य और राज्य एक साधन मात्र है।

3. **व्यक्ति को पूर्ण स्वतन्त्रता** (Full Liberty to Individual)–व्यक्तिवाद व्यक्ति को पूर्ण स्वतन्त्रता देने के पक्ष में है। प्रत्येक व्यक्ति अपने हितों का सर्वोत्तम निर्णायक होता है तथा व्यक्तित्व के विकास हेतु व्यक्ति को अधिकतम स्वतन्त्रता दी जाए। जॉन स्टुअर्ट मिल आत्मपरक कार्यों में व्यक्ति को पूरी स्वतन्त्रता प्रदान करता है। यहाँ तक कि उसने आत्महत्या तक की स्वीकृति दी है। लॉक, बेंथम और स्पेन्सर भी व्यक्ति को पूर्ण स्वतन्त्रता प्रदान करते हैं।

आर्थिक क्षेत्र में भी व्यक्तिवाद के अनुसार राज्य को यद्भाव्यम् नीति का पालन करना चाहिए। राज्य को उद्योग-धन्धों, व्यवसाय और व्यापार में कोई हस्तक्षेप नहीं करना चाहिए। उसके द्वारा स्वतन्त्र प्रतियोगिता, समझौते की स्वतन्त्रता तथा बाजार में माँग और पूर्ति के सिद्धान्त की मान्यता मिलनी चाहिए।

4. **निषेधात्मक कार्य** (Negative Functions)–व्यक्तिवाद राज्य के निषेधात्मक कार्य में विश्वास करता है। इसके अनुसार राज्य को कम-से-कम कार्य करना चाहिए। व्यक्तिवादी सुख प्राप्ति को एक व्यक्तिगत वस्तु मानते हैं जिसकी प्राप्ति मनुष्य केवल व्यक्तिगत रूप में ही कर सकता है। उनका मत है कि राज्य के सकारात्मक कार्यों से

---

1. "The existence of government in any form is a sign of man's imperfection. The ideal form of government is no government at all."—Freeman
2. "State is a joint stock protection company for mutual assurance."—Spencer

कभी भी जन कल्याण सम्भव नहीं हो पाया है और न ही उससे कभी व्यक्ति की तुष्टि हुई है। अतएव व्यक्तिवाद का आदर्श एक पुलिस राज्य है, जनकल्याणकारी राज्य नहीं।

व्यक्तिवाद का आधार या समर्थन
(Basis or Support of Individualism)

व्यक्तिवादी सिद्धान्त का समर्थन निम्नांकित आधारों पर किया जाता है:

1. **नैतिक आधार** (Ethical Basis)–जॉन स्टुअर्ट मिल, कांट, हम्बोल्ट और ह्यूम ने नैतिक आधार पर व्यक्तिवाद का समर्थन किया है। मनुष्य का वास्तविक लक्ष्य अपने चरित्र और शक्तियों का उच्चतम तथा सन्तुलित विकास करना है। इसके लिए आत्मविश्वास, साहस और आरम्भक की आवश्यकता होता है जिन्हें वैयक्तिक स्वतन्त्रता के आधार पर ही प्राप्त किया जा सकता है। नैतिक विकास व्यक्ति के जीवन का आन्तरिक पहलू है तथा व्यक्ति के जीवन की विभिन्न आन्तरिक प्रेरणाओं का विकास तभी सम्भव है जब राज्य उसे निर्बाध स्वतन्त्रता एवं प्रतियोगिता का अधिकार प्रदान करे। मिल का भी कथन है कि "अपनी इच्छानुसार कार्य करने से मनुष्य का चरित्र समुन्नत होता है और मानवता की प्रगति होती है–राज्य द्वारा किया गया कार्य व्यक्ति के आत्मविश्वास के भाव को समाप्त कर देता है। उसके उत्तरदायित्व को दुर्बल बनाता और चरित्र को कुंठित करता है।" हम्बोल्ट के शब्दों में, "मनुष्य का वास्तविक ध्येय जिसको विवेक के दृढ़ आदेशों ने निर्धारित किया है, मानवीय शक्तियों का उच्चतम और अधिकतम अनुरूप तथा पूर्ण विकास है।"

2. **आर्थिक आधार** (Economic Basis)–क्वेसने, एडम स्मिथ, माल्थस, रिकार्डो और फरग्यूसन ने आर्थिक तर्कों के आधार पर व्यक्तिवाद का समर्थन किया है। उन लोगों का विचार है कि स्वतन्त्र प्रतियोगिता और निजी साहस उत्पादन में वृद्धि करते हैं, कार्यकुशलता बढ़ाते हैं तथा अधिकतम आर्थिक कल्याण का विकास करते हैं। एडम स्मिथ आर्थिक क्षेत्र में अहस्तक्षेप की नीति का प्रबल समर्थक था। उसका कहना था कि यह उद्योग और व्यापार को निजी हाथों में छोड़ा जाए तो इससे अधिकतम विकास हो सकता है।

सरकारी नियन्त्रण और प्रतिबन्ध से आर्थिक ढाँचे में क्रान्ति आती है तथा आर्थिक व्यवस्था बिगड़ जाती है। व्यक्तिवादियों का तर्क है कि आर्थिक क्षेत्र में कुछ प्राकृतिक नियम कार्य करते रहते हैं। वस्तुओं का मूल्य माँग और पूर्ति के नियम के अनुसार निश्चित होता है। मनुष्य अपना आर्थिक स्वार्थ स्वयं समझता है। अतः मनुष्य का हित इसी में है कि राज्य उसके आर्थिक क्षेत्र में कोई हस्तक्षेप न करे। प्रत्येक व्यक्ति को आर्थिक क्षेत्र में पूरी स्वतन्त्रता दी जाए।

3. **वैज्ञानिक आधार** (Scientific Basis)–हरबर्ट स्पेन्सर और समनर ने वैज्ञानिक आधार पर व्यक्तिवाद का समर्थन किया है। उनके मतानुसार विज्ञान का यह सर्वमान्य सिद्धान्त है कि प्रकृति के प्रत्येक क्षेत्र में अस्तित्व के लिए निरन्तर संघर्ष चल रहा है जिसमें योग्यतम जीवित रहता है और दुर्बल का नाश होता है। इस सिद्धान्त को योग्यतम को जीवित रहने का सिद्धान्त (Survival of the fittest) कहते हैं। जैसे–जंगल में कमजोर वृक्ष निष्प्राण होकर सूख जाते हैं तथा शक्तिशाली वृक्ष फैलते हैं, उसी प्रकार योग्य व्यक्तियों को ही समाज में रहने का अधिकार है। दुर्बल, दरिद्र और मूर्ख मनुष्यों के लिए समाज में कोई स्थान नहीं है।

4. **व्यावहारिक आधार** (Practical Basis)–अनेक विद्वानों का मत है कि राज्य सभी कार्यों को करने में अक्षम है। जिस प्रकार मनुष्य के शरीर में फेफड़े आमाशय का काम नहीं कर सकते तथा पेट हाथ-पैर का काम नहीं कर सकता, उसी प्रकार राज्य व्यापार-संयोजक और उद्योग-प्रबन्धक का काम नहीं कर सकता। राज्य एक राजनीतिक संगठन है, इसलिए व्यापार और वाणिज्य का प्रबन्ध वह उचित ढंग से करने में सदा अयोग्य है। मिल का भी विचार है, "राज्य को प्रत्येक अतिरिक्त कार्य सौंपने का अर्थ अतिशय भार से लदी हुई संस्था पर नया बोझ डालना है। इसका परिणाम

यह होता है कि बहुत-से कार्य अनुचित ढंग से किए जाते हैं तथा बहुत-से कार्य इसलिए नहीं हो पाते कि सरकार देर किए बिना उन्हें कर ही नहीं सकती।"

5. **मनोवैज्ञानिक आधार** (Psychological Basis)–वैयक्तिक सम्पत्ति मानव स्वभाव की मूल प्रवृत्ति है। प्रत्येक व्यक्ति अपने परिश्रम के द्वारा अधिक उत्पादन कर अधिकतम सम्पत्ति अर्जन करना चाहता है। आधुनिक सभ्यता का विकास खुली प्रतियोगिता पर आधारित है। अगर सम्पत्ति का समान वितरण कर दिया जाए तो इससे मनुष्यों में अधिक उत्पादन और लाभ की प्रेरक शक्ति समाप्त हो जाएगी। परिश्रमी, मितव्ययी और आविष्कारक व्यक्ति व्यक्तिवादी समाज का ही परिणाम हो सकता है।

6. **अनुभव का तर्क** (Argument from Experience)–व्यक्तिवादियों ने इतिहास द्वारा प्राप्त अनुभव के आधार पर भी इस सिद्धान्त का समर्थन किया है। इतिहास इस बात का साक्षी है कि आर्थिक और सामाजिक क्षेत्र में राज्य का हस्तक्षेप सदैव मूर्खतापूर्ण रहा है। भारत में अलाउद्दीन खिलजी और मुहम्मद तुगलक की आर्थिक नीति भी असफल रही। बक्ल के शब्दों में, "राज्य के अधिकारी इस प्राचीन सिद्धान्त का आश्रय लेकर कि उनकी सहायता बिना व्यापार और उद्योग-धन्धों की उन्नति नहीं हो सकती, बराबर गलती करते रहे हैं। वे समाज पर जुल्म लादते रहे हैं तथा व्यर्थ के प्रतिबन्धों द्वारा व्यापार की अवनति करते रहे हैं। इन अंकुशों के रहते हुए सभ्यता का विकास कैसे हो सकता था।"

उपर्युक्त तथ्यों के आधार पर व्यक्तिवाद का समर्थन किया गया है।

व्यक्तिवाद एवं राज्य का कार्यक्षेत्र
(Individualism and State Activity)

राज्य का कार्यक्षेत्र सीमित हो (State Activity should be Limited)–व्यक्तिवाद के अनुसार व्यक्ति साध्य और राज्य साधन है। उसने राज्य को एक आवश्यक बुराई माना है लेकिन मानव स्वभाव में स्वार्थ और संघर्ष की प्रवृत्ति रहने के कारण, राज्य का निरन्तर रहना आवश्यक समझा गया है। व्यक्तिवादी राज्य के कार्यक्षेत्र को काफी सीमित करते हैं। उन लोगों के अनुसार राज्य को कम-से-कम काम करना चाहिए तथा व्यक्ति अपने विकास हेतु अधिक-से-अधिक कार्यों का सम्पादन करे।

विचारकों का मत (Opinions of Thinkers)–राज्य के कार्यक्षेत्र पर कुछ व्यक्तिवादी-विचारकों में मत उल्लेखनीय हैं:

गार्नर (Garner) के शब्दों में, "स्पेन्सर के विचारानुसार व्यक्ति का केवल एक अधिकार है और वह अधिकार है अन्य व्यक्तियों के समान स्वतन्त्रता का अधिकार तथा राज्य का केवल एक कर्तव्य है और यह कर्तव्य है उस अधिकार की हिंसा एवं कपट से रक्षा करना।"

हम्बोल्ट (Humbolt) के अनुसार, "राज्य को नागरिकों के कल्याण की समस्त चिन्ता से दूर रहना चाहिए तथा उसकी पारस्परिक सुरक्षा और बाह्य आक्रमण की रक्षा के कार्य से आगे बढ़ना चाहिए।"[1]

वाहन (Vaughan) के मतानुसार, "राज्य का काम केवल पुलिस राज्य का काम होना चाहिए।"

स्पेन्सर (Spencer) के अनुसार राज्य को निम्नलिखित कार्यों तक सीमित रहना चाहिए।

1. बाह्य आक्रमण से रक्षा करना।
2. आन्तरिक क्षेत्र में शान्ति एवं सुव्यवस्था स्थापित करना।

---

1. "State should abstain...from the positive welfare of the citizens and ought not to proceed a step further than is necessary for their mutual security and protection against foreign enemies."—Humbolt

3. चोरी-डकैती, आदि से सम्पत्ति की रक्षा करना।

4. व्यक्तियों द्वारा किए गए वैध समझौतों को लागू करना।

जॉन स्टुअर्ट मिल (John Stuart Mill) तथा अन्य व्यक्तिवादी उपर्युक्त कार्यों में निम्न दो कार्य और सम्मिलित करना चाहते हैं:

1. असहाय और असमर्थ व्यक्तियों की सहायता करना।

2. संक्रामक रोगों और आपदाओं से व्यक्ति की रक्षा करना।

फ्रीमैन (Freeman) के विचारानुसार, "वही सरकार सबसे अच्छी है जो कम से कम शासन करती है और व्यक्तियों को वे कार्य करने देती है जो वे करना चाहते हैं।"[1]

उपर्युक्त विवरण से यह स्पष्ट है कि व्यक्तिवाद राज्य के कार्यक्षेत्र को सीमित करता है। वह राज्य को न्यूनतम कार्य करने के पक्ष में है और व्यक्ति को अधिकतम स्वतन्त्रता प्रदान करता है।

व्यक्तिवाद की आलोचना
(Criticism of Individualism)

विभिन्न आलोचकों ने व्यक्तिवाद की आलोचना निम्नलिखित आधार पर की है–

1. **राज्य एक आवश्यक बुराई नहीं है** (State is not a Necessary Evil)–व्यक्तिवादियों ने राज्य को एक आवश्यक बुराई माना है जो गलत है। आलोचकों का मत है कि राज्य की उत्पत्ति केवल स्वार्थ और पाप पर विजय पाने के लिए नहीं हुई है बल्कि यह मानवीय आवश्यकताओं के कारण हुई है।

अरस्तू का कथन सत्य है कि "मानव जीवन की रक्षा हेतु राज्य का जन्म हुआ तथा मानव जीवन को श्रेष्ठ बनाने हेतु उसका स्थायी रूप से रहना आवश्यक समझा गया।"[2] इस प्रकार मानवीय सभ्यता की प्रगति का आधार राज्य ही है।

2. **व्यक्ति साध्य और राज्य साधन उचित नहीं** (Individual End and State Means, not Proper)–व्यक्तिवादियों ने व्यक्ति को साध्य और राज्य को एक साधन माना है जो उचित नहीं है। इसके विपरीत, हीगल जैसे आदर्शवादी ने राज्य को साध्य और व्यक्ति को साधन माना है। वस्तुतः राज्य के हित में ही व्यक्ति का हित निहित है। व्यक्ति का विकास और प्रगति राज्य के विकास एवं प्रगति पर निर्भर है।

3. **पूर्ण स्वतन्त्रता अराजकता की जननी है** (Full Liberty is the Mother of Anarchy)–व्यक्तिवादी व्यक्ति को पूर्ण स्वतन्त्रता प्रदान करते हैं। उनका यह विचार अराजकता की जननी है। मिल ने आत्म-परक विषयों में व्यक्ति को पूर्ण स्वतन्त्रता दी है। उसने आत्महत्या की भी छूट दी है। स्पेन्सर भी पूर्ण स्वतन्त्रता के पक्ष में है। वस्तुतः पूर्ण स्वतन्त्रता व्यक्ति और मानव समाज दोनों के लिए घातक है।

4. **निषेधात्मक कार्य असामयिक** (Negative Function Outdated)–बेंथम, मिल और स्पेंसर राज्य को न्यूनतम कार्य देने के पक्ष में हैं। वे पुलिस राज्य में आस्था प्रकट करते हैं। आलोचकों का मत है कि इस आधुनिक युग में पुलिस राज्य की धारणा समाप्त हो गयी है। समाजवाद, साम्यवाद और प्रजातन्त्र ने कल्याणकारी राज्य की कल्पना की है और आज मानवीय हित में राज्य को अधिक-से-अधिक कार्य करना चाहिए।

---

1. "The government is best, which governs the least and let the individual do what he likes."—Freeman
2. "The state came into existence for the sake of life, but it continues to exist for the sake of good life."—Aristotle

5. **नैतिक आधार भ्रममूलक** (Ethical Basis Misleading)–व्यक्तिवादियों ने नैतिक आधार पर व्यक्ति की पूर्ण स्वतन्त्रता का समर्थन किया है जो भ्रममूलक है। आलोचकों का कथन है कि पूर्ण स्वतन्त्रता में चरित्र और नैतिकता का पतन होता है। अतएव व्यक्तिवाद का नैतिक आधार पर समर्थन करना भ्रममूलक है।

6. **आर्थिक आधार गलत है** (Economic Basis is Wrong)–एडम स्मिथ, माल्थस एवं रिकार्डो ने आर्थिक आधार पर व्यक्तिवाद का समर्थन किया है जो गलत है। वे खुली प्रतियोगिता और नियन्त्रणहीन व्यवसाय और वाणिज्य में विश्वास करते हैं। आलोचकों का मत है कि यद्भाव्यम् नीति के भयंकर परिणाम होंगे। व्यवसाय और वाणिज्य पर एक सीमा तक राज्य का नियन्त्रण आवश्यक है।

7. **वैज्ञानिक आधार दोषपूर्ण है** (Scientific Basis is Defective)–स्पेन्सर ने "योग्यतम को जीवित रहने का सिद्धान्त" के आधार पर व्यक्तिवाद का समर्थन किया है। यह वह दोषपूर्ण सिद्धान्त है वस्तुतः राज्य का यह पुनीत कर्तव्य होना चाहिए कि वह समाज के दुर्बलों और असहायों की रक्षा करे। प्रकृति का नियम मानव जीवन पर लागू करना मूर्खता होगी।

8. **व्यावहारिक आधार भ्रममूलक है** (Practical Basis is Misleading)–व्यक्तिवादियों का यह तर्क कि राज्य सभी प्रकार के कार्यों के करने में अक्षम है, भ्रममूलक और गलत है। कल्याणकारी और समाजवादी राज्यों ने यह प्रमाणित कर दिया है कि राज्य को मानवीय हित में अधिकतम कार्यों को करना चाहिए। इसी में मानव सभ्यता का विकास सम्भव है।

9. **मनोवैज्ञानिक आधार दोषपूर्ण है** (Psychological Basis is Defective)–व्यक्तिवादियों के अनुसार निजी सम्पत्ति मानव स्वभाव की मूल प्रवृत्ति है। प्रत्येक व्यक्ति खुली प्रतियोगिता के द्वारा अधिकतम सम्पत्ति अर्जन करना चाहता है। आलोचकों ने व्यक्तिवादियों के इस तर्क का खण्डन इस आधार पर किया है कि अधिकतम निजी सम्पत्ति से समाज में आर्थिक विषमता उत्पन्न होगी जिससे मानव समाज हमेशा संघर्ष में रत रहेगा जिसका परिणाम होगा–मानव समाज का नाश। अतएव किसी भी परिस्थिति में, असीमित निजी सम्पत्ति रखने की स्वतन्त्रता व्यक्ति को नहीं दी जा सकती है।

10. **अनुभव का तर्क निरर्थक है** (Argument from Experience is Useless)–व्यक्तिवादियों ने इतिहास द्वारा प्राप्त अनुभव के आधार पर व्यक्तिवाद का जो समर्थन किया है, वह निरर्थक है। यह तर्क देना कि जब भी सामाजिक और आर्थिक क्षेत्र में राज्य ने हस्तक्षेप किया है तो उसका भयंकर परिणाम निकला है। आलोचकों का विचार है कि राज्य के उचित नियन्त्रण में ही श्रेष्ठ सामाजिक और आर्थिक जीवन सम्भव है।

निष्कर्ष–उपर्युक्त तर्कों के आधार पर व्यक्तिवाद एक आंशिक सत्य सिद्ध होता है। वस्तुतः आज व्यक्तिवाद की कब्र पर समाजवाद, साम्यवाद और प्रजातन्त्र पनप रहा है। व्यक्तिवाद ने एक मृतवाद का रूप ले लिया है। अभी सम्पूर्ण मानव सभ्यता का विकास और प्रगति समाजवाद तथा प्रजातन्त्र पर आधारित है।

नव-आधुनिक व्यक्तिवाद[1]
(Neo-Modern Individualism)

नव-आधुनिक व्यक्तिवाद की उत्पत्ति (Origin of Neo-Modern Individualism)

1880 ई. के बाद व्यक्तिवाद का प्रभाव समाप्त होने लगा। इसके स्थान पर आदर्शवाद और समष्टिवाद का प्रभाव बढ़ने लगा। जोड के अनुसार, "व्यक्तिवाद या इसकी स्वतन्त्रता के सिद्धान्त को जो राजनीति में बहुमूल्यवान है, जब आर्थिक क्षेत्र में लगाया गया तो अत्यन्त विनाशकारी सिद्ध हुआ।"

---

1. राजनीतिक विचारधारा के इतिहास में आधुनिक युग का प्रारम्भ सोलहवीं सदी से होता है। आधुनिक व्यक्तिवाद के मूल प्रणेता लॉक, बेंथम, मिल और स्पेन्सर हैं जिनका जीवन काल उन्नीसवीं सदी में समाप्त हो जाता है। अतएव बीसवीं सदी में जिस व्यक्तिवाद का जन्म हुआ, उसे नव-आधुनिक व्यक्तिवाद कहना अधिक उपयुक्त होगा तथा उसके पूर्व को आधुनिक व्यक्तिवाद।

जोड का कथन है कि व्यक्तिवाद का ह्रास इसलिए हुआ कि वह निम्नांकित तीन भ्रामक सिद्धान्तों पर आधारित था:

(i) प्रत्येक व्यक्ति समान रूप से दूरदर्शी है। उसमें यह समान रूप से समझने की क्षमता है कि वह क्या चाहता है।

(ii) प्रत्येक व्यक्ति में इच्छित वस्तु प्राप्त करने की शक्ति है तथा उसे चयन की समान स्वतन्त्रता है।

(iii) प्रत्येक व्यक्ति की इच्छाओं की सन्तुष्टि एवं सम्पूर्ण समाज के कल्याण में समरूपता है।

आगे चलकर आदर्शवाद और समष्टिवाद ने व्यक्ति के महत्व को घटा दिया और राज्य की शक्तियों एवं कार्यों में वृद्धि की गयी। वैयक्तिक स्वतन्त्रता पर कुठाराघात किया गया। परिणामत: इनके विरुद्ध भी प्रतिक्रिया हुई तथा व्यक्तिवाद का सुधरे हुए रूप में जन्म हुआ जिसे नव-आधुनिक व्यक्तिवाद की संज्ञा दी गयी। इस सन्दर्भ में जोड ने बड़े ही सुन्दर शब्दों में लिखा है, "परन्तु व्यक्तिवाद के विरुद्ध प्रतिक्रिया ने एक और प्रतिक्रिया पैदा की है। पहिए ने पूरा चक्कर घूम लिया है और वर्तमान राज्य से उत्पन्न असन्तुष्टि ने व्यक्तिवादी विचारधारा को पुनर्जीवित करने में सहायता दी जो यदि स्वरूप में नहीं तो आत्मा में अवश्य उन्नीसवीं सदी के व्यक्तिवाद से मिलती-जुलती है।"[1]

नव-आधुनिक व्यक्तिवाद के विकास के कारण (Causes for the Growth of Neo-Modern Individualism)

नव-आधुनिक व्यक्तिवाद के विकास के निम्नांकित कारण विशेष रूप से उल्लेखनीय हैं:

1. **समुदायों की महत्ता** (Importance of Associations)–बीसवीं सदी के प्रारम्भ में ही लोगों ने समुदायों की महत्ता को स्वीकार किया और समाज में अनेक समुदायों की स्थापना की गयी। राज्य के स्थान पर समुदाय का महत्व और प्रभाव काफी तेजी के साथ बढ़ने लगा। बार्कर का भी कहना है कि "हम राज्य को समान जीवन के लिए व्यक्तियों के समुदाय के रूप में कम और पहले से सामान्य जीवन वाले अनेक समूहों में एकीकृत व्यक्तियों के एक अधिक उच्च तथा व्यापक समान उद्देश्य के लिए संगठित समुदाय के रूप में अधिक देखते हैं।"

2. **सर्वाधिकारवादी राज्य का जन्म** (Birth of Totalitarian States)–प्रथम विश्वयुद्ध के बाद यूरोप के राजनीतिक पटल पर इटली में फासिस्ट राज्य और जर्मनी में नाजी राज्य की स्थापना की गयी। मुसोलिनी और हिटलर ने प्रजातन्त्र के नाम पर तानाशाही शासन की स्थापना की। राज्य के कार्यक्षेत्र में अप्रत्याशित रूप से वृद्धि हुई। सरकार वैयक्तिक स्वतन्त्रता को बलिवेदी पर मनमाने ढंग से शासन करने लगी जिसके कारण लोगों ने ऐसे राज्य और सरकार का विरोध करना शुरू किया। जोड के शब्दों में, "युद्धकाल में संघर्षरत राज्यों में राज्य की गतिविधियों के क्षेत्र का जो विस्तार हुआ, उस विस्तार के कारण राज्य के विरुद्ध एक भावना उत्पन्न हो गयी है।"

3. **बहुमत शासन का भय** (Danger of Majority Rule)–प्रजातन्त्र राज्य में बहुमत का शासन होता है लेकिन उस समय अधिकांश प्रजातान्त्रिक राज्य तानाशाह के रूप में शासन करने लगे। अल्पसंख्यकों का अस्तित्व खतरे में पड़ गया। अतएव विद्वानों ने अल्पसंख्यकों की रक्षा करने के लिए तथा राज्य की तानाशाही प्रवृत्तियों और असीमित कार्यों एवं शक्तियों पर रोक लगाने के लिए, शक्ति विकेन्द्रीकरण के सिद्धान्त पर बल दिया जाने लगा।

उपर्युक्त कारणों के कारण नव-आधुनिक व्यक्तिवादियों ने समुदाय के महत्व का प्रचार एवं प्रसार करना शुरू किया। राज्य की असीमित शक्तियों और कार्यों पर रोक लगायी जाने लगी।

---

1. "But the reaction against individualism has produced a reaction in its turn. The wheel has turned full circle and the present dissatisfaction with the state has promoted a revival of individualist thinking akin in spirit, though not in form to the individualism of the nineteenth century."—C.E.M. Joad, *Modern Political Theory*.

नव-आधुनिक व्यक्तिवाद का अर्थ (Meaning of Neo-Modern Individualism)

नव-आधुनिक व्यक्तिवाद और आधुनिक व्यक्तिवाद में यह अन्तर है कि आधुनिक व्यक्तिवाद राज्य की तुलना में व्यक्ति को अधिक महत्व देता था तथा वैयक्तिक स्वतन्त्रता को सुरक्षित रखने के लिए राज्य के कार्यों को सीमित करना चाहता था। इसके विपरीत, नव-आधुनिक व्यक्तिवाद समुदायों और संस्थाओं के महत्व पर विशेष जोर देना चाहता है एवं राज्य को अन्य समुदायों की भाँति ही एक समुदाय मानता है लेकिन दोनों राज्य की शक्तियों को सीमित करना चाहते हैं। वस्तुतः नव-आधुनिक व्यक्तिवाद बहुलवाद का ही एक रूप है। दोनों ने राज्य की निरंकुशता और राज्य के कार्यक्षेत्र के विस्तार का विरोध किया है। आधुनिक व्यक्तिवाद ने लोगों के वैयक्तिक जीवन तथा नव-आधुनिक व्यक्तिवाद सामुदायिक जीवन पर विशेष बल दिया है। बार्कर ने भी लिखा है कि "यदि अब हम व्यक्तिवादी हैं तो हमारा रूप सामुदायिक व्यक्तिवादियों का हो गया है। हमारे व्यक्ति समुदाय बनते जा रहे हैं।"

नव-आधुनिक व्यक्तिवाद की विशेषताएँ (Features of Neo-Modern Individualism)

नव-आधुनिक व्यक्तिवाद की निम्नांकित विशेषताएँ हैं:

1. **शक्तिशाली राज्य का विरोध** (Opposing the Powerful State)–नव-आधुनिक व्यक्तिवाद ने शक्तिशाली राज्य का खुलकर विरोध किया है। वह फासिस्ट और नाजी राज्य की भर्त्सना करता है। उसने हीगलवादी राज्य और समष्टिवाद का भी विरोध किया है।

2. **समूह के व्यक्तित्व में विश्वास** (Faith in the Personality of Association)–नव-आधुनिक व्यक्तिवाद समूह के व्यक्तित्व में विश्वास करता है। राज्य और समूह समस्तरीय हैं। व्यक्ति समूह और राज्य का समान रूप से भक्त है। अगर राज्य और समूह में किसी प्रकार का विवाद हो तो व्यक्ति यह निश्चित करेगा कि वह किसके प्रति भक्त हो। मनुष्य के जीवन में समुदायों का अधिक महत्व है। परिवार, राजनीतिक दल, मजदूर संघ, स्कूल, कॉलेज और चर्च जैसे समुदायों का प्रचण्ड प्रभाव व्यक्ति के जीवन पर पड़ रहा है। इसीलिए बार्कर के अनुसार आज व्यक्ति बनाम राज्य नहीं लिखा जाता, बल्कि समुदाय बनाम राज्य लिखा जाता है।

3. **राज्य भी एक समुदाय है** (State is also an Association)–नव-आधुनिक व्यक्तिवादियों और बहुलवादियों ने राज्य को एक समुदाय माना है लेकिन राज्य सभी समुदायों में सर्वोच्च है। इसीलिए उसे समुदाय का समुदाय या संघों का संघ माना गया है। वस्तुतः राज्य विभिन्न एवं परस्पर-विरोधी समुदायों के बीच एक जोड़ने वाली कड़ी है।

नव-आधुनिक व्यक्तिवाद के प्रमुख प्रणेता (Main Exponents of the Neo-Modern Individualism)

नव-आधुनिक व्यक्तिवाद के प्रमुख प्रणेता–ग्राहम वालस, नार्मन ऐंजल और मिस फॉलेट हैं। इनमें नार्मन ऐंजल को नव-आधुनिक व्यक्तिवाद का मूल प्रणेता और पुजारी माना जाता है। उनके प्रमुख विचारों को निम्नांकित रूप से स्पष्ट किया जा सकता है:

1. **ग्राहम वालास** (Graham Wallas) ने दि ग्रेट सोसाइटी (The Great Society) में अपने दर्शन का प्रतिपादन निम्न रूप से किया है:

(i) ग्राहम वालास ने अति-विकसित राज्य की शक्ति में अविश्वास प्रकट किया है।

(ii) उसने आवश्यकता से अधिक राज्य की शक्तियों का प्रचण्ड रूप से विरोध किया है।

(iii) उसने मुख्यतः प्रतिनिधि सरकार की समस्या पर विचार किया है।

(iv) उसने संसद के प्रथम सदन का गठन प्रादेशिक आधार पर करने का सुझाव दिया है।

(v) उसने संसद के द्वितीय सदन का गठन व्यावसायिक आधार पर करने की इच्छा प्रकट की है।

(vi) आर्थिक एवं शिक्षा-सम्बन्धी कार्यों के नियम के लिए, उसने विशेष निर्वाचित संस्थाओं का सुझाव दिया है जिनमें कुछ व्यवसायों को प्रतिनिधित्व दिया जाएगा।

(vii) उसने अल्पसंख्यकों की स्वतन्त्रता, अधिकार और हितों की रक्षा पर विशेष बल दिया है।

2. **नार्मन ऐंजल** (Norman Angell) ने अपनी पुस्तक *दि ग्रेट इलुजन* (*The Great Illusion*) में व्यक्तिवादी विचारों को स्पष्ट किया है। यथा:

(i) नार्मन ऐंजल ने राज्य की असीमित शक्तियों का विरोध किया है।

(ii) उसके अनुसार सभी राष्ट्रीय राज्य एक आर्थिक आधार पर निर्मित विश्व राज्य में संयुक्त हो जायेंगे।

(iii) इस प्रकार उसने अन्तर्राष्ट्रवाद का प्रबल रूप से समर्थन किया है।

(iv) उसके अनुसार एकता का वास्तविक आधार आर्थिक ही हो सकता है तथा राष्ट्र-राज्य एकता के इस मार्ग में व्यर्थ के अवरोध हैं।

3. **मिस फॉलेट** (Miss Follett) ने अपनी कृति दि न्यू स्टेट (The New State) में अपने व्यक्तिवादी दर्शन पर विचार किया है। जैसे:

(i) मिस फॉलेट ने समुदायों की महत्ता पर विशेष बल दिया है लेकिन वह समुदाय में व्यक्ति को विशेष स्थान देती है।

(ii) उसके अनुसार व्यक्ति, समुदाय और राज्य में से किसी की भी उपेक्षा नहीं की जा सकती है, सभी का समान महत्व है।

(iii) उनका दृढ़ मत है कि मनुष्य अपने व्यक्तिवाद का विकास और स्वतन्त्रता की प्राप्ति समुदायों द्वारा ही कर सकता है।

(iv) मिस फॉलेट का मत है, "मनुष्य समूह द्वारा ही अपनी वास्तविक प्रकृति को पाता है और वास्तविक स्वतन्त्रता का लाभ उठाता है। समूह-संगठन को राजनीति की नयी विधि मानना चाहिए क्योंकि प्रयोगात्मक राजनीति की विधि से ही व्यक्ति की व्याख्या की जा सकती है तथा उसे प्रभावित किया जा सकता है।"

(v) उसके अनुसार, "राज्य बाहरी प्रक्रियाओं से नहीं बनता, बल्कि वह उन लोगों के अनवरत विचार और प्रक्रियाओं से बनता है जो उसके जीवन-प्राण हैं।"

आधुनिक व्यक्तिवाद एवं नव-आधुनिक व्यक्तिवाद में अन्तर

(Difference Between the Modern Individualism and the Neo-Modern Individualism)

आधुनिक व्यक्तिवाद और नव-आधुनिक व्यक्तिवाद में समता यह है कि दोनों राज्यों की असीमित शक्तियों का विरोध करते हैं लेकिन दोनों में कुछ निम्न मौलिक अन्तर भी हैं:

1. आधुनिक व्यक्तिवाद राज्य की तुलना में व्यक्ति को अधिक महत्व देता है, जबकि नव-आधुनिक व्यक्तिवाद समुदाय के महत्व पर बल देता है।
2. आधुनिक व्यक्तिवाद वैयक्तिक स्वतन्त्रता को सुरक्षित रखने के लिए राज्य के कार्यों को सीमित करना चाहता है। दूसरी ओर, नव-आधुनिक व्यक्तिवाद राज्य की शक्तियों को समुदायों में विकेन्द्रित करना चाहता है।
3. आधुनिक व्यक्तिवाद की अपेक्षा नव-आधुनिक व्यक्तिवाद बहुलवाद और श्रेणीमूलक समाजवाद के अधिक समीप है।

4. आधुनिक व्यक्तिवाद व्यक्ति के हित को निजी आर्थिक हितों और बहुमत शासन के अत्याचार से बचाने में असफल रहा। इसलिए समुदायों की स्थापना की गयी। समुदायों के दो उद्देश्य हैं:
   (क) तानाशाही राज्य से व्यक्ति की रक्षा करना, और
   (ख) व्यक्ति के सामूहिक हितों तथा विचारों में वृद्धि करना।

अतएव व्यक्ति के वास्तविक व्यक्तित्व के विकास के लिए सबसे अच्छा माध्यम समुदाय ही है। इस सन्दर्भ में जोड का भी मत है, "समुदाय ही उस वैयक्तिक स्वतन्त्रता की एकमात्र प्रभावपूर्ण गारण्टी है जो मिल द्वारा व्याख्या किए गए पुराने व्यक्तिवाद का सर्वाधिक मूल्यवान तत्व है।"[1]

प्रश्न
(Questions)

1. व्यक्तिवाद की उत्पत्ति, विकास, अर्थ और मौलिक सिद्धान्तों की विवेचना कीजिए।
   Discuss the origin, development, meaning and fundamental principles of Individualism.
2. व्यक्तिवाद का क्या अर्थ है? इसके मौलिक सिद्धान्तों पर विचार कीजिए।
   What is the meaning of Individualism? Examine its fundamental principles.
3. व्यक्तिवाद क्या है? इसके प्रमुख आधारों या समर्थन की समीक्षा कीजिए।
   What is individualism? Examine its main bases or support.
4. व्यक्तिवाद के राज्य कार्यक्षेत्र की विवेचना कीजिए।
   Discuss the individualistic theory of the function of state.
5. राज्य के कार्य सम्बन्धी व्यक्तिवादी सिद्धान्त की विवेचना कीजिए।
   Discuss the individualistic theory of the function of state.
6. "सबसे उत्तम सरकार वह है जो सबसे कम शासन करती है।" इस कथन की विवेचना कीजिए।
   "The government is best which governs the least." Discuss this statement.
7. व्यक्तिवाद से आप क्या समझते हैं? इसकी आलोचनाओं का वर्णन कीजिए।
   What do you mean by individualism? Describe its criticisms.
8. "राज्य एक आवश्यक बुराई है।" विवेचना कीजिए।
   "State is a necessary evil." Discuss.
9. व्यक्तिवाद क्या है? इसके गुण-दोषों का वर्णन कीजिए।
   What is individualism? Describe its merits and demerits.
10. नव-आधुनिक व्यक्तिवाद पर एक लेख लिखिए।
    Write an essay on the Neo-modern Individualism.
11. नव-आधुनिक व्यक्तिवाद की उत्पत्ति, विकास, अर्थ एवं विशेषताओं का वर्णन कीजिए।
    Describe the origin, development, meaning and features of the Neo-Modern Individualism.
12. नव-आधुनिक व्यक्तिवाद क्या है? इसके प्रमुख प्रणेता के दर्शन पर संक्षेप में प्रकाश डालिए।
    What is Neo-Modern Individualism? Examine briefly the philosophy of its main exponents.

---

1. "It is the effective guarantee of that personal liberty, concern for which forms the most valuable element of the old individualism as expounded by Mill."—Joad

13. व्यक्तिवाद क्या है? आधुनिक व्यक्तिवाद और नव-आधुनिक व्यक्तिवाद के मूल अन्तर को स्पष्ट कीजिए।
What is individualism? Show the basic difference between Modern Individualism and the Neo-Modern Individualism.

वस्तुनिष्ठ प्रश्न
(Objective Questions)

1. निम्नांकित में से कौन सिद्धान्त "राज्य को एक आवश्यक बुराई मानता है।"
(क) व्यक्तिवाद (ख) आदर्शवाद (ग) फेबियनवाद (घ) सर्वाधिकारवाद
Which theory of the following says "The State is a necessary evil."
(a) Individualism (b) Idealism (c) Fabianism (d) Totalitarianism
2. "राज्यों को सत्ता इसलिए आवश्यक है कि समाज में अपराध की भावना विद्यमान है। अत: राज्य का मुख्य कर्तव्य रक्षा करना और मर्यादित करना है, न कि पोषण करना और समुन्नत करना।" यह किसने कहा?
(क) मिल (ख) स्पेंसर (ग) फ्रीमैन (घ) हीगल
"State exists merely because crime exists and to principal function, therefore, is to protect and restrain, not to foster and promote." Who said this?
(a) Mill (b) Spencer (c) Freeman (d) Hegel
3. "किसी रूप में भी राज्य मनुष्य की अपूर्णता का चिह्न है।" यह किसने कहा?
(क) मिल (ख) स्पेंसर (ग) फ्रीमैन (घ) लॉक
"The best form of government is no government in any shape is a sign of man's imperfection." Who said this?
(a) Mill (b) Spencer (c) Freeman (d) Locke
4. इनमें से कौन एक व्यक्तिवादी विचारक नहीं है?
(क) बेन्थम (ख) मिल (ग) स्पेंसर (घ) हीगल
Which one of the following is not an individualist thinker?
(a) Bentham (b) Mill (c) Spencer (d) Hegel
5. *ऑन लिबर्टी* पुस्तक के रचयिता कौन हैं?
(क) जे॰एस॰ मिल (ख) ग्रीन (ग) लॉक (घ) फ्रीमैन
Who is the author of the book *On Liberty*?
(a) J.S. Mill (b) Green (c) Locke (d) Freeman
6. "व्यक्ति अपने शरीर और मस्तिष्क का सम्प्रभु है।" यह किसने कहा?
(क) ग्रीन (ख) मिल (ग) हीगल (घ) लॉक
"An individual is sovereign over his body and mind." Who said this?
(a) Green (b) Mill (c) Hegel (d) Locke
7. "प्रकृति में ही जीवन-संग्राम है जिसमें अयोग्य व्यक्तियों का नाश निश्चित है।" यह किसने कहा?
(क) लॉक (ख) मिल (ग) स्पेंसर (घ) ग्रीन
"If we are to evolve a race of strong, able and virile human beings, we shall leave individuals to themselves, the strong will survive and the unfit will be eliminated." Who said this?
(a) Locke (b) Mill (c) Spencer (d) Green

8. लैसेजफेयर किस सिद्धान्त से सम्बन्धित है?
(क) आदर्शवाद (ख) मार्क्सवाद (ग) अराजकतावाद (घ) व्यक्तिवाद
Laissez Faire is associated with which theory?
(a) Idealism (b) Marxism (c) Anarchism (d) Individualism

9. "राज्य एक संयुक्त सुरक्षा कम्पनी है जिसका उद्देश्य पारस्परिक हित-रक्षा तथा कल्याण है।" यह किसने कहा?
(क) स्पेंसर (ख) मिल (ग) ग्रीन (घ) लॉक
"State is a joint stock protection company for mutual assurance." Who said this?
(a) Spencer (b) Mill (c) Green (d) Locke

10. "किसी भी रूप में सरकार का अस्तित्व मनुष्य की अपूर्णता का प्रतीक है। सरकार की आदर्श अवस्था वह है जिसमें सरकार बिल्कुल न हो।" यह किसने कहा?
(क) लॉक (ख) फ्रीमैन (ग) ग्रीन (घ) स्पेंसर
"The existence of government in any form is a sign of man's imperfection. The ideal form of government is no government at all." Who said this?
(a) Locke (b) Freemen (c) Green (d) Spencer

11. "योग्यतम जीवित रहता है," का नारा किसने दिया?
(क) बेन्थम (ख) मिल (ग) डार्विन (घ) ग्रीन
Who gave the slogan of—"Survival of the fittest?"
(a) Bentham (b) Mill (c) Darwin (d) Green

12. "राज्य को नागरिकों के कल्याण की समस्त चिन्ता से दूर रहना चाहिए तथा उसकी पारस्परिक सुरक्षा और बाह्य आक्रमण की रक्षा के कार्य से आगे बढ़ना चाहिए।" यह किसने कहा?
(क) मिल (ख) ग्रीन (ग) बेन्थम (घ) हम्बोल्ट
"State should abstain...from the positive welfare of the citizens and ought not to proceed a step further than is necessary for their mutual security and protection against foreign enemies." Who said this?
(a) Mill (b) Green (c) Bentham (d) Humbolt

13. "वही सरकार सबसे अच्छी है जो कम से कम शासन करती है और व्यक्तियों को वे कार्य करने देती है जो वे करना चाहते हैं।" यह किसने कहा?
(क) फ्रीमैन (ख) मिल (ग) लॉक (घ) बेन्थम
"The government is best, which governs the least and let the individual do what he likes." Who said this?
(a) Freeman (b) Mill (c) Locke (d) Bentham

14. "मानव जीवन की रक्षा हेतु राज्य का जन्म हुआ तथा मानव जीवन को श्रेष्ठ बनाने हेतु उसका स्थायी रूप से रहना आवश्यक समझा गया।" यह किसने कहा?
(क) प्लेटो (ख) अरस्तू (ग) ग्रीन (घ) हीगल
"The state came into existence for the sake of life, but it continues to exist for the sake of good life." Who said this?
(a) Plato (b) Aristotle (c) Green (d) Hegel

15. "यदि अब हम व्यक्तिवादी हैं तो हमारा रूप सामुदायिक व्यक्तिवादियों का हो गया है। हमारे व्यक्ति समुदाय बनते जा रहे हैं।" यह किसने कहा?
(क) लॉस्की (ख) मेकाइवर (ग) बार्कर (घ) फॉलेट

16. *मार्डन पॉलिटिकल थ्योरी* पुस्तक के लेखक कौन हैं?
(क) गार्नर (ख) लॉस्की (ग) गेटेल (घ) जोड
Who is the author of the *Modern Political Theory*?
(a) Garner (b) Laski (c) Gettell (d) Joad

17. *दि ग्रेट इलुजन* ग्रंथ के रचयिता कौन हैं?
(क) नार्मन ऐंजल (ख) लॉक (ग) जोड (घ) फॉलेट
Who is the author of the *The Great Illusion*?
(a) Norman Angell (b) Locke (c) Joad (c) Follett

18. *दि न्यू स्टेट* ग्रंथ के रचनाकार कौन हैं?
(क) जोड (ख) मिस फॉलेट (ग) लॉस्की (घ) नार्मन ऐंजल
Who is the author of the *The New State*?
(a) Joad (b) Miss Follett (c) Laski (d) Norman Angell

19. "समुदाय ही उस वैयक्तिक स्वतन्त्रता की एकमात्र प्रभावपूर्ण गारण्टी है जो मिल द्वारा व्याख्या किए गए पुराने व्यक्तिवाद का सर्वाधिक मूल्यवान तत्व है।" यह किसने कहा?
(क) लॉक (ख) फॉलेट (ग) जोड (घ) ग्रीन
"It is the effective guarantee of that personal liberty, concern for which forms the most valuable element of the old individualism as expounded by Mill." Who said this?
(a) Locke (b) Follett (c) Joad (d) Green

20. *दि ग्रेट सोसाइटी* पुस्तक के लेखक कौन हैं?
(क) नार्मन ऐंजल (ख) मिस फॉलेट (ग) मेकाइवर (घ) ग्राहम वालास
Who is the author of the *The Great Society*?
(a) Norman Angell (b) Miss Follett (c) MacIver (d) Graham Wallas

21. Which of the following is the supporter of individualistic philosophy?
(a) Hegel (b) Adam Smith (c) Cicero (d) Garner

22. Individualists stand for
(a) Maximum Liberty (b) Limited Liberty (c) No Liberty

23. What does individualism advocate?
(a) Maximum liberty should be given to the individual
(b) No liberty should be given to the individual
(c) State should be abolished
(d) Government should be abolished

24. Modern individualism advocates
(a) Police State (b) Welfare State (c) Stateless Society (d) Totalitarian State

25. The supporter of individualistic philosophy was
    (a) Adam Smith (b) Bernard Shaw (c) Karl Marx (d) Bakunin
26. "Over himself, over his own body, mind, the individual is sovereign." Who said this?
    (a) Bentham (b) J.S. Mill (c) T.H. Green (d) H.J. Laski
27. The principle of "Survival of the fittest" was advocated by
    (a) Darwin (b) Herbert Spencer (c) Adam Smith (d) J.S. Mill
28. Individualism is also known as
    (a) Idealism (b) Collectivism (c) Syndicalism (d) Laissez faire
29. The Modern Individualists consider the state as
    (a) Omnipotent (b) Indispensable (c) One of many groups (d) Superfluous
30. Which of the following functions is not associated with individualism?
    (a) To protect life, property and liberty of the individual
    (b) To defend the country from foreign invasions
    (c) To administer justice
    (d) To promote moral good of the individual
31. The aim of individualism is to
    (a) Maximize the liberty of individuals
    (b) Curtail the liberty of individuals
    (c) Substitute duty and discipline for right and liberty
    (d) Exalt state
32. The area of state activity is limited according to
    (a) Adam Smith (b) J.S. Mill (c) Laski (d) MacIver
33. "State is a necessary evil" is a view held by
    (a) Socialists (b) Marxists (c) Individualists (d) Liberals
34. Who wrote: *A Treaties on Liberties*?
    (a) T.H. Green (b) Laski (c) J.S. Mill (d) MacIver
35. The idea that "that government is the best which governs the best", is of
    (a) Liberals (b) Marxists (c) Capitalists (d) Anarchists

उत्तर
(Answers)

1. (क) 2. (ख) 3. (ग) 4. (घ) 5. (क) 6. (ख) 7. (ग) 8. (घ) 9. (क)
10. (ख) 11. (ग) 12. (घ) 13. (क) 14. (ख) 15. (ग) 16. (घ) 17. (क) 18. (ख)
19. (ग) 20. (घ) 21. (b) 22. (b) 23. (a) 24. (b) 25. (a) 26. (b) 27. (a)
28. (d) 29. (b) 30. (d) 31. (a) 32. (a) 33. (c) 34. (c) 35. (a)

35

आदर्शवाद
(Idealism)

भूमिका (Introduction)

राजनीतिक विचारधारा के क्षेत्र में आदर्शवाद एक प्राचीन विचारधारा है। इसे अनेक नामों से पुकारा जाता है, जैसे–निरंकुशतावादी सिद्धान्त (Absolutist Theory), आध्यात्मिक सिद्धान्त (Metaphysical Theory), दार्शनिक सिद्धान्त (Philosophical Theory), रहस्यात्मक सिद्धान्त (Mystical Theory), नैतिक सिद्धान्त (Ethical Theory), राज्य का आदर्शवादी नैतिक सिद्धान्त (Idealistic Ethical Theory of the State) तथा प्रत्ययवाद, आदि। इन सभी नामों में आदर्शवाद काफी लोकप्रिय है।

आदर्शवाद का इतिहास
(History of Idealism)

आदर्शवादी विचारधारा का इतिहास काफी प्राचीन और लम्बा है। उसका अति संक्षिप्त विवरण निम्नलिखित रूप से दिया जा सकता है:

1. **यूनानी विचारक : प्लेटो और अरस्तू** (Greek Thinkers : Plato and Aristotle)–प्लेटो को आदर्शवाद का जनक माना जाता है। उसने राज्य को एक नैतिक संस्था माना है उसका मत है कि व्यक्ति का पूर्ण विकास राज्य में ही सम्भव है। आगे चलकर अरस्तू ने मनुष्य को एक सामाजिक और राजनीतिक प्राणी माना है। उसका भी कथन है कि मनुष्य का जीवन समाज या राज्य में ही सम्भव है। उसके शब्दों में, "मानव जीवन की रक्षा हेतु राज्य का जन्म हुआ लेकिन उसके जीवन को श्रेष्ठ बनाने के लिए उसका रहना आवश्यक समझा गया।"[1]

2. **भारतीय विचारक : मनु और कौटिल्य** (Indian Thinkers : Manu and Kautilya)–भारतीय विचारकों में मनु और कौटिल्य ने राज्य की महत्ता पर प्रकाश डाला है। उन लोगों का मत है कि राज्य में व्यक्ति का जीवन और विकास सम्भव है। यथा, "राजधर्म के आधार पर मनुष्य का सम्पूर्ण जीवन संचालित हो सकता है, इसके अन्तर्गत अन्य सभी धर्म समा सकते हैं तथा इस पर ही अन्य सभी धर्म आश्रित हैं।"

3. **टॉमस मूर एवं रूसो** (Thomas More and Rousseau)–रोमन और मध्ययुग में आदर्शवाद का विकास नहीं हुआ। आधुनिक युग में टॉमस मूर ने प्लेटो से प्रभावित होकर अपनी प्रसिद्ध पुस्तक यूटोपिया (Utopia) की रचना की। इसमें उसने एक आदर्शवादी राज्य की कल्पना की है रूसो ने भी प्लेटोवाद से प्रभावित होकर यह सिद्धान्त प्रतिपादित किया कि व्यक्ति का नैतिक जीवन राज्य में ही सम्भव है।

---

1. "The state came into existence for the sake of life, but it continues to exist for the sake of good life."—Aristotle

4. **जर्मन विचारकः काण्ट, फिक्टे और हीगल** (German Thinkers: Kant, Fichte and Hegel)–रूसो के बाद जर्मनी आदर्शवाद का प्रमुख केन्द्र स्थल हो गया। जर्मनी में राष्ट्रवाद का उदय हो रहा था। अतएव काण्ट, फिक्टे और हीगल ने राज्य की महत्ता पर जोर दिया। हीगल ने "इस धरती पर राज्य को ईश्वर का अवतार माना।"[1] उसने उग्र-आदर्शवाद के सिद्धान्त का प्रतिपादन किया।

5. **अंग्रेजी विचारकः टॉमस हिल ग्रीन, ब्रेडले और बोसांके**–जर्मनी के आदर्शवादी स्कूल के साथ इंग्लैण्ड में भी आदर्शवाद का विकास हुआ। टॉमस हिल ग्रीन, ब्रेडले और बोसांके इसके मुख्य प्रतिपादक थे। इन लोगों ने भी राज्य को एक नैतिक संस्था माना और कहा कि मनुष्य का विकास राज्य में ही सम्भव है। ग्रीन ने आदर्शवाद को नरम और उदार बनाया।

आदर्शवाद के प्रमुख विचारक (Main Thinkers of Idealism)

आदर्शवाद के प्रमुख विचारक निम्नांकित हैं:

1. काण्ट (Kant) (1724-1804)
2. फिक्टे (Fichte) (1762-1814)
3. हीगल (Hegel) (1770-1831)
4. टॉमस हिल ग्रीन (Thomas Hill Green) (1836-1882)
5. ब्रेडले (Bradley) (1846-1924)
6. बोसांके (Bosanquet) (1847-1923)।

राजनीतिक विचारधारा के इतिहास में हीगल और टॉमस हिल ग्रीन का नाम विशेष रूप से उल्लेखनीय हैं।

आदर्शवाद का अर्थ (Meaning of Idealism)

हीगल और ग्रीन जैसे आदर्शवादियों के अनुसार राज्य एक नैतिक और प्राकृतिक संस्था है। उन लोगों ने राज्य का अध्ययन दार्शनिक और आध्यात्मिक दृष्टिकोण से किया है। उनका मत है कि राज्य के अन्तर्गत रहकर ही कोई व्यक्ति अपने व्यक्तित्व का विकास कर सकता है। व्यक्ति का स्वतन्त्र एवं नैतिक जीवन राज्य में ही सम्भव है। उसकी सारी आवश्यकताओं की पूर्ति भी राज्य के अन्तर्गत ही सम्भव है। इस प्रकार, आदर्शवाद के अनुसार राज्य के कार्य और अधिकार असीमित हैं। कोई भी व्यक्ति राज्य के विरूद्ध नहीं जा सकता है। राज्य और व्यक्ति में आंगिक सम्बन्ध है। दोनों का जीवन एक-दूसरे पर आश्रित है। राज्य साध्य और व्यक्ति साधन।

आदर्शवाद के प्रमुख सिद्धान्त (Main Principles of Idealism)

उन्नीसवीं और बीसवीं सदी के पूर्वार्द्ध तक राजनीतिक जगत में आदर्शवाद का अधिक प्रभाव था। आदर्शवाद के प्रमुख सिद्धान्त निम्नलिखित हैं:

1. **राज्य साध्य है, साधन नहीं** (State is an End, not Means)–व्यक्तिवाद राज्य को साधन और व्यक्ति को साध्य मानता है। इसके विपरीत, आदर्शवाद राज्य को साध्य और व्यक्ति को साधन मानता है। आदर्शवादियों के अनुसार राज्य एक ऐसा साध्य है जिसके विकास हेतु व्यक्ति को सदा प्रयत्नशील रहना चाहिए। इसके विकास हेतु, उसे अपने जीवन का भी बलिदान कर देना चाहिए। व्यक्ति को पूर्ण रूप से राज्य की अधीनता स्वीकार कर लेनी चाहिए।

---

1. "State is the march of God upon the earth."—Hegel

2. **राज्य एक नैतिक संस्था है** (State is an Ethical Institution)–आदर्शवादियों ने राज्य को एक नैतिक संस्था माना है। उन लोगों के अनुसार राज्य मनुष्य की केवल भौतिक आवश्यकताओं की पूर्ति ही नहीं करता, बल्कि उसके नैतिक जीवन का भी विकास करता है। राज्य मनुष्य के नैतिक विचारों का ही प्रत्यक्षीकरण है। यह अनैतिक व्यक्ति को नैतिक तथा मूर्ख को विवेकशील बनाता है।

3. **राज्य का अपना लक्ष्य एवं व्यक्तित्व** (State's own Aim and Personality)–आदर्शवादियों के अनुसार राज्य का अपना लक्ष्य होता है। राज्य का अपना लक्ष्य होता है। राज्य का अपना पृथक् व्यक्तित्व भी होता है। वह व्यक्ति से ऊपर उठकर सोचता है। उसकी इच्छा सामूहिक इच्छा से उच्चतर होती है। अतएव व्यक्ति को राज्य की इच्छा के अनुसार काम करना चाहिए। राज्य व्यक्तियों का समूह मात्र नहीं होता, बल्कि उसकी सत्ता समूह से भिन्न और उच्चतर होती है जिनसे वह बनता है। राज्य का स्थान व्यक्ति से ऊँचा है।

4. **राज्य और व्यक्ति में विरोध नहीं** (No Contradiction Between State and Individual)–हीगल और ग्रीन ने राज्य और व्यक्ति में आंगिक सम्बन्ध बताया है। जिस प्रकार शरीर और उसके अंग में कोई विरोध नहीं होता है, उसी प्रकार राज्य और व्यक्ति में कोई विरोध नहीं है। दोनों का हित एक-दूसरे पर आश्रित है। राज्य व्यक्ति के लिए और व्यक्ति राज्य के लिए होता है। अगर दोनों में कभी विरोध उत्पन्न हो तो राज्य के हित को माना जाएगा।

5. **राजनीतिक और नैतिक कर्तव्य में अन्तर नहीं** (No Difference Between Political and Moral Duty)–आदर्शवादी राजनीतिक और नैतिक कर्तव्य में कोई अन्तर नहीं मानते हैं। काण्ट का मत है कि कर्तव्य का सम्बन्ध मनुष्य की आन्तरिक चेतना से है तथा राज्य उस चेतना की व्यापक अभिव्यक्ति है। अतएव जो वस्तु नैतिक रूप से गलत है, वह कानूनी रूप से सत्य नहीं हो सकती है।

6. **अधिकार राज्य में** (Rights in State)–सामाजिक समझौता के प्रतिपादकों ने राज्य से पूर्व व्यक्ति के अधिकारों को स्वीकार किया है लेकिन आदर्शवादियों के अनुसार अधिकार राज्य की देन है। राज्य से परे रहकर अधिकार की कल्पना नहीं की जा सकती है। राज्य ही अधिकारों का जन्मदाता और संरक्षक भी है। वह ऐसी आन्तरिक और बाह्य परिस्थितियाँ उत्पन्न करता है जिनके अन्तर्गत व्यक्ति अपने अधिकारों का उपयोग करता है। अतएव राज्य ही अधिकारी की जननी है।

7. **स्वतन्त्रता राज्य में** (Liberty in State)–व्यक्तिवादियों ने बन्धनों के अभाव को ही स्वतन्त्रता माना है। स्वतन्त्रता में राज्य का किसी तरह का बन्धन नहीं रहना चाहिए। दूसरी ओर, आदर्शवादियों के अनुसार राज्य के कानूनों के पालन में ही व्यक्ति की वास्तविक स्वतन्त्रता निहित है। राज्य ही व्यक्ति के लिए ऐसा अवसर प्रदान करता है जिसमें वह अपनी स्वतन्त्रता का उपयोग करता है।

8. **राज्य का आधार इच्छा, शक्ति नहीं** (Will, not Force is the Basis of State)–ग्रीन का कथन है कि राज्य की उत्पत्ति इच्छा से हुई है, शक्ति से नहीं। कोई भी राज्य शक्ति के आधार पर अधिक दिनों तक टिक नहीं सकता। वह अपने कानूनों को भी शक्ति के आधार पर अधिक दिनों तक नहीं मनवा सकता। वस्तुत: राज्य की सद्इच्छा ही व्यक्ति की इच्छा होती है। अतएव राज्य की इच्छा में व्यक्ति की इच्छा भी सम्मिलित है।

9. **सामान्य इच्छा** (General Will)–राज्य सामान्य इच्छा का प्रतिनिधित्व करता है। रूसो की सामान्य इच्छा आदर्शवाद का केन्द्र-बिन्दु है। यह सामान्य इच्छा नि:स्वार्थ और परोपकारी होती है। इससे सम्पूर्ण व्यक्ति और समाज का कल्याण होता है। राज्य सामान्य इच्छा के अनुसार काम करता है। अतएव उसके सभी कार्य सही, विवेकपूर्ण और नैतिक होते हैं।

10. **राज्य सर्वशक्तिमान** (State all Powerful)–आदर्शवादियों के अनुसार राज्य आन्तरिक और बाहरी दोनों दृष्टिकोणों से सर्वशक्तिमान है। राज्य अजर और अमर है। यह नैतिक गुणों से सम्पन्न है। अतएव प्रत्येक व्यक्ति को राज्य के कानूनों और आदेशों का पालन करना चाहिए।

अन्तर्राष्ट्रीय क्षेत्र में भी राज्य की शक्तियाँ असीम हैं। अन्तर्राष्ट्रीय कानून राज्य के कार्यों में बाधा उपस्थित नहीं कर सकता है। हीगल ने युद्ध की भूरि-भूरि प्रशंसा की है। उसका कथन है कि मानव सभ्यता के विकास के लिए युद्ध का होना आवश्यक है। उसने राज्य को सर्वोच्च संस्था माना है। राज्य पृथ्वी पर ईश्वर का अवतार है।

उपर्युक्त तथ्यों से यह स्पष्ट है कि आदर्शवादियों ने राज्य को एक नैतिक, प्राकृतिक और दैवी संस्था माना है। उन लोगों ने व्यक्ति को राज्य के अधीन रखा है। राज्य का हित व्यक्ति के हित से उच्चतर है। यह अपने आप में सत्य है। इस प्रकार आदर्शवाद राज्य की सर्वोच्चता में विश्वास प्रकट करता है।

आदर्शवाद की आलोचना
(Criticism of Idealism)

विभिन्न आलोचकों ने आदर्शवाद की आलोचना निम्नलिखित रूप से की है:

1. **अव्यावहारिक सिद्धान्त** (Impracticable Theory)–आलोचकों ने आदर्शवाद को एक काल्पनिक और अव्यावहारिक सिद्धान्त बताया है। इसको व्यावहारिक रूप नहीं दिया जा सकता है। लॉस्की ने कहा है, "जिस राज्य की बोसांके चर्चा करता है, वास्तविक जगत की वस्तु नहीं है बल्कि केवल विचारों की चहारदीवारी में पाया जाता है।" जेम्स का भी कथन है, "आदर्शवाद एक कल्पनाशील दर्शन है जो सुख और दुःख की कटु अनुभूतियों तथा स्पष्ट तथ्यों को हमसे दूर रखता है।"

2. **राज्य साध्य नहीं** (State not End)–व्यक्तिवादी राज्य को एक साधन मानते हैं। राज्य को साध्य मानना उचित नहीं है। व्यक्ति साध्य है क्योंकि राज्य व्यक्ति के कल्याण के लिए है। जोड का भी कहना है, "राज्य व्यक्ति के लिए होता है, व्यक्ति राज्य के लिए नहीं। दूसरे शब्दों में, राज्य और समुदाय अपने आप में साध्य है।"

3. **राज्य और समाज एक नहीं** (State and Society not One)–आदर्शवादी राज्य और समाज को एक मानते हैं। दोनों में कोई भेद नहीं है। आज के सन्दर्भ में यह गलत है। दोनों अलग-अलग संस्था है।

4. **सावयव सिद्धान्त गलत** (Organic Theory Wrong)–आदर्शवाद सावयव सिद्धान्त को मानता है। व्यक्ति राज्य रूपी शरीर का एक अंग है। राज्य से परे उसका कोई अस्तित्व नहीं है। आलोचकों ने इसे गलत बताया है। उन लोगों का कथन है कि व्यक्ति एक सजीव प्राणी है। उसका एक अलग व्यक्तित्व है। वह एक विवेकशील प्राणी है। इसलिए उसकी तुलना शरीर के एक अंग से नहीं की जा सकती है।

5. **राज्य सर्वशक्तिशाली नहीं** (State not all Powerful)–आदर्शवादियों ने राज्य को एक सर्वशक्तिशाली संस्था के रूप में माना है। आलोचकों का मत है कि राज्य की शक्तियाँ सीमित हैं। राज्य कभी-भी सर्वशक्तिशाली नहीं हो सकता। असीमित शक्तियों के प्रयोग से शासक स्वयं नष्ट हो जाता है।

6. **राज्य दोष-मुक्त नहीं** (State not Infallible)–आदर्शवादियों का कथन है कि राज्य कभी भी गलती नहीं कर सकता। यह विचार गलत है। गलती करना मानव स्वभाव है। राज्य का काम व्यक्तियों के द्वारा होता है। इसलिए राज्य गलती कर सकता है।

7. **गलत स्वतन्त्रता** (Wrong Liberty)–आदर्शवादियों के अनुसार राज्य के आदेशों और कानूनों का पालन करने में ही व्यक्ति की स्वतन्त्रता सुरक्षित है लेकिन यह तर्क गलत है। डर्निंग के शब्दों में, "जिस स्वतन्त्रता का हीगल ने

वर्णन किया है वह तो तर्कशास्त्र में एक अभ्यास मात्र है।" हॉबहाउस का भी मत है, "यह सिद्धान्त कि कानून की अनुरूपता में ही स्वतन्त्रता है, स्वतन्त्रता का वास्तविक निषेध है।"

8. **नैतिक एवं राजनीतिक कर्तव्य में अन्तर** (Difference Between Moral and Political Duty)–हॉब्सन का कथन है कि आदर्शवादी नैतिक और राजनीतिक कर्तव्य में अन्तर नहीं करते जो दोषपूर्ण हैं। यह आवश्यक नहीं है कि जो वस्तु कानूनी दृष्टिकोण से सत्य हो, वह नैतिक रूप से भी सर्वथा सत्य हो।

9. **युद्ध का समर्थन ठीक नहीं** (Support of War, not Good)–हीगल ने युद्ध का समर्थन किया है। उसके अनुसार सभ्यता के विकास के लिए युद्ध का होना आवश्यक है। आज युद्ध को किसी भी कीमत पर स्वीकार नहीं किया जा सकता है। इससे अन्तर्राष्ट्रीय क्षेत्र में अराजकता उत्पन्न होगी और मानव सभ्यता का नाश होगा।

10. **राज्य नैतिकता से ऊपर नहीं** (State is Not Above Morality)–आदर्शवादियों ने राज्य को नैतिकता से ऊपर माना है। जो गलत है। राज्य को नैतिक नियमों से मुक्त करने का अर्थ है–एक भ्रष्ट और निरंकुश राज्य की स्थापना करना।

11. **सामान्य इच्छा गलत** (General will Wrong)–आदर्शवादियों के अनुसार सामान्य इच्छा ही राज्य का वास्तविक आधार है लेकिन आलोचकों का मत है कि सामान्य इच्छा जैसे कोई चीज यथार्थ में सम्भव नहीं है।

12. **आदर्शवाद अनुदारवादी** (Idealism Conservative)–आदर्शवाद की कटु आलोचना हीगल दर्शन के कारण की गयी है। गार्नर ने भी कहा है, "आदर्शवाद की आलोचना अधिकतर अनुचित और अतिशयोक्तिपूर्ण है और भ्रान्त धारणाओं पर आधारित है। वस्तुतः राजनीतिक दर्शन में आदर्शवाद का अपना महत्व है। आदर्शवाद का यह कहना सही है कि राज्य एक महान संस्था है। राज्य ही कानून और अधिकारों का स्रोत है। राजनीति और नीतिशास्त्र में घनिष्ठ सम्बन्ध होना चाहिए। राज्य की आंगिक एकता सही है। ग्रीन ने युद्ध की भर्त्सना की है। राज्य के हित में व्यक्ति को बलिदान करना चाहिए। राज्य का स्थान व्यक्ति से ऊपर है। अतएव आदर्शवाद के मौलिक विचार अपने आप में सही हैं।"

प्रश्न
(Questions)

1. आदर्शवाद की व्याख्या कीजिए।
   Explain the Idealism.
2. आदर्शवाद के प्रमुख सिद्धान्त क्या हैं? आदर्शवाद के विरुद्ध दिए जाने वाले तर्कों का वर्णन कीजिए।
   What are the main principles of Idealism? Discuss the arguments advanced against idealism.

वस्तुनिष्ठ प्रश्न
(Objective Questions)

1. आदर्शवाद अनेक नामों से पुकारा जाता है। इनमें से कौन एक सही है?

   (क) ये सभी (ख) आध्यात्मिक सिद्धान्त
   (ग) दार्शनिक सिद्धान्त (घ) रहस्यात्मक सिद्धान्त

   Idealism is called by many names. Which one of the following is correct?

   (a) All these (b) Metaphysical theory
   (c) Philosophical theory (d) Mystical theory

2. आदर्शवाद के जनक कौन हैं?

(क) अरस्तू (ख) प्लेटो (ग) हीगल (घ) ग्रीन

Who is the father of Idealism?

(a) Aristotle (b) Plato (c) Hegel (d) Green

3. "मानव जीवन की रक्षा हेतु राज्य का जन्म हुआ लेकिन उसके जीवन को श्रेष्ठ बनाने के लिए उसका रहना आवश्यक समझा गया।" यह किसने कहा?

(क) प्लेटो (ख) हॉब्स (ग) अरस्तू (घ) हीगल

"The state came into existence for the sake of life, but it continues to exist for the sake of good life." Who said this?

(a) Plato (b) Hobbes (c) Aristotle (d) Hegel

4. "इस धरती पर राज्य को ईश्वर का अवतार माना।" यह किसने कहा?

(क) प्लेटो (ख) ग्रीन (ग) अरस्तू (घ) हीगल

"State is the march of God upon the earth." Who said this?

(a) Plato (b) Green (c) Aristotle (d) Hegel

5. *यूटोपिया* ग्रन्थ के रचयिता कौन हैं?

(क) टॉमस मूर (ख) टॉमस हॉब्स (ग) प्लेटो (घ) हीगल

Who is the author of the book *Utopia*?

(a) Thomas More (b) Thomas Hobbes (c) Plato (d) Hegel

6. इनमें से कौन एक जर्मन आदर्शवादी विचारक नहीं है?

(क) कांट (ख) टी॰एच॰ ग्रीन (ग) फिक्टे (घ) हीगल

Which one of the following is not German idealist thinker?

(a) Kant (b) T.H. Green (c) Fichte (d) Hegel

7. इनमें से कौन एक इंगलिश आदर्शवादी विचारक नहीं है?

(क) टी॰एच॰ ग्रीन (ख) ब्रेडले (ग) हीगल (घ) बोसांके

Which one of the following is not English idealist thinker?

(a) T.H. Green (b) Bradley (c) Hegel (d) Bosanquet

8. "जिस राज्य की बोसांके चर्चा करता है, वास्तविक जगत की वस्तु नहीं है, बल्कि केवल विचारों की चाहरदीवारी में पाया जाता है।" यह किसने कहा?

(क) जोड (ख) गार्नर (ग) जेम्स (घ) लॉस्की

9. "आदर्शवाद एक कल्पनाशील दर्शन है जो सुख और दुख की कटु अनुभूतियों तथा स्पष्ट तथ्यों को हमसे दूर रखता है।" यह किसने कहा?

(क) जेम्स (ख) लॉस्की (ग) जोड (घ) गार्नर

10. "राज्य व्यक्ति के लिए होता है, व्यक्ति राज्य के लिए नहीं। दूसरे शब्दों में, राज्य और समुदाय अपने आप में साध्य नहीं है।" यह किसने कहा?

(क) जेम्स (ख) जोड (ग) गार्नर (घ) लॉस्की

11. "जिस स्वतन्त्रता का हीगल ने वर्णन किया है वह तो तर्कशास्त्र में एक अभ्यास मात्र है।" यह किसने कहा?
(क) गार्नर (ख) जोड (ग) डनिंग (घ) लॉस्की
"Hegel has described such Liberty which is only a practice in Logic." Who said this?
(a) Garner (b) Joad (c) Dunning (d) Laski

12. "यह सिद्धान्त कि कानून की अनुरूपता में ही स्वतन्त्रता है, स्वतन्त्रता का वास्तविक निषेध है।" यह किसने कहा?
(क) हॉब्सन (ख) लॉस्की (ग) जोड़ (घ) हॉबहाउस
"This theory that the obedience of law is the liberty, it really the negation of Liberty." Who said this?
(a) Hobson (b) Laski (c) Joad (d) Hobhouse

13. "आदर्शवाद की आलोचना अधिकतर अनुचित और अतिश्योक्तिपूर्ण है तथा भ्रान्त धारणाओं पर आधारित है.....।" यह किसने कहा?
(क) गार्नर (ख) जोड (ग) हॉब्सन (घ) लॉस्की

14. इनमें से कौन हीगल का जन्म-मृत्यु वर्ष सही है?
(क) 1724–1804 (ख) 1770–1831 (ग) 1836–1882 (घ) 1846–1924
Which of the following Hegel's birth-death years is correct?
(a) 1724–1804 (b) 1770–1831 (c) 1836–1882 (d) 1846–1924

15. इनमें से कौन टी॰एच॰ ग्रीन का जन्म-मृत्यु वर्ष सही है?
(क) 1724–1804 (ख) 1770–1831 (ग) 1836–1882 (घ) 1846–1924
Which of the following T.H. Green's birth-death years is correct?
(a) 1724–1804 (b) 1770–1831 (c) 1836–1882 (d) 1846–1924

16. इनमें से कौन काण्ट का जन्म-मृत्यु वर्ष सही है?
(क) 1762–1814 (ख) 1770–1831 (ग) 1847–1923 (घ) 1724–1804
Which of the following Kant's birth-death years is correct?
(a) 1762–1814 (b) 1770–1831 (c) 1847–1923 (d) 1724–1804

उत्तर
(Answers)

1. (क) 2. (ख) 3. (ग) 4. (घ) 5. (क) 6. (ख) 7. (ग) 8. (घ) 9. (क)
10. (ख) 11. (ग) 12. (घ) 13. (क) 14. (ख) 15. (ग) 16. (घ)

36

मार्क्सवाद
(Marxism)

भूमिका (Introduction)

कार्ल मार्क्स आधुनिक समाजवाद का जन्मदाता है। उसके द्वारा प्रतिपादित समाजवाद को मार्क्सवाद या वैज्ञानिक समाजवाद या साम्यवाद भी कहा जाता है। उसने साम्यवादी घोषणापत्र (The Communist Manifesto) में लिखा है, "साम्यवाद अपने शाब्दिक अर्थ में अवश्य ही एक विधि का सिद्धान्त है। यह उन नियमों को स्थापित करता है जिनके द्वारा पूँजीवाद को समाजवाद में बदला जा सकता है और इसमें दो आवश्यक सिद्धान्त हैं–वर्ग-संघर्ष और क्रान्ति या हिंसात्मक ढंग से सर्वहारा द्वारा सत्ता की प्राप्ति।"

मार्क्स प्रथम व्यावहारिक दार्शनिक है जिसने इस बात पर जोर दिया है कि ऐतिहासिक घटनाओं पर आर्थिक परिस्थितियाँ अपना गहरा प्रभाव डालती हैं। उसने विश्व के मजदूरों, एक हो जाओ[1] का नारा दिया। उसने 1864 ई. में प्रथम अन्तर्राष्ट्रीय संगठन की स्थापना में योगदान दिया। जोड का कथन है, "मार्क्स प्रथम समाजवादी लेखक है जिसके कार्य को वैज्ञानिक कहा जा सकता है। उसने अपने वांछित समाज का चित्रण ही नहीं किया है, बल्कि वह उन स्थितियों का भी विस्तृत वर्णन करता है जिनके माध्यम से इस लक्ष्य को प्राप्त किया जा सकता है।"

टेलर के अनुसार, "मार्क्सवाद में सामाजिक परिवर्तन करने वाली शक्तियों की जो व्याख्या है, वह उसे वैज्ञानिकता प्रदान करती है। इसके अलावा इन परिवर्तन करने वाली शक्तियों की व्याख्या मानव मनोविज्ञान पर आधारित है।" लॉस्की ने मार्क्सवाद की प्रंशसा करते हुए कहा है, "किसी भी पहलू से हम उसे देखें, कार्ल मार्क्स का चिंतन सामाजिक दर्शन के इतिहास में स्वयं एक युग है। उसके विषय में एक महत्वपूर्ण बात यह है कि उसने साम्यवाद को अस्त-व्यस्त रूप में पाया तथा उसने उसे एक आन्दोलन बना दिया। उसके द्वारा साम्यवाद को एक दर्शन और गति प्रदान की गयी।"

लेनिन ने मार्क्सवाद का व्यावहारिक रूप रूस में और माओ ने चीन में दिया।

मार्क्स के पूर्ववर्ती विचारक
(Marx's Predecessors)

कार्ल मार्क्स आधुनिक समाजवाद का जन्मदाता है लेकिन उसके पूर्ववर्ती समाजवादी को कल्पनावादी समाजवादी कहा जाता है। मार्क्स के पूर्ववर्ती समाजवादी निम्नांकित थे:

---

1. "Workers of the world, unite."—Marx

1. **प्लेटो** (Plato)–प्लेटो ने रिपब्लिक में एक आदर्श राज्य की कल्पना की है जिसके अन्तर्गत शासक और सैनिक वर्ग के लिए निजी परिवार और निजी सम्पत्ति का उन्मूलन करके, साम्यवाद के सिद्धान्त का प्रतिपादन किया है।

2. **टॉमस मूर** (Thomas More)–इसने अपनी पुस्तक *यूटोपिया* (Utopia) में एक आदर्श समाजवादी व्यवस्था का चित्र उपस्थित किया है जिसके अन्तर्गत सभी वस्तुओं पर सभी का स्वामित्व रहता है और सभी सुखी रहते हैं।

3. **सन्त साइमन** (St. Simon : 1760–1825 ई.)–इसने समाजवाद, वस्तुनिष्ठवाद, अन्तर्राष्ट्रीयवाद और अनेक सिद्धान्तों पर विचार किया तथा एक नये युग की कल्पना की।

4. **चार्ल्स फोरियर** (Charles Fourier : 1772–1837 ई.)–उसके दर्शन में अराजकतावाद का पुट मिलता है। वह राज्य की सत्ता के विघटनीकरण के पक्ष में था। उसने तत्कालीन सामाजिक, आर्थिक और राजनीतिक व्यवस्था की कटु आलोचना की है। उसके अनुसार मनुष्य स्वभाव से अच्छा होता है, लेकिन समाज उसे गलत मार्ग पर ले जाता है। उसने एक नए समाज की कल्पना की जिसमें सभी को कार्य करने की स्वतन्त्रता होगी।

5. **रॉबर्ट ओवन** (Robert Owen : 1771–1858 ई.)–ओवन एक अंग्रेज समाजवादी विचारक है। उसने पूँजीवाद की कटु आलोचना की है। उसका कथन है कि गरीबी एक अभिशाप है इसका उन्मूलन होना चाहिए। उसने छोटे-छोटे आर्थिक समुदायों के निर्माण पर जोर दिया।

चार्ल्स हॉल (Charles Hall), हॉगस्किन (Hodgskin), विलियम थॉम्पसन (William Thompson), जॉन ग्रे (John Gray) अन्य समाजवादी विचारक हैं। वस्तुतः ये सभी समाजवादी कल्पनावादी थे। वेपर ने ठीक ही लिखा है, समाजवादी कल्पनावादी थे। वेपर ने ठीक ही लिखा है, "उन्होंने सुन्दर गुलाब के फूलों की कल्पना तो की लेकिन गुलाब के वृक्षों के लिए कोई धरती तैयार नहीं की।"[1]

इस प्रकार मार्क्स के पूर्व समाजवादी विचारधारा कल्पनावादी विचारधारा बनकर रह गयी।

कार्ल मार्क्स का जीवन
(The Life of Karl Marx: 1818–1883)

जन्म (Birth)–कार्ल मार्क्स का जन्म 5 मई 1818 ई. को जर्मनी के ट्रेवस (Traves) नामक स्थान पर एक यहूदी मध्यमवर्गीय परिवार में हुआ था। इसके पिता का नाम हर्चेल मार्क्स (Herschel Marx) था जो वकालत करता था। बाद में वे ईसाई बन गए।

शिक्षा (Education)–मार्क्स की प्रारम्भिक शिक्षा घर पर तथा एक विद्यालय में हुई। वह बचपन से ही तेज विद्यार्थी था और गरीबों के प्रति काफी सहानुभूति रखता था। उसने बोन विश्वविद्यालय में कानून, इतिहास और दर्शन का अध्ययन किया। उसने बर्लिन और जेना विश्वविद्यालयों में हीगल के द्वन्द्वात्मक दर्शन का अध्ययन किया और इस दर्शन से काफी प्रभावित हुआ। उसने 1841 ई. में जेना विश्वविद्यालय से डेमोक्रिटस और एपिक्यूरस के प्राकृतिक दर्शन में भेद (The Difference between the Natural Philosophy of Democritus and Epicurus) पर डॉक्टरेट की उपाधि प्राप्त की।

पेशा : प्राध्यापक, पत्रकार (Profession : Teacher, Journalist)–मार्क्स की इच्छा विश्वविद्यालय में प्राध्यापक बनने की थी। क्रान्तिकारी विचारों के कारण इसे जर्मनी में यह पद नहीं मिल सका। अमेरिका में वह थोड़े समय के लिए प्राध्यापक रहा। बाद में, वह रीनिंश टाइम्स (Rhenish Times) का सहायक सम्पादक और आगे चलकर सम्पादक बना।

---

1. "They conjured up visions of beautiful roses but prepared no soil for the rose trees."—Wayper

विवाह (Marriage)–1843 ई. में मार्क्स ने जेनी वॉन वेस्टफालेन (Jenny Von Westphalen) से विवाह किया। जेनी के पिता मार्क्स के पिता के गहरे दोस्त थे और एक अच्छे वकील थे। मार्क्स जेनी के साथ पेरिस चला गया और वहाँ पर फ्रैंको-जर्मन शब्दकोष (Franco-German Year Book) का सम्पादक बन गया। वहाँ वह पूधाँ, बाकुनिन और अन्य अराजकतावादियों के सम्पर्क में आया।

इंग्लैण्ड (England)–कार्ल मार्क्स अपने क्रान्तिकारी विचारों के कारण पेरिस से निकाल दिया गया। वह 1849 ई. में इंग्लैण्ड पहुँचा और जीवन के अन्तिम क्षण तक वहीं रहा। वहाँ पर उसकी भेंट ऐंजिल्स से हुई जो उसका घनिष्ठ मित्र बना और हमेशा आर्थिक मदद करता रहा। मार्क्स लन्दन की सबसे गन्दी गलियों में रहता था और साम्यवादी घोषणा पत्र और दास कैपिटल जैसी महान पुस्तकों की रचना की जो समाजवाद का बाईबिल ग्रन्थ सिद्ध हुआ। 1864 ई. में उसने प्रथम अन्तर्राष्ट्रीय मजदूर सभा की स्थापना की।

निधन (Death)–14 मार्च, 1883 ई. को दोपहर के बाद पौने तीन बजे महान समाजवादी प्रणेता मार्क्स का निधन हो गया। उसके निधन के शोक सन्देश की कुछ पक्तियाँ निम्न प्रकार हैं, "जीवन में उसका उद्देश्य प्रत्येक सम्भव तरीके से पूँजीवादी समाज के अन्त का प्रयत्न करना था। संघर्ष उसके जीवन का मुख्य तत्व था और उसने ऐसे अदम्य उत्साह, साहस और सफलता से संघर्ष किया जिसकी बराबरी कोई नहीं कर सकता। परिणामत: वह अपने समय का सबसे अधिक घृणा और श्रद्धा का पात्र था। उसका नाम और कार्य युग-युग तक जीवित रहेंगे।"

कार्ल मार्क्स की रचनाएँ (Works of Karl Marx)

कार्ल मार्क्स की प्रमुख रचनाएँ निम्नांकित हैं:

1. हीगल के अधिकार-दर्शन की आलोचना की भूमिका (An Introduction to the Criticism of Hegel's Philosophy of Rights, 1844),
2. पवित्र परिवार (The Holy Family, 1845),
3. निर्धनता का दर्शन (Philosophy of Poverty, 1847),
4. साम्यवादी घोषणा पत्र (The Communist Manifesto, 1848),
5. आर्थिक व्यवस्था की आलोचना (Critique of Political Economy, 1852),
6. अन्तर्राष्ट्रीय मजदूर संघ का उद्घाटन भाषण (Inaugural Address of the International Workingmen's Association, 1864),
7. मूल्य, कीमत और लाभ (Value, Price and Profit, 1865),
8. दास कैपिटल (Das Capital, 1867),
9. फ्रांस में वर्ग-संघर्ष (Class Struggle of France, 1870-71),
10. गोथा प्रोग्राम तथा क्रान्ति और प्रतिक्रान्ति (Gotha Programme, Revolution and Counter Revolution),

उपर्युक्त सभी रचनाओं में कम्युनिस्ट मैनिफेस्टो और दास कैपिटल मार्क्स की महान कृतियाँ हैं।

कार्ल मार्क्स के विचारों के स्रोत (Source of Karl Marx's Thoughts)

कार्ल मार्क्स के दर्शन पर निम्नांकित विचारकों का प्रभाव पड़ा है:

1. **हीगलवादी दर्शन का प्रभाव** (Influence of Hegelian Philosophy)—मार्क्स के दर्शन पर सबसे अधिक प्रभाव हीगल के दर्शन का पड़ा है। वह जिस समय जेना विश्वविद्यालय में पढ़ रहा था हीगल के दर्शन के सम्पर्क में आया और उससे यह सीखा कि विश्व गतिशील है और उसमें निरन्तर परिवर्तन होता रहता है। इसे विकास की प्रक्रिया से समझा जा सकता है। विकास की यह प्रक्रिया एक सीधी रेखा के रूप में नहीं, बल्कि टेढ़े-मेढ़े रास्ते के रूप में है जिसे द्वन्द्व (Dialectic) कहा जाता है। इस विकास की प्रक्रिया के तीन चरण होते हैं—वाद (Thesis), प्रतिवाद (Antithesis) और सामंजस्य या संवाद (Synthesis)। अन्तर्विरोध के कारण वाद से प्रतिवाद और दोनों के मिलने से सामंजस्य का जन्म होता है। इस प्रकार, विकास की प्रक्रिया सदा चलती रहती है। हीगल ने इसके माध्यम से विचारों की व्याख्या की है। उसकी द्वन्द्वात्मक पद्धति आदर्शात्मक या विचारात्मक है। उसका सम्बन्ध आत्मा से है। इसके विपरीत, मार्क्स की द्वन्द्वात्मक पद्धति भौतिकवाद पर आधारित है। यह उसने फ्यूअरबेक (Feurbach) से ग्रहण की है। मार्क्स के शब्दों में, "उसका अपना द्वन्द्ववाद हीगल से न केवल भिन्न है, बल्कि उसका ठीक उल्टा है।"

सेबाइन ने भी लिखा है, "हीगल के विचारों में द्वन्द्वात्मक चिन्तन शीर्षासन कर रहा था। मार्क्स ने आदर्शवादी भ्रान्तियाँ दूर करके उसे प्राकृतिक स्थिति में पैरों के बल खड़ा किया।"[1] मार्क्स के अनुसार आर्थिक व्यवस्था ही सारे सामाजिक और राजनीतिक संगठन, साहित्य, कला तथा विचारों को जन्म देती है। वह आर्थिक नियतिवाद (Economic Determinism) में आस्था प्रकट करता है। उसने हीगलवादी द्वन्द्ववाद को विचारात्मक से भौतिकवाद में बदला।

2. **ब्रिटिश समाजवादी एवं अर्थशास्त्रियों का प्रभाव** (Influence of the British Socialists and Economists)—मार्क्स पर ब्रिटिश समाजवादी—विलियम थॉमसन, टॉमस हॉगस्किन और रॉबर्ट ओवेन का काफी प्रभाव पड़ा। रॉबर्ट ओवेन से मार्क्स ने यह सीखा कि मानवीय चरित्र वातावरण से निर्धारित होता है, प्रकृति से नहीं।

ब्रिटिश अर्थशास्त्रियों में मार्क्स, एडम स्मिथ और रिकार्डो से प्रभावित हुआ। मार्क्स ने उनसे श्रम सिद्धान्त सीखा। वस्तुओं में लगे श्रम के आधार पर उसकी विनिमय दर निश्चित की जा सकती है। इसी सिद्धान्त पर मार्क्स ने अतिरिक्त मूल्य के सिद्धान्त को प्रतिपादित किया।

3. **फ्रेंच समाजवादियों का प्रभाव** (Influence of the French Socialists)—फ्रेंच समाजवादी—सन्त साइमन, चार्ल्स फोरियर और केबेट (Cabet) हैं। सन्त साइमन ने इस बात पर जोर दिया कि स्वयं श्रम करने वाले वर्ग को ही जीवित रहने का अधिकार है। मार्क्स ने इसे अपने दर्शन का आधार बनाया। उसने केबेट से साम्यवाद का सिद्धान्त ग्रहण किया। केबेट का कथन था कि उत्पादन के साधनों पर राज्य का स्वामित्व होना चाहिए।

इस प्रकार मार्क्स ने विभिन्न स्रोतों से अलग-अलग विचारों को ग्रहण कर, एक नया विचार दिया जो मार्क्सवाद के नाम से प्रसिद्ध हुआ। कोकर के शब्दों में, "उसने ईंट-पत्थरों की भाँति सब स्थलों से विचारों को एकत्रित किया। लेकिन जिस विचार-भवन का निर्माण किया, वह स्वयं उसकी ही इच्छानुसार था।"

मार्क्सवाद के प्रमुख सिद्धान्त
(Main Principles of Marxism)

मार्क्सवाद मूलतः निम्न चार प्रमुख सिद्धान्तों पर आधारित है:

1. द्वन्द्वात्मक भौतिकवाद।
2. इतिहास की भौतिकवाद या आर्थिक व्याख्या।

---

1. "In Hegel, the dialectic stands on its head, Marx merely turned it right way up by removing the mystification of idealism."—Sabine

3. वर्ग-संघर्ष का सिद्धान्त, तथा
4. अतिरिक्त मूल्य का सिद्धान्त।

द्वन्द्वात्मक भौतिकवाद (Dialectical Materialism)

मार्क्स के सम्पूर्ण दर्शन का आधार द्वन्द्वात्मक भौतिकवाद है। इसके माध्यम से विश्व की समस्त समस्याओं के समाधान में मदद मिलती है।

द्वन्द्वात्मक शब्द की उत्पत्ति (Origin of the Word Dialectic)—द्वन्द्वात्मक शब्द अग्रेंजी के डायलेक्टिक (Dialectic) का हिन्दी अनुवाद है जो यूनानी भाषा के डायलेगो (Dialego) से बना है। इसका अर्थ होता है—वाद-विवाद करना अर्थात् दो तरह के विचारों में वाद-विवाद कर एक सही निष्कर्ष पर पहुँचा जा सकता है।

द्वन्द्वात्मक भौतिकवाद का अर्थ (Meaning of Dialectical Meterialism)—द्वन्द्वात्मक भौतिकवाद दो शब्दों से बना है। प्रथम शब्द तो उस प्रक्रिया को स्पष्ट करता है, जिसके अनुसार सृष्टि का विकास हो रहा है तथा दूसरा शब्द सृष्टि के मूल तत्व को बताता है।

हीगल के अनुसार द्वन्द्वात्मक प्रक्रिया (Dialectical Process According to Hegel)—हीगल ने विश्व को गतिशील और परिवर्तनशील बताते हुए विश्वात्मा (World Spirit) को उसका नियामक कारण माना है। उसकी द्वन्द्वात्मक प्रक्रिया विचार (Idea) या विवेक (Reason) या आत्मा (Spirit) पर आधारित है। उसने द्वन्द्वात्मक के अन्तर्गत होने वाले बौद्धिक क्रम को अस्तित्व में होना (Being), अस्तित्व में न होना (Non-being) और अस्तित्व में आना (Becoming) के रूप में देखा है। उसने इन तीन चरणों को क्रमशः वाद (Thesis), प्रतिवाद (Antithesis) और संवाद या संश्लेषण (Synthesis) की संज्ञा दी है। अन्तर्विरोध के कारण वाद प्रतिवाद में बदलता है, फिर प्रतिवाद में द्वन्द्व के फलस्वरूप एक समझौता होता है जो संवाद में बदलता है। फिर संवाद वाद में, वाद प्रतिवाद में और प्रतिवाद संवाद में बदलता है और परिवर्तन की यह प्रक्रिया निरन्तर चलती रहती है। इसी को हीगल ने द्वन्द्वात्मक पद्धति कहा है।

मार्क्स के अनुसार द्वन्द्वात्मक प्रक्रिया (Dialectical Process According to Marx)—मार्क्स ने द्वन्द्वात्मक पद्धति को हीगल से ग्रहण किया है लेकिन उसने विचार के स्थान पर पदार्थ की महत्ता पर बल दिया है। उसके अनुसार इस विश्व का आधार भौतिक पदार्थ है। भौतिक जगत में परिवर्तन होता रहता है—कुछ प्रवृत्तियाँ विकसित होती हैं, कुछ नष्ट होती हैं और कुछ की पुनरावृत्ति होती है। यह विकास क्रम सदा चलता रहता है। विकास वाद, प्रतिवाद और संवाद द्वारा होता है, जैसे—गेहूँ का बीज वाद है, उसका सड़कर धरती से पौधा निकलना प्रतिवाद है और फिर पौधा नष्ट होकर नये दाने को जन्म देना संश्लेषण या संवाद है। उसी तरह से एक दूसरा उदाहरण यह दिया जाता है कि अण्डा वाद है, अण्डे का सड़ जाना प्रतिवाद है और सड़े अण्डे से एक मुर्गी के बच्चे का निकलना संश्लेषण है। इस तरह से विकास की प्रक्रिया चलती है। मार्क्स के अनुसार आदि समाजवाद वाद है, पूँजीवाद प्रतिवाद है और वर्गहीन साम्यवाद संवाद है। इसके वाद विकास की प्रक्रिया समाप्त हो जाती है।

कोल ने मार्क्सवाद के द्वन्द्ववाद की व्याख्या निम्न शब्दों में की है, "इतिहास की प्रत्येक मंजिल या युग में उत्पादन शक्तियों से मनुष्यों में एक प्रकार के आर्थिक सम्बन्ध पैदा होते हैं। मार्क्स का कहना है कि सम्पूर्ण मानव इतिहास में इन सम्बन्धों के परिणामस्वरूप मनुष्य आर्थिक वर्गों में बँटे रहे हैं। प्राचीन ग्रीस में स्वतन्त्र नागरिक एवं दास, रोम में प्रेट्रेशीयन और प्लेबीयन, मध्य युग में भूमिपति और किसान तथा वर्तमान युग में पूँजीपति और मजदूर वर्ग और इनके बीच हुए संघर्ष से ही समाज आगे बढ़ता है।"

आचार्य नरेन्द्र देव के अनुसार, "द्वन्द्वात्मक भौतिकवाद वह दार्शनिक प्रणाली है जिसके अनुसार इस भौतिक जगत का विकास होता है, इस भौतिक जगत में रहने वाले प्राणियों का विकास होता है; तथा उनके विचारों में रूपान्तर होता है। द्वन्द्वात्मक भौतिकवाद दृश्य जगत की गति के नियमों की व्याख्या करता है।"

हीगल एवं मार्क्स की द्वन्द्वात्मक पद्धति में अन्तर (Difference Between Hegel and Marx's Dialectical Method)

हीगल और मार्क्स की द्वन्द्वात्मक पद्धति में निम्न अन्तर हैं:

1. हीगल की द्वन्द्वात्मक पद्धति का आधार विश्वात्मा (World Spirit) है, जबकि मार्क्स का पदार्थ (Matter)।
2. हीगल के अनुसार इतिहास के विकास की प्रक्रिया विभिन्न राष्ट्रों में संघर्ष के कारण होती है, जबकि मार्क्स के अनुसार आर्थिक वर्गों के कारण।
3. हीगल के अनुसार द्वन्द्वात्मक विकास की प्रक्रिया सदा चलती रहती है लेकिन मार्क्स के अनुसार वर्गहीन समाज की स्थापना के बाद विकास की प्रक्रिया रुक जाती है।

मार्क्स ने स्वयं अपनी और हीगल की द्वन्द्वात्मक पद्धति का अन्तर स्पष्ट करते हुए लिखा है, "मेरी द्वन्द्वात्मक पद्धति न केवल हीगल की पद्धति से भिन्न है, बल्कि एकदम विपरीत है। मैंने हीगल के द्वन्द्ववाद को शीर्षासन की अवस्था में पाया और मैंने उसे पैरों पर खड़ा कर दिया।"[1]

द्वन्द्वात्मक भौतिकवाद की विशेषताएँ (Features of the Dialectical Materialism)

मार्क्स के द्वन्द्वात्मक भौतिकवाद की निम्न विशेषताएँ हैं:

1. **गतिशीलता** (Movement)–मार्क्स के अनुसार संसार की सभी वस्तुएँ गतिशील हैं।
2. **परिवर्तन** (Change)–संसार की सभी वस्तुओं में परिवर्तन होता रहता है। एक वस्तु नष्ट होती है तो दूसरी बनती है। यह परिवर्तन क्रम चलता रहता है।
3. **सम्बद्धता** (Coherency)–संसार की सभी वस्तुएँ एक-दूसरे से सम्बद्ध हैं और एक-दूसरे पर आश्रित।
4. **आन्तरिक संघर्ष** (Internal Conflict)–सभी प्रकार की वस्तुओं में आन्तरिक संघर्ष व्याप्त है। इसलिए वाद, प्रतिवाद और संवाद की प्रक्रिया चलती रहती है।
5. **विकास टेढ़े-मेढ़े** (Progress in Zig-Zag)–द्वन्द्वात्मक पद्धति में विकास की प्रक्रिया सीधी रेखा में नहीं होती है बल्कि उसे टेढ़े-मेढ़े रास्ते से होकर जाना पड़ता है।
6. **मात्रात्मक और गुणात्मक परिवर्तन** (Quantitative and Qualitative Change)–द्वन्द्वात्मक भौतिकवाद में वस्तुओं की मात्रा और गुण दोनों में परिवर्तन होता है, जैसे–जल-वाष्प या बर्फ बनना।
7. **अचानक परिवर्तन** (All of a Sudden Change)–वस्तुओं में जो गुणात्मक परिवर्तन होता है, वह धीरे-धीरे नहीं बल्कि अचानक होता है।
8. **आर्थिक आधार** (Economic Basis)–द्वन्द्वात्मक भौतिकवाद प्राकृतिक जगत की व्याख्या आर्थिक आधार पर करता है। पदार्थ ही सम्पूर्ण विश्व का नियामक है।

द्वन्द्वात्मक भौतिकवाद की आलोचना (Criticism of the Dialectical Materialism)–इसकी निम्नलिखित आलोचनाएँ उल्लेखनीय हैं:

---

1. "My dialectic method is not only different from the Hegelian, but its direct opposite. I found the Hegelian dialectic standing on its head, I put it down on its feet."—Marx

1. **गूढ़ और अस्पष्ट** (Difficult and Vague)–आलोचकों का कथन है कि स्वयं मार्क्स ने द्वन्द्वात्मक भौतिकवाद का स्पष्ट रूप से विवेचन नहीं किया है। यह अत्यन्त ही गूढ़ और अस्पष्ट है। वेपर के शब्दों में, "द्वन्द्ववाद की धारणा अत्यन्त गूढ़ और अस्पष्ट है। यद्यपि मार्क्स और ऐंजिल्स के समस्त लेखन का यह आधार है लेकिन इसे कहीं पर भी स्पष्ट नहीं किया गया है।"

2. **असंगतिपूर्ण** (Incoherent)–मार्क्स का द्वन्द्वात्मक भौतिकवाद असंगतिपूर्ण है। मार्क्स कभी कहता है कि मनुष्य परिस्थितियों का निर्माण करता है तो कभी कहता है कि परिस्थितियाँ मनुष्य का निर्माण करती हैं।

3. **आर्थिक तत्व पर जोर** (Emphasis of Economic Factor)–मार्क्स ने विकास की प्रक्रिया में केवल आर्थिक तत्व पर अधिक जोर दिया है। समाज में परिवर्तन अनेक तत्वों के कारण होता है। मार्क्स ने उनकी उपेक्षा की है। लॉस्की का भी मत है, "इतिहास की धारा को मोड़ने का श्रेय केवल आर्थिक तत्व को ही नहीं, बल्कि अन्य तत्वों को भी है।"

4. **अधूरा एवं अपर्याप्त** (Incomplete and Insufficient)–आलोचकों ने मार्क्स के द्वन्द्वात्मक भौतिकवाद को अधूरा और अपर्याप्त बताया है। उन लोगों के अनुसार मार्क्स ने हजारों वर्षों के मानव इतिहास से कुछ उपयोगी घटनाओं के आधार पर अपने सिद्धान्त का निर्माण किया है जो ठीक नहीं है। कोल का भी मत है, "मार्क्स द्वारा भौतिकवादी शब्द का प्रयोग उपयुक्त नहीं है और यदि उसे अवैज्ञानिक नहीं तो अपर्याप्त जरूर कहा जा सकता है।"[1]

5. **सदैव उन्नति नहीं** (Not Always Progress)–द्वन्द्वात्मक पद्धति के अन्तर्गत यह मान लिया जाता है कि मानव इतिहास हमेशा उन्नति की ओर ही रहा है। वस्तुतः इसमें पतन भी होता है। उत्थान और पतन दोनों मानव इतिहास में पाये जाते हैं।

6. **क्रान्ति आवश्यक नहीं** (Revolution not Must)–मार्क्स का कथन है कि समाज को उच्चतर सीमा तक पहुँचाने के लिए हिंसा और क्रान्ति की आवश्यकता होती है लेकिन क्रान्ति को आवश्यक मानना ठीक नहीं है।

7. **द्वन्द्वात्मक पद्धति खतरनाक** (Dialectical Method Dangerous)–मार्क्स ने मानव के ऐतिहासिक विकास क्रम में संघर्ष को आवश्यक माना है जो उपयुक्त नहीं है। द्वन्द्वात्मक पद्धति अपने आप में खतरनाक है। क्योंकि मनुष्य केवल आर्थिक शक्तियों का दास नहीं है, मानवीय चेतना का भी। केर्यू हंट का कथन है, "यद्यपि द्वन्द्ववाद हमें मानव-विकास के इतिहास में मूल्यांकन क्रान्तियों का दिग्दर्शन कराता है लेकिन मार्क्स का यह दावा स्वीकार नहीं किया जा सकता कि सत्य का अनुसन्धान करने के लिए यही एकमात्र पद्धति है।" अतएव मानवीय इतिहास को समझने के लिए द्वन्द्वात्मक पद्धति पर्याप्त नहीं है।

इतिहास की भौतिकवादी या आर्थिक व्याख्या (Materialistic or Economic Inter-pretation of History)

मार्क्स के अनुसार इतिहास की भौतिकवादी व्याख्या द्वन्द्वात्मक पद्धति की दूसरी कड़ी है। यह सम्पूर्ण मार्क्स दर्शन का आधार है। कुछ विद्वानों ने इसे इतिहास की आर्थिक व्याख्या कहना अधिक पसन्द किया है क्योंकि इतिहास के निर्णयक तत्व आर्थिक शक्तियाँ होती हैं। वेपर का भी मत है, "इतिहास की भौतिकवादी व्याख्या के सिद्धान्त के अन्तर्गत मार्क्स ने जो बात कही है, उसके लिए यह नाम भ्रमपूर्ण है। इस सिद्धान्त को भौतिकवाद नहीं कहा जा सकता क्योंकि भौतिक शब्द का अर्थ चेतनाहीन पदार्थ से होता है, जबकि इस सिद्धान्त में मार्क्स चेतनाहीन पदार्थ की कोई बात नहीं करता। इस सिद्धान्त के अन्तर्गत मार्क्स सामाजिक परिवर्तन की बात करते हुए कहता है कि परिवर्तन आर्थिक कारणों से होता है। अतः मार्क्स के सिद्धान्त का नाम इतिहास की आर्थिक व्याख्या होनी चाहिए।"

सिद्धान्त की व्याख्या (Theory Explained)–मार्क्स इतिहास की भौतिकवादी व्याख्या के द्वारा समस्त ऐतिहासिक घटनाओं का चित्र चित्रित करता है। प्रत्येक देश का सामाजिक, आर्थिक, शैक्षणिक, राजनीतिक और धार्मिक

---

1. "Marx's use of word materialism it not proper and if not unscientific, is inadequate."—Cole

संगठन आर्थिक तत्वों से प्रभावित होता है। व्यापार, उद्योग, कला, साहित्य, दर्शन, रीति-रिवाज, नियम, आचरण, धर्म और नैतिकता, आदि पर भौतिक अवस्थाओं का प्रभाव रहता है। जीवन की भौतिक अवस्थाओं का अर्थ–वातावरण, उत्पादन, वितरण और विनिमय से है। मार्क्स के शब्दों में, "सभी सामाजिक, राजनीतिक और बौद्धिक सम्बन्ध, सभी धार्मिक और कानूनी पद्धतियाँ, बौद्धिक दृष्टिकोण जो इतिहास के विकास-क्रम में जन्म लेते हैं, वे सब जीवन की भौतिक अवस्थाओं से उत्पन्न होते हैं।"[1]

मार्क्स अपने सिद्धान्त को दो क्रान्तियों पर लागू करता है–भूत में सामन्तवादियों और बुर्जुआ की तथा भविष्य में बुर्जुआ और सर्वहारा के बीच। मार्क्स के ऐतिहासिक भौतिकवाद की व्याख्या निम्नांकित रूप में की जा सकती है:

1. **भोजन** (Food)–मार्क्स का कथन है कि मनुष्य की सबसे पहली आवश्यकता भोजन है। मनुष्य इसे प्रकृति या उत्पादन से प्राप्त करता है।

2. **उत्पादन शक्तियाँ** (Productive Forces)–मार्क्स के अनुसार उत्पादन शक्तियों में तीन चीजें होती हैं:

(क) प्राकृतिक साधन–भूमि, जलवायु, खनिज पदार्थ, जल, शक्ति,

(ख) मशीन, यन्त्र और उत्पादन कला, तथा

(ग) मनुष्यों के मानसिक एवं नैतिक गुण।

मार्क्स का विश्वास है कि ये उत्पादन शक्तियाँ मानव की समस्त सामाजिक, आर्थिक, राजनीतिक और धार्मिक घटनाओं को निर्धारित करती हैं। समाज और राज्य का ढाँचा इन्हीं आर्थिक शक्तियों द्वारा तैयार होता है।

3. **परिवर्तनशील उत्पादन शक्तियाँ** (Changing Productive Forces)–मार्क्स का कथन है कि उत्पादन की शक्तियाँ सदा परिवर्तित होती रहती हैं इसलिए सामाजिक सम्बन्धों में भी परिवर्तन होता रहता है। यही कारण है कि "हस्तचालित यन्त्रों के युग में सामन्तवादी समाज और वाष्पचालित युग में पूँजीवादी समाज की स्थापना हुई।" उत्पादन शक्तियाँ निरन्तर विकसित होती रहती हैं।

4. **द्वन्द्ववाद** (Dialectic)–मार्क्स का मत है कि उत्पादन की अवस्थाओं में तब तक परिवर्तन चलता रहता है जब तक कि उत्पादन की सर्वश्रेष्ठ अवस्था नहीं आ जाती। यह द्वन्द्ववाद द्वारा सम्भव है जो समाजवाद लाने में सहायता करता है।

5. **धर्म** (Religion)–मार्क्स ने धर्म को अफीम माना है। उसे धर्म में विश्वास नहीं है। धर्म दोषपूर्ण आर्थिक व्यवस्था की देन है।

6. **इतिहास की अनिवार्यता** (Necessity of History)–मार्क्स ने इतिहास की अनिवार्यता में विश्वास प्रकट किया है। इतिहास का विकास स्वतः सम्भव है।

7. **वर्ग-संघर्ष** (Class Struggle)–मार्क्स का मत है कि मनुष्य का इतिहास वर्ग-संघर्ष का इतिहास है। प्रत्येक युग में दो वर्गों में संघर्ष हुआ है। जिसके फलस्वरूप इतिहास का निर्माण हुआ है। वर्ग-संघर्ष से ही समाजवाद की स्थापना सम्भव है।

8. **इतिहास का काल विभाजन** (Division of the Age of History)–मार्क्स ने आर्थिक अवस्थाओं के आधार पर मानव इतिहास को निम्न युगों में बाँटा है:

---

1. "All the social, political and intellectual relations, all religious and legal system, all the theoretical outlooks which emerge in the course of history are derived from the material conditions of life."—Marx

(क) **आदिम साम्यवाद का युग** (Age of Primitive Communism)–यह मनुष्य की प्रारम्भिक अवस्था थी। इसमें लोग कन्द-मूल, फल और शिकार आदि द्वारा जीवन-निर्वाह करते थे। वैयक्तिक सम्पत्ति नहीं थी। वर्ग-संघर्ष नहीं था। लोगों का जीवन सुखी था। कोई वर्ग नहीं था।

(ख) **दास युग** (Slave Age)–इसमें कृषि का विकास हुआ। वैयक्तिक सम्पत्ति का प्रचलन हुआ। भूमि का मालिक हुआ। स्वामी और दास दो वर्गों का प्रचलन हुआ।

(ग) **सामन्ती युग** (Feudal Age)–उत्पादन के साधनों का विकास हुआ। राज्य का जन्म हुआ। भूमि और उत्पादन के साधनों पर सामन्तों का अधिकार रहता था लेकिन खेती और उद्योग किसान चलाते थे। किसानों का काफी शोषण होने लगा। समाज राजा और प्रजा दो वर्गों में विभाजित हो गया।

(घ) **पूँजीवादी युग** (Capitalist Age)–बड़े-बड़े उद्योगों की स्थापना से पूँजीवादी युग का प्रारम्भ हुआ। उत्पादन के साधनों और उद्योगों पर पूँजीपतियों का स्वामित्व हो गया। मजदूरों का शोषण होने लगा। समाज पूँजीपति और मजदूर वर्ग में बँट गया।

(ङ) **समाजवादी युग** (Socialist Age)–पूँजीवादी व्यवस्था के बाद समाजवादी युग का प्रारम्भ होगा। इसमें उत्पादन की शक्तियों पर सर्वहारा वर्ग का अधिकार रहेगा। पूँजीपतियों का अन्त होगा। किसी का शोषण नहीं होगा। समाज में, "प्रत्येक व्यक्ति अपनी योग्यतानुसार कार्य करेगा और अपने काम के अनुसार प्राप्त करेगा।"[1] यह एक संक्रमणकालीन अवस्था होगी। इसमें समाजवाद का रूप रहेगा।

(च) **साम्यवादी युग** (Communist Age)–समाजवादी युग के बाद साम्यवादी युग का प्रारम्भ होगा। इसमें न राज्य होगा और न वर्ग। एक वर्गहीन और राज्यहीन समाज की स्थापना की जाएगी। इसमें पूर्ण रूप से शोषण का अन्त होगा। समाज में, "प्रत्येक व्यक्ति अपनी योग्यतानुसार कार्य करेगा और अपनी आवश्यकतानुसार प्राप्त करेगा।"[2]

साम्यवादी युग विकास की चरम सीमा होगी। इसके बाद कोई परिवर्तन नहीं होगा। द्वन्द्वात्मक भौतिकवाद की प्रक्रिया समाप्त हो जाएगी।

ऐतिहासिक भौतिकवाद की आलोचना (Criticism of Historical Materialism)

मार्क्स के ऐतिहासिक भौतिकवाद की कटु आलोचनाएँ निम्न प्रकार से की जाती हैं:

1. **आर्थिक तत्व पर विशेष बल** (Too Much Emphasis on Economic Factor)–आलोचकों का कहना है कि मार्क्स ने सामाजिक, आर्थिक, राजनीतिक, धार्मिक और अन्य परिवर्तनों का आधार आर्थिक बताया है जो पूर्णतः सही नहीं है। बुद्ध, महावीर, ईसा और मुहम्मद विचारों के माध्यम से समाज में परिवर्तन लाए।

2. **धर्म की गलत व्याख्या** (Wrong Interpretation of Religion)–मार्क्स ने धर्म को अफीम माना है। उसने धर्म की गलत व्याख्या की है। वस्तुतः मानव के जीवन में धर्म का स्थान उच्च है। धर्म के अभाव में मानव-जाति सुरक्षित नहीं रह सकती। मनुष्य चीजों के साथ धर्म का भी भूखा रहता है।

3. **पूँजीपति और मजदूरों में कटुता नहीं** (No Bitterness Between Capitalist and Workers)–मार्क्स ने कहा है कि पूँजीवादी व्यवस्था में पूँजीपति और मजदूर में काफी कटुता रहती है। लेकिन, अमेरिका में ऐसी बात नहीं है। वहाँ मजदूर वर्ग की भी आर्थिक स्थिति अच्छी है।

---

1. "From each according to his ability, to each according to his work."—Marx
2. "From each according to this ability, to each according to his needs."—Marx

4. **युगों का विभाजन काल्पनिक** (Divisions of Ages Imaginary)–मार्क्स ने जो आदिम साम्यवाद, दास युग, सामन्ती युग, पूँजीवादी युग, समाजवादी और साम्यवादी युग की कल्पना की है, वह कल्पित है। उसका युगों का विभाजन त्रुटिपूर्ण है।

5. **द्वन्द्वात्मक प्रक्रिया रुकेगी** (Dialectic Process will Stop)–मार्क्स का कहना है कि वर्गविहीन और राज्यविहीन समाज की स्थापना के बाद द्वन्द्वात्मक प्रक्रिया समाप्त हो जाएगी। यह धारणा गलत है। विकास की प्रक्रिया सदा चलती रहती है।

6. **राजनीतिक सत्ता आर्थिक शक्ति पर आधारित नहीं** (Political Power not Based on Economic Power)–मार्क्स का कहना है कि आर्थिक शक्ति के आधार पर ही राजनीतिक शक्ति प्राप्त की जाती है लेकिन, यह कोई आवश्यक नहीं है। मध्यकाल में यूरोप में पोप ने अनार्थिक कारणों से शक्ति प्राप्त की थी।

7. **इतिहास में आकस्मिक तत्वों का हाथ** (Hand of Contingent Elements in History)–इतिहास का विकास केवल आर्थिक कारणों से ही नहीं हुआ है, बल्कि उसमें आकस्मिक तत्वों का भी हाथ रहा है। द्रौपदी के कारण महाभारत हुआ। रोगी, बूढ़ा और शव को देखकर गौतम ने संन्यास ग्रहण किया।

8. **राजनीतिक शक्ति पर अर्थ-व्यवस्था आधारित** (Economic System Based on Political Power)–मार्क्स के अनुसार आर्थिक-व्यवस्था राजनीतिक शक्ति को बदलती है लेकिन आलोचकों का कहना है कि राजनीतिक शक्ति के अनुरूप अर्थ-व्यवस्था निर्धारित होती है। औद्योगिक क्रान्ति में व्यक्तिवादी विचारधारा ने अर्थ-व्यवस्था में लोगों को पूरी स्वतन्त्रता दी। साम्यवादी रूस में अर्थ-व्यवस्था को नियन्त्रित किया गया।

निष्कर्ष–उपर्युक्त आलोचनाओं के आधार पर यह नहीं समझना चाहिए कि मार्क्स का ऐतिहासिक भौतिकवाद निरर्थक है। वस्तुतः मार्क्स ने इसके माध्यम से लोगों का ध्यान इस ओर आकृष्ट किया कि इतिहास की सामाजिक, राजनीतिक, धार्मिक और अन्य घटनाओं में आर्थिक तत्व का विशेष हाथ रहता है।

वर्ग-संघर्ष का सिद्धान्त (Theory of Class Struggle)

सिद्धान्त की व्याख्या (Theory Explained)–मार्क्स के दर्शन में वर्ग-संघर्ष एक विशेष महत्व रखता है। मानव इतिहास सदा दो वर्गों में विभाजित रहा है–शोषक और शोषित। पूँजीपति को शोषक वर्ग और मजदूर को शोषित वर्ग कहा जाता है। इन दोनों वर्गों में सदा संघर्ष चलता रहता है। पूँजीपति कम वेतन देकर मजदूरों से श्रम लेना चाहता है और मजदूर अधिक वेतन की माँग करता है। इस प्रकार अमीरों और गरीबों के बीच श्रेष्ठ जीवन के लिए सदा संघर्ष होता आया है। मार्क्स ने कहा है, "अब तक के समस्त सामाजिक जीवन का इतिहास वर्ग-संघर्ष का ही इतिहास है।"[1] वह वर्ग-संघर्ष पर निम्न शब्दों में प्रकाश डालता है, "स्वतन्त्र व्यक्ति और दास, कुलीन व जनसाधारण, जागीरदार व रैयत, गिल्ड व कारीगर, एक शब्द में शोषक और शोषित–सदा एक-दूसरे के विरोध में खड़े होकर कभी प्रत्यक्ष और कभी परोक्ष रूप से लगातार युद्ध करते रहते हैं। यह एक ऐसा संघर्ष है जो कि प्रत्येक बार या तो समाज के क्रान्तिकारी पुनःनिर्माण में समाप्त हुआ या फिर युद्ध में लगे हुए दोनों वर्गों के सर्वनाश में।"

इस प्रकार, पूँजीपति और मजदूरों में संघर्ष सदा चलता रहता है। पूँजीपति कम मजदूरी देकर अधिक से अधिक श्रम लेना चाहता है और मजदूर अपने श्रम का उचित लाभ लेना चाहता है। इसी में, दोनों में संघर्ष चलता रहता है।

पूँजीपति समाज की विशेषताएँ (Features of the Capitalist Society)–पूँजीपति अपने अन्दर विनाश का बीज रखता है। उसकी प्रमुख विशेषताएँ निम्नांकित हैं।

---

1. "The history of all hitherto society is the history of class-struggle."—Marx

1. पूँजीपति व्यवस्था में स्वयं अपने विनाश के बीज निहित हैं।
2. इसमें राजनीतिक और आर्थिक सत्ता के लिए अमीरों और गरीबों में निरन्तर संघर्ष रहता है।
3. पूँजीपति फैक्ट्री के स्वामी होते हैं और श्रमिक अपने श्रम पर जीवित रहते हैं।
4. पूँजीपति कम मजदूरी देना चाहते हैं और मजदूर अधिक पाने की इच्छा रखते हैं।
5. पूँजीपति निजी लाभ की दृष्टि से उत्पादन कराते हैं।
6. वे अतिरिक्त मूल्य भी रख लेते हैं।
7. वे सभी संस्थाओं को नियन्त्रित करते हैं।
8. वे कच्चे माल और तैयार माल बेचने के लिए साम्राज्यवाद की नीति अपनाते हैं।
9. वे पूँजी पर नियन्त्रण रखते हैं। पूँजी कुछ ही व्यक्तियों के हाथों में रहती है।
10. मशीन के कारण बेकारी की समस्या बढ़ती है जो वर्ग चेतना को जन्म देती है। इससे मजदूर संगठित होते हैं।
11. संचार से अन्तर्राष्ट्रीय मजदूर संगठन का निर्माण हुआ। विश्व मार्केट से भी एकता बड़ी।
12. पूँजीपतियों में संघर्ष उत्पन्न होने से विश्वयुद्ध की सम्भावना बढ़ी।

उपर्युक्त त्रुटियों के कारण पूँजीवाद का स्वयं नाश होगा और उसके स्थान पर सर्वहारा वर्ग का अधिनायकत्व स्थापित होगा। कोकर का भी मत है, "पूँजीवादी व्यवस्था मजदूरों की संख्या बढ़ाती है, उन्हें वह संगठित समुदायों में एकत्रित कर देती है, उनमें वर्ग चेतना का प्रादुर्भाव करती है और उनमें परस्पर सम्पर्क तथा सहयोग स्थापित करने के लिए विश्वव्यापी पैमाने पर साधन प्रदान करती है, उनकी क्रयशक्ति को कम करती है और उनका अधिकाधिक शोषण करके उन्हें संगठित प्रतिरोध करने के लिए प्रेरित करती है।"

मार्क्स को पूर्ण विश्वास था कि पूँजीवाद का नाश होगा और मजदूरों की जीत होगी। लेनिन और स्टालिन ने रूस में तथा माओं ने चीन में मार्क्स के सपने को साकार कर दिया। एक वर्गहीन और राज्यहीन साम्यवादी राज्य की स्थापना सर्वहारा वर्ग का अन्तिम लक्ष्य होगा।

वर्ग-संघर्ष की आलोचना (Criticism of Class Struggle)–विभिन्न आलोचकों ने मार्क्स के वर्ग-संघर्ष की आलोचना निम्न रूप से की है:

1. **सहयोग, संघर्ष नहीं** (Co-operation, Not Struggle)–आलोचकों का कहना है कि सामाजिक जीवन में केवल संघर्ष ही नहीं है; उसमें प्रेम, सहानुभूति और सहयोग भी है। इसी पर समाज चल रहा है। मार्क्स ने इसकी उपेक्षा कर, केवल संघर्ष पर जोर दिया है जो गलत है।

2. **मध्यम वर्ग की उपेक्षा** (Negligence of Middle Class)–मार्क्स ने समाज में दो वर्ग माने हैं–शोषक और शोषित। उसने मध्यम वर्ग की उपेक्षा की है। डॉक्टर, इंजीनियर, वकील, प्रोफेसर मध्यम वर्ग में आते हैं जिनका समाज में विशिष्ट स्थान रहता है।

3. **वर्ग अस्पष्ट** (Class Vague)–मार्क्स ने सामाजिक और आर्थिक वर्ग में विभेद नहीं किया है। उसका वर्ग अस्पष्टता पर आधारित है। सामाजिक और आर्थिक वर्ग अलग-अलग होते हैं।

4. **बुद्धिजीवी द्वारा क्रान्ति** (Revolution by Intellectuals)–मार्क्स ने सर्वहारा वर्ग की क्रान्ति पर विशेष जोर दिया है लेकिन मानव इतिहास इस बात का साक्षी है कि अधिकांश क्रान्तियों में बुद्धिजीवियों का हाथ रहा है।

5. **वर्गीयता से राष्ट्रीयता प्रबल** (The Feeling of Nationlity Stronger Than Class)–मार्क्स ने वर्गीयता पर विशेष जोर दिया है जबकि राष्ट्रीयता की भावना उससे अधिक प्रबल है।

6. **समस्त इतिहास वर्ग-संघर्ष नहीं** (All History Not Class Struggle)–आलोचकों का मत है कि संसार का समस्त इतिहास वर्ग-संघर्ष नहीं है। यह ऐतिहासिक दृष्टिकोण से गलत है। शक्ति, धर्म, विवाह, महत्वकांक्षा, आदि का भी संघर्ष में हाथ रहा है।

7. **पूँजीवाद का नाश नहीं** (No Destruction of Capitalism)–वर्ग-संघर्ष इंग्लैण्ड और अमेरिका में लागू नहीं हुआ। वहाँ की पूँजीवादी व्यवस्था का नाश नहीं हुआ, बल्कि पूँजीवाद की जड़ें और गहरी हो गयी है।

8. **कैर्‌यू हण्ट** (Carew Hunt) के अनुसार, "मार्क्स का यह विचार कि मनुष्यों के समस्त झगड़े वर्ग-संघर्ष से उत्पन्न होते हैं, यद्यपि आम लोगों को यह विश्वास दिलाने में, कि उनका दुर्भाग्य पूँजीवादी व्यवस्था के कारण है जो सर्वहारा वर्ग की विजय के साथ ही समाप्त हो जाएगा, युक्ति महत्व रखता है लेकिन एक वैज्ञानिक धारणा के रूप में मिथ्या है।"

वस्तुतः मार्क्स ने जिस वर्गहीन और राज्यविहीन साम्यवादी समाज की कल्पना की है, वह सम्भव नहीं है। अभी भी रूस और चीन में राज्य का नाश नहीं हुआ है, बल्कि वहाँ का राज्य और शक्तिशाली हो गया है।

अतिरिक्त मूल्य का सिद्धान्त (Theory of Surplus Value)

सिद्धान्त की व्याख्या (Theory Explained)–मार्क्स ने अतिरिक्त मूल्य के सिद्धान्त का वर्णन अपनी पुस्तक *दास कैपिटल* (Das Capital) में किया है। इसके माध्यम से वह यह सिद्ध करता है कि पूँजीपति मजदूरों को यथायोग्य मजदूरी नहीं देते हैं। उसने मूल्य का सिद्धान्त रिकार्डो से लिया हैं उसने श्रम के मूल्य के स्थान पर श्रम-शक्ति पर विशेष जोर दिया है। वेपर का भी मत है, "मार्क्स का अतिरिक्त मूल्य का सिद्धान्त रिकार्डो के सिद्धान्त का ही व्यापक रूप है जिसके अनुसार किसी भी वस्तु का मूल्य उसके निहित श्रम की माँग के अनुपात में होता है, बशर्ते यह श्रम-उत्पादन की क्षमता के वर्तमान स्तर के तुल्य हो।"

मार्क्स के अनुसार प्रत्येक वस्तु के दो मूल्य होते हैं–(क) उपयोग मूल्य (Use Value) और (ख) विनिमय मूल्य (Exchange Value)। वायु या जल पर श्रम खर्च नहीं होता है इसलिए उसका उपयोग मूल्य है लेकिन गाड़ी बनाने पर श्रम खर्च होता है इसलिए उसका विनिमय मूल्य होता है।

पूँजीपति और मजदूर में निरन्तर संघर्ष अतिरिक्त मूल्य के कारण होता है। पूँजीपति अपनी पूँजी के बल पर श्रम खरीदता है और श्रमिकों को मजदूरी देता है लेकिन मजदूरों की मजदूरी मूल्य से बहुत कम होती है। जो उसके श्रम द्वारा तैयार वस्तुओं पर पूँजीपति को बाजार में मिलता है। दूसरे शब्दों में, मजदूर श्रम तो अधिक करता है लेकिन मजदूरी उस अनुपात में बहुत कम दी जाती है। लागत के मूल्य और ब्रिकी के मूल्य के अन्तर को अतिरिक्त मूल्य कहते हैं। अतिरिक्त मूल्य का स्रोत वही बची हुई श्रम शक्ति है जिसका उचित मूल्य मजदूर को मिलना चाहिए लेकिन पूँजीपति उसे न देकर स्वयं हड़प लेता है।

मार्क्स के शब्दों में, "यह उन दो मूल्यों का अन्तर है जिसे मजदूर पैदा करता है और जिसे वह वास्तव में पाता है।"[1] वस्तुतः यह वह मूल्य है जिसे पूँजीपति मजदूर के श्रम से प्राप्त करता है जिसके लिए उसने मजदूर को कोई मूल्य नहीं चुकाया है। मैक्सी का भी मत है, "यह वह मूल्य है जिसे पूँजीपति मजदूरों के खून-पसीने की कमाई पर पथ-कर के रूप में वसूल करता है।"

1. "Surplus value is the difference between the value of the wages which a labour produces and which he actually receives."—Marx

उदाहरण के रूप में, यदि किसी फैक्ट्री में एक मजदूर एक धोती बनाता है तो उसे पाँच रुपए मजदूरी दी जाती है और उसमें दस रुपए की अन्य सामग्री लगी तो धोती की लागत पन्द्रह रुपए हो गयी लेकिन वह धोती बाजार में पच्चीस रुपए में बिकती है तो पच्चीस रुपए लागत निकाल देने पर दस रुपया अतिरिक्त मूल्य बनता है जो सीधे पूँजीपति को मिल जाता है।

अतिरिक्त मूल्य सिद्धान्त से मार्क्स ने तीन निमय बनाये:

(क) **पूँजी संचय का सिद्धान्त** (The Law of Capitalist Accumulation)–अधिक मशीन प्रयोग का श्रम की बचत और उत्पादन की वृद्धि की जाती है।

(ख) **पूँजी के केन्द्रीकरण का सिद्धान्त** (The Law of Concentration of Capital)–पूँजीपतियों की संख्या में कमी होती है और पूँजी कुछ व्यक्तियों के हाथों में आ जाती है।

(ग) **कष्टों की वृद्धि का सिद्धान्त** (The Law of Increasring of Misery)–इसमें मजदूरों को काफी शोषण करके, कष्ट पहुँचाया जाता है जो आगे चलकर क्रान्ति का रूप ले लेता है।

अतिरिक्त मूल्य सिद्धान्त की आलोचना (Criticism of the Surplus Value)–विभिन्न आलोचकों ने इसकी आलोचना निम्न रूप से की है:

1. **केवल श्रम उत्पादन का साधन नहीं** (Only Labour Not the Means of Production)–मार्क्स का कहना है कि चीजों के उत्पादन में केवल श्रम का ही हाथ रहता है लेकिन, यह गलत है। भूमि, पूँजी, प्रबन्ध और साहस का भी हाथ वस्तुओं के उत्पादन में रहता है।

2. **अनेक व्यय** (Many Expenses)–पूँजीपति के द्वारा वस्तुओं के उत्पादन में अनेक व्यय किए जाते हैं, जैसे–मशीनों की घिसावट, मजदूरों के उत्तम जीवन, बीमा, बोनस आदि। मार्क्स ने इस पर विचार नहीं किया है।

3. **सिद्धान्त अस्पष्ट** (Theory Vague)–मार्क्स ने मूल्य और दाम शब्दों का प्रयोग मनमाने ढंग से किया है। उसका सिद्धान्त अस्पष्ट और अतिरंजित है।

4. **मानसिक श्रम की उपेक्षा** (Negligence of Mental Labour)–वस्तुओं के उत्पादन में शारीरिक श्रम के अतिरिक्त मानसिक श्रम भी लगता है। मार्क्स ने इसकी उपेक्षा की है।

5. **प्रचार** (Propaganda)–आलोचकों का कहना है कि अतिरिक्त मूल्य का सिद्धान्त आर्थिक होने की अपेक्षा अधिक प्रचारात्मक है।

6. **कोल** (Cole) के अनुसार, "मार्क्स का सिद्धान्त काफी सीमा तक एक ऐसा वादानुवादी तथा शास्त्रार्थपूर्ण है जो अपनी निरन्तर गलतफहमियों के परिणामस्वरूप, जिन्हें मार्क्स के शिष्यों ने फैलाया, बढ़ाया और फलता-फूलता जा रहा है।"

7. **रसेल** (Russell) के शब्दों में, "वर्तमान पद्धति के विषय में मार्क्स के विचारों के अनुसार अतिरिक्त मूल्य के सिद्धान्त का अनुवाद शुद्ध सिद्धान्त के लिए देन की अपेक्षा घृणा की परिभाषा के सारांश रूप में किया जाए तो अधिक युक्तिसंगत होगा। अतिरिक्त मूल्य के सिद्धान्त के लिए शुद्ध आर्थिक सिद्धान्त को बहुत-सी अव्यावहारिक चर्चा अपेक्षित है। समाजवाद के व्यावहारिकपूर्ण या मिथ्या होने के सम्बन्ध में इस सिद्धान्त में यह कोई विशेष उल्लेखनीय बात नहीं।"

8. **मैक्स बियर** (Max Beer) का मत है, "इस विचार को अस्वीकार करना असम्भव है कि मार्क्स का सिद्धान्त आर्थिक सत्य के स्थान पर राजनीतिक और सामाजिक नारेबाजी है।"[1]

---

1. "It is impossible to set aside the view that Marx's theory of value has rather the significance of a political and social slogan."—Max Beer

निष्कर्ष–अतिरिक्त मूल्य के सिद्धान्त की जो भी आलोचनाएँ की जायें, इतना सत्य अवश्य है कि पूँजीपति मजदूर को श्रम के अनुपात में मजदूरी नहीं देते हैं और उसका शोषण करते हैं।

मार्क्सवादी राज्य का सिद्धान्त
(Marxian Theory of State)

भूमिका (Introduction)

राज्य की उत्पत्ति कब, कैसे और कहाँ हुई? यह एक रहस्यपूर्ण समस्या है। इस सम्बन्ध में विद्वानों में काफी मतभेद हैं। राज्य की उत्पत्ति के सम्बन्ध में निम्नलिखित सिद्धान्त मुख्य रूप से प्रचलित हैं:

1. दैवी सिद्धान्त, 2. शक्ति सिद्धान्त, 3. पैतृक और मातृक सिद्धान्त, 4. सामाजिक समझौते का सिद्धान्त, और 5. विकासवादी या ऐतिहासिक सिद्धान्त।

लेकिन कार्ल मार्क्स ने भी राज्य की उत्पत्ति पर विचार किया है जिसको एक वर्गीकरण के रूप में माना जा सकता है। उसने हॉब्स, लॉक और रूसो की तरह राज्य को एक मानवकृत संस्था माना है। वह विकासवादी सिद्धान्त में विश्वास नहीं करता है। उसके अनुसार "राज्य एक निर्मित संस्था है, विकसित नहीं।"[1] उसने दैवी और शक्ति सिद्धान्त का भी खण्डन किया है। उसने राज्य की उत्पत्ति पर अपना मौलिक विचार दिया है। उसके अनुसार मानव इतिहास दो युगों में विभाजित है:

(क) राज्यविहीन युग, और

(ख) राज्य निर्माण के बाद का युग।

आदिम साम्यवाद
(Primitive Communism)

राज्यविहीन युग को मार्क्स ने आदिम साम्यवाद कहकर पुकारा है। इस युग में राज्य और वर्ग नहीं था। वैयक्तिक सम्पत्ति नहीं थी। सारी सम्पत्ति पर सामूहिक स्वामित्व होता था। लोग जंगलों और गुफाओं में रहते थे। कन्द-मूल और फल खाकर वे जीवन-निर्वाह करते थे। आपस में 'मेरा और तेरा' की भावना नहीं थी। आपस में वर्ग-संघर्ष नहीं था। लोग स्वर्गिक आनन्द की अनुभूति करते थे। इसी युग को मार्क्स ने आदिम साम्यवाद माना है।

राज्य की उत्पत्ति के कारण
(Causes of the Origin of State)

वैयक्तिक सम्पत्ति, शोषण और वर्ग-संघर्ष (Individual Property, Exploitation and Class Struggle)

मार्क्स का कथन है कि आगे चलकर आदिम साम्यवाद की परिस्थितियाँ बदल गयी। लोगों ने उत्पादन के साधनों का आविष्कार किया जिसके कारण बड़े पैमाने पर चीजों का उत्पादन होने लगा। जिस व्यक्ति के हाथ में उत्पादन के साधन थे, वह सारी सम्पत्ति का मालिक बन बैठा। इस प्रकार वैयक्तिक सम्पत्ति का प्रचलन हुआ। आपस में 'मेरे और तेरे' की भावना का प्रचार हुआ। लोग अपनी सम्पत्ति के पीछे दौड़ने लगे। समाज में दो वर्गों की उत्पत्ति हुई–(क) पूँजीपति वर्ग, और (ख) सर्वहारा वर्ग।

समाज में पूँजीपति और सर्वहारा वर्ग की उत्पत्ति से आदिम साम्यवाद का शान्ति प्रिय युग समाप्त हो गया। पूँजीपति वर्ग कम संख्या में होते थे, इसलिए उनको अपनी वैयक्तिक सम्पत्ति की रक्षा की चिन्ता उत्पन्न हुई। वे हमेशा भयभीत होने लगे कि कहीं सर्वहारा वर्ग हमारी वैयक्तिक सम्पत्ति को छीन न ले। अतएव अपनी सम्पत्ति की रक्षा हेतु राज्य

---

1. "State is a creation and not an evolution."—Marx

जैसी संस्था का निर्माण किया जो शान्ति और सुव्यवस्था की स्थापना कर सके। इसके साथ ही व्यवस्थापिका, कार्यपालिका और न्यायपालिका जैसी संस्थाओं का निर्माण किया गया। उनका मूल उद्देश्य था–क्रमशः कानून का निर्माण करना, कानून को लागू करना और कानून उल्लंघन करने वाले को दण्ड देना। पुलिस और जेल की भी व्यवस्था की गयी। अतः मार्क्स की इस व्यवस्था से यह स्पष्ट है कि राज्य की उत्पत्ति में पूँजीपति वर्ग का हाथ है जिसका निर्माण उसने अपने स्वार्थ की पूर्ति के लिए किया। मार्क्स के शब्दों में, "राज्य की उत्पत्ति वैयक्तिक सम्पत्ति और समाज में वर्ग-विभेद से हुई।"[1]

ऐंजिल्स के अनुसार, "राज्य एक प्राकृतिक संस्था नहीं है। श्रम-विभाजन और व्यक्तिगत सम्पत्ति जैसी संस्थाओं के विकास के साथ शक्ति के लिए संघर्ष शुरू हुआ और राज्य का उदय इस कारण हुआ कि सम्पत्ति के अधिकारी अपनी सम्पत्ति की रक्षा गैर-सम्पत्ति वाले वर्ग का शोषण करके कर सकें।" वह आगे कहता है, "राज्य एक वर्ग द्वारा दूसरे वर्ग का शोषण करने की मशीन से अधिक कुछ नहीं है।"[2]

ग्रे के शब्दों में, "राज्य एक वर्ग संगठन है जो प्रभावी वर्ग के हितों का प्रतिनिधित्व तथा उनके विचारों को प्रतिबिम्बित करता है।"[3]

इस प्रकार पूँजीपति वर्ग ने सर्वहारा वर्ग पर अपनी प्रभुत्ता को जमाए रखने के लिए राज्य का निर्माण किया। इसलिए मार्क्स ने कहा है कि "राज्य वर्ग संघर्ष की उपज है।"[4]

राज्य द्वन्द्वात्मक एवं ऐतिहासिक भौतिकवाद से सम्बन्धित
(State is Related to Dialectical and Historical Materialism)

राज्य की उत्पत्ति से यह स्पष्ट है कि मार्क्स का द्वन्द्वात्मक भौतिकवाद, ऐतिहासिक भौतिकवाद, वर्ग-संघर्ष और अतिरिक्त मूल्य–ये चारों सिद्धान्त राज्य से किसी न किसी प्रकार सम्बन्धित हैं। इन सिद्धान्तों के अन्तर्गत मार्क्स ने भौतिक पदार्थ पर जोर दिया है, जबकि हीगल ने विचार पर। मार्क्स का कथन है कि वर्ग-संघर्ष या इतिहास के निर्माण में भौतिक पदार्थों का हाथ रहा है। इसके विपरीत, हीगल ने भौतिक पदार्थ के स्थान पर विचार को प्रधानता दी है। उसके अनुसार, "राज्य पृथ्वी पर ईश्वर का अवतरण है।"[5]

वस्तुतः मार्क्स के अनुसार मानव समाज शोषक और शोषित के बीच विभाजित हो गया। शोषक की संख्या कम और शोषितों की संख्या अधिक हो गयी। राज्य ही पूँजीपति वर्ग की रक्षा करने लगा। मार्क्स के शब्दों में, "राज्य एक ऐसा मशीन सिद्ध हुआ जिसके द्वारा मुट्ठीभर पूँजीपति बहुसंख्यक सर्वहारा पर अन्याय, शोषण और दमन करने लगे।"[6]

इस प्रकार, राज्य के अन्तर्गत पूँजीपति वर्ग का आधिपत्य व्यवस्थापिका, कार्यपालिका, न्यायपालिका, सेना, जेल, पुलिस और कानून, आदि पर पूर्ण रूप से रहा। ये सारी संस्थाएँ पूँजीपति वर्ग के हित में काम करती थीं और सर्वहारा वर्ग की उपेक्षा की जाती थी।

---

1. "State is the result of private property and the division of society into classes."—Marx
2. "State is nothing more than a machine for the oppression of one class by another."—Engels
3. "The state is a class organisation, representing the interests and reflecting the ideas of dominant class."—Gray
4. "State is the product of class struggle."—Marx
5. "The state is the march of God upon the earth."—Hegel
6. "State is in reality a machinery for the perpetuation of injustice, exploitation and oppression of the vast majority by a handful of minority."—Marx

पूँजीवादी राज्य का वर्गहीन एवं राज्यविहीन साम्यवादी समाज में परिवर्तन
(Replacement of the Capitalist State by Classless and Stateless Communistic Society)

मार्क्स ने निर्भीकतापूर्वक यह तर्क दिया कि इस प्रकार की शोषण करने वाली राज्य जैसी संस्था को जाना है। उसने राज्य के उन्मूलन हेतु क्रान्तिकारी तरीके का आह्वान किया। उसका कथन था कि क्रान्ति के माध्यम से ही पूँजीवादी राज्य और व्यक्तिगत सम्पत्ति का जड़ से नाश किया जा सकता है। इसके साथ ही व्यवस्थापिका, कार्यपालिका, न्यायपालिका, पुलिस, जेल, कानून, इत्यादि को भी क्रान्ति के माध्यम से ही त्यागा जा सकता है। इस प्रकार जब पूँजीवादी राज्य का नाश हो जाएगा तो उसके स्थान पर इस साम्यवादी समाज की स्थापना की जाएगी, जिसके अन्तर्गत न तो कोई पूँजीपति होगा और न कोई वर्ग होगा। व्यक्तिगत सम्पत्ति और वर्ग-संघर्ष दोनों को सदा के लिए समाप्त कर दिया जाएगा।

लेकिन मार्क्स ने पूँजीवादी राज्य के नाश होने पर दो अवस्थाओं का उल्लेख किया है–(क) संक्रमणकालीन अवस्था या समाजवादी समाज, और (ख) वर्गविहीन एवं राज्यविहीन साम्यवादी समाज।

(क) **संक्रमणकालीन अवस्था या समाजवादी समाज** (Transitional Period or Socialist Society)–मार्क्स ने एक संक्रमणकालीन अवस्था की कल्पना की है। उसका कथन है कि पूँजीवादी राज्य या उसके नियम या अन्य संस्थाओं का अचानक नाश करना सम्भव नहीं है। वस्तुत: उसकी सभी संस्थाओं का नाश धीरे-धीरे होगा। इस प्रकार साम्यवादी व्यवस्था के पूर्व समाजवादी व्यवस्था की स्थापना की जाएगी और यह समाजवादी व्यवस्था की सृष्टि होगी। इसमें उत्पादन की शक्तियों पर सर्वहारा वर्ग का आधिपत्य होगा। पूँजीपतियों का अन्त होगा, किसी का शोषण नहीं होगा। सर्वहारा वर्ग का अधिनायकत्व रहेगा। इस संक्रमणकालीन अवस्था में यद्यपि सभी वस्तुओं का राष्ट्रीकरण कर दिया जाएगा, फिर भी सरकार के पास इतनी क्षमता नहीं होगी कि सभी व्यक्तियों की जरूरतें पूरी कर सके। समाजवादी व्यवस्था में निर्देशित सिद्धान्त होगा, "प्रत्येक व्यक्ति अपनी योग्यतानुसार कार्य करेगा और अपने काम के अनुसार प्राप्त करेगा।"[1]

(ख) **वर्गविहीन एवं राज्यविहीन साम्यवादी समाज** (Classless and Stateless Communist Society)–कुछ समय के बाद, समाजवाद से स्वत: साम्यवाद का आविर्भाव होगा जिसके अन्तर्गत पूँजीपति, व्यक्तिगत सम्पत्ति, वर्ग-संघर्ष और राज्य जैसी संस्था का नामोनिशान नहीं रहेगा। सभी प्रकार के शोषण का अन्त होगा। सम्पूर्ण आर्थिक और राजनीतिक सत्ता सर्वहारा वर्ग के हाथों में होगी और उन्हीं के हित में व्यवस्थापिका, कार्यपालिका, न्यायपालिका, जेल, पुलिस और कानून, आदि का निर्माण किया जाएगा। राज्य स्वत: समाप्त हो जाएगा और एक वर्गविहीन तथा राज्यविहीन साम्यवादी समाज की स्थापना हो जायेगी। ऐंजिल्स ने कहा है, "जब अन्ततोगत्वा राज्य सम्पूर्ण समाज का प्रतिनिधि बन जाएगा तो यह अपने-आपको बेकार बना देगा। राज्य को समाप्त नहीं किया जाएगा, यह अपने आप विलुप्त हो जाएगा।"[2]

वस्तुत: साम्यवादी समाज का निर्देशित सिद्धान्त होगा, "प्रत्येक व्यक्ति अपनी योग्यतानुसार कार्य करेगा और अपनी आवश्यकतानुसार प्राप्त करेगा।"[3]

इस प्रकार मार्क्स ने राज्य की उत्पत्ति का वर्णन किया है जिसमें पूँजीपति, व्यक्तिगत सम्पत्ति और उत्पादन के साधनों को मुख्य आधार माना है। साम्यवादी युग विकास की चरम सीमा होगी। इसके बाद कोई परिवर्तन नहीं होगा। द्वन्द्वात्मक भौतिकवाद की प्रक्रिया समाप्त हो जाएगी।

---

1. "From each according to his ability, to each according to his work."—Marx
2. "When ultimately, the state becomes really the representative of society as a whole, it makes itself superfluous.... The state is not abolished, it withers away."—Engels
3. "From each according to his ability, to each according to his needs."—Marx

मार्क्सवादी राज्य की आलोचना
(Criticism of the Marxian State)

विभिन्न आलोचकों ने मार्क्स के राज्य की उत्पत्ति सम्बन्धी सिद्धान्त का खण्डन किया है जिसका उल्लेख निम्नांकित रूप से किया जा सकता है:

1. **शुद्ध रूप से आर्थिक सिद्धान्त पर आधारित** (Purely Based on Economic Theory)—मार्क्स का राज्य सम्बन्धी सिद्धान्त मुख्य रूप से आर्थिक सिद्धान्त पर आधारित है। उसने केवल आर्थिक आधार पर ही राज्य की उत्पत्ति मानी है। वस्तुत: राज्य की उत्पत्ति में अनेक तत्वों का हाथ रहा है जैसा कि विकासवादी सिद्धान्त वाले मानते हैं। अर्थ या व्यापार उनमें से एक कारण ही हो सकता है। यह कहना कि केवल आर्थिक तत्व के कारण ही राज्य की उत्पत्ति हुई है, गलत होगा। राज्य की उत्पत्ति में मानवीय आवश्यकताएँ, धर्म, रक्त-सम्बन्ध, युद्ध, राजनीतिक चेतना जैसे तत्वों का भी हाथ रहा है। मार्क्स ने इन तत्वों की उपेक्षा की है।

2. **राज्यविहीन काल की धारणा** (The Conception of Stateless Period)—मार्क्स ने राज्यविहीन युग की कल्पना की है जो आदिम साम्यवाद के समय वर्तमान था। उस समय राज्य की उत्पत्ति नहीं हुई थी या उसका अस्तित्व इस पृथ्वी पर नहीं था। आलोचकों का कहना है कि मार्क्स ने जो राज्यविहीन युग की कल्पना की है, वह हॉब्स, लॉक और रूसो की प्राकृतिक अवस्था की तरह कोरी कल्पना है। आज विकासवादी सिद्धान्त वालों ने यह सिद्ध कर दिया है कि राज्य का क्रमिक रूप से विकास हुआ है। राज्य किसी न किसी रूप में मानवीय सभ्यता के विकास से रहा है। जैसा कि अरस्तू ने अपनी पुस्तक *पॉलिटिक्स* में राज्य को एक प्राकृतिक संस्था माना है।

3. **राज्य का विलुप्त होना** (Withering Away of the State)—मार्क्स ने यह भविष्यवाणी की थी कि जब पूर्ण रूप से साम्यवादी व्यवस्था की स्थापना हो जाएगी तो राज्य का धीरे-धीरे नाश हो जाएगा लेकिन रूस में 1917 ई. में और चीन में 1948 ई. साम्यवादी व्यवस्था की स्थापना की गयी, वहाँ अभी तक राज्य के नाश होने का कोई लक्षण नहीं दिखाई पड़ रहा है बल्कि वहाँ राज्य की जड़ और मजबूत हो गयी है। वह काफी शक्तिशाली बन गया है। इसलिए मार्क्स ने जो राज्य के विलुप्त होने का नारा दिया है, वह मिथ्या सिद्ध हुआ।

4. **प्राकृतिक कानून और प्राकृतिक अधिकार नहीं** (No Natural Law and Natural Rights)—मार्क्स ने आदिम साम्यवाद के अन्तर्गत प्राकृतिक कानून और प्राकृतिक अधिकार का वर्णन हॉब्स तथा लॉक की तरह नहीं किया है। वस्तुत: बिना प्राकृतिक नियम और प्राकृतिक अधिकार के मनुष्य किस प्रकार अपना सुखमय जीवन आदिम युग में व्यतीत करता था, यह आश्चर्य की बात है। अत: यह भी इस सिद्धान्त की एक त्रुटि है।

5. **द्वन्द्वात्मक प्रक्रिया का अन्त** (Dialectical Process will Stop)—मार्क्स ने कहा है कि जब पूर्ण रूप से वर्गविहीन और राज्यविहीन साम्यवादी समाज की स्थापना की जाएगी तो द्वन्द्वात्मक प्रक्रिया का स्वत: अन्त हो जाएगा लेकिन दार्शनिक अरविन्द का कथन है कि द्वन्द्वात्मक प्रक्रिया एक चिरंतन प्रक्रिया है। जब तक सृष्टि रहेगी, यह प्रक्रिया चलती रहेगी। सर्वहारा समाज की स्थापना से कैसे द्वन्द्वात्मक प्रक्रिया समाप्त हो जाएगी, यह भी आश्चर्य की बात है।

6. **साम्यवादी व्यवस्था में भी अन्तर्विरोध** (Contradiction May Exist in Communistic Order Also)—मार्क्स ने कहा है कि साम्यवादी व्यवस्था के अन्तर्गत किसी प्रकार की विरोधी शक्तियाँ नहीं रहेंगी। किसी प्रकार का संघर्ष नहीं रहेगा लेकिन माओ-से-तुंग का कथन है कि "एक साथ विभिन्न मत वाले रह सकते हैं।"[1] इस प्रकार साम्यवादी विचारक पूर्ण रूप से विरोधी तत्वों का उन्मूलन नहीं कर सकें।

---

1. "Let a thousand schools of thought contest. Let a thousand flowers bloom together."—Mao

7. **राज्य कृत्रिम नहीं है** (State is not a Creation)–मार्क्स ने समझौतावादियों की तरह राज्य को एक कृत्रिम संस्था माना है। मनुष्य ने राज्य का निर्माण किया है। यह तर्क भी विकासवादी सिद्धान्त के आधार पर गलत सिद्ध हुआ क्योंकि राज्य एक विकसित संस्था है, कृत्रिम नहीं। आज आधुनिक विद्वान विकासवादी सिद्धान्त के मत से सहमत हैं और राज्य की उत्पत्ति का उसे वैज्ञानिक सिद्धान्त बताया जा रहा है।

8. **मानव स्वभाव** (Human Nature)–विभिन्न विचारकों ने मानव स्वभाव पर विभिन्न मत व्यक्त किए हैं। प्लेटो, अरस्तू, रूसो और हीगल जैसे विचारकों ने मनुष्य के स्वभाव को अच्छा बताया है। दूसरी ओर, हॉब्स और मेकियावेली ने मनुष्य को शत-प्रतिशत स्वार्थी बताया है। मार्क्स ने कहा है कि आदिम साम्यवाद में मनुष्य का स्वभाव अच्छा था और वह सामूहिक जीवन व्यतीत करता था। आपस में प्रेम और सहयोग की भावना थी लेकिन हॉब्स और मेकियावेली के मानव स्वभाव के सन्दर्भ में यदि आदिम साम्यवाद का मूल्यांकन करें, तो यह स्पष्ट हो जाता है कि मार्क्स ने मानव स्वतभाव का अध्ययन ठीक से नहीं किया है।

9. **मानव इतिहास का विभाजन** (Division of Human History)–मार्क्स ने मानव इतिहास को दो भागों में बाँटा है–राज्यहीन युग और राज्य निर्माण के बाद का युग। वस्तुतः इस प्रकार का उदाहरण मानव इतिहास में कहीं भी देखने को नहीं मिलता है इसलिए मानव इतिहास का यह विभाजन गलत और अप्राकृतिक है।

10. **दो वर्ग** (Two Classes)–मार्क्स ने कहा है कि समाज के अन्तर्गत मुख्यतः दो वर्ग रहे हैं–पूँजीपति वर्ग और सर्वहारा वर्ग। यदि मानव इतिहास का अवलोकन करें और विभिन्न युगों की साम्यवादी व्यवस्था का अध्ययन करें तो पता चलेगा कि पूँजीपति और सर्वहारा वर्ग के साथ-साथ मध्यम वर्ग भी रहा है जिसका राजनीतिक और आर्थिक क्षेत्र में काफी योगदान रहा है।

11. **वर्ग-संघर्ष** (Class Struggle)–मार्क्स ने कहा है कि राज्य की उत्पत्ति जैसे ही हुई, पूँजीपति और सर्वहारा वर्ग निरन्तर संघर्ष में रहा। यदि इस प्रकार की स्थिति रहती तो मानव सभ्यता का बहुत पहले ही नाश हो गया होता। संघर्ष या युद्ध या क्रान्ति से मानव सभ्यता का विनाश होता है। यदि वर्ग-संघर्ष की बात रहती तो आज विश्व अपनी सभ्यता की चरम सीमा पर नहीं पहुँचता। विश्व का कुछ दूसरा ही रूप रहता।

12. **धर्म** (Religion)–यदि मानव इतिहास का अध्ययन किया जाए तो पता चलेगा कि धर्म का राज्य के निर्माण और विकास में बहुत बड़ा हाथ रहा है। पहले धर्म के आधार पर ही राज्य का निर्माण होता था। उसके लिए बड़े-बड़े युद्ध किए जाते थे। बड़े-बड़े साम्राज्यों की स्थापना धर्म के आधार पर ही हुई है। भारत में मुस्लिम और मुगल साम्राज्य, ब्रिटिश साम्राज्य तथा हिन्दू साम्राज्य की क्रमशः आधारशिला इस्लाम, ईसाई हिन्दू धर्म रहा है। मार्क्स ने राज्य की उत्पत्ति में धर्म जैसे प्रधान तत्व की उपेक्षा की है।

निष्कर्ष–उपर्युक्त आलोचनाओं से यह स्पष्ट है कि राज्य की उत्पत्ति के सम्बन्ध में मार्क्स का जो विचार है, वह त्रुटिपूर्ण है। फिर भी, उसने यह बताने का प्रयत्न किया है कि राज्य की उत्पत्ति में आर्थिक तत्व की प्रधानता रही है जो बहुत हद तक सही है लेकिन राज्य की उत्पत्ति केवल आर्थिक तत्व से हुई है, यह मान लेना सत्य को अस्वीकार करना है। यद्यपि मार्क्स ने राज्य को सामने के दरवाजे से अस्वीकार किया है लेकिन पीछे के दरवाजे से उसने राज्य जैसी संस्था का स्वागत किया है जो उसके दर्शन का बहुत बड़ा विरोधाभास है।

प्रश्न
(Questions)

1. मार्क्सवाद की विवेचना कीजिए।
   Discuss Marxism.

2. मार्क्सवाद क्या है? इसके विभिन्न स्रोतों का वर्णन कीजिए।
   What is Marxism? Describe its different sources.
3. मार्क्सवाद के प्रमुख सिद्धान्तों का संक्षेप में वर्णन कीजिए।
   Describe briefly the different principles of Marxism.
4. मार्क्स के द्वन्द्वात्मक भौतिकवाद की समीक्षा कीजिए।
   Examine Marx's dialectical materialism.
5. मार्क्स के ऐतिहासिक भौतिकवाद की व्याख्या कीजिए।
   Explain Marx's historical materialism.
6. मार्क्स के वर्ग-संघर्ष का विवेचन कीजिए।
   Discuss Marx's class struggle.
7. मार्क्स के अतिरिक्त मूल्य का वर्णन कीजिए।
   Describe Marx's Surplus Value.
8. मार्क्स के वर्ग-संघर्ष और अतिरिक्त मूल्य की समीक्षा कीजिए।
   Examine Marx's class struggle and surplus value.
9. मार्क्सवादी राज्य के सिद्धान्त की विवेचना कीजिए।
   Discuss the Marxian theory of state.
10. "वर्ग-संघर्ष का इतिहास ही मानव जाति का इतिहास है।" विवेचना कीजिए।
    "All human history hitherto is the history of class struggle." Discuss.
11. मार्क्सवाद के तत्वों की समीक्षा कीजिए।
    Examine the elements of Marxism.

वस्तुनिष्ठ प्रश्न
(Objective Questions)

1. आधुनिक समाजवाद का जन्मदाता कौन है?
   (क) कार्ल मार्क्स (ख) प्लेटो (ग) लेनिन (घ) स्टालिन
   Who is the author of the Modern Socialism?
   (a) Karl Marx (b) Plato (c) Lenin (d) Stalin
2. साम्यवादी घोषणापत्र के लेखक कौन हैं?
   (क) स्टालिन (ख) मार्क्स (ग) लेनिन (घ) बुलगानिन
   Who is the author of The Communist Manifesto?
   (a) Stalin (b) Marx (c) Lenin (d) Bulganin
3. "विश्व के मजदूरों, एक हो जाओ", का नारा किसने दिया?
   (क) लेनिन (ख) स्टालिन (ग) मार्क्स (घ) हिटलर
   Who gave the slogan of "Workers of the world, unite"?
   (a) Lenin (b) Stalin (c) Marx (d) Hitler

4. "मार्क्स प्रथम समाजवादी लेखक है जिसके कार्य को वैज्ञानिक कहा जा सकता है। उसने अपने वांछित समाज का चित्रण ही नहीं किया है, बल्कि वह उन स्थितियों का भी विस्तृत वर्णन करता है जिनके माध्यम से इस लक्ष्य को प्राप्त किया जा सकता है।" यह किसने कहा?

(क) मार्क्स (ख) टेलर (ग) लेनिन (घ) जोड

5. "मार्क्सवाद में सामाजिक परिवर्तन करने वाली शक्तियों की जो व्याख्या है, वह उसे वैज्ञानिकता प्रदान करती है। इसके अलावा इन परिवर्तन करने वाली शक्तियों की व्याख्या मानव मनोविज्ञान पर आधारित है।" यह किसने कहा?

(क) टेलर (ख) जोड (ग) लॉस्की (घ) लेनिन

6. "किसी भी पहलू से हम उसे देखें, कार्ल मार्क्स का चिंतन सामाजिक दर्शन के इतिहास में स्वयं एक युग है। उसके विषय में एक महत्वपूर्ण बात यह है कि उसने साम्यवाद को अस्त-व्यस्त रूप में पाया तथा उसने उसे एक आन्दोलन बना दिया। उसके द्वारा साम्यवाद को एक दर्शन और गति प्रदान की गई।" यह किसने कहा?

(क) जोड (ख) लास्की (ग) टेलर (घ) लेनिन

7. इनमें से कौन एक समाजवाद का प्रवर्तक नहीं है?

(क) संत साइमन (ख) चार्ल्स फोरियर (ग) हीगल (घ) रॉबर्ट ओवन

Which one of the following is not propounder of socialism?

(a) St. Simon (b) Charles Fourier (c) Hegel (d) Robert Owen

8. इनमें से कौन एक समाजवादी विचारक नहीं है?

(क) चार्ल्स हॉल (ख) हॉगस्किन (ग) विलियम थॉम्पसन (घ) टी०एच० ग्रीन

Which one of the following is not socialist thinker?

(a) Charles Hall (b) Hodgskin
(c) William Thompson (d) T.H. Green

9. "उन्होंने सुन्दर गुलाब के फूलों की कल्पना तो की लेकिन गुलाब के वृक्षों के लिए कोई धरती तैयार नहीं की।" यह किसने कहा?

(क) वेपर (ख) हीगल (ग) लॉस्की (घ) गार्नर

"They conjured up visions of beautiful roses but prepared no soil for the rose trees." Who said this?

(a) Wayper (b) Hegel (c) Laski (d) Garner

10. कार्ल मार्क्स का जन्म किस वर्ष हुआ?

(क) 1828 (ख) 1818 (ग) 1819 (घ) 1820

Which year Karl Marx was born?

(a) 1828 (b) 1818 (c) 1819 (d) 1820

11. कार्ल मार्क्स का जन्म किस स्थान पर हुआ था?

(क) बर्लिन (ख) इंग्लैण्ड (ग) ट्रेवस (घ) पेरिस

Karl Marx was born at which place?

(a) Berlin (b) England (c) Traves (d) Paris

12. हर्चेल मार्क्स किसके पिता का नाम था?

(क) लेनिन (ख) स्टालिन (ग) एफ०एम० मार्क्स (घ) कार्ल मार्क्स

Whose father name was Herschel Marx?
(a) Lenin (b) Stalin (c) F.M. Marx (d) Karl Marx

13. कार्ल मार्क्स की पत्नी का क्या नाम था?
(क) जेनी (ख) जेली (ग) जैकी (घ) विक्टोरिया
What was the name of Karl Marx's wife?
(a) Jenny (b) Jelli (c) Jacki (d) Victoria

14. कार्ल मार्क्स का निधन किस वर्ष हुआ?
(क) 1884 (ख) 1883 (ग) 1893 (घ) 1885
Which year Karl Marx died?
(a) 1884 (b) 1883 (c) 1893 (d) 1885

15. *दास कैपिटल* ग्रन्थ के रचयिता कौन हैं?
(क) लेनिन (ख) स्टालिन (ग) मार्क्स (घ) हॉब्स
Who is the author of the book *Das Capital*?
(a) Lenin (b) Stalin (c) Marx (d) Hobbes

16. "उसका अपना द्वन्द्ववाद हीगल से न केवल भिन्न है, बल्कि उसका ठीक उल्टा है।" यह किसने कहा?
(क) जोड (ख) वेपर (ग) लेनिन (घ) मार्क्स

17. "हीगल के विचारों में द्वन्द्वात्मक चिन्तन शीर्षासन कर रहा था। मार्क्स ने आदर्शवादी भ्रान्तियाँ दूर करके उसे प्राकृतिक स्थिति में पैरों के बल खड़ा किया।" यह किसने कहा?
(क) सेबाइन (ख) वेपर (ग) जोड (घ) गार्नर
"In Hegel, the dialectic stands on its head, Marx merely turned it right way up by removing the mystification of idealism." Who said this?
(a) Sabine (b) Wayper (c) Joad (d) Garner

18. "उसने ईंट-पत्थरों की भाँति सब स्थलों से विचारों को एकत्रित किया। लेकिन जिस विचार-भवन का निर्माण किया, वह स्वयं उसकी ही इच्छानुसार था।" यह किसने कहा?
(क) लॉस्की (ख) कोकर (ग) गार्नर (घ) जोड

19. डायलेक्टिक किस भाषा के डायलेगो शब्द से बना है?
(क) जर्मन (ख) इंगलिश (ग) यूनानी (घ) फ्रेंच
Dialectic is derived of which language of the word dialego?
(a) German (b) English (c) Greek (d) French

20. "मेरी द्वन्द्वात्मक पद्धति न केवल हीगल की पद्धति से भिन्न है, बल्कि एकदम विपरीत है। मैंने हीगल के द्वन्द्ववाद को शीर्षासन की अवस्था में पाया और मैंने उसे पैरों पर खड़ा कर दिया।" यह किसने कहा?
(क) जोड (ख) वेपर (ग) लेनिन (घ) मार्क्स
"My dialectic method is not only different from the Hegelian, but its direct opposite. I found the Hegelian dialectic standing on its head, I put it down on its feet." Who said this?
(a) Joad (b) Wayper (c) Lenin (d) Marx

21. "मार्क्स द्वारा भौतिकवादी शब्द का प्रयोग उपयुक्त नहीं है और यदि उसे अवैज्ञानिक नहीं तो अपर्याप्त जरूर कहा जा सकता है।" यह किसने कहा?

(क) कोल (ख) जोड (ग) वेपर (घ) लॉस्की

"Marx's use of word Materialism is not proper and if not unscientific, is inadequate." Who said this?

(a) Cole (b) Joad (c) Wayper (d) Laski

22. "सभी सामाजिक, राजनीतिक और बौद्धिक सम्बन्ध, सभी धार्मिक और कानूनी पद्धतियाँ, बौद्धिक दृष्टिकोण जो इतिहास के विकास-क्रम में जन्म लेते हैं, वे सब जीवन की भौतिक अवस्थाओं से उत्पन्न होते हैं।" यह किसने कहा?

(क) जोड (ख) मार्क्स (ग) वेपर (घ) लेनिन

"All the social, political and intellectual relations, all religious and legal systems, all the theoretical outlooks which emerge in the course of history are derived from the material conditions of life." Who said this?

(a) Joad (b) Marx (c) Wayper (d) Lenin

23. "प्रत्येक व्यक्ति अपनी योग्यतानुसार कार्य करेगा और अपने काम के अनुसार प्राप्त करेगा।" यह सिद्धान्त किस समाज में अनुसरण किया जाएगा?

(क) सामंती समाज (ख) पूँजीवादी समाज (ग) समाजवादी समाज (घ) साम्यवादी समाज

"From each according to his ability, to each according to his work." This principle will be followed in which society?

(a) Feudal Society (b) Capitalist Society
(c) Socialist Society (d) Communist Society

24. "प्रत्येक व्यक्ति अपनी योग्यतानुसार कार्य करेगा और अपनी आवश्यकतानुसार प्राप्त करेगा।" यह सिद्धान्त किस समाज में अनुसरण किया जाएगा?

(क) सामंती समाज (ख) समाजवादी समाज (ग) पूँजीवादी समाज (घ) साम्यवादी समाज

"From each according to his ability, to each according to his work." This principle will be followed by which Society?

(a) Feudal Society (b) Socialist Society
(c) Capitalist Society (d) Communist Society

25. "अब तक के समस्त सामाजिक जीवन का इतिहास वर्ग-संघर्ष का इतिहास है।" यह किसने कहा?

(क) मार्क्स (ख) लेनिन (ग) स्टालिन (घ) हिटलर

"The history of all hitherto society is the history of class struggle." Who said this?

(a) Marx (b) Lenin (c) Stalin (d) Hitler

26. "मार्क्स का अतिरिक्त मूल्य का सिद्धान्त रिकार्डो के सिद्धान्त का ही व्यापक रूप है जिसके अनुसार किसी भी वस्तु का मूल्य उसके निहित श्रम की माँग के अनुपात में होता है, बशर्ते यह श्रम-उत्पादन की क्षमता के वर्तमान स्तर के तुल्य हो।" यह कथन किसका है?

(क) जोड (ख) वेपर (ग) लॉस्की (घ) कोकर

27. "यह उन दो मूल्यों का अन्तर है जिसे मजदूर पैदा करता है और जिसे वह वास्तव में पाता है।" यह किसने कहा?
(क) मैक्सी (ख) वेपर (ग) मार्क्स (घ) लेनिन
"Surplus value is the difference between the value of the wages which a labour produces and which he actually receives." Who said this?
(a) Maxey (b) Wayper (c) Marx (d) Lenin

28. "इस विचार को अस्वीकार करना असंभव है कि मार्क्स का सिद्धान्त आर्थिक सत्य के स्थान पर राजनीतिक और सामाजिक नारेबाजी है।" यह किसने कहा?
(क) जोड (ख) वेपर (ग) लॉस्की (घ) मैक्स बियर
"It is impossible to set aside the view that Marx's theory of value has rather the significance as a political and social slogan." Who said this?
(a) Joad (b) Wayper (c) Laski (d) Max Beer

29. "राज्य की उत्पत्ति वैयक्तिक सम्पत्ति और समाज में वर्ग विभेद से हुआ।" यह किसने कहा?
(क) मार्क्स (ख) लेनिन (ग) ग्रे (घ) लॉस्की
"State is the result of private property and the division of society into classes." Who said this?
(a) Marx (b) Lenin (c) Gray (d) Laski

30. "राज्य एक वर्ग द्वारा दूसरे वर्ग का शोषण करने की मशीन से अधिक कुछ नहीं हैं।" यह किसने कहा?
(क) मार्क्स (ख) एंजिल्स (ग) ग्रे (घ) जोड
"State is nothing more than a machine for the oppression of one class by another." Who said this?
(a) Marx (b) Engles (c) Gray (d) Joad

31. "राज्य एक वर्ग संगठन है जो प्रभावी वर्ग के हितों का प्रतिनिधित्व तथा उनके विचारों को प्रतिबिंबित करता है।" यह किसने कहा?
(क) मार्क्स (ख) जोड (ग) ग्रे (घ) वेपर
"The state is a class organisation, representing the interests and reflecting the ideas of dominant class." Who said this?
(a) Marx (b) Joad (c) Gray (d) Wayper

32. "राज्य वर्ग-संघर्ष की उपज है।" यह किसने कहा?
(क) लेनिन (ख) अरस्तू (ग) हॉब्स (घ) मार्क्स
"State is the product of class struggle." Who said this?
(a) Lanin (b) Aristotle (c) Hobbes (d) Marx

33. "राज्य पृथ्वी पर ईश्वर का अवतरण है।" यह किसने कहा?
(क) हीगल (ख) ग्रीन (ग) मार्क्स (घ) प्लेटो
"The state is the march of God upon the earth." Who said this?
(a) Hegel (b) Green (c) Marx (d) Plato

34. "राज्य एक ऐसा मशीन सिद्ध हुआ जिसके द्वारा मुट्ठी भर पूँजीपति बहुसंख्यक सर्वहारा पर अन्याय, शोषण और दमन करने लगे।" यह किसने कहा?
(क) लेनिन (ख) मार्क्स (ग) जोड (घ) ग्रे

"State is the reality a machinery for the perpetuation of injustice, exploitation and oppression of the vast majority by a handful of minority to proletarial. Who said this?

(a) Lenin (b) Marx (c) Joad (d) Gray

35. "जब अंततोगत्वा राज्य संपूर्ण समाज का प्रतिनिधि बन जाएगा तो यह अपने-आपको बेकार बना देगा........ राज्य को समाप्त नहीं किया जाएगा, यह अपने आप विलुप्त हो जाएगा।" यह किसने कहा?

(क) मार्क्स (ख) लेनिन (ग) एंजिल्स (घ) स्टालिन

"When ultimately, the state becomes really the representative of society as whole, it makes itself superfluous.... The state is not abolished, it withers away." Who said this?

(a) Marx (b) Lanin (c) Engels (d) Stalin

36. "एक साथ विभिन्न मतवाले रह सकते हैं। एक साथ हजारों फूल खिल सकते हैं।" यह किसने कहा?

(क) जोड (ख) ग्रे (ग) मार्क्स (घ) माओ

"Let a thousand schools of thought contest. Let a thousand flowers bloom together." Who said this?

(a) Joad (b) Gray (c) Marx (d) Mao

37. Socialism as expounded by Robert owen is called

(a) Scientific socialism (b) Utopian socialism
(c) Guild socialism (d) State socialism

38. The first socialist state in the world is

(a) India (b) Russia (c) Britain (d) China

39. Which one of the following statements is correct?

(a) Socialism leads to concentration of wealth
(b) Socialism is in favour of establishing private enterprises
(c) Socialism aims to establish a just and equitable society
(d) Socialism gives more importance to the individual.

40. Which of the following is correct?

(a) According to Marx the state is natural
(b) According to Marx the state was created by God
(c) According to Marx the state was created by means of a contract
(d) According to Marx the state came into existence
(e) None of these

41. Which of the following is correct?

(a) According to Marx the state promotes the common good
(b) According to Marx the state promotes the good of the poor
(c) According to Marx the state promotes and defends the interests of the propertied classes
(d) According to Marx the state removes the obstacles that come in the way of man's moral will
(e) None of these

42. Which of the following is not an element of Marxism?
   (a) Dialectical materialism
   (b) Historical materialism
   (c) The theory of surplus value
   (d) The theory of class struggle
   (e) The view that the state is an ethical idea
43. Which of the following is correct?
   (a) Marx believed in the existence of a Supreme Univesal Soul
   (b) Marx believed in the soul
   (c) Marx believed that the world is a manifestation of the Supreme Universal Soul
   (d) Marx believed that matter is the ultimate reality
   (e) None of these
44. Marx borrowed from Hegel?
   (a) Materialist Philosophy
   (b) The labour theory of value
   (c) The ideal of the stateless society
   (d) Dialectical method
   (e) The theory of surplus value
45. According to Marx the motive force of history is
   (a) God's will
   (b) Great Ideas
   (c) Great personalities
   (d) Forces of production
   (e) None of these
46. Which of the following believed in class struggle?
   (a) J.S. Mill (b) Hegel (c) T.H. Green (d) Karl Marx (e) Mahatma Gandhi
47. Which of the following is correct?
   (a) Marx advocated abolition of capitalism
   (b) Marx advocated a classless society
   (c) Marx advocated a stateless society
   (d) Marx advocated abolition of religion
   (e) Marx advocated democracy as a means of social transformation
48. What does dictatorship of the proletariat mean?
   (a) Rule of the capitalist class
   (b) Rule of the feudal class
   (c) Government by the people
   (d) Government by the educated classes
   (e) Dictatorial rule of the working class
49. What was the contribution of Lenin in the development of Marxism?
   (a) Labour theory of value
   (b) The theory of surplus value
   (c) The principle of democratic centralism
   (d) The theory of class struggle
   (e) None of these
50. According to Marx the state is
   (a) The ethical idea
   (b) A necessary evil
   (c) A necessary good
   (d) An instrument of class exploitation
   (e) None of these
51. Karl Marx thought that the Proletarian Revolution would be caused by
   (a) Strong and centralised workers
   (b) Trade union
   (c) Landlords
   (d) The industrial owners/industrialists

52. The powers of production do not include
    (a) Natural resources including land, climate, fertility of soil, mineral resources like coal and iron, water, power, etc.
    (b) Machinery, tools and technique inherited from the past
    (c) The mental and moral qualities of the men of the time
    (d) The power of procreation
53. Marx's programme is
    (a) Purely evolutionary
    (b) Purely revolutionary
    (c) Neither pure evolutionary nor revolutionary
    (d) Both evolutionary and revolutionary
54. Marxian view of the politics has been supported by
    (a) J.S. Mill (b) R.M. MacIver (c) A. Gramsel (d) E. Bernstein
55. Robert owen brought out the theory of ______ socialism.
    (a) Guild (b) Republican (c) Democratic (d) Utopia
56. What methods do communists suggest for transforming capitalist society into a communistic society
    (a) Evolution of the Capitalist (b) Revolution of the Proletariat
    (c) Abolition of the Religion
57. There is what called as _______ state in Russia.
    (a) Socialist (b) All these (c) Welfare State (d) Communist
58. The Marxist theory has advocated
    (a) Capitalism (b) Communism (c) Feudalism (d) Communalism
59. Karl Marx's thought is contained mostly in two books written by him. One of them is the communist Manifesto and the other is
    (a) Proletarian Revolution (b) Evils of New Industrialism
    (b) Labour and Capital (d) Das Capital
60. Karl Marx was born of Jewish parents in Traves
    (a) In West Prussian 1818 (b) In Polant in 1812
    (c) In Japan in 1820 (d) In France in 1815
61. Like Hegel, Marx also believed in
    (a) Man's sacrificial spirit
    (b) Historical necessity
    (c) Man's gregarious instinct
    (d) Man's being composed not only of flesh and bones but emotions and sentiments
62. Marx regards state to be
    (a) A law making agency (b) A welfare agency
    (c) A means of revolution (d) Class instrument
63. The father of Socialism is
    (a) Robert owen (b) Karl Marx (c) Lenin (d) St. Simon

64. According to the Marxists in the primitive society the natural resources were under the control of
(a) The king (b) The priests (c) All the people (d) Military leaders

65. According to Marxists the state is
(a) A divine institution (b) A natural institution
(c) A man made institution (d) Result of evolution

66. The concept of dictatorship of the proletariat was elaborated by
(a) Marx and Engels jointly in the Communist Manifesto
(b) Karl Marx in Das Capital
(c) Engels in the origin of Family, Private Property and State
(d) Lenin in State and Revolution

67. The Marxists believe that the state was created for
(a) Maintenance of law and order
(b) Protection of weaker sections
(c) Elimination of slavery
(d) Suppression and exploitation of slaves

68. The theory of scientific socialism is largely dependent upon the teachings of
(a) Karl Marx (b) Lenin (c) Stalin (d) Chou En lai

69. According to Marx the class distinctions in the society are based on
(a) Religion (b) Social status (c) Family status (d) Hostile interests

70. According to Marx, history is the product of
(a) Material forces
(b) Religious forces
(c) Political forces
(d) Combination of material, religions and political forces.

71. Marxists aim at capturing power
(a) Through elections (b) Through strikes
(c) By killing the bourgeois class (d) Through guilds of workers

72. Marxian Socialists lay emphasis on
(a) Personal rights (b) Social rights (c) Political rights (d) Economic rights

73. "Workers of the World unite; you have nothing to lose, except your chains." Who said this?
(a) Stalin (b) Marx (c) Mao Tse Tung (d) Lenin

74. State, according to Marxists, is
(a) a welfare institution (b) a class structure
(c) an instrument of emancipation (d) a positive good

75. The concept of dictatorship of proleteriat was fully elaborated in
(a) Das Capital
(b) The Communist Manifesto
(c) The Origin of Family, Private Property and State
(d) State and Revolution

76. Which one of the following was not a stage of economic development according to Marx?
(a) Hunting Stage (b) Pastoral Stage (c) Iron Stage (d) Industrial Stage

77. According to Marx State is
(a) A divine institution (b) A positive good
(c) A necessary evil (d) An instrument of exploitation

78. According to Marx the value of a good is determined by
(a) Labour (b) Land
(c) Capital (d) Combination of all the above factors

79. In view of the Marxists, state is
(a) a class structure (b) body of workers
(c) a power system (d) the entire community

80. According to the Marxist theory
(a) the state has been created by God
(b) the state has been created by human contract
(c) the state is a growth not a make
(d) the state is based on the economic factor of the society

81. The first socialist state of the world is
(a) India (b) Russia (c) Britain (d) None of these

82. To finish the modern state, Marx and Engels suggest first
(a) Revolution (b) Proletariat Dictatorship (c) Socialism (d) None of these

उत्तर
(Answers)

1. (क)	2. (ख)	3. (ग)	4. (घ)	5. (क)	6. (ख)	7. (ग)	8. (घ)	9. (क)
10. (ख)	11. (ग)	12. (घ)	13. (क)	14. (ख)	15. (ग)	16. (घ)	17. (क)	18. (ख)
19. (ग)	20. (घ)	21. (क)	22. (ख)	23. (ग)	24. (घ)	25. (क)	26. (ख)	27. (ग)
28. (घ)	29. (क)	30. (ख)	31. (ग)	32. (घ)	33. (क)	34. (ख)	35. (ग)	36. (घ)
37. (b)	38. (b)	39. (c)	40. (d)	41. (c)	42. (e)	43. (d)	44. (d)	45. (d)
46. (d)	47. (d)	48. (e)	49. (a)	50. (d)	51. (a)	52. (d)	53. (d)	54. (b)
55. (d)	56. (b)	57. (a)	58. (b)	59. (d)	60. (a)	61. (b)	62. (c)	63. (d)
64. (c)	65. (c)	66. (d)	67. (d)	68. (a)	69. (d)	70. (a)	71. (c)	72. (d)
73. (b)	74. (b)	75. (d)	76. (c)	77. (d)	78. (a)	79. (c)	80. (d)	81. (b)
82. (a)								

37

प्रजातान्त्रिक समाजवाद
(Democratic Socialism)

प्रजातान्त्रिक समाजवाद की परिभाषा—लोकतंत्रीय समाजवाद को समूहवाद या समष्टिवाद या राजकीय समाजवाद के नाम से भी पुकारा जाता है।

इनसाइक्लोपीडिया ब्रिटेनिका में उसकी परिभाषा निम्न शब्दों में दी गयी है, "यह वह नीति या सिद्धान्त है जो केन्द्रीय प्रजातान्त्रिक सत्ता द्वारा आजकल की अपेक्षा श्रेष्ठतम वितरण तथा उसके अधीन श्रेष्ठतम की व्यवस्था करना चाहता है।"

(Collectivism is that policy or theory which aims at securing by the action of central democratic authority a better distribution and in due subordination thereto, a better production of wealth.)

लोकतान्त्रिक समाजवाद की ही एक शाखा है। यह सबसे पहले यूरोप में व्यक्तिवाद के विरुद्ध प्रतिक्रिया के रूप में विकसित हुआ।

लोकतान्त्रिक समाजवाद का विकास (Development of Democratic Socialism)—1848 में Karl Marx और Engels द्वारा *Communist Manifesto* के प्रकाशन के बाद ही विश्व में समाजवादी विचारधारा तेजी के साथ लोकप्रिय होने लगी। इंग्लैण्ड में समाजवाद को रोकने के लिए फेबियन समाजवाद का जन्म हुआ। इसके मुख्य प्रतिपादक जार्ज बर्नार्ड शॉ, सिडनी वेब, एनीबेसेन्ट, आदि थे। आगे चलकर प्रजातान्त्रिक समाजवाद के रूप में आर. एच. टानी, ग्राहम वालास, एटली, लॉस्की, जी. डी. एच. कोल, डार्विन, आदि हुए।

अमेरिका में वुडरो विल्सन और रूजवेल्ट ने अपनी आर्थिक नीति में उसका प्रचार किया। बाद में नार्मन थॉमस ने इसे आगे बढ़ाया। उसकी रचना *Democratic Socialism: A New Appraisal* (1953) में इन विचारों का प्रतिपादन किया गया। भारत में जयप्रकाश नारायण, जवाहरलाल नेहरू, आचार्य नरेन्द्रदेव और राममनोहर लोहिया ने प्रजातान्त्रिक समाजवाद का प्रचार किया।

प्रजातान्त्रिक समाजवाद के मुख्य सिद्धान्त—ब्रिटेन, अमेरिका और भारत में समाजवादियों द्वारा जिस विचारधारा का प्रतिपादन किया गया है, उसका वर्णन निम्नलिखित रूप से किया जा सकता है:

1. **पूँजीवाद और साम्यवाद दोनों का विरोधी** (Against Capitalism and Communism Both)–प्रजातान्त्रिक समाजवाद पूँजीवाद का घोर विरोध करता है क्योंकि इसके कारण समाज में आर्थिक असमानता उत्पन्न होती है और मजदूरों का शोषण होता है। देश की पूँजी कुछ व्यक्तियों के हाथों में एकत्रित हो जाती है और साधारण जनता भूखी मरती है।

प्रजातान्त्रिक समाजवाद साम्यवाद का विरोध इसलिए करता है कि साम्यवाद धर्म और नैतिकता के विरोध पर टिका हुआ है। वह वर्ग-संघर्ष और क्रान्ति में विश्वास रखता है। उसके अन्तर्गत सर्वहारा के अधिनायकवाद को अपनाया गया है। प्रजातान्त्रिक समाजवाद पूँजीवाद और साम्यवाद इन दोनों का विरोध करते हुए आर्थिक और सामाजिक जीवन के क्षेत्र में एक नया मार्ग प्रशस्त करता है।

2. **राज्य समर्थन** (Support of State)–इसके प्रतिपादक साम्यवादी और अराजकतावादी विचारकों की तरह राज्य को समाप्त करना नहीं चाहते हैं, बल्कि इसके स्वरूप को बदलना चाहते हैं। वे राज्य को समाप्त करने के बजाय इसका उपयोग समाजवादी व्यवस्था को स्थापित करने और पूँजीवादी व्यवस्था का अन्त करने के लिए करना चाहते हैं। वे राज्य की शक्तियों के विकेन्द्रीकरण में विश्वास रखते हैं।

3. **व्यक्तिवाद का विरोध** (Opposition of Individual)–प्रजातान्त्रिक समाजवाद व्यक्तिवाद की निन्दा करता है और कहता है कि पूँजीपतियों और मजदूरों में खुली प्रतियोगिता वांछनीय नहीं है। वे कहते हैं कि मनुष्य भूखा मरकर वास्तविक स्वतन्त्रता नहीं प्राप्त कर सकता है। एटली ने लिखा है कि "निर्धनता स्वतन्त्रता के मार्ग में सबसे बड़ी बाधा है। वास्तविक स्वतन्त्रता मनुष्य को केवल प्रजातान्त्रिक समाजवाद में ही प्राप्त हो सकती है।"

4. **प्रजातन्त्र में विश्वास** (Faith in Democracy)–प्रजातान्त्रिक समाजवाद पूर्णरूप से प्रजातन्त्र में विश्वास रखता है। वह सभी स्त्री-पुरुषों को मताधिकार देने के पक्ष में है। उसका कहना है कि आर्थिक और सामाजिक क्षेत्र में प्रजातन्त्र के द्वारा ही परिवर्तन किए जा सकते हैं। नार्मन थॉमस के शब्दों में, "समाजवाद प्रजातन्त्र की ही पूर्ण सिद्धि है।" (Socialism itself is fulfilment of democracy) डार्विन के अनुसार, "प्रजातान्त्रिक प्रणाली समाजवाद का अन्तर्निहित अंग है और इसे उससे पृथक् नहीं किया जा सकता है।" (The democratic method is an inherent part of socialism and cannot be separated from it.)

5. **सर्वाधिकारवाद का विरोधी** (Against Totalitarianism)–प्रजातान्त्रिक समाजवाद सर्वाधिकारवाद के सभी रूपों का घोर विरोध करता है क्योंकि उसमें मानवीय व्यक्तित्व और वैयक्तिक स्वतन्त्रता का कोई महत्व नहीं रहता है। उसके अन्तर्गत राज्य या शासक ही सर्वेसर्वा होता है।

6. **साम्राज्यवाद का विरोधी** (Against Imperialism)–प्रजातान्त्रिक समाजवाद साम्राज्यवाद का कट्टर विरोधी है। वह सीमा विस्तार की बात नहीं करता है और न किसी दूसरे राज्य को हड़पने की इच्छा रखता है। वह अपने राज्य को सही ढंग से चलाने की कोशिश करता है।

7. **मानव एक नैतिक प्राणी है** (Man is an Ethical Animal)–पूँजीवाद और साम्यवाद दोनों विचारधाराओं के अन्तर्गत मानव को एक आर्थिक प्राणी माना गया है लेकिन प्रजातान्त्रिक समाजवाद मानव को एक नैतिक प्राणी मानता है। पूँजीवाद इस गलत धारणा पर आधारित है कि व्यक्ति केवल लाभ के भय से ही क्रियाशील होता है। साम्यवादी मानते हैं कि हिंसा, भय या आतंक से ही कोई कार्य किया जा सकता है किन्तु वस्तुतः मानव एक भौतिक या आर्थिक प्राणी नहीं, बल्कि एक नैतिक प्राणी है।

8. **धर्म और नैतिकता पर आधारित** (Based on Religion and Morality)–प्रजातान्त्रिक समाजवाद मानव-जीवन में धर्म और नैतिकता के महत्व को स्वीकार करता है। उसका विचार है कि समस्त सामाजिक व्यवस्था धर्म और नैतिकता पर ही टिकी हुई है। यदि इस आधार को मिटाने का प्रयत्न किया गया तो समस्त व्यवस्था समाप्त

हो जाएगी। प्रजातान्त्रिक समाजवाद धर्म से प्रेरणा ग्रहण करता है। वह किसी एक धर्म को नहीं मानता है बल्कि सभी धर्मों में विश्वास रखता है।

9. **वर्ग सामंजस्य में विश्वास** (Faith in Co-ordination of Classes)–पूँजीवाद वर्ग-संघर्ष पर आधारित है। प्रजातान्त्रिक समाजवाद पूँजीपति और मजदूर वर्ग के हितों में एकता स्थापित करता है और वर्ग-संघर्ष की उपेक्षा वर्ग सामंजस्य और वर्ग सहयोग की भावना का प्रचार करता है।

10. **आर्थिक स्वतन्त्रता और राजनीतिक स्वतन्त्रता दोनों** (Economic and Political Liberty Both)–साम्यवादी व्यवस्था के अन्तर्गत प्रत्येक व्यक्ति को आर्थिक स्वतन्त्रता दी जाती है। उसके अनुसार काम का अधिकार, उचित पारिश्रमिक और अवकाश का अधिकार ही व्यक्तियों के लिए सब कुछ है। दूसरी ओर पूँजीवाद में आर्थिक स्वतन्त्रता के स्थान पर राजनीतिक स्वतन्त्रता पर विशेष बल दिया जाता है लेकिन प्रजातान्त्रिक समाजवाद में आर्थिक और राजनीतिक दोनों स्वतन्त्रता पर समान रूप से बल दिया जाता है।

11. **अर्थव्यवस्था पर प्रजातान्त्रिक नियन्त्रण** (Democratic Control on Economic System)–पूँजीवादी प्रजातन्त्र के अन्तर्गत सामान्य जनता के हाथों में आर्थिक व्यवस्था पर नियन्त्रण नहीं रहता है। साम्यवादी व्यवस्था में अर्थव्यवस्था पर साम्यवादी दल का नियन्त्रण होता है लेकिन प्रजातान्त्रिक समाजवाद इन दोनों ही व्यवस्थाओं को दोषपूर्ण मानता है। उसकी धारणा है कि अर्थव्यवस्था पर प्रजातान्त्रिक नियन्त्रण होना चाहिए।

12. **राष्ट्रीयकरण के स्थान पर समाजीकरण पर बल** (Emphasis on Socialisation in Place of Nationalisation)–प्रजातान्त्रिक समाजवाद के द्वारा 1930 से 1945 के वर्षों में राष्ट्रीकरण पर अधिक बल दिया गया था किन्तु शीघ्र ही यह अनुभव किया गया कि राष्ट्रीयकरण आर्थिक क्षेत्र की सभी समस्याओं का हल नहीं है। अतः राष्ट्रीयकरण के स्थान पर समाजीकरण पर बल दिया गया।

राष्ट्रीयकरण का तात्पर्य तो उद्योगों पर सार्वजनिक स्वामित्व से है लेकिन समाजीकरण का अर्थ यह है कि उद्योग चाहे सार्वजनिक क्षेत्र में हों या निजी क्षेत्र में, उन पर नियन्त्रण की व्यवस्था राज्य के निर्देशानुसार होनी चाहिए और उनका संचालन लाभ प्राप्ति के लिए नहीं बल्कि सामाजिक हित की दृष्टि से किया जाना चाहिए।

13. **निजी सम्पत्ति को सीमित करना** (To Limit the Private Property)–पूँजीवाद निजी सम्पत्ति को पूर्ण स्वतन्त्रता और साम्यवाद निजी सम्पत्ति के उन्मूलन पर आधारित है लेकिन प्रजातान्त्रिक समाजवाद निजी सम्पत्ति को समाप्त करने के स्थान पर उसे सीमित करने का ही समर्थन करता है। बड़े-बड़े उद्योग-धन्धों पर राज्य का नियन्त्रण होना चाहिए।

14. **लोककल्याणकारी राज्य की स्थापना** (Establishment of the Welfare State)–प्रजातान्त्रिक समाजवाद राज्य को एक बुराई या शोषण का एक यन्त्र न मानकर उसे सामाजिक सद्गुणों को विकसित करने वाली संस्था मानता है और इस बात का प्रतिपादन करता है कि राज्य का कार्यक्षेत्र अधिकाधिक व्यापक होना चाहिए। अतः राज्य के द्वारा अस्पतालों, स्कूलों, पुस्तकालयों, सड़कों, पार्कों, आदि की अधिकाधिक व्यवस्था करनी चाहिए। इस प्रकार वह कल्याणकारी राज्य में विश्वास रखता है।

15. **शक्ति का विकेन्द्रीकरण** (Decentralisation of Power)–प्रजातान्त्रिक समाजवाद शक्ति के केन्द्रीकरण के स्थापन पर विकेन्द्रीकरण का समर्थन करता है और स्थानीय संस्थाओं की स्थापना कर उन्हें अधिक शक्तियाँ प्रदान करना चाहता है। भारत में प्रजातान्त्रिक विकेन्द्रीकरण की योजना प्रजातान्त्रिक समाजवाद की दिशा में ही एक महत्वपूर्ण कदम है।

16. **विश्व शान्ति और मानवतावाद में विश्वास** (Faith in World Peace and Humanity)—प्रजातान्त्रिक समाजवाद विश्वशान्ति, विश्वबन्धुत्व और मानवतावाद में विश्वास रखता है। वह युद्ध को घृणा की दृष्टि से देखता है। उसका कथन है कि सभी राज्यों में प्रेम और सहयोग होना चाहिए, तभी मानव समाज विकास कर सकता है।

17. **प्रजातान्त्रिक पद्धति में विश्वास** (Faith in Democratic Method)—प्रजातान्त्रिक समाजवाद शनैः-शनैः विकास की प्रजातान्त्रिक पद्धति में विश्वास करता है। साम्यवाद हिंसा में विश्वास करता है। पूँजीवाद वर्ग-संघर्ष में विश्वास करता है लेकिन प्रजातान्त्रिक समाजवादियों का कहना है कि क्रान्ति हिंसा और आतंकवाद को जन्म देती है जिससे व्यक्ति की स्वतन्त्रता और नैतिकता का हनन होता है। इसके अतिरिक्त, यदि एक बार हिंसा का मार्ग अपना लिया जाए तो आगे चलकर इससे छुटकारा पाना कठिन हो जाता है जिससे मानवीय समानता का नाश होता है।

प्रजातान्त्रिक समाजवादी समाज को एक सावयव (Organic) मानते हैं जिसका धीरे-धीरे विकास होना चाहिए और जिसमें विकास की क्षमता होती है। अतः उनका विचार है कि विचार और भाषण, प्रेस, मंच, साहित्य के प्रकाशन और अन्य प्रचार साधनों के आधार पर समाजवादी विचारधारा का प्रचार किया जाना चाहिए। हमेशा वैधानिक तरीकों को अपनाना चाहिए।

इस प्रकार, उपर्युक्त तथ्यों के आधार पर प्रजातान्त्रिक समाजवाद के मुख्य सिद्धान्तों पर प्रकाश डाला गया है।

प्रजातान्त्रिक समाजवाद के गुण (Merits of Democratic Socialism)—प्रजातान्त्रिक समाजवाद के निम्नलिखित गुण विशेष रूप से उल्लेखनीय हैं:

1. यह व्यक्ति और समाज दोनों के हितों को यथोचित रूप से दृष्टि में रखता है।
2. यह पूँजीवाद और साम्यवाद दोनों ही दोषों को दूर करने का प्रयत्न करता है। यह पूँजीवाद के दोष-शोषण, असमानता और अत्याचार से मुक्ति दिलाता है और साम्यवाद के दोष—निरंकुशता तथा मानवीय स्वतन्त्रता पर अत्यधिक प्रतिबन्ध से भी अपने आपको दूर रखता है।
3. प्रजातान्त्रिक समाजवाद व्यक्तियों के व्यक्तित्व के पूर्ण विकास में विश्वास करता है और उनको राजनीतिक और आर्थिक स्वतन्त्रता प्रदान करता है।
4. वह निजी सम्पत्ति को समाप्त करना नहीं चाहता है, बल्कि सामाजिक हित में उसे केवल सीमित करना चाहता है।
5. प्रजातान्त्रिक समाजवाद समाजवाद के अन्य रूपों की तुलना में श्रेष्ठ है क्योंकि यह धर्म और नैतिकता में विश्वास रखता है।
6. प्रजातान्त्रिक समाजवाद सत्ता के विकेन्द्रीकरण में विश्वास रखता है।
7. यह राष्ट्रीकरण के स्थान पर समाजीकरण पर अधिक बल देता है।
8. प्रजातान्त्रिक समाजवाद समानता पर आधारित है।
9. यह हिंसा के स्थान पर शान्तिपूर्ण और वैधानिक तरीकों को अपनाता है।
10. यह लोककल्याणकारी राज्य में विश्वास रखता है।

प्रजातान्त्रिक समाजवाद के दोष (Demerits of Democratic Socialism)

(1) **किसी ठोस दर्शन पर आधारित नहीं** (Not Based on Sound Philosophy)—साम्यवाद कार्ल मार्क्स और ऐंजिल्स के ठोस दर्शन पर आधारित है लेकिन प्रजातान्त्रिक समाजवाद के पीछे इस प्रकार का कोई ठोस दर्शन नहीं है। ब्रिटिश, अमेरिकन और भारतीय समाजवादियों द्वारा अपने-अपने देश की बदलती हुई परिस्थितियों के अनुसार

प्रजातान्त्रिक समाजवाद का प्रतिपादन किया गया है। पॉल रेमेडियर ने कहा है कि सिद्धान्त के बिना समाजवाद निर्बल हो जाता है और अपनी शक्ति खो बैठता है। (Socialism without doctrine becomes diluted and looses its vigour.)

(2) **यह विरोधाभासयुक्त दर्शन है** (It is Full of Contradictory Philosophy)–प्रजातान्त्रिक समाजवाद में विरोधाभास भी है। बर्न्स ने अपनी पुस्तक *Ideas in Conflict* में लिखा है कि "प्रजातान्त्रिक और समाजवाद इन दोनों में परस्पर विरोध है और इन दोनों में एक को ही अपनाया जा सकता है, दोनों को एक साथ नहीं। क्योंकि प्रजातन्त्र स्वतन्त्रता में विश्वास करता है, जबकि समाजवाद नियन्त्रण की व्यवस्था में।"

(3) **नैतिक दृष्टि में अनुचित** (Against Morality)–प्रजातान्त्रिक समाजवाद के आलोचक इसे नैतिक दृष्टि से भी अनुचित मानते हैं। यह समानता पर आधारित है लेकिन प्राकृतिक दृष्टि से कोई भी व्यक्ति समान नहीं हो सकता है। इसे वैधानिक लुटेरापन या बहुमत के लुटेरेपन की संज्ञा दी गयी है।

(4) **मनोवैज्ञानिक दृष्टि से त्रुटिपूर्ण** (Psychologically Defectived)–आलोचकों के अनुसार यह मानव स्वभाव के प्रतिकूल होने के कारण मनोवैज्ञानिक दृष्टि से भी त्रुटिपूर्ण है। कोई भी व्यक्ति सम्पत्ति नहीं छोड़ना चाहता है।

(5) **सर्वाधिकारवाद की ओर** (Towards Totalitarianism)–प्रजातान्त्रिक समाजवाद सर्वाधिकारवाद का विरोध करता है लेकिन आलोचकों का कहना है कि प्रजातान्त्रिक समाजवाद के नाम पर शासन के हाथ में अत्यधिक शक्ति आ जाती है और इस प्रकार समाजवाद सर्वाधिकारवाद की ओर बढ़ता है।

(6) **व्यक्तियों का चारित्रिक पतन** (Fall of Individual Character)–प्रजातान्त्रिक समाजवाद में व्यक्तियों की स्वतन्त्रता बहुत सीमित कर दी जाती है, इसलिए उनके चारित्रिक पतन की आशंका बनी रहती है।

(7) **नौकरशाही का विस्तार** (Expansion of Bureaucracy)–प्रजातान्त्रिक समाजवाद में राज्य की शक्तियाँ काफी बढ़ जाती हैं जिसके कारण पदाधिकारी काफी शक्तिशाली हो जाते हैं। वे मनमाने ढंग से शासन चलाते हैं। प्रशासन में लालफीताशाही और भ्रष्टाचार का बोलबाला रहता है।

(8) **उपभोक्ताओं के लिए कष्टप्रद** (Detrimental to Consumer)–पूँजीवादी व्यवस्था के अन्तर्गत उपभोक्ताओं की इच्छाओं, लेकिन समाजवाद में उत्पादन पर राज्य का अधिकार स्थापित हो जाने से उपभोक्ता की सम्प्रभुता समाप्त हो जाती है।

(9) **भौतिकवादी धारणा** (Materialistic Conception)–प्रजातान्त्रिक समाजवाद को उपयोगिता और भौतिकवादी की संज्ञा दी है क्योंकि इसमें नैतिक सिद्धान्तों की ओर उचित ध्यान नहीं दिया गया है।

(10) **शान्तिपूर्ण तरीके से महत्वपूर्ण परिवर्तन सम्भव नहीं** (Important Change Not Possible by Peaceful Method)–आलोचकों का कहना है कि इसमें शान्तिपूर्ण तरीके से आर्थिक और राजनीतिक क्षेत्र में परिवर्तन लाने की कोशिश की जाती है। छोटे-छोटे परिवर्तन तो सम्भव हैं लेकिन आमूल परिवर्तन क्रान्ति से ही हो सकता है, इसलिए क्रान्ति का मार्ग अपनाना होगा।

निष्कर्ष–उपर्युक्त आलोचनाओं के बाद भी आज के युग में प्रजातान्त्रिक समाजवाद का कोई दूसरा विकल्प नहीं है, इसमें जो भी दोष बताए गए हैं, वे मनुष्य के चरित्र के कारण हैं जिन्हें शिक्षा के द्वारा दूर किया जा सकता है जैसा कि यूरोप के कुछ राज्यों में किया गया है। भारत में इसकी आवश्यकता है तभी यहाँ प्रजातान्त्रिक समाजवाद फलफूल सकता है।

प्रश्न
(Questions)

1. प्रजातान्त्रिक सिद्धान्त के मुख्य सिद्धान्तों की विवेचना कीजिए।
   Discuss the main principles of the democratic socialism.
2. प्रजातान्त्रिक समाजवाद की परिभाषा दीजिए तथा इसके गुण-दोषों का वर्णन कीजिए।
   Define democratic socialism and describe its merits and demerits.
3. प्रजातान्त्रिक समाजवाद पर एक लेख लिखिए।
   Write an essay on the democratic socialism.

वस्तुनिष्ठ प्रश्न
(Objective Questions)

1. "यह वह नीति या सिद्धान्त है जो केन्द्रीय प्रजातान्त्रिक सत्ता द्वारा आजकल की अपेक्षा श्रेष्ठतम वितरण तथा उसके अधीन श्रेष्ठतम उत्पादन की व्याख्या करना चाहता है।" यह किसने कहा?

   (क) इनसाइक्लोपीडिया ब्रिटेनिका (ख) एटली
   (ग) आर॰ एच॰ टॉवनी (घ) लास्की

   "Collectivism is that policy or theory which aims at securing by the action of central democratic authority a better distribution and in due subordination there to, a better production of wealth." Who said this?

   (a) Encyclopaedia Britannica (b) Attlee
   (c) R.H. Tawney (d) Laski

2. *दि कम्युनिस्ट मेनिफेस्टो* का प्रकाशन किस वर्ष में हुआ?

   (क) 1850 (ख) 1848 (ग) 1888 (घ) 1858

   Which year the *Communist Manifesto* was published?

   (a) 1850 (b) 1848 (c) 1888 (d) 1858

3. इनमें कौन एक प्रजातान्त्रिक समाजवाद का विचारक नहीं है?

   (क) लॉस्की (ख) आर॰ एच॰ टॉनी (ग) गार्नर (घ) एटली

   Which one of the following is not the thinker of democratic socialism?

   (a) Laski (b) R.H. Tawney (c) Garner (d) Attlee

4. इनमें से कौन एक प्रजातान्त्रिक समाजवाद का विचारक नहीं है?

   (क) ग्राहम वालास (ख) कोल (ग) डर्बिन (घ) गेटेल

   Which one of the following is not the thinker of democratic socialism?

   (a) Graham Wallas (b) Cole (c) Durbin (d) Gettell

5. *डेमोक्रेटिक सोशलिज्म: ए न्यू एप्रेजल* ग्रंथ का रचनाकार कौन हैं?

   (क) नार्मन थॉमस (ख) कोल (ग) लॉस्की (घ) टॉनी

   Who is the author of the book *Democratic Socialism: A New Appraisal*?

   (a) Norman Thomas (b) Cole (c) Laski (d) Tawney

6. "निर्धनता स्वतंत्रता के मार्ग में सबसे बड़ी बाधा है, वास्तविक स्वतन्त्रता मनुष्य को केवल प्रजातान्त्रिक समाजवाद में ही प्राप्त हो सकता है।" यह किसने कहा?
   (क) कोल (ख) एटली (ग) टॉनी (घ) लॉस्की
7. "समाजवाद प्रजातन्त्र की ही पूर्ण सिद्धि है।" यह किसने कहा?
   (क) कोल (ख) लॉस्की (ग) नार्मन थॉमस (घ) टॉनी
   "Socialism it self is the fulfilment of democracy." Who said this?
   (a) Cole (b) Laski (c) Norman Thomas (d) Tawney
8. "प्रजातान्त्रिक प्रणाली समाजवाद का अन्तर्निहित अंग है और इसे उससे पृथक नहीं किया जा सकता है।" यह किसने कहा?
   (क) लॉस्की (ख) कोल (ग) एटली (घ) डर्बिन
   "The democratic method is an inherent part of socialism and cannot be separated from it." Who said this?
   (a) Laski (b) Cole (c) Attlee (d) Durbin
9. "सिद्धान्त के बिना समाजवाद निर्बल हो जाता है और अपनी शक्ति खो बैठता है।" यह किसने कहा?
   (क) पॉल रेमेडियर (ख) कोल (ग) एटली (घ) टॉनी
   "Socialism without doctrine becomes diluted and looses its vigour." Who said this?
   (a) Paul Ramadier (b) Cole (c) Attlee (d) Tawney
10. "प्रजातान्त्रिक और समाजवाद इन दोनों में परस्पर विरोध है और इन दोनों में एक को ही अपनाया जा सकता है, दोनों को एक साथ नहीं, क्योंकि प्रजातन्त्र स्वतन्त्रता में विश्वास करता है, जबकि समाजवाद नियंत्रण की व्यवस्था में।" यह किसने कहा?
    (क) कोल (ख) ई॰ एम॰ बर्न्स (ग) एटली (घ) लॉस्की
11. *आडियाज इन कंफ्लिक्ट* पुस्तक के लेखक कौन हैं?
    (क) लॉस्की (ख) टॉनी (ग) ई॰एम॰ बर्न्स (घ) एटली
    Who is the author of the book *Ideas in Conflict*?
    (a) Laski (b) Tawney (c) E.M. Burns (d) Attlee
12. Which of the following is incorrect?
    (a) Evolutionary Socialism regards the individual an end
    (b) Evolutionary Socialism stands for abolition of private property in the means of production
    (c) Evolutionary Socialism stands for democracy
    (d) Evolutionary Socialism believes in gradual transformation of society from capitalism to socialism
    (e) Evolutionary Socialism believes in a stateless society
13. Which of the following is not the cause of the emergence of state socialism?
    (a) Reaction against individualism particularly the economic field
    (b) The voice of the exploited class against privileged capitalist system and coercive policies of the state
    (c) Opposition of the use of Marxian revolutionary and violent means
    (d) Reaction against Fascist tendencies

14. Another name of state socialism is
    (a) Collectivism (b) Etalism (c) Enlightened Socialism (d) None of these
15. Democratic socialism is also known as
    (a) State Socialism (b) Syndicalism (c) Marxist Socialism (d) Utopian Socialism
16. Which of the following has been wrongly listed as revolutionary brand of socialism?
    (a) Communism (b) Syndicalism (c) Fabianism (d) None of these
17. According to Democratic Socialism planned production is good because
    (a) It leads to production of goods according to the requirements of society
    (b) It leads to large scale production
    (c) The workers have a stake in the system and try to produce maximum at lowest cost
    (d) Leads to production of good quality goods

उत्तर
(Answers)

1. (क) 2. (ख) 3. (ग) 4. (घ) 5. (क) 6. (ख) 7. (ग) 8. (घ) 9. (क)
10. (ख) 11. (ग) 12. (e) 13. (d) 14. (a) 15. (a) 16. (c) 17. (a)

38

फेबियन समाजवाद
(Fabian Socialism)

भूमिका (Introduction)

फेबियन समाजवाद समाजवाद का एक अंग है। 14 जनवरी, 1884 ई. को कुछ विद्वान 'आत्म-सुधार एवं नैतिक चिन्तन' (Self-reform and Ethical Contemplation) हेतु एक स्थान पर एकत्रित हुए। इस प्रकार फेबियन समाजवाद की उत्पत्ति का आधार भौतिकता नहीं, नैतिकता है।

इंग्लैण्ड में उस समय कुछ विशेष परिस्थितियाँ उत्पन्न हो गयी थीं जिसके कारण फेबियन समाजवाद जैसे सिद्धान्त की सृष्टि की गयी। 1878 ई. के बाद इंग्लैण्ड का विकास मन्द पड़ गया था। वहाँ की कृषि-व्यवस्था भी गिर गयी थी क्योंकि उसे अमेरिका की मण्डी से प्रतिस्पर्द्धा थी। इंग्लैण्ड का व्यापार और विदेशी बाजार भी करीब-करीब समाप्त हो गया था। कृषि, बाजार और अन्तर्राष्ट्रीय व्यापार में कैसे सुधार लाया जाए, इसके लिए लोग चिन्तन करने लगे जिसके परिणामस्वरूप फेबियन समाजवाद का जन्म हुआ। वस्तुतः "फेबियन समाजवाद संसदीय पद्धति, प्रजातान्त्रिक-व्यवस्था, शान्ति, क्रमिक विकास, राष्ट्रीयता तथा विकासवादी सिद्धान्तों पर आधारित है।"[1]

फेबियन समाजवादी चिन्तक हेनरी जार्ज, कार्ल मार्क्स और जॉन स्टुअर्ट मिल के सिद्धान्तों से काफी प्रभावित हुए। इसके साथ ही उन पर टॉमस हिल ग्रीन के दर्शन की भी छाप पड़ी। समाज की गरीबी, भूमि और उद्योगों का कुछ पूँजीपतियों के हाथों में केन्द्रीकरण जैसे विचारों से भी वे काफी प्रभावित हुए। वस्तुतः फेबियन समाजवाद मध्यम वर्ग का राजनीतिक दर्शन है।

'फेबियन' शब्द की उत्पत्ति
(Origin of the Word 'Fabian')

'फेबियन' शब्द की उत्पत्ति के पीछे एक इतिहास है। इस शब्द का अन्वेषण फ्रैंक पॉडमोर (Frank Podmore) के द्वारा किया गया। उसने समाजवादियों के सामने रोमन जनरल फेबियस कन्कटेटर (Fabius Cunctator) की तकनीक को रखा। हन्नीबाल के विरुद्ध जो रोमन युद्ध चल रहा था, उसमें फेबियस कन्कटेटर ने अपने तकनीक के कारण विजय प्राप्त की। रोमन सेनापति फेबियस की तकनीक थी, "उचित समय के लिए धैर्यपूर्व प्रतीक्षा करना।"[2]

---

1. "The essence of Fabianism, therefore, that it is evolutionary, democratic, peaceful, gradual and national."
2. "The Roman General Fabius Cunctator advocated the technique of waiting patently for the right moment."

फेबियस का यह कथन था कि आँख मूँदकर लगातार युद्ध करने से कोई लाभ नहीं है। वस्तुतः उचित समय के लिए प्रतीक्षा करनी चाहिए, तभी युद्ध में विजय प्राप्त की जा सकती है। फेबियस ने अपनी इसी तकनीकी के माध्यम से हन्नीबाल के विरुद्ध जो रोमन युद्ध चल रहा था (उसमें फेबियस जनरल था) अपनी इसी तकनीक के कारण विजय प्राप्त की। फेबियन (Fabian) शब्द इसी फेबियस (Fabius) से लिया गया है।

फेबियस की तकनीक पर कोकर ने लिखा है, "आपको उचित समय के लिए वैसे ही प्रतीक्षा करनी चाहिए, जैसी प्रतीक्षा फेबियस ने हन्नीबाल के साथ लड़ाई करते हुए की थी, यद्यपि उस समय अनेक व्यक्तियों ने उसके विलम्बों के लिए उसकी निन्दा की थी। उपयुक्त समय आने पर आपको फेबियस की तरह कठोर प्रहार करना चाहिए, अन्यथा आपकी प्रतीक्षा निरर्थक और निष्फल होगी।"[1]

प्रमुख फेबियन समाजवादी
(Main Fabian Socialism)

फेबियन समाजवाद के प्रमुख प्रतिपादक निम्नांकित हैं:

सिडनी तथा बीट्रिस वेब्स (Sydney and Beatrice Webbs), जार्ज बर्नार्ड शॉ (George Bernard Shaw), सिडनी ओलिविर (Sydney Olivier), ग्राहम वालास (Graham Wallas), एनी बेसेण्ट (Annie Besant), लॉस्की (Laski), एटली (Attlle), हेडलाम (Headlam), एच. जी. वेल्स (H.G. Wells), एडवर्ड पीज (Edward Pease), रैम्जे मैकडोनाल्ड (Ramsay MacDonald), पैथिक लारेंस (Pathick Lawrence) तथा जी. डी. एच. कोल (G.D.H. Cole), आदि।

फेबियन समाजवाद के स्रोत (Sources of Fabian Socialism)

फेबियन समाजवाद के मुख्य स्रोत निम्न हैं:

कार्ल, मार्क्स, प्रोधां, ओवेन, स्मिथ, रिकार्डो, जे.एस. मिल, लेस्ली तथा अन्य विचारकों के सिद्धान्त। फेबियनवाद ने कार्ल मार्क्स के इस सिद्धान्त को स्वीकार किया कि उत्पादन के साधनों पर सामूहिक स्वामित्व आवश्यक है लेकिन उसने इसके वर्ग-संघर्ष और अतिरिक्त मूल्य के सिद्धान्त को ठुकरा दिया। उसने सीमान्त उपयोगिता के सिद्धान्त (Theory of Marginal Utility) एवं रिकार्डो के लगान सिद्धान्त को स्वीकार किया है। बर्नार्ड शॉ ने आर्थिक आधार और सिडनी वेब ने ऐतिहासिक आधार का उल्लेख किया है जो कार्ल मार्क्स से भिन्न है। इस प्रकार फेबियनवाद पर अनेक विद्वानों, समाज सुधारकों और विचारकों का प्रभाव पड़ा है।

फेबियन समाजवाद के प्रमुख सिद्धान्त
(Main Principles of Fabian Socialism)

फेबियन समाजवाद मध्यम वर्ग के कल्याण में विश्वास करता है। इसलिए इसे मध्यम वर्ग बुद्धिजीवी का सिद्धान्त (A Doctrine of Middle Class Intellectuals) कहा जाता है। यह श्रमसंघवाद (Syndicalism) का विरोधी है जो श्रमिक वर्ग के कल्याण में अधिक विश्वास रखता है। फेबियन समाजवादी भी श्रमिक वर्ग के कल्याण की चिन्ता व्यक्त करते हैं लेकिन उनका अधिक झुकाव मध्यम वर्ग की ओर है।

फेबियन समाजवाद के प्रमुख सिद्धान्तों का उल्लेख निम्नलिखित रूप से किया जा सकता है:

1. "For the right moment, you must wait as Fabius did most patiently when warring against Hannibal though many censored his delays, but when the time comes, you must strike hard, as Fabius did or your waiting will be in vain and fruitless."—Coker, *Recent Political Thought*.

1. **जनता के भौतिक एवं नैतिक उत्थान के लिए राज्य की सृष्टि** (Creation of a State for Material and Moral Upliftment of the People)–फेबियन समाजवाद का मुख्य उद्देश्य है एक ऐसे समाज या राज्य की स्थापना करना जिसके अन्दर मनुष्यों का भौतिक और नैतिक दोनों प्रकार का विकास हो सके। यद्यपि फेबियन समाजवाद समाजवाद की स्थापना का उद्देश्य रखता है लेकिन वह समाजवादियों का निर्माण नहीं करना चाहता है।

2. **व्यावहारिक संसदीय कार्यक्रम** (Practical Parliamentary Programme)–फेबियन समाजवाद का दूसरा उद्देश्य यह था कि उसके प्रतिपादक ब्रिटिश राष्ट्र के सामने इस प्रकार का संसदीय कार्यक्रम रखना चाहते थे कि ब्रिटिश प्रधानमन्त्री उसे स्वीकार कर व्यावहारिक रूप दे सके और इस प्रकार इंग्लैण्ड में समाजवाद की स्थापना हो सके। वस्तुतः फेबियन समाजवादी कोई आदर्शवादी विचारक नहीं थे। वे वास्तविक कार्यक्रम में विश्वास रखते थे। उन लोगों को एक प्रेरणा मिली, चूँकि उनका जो स्वतन्त्र व्यापार (Free Trade) का सिद्धान्त था, उसे तत्कालीन ब्रिटिश प्रधानमन्त्री रॉबर्ट पील (Robert Peel) ने व्यावहारिक रूप दिया। इससे फेबियनवादियों को काफी उत्साह मिला और वे यह सोचने लगे कि भविष्य में फेबियनवाद के सिद्धान्तों को ब्रिटेन के शासक व्यावहारिक रूप देंगे।

3. **एक सम्मानजनक समाजवाद की स्थापना** (Establishment of a Respectable Socialism)–फेबियनवाद एक सम्मानजनक समाजवाद की स्थापना करना चाहता था। उस समय इंग्लैण्ड में उदार दल और अनुदार दल का सदस्य बनना फैशन हो गया था। मार्क्सवाद और समाजवाद को सम्मान की दृष्टि से नहीं देखा जाता था। अतएव फेबियनवाद इंग्लैण्ड में इस प्रकार का वातावरण तैयार करना चाहता था, ताकि उदार और अनुदार दल से लोगों का ध्यान हटाकर एक समाजवाद की ओर लाया जाए जिसका भविष्य सुनहरा था। इसीलिए लोगों ने फेबियनवाद जैसे सिद्धान्त की रचना की, ताकि इंग्लैण्ड में एक सम्मानजनक समाजवाद की स्थापना हो सके।

4. **भूमि एवं पूँजी पर समाज का स्वामित्व** (Community Owenership on Land and Capital)–उस समय इंग्लैण्ड में पूँजीवाद का अधिक जोर था। राष्ट्र की अधिकांश सम्पत्ति व्यक्तियों के हाथों में रहती थी। समाज के अधिकांश लोग गरीबी का जीवन बसर करते थे। जमीन और बड़े-बड़े उद्योग-धन्धों पर व्यक्तिगत अधिकार था। इसलिए उनसे जो कुछ भी मुनाफा आता था, वह व्यक्ति-विशेष के पॉकेट में जाता था। अतएव इंग्लैण्ड का आर्थिक ढाँचा बदल सके, इसके लिए फेबियनवादियों ने भूमि और औद्योगिक पूँजी को व्यक्तिगत अधिकार से हटाकर सामूहिक स्वामित्व के सिद्धान्त का प्रतिपादन किया। वे लोग निजी सम्पत्ति का उन्मूलन करना चाहते थे। भूमि और बड़े-बड़े उद्योग-धन्धों को सामूहिक स्वामित्व में रखना चाहते थे, ताकि सम्पूर्ण राष्ट्र और सम्पूर्ण समुदाय की भलाई हो सके। फेबियनवादी उत्पादन के क्षेत्र में सभी व्यक्तियों को समान हिस्सा देना चाहते थे। वे मजदूरों को फैक्ट्री में पारितोषिक (Reward) देना चाहते थे, ताकि पूँजीपति अपने आप समाप्त हो जायें।

5. **जमीन, स्थान और मिट्टी से लगान नहीं** (No Rent from Land, Sites and Soils)–फेबियनवादी जमीन पर लगे हुए लगान को माफ कर देना चाहते थे। इसके साथ ही, वे इसके सामूहिक स्वामित्व में अधिक विश्वास रखते थे।

6. **संविधान का प्रजातान्त्रिककरण तथा उद्योग का समाजीकरण** (Democratization of the Constitution and Socialization of Industry)–"फेबियनवादी राजनीतिक क्षेत्र में पूँजीवाद के स्थान पर प्रजातन्त्र का प्रचार करना चाहते थे। वे संविधान का प्रजातान्त्रिक सिद्धान्तों के आधार पर निर्माण करना चाहते थे, ताकि पूँजीवाद का अन्त हो सके। इसके साथ ही, वे उद्योगों का समाजीकरण करना चाहते थे।"[1]

1. "The object of the Fabian was, therefore, to persuade the nation to make their political constitution thoroughly democratic and to socialize their industry as to make the livelihood of the people entirely independent of capitalism."

7. **लैडलर के अनुसार** (According to Laidler)–लैडलर ने समाजवाद के सिद्धान्तों का वर्णन निम्नांकित रूप में किया है।

(क) लैडलर का कथन है कि फेबियनवाद पूँजीवाद से समाजवाद की ओर बढ़ने की क्रमिक प्रक्रिया है अर्थात् फेबियनवाद पूँजीवाद से समाजवाद की ओर बढ़ने का संक्रमण काल (Transitional Period) है।

(ख) फेबियनवादी उद्योगों का समाजीकरण शान्तिपूर्वक ढंग से करना चाहते थे।

8. **मध्यम वर्ग बुद्धिजीवियों का महत्व** (Importance of the Middle Class Intellectuals)–फेबियनवादी मध्यम वर्ग के बुद्धिजीवियों को प्रशासन में काफी हिस्सा देना चाहते थे अर्थात् फेबियनवाद में राजनीतिक सत्ता मध्यम वर्ग बुद्धिजीवियों के हाथों में रहेगी। मध्यम वर्ग के लोग ही जनकल्याण कर सकते हैं और शासन को सही ढंग से चला सकते हैं।

9. **समाजवाद की प्राप्ति के लिए एक महत्वपूर्ण कदम** (An Important Step for the Attainment of Socialism)–फेबियनवादियों का कथन है कि फेबियनवाद समाजवाद की प्राप्ति करने का एक बहुत ही महत्वपूर्ण कदम है अर्थात् फेबियनवाद के माध्यम से ही व्यक्ति पूँजीवाद से समाजवाद की ओर बढ़ सकता है।

उपर्युक्त तथ्यों से यह स्पष्ट है कि फेबियनवादी एक ऐसे समाजवादी राज्य की स्थापना करना चाहते थे, जिसके अन्तर्गत वैयक्तिक सम्पत्ति के स्थान पर सामूहिक सम्पत्ति को लागू किया जाए, संविधान को प्रजातान्त्रिक बनाया जाए, शासन सत्ता मध्यमवर्ग के बुद्धिजीवियों को दी जाए तथा इस प्रकार का वातावरण तैयार किया जाए जिसके अन्तर्गत सभी व्यक्तियों का भौतिक सुविधाओं के साथ-साथ नैतिक विकास हो सके।

राज्य पर फेबियनवादी सिद्धान्त
(Fabian Theory on the State)

फेबियनवादियों का राज्य पर जो सिद्धान्त है, उसको निम्न रूप से दर्शाया जा सकता है:

1. **फेबियनवाद राज्य को रखना चाहता है** (Fabianism wants to Retain State)–फेबियनवादियों के अनुसर राज्य एक आवश्यक बुराई नहीं है। वे राज्य के अस्तित्व को बनाए रखने में विश्वास रखते हैं। इसके विपरीत, मार्क्सवादी, श्रम संघवादी और अराजकतावादी राज्य के उन्मूलन में विश्वास रखते हैं। वे राज्य को एक शोषण करने वाली संस्था मानते हैं। दूसरी ओर, फेबियनवादी राज्य के महत्व को स्वीकार करते हैं और उन लोगों का मत है कि राज्य को किसी भी कीमत पर हटाया नहीं जा सकता है। राज्य के अन्तर्गत ही व्यक्ति का भौतिक और नैतिक विकास सम्भव है।

2. **राज्य को अधिक कार्य** (More Functions to State)–फेबियन राज्य की दूसरी विशेषता यह है कि उसके प्रतिपादक राज्य को अधिक से अधिक कार्य देना पसन्द करते हैं। दूसरी ओर, व्यक्तिवादी राज्य को कम से कम कार्य देना चाहते हैं। बेन्थम, जे. एस. मिल और स्पेन्सर इस सिद्धान्त के मुख्य प्रतिपादक हैं जो राज्य के न्यूनतम कार्य सिद्धान्त (Minimal Theory of the Function of the State) में विश्वास रखते हैं। उन लोगों के अनुसार, "वही राज्य सर्वश्रेष्ठ है जो कम से कम शासन करता है।"[1] फेबियनवादी व्यक्तिवादियों के इस विचार से सहमत नहीं होते हैं और उनके इस नकारात्मक दृष्टिकोण (Negative Approach) को अस्वीकृत करते हैं। राज्य के कार्य के सम्बन्ध में फेबियनवादियों का सकारात्मक दृष्टिकोण (Positive Approach) है। वे राज्य के अधिकतम कार्य के सिद्धान्त (Maximum Theory of the Functions of the State) में विश्वास करते हैं।

---

1. "That state was best which governed the least."

उन लोगों का कथन है कि राज्य को अधिक से अधिक कार्य देना चाहिए। उन लोगों के अनुसार "राज्य को सभी सम्भव कदम उठाने चाहिए जिससे आम जनता का सामाजिक और आर्थिक विकास हो सके।"[1]

वस्तुतः फेबियनवादी अति-व्यक्तिवाद (Extreme Individualism) और मार्क्सवाद के बीच का मार्ग अपनाते हैं। सिडनी ओलिवर का मत है, "फेबियन समाजवाद सचमुच एक सचेत, सुसंगठित, सुनियोजित व्यक्तिवाद था।"[2]

3. **फेबियनवाद ने मार्क्सवाद के सभी सिद्धान्तों को अस्वीकृत किया** (Fabianism Rejected all Doctrines of Marxism)—फेबियन समाजवाद मार्क्सवाद से बिल्कुल भिन्न है। फेबियनवादी मार्क्सवाद के इतिहास की आर्थिक व्याख्या, वर्ग-संघर्ष, खूनी क्रान्ति तथा अन्य सिद्धान्तों में अविश्वास प्रकट करते हैं। वे पूँजीवाद का विरोध अवश्य करते हैं लेकिन मार्क्सवादियों की तरह नहीं। इतिहास के विकास पर उनका प्रजातान्त्रिक दृष्टिकोण है। उनके अनुसार मानव इतिहास का विकास क्रमिक रूप से हुआ है। उसके विकास में नैतिक और सांविधानिक शक्तियों का बहुत बड़ा हाथ रहा है।

4. **मार्क्स के अतिरिक्त मूल्य के सिद्धान्त का खण्डन** (Rejection of the Marxian Theory of Surplus Value)—लैडलर का कथन है कि फेबियनवादी मार्क्स के अतिरिक्त मूल्य से नहीं, बल्कि रिकार्डो के लगान सिद्धान्त से अधिक प्रभावित हुए हैं। इसके साथ ही, वे हेनरी और क्लार्क के आर्थिक कार्यक्रमों से अधिक प्रभावित हुए हैं। ये लोग भूमि, पूँजी और उद्योग के राज्य नियन्त्रण में अधिक विश्वास रखते थे। फेबिनयनवादियों ने इसी सिद्धान्त का प्रतिपादन किया है। कुछ विद्वानों का मत है कि "फेबिनयनवादी कार्ल मार्क्स के स्थान पर जॉन स्टुअर्ट मिल से अधिक प्रभावित हुए हैं।"[3]

उपर्युक्त तथ्यों को देखने से यह स्पष्ट है कि फेबियनवादी राज्य को प्रशासन की मुख्य धुरी मानते हैं और उसी के माध्यम से जनकल्याण करना चाहते हैं।

फेबियन समाजवाद की पद्धति
(The Method of Fabian Socialism)

शान्तिपूर्ण पद्धति (Peaceful Method)—फेबियनवादी शान्ति पद्धति के पुजारी हैं। वे क्रान्ति के स्थान पर शान्ति में अधिक विश्वास प्रकट करते हैं। वे समाजवादी समाज की रचना संसदीय और जनतांत्रिक तरीके से करना चाहते हैं। वे पूँजीवाद और मार्क्सवाद के दोषों को जनता के समक्ष प्रदर्शित करते हुए क्रमिक रूप से फेबियन समाजवाद का प्रचार करना चाहते हैं। कुछ लेखकों का कथन है कि फेबियन समाजवाद का मुख्य उद्देश्य था—"ब्रिटेन की भूमि पर मार्क्सवाद को नहीं पनपने देना जिसमें उसे सफलता प्राप्त हुई।"[4]

फेबियनवादी हिंसा पद्धति में विश्वास नहीं करते हैं। वे अपने लेखों और व्याख्यानों के माध्यम से मध्यम वर्ग के बुद्धिजीवियों के मस्तिष्क पर विजय प्राप्त करना चाहते थे। वे सभा, शिक्षा और प्रचार के माध्यम से फेबियन समाजवाद का प्रचार करना चाहते थे। उन लोगों के द्वारा फेबियन निबन्ध (Fabian Essays) प्रकाशित किए गए तथा फेबियन टेक्स्ट्स (Fabian Texts) की एक शृंखला निकाली गयी। फेबियन ग्रीष्म स्कूल (Fabian Summer School) और फेबियन कोष्ठों (Fabian Cells) की स्थापना की गयी। इंग्लैण्ड में मजदूर दल की स्थापना में फेबियनवादियों का बहुत हाथ रहा है। फेबियनवादियों ने मजदूर दल के कार्यकर्मों को निर्धारित किया।

---

1. "The state should take all possible steps for the economic and social betterment of the common people."
2. "Fabian Socialism was really a caution, well-organized and well-planned individualism."—Sydney Oliver
3. "It has been rightly said that J.S. Mill rather than Karl Marx was the main source of Fabianism."
4. "The greatest achievement of Fabian Socialism was that it did not allow the magic of Marxism to take root on British Soil."

"फेबियनवादी पूँजीवादी समाज को क्रमिक रूप से समाजवादी समाज में बदलना चाहते थे। उनकी नीति आक्रमण की नहीं, बल्कि समझाने-बुझाने की थी। वे पूँजीवाद पर प्रचण्ड और हिंसात्मक आक्रमण नहीं करना चाहते थे, बल्कि शान्ति और क्रमिक रूप से सुधार चाहते थे।"[1]

उपर्युक्त तथ्यों से यह स्पष्ट है कि शान्तिपूर्ण ढंग से फेबियनवादी फेबियन समाजवाद की रचना करना चाहते थे। वे मार्क्सवाद और अराजकतावाद के क्रान्तिकारी साधनों में विश्वास नहीं रखते थे।

बर्नार्ड शॉ ने लिखा है कि "फेबियनवादी क्रान्तिकारी सिद्धान्त को त्यागकर संसदीय तरीके से राजनीति में सुधार लाना चाहते थे।"[2] समाज में सुधार लाने के लिए फेबियनवादियों ने निम्नलिखित सुझाव दिए:

(i) मताधिकार का विस्तार, (ii) प्रशिक्षित कर्मचारी, (iii) समान शिक्षा, (iv) सभी को समान अवसर, (v) शक्ति का प्रजातान्त्रिककरण, (vi) भूमि, पूँजी और उद्योगों का समाजीकरण, (vii) न्यूनतम मजदूरी, (viii) बेकारी और बीमारी में सरकारी मदद, आदि।

फेबियनवादी रोशनी, गैस और पानी जैसे नगरपालिका सम्बन्धी कार्यों का भी राष्ट्रीयकरण करना चाहते थे। इसलिए हास्यास्पद रूप में फेबियन समाजवाद या गैस और पानी समाजवाद भी कहा जाता है।

फेबियन समाजवाद की आलोचना
(Criticism of Fabian Socialism)

विभिन्न आलोचकों ने फेबियन समाजवाद की आलोचना निम्नलिखित रूप से की है:

1. **सिद्धान्त पर नहीं, भौतिकता पर जोर** (Importance to Matter Rather Than Principles)–आलोचकों का कथन है कि यद्यपि फेबियन समाजवाद ने मार्क्स के भौतिक सिद्धान्त का खण्डन किया है लेकिन आगे चलकर उसने स्वयं भौतिकता पर अधिक जोर दिया है और सिद्धान्त की उपेक्षा की है। यह इस सिद्धान्त का सबसे बड़ा दोष है।

2. **बिना वर्ग-संघर्ष के सुधार** (Reform without Class-war)–"फेबियन समाजवाद की दूसरी आलोचना यह की जाती है कि वह बिना क्रान्ति के सुधार चाहता है, बिना वर्ग-संघर्ष के सामाजिक रचना करना चाहता है।"[3]

3. **कम क्रान्तिकारी** (Least Revolutionary)–फेबियन समाजवाद के विचार कम क्रान्तिकारी हैं, चूँकि फेबियनवादी शान्तिपूर्ण तरीके में अधिक विश्वास रखते हैं। वे जनतान्त्रिक और संसदीय पद्धति के माध्यम से आर्थिक, सामाजिक और राजनीतिक क्षेत्र में सुधार लाना चाहते हैं। आलोचकों का कहना है कि बिना क्रान्ति के सुधार सम्भव नहीं है। शान्तिपूर्ण तरीके से फेबियन समाजवाद के सिद्धान्त को मूर्त रूप नहीं दिया जा सकता है।

4. **राज्य के अधिकतम कार्य** (Maximum Functions of the State)–फेबियनवादी राज्य को अधिक से अधिक कार्य देने के पक्ष में हैं। वस्तुत: राज्य के कार्यक्षेत्र का कहाँ तक विस्तार होगा? इस सम्बन्ध में कोई सीमा निश्चित नहीं की गयी है। फेबियनवादी केवल इतना ही कहते हैं, "हम लोग बढ़ते चलेंगे।" (We shall go)

5. **राष्ट्रीय एवं नगरपालिका कार्यक्षेत्रों पर राज्य का अधिकतम स्वामित्व और नियन्त्रण** (Maximisation of State Ownership and Control over National and Municipal Activities)–फेबियन समाजवाद राज्य

1. "Fabians avoided to give a sudden rude shock treatment to the society on the contrary they advocated the policy of persuasion and permeation. Their method of attack against capitalism was one of shaping rather than that of a shock, assault of craft rather than force of subtlety rather than violence."

2. "The Fabians agreed to give up the delightful case of revolutionary theories and to take to the hard work of practical reform on ordinary parliamentary lines."—G.B. Shaw

3. "Fabianism was a programme of reform without resentment, a scheme of social construction without class-war and a political empiricism without any dogma or fanaticism."

के स्वामित्व और नियन्त्रण में विश्वास करता है और राष्ट्रीय, राजकीय तथा यहाँ तक कि नगरपालिका सम्बन्धी कार्यों का भी राष्ट्रीयकरण करने के लिए आह्वान करता है। रोशनी, गैस और पानी जैसे स्थानीय कार्यों को भी वह राज्य को सौंपना चाहता है। आलोचकों का कहना है कि स्थानीय महत्व के कार्य ने स्थानीय स्वशासन को ही मिलने चाहिए। राज्य के पास इतना समय नहीं है कि वह स्थानीय कार्यों का सम्पादन समुचित रूप से कर सके। स्थानीय महत्व के कार्यों को राज्य के अधीन सौंप देने का अर्थ है–प्रजातान्त्रिक सिद्धान्तों का खण्डन करना। इससे प्रजातन्त्र की नींव कमजोर पड़ जाती है।

6. **नौकरशाही** (Bureaucracy)–राज्य को अधिक से अधिक कार्य देने का अर्थ है–उन कार्यों का भार राज्य के कर्मचारियों पर पड़ना। अधिक से अधिक सरकारी कर्मचारियों की नियुक्ति होगी और वे राज्य के कार्यों के सम्पादन में काफी विलम्ब करेंगे जो आगे चलकर नौकरशाही में परिणत हो जाएगा। इसके अतिरिक्त, फेबियनवादी मजदूरों को औद्योगिक क्षेत्र में तथा प्रशासन में कोई हिस्सा नहीं देते हैं। वे बुद्धिजीवी शासक के सिद्धान्त का प्रतिपादन करते हैं। उन लोगों का कथन है कि योग्य शासक ही समाजवादी राज्य को ठीक से चला सकते हैं। मजदूर कभी भी योग्य शासक नहीं हो सकता है। इस प्रकार फेबियनवादी नौकरशाही को प्रश्रय देते हैं।[1]

7. **फेबियन समाजवाद स्वतन्त्रता नहीं, बल्कि कार्यक्षमता को चुनता है** (Fabian Socialism Chooses Efficiency Rather Than Liberty)–फेबियन समाजवाद स्वतन्त्रता और कार्यक्षमता में से कार्यक्षमता को अधिक महत्व देता है। उसके अधिकांश कार्य राज्य पर आश्रित हैं जो राज्य की कुशलता पर निर्भर हैं। वस्तुतः प्रजातान्त्रिक समाजवाद में स्वतन्त्रता पर विशेष जोर दिया जाता है। कार्यक्षमता का तो महत्व है ही लेकिन जहाँ कार्यक्षमता और स्वतन्त्रता में चुनने का प्रश्न उठता है वहाँ पर स्वतन्त्रता को ही मान्यता मिलनी चाहिए। लेकिन फेबियनवादियों ने ऐसा नहीं किया है। उनका मुख्य उद्देश्य था–प्रशासनिक कार्यक्षमता का विकास करना।

8. **फेबियनवादी कभी अधिक संख्या में नहीं रहे** (Fabians were Never in Enlarged Number)–आलोचकों का कहना है कि फेबियनवाद कुछ बुद्धिजीवी लोगों तक ही सीमित रहा। आम जनता में यह लोकप्रिय नहीं हो सका। यहाँ तक कि 1943 ई. में जब यह विकास की चरम सीमा पर था तो इसके केवल छत्तीस सौ सदस्य ही थे। इसके बहुत-से युवा सदस्य बाद में फेबियन समाजवाद को छोड़कर गिल्ड समाजवाद में आ गए। इसमें जी. डी. एच. कोल का प्रथम स्थान है। कोल ने फेबियन समाजवाद पर टिप्पणी करते हुए कहा है, "फेबियन समाज केवल विचारों और वाद-विवाद में उलझा रहा। इसने निर्वाचन सम्बन्धी कोई ठोस कार्य नहीं किया। यह कार्य दूसरी संस्थाओं के लिए छोड़ दिया।"[2]

9. **प्रमुख लेखकों के निबन्ध और लेखों के कारण फेबियन समाजवाद लोकप्रिय रहा** (Popularity of Fabian Socialism Due to Essays and Writings of Prominent Writers)–आलोचकों का कथन है कि फेबियन समाजवाद अपने सिद्धान्त के बल पर लोकप्रिय नहीं हुआ, बल्कि बर्नार्ड शॉ, कोल, हॉब्सन, पेण्टी, आदि के लेखों और निबन्धों के द्वारा ही उसे कुछ लोकप्रियता मिली।

10. **मैलोक** (Mallock) के अनुसार, "फेबियनवादियों के विचार और उनकी भाषा स्पष्ट नहीं है।"

11. **बार्कर** के शब्दों में, "फेबियनवादी विवाद में स्पष्ट रूप से नहीं आना चाहता है।"[3]

12. **स्केलटन** ने "फेबियनवादियों को अवसरवादी कहा है।"[4]

---

1. "Fabian socialists indirectly preached for the running of the state controlled enterprises by the bureaucracy of the civil servants."
2. "The Fabian society is organised for thought and discussion, and nor for electoral action which it leaves to other bodies."—G.D.H. Cole
3. "Fabians do not come into controversy with clean hands."—Barker
4. "The Fabians are as the typical opportunist socialist."—Skelton

13. **एन्जेल्स** (Engels) के मतानुसार, "फेबियनवाद एक सड़ा हुआ सिद्धान्त है क्योंकि फेबियन अपने शत्रुओं का विरोध नहीं, बल्कि उन पर दबाव डालकर और उन्हें घूँस देकर समाजवाद लाना चाहते हैं।"

इसके अतिरिक्त, फेबियनवाद पूँजीवाद के दोषों को दूर करने के लिए कोई प्रभावशाली सुझाव नहीं देता है। फेबियन समाजवाद को ईसाई समाजवाद भी कहा जाता है क्योंकि फेबियनवादियों का कहना था कि ईसाई धर्म के सिद्धान्तों का व्यावहारिक रूप ही समाजवाद है। इस प्रकार आलोचकों ने फेबियन समाजवाद की कटु आलोचनाएँ की हैं।

फेबियन समाजवाद के गुण या महत्व
(Merits or Importance of Fabian Socialism)

उपर्युक्त आलोचनाओं के आधार पर यह नहीं समझ लेना चाहिए कि फेबियन समाजवाद का कुछ भी महत्व नहीं है। वस्तुतः उसने राजनीति के क्षेत्र में निम्नलिखित विचारों को प्रतिपादित किया है:

1. **शान्तिपूर्ण साधन** (Peaceful Method)—फेबियन समाजवाद ने आर्थिक और राजनीतिक क्षेत्र में शान्तिपूर्ण ढंग से सुधार लाने के लिए आह्वान किया है जिसका बाद के विचारकों ने अनुसरण किया और आज कोई भी सुधार क्रान्ति के द्वारा नहीं किया जा सकता है। अधिकांश व्यक्ति संसदीय और प्रजातान्त्रिय तरीके से सुधार लाने में विश्वास प्रकट करते हैं। अतएव शान्तिपूर्ण साधन फेबियन समाजवाद की बहुत बड़ी देन है।

2. **विवेकी दृष्टिकोण** (Rational Approach)—विद्वानों का मत है कि फेबियन समाजवाद का विभिन्न समस्याओं के प्रति विवेकी दृष्टिकोण रहा है जो प्रशंसनीय है।

3. **मध्यम वर्ग की महत्ता** (Importance of Middle Class)—फेबियन समाजवाद के अन्तर्गत मध्यम वर्ग के बुद्धिजीवी पर विशेष बल दिया गया है और यह कहा गया है कि उसी वर्ग को प्रशासन में भाग लेना चाहिए। वस्तुतः समाज में मध्यम वर्ग को एक विशिष्ट स्थान प्राप्त है जो हर तरह से आर्थिक और राजनीतिक क्षेत्र में काम करने के लिए तत्पर रहता है।

4. **कार्यक्षमता पर बल देना सही है** (Emphasis on Efficiency is Right)—फेबियन समाजवाद ने स्वतन्त्रता के स्थान पर कार्यक्षमता पर विशेष बल दिया है जो विद्वानों की दृष्टि में सही दिखाई पड़ता है तथा उचित भी है।

5. **उद्योगों में सुधार** (Reforms in Industries)—फेबियनवादियों का कहना है कि फेबियन समाजवाद ने उद्योग के क्षेत्र में काफी सुधार किया है। फेबियन समाजवाद ने मजदूरों के काम करने के घण्टे, उनका जीवन स्तर ऊँचा हो, उनकी मजदूरी अच्छी हो, बेरोजगारी से उनकी रक्षा की जाए, उनके बच्चों को उचित शिक्षा दी जाए, इत्यादि पर विशेष बल दिया गया जिसे आगे चलकर विभिन्न राज्यों ने मजदूर अधिनियम में स्थान दिया।

6. **राज्य का स्वामित्व** (State Ownership)—फेबियनवादियों ने उद्योग को राज्य के अधीन सौंपना चाहा है जिसने आगे चलकर सार्वजनिक क्षेत्र को जन्म दिया। भारत ने भी जो सार्वजनिक क्षेत्र को मूर्त रूप दिया है, वह फेबियन समाजवाद की देन है। पंडित जवाहरलाल नेहरू फेबियन समाजवाद से काफी प्रभावित हुए थे।

7. **फेबियन समाज और मजदूर दल में गहरा सम्बन्ध** (Deep Affinity Between Fabian Society and Labour Party)—कुछ विद्वानों का विचार है कि फेबियन समाजवाद की जन्मभूमि इंग्लैण्ड है। प्रथम विश्वयुद्ध से ही फेबियन समाजवाद और मजदूर दल में सम्बन्ध था। फेबियन समाजवाद के अनेक प्रतिपादक मजदूर दल के सदस्य थे, जैसे—सिडनी वेब और सिडनी ओलिवर, जिन्होंने फेबियन निबन्ध नाम की पुस्तक लिखी है। फेबियनवादियों ने मजदूर

दल के लिए कार्यक्रम और नीतियों का निर्माण किया। रैम्जे मैक्डोनाल्ड और एटली मूलत: फेबियनवादी थे जिन्होंने बाद में इंग्लैण्ड के प्रधानमन्त्री के पद को सुशोभित किया।

8. **कोकर** (Coker) ने फेबियन समाजवाद की महत्ता पर प्रकाश डालते हुए कहा है, "फेबियनवादियों ने सिद्धान्त की अपेक्षा व्यवहार में अधिक देन है। उन्होंने ब्रिटेन की वास्तविक आर्थिक और समाजिक परिस्थितियों के बारे में तथ्य एकत्रित किए तथा उनकी व्याख्या की। इन तथ्यों के आधार पर ही इंग्लैण्ड की केन्द्रीय और स्थानीय सरकारों ने धीरे-धीरे पूरी सावधानी के साथ ऐसे कानून पास किए जिनसे वहाँ एक मध्यम प्रकार का समाजवाद स्थापित हो गया।"[1]

निष्कर्ष–निष्कर्ष में, यह कहा जा सकता है कि यद्यपि फेबियन समाजवाद मध्यमवर्ग के बुद्धिजीवियों का सिद्धान्त है लेकिन उसने इंग्लैण्ड की भूमि पर मार्क्सवाद को पनपने नहीं दिया। दूसरी ओर, उद्योग में समाजीकरण और राष्ट्रीयकरण का नारा देकर मजदूरों को पूँजीपतियों के चंगुल से छुड़ाया। इसके साथ ही, उसने विकासवादी तरीके अपनाकर विश्व में एक आदर्श उपस्थित किया।

प्रश्न
(Questions)

1. फेबियन समाजवाद के सिद्धान्त की विवेचना कीजिए।
   Discuss the theory of Fabian Socialism.
2. फेबियन समाजवाद के प्रमुख विचारों की समीक्षा कीजिए।
   Examine the leading ideas of Fabian Socialism.
3. फेबियनवाद की पद्धति का आलोचनात्मक परीक्षण कीजिए।
   Critically examine the method of Fabianism.

वस्तुनिष्ठ प्रश्न
(Objective Questions)

1. "उचित समय के लिए धैर्यपूर्वक प्रतीज्ञा करना" इस टेकनिक का संबंध किस सिद्धान्त से है?
   (क) फेबियनवाद (ख) अराजकतावाद (ग) आदर्शवाद (घ) व्यक्तिवाद
   "Waiting patiently for the right moment", this technique is related to which theory?
   (a) Fabianism (b) Anarchism (c) Idealism (d) Individualism
2. फेबियस कंक्टेटर किसका सेनापति था?
   (क) इंगलिश (ख) रोमन (ग) जर्मन (घ) यूनानी
   Fabius Cunctator was general of which?
   (a) English (b) Roman (c) German (b) Greek
3. फेबियन शब्द का अन्वेषण किसने किया?
   (क) जी॰बी॰ शॉ (ख) ग्राहम वालास (ग) फ्रैंक पोडमोर (घ) एनीबेसेंट
   Who invented the word Fabian?
   (a) G.B. Shaw (b) Graham Wallas (c) Franck Podmore (d) Annie Besant

---

1. "In fact, the labour party had committed itself so thoroughly to the Fabian programme that activities of the society appear not to be devoted more preponderantly than even before the factual research and theoretical discussion."—Coker

4. इनमें से कौन एक फेबियन समाजवादी विचारक नहीं है?
(क) वेब्बस (ख) जी॰बी॰ शॉ (ग) ग्राहम वालास (घ) लॉस्की
Which one of the following is not Fabian Socialist thinker?
(a) Webbs (b) G.B. Shaw (c) Graham Walls (d) Laski

5. इनमें से कौन एक फेबियन समाजवादी विचारक नहीं है?
(क) गार्नर (ख) एनीबेसेंट (ग) कोल (घ) एच॰सी॰ वेल्स
Which one of the following is not Fabian Socialist?
(a) Garner (b) Annie Besant (c) Cole (d) H.G. Wells

6. कौन-सा सिद्धान्त "राज्य के न्यूनतम कार्य के सिद्धान्त" में विश्वास रखता है?
(क) आदर्शवाद (ख) व्यक्तिवाद (ग) समाजवाद (घ) साम्यवाद
Which theory believes in the minimal theory of the function of the state?
(a) Idealism (b) Individualism (c) Socialism (d) Communism

7. कौन-सा सिद्धान्त "राज्य के अधिकतम कार्य के सिद्धान्त" में विश्वास रखता है?
(क) अराजकतावाद (ख) आदर्शवाद (ग) फेबियनवाद (घ) सामाजवाद
Which theory believes in the maximal theory of the function of the state?
(a) Anarchism (b) Idealism (c) Fabianism (d) State Socialism

8. "फेबियन समाजवाद सचमुच एक सचेत, सुसंगठित, सुनियोजित व्यक्तिवाद था।" यह किसने कहा?
(क) जी॰बी॰ शॉ (ख) कोल (ग) एनीबेसेंट (घ) सिडनी ओलिवर
"Fabian Socialism was really a caution, well-organized and well-planned individualism." Who said this?
(a) G.B. Shaw (b) Cole (c) Annie Besant (d) Sydney Oliver

9. "फेबियनवादी क्रांन्तिकारी सिद्धान्त को त्यागकर संसदीय तरीके से राजनीति में सुधार लाना चाहते थे।" यह किसने कहा?
(क) जी॰बी॰ शॉ (ख) कोल (ग) ग्राहम वालास (घ) लॉस्की
"The Fabians agreed to give up the delightful case of revolutionary theories and to take to the hard work of practical reform on ordinary parliamentary lines." Who said this?
(a) G.B. Shaw (b) Cole (c) Graham Wallas (d) Laski

10. "हम लोग बढ़ते चलेंगे" यह नारा किस सिद्धान्त का है?
(क) आदर्शवाद (ख) फेबियनवाद (ग) व्यक्तिवाद (घ) साम्यवाद
"We Shall Go." Which theory gives this slogan?
(a) Idealism (b) Fabianism (c) Individualism (d) Communism

11. "फेबियन समाज केवल विचारों और वाद-विवाद में उलझा रहा। इसने निर्वाचन सम्बन्धी कोई ठोस कार्य नहीं किया। यह कार्य दूसरी संस्थाओं के लिए छोड़ दिया।" यह किसने कहा?
(क) जोड (ख) ग्राहम वालास (ग) कोल (घ) लॉस्की

"The Fabian society is organised for thought and discussion, and not for electoral action which it leaves to other bodies." Who said this?
(a) Joad (b) Graham Wallas (c) Cole (d) Laski

12. "फेबियनवादी विवाद में स्पष्ट रूप से नहीं आना चहता है।" यह किसने कहा?
(क) जोड (ख) कोल (ग) लॉस्की (घ) बार्कर

"Fabians do not come into controversy with clean hands." Who said this?
(a) Joad (b) Cole (c) Laski (d) Barker

13. "फेबियनवादियों को अवसरवादी कहा है।" यह किसने कहा?
(क) स्केलटन (ख) बार्कर (ग) कोल (घ) जोड

"The Fabians are as the typical opportunist socialist." Who said this?
(a) Skelton (b) Barker (c) Cole (d) Joad

14. Which of the following is incorrect?
(a) Fabian Socialism believes in common ownership of the means of production
(b) Fabian Socialism believes in peaceful means
(c) Fabian Socialism believes in democracy
(d) Fabian Socialism believes in class struggle
(e) None of these

15. The Fabian society was founded in England between
(a) 1914 and 1918 (b) 1870 and 1890 (c) 1850 and 1860 (d) 1848 and 1850

16. Which of the following is not included in the so-called Big four of the Fabian society?
(a) Sydney Well (b) Robert Owen (c) Bernard Shaw (d) Graham Wallas

17. Which of the following is not an aspect of Fabianism?
(a) Religious side of Fabianism
(b) Moral side of Fabianism
(c) Historical aspect of socialism in Fabianism
(d) Industrial aspect of Fabian socialism

18. What doctrine did the Fabian Socialist accept from Marx?
(a) Class Struggle
(b) Dictatorship of the proletariat
(c) Common ownership of the means of production is necessary for social welfare
(d) Theory of value

19. The Fabianists were in favour of transfer of ownership of land to
(a) Workers (b) Farmers (c) Society (d) Feudal Lords

उत्तर
(Answers)

1. (क) 2. (ख) 3. (ग) 4. (घ) 5. (क) 6. (ख) 7. (ग) 8. (घ) 9. (क)
10. (ख) 11. (ग) 12. (घ) 13. (क) 14. (d) 15. (b) 16. (b) 17. (a) 18. (c)
19. (c)

39

फासीवाद
(Fascism)

पृष्ठभूमि एवं फासीवाद की उत्पत्ति
(Background and Origin of Fascism)

भूमिका (Introduction)

हैरोल्ड बटलर (Harold Butler) ने अपनी पुस्तक *द लॉस्ट पीस* (*The Last Peace*) में फसिज्म की उत्पत्ति का मुख्य कारण प्रथम विश्वयुद्ध माना है। उसका कथन है कि 1914 में जो प्रथम विश्वयुद्ध छिड़ा, वह लगभग 1919 तक जारी रहा। इतने वर्षों तक युद्ध के चलने का अर्थ था–भुखमरी, बेकारी, इत्यादि। पेरिस शान्ति समझौता (Paris Peace Settlement) के बाद युद्ध का अन्त किया गया और शान्ति की घोषणा की गयी लेकिन इटली और जर्मनी का सामाजिक, आर्थिक तथा राजनीतिक जीवन अस्त-व्यस्त हो चुका था। वहाँ के अधिकांश परिवार बर्बाद हो चुके थे। उनका कोई भविष्य नहीं था। उनके पास बेकारी की समस्या विकराल रूप से खड़ी थी। अत: इस स्थिति से बचने के लिए एक स्थायी राजनीतिक व्यवस्था की आवश्यकता थी। इसी उद्देश्य हेतु 29 अक्टूबर, 1922 को मुसोलिनी ने इटली में अपनी नयी सरकार की स्थापना की। यह सरकार जिन सिद्धान्तों के आधार पर शासन करती थी, वह आगे चलकर फासिज्म (Fascism) के नाम से प्रचलित हुआ।

फासिज्म की परिभाषाएँ
(Definitions of Fascism)

फासिज्म क्या है? उसकी क्या परिभाषा है। यह जान लेना आवश्यक है, तभी उसके सिद्धान्तों को समझा जा सकता है। फासिज्म (Fascism) शब्द लेटिन भाषा के फासेज (Fasces) शब्द से बना है जिसका अर्थ होता है–गठरी (Bundles)। प्राचीन रोम में "लकड़ियों का बँधा हुआ गट्ठर कुल्हाड़ी के साथ होता था (A bundle of roots with an axe) जो शक्ति का प्रतीक (A symbol of Authority)" माना जाता था।

विभिन्न विद्वानों ने फासिज्म की परिभाषा निम्नलिखित रूप से दी है:

1. सी.डी. बर्न्स के शब्दों में, "इटालियन फासिज्म राजनीतिक और सामाजिक आन्दोलन है जिसका उद्देश्य एक राजनीतिक और सामाजिक व्यवस्था को फिर से स्थापित करना है।"[1]

---

1. "Italian Fascism is political and social movement having as its object re-establishment of a political and social order."—C.D. Burns

उसने आगे कहा है, "फासिज्म मुसोलिनी द्वारा सर्वाधिकारवाद का ही इटालियन रूप है।"[1]

2. विलियम इबेस्टीन के अनुसार, "फासिज्म एक औद्योगिक क्षेत्र में विकसित समाज के संघर्षों का समाधान करने का सर्वाधिकारवादी उपाय है।"[2]
3. सेबाइन के विचारानुसार, "फासिज्म विभिन्न स्रोतों से लिए गए उन विचारों का योग है जो परिस्थिति की आवश्यकताओं के अनुसार एकत्रित किए गए हैं।"[3]

उपर्युक्त परिभाषाओं का विश्लेषण करने से यह स्पष्ट है कि फासिज्म एवं सर्वाधिकारवादी राज्य के माध्यम से सामाजिक, आर्थिक और राजनीतिक व्यवस्था में परिवर्तन लाना चाहता है।

फासीवाद के स्रोत
(Sources of Fascism)

फासिज्म कोई नया सिद्धान्त नहीं है, बल्कि वह निम्नलिखित सिद्धान्तों के मेल से बना है:

1. **आदर्शवाद** (Idealism)–मुसोलिनी कांट और हीगल के आदर्शवादी विचारों से काफी प्रभावित हुआ। इसलिए हीगल की तरह मुसोलिनी ने भी राज्य को साध्य और व्यक्ति को साधन माना है। इसके साथ ही युद्ध में विश्वास प्रकट किया है।

2. **डार्विनवाद** (Darwinism)–चार्ल्स डार्विन ने अपनी पुस्तक *Origin of Species* में बताया है कि प्राकृतिक जगत में जीवों में जीवित रहने के लिए संघर्ष होता है। जो शक्तिशाली और योग्य होते हैं, वही जीवित रह पाते हैं। इसे डार्विनवाद या योग्यतम प्राणी के जीवित रहने (Survival of the Fittest) का सिद्धान्त कहा जाता है। इस सिद्धान्त का प्रचण्ड प्रभाव मुसोलिनी के मस्तिष्क पर भी पड़ा और इसलिए उसने संघर्ष को अपनाया। उसके शब्दों में, "संघर्ष नैसर्गिक है। वह मानव जीवन का आधार है। संघर्ष का अन्त होने पर मानव जाति या विश्व का अन्त हो जाएगा।"

3. **अविवेकवाद या अबौद्धिकवाद** (Irrationalism)–उन्नीसवीं सदी में अविवेकवाद नाम की एक नयी विचारधारा का प्रचार यूरोप में किया गया। इसके मुख्य प्रतिपादक–विलियम जेम्स, बर्गसा, सोरेल शोपेनहावर, नीत्शे और परेटो हैं। अविवेकवाद में बुद्धि और विवेक के स्थान पर मनुष्य की श्रद्धा या विश्वासों को अधिक महत्व दिया जाता है। मुसोलिनी ने भी इस अविवेकवाद का प्रयोग किया और उसने यह नारा दिया कि "मेरा कार्यक्रम गप्प नहीं, क्रिया है।" (My Programme is action, not talk.)

4. **परम्परावाद** (Traditionalism)–उन्नीसवीं सदी में इटली के विचारक मैजिनी और जर्मनी के लेखक ट्रीटस्के ने परम्परावाद का समर्थन किया। उन्होंने बताया कि प्रत्येक राष्ट्र के उत्थान और विकास में ऐतिहासिक अनुभवों या परम्पराओं का महत्वपूर्ण योगदान होता है। समस्त शक्तिशाली राज्य परम्पराओं को मानते रहे हैं। मुसोलिनी ने अपनी परम्परागत साम्राज्यवादी भावना को उभारा है।

5. **व्यवहारवाद** (Pragmatism)–जेम्स के व्यवहारवाद के अनुसार सत्य की कोई शाश्वत सत्ता नहीं है। वह परिस्थितियों के अनुसार बदलता रहता है और एक विशेष स्थिति के अन्तर्गत सत्य वही है जो हितकर है। मुसोलिनी ने कहा था कि उसके फासिस्ट दर्शन का मूल आधार व्यवहारवाद है।

इस प्रकार फासिज्म आदर्शवाद, डार्विनवाद, अविवेकवाद, परम्परावाद और व्यवहारवाद के मेल से बना है।

---

1. "Fascism may be termed as an Italian diction of totalitarianism propounded by Mussolini."—*Ibid.*
2. "Fascism is the totalitarion method of solving conflicts within industrially more advanced society."—William Ebenstein
3. "Fascism is a body of ideas taken from different sources put together to fit the exigencies of the situation." —Sabine

फासीवाद के मुख्य सिद्धान्त (Main Tenets or Principles of Fascism)

फासीवादी के मुख्य सिद्धान्तों का वर्णन निम्नांकित रूप से किया जा सकता है:

1. **फासीवाद एक क्रमबद्ध दर्शन नहीं है** (Fascism is not a Systematic Philosophy)–फासिज्म का कोई सैद्धान्तिक आधार नहीं है। उसकी कोई क्रमबद्ध नीति नहीं है और न कोई निश्चित दर्शन ही है। मुसोलिनी ने स्वयं कहा है, "फासीवाद पूर्व-विचारित किसी सिद्धान्त का पोषण नहीं करता है। यह क्रियात्मक आवश्यकता के परिणामस्वरूप पैदा हुआ। प्रारम्भ से ही यह सैद्धान्तिक होने के बजाय व्यावहारिक है।"[1]

मुसोलिनी आगे कहता है कि फासिज्म वास्तविक तथ्यों पर आधारित है, काल्पनिक सिद्धान्तों पर नहीं। हम वास्तविकता या निश्चितता में विश्वास रखते हैं। वस्तुत: "औपचारिक सिद्धान्त लोहे और टीन की हथकड़ियाँ हैं। मेरा कार्यक्रम बात नहीं करना है।"[2]

उपर्युक्त तथ्यों से यह स्पष्ट है कि फासिज्म कोई आदर्शवाद या प्लेटोवाद की तरह एक क्रमबद्ध दर्शन नहीं है, बल्कि उसका दर्शन क्रिया पर आधारित है।

2. **राज्य सर्वोपरि है** (State is Superior to All)–मुसोलिनी ने फासिज्म के अन्तर्गत एक निरंकुश राज्य की कल्पना की है। उसका राज्य आदर्शवादियों की तरह निरंकुश होता है। उसने "राज्य को एक आध्यात्मिक और नैतिक संस्था माना है।"[3]

रोक्को (Rocco) (जो फासिस्ट शासन में न्यायमन्त्री था) के शब्दों में, "समाज साध्य है तथा व्यक्ति साधन है और समाज अपने जीवन में लक्ष्य प्राप्ति के लिए व्यक्तियों को यन्त्रवत् प्रयोग में लाता है।"

मुसोलिनी सर्वाधिकारवादी राज्य में विश्वास रखता है। इसलिए व्यक्ति की राज्य की वेदी पर बलि दे दी जाती है। मुसोलिनी कहता है, "सब राज्य के अन्तर्गत है, राज्य के बाहर कुछ भी नहीं तथा कोई भी राज्य का विरोध नहीं करता।"[4]

इस प्रकार मुसोलिनी ने राज्य को एक सर्वोच्च और सर्वाधिकारी संस्था माना है।

3. **फासीवाद एक नेता और एक पार्टी की तानाशाही में विश्वास करता है** (Fascism Believes in the Dictatorship of One Leader and One Party)–यदि फासिज्म सिद्धान्तों को एक वाक्य में कहें तो हम कह सकते हैं कि यह "एक राष्ट्र, एक दल और एक नेता का सिद्धान्त है।"[5] राष्ट्र इटली है, पार्टी फासिस्ट पार्टी है और नेता मुसोलिनी है। मुसोलिनी ने फासिस्ट पार्टी के माध्यम से इटली जैसे राष्ट्र को विश्व में सर्वोपरि राष्ट्र सिद्ध करना चाहा था। मुसोलिनी बराबर कहा करता था, "मुझमें विश्वास रखो, मेरी आज्ञा का पालन करो तथा संघर्ष करो।"[6] क्योंकि "मुसोलिनी हमेशा सही है।" (Mussolini is always right)

---

1. "Fascism is not nursing of a doctrine worked before hand with detailed elaboration. It was born of the need for action, and was from beginning practical rather than theoretical."—Mussolini
2. "Formal principles are iron and tin fetters. My programme is action, and not talk."—Mussolini
3. "The state as created by Fascism is spiritual and moral institution in itself."
4. "Everything within the state, nothing outside the state and nothing against the state."—Mussolini
5. "One nation, one party and one leader."
6. "To have faith, to obey and to fight."

जेण्टाइल ने कहा है कि "फासिस्ट पार्टी राज्य की अन्त: चेतना है।"[1] इसके अन्तर्गत वीरपूजा का गुणगान किया गया है। इस सन्दर्भ में मुसोलिनी ने बड़े सुन्दर शब्दों में कहा है, "हम लोग राज्य पर आधिपत्य रखते हैं। नेता ही पार्टी है और पार्टी ही नेता है।"[2]

4. **फासिज्म अप्रजातान्त्रिक है** (Fascism is Anti-democratic)–फासीवाद प्रजातन्त्र में विश्वास नहीं रखता है। उसके अनुसार, "प्रजातन्त्र महत्वपूर्ण, भ्रष्ट, काल्पनिक तथा अव्यावहारिक पद्धति है।" प्रजातन्त्र की आलोचना करते हुए मुसोलिनी ने कहा है कि "प्रजातन्त्रीय शासन की व्याख्या इस प्रकार की जा सकती है कि वह समय-समय पर लोगों को जनता की संप्रभुता का झूठ-मूठ आभास देती रहती है, जबकि वास्तविक और प्रभावशाली संप्रभुता अदृश्य, गुप्त तथा अनुत्तरदायी हाथों में रहती है।"[3]

इस प्रकार मुसोलिनी ने प्रजातन्त्र को एक निकृट शासन बताया है।

5. **फासीवाद व्यक्तिवाद और उदारवाद के विरुद्ध** (Fascism Against Individualism and Liberalism)–प्रजातन्त्र की तरह फासीवाद व्यक्तिवाद और उदारवाद का भी विरोध करता है क्योंकि व्यक्तिवाद में व्यक्ति को साध्य और राज्य को साधन माना गया है, जबकि फासीवाद राज्य को साध्य और व्यक्ति को साधन मानता है।

6. **वैयक्तिक स्वतन्त्रता का अभाव** (Lack of Individual Liberty)–फासिस्टवादी राज्य के अन्तर्गत व्यक्ति को कोई भी स्वतन्त्रता नहीं दी गयी है। मुसोलिनी ने स्वयं कहा है, "फासिस्ट राज्य में व्यर्थ और हानिकारक स्वतन्त्रता का अन्त कर दिया गया है। केवल वही स्वतन्त्रताएँ रखी गयी हैं जिनका रखना आवश्यक समझा गया है। इस प्रकार के विषयों में व्यक्ति कभी भी निर्णायक नहीं हो सकता, केवल राज्य ही उसका निर्णय कर सकता है।"[4]

7. **अभिजन की सरकार** (Government of the Elite)–फासिस्ट राज्य के अन्तर्गत सत्ता लेने से वंचित किया जाता है, चूँकि वे शासन के योग्य नहीं होते हैं।

8. **जातीय एवं राष्ट्रीय श्रेष्ठता** (Racial and National Superiority)–फासिस्टवादी अपनी जाति एवं राष्ट्र को सर्वश्रेष्ठ मानते थे। मुसोलिनी ने यह नारा दिया कि इटालियन जाति विश्व में श्रेष्ठ है इसलिए इसे विश्व पर शासन करना चाहिए।

9. **मानवीय समानता में अविश्वास** (Disbelieve in Equality of Human Beings)–फासिस्टवादी सभी लोगों की समानता की बात को अव्यवहारिक मानते हैं। मुसोलिनी को जनतन्त्र की तीनों बातों में अर्थात्, "स्वतन्त्रता, समानता और भ्रातृत्व" (Liberty, Equality and Fraternity) में विश्वास नहीं था। मुसोलिनी स्वयं कहता था कि प्रकृति ने ही सभी मनुष्यों को समान नहीं बनाया है। इसलिए समानता का प्रश्न ही नहीं उठता।

10. **फासीवाद विवेक और तर्क में विश्वास नहीं करता है** (Fascism does not Believe in Intellect and Logic)–फासीवाद विवेक और तर्क का विरोध करता है। उसके अनुसार वही सत्य है जो राज्य कहे। इसलिए मुसोलिनी नारा देता था, "मुसोलिनी सदा सही है। इसलिए जनता को उनमें विश्वास करना चाहिए, उसके आदेशों का पालन करना चाहिए तथा उसको संघर्ष करना चाहिए।"[5]

---

1. "Fascist Party is the Conscience of the State."—Gentile
2. "We command the state, the leader is the party and the party is the leader."—Mussolini
3. "The democratic regime may be define as from time to time giving the people the illusion of sovereignty, while the real and effective sovereignty lies in the hands of concealed and irresponsible forces."—Mussolini
4. "The Fascist State has curtailed useless or harmful liberties, while preserving those which are essential. In such matters, the individual cannot be the judge, but the state only."—Mussolini
5. "Mussolini is always right. Therefore people must have faith in him, to obey and to fight."—Mussolini

कोकर (Coker) के शब्दों में, "Fascism is hostile to Utopian system which is desirous never to face the test of reality."

11. **फासीवाद, समाजवाद और साम्यवाद में विश्वास नहीं करता है** (Fascism does not Belive in Socialism and Communism)–फासीवाद, समाजवाद और साम्यवाद दोनों का विरोध करता है। वह कार्ल मार्क्स के इतिहास की आर्थिक व्याख्या, वर्ग-संघर्ष एवं अतिरिक्त मूल्य जैसे सिद्धान्तों में विश्वास नहीं रखता है।

12. **आर्थिक संरचना** (Economic Structure)–आर्थिक क्षेत्र फासीवाद ने एक नयी योजना प्रस्तुत की है। वह महत्वपूर्ण उद्योगों के राष्ट्रीयकरण के पक्ष में था। शेष उद्योगों पर निजी स्वामित्व की आज्ञा देते हुए, राष्ट्र के हित में उन्हें वह निर्मित करना चाहता था। इस प्रकार उसकी आर्थिक नीति अलग थी।

13. **फासीवाद अन्तर्राष्ट्रीयवाद का शत्रु है** (Fascism is the Enemy of the Internationalism)–फासीवाद उग्र राष्ट्रवाद का प्रबल समर्थक है। वह दूसरे राष्ट्रों और संस्कृति से घृणा करता है। उसका कथन है कि अन्तर्राष्ट्रीय शान्ति भीरुओं का स्वप्न है। जो राष्ट्र अपने क्षेत्र में वृद्धि नहीं करता, वह स्वयं गिर जाएगा। इसलिए मुसोलिनी ने "साम्राज्यवाद को जीवन का शाश्वत और अडिग नियम"[1] माना है।

14. **फासीवाद युद्ध एवं हिंसा में विश्वास करता है** (Fascism Belives in War and Violence)–फासीवाद युद्ध और हिंसा में विश्वास रखता है। वह हिंसा के आधार पर ही शासन चलाता है। युद्ध की महत्ता पर प्रकाश डालते हुए, मुसोलिनी ने कहा है, "युद्ध मनुष्य के लिए उतना ही आवश्यक है जितना कि स्त्री के लिए मातृत्व।"[2]

वस्तुतः फासीवाद का उद्‌भव ही युद्धों से होता है और युद्ध से ही उसका विकास होना आवश्यक है।

15. **फासीवाद एवं धर्म** (Fascism and Religion)–प्रारम्भ में, मुसोलिनी को धर्म और चर्च में विश्वास नहीं था लेकिन 1929 ई० में उसने पोप से सन्धि कर ली क्योंकि इटली की जनता पर कैथोलिक चर्च का बहुत बड़ा प्रभाव था। अतः बाद में, उसने कैथोलिक धर्म को राज्य धर्म घोषित किया।

फासीवाद की आलोचना
(Criticism of Fascism)

उपर्युक्त फासिस्ट दर्शन के अध्ययन से यह पता चलता है कि यह अपने आप में एक नवीन दर्शन है लेकिन विभिन्न आलोचकों ने इसकी आलोचना निम्नलिखित रूप से की है:

1. **अस्पष्ट दर्शन** (Vague Philosophy)–आलोचकों का कथन है कि फासीवाद दर्शन एक अस्पष्ट दर्शन है। क्योंकि, यह हीगलवाद, अविवेकवाद और परम्परावाद जैसे सिद्धान्तों पर आधारित है। इन सिद्धान्तों के मिलने से इनकी मौलिकता समाप्त हो गयी है। जैसा कि सेबाइन ने कहा है, "फासीवादी विभिन्न स्रोतों से एकल किया गया विचारों का वह समूह है, जिसे समय की आवश्यकताओं को पूरा करने के लिए एक साथ रख दिया गया है। फासीवाद के लिए हीगल के राष्ट्रवाद, प्लेटो की कुलीनतन्त्रीय सरकार और बर्गसन के लिए अबुद्धिवाद को एक ही दर्शन में मिलाना तथा उनके आधार पर व्यवहार में सफलतापूर्वक कार्य करना कठिन था।"[3]

2. **फासीवाद सभी प्रगतिशील विचारों का विरोधी** (Fascism was Opposed to All Progressive Ideas)–फासीवाद सभी प्रकार के प्रगतिशील विचारों, जैसे–प्रजातन्त्र, उदारवाद, अशान्ति एवं अन्तर्राष्ट्रीयवाद सिद्धान्तों में अविश्वास प्रकट करता है।

---

1. "Imperialism is the eternal and immutable law of life."—Mussolini
2. "War is the man, what maternity is to woman."—Mussolini
3. "Fascism is a body of idea, taken from various sources and put together to fit the exigencies of the situation. It was difficult to combine Hegelian nationalism, Plato's government by aristocracy, Bergsonian anti-intellectualism, etc. and to work them successfully in actual practice."—Sabine

3. **राष्ट्र पर बल** (Emphasis on Nation)–फासिस्ट नेता केवल राष्ट्र में आस्था प्रकट करते हैं। वे अन्तर्राष्ट्रीय संस्था या विश्व बन्धुत्व में विश्वास नहीं करते हैं। उनके लिए इटली राष्ट्र ही सर्वोपरि है।

4. **शान्ति के विरुद्ध** (Against Peace)–फासिस्टवादी हिंसा और युद्ध में विश्वास करते हैं। अतएव वे किसी भी कीमत पर विश्व में शान्ति की स्थापना नहीं चाहते। वे संघर्ष को ही जीवन (Life is a struggle) मानते हैं।

5. **वैयक्तिक स्वतन्त्रता नहीं** (No Individual Liberty)–फासीवाद के अन्तर्गत एक निरंकुश, सर्वशक्तिशाली और सर्वगुणसम्पन्न राज्य की स्थापना की गयी है जिसके अन्तर्गत वैयक्तिक स्वतन्त्रता का कोई स्थान नहीं है। राज्य के आदेशों को मानने में ही स्वतन्त्रता निहित है।

6. **एक पार्टी और एक नेता का शासन** (Rule of One Party and One Leader)–फासिस्ट राज्य के अन्तर्गत एक पार्टी और एक नेता का शासन रहता है। इसमें दूसरे दल या नेता का कोई स्थान नहीं है। फासिस्ट पार्टी और मुसोलिनी नेता ही फासिस्ट राज्य का मूल अधिकारी होता है। उनके संकेत पर ही प्रशासनिक यन्त्र घूमता रहता है।

निष्कर्ष–फासीवाद के सारे सिद्धान्त नाजीवाद से मिलते-जुलते हैं। दोनों में केवल राष्ट्र, नेता और पार्टी का अन्तर है। फासीवाद में इटली, फासिस्ट पार्टी और मुसोलिनी होता है, जबकि नाजीवाद में जर्मनी, नाजी पार्टी और हिटलर।

उपर्युक्त आलोचनाओं के आधार पर यद्यपि वर्तमान परिस्थिति में इस दर्शन का महत्व नहीं है लेकिन तत्कालीन परिस्थितियों का मुकाबला करने के लिए यह सिद्धान्त उपयोगी था और सिद्ध हुआ। आज भले ही उसका महत्व क्षीण हो जाए और उसकी कितनी भी कटु आलोचना क्यों न करें।

प्रश्न
(Questions)

1. फासीवाद की परिभाषा दीजिए तथा इसके विभिन्न स्रोतों का वर्णन कीजिए।
   Define Fascism and describe its various sources.
2. फासीवाद के मुख्य सिद्धान्तों का आलोचनात्मक परीक्षण कीजिए।
   Examine critically the basic principles of Fascism.
3. "सब कुछ राज्य के अन्तर्गत है, राज्य के विरुद्ध या राज्य के बाहर कुछ भी नहीं है।" (मुसोलिनी) इस कथन के प्रकाश में फासीवाद के मुख्य सिद्धान्तों का विवेचना कीजिए।
   "Everything is within the state, nothing outside the state and nothing against the state." (Mussolini) In the light of this statement discuss the main principles of Fascism.

वस्तुनिष्ठ प्रश्न
(Objective Questions)

1. द *लॉस्ट पीस* पुस्तक के रचयिता कौन हैं?
   (क) हैरोल्ड बटलर (ख) हिटलर (ग) मुसोलिनी (घ) लॉस्की
   Who is the author of the book *The Last Peace*?
   (a) Harold Butler (b) Hitler (c) Mussolini (d) Laski
2. प्रथम विश्व युद्ध कब हुआ?
   (क) 1915 (ख) 1914 (ग) 1918 (घ) 1919

When did the First World War take place?
(a) 1915 (b) 1914 (c) 1918 (d) 1919

3. पेरिस शान्ति समझौता कहाँ हुआ था?
(क) इंग्लैण्ड (ख) बर्लिन (ग) पेरिस (घ) न्यूयार्क
Where the Paris Peace settlement was made?
(a) England (b) Berlin (c) Paris (d) Newyork

4. इटली में मुसोलिनी किस वर्ष सरकार का गठन किया?
(क) 1932 (ख) 1924 (ग) 1920 (घ) 1922
In Italy, which year mussolini did form the government?
(a) 1932 (b) 1924 (c) 1920 (d) 1922

5. फासिज्म किस भाषा के फासेज शब्द से बना है?
(क) लैटिन (ख) यूनानी (ग) इंगलिश (घ) जर्मनी
The word *Fascism* is derived from Fasces of which language?
(a) Latin (b) Greek (c) English (d) Germany

6. फासिज्म इटालियन भाषा के किस शब्द से बना है?
(क) फासेज (ख) फैसियो (ग) फैशन (घ) फास्ट
Fascism is derived form which word of the Italian language?
(a) Fasces (b) Fascio (c) Fashion (d) Fast

7. "इटालियन फासिज्म राजनीति और सामाजिक आन्दोलन है जिसका उद्देश्य एक राजनीतिक और सामाजिक व्यवस्था को फिर से स्थापित करना है।" यह किसने कहा?
(क) हिटलर (ख) मुसोलिनी (ग) सी॰डी॰ बर्न्स (घ) सेबाइन
"Italian Fascism is political and social movement having as its object re-establishment of a political and social order." Who said this?
(a) Hitler (b) Mussolini (c) C.D. Burns (d) Sabine

8. "फासिज्म मुसोलिनी द्वारा सर्वाधिकारवाद का ही इटालियन रूप है।" यह किसने कहा?
(क) हिटलर (ख) मुसोलिनी (ग) सेबाइन (घ) सी॰डी॰ बर्न्स
"Fascism may be termed as an Italian diction of totalitarianism propounded by Mussolini." Who said this?
(a) Hitler (b) Mussolini (c) Sabine (d) C.D. Burns

9. "फासिज्म एक औद्योगिक क्षेत्र में विकसित समाज के संघर्षों का समाधान करने का सर्वाधिकारवादी उपाय है।" यह किसने कहा?
(क) विलियम इबेस्टीन (ख) सेबाइन (ग) डनिंग (घ) मुसोलिनी
"Fascism is the totalitarian method of solving conflicts within industrially more advanced society." Who said this?
(a) William Ebenstein (b) Sabine (c) Dunning (d) Mussolini

10. "फासिज्म विभिन्न स्रोतों से लिए गए उन विचारों का योग है जो परिस्थिति की आवश्यकताओं के अनुसार एकत्रित किए गए हैं।" यह किसने कहा?

(क) डनिंग (ख) सेबाइन (ग) हिटलर (घ) मुसोलिनी

"Fascism is a body of ideas taken from different sources put together to fit the exigencies of the situation." Who said this?

(a) Dunning (b) Sabine (c) Hitler (d) Mussolini

11. *ओरिजीन ऑफ स्पेसीज* ग्रन्थ के रचयिता कौन हैं?

(क) गार्नर (ख) सेबाइन (ग) डार्बिन (घ) डर्बिन

Who is the author of the book *Origin of Species*?

(a) Garner (b) Sabine (c) Darwin (d) Durbin

12. "मेरा कार्यक्रम गप्प नहीं, क्रिया है" यह नारा किसने दिया?

(क) हिटलर (ख) नेपोलियन (ग) सिकन्दर (घ) मुसोलिनी

Who gave the slogan—"My Programme is action, not talk"?

(a) Hitler (b) Nepoleon (c) Alexander (d) Mussolini

13. "फासीवाद पूर्व-विचरित किसी सिद्धान्त का पोषण नहीं करता है। यह क्रियात्मक आवश्यकता के परिणामस्वरूप पैदा हुआ। प्रारम्भ से ही यह सैद्धान्तिक होने के बजाय व्यावहारिक है।" यह किसने कहा?

(क) मुसोलिनी (ख) हिटलर (ग) सेबाइन (घ) डनिंग

"Fascism is not nursing of a doctrine worked before hand with detailed elaboration. It was born of the need for action, and was from beginning practical rather than theoretical." Who said this?

(a) Mussolini (b) Hitler (c) Sabine (d) Dunning

14. "औपचारिक सिद्धान्त लोहे और टीन की हथकड़ियाँ है। मेरा कार्यक्रम बात करना नहीं हैं।" यह किसने कहा?

(क) हिटलर (ख) मुसोलिनी (ग) सेबाइन (घ) डनिंग

"Formal principles are iron and tin betters. My programme is action, and not talk." Who said this?

(a) Hitler (b) Mussolini (c) Sabine (d) Dunning

15. "सब राज्य के अन्तर्गत है, राज्य के बाहर कुछ भी नहीं तथा कोई भी राज्य का विरोध नहीं करता।" यह किसने कहा?

(क) सेबाइन (ख) हिटलर (ग) मुसोलिनी (घ) डनिंग

"Everything within the state, nothing outside the state and nothing against the state." Who said this?

(a) Sabine (b) Hitler (c) Mussolini (d) Dunning

16. "मुझमें विश्वास रखो, मेरी आज्ञा का पालन करो तथा संघर्ष करो।" यह किसने नारा दिया?

(क) हिटलर (ख) सेबाइन (ग) नेपोलियन (घ) मुसोलिनी

"To have faith, to obey and to fight." Who gave this slogan?

(a) Hitler (b) Sabine (c) Napoleon (d) Mussolini

17. "फासिस्ट पार्टी राज्य की अन्त:चेतना है।" यह किसने कहा?

(क) जेण्टाइल (ख) सेबाइन (ग) जेम्स (घ) मुसोलिनी

"Fascist Party is the conscience of the state." Who gave this slogan?

(a) Gentile (b) Sabine (c) James (d) Mussolini

18. "हम लोग राज्य पर आधिपत्य रखते हैं। नेता ही पार्टी है और पार्टी ही नेता है।" यह किसने कहा?

(क) हिटलर (ख) मुसोलिनी (ग) सेबाइन (घ) नेपोलियन

"We command the state, the leader is the party and the party is the leader." Who said this?

(a) Hitler (b) Mussolini (c) Sabine (d) Napoleon

19. "प्रजातन्त्रीय शासन की व्याख्या इस प्रकार की जा सकती है कि वह समय-समय पर लोगों को जनता की सम्प्रभुता का झूठ-मूठ आभास देती रहती है, जबकि वास्तविक और प्रभावशाली सम्प्रभुता अदृश्य, गुप्त तथा अनुत्तरदायी हाथों में रहती है।" यह किसने कहा?

(क) हिटलर (ख) सेबाइन (ग) मुसोलिनी (घ) डनिंग

"The democratic regime may be defined as from time to time giving the people the illusion of sovereignty, while the real and effective sovereignty lies in the hands of concealed and irresponsible forces." Who said this?

(a) Hitler (b) Sabine (c) Mussolini (d) Dunning

20. फासिस्ट राज्य में व्यर्थ और हानिकारक स्वतन्त्रता का अन्त कर दिया गया है। केवल वही स्वतन्त्रताएँ रखी गयी हैं जिनका रखना आवश्यक समझा गया है। इस प्रकार के विषयों में व्यक्ति कभी भी निर्णायक नहीं हो सकता, केवल राज्य ही उसका निर्णय कर सकता है।" यह किसने कहा?

(क) सेबाइन (ख) डनिंग (ग) हिटलर (घ) मुसोलिनी

"The Fascist state has curtailed useless or harmful liberties, while preserving those which are essential. In such matters, the individual cannot be the judge, but the state only." Who said this?

(a) Sabine (b) Dunning (c) Hitler (d) Mussolini

21. "मुसोलिनी सदा सही है। इसलिए जनता को उनमें विश्वास करना चाहिए, उसके आदेशों का पालन करना चाहिए तथा उसको संघर्ष करना चाहिए।" यह नारा किसने दिया?

(क) मुसोलिनी (ख) हिटलर (ग) सेबाइन (घ) डनिंग

"Mussolini is always right. Therefore people must have faith in him, to obey and to fight." Who gave this slogan?

(a) Mussolini (b) Hitler (c) Sabine (d) Dunning

22. किसने "साम्राज्यवाद को जीवन का शाश्वत और अडिग नियम" माना है?

(क) हिटलर (ख) मुसोलिनी (ग) नेपोलियन (घ) लेनिन

Who said—"Imperialism is the eternal and immutable law of life"?

(a) Hitler (b) Mussolini (c) Napoleon (d) Lenin

23. "युद्ध मनुष्य के लिए उतना ही आवश्यक है जितना कि स्त्री के लिए मातृत्व।" यह किसने कहा?

(क) हिटलर (ख) लेनिन (ग) मुसोलिनी (घ) मार्क्स

"War is the man, what maternity is to woman." Who said this?

(a) Hitler (b) Lenin (c) Mussolini (d) Marx

24. "फासीवाद विभिन्न स्रोतों से एकत्र किया गया विचारों का वह समूह है, जिसे समय की आवश्यकताओं को पूरा करने के लिए एक साथ रख दिया गया है। फासीवाद के लिए एक साथ रख दिया गया विचारों का वह समूह है, जिसे समय की आवश्यकताओं को पूरा करने के लिए एक साथ रख दिया गया है। फासीवाद के लिए हीगल के राष्ट्रवाद, प्लेटो की कुलीनतन्त्रीय सरकार और बर्गसन के लिए अबुद्धिवाद को एक ही दर्शन में मिलाना तथा उनके आधार पर व्यवहार में सफलतापूर्वक कार्य करना कठिन था।" यह किसने कहा?
(क) हिटलर (ख) मुसोलिनी (ग) डनिंग (घ) सेबाइन
"Fascism is a body of ideas, taken from various sources and put together to fit the exigencies of the situation. It was difficult to combine Hegelian nationalism, Plato's government by aristocracy, Bergsonian anto-intellectualism, etc. and to work them successfully in actual practice." Who said this?
(a) Hitler (b) Mussolini (c) Dunning (d) Sabine

25. Which of the following is not the characteristics of the Fascist Philosophy?
(a) Supremacy of the state (b) Totalitarian state
(c) Opposed to democracy (d) No faith in individual freedom
(e) Popular Sovereignty

26. Which of the following was the birth place of Fascism?
(a) Russia (b) Germany (c) France (d) Italy (e) Greece

27. Which of the following is incorrect?
(a) Fascism is a negation of democracy. (b) Fascism is a negation of socialism.
(c) Fascism is an enemy of world peace. (d) Fascism is an enemy of class struggle.
(e) Fascism is an enemy of capitalism.

28. Which of the following is not an element of Fascism?
(a) Supremacy of state (b) Totalitarianism (c) Authoritarianism (d) Socialism
(e) Imperialism

29. The Fascists believe in?
(a) The organic conception of state (b) Atomistic view of the state
(c) Mechanistic view of the state (d) Juristic view of the state
(e) In none of these

30. In which of the following respects are fascism and communism similar?
(a) Both aim at abolition of capitalism (b) Both aim at abolition of the state
(c) Both believe in totalitarianism (d) Both believe in class struggle
(e) In none of these

31. In which of the following respects are fascism and communism similar?
(a) Both believe in totalitarian state
(b) Both support the causes of workers as against that of the capitalists
(c) Both believe in violence, coercion and intimidation
(d) Both ridicule democracy and liberalism

32. Fascism is an absolutist and totalitarian philosophy. It believes in the
(a) dignity of the individual (b) glorification of the state
(c) rule by majority (d) rule by the elected people

33. What is the opposite of Fascism?
    (a) Individualism
    (b) Democracy
    (c) Aristocracy
    (d) Pluralistic conception of the state
34. Who said "All within the state, nothing outside the state, none against the state."
    (a) Hitler (b) Fichte (c) Hegel (d) Mussolini
35. Who said "Imperialism is the esternal and immutable law of life"?
    (a) Hitler (b) Fichte (c) Hegel (d) Mussolini
36. A Fascist state is
    (a) Corporative state (b) A classless state (c) Laissez Faire (d) A socialist state
37. Fascism believes in bringing changes in society and govt. through
    (a) Constitutional and peaceful methods
    (b) Persuasion and propaganda
    (c) Violent methods
    (d) Fascism is opposed to all changes
38. Who said, "My programme is action and not talk"?
    (a) Hitler (b) Mussolini (c) Stalin (d) Napoleon
39. Which one of the following statements is correct?
    (a) Fascism believes in class-war
    (b) Fascism does not believe in class-war
    (c) Fascism believes in classless society
    (d) Fascism believes in stateless society

उत्तर
(Answers)

1. (क)	2. (ख)	3. (ग)	4. (घ)	5. (क)	6. (ख)	7. (ग)	8. (घ)	9. (क)
10. (ख)	11. (ग)	12. (घ)	13. (क)	14. (ख)	15. (ग)	16. (घ)	17. (क)	18. (ख)
19. (ग)	20. (घ)	21. (क)	22. (ख)	23. (ग)	24. (घ)	25. (e)	26. (d)	27. (d)
28. (e)	29. (d)	30. (a)	31. (b)	32. (b)	33. (d)	34. (d)	35. (d)	36. (a)
37. (d)	38. (b)	39. (b)						

40

गाँधीवाद
(Gandhism)

भूमिका (Introduction)

महात्मा गाँधी मूल रूप से एक आध्यात्मिक सन्त थे जिनका मूल उद्देश्य धार्मिक जीवन व्यतीत करना था लेकिन महात्मा गाँधी की धर्म-सम्बन्धी धारणा पारलौकिक नहीं, वरन् लौकिक थी और वे मानवता की सेवा को ही वास्तविक धर्म समझते थे। मोहनदास करमचन्द गाँधी का जन्म 2 अक्टूबर, 1869 ई॰ को काठियावाड़ के पोरबन्दर नामक स्थान पर एक धार्मिक विचारधारा वाले परिवार में हुआ था। मैट्रिक की परीक्षा पास करने के बाद 1888 ई॰ में उन्हें कानून पढ़ने के लिए इंग्लैण्ड भेज दिया गया। 1891 ई॰ में उन्होंने लन्दन से लौटकर वकालत प्रारम्भ की। वे दक्षिण अफ्रीका गए और काले-गोरे के विरुद्ध संघर्ष किया। 1915 ई॰ में उन्होंने भारतीय राजनीति में प्रवेश किया। उन्होंने असहयोग आन्दोलन, सविनय अवज्ञा आन्दोलन और गोलमेज सम्मेलन में भाग लिया। 1942 ई॰ में उन्होंने करो या मरो (Do or Die) का सन्देश दिया। उनके अथक संघर्ष के कारण, 15 अगस्त, 1947 ई॰ को भारत स्वतन्त्र हुआ। 30 जनवरी, 1948 ई॰ को नाथूराम गोडसे ने उनकी हत्या कर दी।

महात्मा गाँधी एक मानववादी, राजनीतिज्ञ, दार्शनिक, नीतिज्ञ, समाज सुधारक, राष्ट्रवादी और अन्तर्राष्ट्रीयवादी के रूप में प्रसिद्ध हैं। उन्हें राष्ट्रपिता बापू के नाम से भी सम्बोधित किया जाता है। *The Story of My Experiments with Truth* उनकी प्रमुख पुस्तक है जिसमें उन्होंने अपने सिद्धान्तों को रखा है। उन्होंने सत्य, अहिंसा, सत्याग्रह, राज्य, सामाजिक और आर्थिक पहलुओं पर विचार किया है।

गाँधी के विचारों के स्रोत
(Sources of Gandhian Thought)

गाँधी एक मौलिक विचारक नहीं थे। उन्होंने प्लेटो, अरस्तू, रूसो, हीगल, ग्रीन और मिल की तरह कोई क्रमबद्ध राजनीतिक दर्शन नहीं दिया। फिर भी, उनके जीवन पर धर्म, समाज, राष्ट्र, अनेक विचारकों और तत्कालीन समस्याओं का प्रभाव इतना अधिक पड़ा कि वे अनेक प्रकार के विचारों में विश्वास करने लगे। इसी से गाँधीवाद का विकास हुआ। गाँधी पर निम्नांकित प्रभाव पड़े:

1. **पैतृक प्रभाव** (Hereditary Impact)—गाँधी पर सबसे अधिक प्रभाव उनके परिवार का ही पड़ा। उनके दादा उत्तमचन्द गाँधी धार्मिक और दृढ़ निश्चय के व्यक्ति थे। उनके पिता करमचन्द गाँधी बीकानेर और राजकोट के दीवान थे जो ईमानदारी और निष्पक्षता से अपने कार्यों को करते थे। उनकी माता पुतलीबाई एक धार्मिक स्वभाव की स्त्री थीं। इस प्रकार पैतृक वातावरण से उन्होंने सत्य, धर्म, अहिंसा, व्रत, नैतिकता और कर्मठता का पाठ सीखा।

2. **राष्ट्रीय समस्याओं का प्रभाव** (Impact of National Problems)–गाँधी के मस्तिष्क पर तत्कालीन राष्ट्रीय समस्याओं का काफी प्रभाव पड़ा। इंग्लैण्ड में उन्हें स्वतन्त्रता और परतन्त्रता का अन्तर मालूम हुआ। दक्षिण अफ्रीका में उन्होंने जातीय मतभेद का विरोध किया और सामाजिक समानता पर जोर दिया। उन्होंने भारत को स्वतन्त्र कराने के लिए सत्य, अहिंसा और सत्याग्रह का प्रयोग किया। 1915 से 1948 ई॰ तक गाँधीजी देश की सामाजिक, आर्थिक और राजनीतिक समस्याओं से संघर्ष करते रहे।

3. **विभिन्न धर्मों का प्रभाव** (Impact of Different Religions)–गाँधी के विचारों के निर्माण में अनेक धर्मों का हाथ रहा है। हिन्दू धर्म, जैन धर्म, बौद्ध धर्म, इस्लाम धर्म और ईसाई धर्म के विचारों का प्रभाव गाँधीजी पर पड़ा। गीता, रामायण और महाभारत के उपदेशों का गाँधी पर प्रभाव पड़ा। गाँधीजी ने इनसे सत्य और कर्तव्य पालन का पाठ सीखा। उन्होंने बौद्ध धर्म और जैन धर्म से अहिंसा, पवित्रता, त्याग और सहनशीलता का पाठ सीखा। कुरान से समानता और एकता का सबक गाँधी को मिला। उन पर सबसे अधिक प्रभाव ईसाई धर्म का पड़ा। "बुराई को अच्छाई से जीतना चाहिए, अपने शत्रुओं को भी प्यार करो, बद्दुआ देने वाले को भी दुआ दो, जो तुमसे घृणा करते हों उनके साथ नेकी करो।"[1] जैसे उपदेशों से गाँधीजी काफी प्रभावित हुए। इस प्रकार बाइबिल के सरमन ऑन दी माउण्ट (Sermon on the Mount) से गाँधी काफी प्रभावित हुए।

4. **विभिन्न दार्शनिकों का प्रभाव** (Impact of Different Philosophers)–गाँधी के विचारों पर निम्नांकित दार्शनिकों का काफी प्रभाव पड़ाः

(i) **हेनरी डेविड थोरो** (Henry David Thoreau)–गाँधीजी ने 1908 ई॰ में जेल के अन्दर थोरो के लेख *An Essay on Civil Disobedience* का अध्ययन किया। इसके अन्तर्गत यह बताया गया कि जो लोग या संस्था भलाई करती हों, उनको सहयोग देना चाहिए और जो अहित करें उनके साथ असहयोग करें। गाँधीजी का असहयोग आन्दोलन और सविनय-अवज्ञा आन्दोलन इसी पर आधारित हैं।

(ii) **जॉन रस्किन** (John Ruskin)–इनकी महान रचना *अन्टू दी लास्ट* (*Unto The Last*) का प्रचण्ड प्रभाव गाँधीजी पर पड़ा। इसी आधार पर उनकी धारणा हुई कि सभी की आर्थिक स्थिति अच्छी होनी चाहिए। वकील और नाई दोनों का कार्य समान महत्व का है। दोनों को उच्च जीवन जीने का अधिकार मिलना चाहिए।

(iii) **टॉलस्टॉय** (Tolstoy)–इनकी पुस्तक *The Kingdom of God is within You* से गाँधी काफी प्रभावित हुए। गाँधीजी ने इससे अहिंसा का महत्व, प्रेम, शोषण का विरोध, राज्य सत्ता में अविश्वास, सत्य, आदर्श, व्यक्ति का सुधार और श्रम की महत्ता को सीखा तथा अपने जीवन में प्रयोग किया। प्यारेलाल का भी कथन है, "जीवन के बारे में गाँधी के समस्त दृष्टिकोण को टॉलस्टॉय ने बदल दिया। कला, धर्म, अर्थशास्त्र, पुरुष और महिला के आपसी सम्बन्ध तथा राजनीति के बारे में गाँधीजी के विचारों पर टॉलस्टॉय की गहरी छाप पड़ी थी।"

(iv) **गोखले एवं तिलक** (Gokhle and Tilak)–गाँधीजी गोखले को अपना राजनीतिक गुरु मानते थे। तिलक को वे आदर्श मानते थे। उन्होंने अनुशासन, सहयोग गोखले से तथा धर्म, स्वराज, असहयोग, विरोध जैसे गुणों को तिलक से ग्रहण किया। गोखले और तिलक के बाद भारतीय राजनीति का नेतृत्व गाँधीजी ने ही किया और उन्हें 15 अगस्त, 1947 ई॰ को सफलता मिली। भारत स्वतन्त्र हुआ।

इस प्रकार गाँधी के विचारों पर उपर्युक्त स्रोतों का प्रभाव पड़ा।

---

1. "Overcome evil by good, love your enemies, bless those that curse you, do good to them who hate you."

गाँधीवाद क्या है?
(What is Gandhism?)

महात्मा गाँधी मूलतः एक व्यावहारिक कर्मयोगी थे। उन्होंने राजनीति में अपने कुछ सिद्धान्तों को प्रयोग में लिया। नेहरू ने भी कहा था, "हम लोगों का गाँधीजी से शायद ही कभी किसी प्रश्न पर वाद-विवाद या दर्शनशास्त्रीय स्तर पर विचार-विमर्श होता था। हम लोग मिलकर काम करते थे।" इसका यह अर्थ है कि गाँधी कार्य-पद्धति में विश्वास करते थे। उसने कभी-भी अपने विचारों को क्रमबद्ध करने का प्रयत्न नहीं किया और न किसी वाद को जन्म दिया। उनके शब्दों में, "गाँधीवाद नाम की कोई वस्तु नहीं है और मैं अपने बाद कोई सम्प्रदाय छोड़ना नहीं चाहता। मैं कभी इस बात का दावा नहीं करता कि मैंने कोई नया सिद्धान्त चलाया है।" लेकिन एक अवसर पर गाँधीजी ने कहा था, "गाँधी मर सकता है किन्तु गाँधीवाद सदा जीवित रहेगा।"[1] गाँधी का इससे तात्पर्य कोई वाद चलाना नहीं था बल्कि सत्य और अहिंसा को वे चिरस्थायी समझते थे। उन्होंने अपने विचारों को क्रमबद्ध नहीं किया। वे जीवनभर सत्य का प्रयोग करते रहे। उन्होंने कोई दर्शन नहीं दिया लेकिन जीवन के प्रति एक नया दृष्टिकोण दिया जिसने आगे चलकर वाद का रूप ले लिया। आज गाँधीजी के सारे विचारों को गाँधीवाद के नाम से पुकारा जाता है।

गाँधीवाद की परिभाषा (Definition of Gandhism)–विभिन्न विद्वानों ने गाँधीवाद की परिभाषा निम्न शब्दों में दी है:

1. **आचार्य कृपलानी** (Acharya Kriplani) के अनुसार, "वास्तव में समस्त वाद उन व्यक्तियों के द्वारा जन्म धारण नहीं करते जिनके द्वारा वे चलाए जाते हैं, वरन् उन सीमाओं से प्रत्युत्पन होते हैं जो उनके अनुयायियों द्वारा उनके प्रारम्भिक विचारों पर लगाई जाती है।"

2. **सीतारमैय्या** (Sitaramayya) के शब्दों में, "गाँधीवाद न तो निश्चित सिद्धान्त है, न विचार, न नियम और न विनियम, बल्कि जीवन की एक शैली है। यह जीवन की विभिन्न समस्याओं के प्रति एक नया दृष्टिकोण है और आधुनिक समस्याओं को सुलझाने के लिए प्राचीन उपायों की खोज है।"[2]

गाँधीवाद की धार्मिक विचारधारा
(Religious Thought of Gandhism)
अथवा
राजनीति का आध्यात्मीकरण
(Spiritualization of Politics)

धर्म क्या है? (What is Religion?)–गाँधीवाद मूलतः धर्म पर आधारित है। गाँधी धर्म से सदा प्रेरित रहे हैं। उन्होंने यंग इण्डिया में लिखा था, "अपने सार्वजनिक जीवन के आरम्भ से ही मैंने जो कुछ कहा और जो कुछ किया है, उनके पीछे एक धार्मिक उद्देश्य रहा है।"[3] एक अन्य प्रसंग में गाँधीजी ने कहा है, "बहुत से धार्मिक व्यक्ति, जिनसे कि मैं मिला हूँ, छद्मवेश में राजनीतिज्ञ हैं किन्तु मैं जो कि राजनीतिज्ञ का वेश रखता हूँ, हृदय से एक धार्मिक व्यक्ति हूँ।"

---

1. "Gandhi may die but Gandhism may live forever."—Gandhi
2. "Gandhism is, thus, not a set of doctrines or dogmas, rules or regulations, injunctions, or inhibitions, but it is a way of life. It indicates a new attitude or restates an old one towards life's issues and offers ancient solutions for modern problems."—Sitaramayya, *Gandhi and Gandhism.*
3. "At the back of every word that I have uttered since I have known what public life and of every act I have done there has been a religious consciousness and down right religious motive."—Gandhi

गाँधीजी के अनुसार धर्म का सम्बन्ध जीवन के एक भाग से नहीं होता, बल्कि मनुष्य का सामाजिक, आर्थिक, बौद्धिक और राजनीतिक जीवन धर्म से प्रेरित रहता है। धर्म जीवन का अविभाज्य अंग है। इसको जीवन से अलग नहीं किया जा सकता है। धर्म से गाँधी का अर्थ किसी विशेष मत या धर्म या ईसाई धर्म से नहीं था, बल्कि वे मानव धर्म में विश्वास करते थे। उनका धर्म बाइबिल, कुरान, गीता, आदि पर आधारित नहीं है। उनका धर्म सत्य, अहिंसा और पवित्रता पर आधारित है जो जीवन की एक पद्धति है। धर्म सत्य और प्रेम पर आधारित होता है। गाँधीजी के शब्दों में, "मैं धर्म का क्या अर्थ समझता हूँ? वह हिन्दू धर्म नहीं है जिसे मैं निश्चित रूप से अन्य धर्मों की अपेक्षा श्रेष्ठ समझता हूँ, बल्कि वह तो वह धर्म है जो कि हिन्दू धर्म का अतिक्रमण करता है, जो कि मनुष्य के स्वभाव को बदलता है, जो मनुष्य को आन्तरिक सत्य से अटूट सम्बन्ध में बाँध देता है और जो सदैव हमारा परिष्कार करता है। वह मनुष्य के अन्दर स्थायी तत्व है।"

गाँधी का धर्म ईश्वर में अटूट विश्वास पर आधारित है। उनके शब्दों में, "मैं यह कह सकता हूँ कि वायु और जल के बिना तो शायद मैं रह सकता हूँ किन्तु ईश्वर के बिना मैं नहीं रह सकता। तुम मेरी आँखे निकाल सकते हो किन्तु उससे भी मैं नहीं मरूँगा। तुम मेरी नाक काट सकते हो किन्तु उससे भी मैं नहीं मर सकता लेकिन ईश्वर में से मेरा विश्वास गया और मैं मरा।"[1]

ईश्वर एक रहस्यमयी और सर्वव्यापक सत्ता है। वह एक अदृश्य शक्ति है जिसका अनुभव किया जा सकता है। मनुष्य ईश्वर की शक्ति से परे नहीं रह सकता है। गाँधी सत्य और ईश्वर को एक दूसरे का रूप मानते हैं। ईश्वर सत्य है और सत्य ही ईश्वर है। जड़ और चेतन सभी प्राणियों में ईश्वर व्याप्त है। ईश्वरीय नियमों का पालन करना ही धर्म है। ईश्वर नित्य और अपरिवर्तनशील है। गाँधी के अनुसार धर्म नैतिकता का दूसरा नाम है। सम्पूर्ण सृष्टि नैतिकता पर आधारित है। धर्म का मूल उद्देश्य है–व्यक्ति और समाज को नैतिक बनाना।

राजनीति धर्म पर आधारित है
(Politics is Based on Religion)

गाँधी मूलतः एक धर्मनिष्ठ व्यक्ति हैं लेकिन तत्कालीन परिस्थितियों ने उन्हें राजनीति के धरातल पर लाकर खड़ा कर दिया। वे राजनीति को धर्म का एक अंग मानते हैं। उनका कथन है कि धर्म और नैतिकता का विकास राजनीति पर निर्भर है तथा राजनीति की पवित्रता धर्म पर आधारित है। कोई भी धार्मिक व्यक्ति राजनीति से अछूता नहीं रह सकता। गाँधी के शब्दों में, "उस समय तक मैं धार्मिक जीवन व्यतीत नहीं कर सकता था, जब तक कि मैं स्वयं को सम्पूर्ण मानवता के साथ एकीकृत नहीं कर लेता और मैं यह उस समय तक नहीं कर सकता था, जब तक कि राजनीति में भाग नहीं लेता।"[2]

वस्तुतः राजनीति मानव-जीवन से लिपटी हुई है जिससे कोई व्यक्ति मुक्त नहीं हो सकता। गाँधीजी ने ठीक ही कहा है, "यदि मैं राजनीति में भाग लेता हूँ तो इसका केवल यही कारण है कि राजनीति हम सबसे एक साँप की भाँति लिपटी हुई है जिससे चाहे कोई कितनी ही चेष्टा करे, बाहर नहीं जा सकता। मैं उस सर्प से युद्ध करना चाहता हूँ। मैं राजनीति में धर्म को प्रविष्ट करने का प्रयास कर रहा हूँ।"[3]

---

1. "I can also testify that I may live without air and water but not without Him. You may pluck out my eyes but that will not kill me. You may chop off my nose, but that will not kill me. But blast my faith in God and I am dead."—Gandhi
2. "I could not be leading a religious life, unless I identified myself with the whole mankind and that I could do, unless I took part in politics."—Gandhi
3. "If I take part in politics, it is only because politics today encircles us like the coils of the snake which one cannot get out no matter how one tries. I wish to wrestle with the snake I am trying to introduce religion into politics."—Gandhi

इस प्रकार गाँधी धर्म और राजनीति को एक-दूसरे से अलग नहीं मानते थे। उनकी दृष्टि में धर्म और राजनीति दोनों में अन्योन्याश्रय सम्बन्ध है। दोनों एक-दूसरे से सम्बन्धित हैं। धर्मविहीन राजनीति जीवित नहीं रह सकती। गाँधी ने स्वयं कहा है, "जो यह कहते हैं कि धर्म का राजनीति से कोई सम्बन्ध नहीं है, वे यह नहीं समझते कि धर्म का अर्थ क्या है? धर्म से पृथक कोई राजनीति नहीं हो सकती। धर्म से पृथक राजनीति तो मृत्युजाल है क्योंकि यह आत्मा का हनन करती है।"

अतएव इस वर्तमान युग में गाँधी ने राजनीति का आध्यात्मीकरण किया। इस गुण के कारण उनको महान राजनीतिक विचारक और धर्म-प्रवर्तकों में श्रेष्ठ माना जाता है। गाँधी निरंतर सत्य की खोज करते रहे। इसीलिए उन्होंने अपनी आत्मकथा का नाम *The Story of My Experiments with Truth* रखा है। उनका अटूट विश्वास ईश्वर में था। उनका कहना था, ईश्वर की इच्छा के बिना वृक्ष का एक पत्ता भी नहीं हिलता है। विश्व का सारा काम ईश्वर के निर्देशन में होता है। अतएव सम्पूर्ण राजनीति भी ईश्वर से निर्देशित होती है। धर्म और राजनीति दोनों एक-दूसरे की सगी बहन हैं।

गाँधी के राजनीतिक विचार
(Political Ideas of Gandhi)

सत्य एवं अहिंसा (Truth and *Ahimsa*)

सत्य (Truth)–महात्मा गाँधी की राजनीति सत्य और अहिंसा पर आधारित है। सत्य और अहिंसा एक-दूसरे के पूरक हैं। गाँधीजी के अनुसार धर्म ईश्वर में है और ईश्वर सत्य में है। सभी की सेवा करना और सभी से प्रेम करना ही सत्य है। प्रत्येक परिस्थिति में सत्य का पालन होना चाहिए। सत्य की खोज अपनी आत्मा से की जाती है। सत्य क्या है? इसके उत्तर में गाँधीजी का कहना है, "यह एक कठिन प्रश्न है किन्तु स्वयं अपने लिए मैंने इसे हल कर लिया है। तुम्हारी अन्तरात्मा जो कहती है वही सत्य है।" उनके जीवन में सत्य का बहुत बड़ा महत्व था। उनके शब्दों में, "सत्य के अतिरिक्त मेरा और कोई ईश्वर नहीं है जिसकी मैं सेवा करूँ। सिवाय सत्य के मैं अन्य किसी की भक्ति नहीं करता और मैं सिवाय सत्य के किसी अन्य का अनुशासन नहीं मानता।" सत्यवादी व्यक्ति को झूठ, कपट और छल-प्रपंच से दूर रहना चाहिए। उसे निर्भीक होना चाहिए। वस्तुत: "सत्य एक विशाल वृक्ष की तरह है जिसको जितना अधिक पोषित किया जाता है, वह उतना ही अधिक से अधिक फल देता है।"[1] अतएव सत्य प्रेम और सेवा में निहित है।

अहिंसा (Non-Violence)–गाँधीजी के अनुसार सत्य की प्राप्ति अहिंसा के द्वारा की जा सकती है। अहिंसा की परिभाषा देते हुए गाँधीजी ने कहा था, "पृथ्वी पर सभी प्राणियों को मन, वाणी और कर्म से किसी प्रकार की कोई हानि न पहुँचाई जाए।"[2] अर्थात् अहिंसा का अर्थ केवल मारना नहीं है, बल्कि मन, वचन और कर्म से किसी भी प्राणी को हानि नहीं पहुँचाना है। इसमें सर्वोच्च प्रेम और आत्म-बलिदान निहित है। अहिंसक में त्याग, बलिदान, सत्य, आत्मबुद्धि और शक्ति जैसे गुणों का होना आवश्यक है। गाँधी का कहना है कि संसार में कुछ-न-कुछ मात्रा में हिंसा अवश्य रहती है लेकिन अहिंसा हिंसा से सर्वोच्च है। अहिंसा के द्वारा ही सत्य और नैतिकता को प्राप्त किया जा सकता है। गाँधी ने सत्य को एक लक्ष्य और अहिंसा को एक साधन माना। अहिंसा के चार मूल तत्व हैं–प्रेम, धैर्य, अन्याय का विरोध और वीरता। इसका सम्बन्ध केवल वैयक्तिक आचरण तक ही नहीं है, बल्कि राष्ट्र और समाज को भी इस पर चलना चाहिए। गाँधी ने अहिंसा के मार्ग पर चलकर भारत को स्वतन्त्र कराया। अतएव गाँधी एक सैद्धान्तिक

1. "Truth is like a vast tree, which yields more and more fruit the more you nurture it."
2. "Gandhi defined non-violence as avoiding injury to anything on earth in thought, word or deed."—Gandhi

नहीं, बल्कि व्यावहारिक दार्शनिक थे। उनके जीवन के कण-कण में सत्य और अहिंसा भरी हुई थी। उनका सम्पूर्ण जीवन सत्य और अहिंसा की खोज है।

साध्य एवं साधन (End and Means)

साध्य एवं साधन दोनों अच्छे होने चाहिए (End and Means Both should be Good)–गाँधी ने साध्य एवं साधन को अभिन्न माना। उनके अनुसार साधन को साध्य के अनुरूप होना चाहिए। साध्य को केवल नैतिक होना ही पर्याप्त नहीं है, बल्कि साधन को भी नैतिक होना चाहिए। अनैतिक साधन को किसी भी कीमत पर नहीं अपनाया जा सकता है। इस सम्बन्ध में गाँधी ने कहा है कि यदि आपके पवित्र साध्य के लिए पवित्र साधन नहीं मिलते हों तो उस साध्य को छोड़ देना चाहिए। साध्य एवं साधन के अभिन्न सम्बन्ध पर गाँधीजी ने कहा है, "साधन एक बीज की तरह है और साध्य एक पेड़ है। साध्य और साधन में वही सम्बन्ध है जो बीज और पेड़ में है।"[1]

इस प्रकार गाँधी ने राजनीति में नैतिकता पर बल दिया है। उन्होंने साध्य और साधन दोनों की पवित्रता पर जोर दिया है। फासिस्ट और साम्यवादी साध्य ही साधनों का औचित्य है। (End Justifies the Means) अर्थात् साध्य केवल ठीक होनी चाहिए और इसकी प्राप्ति के लिए किसी भी उचित या अनुचित साधन को अपनाया जा सकता है। गाँधी ने इसका खण्डन किया और कहा कि साधन को पवित्र होना चाहिए। ऐसा करके उसने राजनीति का आध्यात्मीकरण किया। यह आधुनिक राजनीति में उनकी सबसे बड़ी देन है।

सत्याग्रह (Satyagraha)

सत्याग्रह का अर्थ (Meaning of Satyagraha)–गाँधीजी ने सत्याग्रह को एक अहिंसात्मक अस्त्र के रूप में भारतीय राजनीति में प्रयोग किया जो उनकी सबसे बड़ी देन है। सत्याग्रह का शाब्दिक अर्थ है–सत्य पर डटे रहना। गाँधीजी ने इसे प्रेम शक्ति और आत्मशक्ति भी कहा है। उन्होंने सत्याग्रह की परिभाषा निम्न शब्दों में दी–"सत्याग्रह आत्मा की शक्ति है। सत्य पर आग्रह है, यह सत्य पर आग्रह दूसरों को कष्ट देकर नहीं वरन् अपने ऊपर कष्ट सहन करके हो सकता है। यह सच्चाई के लिए तपस्या है।"[2]

सत्याग्रही अपने विरोधी को कष्ट नहीं पहुँचाता और हमेशा कोमल तर्क द्वारा या तो उसकी बुद्धि को प्रेरित करता है या आत्म-बलिदान द्वारा उसके हृदय को। वह हारना तो जानता ही नहीं क्योंकि वह बिना थके सत्य के लिए लड़ता है।

सत्याग्रही के गुण (Qualifications for Satyagrahi)–गाँधी ने हिन्द स्वराज्य में सत्याग्रही के लिए निम्न गुणों का होना आवश्यक बताया है–सत्य, अहिंसा, अस्तेय, ब्रह्मचर्य, अपरिग्रह, शारीरिक श्रम, अस्वाद, निर्भयता, सभी धर्मों को समान दृष्टि से देखना, स्वदेशी और अस्पृश्यता निवारण। अर्थात्

1. सत्याग्रही अहिंसा में विश्वास करेगा।
2. वह सत्य का पालन करेगा।
3. वह किसी भी वस्तु की चोरी नहीं करेगा।
4. वह ब्रह्मचर्य का पालन करेगा।
5. वह किसी भी वस्तु को नहीं अपनाएगा।

---

1. "The means may be likened to a seed, the end to a tree, and there is just the same inviolable connection between the means and the end as there is between the seed and the tree."—Gandhi
2. "Satyagraha is the vindication of truth, not by the infliction of suffering on the opponent but on one's ownself. It is nothing but Tapasya for truth."—Gandhi

6. वह शारीरिक श्रम का पालन करेगा।
7. वह किसी भी वस्तु की इच्छा व्यक्त नहीं करेगा।
8. वह निर्भीक होगा।
9. वह सभी धर्मों को समान रूप से देखेगा।
10. वह खादी का पालन करेगा।
11. वह छुआ-छूत के भेद को नहीं मानेगा।

सत्याग्रही के लिए नियम (Rules for Satyagrahi)–सत्याग्रही निम्नांकित नियमों का पालन करेगा–

1. सत्याग्रही किसी के प्रति क्रोध नहीं करेगा।
2. वह शत्रु का क्रोध सहन करेगा।
3. वह शत्रु का आक्रमण सहेगा, लेकिन बदला नहीं लेगा।
4. वह स्वेच्छा से गिरफ्तार होगा।
5. वह न कसम खाएगा, न मारेगा और न गाली देगा।
6. वह शत्रु का अपमान नहीं करेगा।
7. वह सम्पत्ति का त्याग करेगा।
8. वह सरकारी अधिकारियों का अपमान नहीं करेगा।
9. वह शत्रु की रक्षा करेगा।
10. वह विदेशी झण्डे को सलाम नहीं करेगा।

सत्याग्रह एवं निष्क्रिय प्रतिरोध में अन्तर
(Distinction between Satyagraha and Passive Resistance)

कुछ लोग सत्याग्रह एवं निष्क्रिय प्रतिरोध को समान मान लेते हैं लेकिन दोनों में निम्नांकित अन्तर हैं–

1. सत्याग्रह सबलों का अस्त्र है, जबकि निष्क्रिय प्रतिरोध दुर्बलों का।
2. सत्याग्रही शत्रुओं का हृदय जीतता है लेकिन निष्क्रिय प्रतिरोध में शत्रुओं को लाचार किया जाता है।
3. सत्याग्रह अहिंसा का प्रयोग करता है, जबकि निष्क्रिय प्रतिरोध हिंसा और बल।
4. सत्याग्रह में स्वयं सत्याग्रही कष्ट उठाता है, जबकि निष्क्रिय प्रतिरोध में शत्रु को कष्ट दिया जाता है।

गाँधी ने सत्याग्रह का प्रयोग दक्षिण अफ्रीका और भारत में किया। उन्हें इनमें काफी सफलता मिली। वे दैनिक और घरेलू क्षेत्र में भी इसका प्रयोग करते थे। उनके शब्दों में, "अहिंसा की वर्णमाला का सर्वोतम पाठ गृह रूपी पाठशाला में पढ़ा जाता है और मैं अपने अनुभव से कहता हूँ कि यदि हमें वहाँ सफलता प्राप्त हो जाती है तो निश्चित रूप से ही हमें हर कहीं सफलता प्राप्त होगी। एक अहिंसावादी व्यक्ति के लिए सारा संसार ही एक परिवार है।"[1]

इस प्रकार गाँधी ने सत्याग्रह को अपने जीवन में एक व्यावहारिक रूप दिया।

---

1. "The alphabet of aliens is best learnt in the domestic school, and I can say from experience that if we secure success, we are sure to do so every where, for a non-violent person, the whole world is one family."—Gandhi

सत्याग्रह के विभिन्न रूप या तकनीक
(Different Forms or Techniques of Satyagraha)

गाँधी के अनुसार सत्याग्रह के विभिन्न रूप या तकनीकों का उल्लेख निम्नांकित रूप से किया जा सकता है:

1. **वार्ता द्वारा समझौता** (Negotiation)–गाँधी का विचार है कि कोई मतभेद या समस्या को सुलझाने के लिए पहले बातचीत द्वारा समझौता करना चाहिए। यह एक मध्यस्थ के द्वारा किया जा सकता है। यदि शत्रु वार्ता द्वारा नहीं समझौता करे तो सत्याग्रही कोई ठोस कदम उठा सकता है।

2. **आत्म-पीड़न का सिद्धान्त** (Principle of Self-suffering)–यदि वार्ता द्वारा किसी समस्या का समाधान नहीं हो, तो विरोधी के हृदय को आत्म-पीड़न के द्वारा जीता जा सकता है। सत्याग्रही स्वयं कष्ट उठाकर शत्रु के हृदय में दया और सद्भावना को जाग्रत करता है। गाँधी के शब्दों में, "सत्याग्रही को आत्म-पीड़न द्वारा ही मापा जा सकता है। जितना आत्म-पीड़न अधिक होगा, उतनी ही उन्नति सम्भव होगी।"

3. **असहयोग** (Non-cooperation)–गाँधी के सत्याग्रह साधनों में असहयोग एक मुख्य साधन है। यदि कोई शासन जनता का शोषण करे तो जनता उस शासन के साथ असहयोग करे। 1920 ई० में भारत में गाँधीजी ने ब्रिटिश शासन के विरोध में असहयोग आन्दोलन चलाया था। सरकार और विदेशी वस्तुओं का बहिष्कार और स्वदेशी चीजों का व्यवहार किया गया था। असहयोग आन्दोलन अहिंसात्मक होना चाहिए।

4. **सविनय अवज्ञा** (Civil Disobedience)–इसके द्वारा सत्याग्रही सरकार के उन कानूनों का उल्लंघन करता है जो जनता के लिए अन्यायपूर्ण होते हैं। 1930 ई० में गाँधी ने सविनय अवज्ञा आन्दोलन द्वारा नमक कानून को तोड़ा था लेकिन यह अवज्ञा शान्तिपूर्ण और अहिंसात्मक होनी चाहिए।

5. **हड़ताल** (Strike)–हड़ताल का अर्थ है कार्य में अवरोध उत्पन्न करना। इसके द्वारा लोगों में चेतना उत्पन्न की जाती है तथा सरकार का ध्यान समस्या की ओर आकृष्ट किया जाता है। हड़ताल अहिंसात्मक होनी चाहिए।

6. **उपवास** (Fasting)–इसके माध्यम से शत्रु पर दबाव डाला जा सकता है। स्वयं उपवास का कष्ट सहन करके आत्मा की शुद्धि होती है। गाँधीजी के शब्दों में, "यह विशुद्ध एवं प्रिय हृदय की प्रार्थना की सर्वोच्च अभिव्यक्ति है। इसके द्वारा बुराई करने वाले से अच्छी प्रकृति से अपील की जाती है जिससे उसके अन्तरंग में छिपी अच्छाई को उभारा जा सके।" उन्होंने हिन्दू-मुस्लिम एकता और हरिजनों के उद्धार के लिए अनेक बार उपवास किया।

7. **धरना** (Picketing)–जो लोग शराब, अफीम या विदेशी वस्तुओं का व्यवहार करते थे, उनके विरुद्ध गाँधीजी धरना देने कि आज्ञा देते थे। धरने का उद्देश्य दूसरों को काम करने से रोकना नहीं है, बल्कि उन्हें महसूस करवाना है कि उनका कार्य गलत है। यह अहिंसात्मक ढंग से होना चाहिए।

8. **सामाजिक बहिष्कार** (Social Boycott)–जो अधिकारी अपने कर्तव्य का पालन नहीं करते या जनमत के विरुद्ध काम करते हैं, उनका सामाजिक बहिष्कार करना चाहिए। इसमें अधिकारियों का अपमान नहीं होना चाहिए।

9. **स्वेच्छा से पलायन या हिजरत** (*Hijrat*)–जब किसी स्थान के लोगों पर काफी अत्याचार किया जाता है और वे दु:खी होकर स्वेच्छा से उस स्थान को छोड़कर किसी दूसरे स्थान पर चले जाते हैं तो उसे हिजरत कहते हैं। बारदोली, विट्ठलगढ़, लिम्बड़ी और पाकिस्तान के हिन्दुओं ने अपना स्थान परिवर्तन किया था। यह भी सत्याग्रह का एक रूप है।

सत्याग्रह की आलोचना (Criticism of Satyagraha)–विभिन्न आलोचकों ने सत्याग्रह की आलोचना निम्न प्रकार से की है:

1. **सत्याग्रह का दुरुपयोग** (Misuse of Satyagraha)–आजकल सत्याग्रह का काफी दुरुपयोग किया जा रहा है। कुछ लोग निजी स्वार्थ की पूर्ति हेतु सत्याग्रह का प्रयोग करते हैं जो गलत है।

2. **सामाजिक और आर्थिक परिवर्तन नहीं** (Not Social and Economic Change)–साम्यवादी, अराजकतावादी एवं अन्य लोगों का कहना है कि अहिंसात्मक साधनों के माध्यम से सामाजिक और आर्थिक परिवर्तन सम्भव नहीं है। भीषण सामाजिक और आर्थिक समस्याओं को दूर करने के लिए शक्ति का प्रयोग आवश्यक है।

3. **सभी परिस्थितियों में सत्याग्रह का प्रयोग सम्भव नहीं** (In All Circumstances the Use of Satyagraha Not Possible)–आलोचकों का कहना है कि स्वतन्त्र और विकसित समाज में सत्याग्रह का प्रयोग किया जा सकता है। लेकिन पिछड़ा समाज और निरंकुश शासन में सत्याग्रह का प्रयोग सम्भव नहीं है।

4. **सत्याग्रह अहिंसक नहीं** (Satyagraha Not Non-violent)–सत्याग्रही को अहिंसक मन, वचन और कर्म से होना चाहिए। इसमें शत्रु को कष्ट नहीं देना है। लेकिन, कभी-कभी सत्याग्रह हिंसा का भी रूप ले लेता है। शत्रुओं को शारीरिक कष्ट भी पहुँचाया जाता है।

5. **युद्ध में सत्याग्रह नहीं** (Satyagraha Not in War)–आलोचकों का कहना है कि अन्तर्राष्ट्रीय क्षेत्र में या विदेशी आक्रमण के समय सत्याग्रह का प्रयोग सम्भव नहीं है। हवाई हमले और अणुयुद्ध में सत्याग्रह के माध्यम से देश की जनता और सम्पत्ति की रक्षा नहीं की जा सकती है।

निष्कर्ष–उपर्युक्त आलोचनाओं से सत्याग्रह का महत्व कम नहीं होता। वस्तुतः सत्याग्रह हृदय परिवर्तन करने का एक अमोघ शस्त्र है। गाँधीजी की यह राजनीति में मौलिक देन है। यदि सत्याग्रही सत्याग्रह के नियमों और गुणों के आधार पर इसका प्रयोग करें तो यह सदा सफलीभूत हो सकता है। सत्याग्रह एक नैतिक, शक्तिशाली और अहिंसक शस्त्र है जिसके द्वारा मानव समाज को सुधारा जा सकता है।

राज्य का गाँधीवादी सिद्धान्त
(Gandhian Theory of State)

व्यक्ति साध्य और राज्य साधन (Individual an End and State a Means)

राज्य पर गाँधी की विचारधारा अलग है। राज्य के सम्बन्ध में विभिन्न विचारकों में मतभेद रहा है। व्यक्तिवादी विचारक, जैसे–बेन्थम और मिल व्यक्ति साध्य और राज्य को साधन मानते हैं। दूसरी ओर, आदर्शवादी विचारक, जैसे–हीगल और टी०एच० ग्रीन राज्य को साध्य और व्यक्ति को साधन मानते हैं। गाँधीजी व्यक्ति को साध्य और राज्य को साधन मानते हैं। उनका कथन है कि राज्य की उत्पत्ति मनुष्य के लिए हुई है, न कि मनुष्य राज्य के लिए। वे राज्य को लोक-कल्याण और सामाजिक प्रगति का एक साधन मात्र मानते हैं।

गाँधी ने राज्य की सत्ता का विरोध निम्नलिखित आधार पर किया है:

1. **दार्शनिक आधार** (Philosophical Basis)–राज्य एक अनैतिक संस्था है। वह दण्ड, भय और कानून के बल पर व्यक्ति से सब काम करवाता है। अतएव वह व्यक्ति के नैतिक विकास के मार्ग को प्रशस्त नहीं करता है।

2. **राज्य हिंसक संगठन** (State a Violent Organisation)–गाँधीजी ने राज्य को एक हिंसक संगठन माना है। वह स्वयं अहिंसा के प्रेमी थे। अतएव इस आधार पर राज्य का विरोध किया जाना चाहिए।

3. **व्यक्ति का विकास नहीं** (No Development of Individual)–राज्य अनेक कार्यों का सम्पादन करता है जिससे व्यक्ति के विकास का मार्ग अवरुद्ध होता है। अतएव राज्य को कम-से-कम काम करना चाहिए।

गाँधी–एक दार्शनिक अराजकतावादी
(Gandhi—A Philosophical Anarchist)

गाँधी को एक दार्शनिक अराजकतावादी कहा जाता है क्योंकि उनके राज्य- सम्बन्धी विचार अराजकतावादी दार्शनिक क्रोपाटकिन और टॉलस्टॉय के विचारों से प्रभावित हैं। इसलिए गाँधीजी को अराजकतावादी की श्रेणी में रखा जाता है। गाँधीजी ने आर्थिक, ऐतिहासिक और नैतिक आधार पर राज्य की कटु आलोचना की है। उनकी दृष्टि में "राज्य एक हिंसक संस्था है जो गरीबों का शोषण करती है। राज्य के द्वारा नैतिकता का हनन किया जाता है। अतः राज्य को समाप्त कर देना चाहिए।"[1]

सैद्धान्तिक रूप से राज्य के अस्तित्व के विरोधी होने पर भी गाँधी वर्तमान परिस्थितियों में राज्य को समाप्त करने के पक्ष में नहीं थे। उनका विचार था कि वर्तमान समय में मानव जीवन इतना पूर्ण नहीं है कि वह स्वयं-संचालित हो सके। इसलिए समाज में राज्य की आवश्यकता है कि राज्य का कार्यक्षेत्र कम होना चाहिए। इस प्रकार, राज्य के कार्यक्षेत्र की दृष्टि से अराजकतावादी और व्यवहार में व्यक्तिवादी की संज्ञा गाँधीजी को दी जा सकती है लेकिन गाँधी न तो क्रोपाटकिन और बाकुनिन की तरह हिंसा के आधार पर राज्य को समाप्त करने के पक्ष में थे और न व्यक्तिवादियों की तरह पूँजीवादी अर्थ-व्यवस्था का समर्थन करते थे।

वस्तुतः गाँधीजी ने जिस राज्य को एक आवश्यक बुराई माना है। वह राज्य की शक्ति और प्रभाव को कम करने के पक्ष में थे। इस सम्बन्ध में उन्होंने तीन सुझाव दिए हैं:

1. **सत्ता का विकेन्द्रीकरण** (Decentralisation of Power)–गाँधीजी राजनीतिक क्षेत्र में केन्द्रीकृत सत्ता के प्रबलतम विरोधी और विकेन्द्रीकरण के समर्थक थे। उनका कथन है कि सत्ता का केन्द्रीकरण सदैव ही हानिकारक है क्योंकि कुछ व्यक्ति राज्य सत्ता पर अपना एकाधिकार कर लेते हैं और स्वार्थ-सिद्धि के लिए छल-कपट, आदि अनेक साधनों का प्रयोग करते हैं। अतः सत्ता का विकेन्द्रीकरण होना चाहिए। ग्राम पंचायतों को अपने गाँवों और प्रशासन का प्रबन्ध करना चाहिए।

2. **राज्य का कार्यक्षेत्र न्यूनतम** (Minimum Jurisdiction of State)–गाँधी के अनुसार राज्य का कार्यक्षेत्र कम से कम होना चाहिए। राज्य को व्यक्ति के जीवन में कम हस्तक्षेप करना चाहिए। उनका मत था कि "सर्वोतम सरकार वह जो कम शासन करती है।"[2] स्वराज्य का अर्थ है कि व्यक्ति को सरकार के नियन्त्रण से स्वतन्त्र होने का लगातार प्रयत्न करना चाहिए। चाहे सरकार विदेशी हो या राष्ट्रीय।

3. **राज्य सम्प्रभुता का खण्डन** (Rejection of State Sovereignty)–गाँधीजी ने व्यक्ति को साध्य और राज्य को एक साधन माना है। अतएव वे राज्य सम्प्रभुता का खण्डन करते हैं। राज्य को जनता का कल्याण करना चाहिए, तभी वह जनता से भक्ति पा सकता है।

गाँधी का आदर्श समाज या रामराज्य
(Gandhi's Ideal Society or *Ram Rajya*)

गाँधीजी ने जिस समाज या राज्य की कल्पना की है उसे रामराज्य कहा जाता है। उसका शाब्दिक अर्थ है रामजी का राज्य। गाँधी ने रामराज्य शब्द का प्रयोग भावनावश आलंकारिक रूप में किया है। उन्होंने प्लेटो की तरह दो आदर्श राज्यों का वर्णन किया है–(i) आदर्श राज्य, और (ii) उपादर्श राज्य। पूर्ण आदर्श समाज के अन्तर्गत राज्य का कोई

1. "The state represents violence in a concentrated and organised form. The individual has a soul, but as the state is soulless machine, it can never be free from violence to which it owes its very existence."—Gandhi
2. "That government is best which governs the least."—Gandhi

स्थान नहीं है। लेकिन, गाँधीजी यथार्थवादी थे। वे समझते थे कि पूर्ण आदर्श समाज सम्भव नहीं है। इसलिए, उन्होंने अहिंसक राज्य या उपादर्श राज्य की कल्पना की है।

अहिंसक राज्य या उपादर्श राज्य की विशेषताएँ (Features of the Non-violent State or Sub-Ideal State)

1. **अहिंसात्मक राज्य** (Non-Violent State)–गाँधीजी राज्य को अहिंसात्मक राज्य कहते थे। इसमें राज्य रहेगा। पुलिस, जेल, सेना और न्यायालय की भी व्यवस्था रहेगी लेकिन इन सत्ताओं का प्रयोग जनता की भलाई के लिए किया जाएगा। इसलिए इसे अहिंसात्मक राज्य कहा जाता है।

2. **शासन लोकतान्त्रिक** (Administration Democratic)–गाँधीजी के अहिंसात्मक राज्य में शासन का रूप पूर्णतया लोकतान्त्रिक है। जनता मत देने के साथ-साथ सक्रिय रूप से शासन में भाग लेगी। शासन-सत्ता सीमित होगी और जनता के प्रति उत्तरदायी होगी।

3. **विकेन्द्रीकृत संस्था** (Decentralised Institution)–अहिंसक राज्य में सत्ता को विकेन्द्रीकृत किया जाएगा। गाँव में ग्राम पंचायतों की स्थापना की जाएगी। उसे सत्ता का समस्त केन्द्र बनाया जाएगा। इस प्रकार की व्यवस्था से ग्रामों में स्वशासन और स्वावलम्बन की भावना उत्पन्न होगी और वे वास्तविक अर्थ में स्वावलम्बी होंगे। उनका निर्वाचन प्रत्यक्ष रूप से होगा।

4. **आर्थिक क्षेत्र में विकेन्द्रीकरण** (Decentralisation in Economic Field)–गाँधी का विचार है कि केन्द्रीकृत बड़े-बड़े उद्योग लगभग समाप्त कर दिए जाएँगे और उनके स्थान पर लघु उद्योग-धन्धे चलाए जायेंगे। मानव हित में मशीनों का प्रयोग किया जाएगा। प्रत्येक गाँव अपनी आवश्यकता की वस्तुओं का स्वयं उत्पादन करेगा और प्रत्येक उत्पादन का स्वयं स्वामी होगा। इस प्रकार आर्थिक क्षेत्र में प्रतिस्पर्द्धा और शोषण का अन्त होगा।

5. **निजी सम्पत्ति का अस्तित्व** (Existence of Private Property)–गाँधी के राज्य में निजी सम्पत्ति की प्रथा का अस्तित्व होगा लेकिन सम्पत्ति के स्वामी अपनी सम्पत्ति का प्रयोग निजी स्वार्थ के लिए नहीं, बल्कि समस्त समाज के कल्याण के लिए करेंगे। वे ये समझकर कार्य करेंगे कि उनके पास जो सम्पत्ति है, इसका वास्तविक स्वामी समाज ही है और समाज के द्वारा उन्हें इस सम्पत्ति का संरक्षक या ट्रस्टी नियुक्त किया गया है।

6. **प्रत्येक व्यक्ति के लिए श्रम अनिवार्य** (Compulsory Labour for Every Individual)–अहिंसक राज्य में प्रत्येक व्यक्ति अपने जीवन के लिए श्रम करेगा। कोई भी व्यक्ति दूसरे पर आश्रित न होगा और न उसकी सम्पत्ति हड़पेगा। बौद्धिक व्यक्ति के लिए भी शारीरिक श्रम करना आवश्यक होगा। सभी व्यक्तियों के द्वारा शारीरिक श्रम किए जाने पर समाज में समानता आएगी।

7. **नागरिक अधिकार** (Civil Rights)–गाँधी का राज्य स्वतन्त्रता, समानता तथा अन्य नागरिक अधिकारों पर आधारित होगा। इसके अन्तर्गत प्रत्येक व्यक्ति को अपने विचार व्यक्त करने और समुदायों के निर्माण की स्वतन्त्रता होगी। इस राज्य के अन्तर्गत जाति, धर्म, भाषा, वर्ण और लिंग के भेदभाव के बिना सभी व्यक्तियों को समान सामाजिक और राजनीतिक अधिकार मिलेंगे।

8. **निःशुल्क प्राथमिक शिक्षा** (Free Primary Education)–प्रत्येक गाँव में निःशुल्क प्राथमिक शिक्षा की व्यवस्था की जाएगी। बुनियादी शिक्षा की भी व्यवस्था रहेगी।

9. **वर्ण व्यवस्था** (System of Verna)–गाँधी का अहिंसक राज्य वर्ण- व्यवस्था पर आधारित होगा। ब्राह्मण, क्षत्रिय, वैश्य और शूद्र समाज के प्रमुख वर्ण होंगे। सभी वर्ण अपनी वंश-परम्परा के अनुसार कार्य करेंगे। उनको सामाजिक, आर्थिक, राजनीतिक और धार्मिक क्षेत्र में समान अधिकार दिया जाएगा। स्त्रियों को समान अधिकार दिया जाएगा और वे गृह का काम करेंगी।

10. **अस्पृश्यता का अन्त** (End of Untouchability)—गाँधी के राज्य में अस्पृश्यता का अन्त होगा। छुआछूत की भावना नहीं रहेगी।

11. **धर्मनिरपेक्ष राज्य** (Secular State)—राज्य का कोई अपना धर्म नहीं होगा। सभी धर्मों को समान दृष्टि से देखा जाएगा। कोई भी व्यक्ति किसी भी धर्म को मान सकता है।

12. **गौ-वध निषेध** (Cow Slaughter Prohibited)—गाँधी ने कहा है कि आर्थिक और धार्मिक दोनों दृष्टि से गौ-हत्या नहीं की जाएगी।

13. **मद्य निषेध** (Liquor Prohibited)—गाँधी शराब, अफीम, भाँग, गाँजा एवं अन्य नशीली चीजों के पक्ष में नहीं थे। मादक चीजों का उत्पादन और बिक्री दोनों बन्द रहेंगे।

14. **अन्तर्राष्ट्रीय शान्ति** (International Peace)—गाँधी वसुधैव कुटुम्बकम् में विश्वास करते थे। प्रत्येक राज्य एक-दूसरे के साथ प्रेम, मित्रता और शान्ति का सम्बन्ध रखेगा।

निष्कर्ष—उपर्युक्त तथ्यों से यह स्पष्ट है कि गाँधी ने राज्य जैसी संस्था के अस्तित्व को मानवीय हित के लिए आवश्यक माना है लेकिन वह राज्य जनता के हित में होना चाहिए। उसे न्यूनतम काम करना चाहिए। वह हिंसा का प्रयोग जनता पर न करे, तभी राज्य मानव के लिए हितकर सिद्ध हो सकता है। गाँधी का अहिंसक राज्य भारतीय राजनीति में एक विशिष्ट स्थान रखता है।

गाँधी के सामाजिक विचार
(Social Ideals of Gandhi)

गाँधी एक महान समाज सुधारक भी थे। उनके सामाजिक विचार निम्न हैं:

1. **सामाजिक समानता** (Social Equality)—गाँधी सामाजिक समानता का समर्थन करते थे। उनका कथन है कि जाति, वर्ग, वर्ण या धर्म के आधार पर व्यक्तियों में सामाजिक भेद नहीं समझना चाहिए। समाज में छुआछूत और ऊँच-नीच की भावना नहीं होनी चाहिए। सभी को समाज में रहने और विकास करने का समान अधिकार मिलना चाहिए।

2. **साम्प्रदायिक एकता** (Communal Unity)—गाँधी सभी धर्मों को समान मानते थे। सत्य ही धर्म का आधार है। अतएव सभी सम्प्रदाय वाले हिन्दू, मुस्लिम, सिक्ख, ईसाई और पारसी आपस में भाई-भाई हैं। उन लोगों में आपसी एकता होनी चाहिए। गाँधीजी ने हिन्दू-मुस्लिम एकता पर विशेष रूप से बल दिया है। उन्होंने साम्प्रदायिक प्रतिनिधित्व का हमेशा विरोध किया है।

3. **अल्पसंख्यकों का आदर** (Respect for Minorities)—गाँधी अल्पसंख्यकों को आदर की दृष्टि से देखा करते थे। उन्होंने हरिजनों, आदिवासियों और पिछड़ी जातियों के विकास हेतु विशेष सुविधाएँ देने के लिए सरकार से आग्रह किया था। स्वतन्त्र भारत में इसका पालन किया गया है।

4. **व्यक्ति और समाज में सहयोग** (Co-operation Between Individual and Society)—गाँधी ने व्यक्ति और समाज को अभिन्न माना है। दोनों में अटूट सम्बन्ध है। दोनों एक-दूसरे के पूरक हैं। व्यक्ति आदर्श समाज में योगदान दे तथा समाज व्यक्ति के कल्याण हेतु कार्य करे। दोनों के पारस्परिक सहयोग पर ही सभ्यता का विकास होता है।

5. **नशाबन्दी** (Prohibition)—गाँधी के अनुसार नशाबन्दी पर रोक लगानी चाहिए। शराब, ताड़ी, भाँग, गाँजा एवं अन्य नशीले पदार्थों के सेवन से अर्थ, स्वास्थ्य और नैतिकता की हानि होती है। यह व्यक्ति और समाज दोनों के लिए हानिकारक है।

6. **महिला उत्थान** (Upliftment of Women)—गाँधी ने महिलाओं के उत्थान पर काफी बल दिया है। स्त्री सुधार हेतु उन्होंने अनेक सुझाव दिए है, जैसे—स्त्री शिक्षा पर बल, बाल विवाह पर रोक, दहेज प्रथा का अन्त,

बाल-विधवाओं का विवाह, आदि। स्त्रियों को पुरुष के समान वेतन और अधिकार मिलना चाहिए। उन्हें राजनीति में भी भाग लेने का अवसर दिया जाना चाहिए।

7. **शिक्षा में सुधार** (Reforms in Education)–गाँधी अँग्रेज शिक्षा के स्थान पर बुनियादी शिक्षा देने के पक्ष में थे। शिक्षा का उद्देश्य व्यक्ति के समग्र व्यक्तित्व का विकास है। इसके माध्यम से व्यक्ति के शारीरिक, मानसिक और नैतिक गुणों का विकास होना चाहिए। शिक्षा-पद्धति में निम्न सुधार वांछनीय हैं–

(i) प्रारम्भिक शिक्षा निःशुल्क और अनिवार्य हो।

(ii) बुनियादी शिक्षा पर बल दिया जाए।

(iii) आदर्श शिक्षकों की नियुक्ति हो।

(iv) शारीरिक और मानसिक दोनों शिक्षा पर जोर दिया जाए।

(v) शिक्षा द्वारा श्रम के महत्व को बताया जाए।

(vi) नैतिक शिक्षा पर जोर दिया जाए।

(vii) मातृभाषा में शिक्षा दी जाए।

(viii) शिक्षा खर्चीली नहीं होनी चाहिए।

(ix) शिक्षा व्यवसाय-युक्त हो।

गाँधी के आर्थिक विचार
(Economic Ideas of Gandhi)

गाँधी ने पूँजीवाद और आर्थिक शोषण का विरोध किया है। उनके आर्थिक विचारों को संक्षेप में निम्न रूप से व्यक्त किया जा सकता है:

1. **आर्थिक समानता** (Economic Equality)–गाँधी आर्थिक समानता का अर्थ धन के समान वितरण से नहीं लगाते हैं। उनका कथन है कि समाज में सभी व्यक्तियों को काम मिलना चाहिए। सभी की मौलिक आवश्यकताओं–रोटी, कपड़ा और मकान की पूर्ति होनी चाहिए। शिक्षा और चिकित्सा की व्यवस्था होनी चाहिए। आर्थिक समानता का अर्थ है–कोई भूखा नहीं रहे और अमीर-गरीब के बीच आर्थिक खाई अधिक नहीं हो।

2. **स्वदेशी वस्तुओं का प्रयोग** (Use of Swadeshi Goods)–गाँधी का मत था कि विदेशी चीजों का बहिष्कार किया जाए और देश की बनी हुई वस्तुओं को ही व्यवहार में लाना चाहिए।

3. **कुटीर उद्योग** (Cottage Industries)–गाँधी की आर्थिक व्यवस्था में कुटीर उद्योगों का काफी महत्व है। उनका कथन है कि भारत का विकास कुटीर उद्योगों पर निर्भर है। इससे असंख्य लोगों को व्यवसाय मिलता है और शोषण का भी अन्त होता है। गाँधीजी ने खादी उद्योग, मधुमक्खी पालन, मत्स्य पालन, तालगुड़, चटाई बनाना, चर्म उद्योग, साबुन उद्योग और मोमबत्ती-सलाई उद्योग पर विशेष जोर दिया है।

4. **मशीन का सीमित प्रयोग** (Limited Use of Machines)–गाँधीजी ने पूँजीवाद पर आधारित बड़े-बड़े कल-कारखानों का विरोध किया है। वे औद्योगीकरण के पक्ष में भी नहीं थे। उनका कथन है कि पूँजीवाद में मजदूरों का आर्थिक शोषण किया जाता है। राष्ट्र संकट में आ जाता है और फिर विश्वयुद्ध प्रारम्भ होता है। गाँधीजी ने कुटीर उद्योगों पर ज्यादा बल दिया है। उन्होंने मशीन को भी सीमित रूप में व्यवहार करने की छूट दी है।

5. **न्यूनतम आवश्यकताएँ** (Minimum Needs)–गाँधीजी अपरिग्रह सिद्धान्त में विश्वास करते हैं। उनका कहना है कि व्यक्ति को कम से कम चीजों का प्रयोग करना चाहिए। उन्हें अपनी आवश्यकताओं को सीमित कर देना चाहिए।

ऐसा करने से राष्ट्र आगे बढ़ता है और आत्म-सन्तुष्टि भी होती है। समाज में चीजों का अभाव नहीं होता है। न्यूनतम आवश्यकताएँ सुख की जननी हैं।

6. **सम्पत्ति की संरक्षकता** (Trusteeship of Property)—गाँधीजी वैयक्तिक सम्पत्ति रखने के पक्ष में थे। वे जमींदारों और पूँजीपतियों से सम्पत्ति नहीं लेना चहाते थे। उनका कथन था कि पूँजीपतियों और जमींदारों के पास सम्पत्ति ट्रस्ट के रूप में है। अतएव उस सम्पत्ति का प्रयोग वैयक्तिक हित में कम और सामाजिक हित में अधिक करना चाहिए। सम्पत्ति समाज की धरोहर है। अतएव उस पर सम्पूर्ण समाज का अधिकार होना चाहिए और उसी के हित में सम्पत्ति का प्रयोग किया जाना चाहिए।

गाँधीवाद का मूल्याकंन
(Evaluation of Gandhism)

आलोचना (Criticism)—गाँधीवाद की आलोचनाएँ निम्न आधार पर की जाती है:

1. **गाँधीवाद मौलिक नहीं** (Gandhism Not Original)—आलोचकों का कहना है कि गाँधीवाद कोई मौलिक दर्शन नहीं है। यह समाजवाद, व्यक्तिवाद, उदारवाद और अराजकतावाद का मिश्रित रूप है। इसकी अपनी कोई मौलिकता नहीं है।

2. **पूँजीवाद का समर्थन** (Support of Capitalism)—गाँधी ने वैयक्तिक सम्पत्ति और पूँजीवाद का समर्थन ट्रस्टीशिप के माध्यम से किया है। ट्रस्टीशिप का विचार समाज में विभिन्नता उत्पन्न करता है।

3. **राज्य हिंसक नहीं** (State Not Violent)—गाँधी ने राज्य को एक हिंसक संस्था माना है। राज्य गरीबों का शोषण करता है लेकिन आज लोककल्याणकारी राज्य ने यह सिद्ध कर दिया है कि मानव जीवन के लिए इसका रहना आवश्यक है।

4. **गाँधीवाद विरोधाभास युक्त** (Gandhism Full of Contradictions)— गाँधीवाद विरोधाभास से भरा हुआ है। गाँधीजी राज्य का विरोध भी करते हैं और समर्थन भी। वे अहिंसा और हिंसा की भी बात करते हैं।

5. **धर्म** (Religion)—गाँधीजी ने धर्म को राजनीति के लिए आवश्यक बताया है लेकिन मध्यकाल में धर्म के प्रवेश से राजनीति भ्रष्ट हुई है। आधुनिक युग में धर्मनिरपेक्ष राज्य की महत्ता पर बल दिया जा रहा है। अतएव धर्म और राजनीति दोनों का समन्वय सम्भव नहीं है।

6. **सत्याग्रह** (Satyagraha)—गाँधीजी का सबसे बड़ा शस्त्र सत्याग्रह है लेकिन आजकल उपवास, हड़ताल के द्वारा इसका दुरुपयोग किया जा रहा है।

7. **औद्योगीकरण** (Industrialization)—गाँधी ने औद्योगीकरण का विरोध किया है जो आज व्यावहारिक नहीं है।

8. **बुनियादी शिक्षा** (Basic Education)—गाँधीजी की बुनियादी शिक्षा असफल रही है।

गुण (Merits)—गाँधीवाद के निम्नांकित गुण उल्लेखनीय हैं:

1. सत्य, अहिंसा और नैतिकता पर बल।
2. सामाजिक सुधार।
3. महिला सुधार।
4. शिक्षा-पद्धति में सुधार की आवश्यकता पर बल।
5. मद्य निषेध।

6. कुटीर उद्योगों की महत्ता।
7. अधिकारों और कर्तव्यों में सम्बन्ध।
8. आर्थिक समानता।
9. हरिजनों, आदिवासियों एवं पिछड़ी जातियों का उत्थान।
10. ग्राम सुधार और पंचायती राज्य की स्थापना।
11. कर्म और फल में सम्बन्ध।
12. राष्ट्रवाद और अन्तर्राष्ट्रवाद की भावना, आदि।

निष्कर्ष—उपर्युक्त आलोचनाओं के आधार पर यह नहीं समझना चाहिए कि गाँधीवाद का राजनीति में कोई महत्व नहीं है। वस्तुत: गाँधीवाद व्यक्तिवाद, समाजवाद, साम्यवाद, आदर्शवाद, राष्ट्रवाद, अराजकतावाद और अन्तर्राष्ट्रीयवाद के श्रेष्ठ गुणों का एक नया मिश्रण है जो मानवता को एक नवीन जीवन दर्शन देता है। सत्य, अहिंसा और सत्याग्रह गाँधीवाद की सबसे बड़ी देन है। कृपलानी ने कहा है, "आज संसार के बहुत-से लोग गाँधी को महान गुरु मानते हैं जिनकी विचारधारा यदि कोई देख सके तो सदैव और सम्पूर्ण मानवता के लिए है।" गाँधीवाद गाँधी का जीवन दर्शन है जिसका प्रयोग भारतीय राजनीति में किया गया और भारत की स्वतन्त्रता उसकी सफलता का ठोस प्रमाण है। गाँधीवाद सदैव मानवता को सही मार्ग पर चलने के लिए संदेश देता रहेगा।

प्रश्न
(Questions)

1. गाँधीवाद क्या है? इसके विभिन्न स्रोतों का वर्णन कीजिए।
   What is Gandhism? Describe its various sources.
2. गाँधीवाद की विवेचना कीजिए।
   Discuss Gandhism.
3. गाँधीजी के राजनीतिक विचारों की समीक्षा कीजिए।
   Examine the political ideas of Gandhiji.
4. गाँधीजी के सामाजिक एवं आर्थिक विचारों का वर्णन कीजिए।
   Describe the social and economic ideas of Gandhiji.
5. गाँधीजी के सत्य, अहिंसा और सत्याग्रह पर विचार स्पष्ट कीजिए।
   Explain Gandhiji's ideas on truth, non-violence and satyagraha.
6. गाँधीजी के सत्याग्रह के विभिन्न रूप या तकनीक का वर्णन कीजिए।
   Describe the different forms or techniques of Gandhiji.
7. गाँधीजी की राज्य-सम्बन्धी धारणा की विवेचना कीजिए।
   Discuss the Gandhian theory of state.
8. "गाँधीजी एक दार्शनिक अराजकतावादी थे।" विवेचना कीजिए।
   "Gandhiji was a philosophical anarchist." Discuss.
9. राजनीतिक विचारधारा के क्षेत्र में गाँधीजी की देन का वर्णन कीजिए।
   Describe the contributions of Gandhiji in the field of political thought.

वस्तुनिष्ठ प्रश्न
(Objective Questions)

1. महात्मा गाँधी का जन्म कब हुआ था?
(क) 1869 (ख) 1879 (ग) 1868 (घ) 1884
When Mahatma Gandhi was born?
(a) 1869 (b) 1879 (c) 1868 (d) 1884

2. "करो या मरो", का नारा किसने दिया था?
(क) नेहरू (ख) गाँधी (ग) पटेल (घ) सुभाष
Who gave the slogan of "Do or Die"?
(a) Nehru (b) Gandhi (c) Patel (d) Subhash

3. महात्मा गाँधी का निधन कब हुआ?
(क) 1947 (ख) 1949 (ग) 1948 (घ) 1950
When did Mahatma Gandhi die?
(a) 1947 (b) 1949 (c) 1948 (d) 1950

4. *द स्टोरी ऑफ माइ एक्सपेरियन्ट विद ट्रुथ* ग्रन्थ के रचयिता कौन हैं?
(क) नेहरू (ख) पटेल (ग) राजेन्द्र प्रसाद (घ) महात्मा गाँधी
Who wrote the book *The Story of My Experiments with Truth*?
(a) Nehru (b) Patel (c) Rajendra Prasad (d) Mahatma Gandhi

5. "बुराई को अच्छाई से जीतना चाहिए, अपने शत्रुओं को भी प्यार करो, बद्दुआ देने वाले को भी दुआ दो, जो तुमसे घृणा करते हों, उनके साथ नेकी करो।" यह किस धर्म का उपदेश है?
(क) ईसाई धर्म (ख) हिन्दू धर्म (ग) इस्लाम धर्म (घ) यहूदी धर्म
"Overcome evil by good, love your enemies, bless them that curse you, do good to them who hate you." This is the sermon of which religion?
(a) Christianity (b) Hindu religion (c) Islam religion (d) Jewish religion

6. *सरमन ऑन दि माउण्ट* किस पुस्तक से सम्बन्धित है?
(क) गीता (ख) बाइबिल (ग) रामायण (घ) महाभारत
Sermon on the Mount is associated with which book?
(a) Gita (b) Bible (c) Ramayan (d) Mahabharat

7. *अन्टू द लास्ट* पुस्तक के रचयिता कौन हैं?
(क) थोरो (ख) टॉलस्टॉय (ग) जॉन रस्किन (घ) नेहरू
Who is the author of the book *Unto The Last*?
(a) Thoreau (b) Tolstoy (c) John Ruskin (d) Nehru

8. *एन एस्से ऑन सिविल डिसऑम्बेडियन्स* लेख के लेखक कौन हैं?
(क) रस्किन (ख) टॉलस्टॉय (ग) नेहरू (घ) थोरो
Who is the writer of the essay, *An Essay on Civil Disobedience*?
(a) Ruskin (b) Tolstoy (c) Nehru (d) Thoreau

9. *दि किंगडम ऑफ गॉड इज विदिन यू* ग्रंथ के रचयिता कौन हैं?

(क) टॉलस्टॉय (ख) रस्किन (ग) थोरो (घ) नेहरू

Who is the writer of the book *The Kingdom of God is within you?*

(a) Tolstoy (b) Ruskin (c) Thoreau (d) Nehru

10. "जीवन के बारे में गाँधी के समस्त दृष्टिकोण को टॉलस्टाय ने बदल दिया। कला, धर्म, अर्थशास्त्र पुरुष और महिला के आपसी सम्बन्ध तथा राजनीति के बारे में गाँधी के विचारों पर टॉलस्टाय की गहरी छाप पड़ी थी।" यह किसने कहा?

(क) नेहरू (ख) प्यारेलाल (ग) पटेल (घ) सुभाष

11. "गाँधी मर सकता है किन्तु गाँधीवाद सदा जीवित रहेगा।" यह किसने कहा?

(क) नेहरू (ख) पटेल (ग) गाँधी (घ) तिलक

"Gandhi may die but Gandhism may live forever." Who said this?

(a) Nehru (b) Patel (c) Gandhi (d) Tilak

12. "गाँधीवाद न तो निश्चित सिद्धान्त है, न विचार, न नियम और न विनियम, बल्कि जीवन की एक शैली है। यह जीवन की विभिन्न समस्याओं के प्रति एक नया दृष्टिकोण है और आधुनिक समस्याओं को सुलझाने के लिए प्राचीन उपायों की खोज है।" यह किसने कहा?

(क) नेहरू (ख) कृपलानी (ग) पटेल (घ) सीतारमैय्या

"Gandhism is thus, not a set of doctrines or dogmas, rules or regulations, injunctions or inhibitions, but it is a way of life. It indicates a new attitude or restates an old one towards life's issues and offers ancient solutions for modern problems." Who said this?

(a) Nehru (b) Kriplani (c) Tilak (d) Sitaramayya

13. "अपने सार्वजनिक जीवन के आरम्भ से ही मैंने जो कुछ कहा और कुछ किया है, उनके पीछे एक धार्मिक उद्देश्य रहा है।" यह किसने कहा?

(क) गाँधी (ख) नेहरू (ग) पटेल (घ) तिलक

"At the back of every word that I have uttered since I have known what public life is, and of every act I have done there has been a religious consciousness and a downright religious motive." Who said this?

(a) Gandhi (b) Nehru (c) Patel (d) Tilak

14. "मैं यह कह सकता हूँ कि वायु और जल के बिना तो शायद मैं रह सकता हूँ किन्तु ईश्वर के बिना मैं नहीं रह सकता। तुम मेरी आँखें निकाल सकते हो किन्तु उससे भी मैं नहीं मरूँगा। तुम मेरी नाक काट सकते हो किन्तु उससे भी नहीं मर सकता लेकिन ईश्वर में से मेरा विश्वास गया और मैं मरा।" यह किसने कहा?

(क) नेहरू (ख) गाँधी (ग) तिलक (घ) पटेल

"I can also testify that I may live without air and water but not without Him, you may pluck out my eyes but that will not kill me, you may chop off my nose, but that will not kill me. But blast my faith in God and I am dead." Who said this?

(a) Nehru (b) Gandhi (c) Tilak (d) Patel

15. "उस समय तक मैं धार्मिक जीवन व्यतीत नहीं कर सकता था, जब तक कि मैं स्वयं को सम्पूर्ण मानवता के साथ एकीकृत नहीं कर लेता और मैं यह उस समय तक नहीं कर सकता था, जब तक कि राजनीति में भाग नहीं लेता।" यह कथन किसका है?

(क) नेहरू (ख) तिलक (ग) गाँधी (घ) पटेल

"I could not be leading a religious life, unless I identified myself with the whole mankind and that I could do, unless I took part in politics." Who said this?

(a) Nehru (b) Tilak (c) Gandhi (d) Patel

16. "यदि मैं राजनीति में भाग लेता हूँ तो इसका केवल यही कारण है कि राजनीति हम सबसे एक साँप की भाँति लिपटी हुई है जिससे चाहे कोई कितनी ही चेष्टा करे, बाहर नहीं जा सकता। मैं उस सर्प से युद्ध करना चाहता हूँ। मैं राजनीति में धर्म को प्रविष्ट करने का प्रयास कर रहा हूँ।" यह किसने कहा?

(क) नेहरू (ख) गोखले (ग) तिलक (घ) गाँधी

"If I take part in politics, it is only because politics today encircles us like the coils of the snake which one cannot get out no matter how one tries. I wish to wrestle with the snake I am trying to introduce religion into politics." Who said this?

(a) Nehru (b) Gokhale (c) Tilak (d) Gandhi

17. "सत्य एक विशाल वृक्ष की तरह है जिसको जितना अधिक पोषित किया जाता है, वह उतना ही अधिक से अधिक फल देता है।" यह किसने कहा?

(क) गाँधी (ख) तिलक (ग) गोखले (घ) पटेल

"Truth is like a vast tree, which yields more and more fruit, the more you nurture it." Who said this?

(a) Gandhi (b) Tilak (c) Gokhale (d) Patel

18. "पृथ्वी पर सभी प्राणियों को मन, वाणी और कर्म से किसी प्रकार की कोई हानि न पहुँचाई जाए।" यह किसने कहा?

(क) तिलक (ख) गाँधी (ग) गोखले (घ) नेहरू

"Gandhi defined non-violence as avoiding injury to anything on earth in thought, word or deed." Who said this?

(a) Tilak (b) Gandhi (c) Gokhale (d) Nehru

19. "साधन एक बीज की तरह है और साध्य एक पेड़ है। साध्य और साधन में वही सम्बन्ध है जो बीज और पेड़ में है।" यह किसने कहा?

(क) नेहरू (ख) सुभाष (ग) गाँधी (घ) तिलक

"The means may be likened to a seed, the end to a tree, and there is just the same inviolable connection between the means and the end as there is between the seed and the tree." Who said this?

(a) Nehru (b) Subhash (c) Gandhi (d) Tilak

20. "सत्याग्रह आत्मा की शान्ति है। सत्य पर आग्रह है, यह सत्य पर आग्रह दूसरों को कष्ट देकर नहीं वरन् अपने ऊपर कष्ट सहन करके हो सकता है। यह सच्चाई के लिए तपस्या है।" यह किसने कहा?

(क) तिलक (ख) गोखले (ग) विनोबा (घ) गाँधी

"Satyagraha is the vindication of truth, nor by the in fliction of suffering on the opponent but on one's ownself. It is nothing but *Tapasya* for truth." Who said this?

(a) Tilak (b) Gokhale (c) Vinoba (d) Gandhi

21. "अहिंसा की वर्णमाला का सर्वोत्तम पाठ गृह रूपी पाठशाला में पढ़ा जाता है और मैं अपने अनुभव से कहता हूँ कि यदि हमें वहाँ सफलता प्राप्त हो जाती है तो निश्चित रूप से ही हमें हर कहीं सफलता प्राप्त होगी। एक अहिंसावादी व्यक्ति के लिए सारा संसार ही एक परिवार है।" यह किसने कहा?

(क) गाँधी (ख) नेहरू (ग) तिलक (घ) विनोबा

"The alphabet of aliens is best learnt in the domestic school, and I can say from experience that if we secure success, we are sure to do so every where, for a non-violent person, the whole world is one family." Who said this?

(a) Gandhi (b) Nehru (c) Tilak (d) Vinoba

22. "राज्य एक हिंसक संस्था है जो गरीबों का शोषण करती है। राज्य के द्वारा नैतिकता का हनन किया जाता है। अतः राज्य को समाप्त कर देना चाहिए।" यह किसका कथन है?

(क) नेहरू (ख) गाँधी (ग) मार्क्स (घ) लेनिन

"The state represents violence in a concentrated and organised form. The individual has a soul, but as the state is soulless machine, it can never be free from violence to which it owes its very existence." Whose statement is this?

(a) Nehru (b) Gandhi (c) Marx (d) Lenin

23. "आज संसार के बहुत-से लोग गाँधी को महान गुरु मानते हैं जिनकी विचारधारा यदि कोई देख सके तो सदैव और सम्पूर्ण मानवता के लिए है।" यह किसने कहा?

(क) गाँधी (ख) नेहरू (ग) कृपलानी (घ) तिलक

उत्तर
(Answers)

1. (क) 2. (ख) 3. (ग) 4. (घ) 5. (क) 6. (ख) 7. (ग) 8. (घ) 9. (क)
10. (ख) 11. (ग) 12. (घ) 13. (क) 14. (ख) 15. (ग) 16. (घ) 17. (क) 18. (ख)
19. (ग) 20. (घ) 21. (क) 22. (ख) 23. (ग)

खण्ड-9

विविध

(Miscellaneous)

41

राजनीतिक संस्कृति
(Political Culture)

भूमिका (Introduction)

द्वितीय विश्वयुद्ध के बाद की उत्पन्न अवधारणाओं में राजनीतिक संस्कृति भी एक है। 1950 ई० के बाद यह काफी लोकप्रिय हुई। किसी भी देश की राजनीतिक व्यवस्था को समझने के लिए उस देश की राजनीतिक संस्कृति का ज्ञान आवश्यक है। राजनीतिक संस्कृति का घनिष्ठ सम्बन्ध सामाजिक संस्कृति से होता है। संस्कृति का संकेत कला और कलाकृतियों से होता है। किसी भी देश की राजनीतिक संस्कृति वहाँ की सामान्य संस्कृति के अनुरूप होती है। राजनीतिक संस्कृति का विचार यह संकेत देता है कि किसी समाज की परम्पराएँ सामाजिक संस्थाओं की भावनाएँ, नागरिकों के सामूहिक मत, शक्ति, भावावेश और नेताओं की कार्यशैली बिखरे हुए नहीं होते हैं; बल्कि आपस में गुँथे रहते हैं। राजनीतिक संस्कृति का अर्थ होता है उस देश की राजनीतिक व्यवस्थाएँ जो अपने आदर्श रूप में आदिकाल से चली आ रही हैं, जैसे–इंग्लैण्ड की संसदीय शासन पद्धति।

राजनीतिक संस्कृति की परिभाषाएँ
(Definitions of Political Culture)

विभिन्न विद्वानों ने राजनीतिक संस्कृति की परिभाषाएँ निम्न रूप से दी हैं:

आमण्ड और पावेल के शब्दों में, "राजनीतिक व्यवस्था के सदस्यों में राजनीति सम्बन्धी धारणाओं और अभिमुखों के प्रतिमान को राजनीतिक संस्कृति कहते हैं।"[1]

ए०आर० बॉल के अनुसार, "राजनीतिक संस्कृति उन अभिवृत्तियों, विश्वासों, भावनाओं और समाज के मूल्यों से मिलकर बनती है जिनका सम्बन्ध राजनीतिक पद्धति और राजनीतिक प्रश्नों से होता है।"[2]

लुसियन पाई के शब्दों में, "राजनीतिक संस्कृति धारणाओं, विश्वासों एवं मनोभावों का कुलक है जो राजनीतिक प्रक्रियाओं को सार्थक बनाता है तथा राजनीतिक व्यवहार को नियमित करने वाली अन्तर्निहित पूर्व-धारणाओं एवं नियमों को बनाता है।"[3]

---

1. "Political culture is the pattern of individual attitudes and orientations towards politics among the members of a political system."—Almond and Powell
2. "Political culture is composed of attitudes, beliefs, emotions and values of society, that relates to the political system and to political issues."—A.R. Ball
3. "Political culture is the set of attitudes, beliefs and sentiments that give order and meaning to a political process and that provide the underlying assumptions and rules that govern behaviour in political system." —Lucian W. Pye

हेंज यूलाऊ के अनुसार, "राजनीतिक संस्कृति उन रूपों की ओर इशारा करती है जिनका पूर्व-अनुमान समूहों के राजनीतिक व्यवहार से तथा एक समूह के सदस्यों के सामान्य विश्वासों, नियामक सिद्धान्तों, उद्देश्यों एवं मूल्यों से लगाया जा सकता है चाहे उस समूह का आकार कुछ भी क्यों न हो।"

सिडनी वर्बा के शब्दों में, "राजनीतिक संस्कृति में आनुभविक विश्वासों, अभिव्यक्तात्मक प्रतीकों और मूल्यों की वह व्यवस्था निहित है जो उस परिस्थिति या दशा को परिभाषित करती है जिससे राजनीतिक क्रिया सम्पन्न होती है।"

उपर्युक्त परिभाषाओं के अवलोकन करने के बाद, सरल शब्दों में राजनीतिक संस्कृति का अर्थ इस प्रकार होता है कि "यह किसी राजनीतिक व्यवस्था के सदस्यों की धारणाओं, विश्वासों और मूल्यों का योग होती है जिससे उसका राजनीतिक व्यवहार निर्धारित होता है।"

राजनीतिक संस्कृति की प्रकृति एवं विशेषताएँ (Nature and Characteristics of Political Culture)

राजनीतिक संस्कृति सामान्य संस्कृति का एक हिस्सा है। एक व्यक्ति या सम्पूर्ण समाज के राजनीतिक व्यवस्था के प्रति जो आग्रह होते हैं, उन्हें ही सामूहिक रूप से राजनीतिक संस्कृति की संज्ञा दी जाती है। राजनीतिक संस्कृति के प्रमुख लक्षण निम्न हैं:

एक अमूर्त नैतिक धारणा (An Invisible Moral Conception)–राजनीतिक संस्कृति का मूल आधार व्यक्ति और समाज के राजनीतिक मूल्य और विश्वास होते हैं। ये मूल्य और विश्वास सामान्य नैतिक धारणाओं से जुड़े रहते हैं जिन्हें देखा नहीं जा सकता है, केवल समझा-बुझा जा सकता है।

अनेक तत्वों का सामूहिक रूप (Collection of Various Elements)–राजनीतिक संस्कृति अनेक तत्वों के मेल से बनती है। इसके अन्तर्गत ऐतिहासिक विरासत, भौगोलिक परिस्थितियाँ, समाज की सामान्य संस्कृति, विचारधाराएँ, इत्यादि सम्मिलित होती हैं।

गतिशीलता (Mobility)–राजनीतिक संस्कृति यदि एक ओर ऐतिहासिक विरासत और भौगोलिक परिस्थितियों से प्रभावित होती है तो दूसरी ओर सामाजिक, आर्थिक संरचना के द्वारा उसका नियमन किया जाता है। सामाजिक और आर्थिक तत्व निरंतर गतिशील और विकासशील होते हैं। राजनीतिक संस्कृति में परिवर्तन होते रहते हैं। अतएव राजनीतिक संस्कृति गतिशील है।

एकरूपता (Uniformity)–राजनीतिक संस्कृति राजनीतिक स्तर पर राजनीतिज्ञों के बीच एकरूपता लाती है। समान आकांक्षाओं, दबाओं, आवश्यकताओं और विवशताओं द्वारा एकरूपता उत्पन्न की जाती है। एकरूपता आगे चलकर मूल्यों, विश्वाशों और आदतों का रूप ले लेती है।

शिक्षणीय एवं हस्तान्तरणीय (Educative and Transferable)–विद्वानों का मत है कि राजनीतिक संस्कृति शिक्षणीय और हस्तान्तरणीय होती है। इसकी गति धीमी और अप्रत्यक्ष होती है।

राजनीतिक संस्कृति के आधार (Foundation of Political Culture)

राजनीतिक संस्कृति के निम्नलिखित आधार विशेष रूप से उल्लेखनीय हैं:

ऐतिहासिक आधार (Historical Foundation)–राजनीतिक संस्कृति का मूल आधार समाज का ऐतिहासिक विकास है। अमेरिका, इंग्लैण्ड, रूस, फ्रांस और जर्मनी जैसे राज्यों में राजनीतिक संस्कृति का आधार ऐतिहासिक रहा है।

भौगोलिक आधार (Geographical Foundation)–राजनीतिक संस्कृति के निर्माण में भौगोलिक स्थिति बहुत बड़ा हाथ रहता है। ब्रिटेन, जापान और अमरीका अपनी भौगोलिक स्थिति के कारण बाहरी आक्रमण से सुरक्षित हैं।

सामाजिक-आर्थिक संरचना (Social-Economic Structure)–किसी राष्ट्र के सामाजिक और आर्थिक विकास के स्तर का, यहाँ के निवासियों की राजनीतिक संस्कृति के निर्माण में महत्वपूर्ण योगदान रहता है। शहरी औद्योगिक समाजों में जटिलता, विकसित संचार के साधनों और उच्च शैक्षणिक स्तर के कारण, संघों की संख्या अधिक होती है जो राजनीतिक संस्कृति के निर्माण में मदद करते हैं।

सामान्य संस्कृति (General Culture)–राजनीतिक संस्कृति सामान्य संस्कृति का एक अंग है। समान्य संस्कृति राजनीतिक संस्कृति के एक प्रमुख नियामक तत्व का काम करती है।

धार्मिक विश्वास (Religious Faith)–धार्मिक विश्वास का भी राजनीतिक संस्कृति पर प्रभाव पड़ता है। विशेष रूप से उन राज्यों में जहाँ इस्लाम धर्म के मानने वाले बहुत संख्या में हैं।

विचारधाराओं का आधार (Foundation of Ideas)–वर्तमान समय में राजनीतिक विचारधारा का बहुत बड़ा प्रभाव राजनीतिक संस्कृति पर पड़ता है। फासीवाद और नाजीवाद ने इटली और जर्मनी की राजनीतिक संस्कृति को प्रभावित किया था। उसी प्रकार अभी समाजवाद और साम्यवाद विभिन्न राष्ट्रों की राजनीतिक संस्कृति को प्रभावित कर रहे हैं।

राजनीतिक संस्कृति के आयाम
(Dimentions of Political Culture)

आमण्ड और पावेल के अनुसार निम्नलिखित तीन प्रकार के आयाम होते हैं:

(क) **ज्ञानात्मक अभिमुखीकरण** (Cognitive Orientation)–इसके अन्तर्गत राजनीतिक वस्तुओं, घटनाओं और विभिन्न समस्याओं पर कितना और किस प्रकार का ज्ञान रखता है। यह ज्ञान सही या गलत भी हो सकता है लेकिन दोनों ही अवस्थाओं में यह ज्ञान व्यक्ति के राजनीतिक व्यवहारों को नियमित करता है।

(ख) **भावात्मक अभिमुखीकरण** (Affective Orientation)–इसका सम्बन्ध व्यक्ति की उन भावनाओं से है जिनके कारण वह राजनीतिक गतिविधियों से लगाव या अलगाव, पसन्द या नापसन्द रखने लग जाता है। इसी के आधार पर वह राजनीति में भाग लेता है या इससे अलग रहता है।

(ग) **मूल्यांकन अभिमुखीकरण** (Evaluative Orientation)–इसके अन्तर्गत व्यक्ति राजनीतिक संगठन, उसके कार्यों, लक्ष्यों और उपलब्धियों का मूल्यांकन करता है। अगर उनका मूल्यांकन सही करता है तो वह राजनीति में भाग लेता है। अगर मूल्यांकन सही नहीं करता है तो वह राजनीति में भाग नहीं लेता है।

राजनीतिक संस्कृति के प्रकार
(Types of Political Culture)

आमण्ड और वर्बा ने राजनीतिक संस्कृति को दो वर्गों में बाँटा है:

(i) विशुद्ध संस्कृति, और

(ii) मिश्रित संस्कृति।

(i) **विशुद्ध संस्कृति** (Pure Culture)–इसको निम्नलिखित भागों में बाँटा गया है:

(क) **संकुचित राजनीतिक संस्कृति** (Parochial Political Culture)–यह संस्कृति प्राय: परम्परागत एवं रूढ़िवादी समाज में पायी जाती है। राजनीति के भीतर वस्तुओं के प्रति नागरिकों के दृष्टिकोण बहुत ही दुर्बल होते

हैं। वे राजनीतिक संस्थाओं, राष्ट्रीय प्रश्नों और नीतियों से अनभिज्ञ रहते हैं। वे स्थानीय, ग्रामीण और जातीय राजनीति तक ही अपने आप को सीमित रखते हैं।

(ख) **प्रजावादी राजनीतिक संस्कृति** (Subject Political Culture)–इस प्रकार की संस्कृति में नागरिक राजनीतिक दृष्टि से सक्रिय भूमिका निभाते हैं। वे राष्ट्रीय समस्याओं को समझते हैं और उसमें खुलकर भाग लेते हैं। इस प्रकार की संस्कृति इंग्लैण्ड और अमरीका के समाजों में पायी जाती है।

(ii) **मिश्रित संस्कृति** (Mixed Culture)–इसको भी निम्नलिखित चार भागों में बाँटा गया है:

(क) **संकुचित प्रजाभावी संस्कृति** (Parochial Subject Culture)–इस प्रकार की संस्कृति में नागरिक विशुद्ध संकुचित संस्कृति से अपना सम्बन्ध- विच्छेद प्रारम्भ कर देते हैं तथा वे सरकारी संस्थाओं के प्रति अपनी निष्ठा व्यक्त करने लगते हैं।

(ख) **प्रजाभावी सहभागी संस्कृति** (Subject Participant Culture)–इस प्रकार की संस्कृति में नागरिक राजनीतिक दृष्टि से सक्रिय भागों में विभाजित होते हैं। उन्नीसवीं सदी के बाद फ्रांस, जर्मनी और इटली में इस प्रकार की संस्कृति पायी जाती है।

(ग) **सहभागी संकुचित संस्कृति** (Parochial Participation Culture)–इस प्रकार की संस्कृति में निवेश संस्थाएँ तो प्राय: संकीर्ण होती हैं लेकिन राष्ट्रीय निर्गत संस्थाएँ काफी विकसित होती हैं। यद्यपि प्रदर्शन, राष्ट्रीय सन्देशों और चुनावों द्वारा जनता को राजनीति में भाग लेने के लिए प्रेरित किया जाता है लेकिन वे स्थानीय राजनीति से ऊपर नहीं उठते।

(घ) **नागरिक संस्कृति** (Civic Culture)–यह एक मिश्रित संस्कृति है। इसमें तीनों प्रकार की विशुद्ध संस्कृतियों के लक्षण पाए जाते हैं। इस प्रकार की संस्कृति में नागरिकों में राजनीतिक प्रभाविता की भावना और अन्य देशों पर विश्वास करने की भावना होती है।

एस॰ ई॰ फाइनर ने राजनीतिक संस्कृति को चार वर्गों में बाँटा है:

(क) प्रौढ़ राजनीतिक संस्कृति,
(ख) विकसित राजनीतिक संस्कृति,
(ग) निम्न राजनीतिक संस्कृति, और
(घ) न्यूनतम राजनीतिक संस्कृति।

आमण्ड ने राजनीतिक संस्कृति का अध्ययन निम्न रूप से किया है:

(क) **आंग्ल-अमरीकी राजनीतिक व्यवस्था** (Anglo-American Political System)–आंग्ल-अमरीकी राजनीतिक व्यवस्था में बहुमूल्य राजनीतिक संस्कृतियाँ मिलती हैं। वहाँ के लोग वैयक्तिक स्वतन्त्रता, जनकल्याण, देशभक्ति एवं राष्ट्रीय सरकार के प्रति पूरी आस्था रखते हैं। इंग्लैण्ड, अमरीका एवं स्विट्जरलैण्ड इस श्रेणी में आते हैं।

(ख) **महाद्वीपीय यूरोपीय राजनीतिक व्यवस्था** (Continental European Political System)–यूरोप महाद्वीप के फ्रांस, जर्मनी और इटली में राजनीतिक संस्कृति एक न होकर खण्डित होती है क्योंकि समाज के विभिन्न वर्गों ने सांस्कृतिक विकास के भिन्न-भिन्न नमूने स्थापित किए हैं।

(ग) **अपश्चिमी या आंशिक रूप से पूर्व-औद्योगिक राजनीति व्यवस्था** (Pre-Industrial Political System)–अनेक पुराने उपनिवेशों या स्वतन्त्र नए राज्यों या अविकसित या विकासशील देशों में परम्पराओं और

औद्योगिक विकास का विभिन्न मात्रा में मेल देखा जा सकता है लेकिन यहाँ पूर्ण राजनीतिक व्यवस्था या उद्योगों का विकास नहीं हुआ, जैसे–भारत और एशिया-अफ्रीका के राज्यों में प्रजातन्त्र को पूरी सफलता नहीं मिल रही है।

(घ) **सर्वाधिकारवादी राजनीतिक व्यवस्था** (Totalitarian Political System)–इसमें ऐच्छिक संघों का निर्माण नहीं हो सकता है। एक नेता और एक दल का शासन होता है। एक कार्यक्रम रहता है। संचार साधनों पर सरकार का पूरा नियन्त्रण रहता है। मुसोलिनी और हिटलर ने इटली और जर्मनी पर इसी प्रकार की राजनीतिक व्यवस्था की स्थापना की थी।

राजनीतिक संस्कृति का महत्व
(Importance of Political Culture)

विभिन्न विद्वानों ने राजनीतिक संस्कृति का महत्व निम्न रूप से प्रदर्शित किया है:

(i) राजनीतिक संस्कृति वे राजनीतिक व्यवस्था-विश्लेषण को एक नया आयाम दिया है।
(ii) यह सम्पूर्ण समाज का अध्ययन गत्यात्मक रूप से करती है।
(iii) यह व्यापक आधार प्रदान करती है।
(iv) राजनीतिक संस्कृति ने मानव-व्यवहार के बौद्धिक और अबौद्धिक दोनों पक्षों को उजागर किया है।
(v) विभिन्न समाज औपचारिक रूप से एक होते हुए भी अलग-अलग दिशाओं में चले जाते हैं।
(vi) राजनीतिक संस्कृति मानव-व्यवहार को समझने में मदद करती है।

राजनीतिक संस्कृति की आलोचना
(Criticism of Political Culture)

आलोचकों ने राजनीतिक संस्कृति की आलोचना निम्न रूप से की है:

(i) आलोचकों का कथन है कि राजनीतिक संस्कृति की धारणा कोई नयी नहीं है। प्राचीनकाल से ही राज्य मनोवैज्ञानिक इसका प्रयोग करते आ रहे हैं।
(ii) राजनीतिक संस्कृति और सामान्य संस्कृति में विभेद करना कठिन है।
(iii) राजनीतिक संस्कृति पर अनुदार और प्रतिक्रियावादी होने का आरोप लगाया जाता है।
(iv) आमण्ड और पावेल के अनुसार राजनीतिक संस्कृति को मानव-व्यवहार का सही मापक-यन्त्र नहीं समझा जा सकता है।

निष्कर्ष–वस्तुत: इसकी आलोचना जो भी की जाए, इतना सत्य है कि राजनीतिक संस्कृति ने राजनीतिक विज्ञान को मनोविज्ञान और समाजशास्त्र के समीप लाने का प्रयत्न किया है जो उसकी सबसे बड़ी उपलब्धि है।

प्रश्न
(Questions)

1. राजनीतिक संस्कृति की परिभाषा दीजिए तथा इसके विभिन्न प्रकारों की विवेचना कीजिए।
   Define political culture and discuss its different kinds.
2. राजनीतिक संस्कृति क्या है? राजनीतिक के अध्ययन में राजनीतिक संस्कृति की उपादेयता की समीक्षा कीजिए।
   What is political culture? Examine the utility of political culture approach to the study of politics.
3. राजनीतिक संस्कृति की परिभाषा दें तथा इसकी प्रकृति एवं प्रमुख लक्षणों की समीक्षा करें।
   Define political culture and examine its nature and main characteristics.

4. राजनीतिक संस्कृति के आधार की व्याख्या कीजिए तथा इसके विभिन्न आयामों का वर्णन करें।
Explain the foundation of political culture and describe its different dimensions.
5. राजनीतिक संस्कृति पर एक लेख लिखिए।
Write an essay on political culture.

वस्तुनिष्ठ प्रश्न
(Objective Questions)

1. "राजनीति व्यवस्था के सदस्यों में राजनीति सम्बन्धी धारणाओं और अभिमुखों के प्रतिमान को राजनीतिक संस्कृति कहते हैं।" यह किसने कहा?
(क) आमण्ड और पावेल (ख) आमण्ड और वर्बा (ग) लुसियन पाई (घ) ए॰आर॰ बॉल
"Political culture is the pattern of individual attitudes and orientations towards politics among the members of a political system." Who said this?
(a) Almond and Powell (b) Almond and Verba (c) Lucian Pye (d) A.R. Ball
2. "राजनीति संस्कृति उन अभिवृत्तियों, विश्वासों, भावनाओं और समाज के मूल्यों से मिलकर बनती है जिनका सम्बन्ध राजनीतिक पद्धति और राजनीतिक प्रश्नों से होता है।" यह किसने कहा?
(क) आमण्ड (ख) ए॰आर॰ बॉल (ग) पावेल (घ) लुसियन पाई
"Political culture is composed of attitudes, beliefs, emotions and values of society, that relates to the political system, and to political issues." Who said this?
(a) Almond (b) A.R. Ball (c) Powell (d) Lucian Pye
3. "राजनीतिक संस्कृति धारणाओं, विश्वासों एवं मनोभावों का कुनवा है जो राजनीतिक प्रक्रियाओं को सार्थक बनाता है तथा राजनीतिक व्यवहार को नियमित करने वाली अन्तर्निहित पूर्व-धारणाओं एवं नियमों को बनाता है।" यह किसने कहा?
(क) आमण्ड (ख) ए॰आर॰ बॉल (ग) लुसियन पाई (घ) पावेल
"Political culture is the set of attitudes, beliefs and sentiments that give order and meaning to a political process and that provide the underlying assumptions and rules that govern behaviour in political system." Who said this?
(a) Almond (b) A.R. Ball (c) Lucian Pye (d) Powell
4. "राजनीतिक संस्कृति उन रूपों की ओर इशारा करती है जिनका पूर्व-अनुमान समूहों के राजनीतिक व्यवहार से तथा एक समूह के सदस्यों के सामान्य विश्वासों, नियामक सिद्धान्तों, उद्देश्यों एवं मूल्यों से लगाया जा सकता है चाहे उस समूह का आकार कुछ भी क्यों न हो।" यह किसने कहा?
(क) पावेल (ख) आमण्ड (ग) ए॰आर॰ बॉल (घ) हेंज यूलाऊ
5. "राजनीतिक संस्कृति में आनुभविक विश्वासों, अभिव्यक्तात्मक प्रतीकों और मूल्यों की वह व्यवस्था निहित है जो उस परिस्थिति या दशा को परिभाषित करती है।" यह किसने कहा?
(क) सिडनी (ख) आमण्ड (ग) पावेल (घ) लुसियन पाई

उत्तर
(Answers)

1. (क) 2. (ख) 3. (ग) 4. (घ) 5. (क)

42

सम्पत्ति
(Property)

भूमिका (Introduction)

संग्रह करना मनुष्य की मूल प्रवृत्तियों में से एक है (Collection is One of the Fundamental Instincts of Man)

सम्पत्ति मनुष्य की मूल प्रवृत्तियों में निहित है। मनुष्य भविष्य में सुरक्षा के लिए कुछ अर्जन करना चाहता है। वह कल की रोटी-समस्या एवं पारिवारिक दु:ख से मुक्ति पाने के लिए सम्पत्ति का अर्जन करता है। सम्पत्ति उसकी रोटी की समस्या को हल करती है तथा उसके परिवार के दु:खों को दूर करती है। बच्चे भी चूड़ियाँ, कंकड़, कंडिल, गोली, कपड़े एवं कागजों का संग्रह सम्पत्ति की हैसियत से करते हैं। इस प्रकार सम्पत्ति का अर्जन करना मनुष्य का स्वाभाविक गुण है।

सम्पत्ति के अभाव में कोई भी व्यक्ति अपने व्यक्तित्व का पूर्ण रूप से विकास नहीं कर सकता है। अरस्तू के शब्दों में, सम्पत्ति मनुष्य के लिए उसी अर्थ में स्वाभाविक है, जिस अर्थ में परिवार। उस समय अत्यन्त आनन्द प्राप्त होता है जब मैं समझता हूँ कि अमुक वस्तु मेरी है। स्वाभाविक रूप से मनुष्य में आत्म-प्रेम की भावना विद्यमान है तथा सम्पत्ति के रूप में मनुष्य का आत्म-प्रेम प्रकट होता है।

लास्की ने सम्पत्ति की महत्ता पर बल देते हुए कहा है, "यदि व्यक्ति के सर्वोच्च विकास के दृष्टिकोण से सम्पत्ति रखना आवश्यक है तो सम्पत्ति के अधिकार का अस्तित्व स्पष्ट है।"[1]

इसी आधार पर प्रजातांत्रिक संविधान में सम्पत्ति के अधिकार पर काफी बल दिया जाता है। साम्यवादी राज्यों में तो संविधान के मौलिक अधिकारों के अन्तर्गत काम पाने के अधिकार का समावेश किया गया है। नागरिकों को भोजन, वस्त्र, आवास, शिक्षा और चिकित्सा जैसी पाँच मौलिक आवश्यकताओं की पूर्ति की गारण्टी दी जाती है।

सम्पत्ति-अवधारणा का विकास
(Development of the Concept of Property)

सम्पत्ति का विकास कैसे हुआ? इस सम्बन्ध में कुछ भी निश्चित रूप से नहीं कहा जा सकता है। लेकिन, इतना अवश्य है कि यह उतना ही प्राचीन है जितना कि मानव सभ्यता। आखेट युग में पत्थरों के अस्त्र-शस्त्र ही मनुष्य की

1. "If Property must be possessed in order that a man may be has bestself the existence of such a right is clear." —Laski

सम्पत्ति थी, चरवाहा युग में पशु, कृषि युग में भूमि तथा अन्न एवं औद्योगिक युग में मशीन तथा हर तरह के व्यवहार की वस्तुएँ।

सम्पत्ति महत्वपूर्ण सामाजिक संस्था है। इसका सामाजिक विकास पर प्रत्येक युग में प्रचण्ड प्रभाव पड़ा है। सम्पत्ति-अवधारणा के विकास का वर्णन निम्नांकित रूप से किया जा सकता है।

प्राचीन युग में सम्पत्ति की अवधारणा
(The Concept of Property in the Ancient Age)

सम्पत्ति के दो रूप (Two Forms of Property)

प्राचीन युग में सम्पत्ति के दो रूप थे। प्रथम, वह सम्पत्ति जिसे मनुष्य अपने श्रम से अर्जित करता था। दूसरा, वह सम्पत्ति जिसे वह जबर्दस्ती दखल कर लेता था। सम्पत्ति का यह रूप आगे चलकर दो सिद्धान्तों को जन्म दिया। प्रथम को सम्पत्ति का श्रम सिद्धान्त और दूसरे को कब्जा या दखल सिद्धान्त की संज्ञा दी गयी।

(क) **श्रम सिद्धान्त** (Labour Theory of Property)–आखेट युग में मनुष्य फल-फूल तथा पशु-पक्षी से अपनी जीविका चलाता था और जंगलों में आहार हेतु जहाँ-तहाँ भटकता रहता था। प्राकृतिक वस्तुओं पर सभी का समान अधिकार था। ऐसी स्थिति में, जब वह परिश्रम करके किसी वस्तु को प्राप्त कर ले तो वह वस्तु उसकी अपनी हो जाती, क्योंकि वह प्राकृतिक वस्तु को अपने श्रम से प्राप्त करता था। जिसे आगे चलकर अर्थशास्त्रियों ने श्रम सिद्धान्त की संज्ञा दी।

(ख) **कब्जा या दखल सिद्धान्त** (Occupational Theory of Property)–जब मनुष्य भूमि या किसी प्राकृतिक वस्तु को जो बेकार पड़ी रहती थी, कब्जा कर उसे अपने काम में प्रयोग करने लगा, तब वह उसकी सम्पत्ति हो गयी। जो आगे चलकर अर्थशास्त्र में कब्जा या दखल सिद्धान्त को जन्म दिया।

दास प्रथा का प्रचलन (Slavery in Vogue)

प्राचीन युग में सम्पत्ति का स्वरूप अत्यन्त ही सरल था। मनुष्य शोषण से मुक्त था। लेकिन सभ्यता के विकास के साथ-साथ सम्पत्ति के स्वरूप में परिवर्तन आने लगा। मनुष्य अपने और परिवार के लिए सम्पत्ति अर्जन करने लगा। धीरे-धीरे समाज का वातावरण विषाक्त होने लगा। अमीरी और गरीबी का भेदभाव उत्पन्न होने लगा। जिसके फलस्वरूप दास प्रथा का प्रचलन हुआ। मनुष्य का पशु की तरह खरीद बिक्री की जाने लगी। प्राचीन यूनान और रोम में दास प्रथा ने भयंकर रूप ले लिया। भारत में भी इसका वर्णन मिलता है। इस प्रकार, प्राचीन युग में सम्पत्ति का अधिकार आज की तुलना में कहीं अधिक व्यापक था। भूमि, मकान, अश्व, कुत्ते और दास मनुष्य की सम्पत्ति थे। सम्पत्ति को पवित्र माना जाता था। राज्य व्यक्ति की सम्पत्ति की सुरक्षा करता था। सम्पत्ति के सम्बन्ध में राज्य द्वारा निर्मित नियम, काफी विकसित थे।

आवश्यकता के अनुसार सम्पत्ति (Property According to Needs)

प्राचीन धर्मशास्त्रों और राजनीतिक लेखों में सम्पत्ति-सिद्धान्त का उल्लेख मिलता है। साधारणतः उस समय सम्पत्ति को हेय दृष्टि से देखा जाता था और कम-से-कम सम्पत्ति रखने के पक्ष में तर्क दिए जाते थे। उपनिषद् काल में भारतीय ऋषियों ने अतिभोगवाद की निन्दा करते हुए यह नारा दिया था, तेन त्यक्तेन भुँजी या यानी भोग भी त्याग के साथ करो। मनु, बृहस्पति, भारद्वाज और कौटिल्य जैसे दार्शनिक इसी विचारधारा को मानते थे। वे व्यक्तिगत सम्पत्ति को जीवन के विकास के लिए आवश्यक मानते थे, परन्तु आवश्यकतानुसार ही उस पर स्वामित्व चाहते थे।

प्लेटो और अरस्तू का विचार (Thought of Plato and Aristotle)

प्लेटो निजी सम्पत्ति के विरुद्ध–प्राचीन यूनानी विचारकों का सम्पत्ति पर विचार काफी क्रान्तिकारी था। प्लेटो ने कहा कि राजनीतिक शक्ति के पास आर्थिक शक्ति रहने से शासक भ्रष्ट हो जाते हैं। प्रशासनिक व्यवस्था में अनेक

बुराइयाँ आ जाती हैं। अतएव इसे रोकने के लिए उसने आदर्श राज्य के शासक और सैनिक वर्गों पर सम्पत्ति-साम्यवाद एवं नारी साम्यवाद सिद्धान्त का प्रतिपादन किया। जिसके अनुसार संरक्षक वर्ग को अपनी न तो निजी सम्पत्ति होगी और न अपनी पत्नी। उसकी सारी आवश्यकताओं की पूर्ति राज्य की ओर से की जाएगी। इस प्रकार, प्लेटो निजी सम्पत्ति के विरुद्ध था।

अरस्तू निजी सम्पत्ति के पक्ष में–इसके विपरीत, अरस्तू निजी सम्पत्ति रखने के पक्ष में था। उसके अनुसार सम्पत्ति व्यक्ति के लिए आवश्यक और अत्याज्य है। सम्पूर्ण समाज के लिए निजी सम्पत्ति हितकारी है जिसको मान्यता मिलनी चाहिए। उसने कहा कि सम्पत्ति का स्वामी व्यक्ति होगा, लेकिन वह उसका उपयोग सामूहिक हित में करेगा। उसके शब्दों में, व्यक्तिगत सम्पत्ति सामूहिक सम्पत्ति से अधिक उपयोगी है। बशर्ते कि उसका प्रयोग सामाजिक क्षेत्र में परम्पराओं और रीति-रिवाजों तथा राजनीतिक क्षेत्रों में उचित कानूनों द्वारा नियन्त्रित हो।

मध्य युग में सम्पत्ति की अवधारणा
(The Concept of Property in the Middle Ages)

भूस्वामियों और दासप्रथा का विकास (Rise of Landlords and Slavery System)–मध्य युग की मुख्य विशेषताएँ थीं–भूस्वामियों और दासप्रथा का तेजी से विकास। अधिक-से-अधिक भूमि रखने वाले को सामन्त कहा जाता था। भूस्वामियों का राज्य, सेना, प्रशासन, शिक्षा आदि पर वर्चस्व प्राप्त था। सम्पत्ति के उत्तराधिकार और खरीद-बिक्री के सम्बन्ध में अनेक प्रथाओं का विकास हुआ। इसके साथ ही, राज्य ने अनेक पेंचीदे कानूनों का निर्माण किया। दास सामन्तों के प्रमुख सम्पत्ति थी। उनकी खरीद-बिक्री चरम सीमा पर पहुँच गयी थी। आर्थिक विषमता का तेजी के साथ फैलाव हुआ। एक ओर सामन्त और पादरी ऐश्वर्य तथा विलासिता के जीवन में डूबे रहते थे, तो दूसरी ओर अधिकांश जनता गरीबी और कष्ट के दलदल में फँसी हुई थी।

निजी सम्पत्ति का विरोध (Opposing Private Property)

एक ओर व्यक्तिगत सम्पत्ति का संस्थागत विकास बड़ी तेजी के साथ हो रहा था, तो दूसरी ओर धर्मावलम्बी और राजनीतिक विचारकों द्वारा इसकी घोर निन्दा की जा रही थी। ईसाई धर्म ने यह प्रचार किया कि व्यक्ति अपने को सम्पत्ति का स्वामी नहीं, ट्रस्टी माने। भगवान के दरबार में अमीरों का स्थान नहीं, बल्कि गरीब और ईमानदार व्यक्ति ही वहाँ प्रवेश पाते हैं।

लेकिन, धर्म के ठेकेदारों अर्थात् पादरी ने इस विचारधारा को स्वीकार नहीं किया। वे अमीरों से धन लेकर विलासिता का जीवन व्यतीत करने लगे। अनेक राजनीतिक विचारकों ने निजी सम्पत्ति को घातक बताया। संत अम्ब्रोज ने न्यास-सिद्धान्त का प्रतिपादन किया। जिसके अनुसार सम्पत्तिशाली व्यक्ति सम्पत्ति के ट्रस्टी हैं, स्वामी नहीं। सम्पत्ति का उपयोग सामूहिक हित में होना चाहिए। अधिकांश विचारकों ने नैतिक आधार पर निजी सम्पत्ति का विरोध किया।

आधुनिक युग में सम्पत्ति की अवधारणा
(The Concept of Property in the Modern Age)

मेकियावेली–राजनीतिक विज्ञान के इतिहास में आधुनिक युग का प्रारम्भ मेकियावेली से होता है। मेकियावेली ने सम्पत्ति की महत्ता को काफी बल दिया है। उसके शब्दों में, "अपनी सम्पत्ति छीनने वाले की अपेक्षा अपने पिता के हत्यारे को अधिक सुगमता से क्षमा कर देता है।"[1]

जीन बोदाँ–बोदाँ ने भी निजी सम्पत्ति का समर्थन किया है। वह निजी सम्पत्ति को सुरक्षित रखने के लिए उसे शासक के क्षेत्राधिकार से बाहर रखता है। यह सम्प्रभु की शक्ति पर बहुत बड़ा प्रतिबन्ध है। निजी सम्पत्ति परिवार के

1. "A man more readily forgives the murderer of his father than the confiscator of his property."—Machiavelli

लिए आवश्यक ही नहीं, बल्कि उसका एक विशिष्ट गुण और अनिवार्य अंग है। वह निजी सम्पत्ति पर परिवार का एकाधिकार प्रमाणित करने के लिए शासक द्वारा सम्पत्ति प्राप्त करने की शक्ति पर निश्चित सीमाएँ भी आरोपित करता है। सेबाइन के शब्दों में, बोदाँ की सम्पत्ति-सम्बन्धी धारणा बड़ी स्पष्ट है और उसका आधार प्राकृतिक अधिकार है।

टॉमस हॉब्स–हॉब्स की प्राकृतिक अवस्था में अराजकता की स्थिति थी। उसमें न तो व्यापार था और न ही निजी सम्पत्ति के अधिकार का कोई मूल्य था। उसने सम्पत्ति के कानूनी सिद्धान्त का वर्णन किया है। वह इसे प्राकृतिक अधिकार न मानकर कानून द्वारा प्रदत्त अधिकार मानता है। सम्पत्ति की रक्षा राज्य में ही सम्भव है। राज्य के कानूनों द्वारा व्यापार, कृषि और सम्पत्ति को संरक्षण मिलता है।

जॉन लॉक–लॉक ने निजी सम्पत्ति को अधिक महत्व दिया है। उसने इसे एक पवित्र अधिकार माना है। उसने सम्पत्ति शब्द का प्रयोग व्यापक अर्थ में किया है और इसमें जीवन, स्वतन्त्रता और सम्पत्ति को सम्मिलित किया है। उसकी दृष्टि में सम्पत्ति एक प्राकृतिक अधिकार है। उसने कार्ल मार्क्स के सामान्य मूल्य का श्रम से सम्बन्ध जोड़ा है। उसके अनुसार प्रारम्भ में सभी मनुष्यों का समान अधिकार था। लेकिन, जब किसी व्यक्ति का किसी विशेष वस्तु में श्रम लग जाता है तब वह वस्तु उसकी निजी सम्पत्ति बन जाती है। वह सम्पत्ति पर निजी स्वामित्व को मान्यता प्रदान करता है और उस पर अनेक प्रतिबन्ध लगाकर उसे सीमित कर देता है। उसके अनुसार मनुष्य के सम्पत्ति-सम्बन्धी अधिकार पर उस सीमा तक नियन्त्रण स्थापित किया जाना चाहिए जिस सीमा तक उसके अधिकार के दूसरे मनुष्य की सम्पत्ति की रक्षा करने का अधिकार मिले। व्यक्ति के श्रेष्ठ जीवन और सम्पन्न राज्य की प्राप्ति में सम्पत्ति की अहम भूमिका रहती है। मेकडोनाल्ड के शब्दों में, "सम्पत्ति, जो केवल भौतिक सम्पदा न होकर उससे कुछ अधिक है। लॉक के श्रेष्ठ जीवन और उत्तम राज्य की भावना की मुख्य आधारशिला है।"[1]

रूसो–रूसो ने निजी सम्पत्ति का विरोध किया है। उसके विरोध का आधार सम्पत्ति का आर्थिक अधिकार है। वह निजी सम्पत्ति को सभी प्रकार की बुराइयों की जड़ मानता है। उसने इसे नितांत अस्वाभाविक और अनुचित पूर्ण बताया है तथा इसे समस्त मानवीय समानता, असंतोष, कलह और संघर्ष का मूल कारण मानता था।

एडम स्मिथ, रिकार्डो और माल्थस–इन अर्थशास्त्रियों ने निजी सम्पत्ति के औचित्य के पक्ष में दो तर्क देकर, इस सिद्धान्त का विकास किया। एडम स्मिथ का कथन था कि राज्य को चाहिए कि वह उत्पादन उद्योग और व्यापार आदि के कार्यों को प्राकृतिक नियमों के अनुसार चलने दे। राज्य को कानून बनाकर इसमें हस्तक्षेप नहीं करना चाहिए। उत्पादन, आयात, निर्यात, काम करने के घंटे, मजदूरों के वेतन आदि मामलों में हस्तक्षेप करने से उत्पादन घटता है। अठारहवीं और उन्नीसवीं सदी के पूर्वार्द्ध तक यथेच्छारिता (Laissez Faire) के सिद्धान्त का बोलबाला रहा। राज्य के कार्यक्षेत्र को अधिक-से-अधिक सीमित किए जाने के पक्ष में तर्क दिया जाता था। आर्थिक क्षेत्र में स्वतन्त्र प्रतियोगिता का पूर्णरूपेण समर्थन किया गया। आधुनिक युग में निजी सम्पत्ति संस्था और धारणा के रूप में अपनी चरम सीमा पर विकसित हुई।

सम्पत्ति का अर्थ
(Meaning of Property)

सम्पत्ति शब्द अंग्रेजी के Property शब्द का हिन्दी अनुवाद है। जो लैटिन भाषा के Proprietas शब्द से ली गयी है। जिसका अर्थ होता है स्वामित्व (Ownership)। दूसरे शब्दों में सम्पत्ति का अर्थ वस्तुओं के स्वामित्व से है।

---

1. "The Property, which is something more than physical, is at the heart of Locke's conception of good life and the good state."—McDonald, *Western Political Theory*.

सम्पत्ति की परिभाषाएँ (Definitions of Property)

सम्पत्ति एक आर्थिक धारणा है। साधारण शब्दों में, आर्थिक वस्तुओं का दूसरा नाम सम्पत्ति है। ऐसी समस्त वस्तुओं और सेवाओं को सम्पत्ति कहा जाता है जो उपयोगी होने के साथ-साथ विनिमय के लायक भी है। सम्पत्ति का मूल्य के अनुसार क्रय-विक्रय हो सकता है। जिन वस्तुओं का क्रय-विक्रय नहीं हो सकता, वे सम्पत्ति या धन नहीं कहला सकतीं, चाहे उसकी उपयोगिता कितनी भी क्यों न हो, जैसे रोशनी, हवा, आदि।

विभिन्न विद्वानों ने सम्पत्ति की परिभाषा निम्नलिखित रूप से दी है–

1. **मार्शल** के शब्दों में, मनुष्य के व्यक्तिगत गुणों को छोड़कर समस्त मौलिक और भौतिक वस्तुएँ जो हस्तांतरण के योग्य हैं, सम्पत्ति में सम्मिलित की जा सकती है। इसमें मुद्रा, बैंक, जमीन, पशु, जेवर, कापीराइट आदि सभी आते हैं। सम्पत्ति के लिए दुर्लभ होना आवश्यक है।
2. **अर्नेस्ट बिगल होल** के अनुसार, "सम्पत्ति उस अवधारणा का नाम है जो उन अधिकारों, उत्तरदायित्वों और विशेषाधिकारों के बन्धनों से सम्बन्धित है, जो किसी समाज के मूल्यवान दुर्लभ वस्तुओं के सम्बन्ध में मनुष्य के व्यवहार को निर्धारित करती है।"[1]
3. **डैमले** के मतानुसार, "सम्पत्ति अधिकार की वस्तु है। वस्तुओं के ऐकान्तिक स्वामित्व और उपभोग का अधिकार है। कानूनी दृष्टि से सम्पत्ति अधिकारों और कर्तव्यों का समूह है, जो मनुष्यों के भौतिक वस्तुओं के ऊपर के नियन्त्रण के सम्बन्ध को निश्चित करता है।"[2]
4. **गुरुमुख निहाल सिंह** के शब्दों में, "किसी बाह्य वस्तु के ऊपर एक व्यक्ति या व्यक्तियों के समूह के ऐकान्तिक नियन्त्रण और अधिकार को सम्पत्ति कहते हैं।"[3]

सम्पत्ति के गुण (Merit of the Property)

उपर्युक्त परिभाषाओं के विशलेषण से सम्पत्ति में निम्नलिखित तीन गुण विशेष रूप से उल्लेखनीय हैं।

1. **उपयोगिता** (Utility)–कोई वस्तु सम्पत्ति तभी कहला सकती है जबकि उसकी उपयोगिता हो। उसके बदले में कोई भी मनुष्य कुछ देने को तैयार होगा। उसमें आवश्यकता को पूरा करने की शक्ति होनी चाहिए।
2. **दुर्लभता** (Scarcity)–वह वस्तु सम्पत्ति कही जायेगी, जिसकी पूर्ति माँग की तुलना में सीमित हो। यदि वस्तु की पूर्ति उसकी माँग से अधिक हो तो वह बिना मूल्य के ही प्राप्त हो सकती है। अतएव उसे सम्पत्ति नहीं कहा जा सकता है।
3. **परिवर्तनशीलता** (Transferability)–किसी वस्तु को सम्पत्ति में गणना होने के लिए आवश्यक है कि वह खरीदी-बेची जा सके, अर्थात् उसका स्वामित्व परिवर्तनशील है।

निष्कर्ष में कहा जा सकता है कि वह वस्तु सम्पत्ति कहलायेगी, जिसमें उपयोगिता, दुर्लभता और परिवर्तनशीलता तीनों गुण एक साथ पायें जाएँ।

---

1. "Property is the name for a concept that refers to rights and obligations and the privileges and the restrictions with Government and behaviour of man in any Society towards the Scarce objects of value in that Society." —*Ernest Beagle Hole*, International Encyclopaedia of the Social Sciences.
2. "Property is a matter of right; it is a little to the exclusive possession and use of goods. In its legal aspect property may be described as a body of rights and duties which determine the relations of man regarding their control over material things."—Damley
3. "Property can be defined as the exclusive control and ownership of some external object or commodity by an individual or a group of individuals."—Gurumukh Nihal Singh

सम्पत्ति एक कानूनी अधिकार है
(Property is a Legal Right)

किसी वस्तु पर केवल कब्जा कर लेने से ही वह किसी व्यक्ति की सम्पत्ति नहीं हो सकती है। सम्पत्ति बनने के लिए यह आवश्यक है कि उस वस्तु पर हमारा कानूनी अधिकार हो और कानून की दृष्टि से केवल हम ही उसके स्वामी हो। अतएव सम्पत्ति के पीछे कानूनी अधिकार का होना आवश्यक है। इसके बिना कोई वस्तु सम्पत्ति का रूप नहीं ले सकती।

सिजविक के शब्दों में, "वस्तु के अनन्य उपयोग (Exclusive use) और उपयोग करने तथा उसे विनष्ट कर देने एवं उसे किसी अन्य को दे देने की शक्ति को सम्पत्ति का अधिकार माना गया है। सम्पत्ति में वस्तुएँ और सेवाएँ दोनों सम्मिलित हैं। ये व्यक्ति की निजी होती है। उन्हें समाज और कानून द्वारा मान्यता प्राप्त होती है।"

जे॰आर॰ लुकस ने भी कहा है, "निजी सम्पत्ति कुछ वस्तुओं के उपयोग या इन वस्तुओं को किसी दूसरे व्यक्तियों को देने का कानूनी अधिकार है, साथ ही दूसरों को इसका व्यवहार करने या बेचने का अधिकार नहीं है। यदि मैं किसी वस्तु का स्वामी हूँ तो मुझे इसके उपयोग करने की स्वतन्त्रता है और अन्य व्यक्तियों का कर्तव्य है कि वे मेरी अनुमति के बिना इसका प्रयोग न करें। मेरा यह भी अधिकार है कि मैं इस वस्तु के उपयोग या स्वामित्व के सम्बन्ध में अपने समस्त या कुछ अधिकार किसी अन्य व्यक्ति को दे दूँ।"[1]

सम्पत्ति की विशेषताएँ (Features of Property)

सम्पत्ति की परिभाषाओं के विश्लेषण के आधार पर उसकी निम्नांकित विशेषताएँ विशेष रूप से उल्लेखनीय है।

1. **सम्पत्ति का अधिकार केवल राज्य और समाज में सम्भव** (The Right of Property Possible in State and Society Only)–सम्पत्ति का अधिकार राज्य और समाज से मिला है, प्रकृति तथा ईश्वर से नहीं। यह मनुष्य का प्राकृतिक या जन्मसिद्ध अधिकार नहीं है।

2. **ऐकान्तिक स्वामित्व** (Exclusive Ownership)–ऐकान्तिक स्वामित्व का अर्थ है कि किसी वस्तु पर एक व्यक्ति या समूह का पूर्ण अधिकार। दूसरा व्यक्ति उस पर अपना दावा नहीं कर सकता है। व्यक्ति उस वस्तु का सदुपयोग या दुरुपयोग भी कर सकता है। लेकिन, वस्तु का दुरुपयोग समाज के विरुद्ध नहीं होना चाहिए। दूसरे शब्दों में, वस्तु व्यक्ति का पूर्ण स्वामित्व होना चाहिए, तभी वह सम्पत्ति कही जा सकती है।

3. **राज्य और समाज की स्वीकृति** (Consent of the State and Society)–वस्तु पर केवल ऐकान्तिक स्वामित्व रहने से ही वह सम्पत्ति नहीं हो जाती। उस पर जब समाज और राज्य की स्वीकृति मिलती है, तभी वह वस्तु सम्पत्ति कहलाती है। अगर राज्य की स्वीकृति नहीं रहे तो दुर्बलों की सम्पत्ति का सदा अपहरण बलवानों से होता रहेगा। समाज में अशान्ति फैल जाएगी। अतएव सम्पत्ति की रक्षा हेतु समाज और राज्य की स्वीकृति आवश्यक है।

सम्पत्ति का वर्गीकरण
(Classification of Property)

मुख्यत: सम्पत्ति को निम्नांकित तीन वर्गों में बाँटा जाता है।

---

1. "Private property is a legal privilege of use and disposing of some good, together with the security against other people using and disposing of it, if I own something. I am at liberty to use it and other people have a duty not to use it without my permission and I have a power of disposing of some or all of my privilege that is to say of authorising other people to use and dispose and of announcing my own privileges and power." —Lucas, J.R., *The Principles of Politics*.

1. **निजी या वैयक्तिक सम्पत्ति** (Private or Individual Property)–इसके अन्तर्गत भूमि या धन किसी व्यक्ति या परिवार के अन्दर रहता है। अर्थात् निजी या वैयक्तिक सम्पत्ति के अन्तर्गत वे सभी वस्तुएँ आती हैं जिन पर व्यक्ति या परिवार का स्वामित्व रहता है।

2. **सामूहिक सम्पत्ति** (Collective Property)–इसके अन्तर्गत ऐसी सम्पत्ति आती है जिस पर स्वामित्व एवं नियन्त्रण एक व्यक्ति का न होकर बहुत या कुछ व्यक्तियों का होता है। लिमिटेड और प्राइवेट कम्पनी इसके उदाहरण हैं।

3. **सार्वजनिक सम्पत्ति** (Common Property)–इसके अन्तर्गत ऐसी सम्पत्ति आती है जिस पर राज्य के सभी व्यक्ति का स्वामित्व तथा अधिकार होता है; जैसे–नहर, सड़क, पार्क, पुल, नदी, रेल एवं अन्य सार्वजनिक चीजें। भारत के सरकारी निगम की सभी चीजों पर सभी भारतीयों को समान अधिकार प्राप्त हैं।

सम्पत्ति के विभिन्न सिद्धान्त
(Different Theories of Property)

सम्पत्ति की उत्पत्ति और उपयोगिता के सम्बन्ध में अनेक सिद्धान्त प्रचलित हैं। जिनका वर्णन निम्नांकित रूप से किया जा सकता है।

1. अधिकार सिद्धान्त (Occupational Theory)

अधिकार सिद्धान्त के अनुसार जिस व्यक्ति ने जिस वस्तु पर अपना कब्जा कर लिया, वह उसकी हो गई। यह सामाजिक समझौते के सिद्धान्त से बहुत कुछ मिलता-जुलता है। प्राकृतिक अवस्था में जो व्यक्ति जिस चीज पर अपना श्रम खर्च करता था, वह चीज उसकी हो जाती थी। जैसाकि जॉन लॉक ने बताया है। उत्तरी अमेरिका और आस्ट्रेलिया के लोग भी इस सिद्धान्त को स्वीकार किए हैं।

आलोचना–आधुनिक सुव्यस्थित समाज में अधिकार सिद्धान्त सम्भव नहीं है। चूँकि, यह जिसकी लाठी उसकी भैंस वाली प्रवृत्ति को प्रश्रय देता है। कोई भी व्यक्ति दूसरे की वस्तु पर अनाधिकार कब्जा कर, यह नहीं कह सकता है कि वह वस्तु मेरी है। कानून की दृष्टि में उसे रद्द समझा जाएगा। अतएव अधिकार सिद्धान्त प्राचीन समय में भले ही मान्य रहा हो, जिस समय कोई सामाजिक और राजनीतिक व्यवस्था नहीं थी। लेकिन, आधुनिक समय में इसे नहीं माना जा सकता है।

2. कानूनी सिद्धान्त (Legal Theory)

कानूनी सिद्धान्त के मानने वाले कहते हैं कि सम्पत्ति का आधार नागरिक कानून है। सम्पत्ति और कानून की उत्पत्ति एक साथ होती है। ऐसा बेन्थम का मत है। अगर कानून को हटा दिया जाए, जो सम्पत्ति का कोई महत्व नहीं रहेगा। सम्पत्ति की रक्षा कानून से ही होती है।

आलोचना–लेकिन, कानूनी सिद्धान्त सम्पत्ति की उत्पत्ति पर प्रकाश नहीं डालता है। वस्तुतः सम्पत्ति पहले आयी या कानून। यह कहना कठिन है। अतएव कानूनी सिद्धान्त सम्पत्ति पर पूर्ण प्रकाश नहीं डालता है।

3. श्रम सिद्धान्त (Labour Theory)

श्रम सिद्धान्त का पहला प्रतिपादक जॉन लॉक माना जाता है। उनका कहना है कि जिस वस्तु में व्यक्ति अपना श्रम मिश्रित करता है, वह उसकी सम्पत्ति हो जाती है। आगे चलकर एडम स्मिथ, रिकार्डो और कार्ल मार्क्स ने इस सिद्धान्त का पतिपादन किया। उन लोगों के अनुसार, श्रम ही सम्पत्ति का निर्माण करता है।[1]

---

1. "Labour produces all Wealth."

आलोचना–आलोचकों के अनुसार, श्रम सिद्धान्त को पूर्ण रूप से नहीं माना जा सकता है। चूँकि, सम्पत्ति के उत्पादन में केवल श्रम का ही हाथ नहीं रहता है, बल्कि भूमि, पूँजी, प्रबन्ध आदि का भी हाथ रहता है। अतएव श्रम सिद्धान्त सम्पत्ति का एकमात्र उचित सिद्धान्त नहीं है।

4. व्यक्तिवादी सिद्धान्त (Individualistic Theory)

व्यक्तिवादी सिद्धान्त के अनुसार व्यक्ति अपनी क्षमता के अनुसार धन का उपार्जन करता है। उसकी सम्पत्ति का मूल्य बाजार में परिचालित माँग और पूर्ति के नियमों द्वारा निर्धारित होता है। व्यक्तियों में सम्पत्ति के उत्पादन के लिए काफी प्रतियोगिता रहती है। राज्य उसमें हस्तक्षेप नहीं कर सकता है। अतएव प्रत्येक व्यक्ति अपनी योग्यता और क्षमता के अनुसार सम्पत्ति पैदा करने के लिए स्वतंत्र है।

आलोचना–व्यक्तिवादी सिद्धान्त भी दोषपूर्ण है। जिस व्यक्ति के पास उत्पादन के साधन नहीं होते, वह हमेशा शोषित होता रहता है। कम मजदूरी पर काम करता है। किन्तु, जिसके पास उत्पादन का साधन होता है, वह अधिक शोषण कर सम्पत्ति का अर्जन करता है। वह समाज के वातावरण को विषाक्त बनाता रहता है। फिर भी, सभी जगह व्यक्तिवादी सिद्धान्त अधिक प्रचलित एवं मान्य है।

5. समाजवादी सिद्धान्त (Socialistic Theory)

जॉन लॉक, एडम स्मिथ और रिकार्डो ने श्रम सिद्धान्त के आधार पर व्यक्तिवादी सम्पत्ति के सिद्धान्त का प्रतिपादन किया है। लेकिन, उन्नीसवीं सदी में कार्ल मार्क्स ने यह बताया कि सम्पत्ति की उत्पत्ति एकमात्र श्रम से होती है। अतएव उस सम्पत्ति पर सभी श्रमिकों का स्वामित्व होना चाहिए। उनपर किसी एक पूँजीपति का अधिकार नहीं होना चाहिए। अत: सम्पूर्ण समाज का उस सम्पत्ति पर अधिकार होना चाहिए। समाजवादी सिद्धान्त सम्पत्ति के सामाजिक स्वामित्व पर बल देता है।

आलोचना–लेकिन, आलोचकों के अनुसार समाजवादी सिद्धान्त भी पूर्ण मान्य नहीं है। केवल श्रम ही सम्पत्ति पैदा नहीं करता। भूमि, पूँजी और प्रबन्ध का भी उसमें हाथ रहता है। अतएव उनका भी मूल्य जोड़ना चाहिए। फिर भी, इतना प्रत्यक्ष है कि सम्पत्ति के उत्पादन में श्रम का बहुत बड़ा हाथ रहता है।

6. आदर्शवादी सिद्धान्त (Idealistic Theory)

काण्ट, हीगल और बोसाँके जैसे आदर्शवादी विचारकों ने बताया है कि अपनी इच्छा को मूर्त रूप देने के लिए वैयक्तिक सम्पत्ति का होना आवश्यक है। सम्पत्ति के द्वारा ही व्यक्तित्व का विकास किया जा सकता है। अतएव वैयक्तिक सम्पत्ति व्यक्ति के व्यक्तित्व के विकास के लिए आवश्यक है। दूसरे शब्दों में, कहा जा सकता है कि सम्पत्ति के द्वारा आदर्श की उपलब्धि होती है।

सम्पत्ति चरित्र के निर्माण में मदद करती है। लेकिन, साथ ही अधिक सम्पत्ति मनुष्य को ऐयाशी, आलसी और निकम्मा बना देती है। उसके चरित्र पर दाग लगा देती है। अतएव वैयक्तिक सम्पत्ति उसके उचित प्रयोग पर निर्भर करती है।

उपर्युक्त सभी सिद्धान्तों में कुछ न कुछ सत्य का अंश अवश्य है, किन्तु ये सभी अपने आप में अपूर्ण है।

निजी सम्पत्ति
(Private Property)

उदारवादी विचारकों ने भूमि, मकान और उत्पादन के साधनों पर निजी स्वामित्व का समर्थन किया है। निजी सम्पत्ति से क्या लाभ या हानि है इस पर विचार करना आवश्यक है।

लाभ (Advantages)

विभिन्न विद्वानों ने निजी सम्पत्ति से निम्नांकित लाभ को स्पष्ट किया है।

1. **जीवन सुरक्षा** (Life Protection)–वैयक्तिक या निजी सम्पत्ति व्यक्ति के जीवन की रक्षा करती है। व्यक्ति अपने जीवन का विकास स्वतंत्र रूप से करता है। उसे कल की रोटी की चिन्ता नहीं बनी रहती है। उसका पारिवारिक जीवन आनन्दित रहता है। निजी सम्पत्ति नहीं रहने के कारण, मनुष्य हमेशा दुःख में डूबा रहता है। अतएव निजी सम्पत्ति से जीवन की रक्षा की जाती है।

2. **इच्छाओं की पूर्ति** (Fulfilment of Desire)–निजी सम्पत्ति के द्वारा ही व्यक्ति अपनी इच्छाओं की पूर्ति करता है। इसलिए, वह सम्पत्ति का अर्जन करता है। इससे वह अपनी इच्छाओं की पूर्ति कर सुख का अनुभव करता है। वह सम्पत्ति के द्वारा विभिन्न प्रकार की इच्छाओं की पूर्ति करता है। प्रत्येक व्यक्ति के पास इच्छा है जिसकी वह पूर्ति करना चाहता है जो निजी सम्पत्ति द्वारा ही सम्भव है।

3. **आत्मनिर्भरता** (Self-Sufficiency)–निजी सम्पत्ति व्यक्ति को आत्म निर्भर बनाती है। व्यक्ति किसी वस्तु के लिए दूसरे पर निर्भर नहीं रहता है। वह स्वयं सभी चीजों का पूर्ति निजी सम्पत्ति के द्वारा कर लेता है। अतएव वह आत्मनिर्भर की भावना से सदा ओत-प्रोत रहता है।

4. **कार्य करने की प्रेरणा** (Incentive to Work)–निजी सम्पत्ति के रहने से कार्य करने की प्रेरणा सदा मिलती रहती है। मनुष्य सोचता है कि वह जितना अधिक काम करेगा, वह उतना ही अधिक सम्पत्ति का अर्जन करेगा। इसीलिए वह अधिक श्रम भी करता है।

5. **सुखमय जीवन का निर्माण** (Formation of Happy Life)–निजी सम्पत्ति ही मनुष्य के जीवन का कलापूर्ण बना देती है। उसका जीवन सुखमय और सरस बन जाता है। सम्पत्ति के द्वारा सुख की सारी चीजों को खरीदा जा सकता है। अतएव सम्पत्ति मानव जीवन को सुखमय बनाती है।

6. **अधिकारों की रक्षा** (Protection of Rights)–अधिकारों की रक्षा भी सम्पत्ति के द्वारा होती है। जिस व्यक्ति का पेट नहीं भरा हो, उसके लिए राजनीतिक अधिकारों का कोई भी महत्व नहीं है। वह मतपत्र को रोटी के टुकड़ों पर बेच सकता है। अतएव अधिकारों की रक्षा भी सम्पत्ति के द्वारा होती है।

7. **सद्‌गुणों का विकास** (Development of Virtues)–सम्पत्ति के रहने से दया, दानशीलता, सहानुभूति, प्रेम, सेवा जैसे गुणों का विकास होता है। बाढ़, भूकम्प, दुर्भिक्ष के समय धनी लोग पीड़ित लोगों की मदद करते हैं। धनाभाव में सद्‌गुणों का विकास सम्भव नहीं है।

8. **सभ्यता और संस्कृति का विकास** (Development of Civilization and Culture)–सम्पत्ति के कारण ही सभ्यता और संस्कृति का विकास होता है। अगर निजी सम्पत्ति न रहे, तो व्यक्ति का सारा समय दाल-रोटी की समस्या को हल करने में ही लग जाए। अगर सभी व्यक्ति इसी तरह अपनी दैनिक आवश्यकताओं की पूर्ति में व्यस्त रहे, तो सभ्यता और संस्कृति का विकास न हो। संगीतकला, साहित्यकला, नाटयकला, नृत्यकला और अन्य कला का विकास इसी के द्वारा होता है।

9. **राष्ट्रीय बचत** (National Savings)–निजी सम्पत्ति बचत करने की प्रवृत्ति को डालती है। प्रत्येक व्यक्ति कुछ न कुछ सम्पत्ति भविष्य के लिए जमा करता है जो राष्ट्रीय सम्पत्ति के अंश को बढ़ा देता है। इस प्रकार राष्ट्रीय सम्पत्ति भी वैयक्तिक सम्पत्ति से बढ़ती रहती है।

10. **शांति एवं भक्ति** (Peace and Devotion)–वैयक्तिक सम्पत्ति रहने से समाज में शांति बनी रहती है। सभी व्यक्ति अपनी सम्पत्ति की रक्षा हेतु शांति चाहता है। इसके साथ ही, उनमें अतिथि सत्कार की भावना का उचित उदय होता है। वह ईश्वर भक्त भी बन जाता है। आत्मा के बाद स्वभाविक है कि परमात्मा का स्मरण किया जाए। अतएव सम्पत्ति के रहने से लोग धर्म की ओर प्रवृत्त हो जाते हैं।

निजी सम्पत्ति से हानि (Disadvantages of the Private Property)

विभिन्न आलोचकों ने निजी सम्पत्ति से निम्नांकित हानि बताया है–

1. **आर्थिक विषमता** (Economic Disparity)–निजी सम्पत्ति समाज के अन्दर आर्थिक विषमता उत्पन्न करती है। अमीर और गरीब के बीच में एक बहुत बड़ी खाई पैदा हो जाती है। जिसके कारण सामाजिक वातावरण विषाक्त बन जाता है।

2. **ऊँच-नीच की भावना** (Feeling of High and Low)–निजी सम्पत्ति ही ऊँच-नीच की भावना को प्रश्रय देती है। अमीर व्यक्ति समाज में ऊँच माने जाते हैं। गरीब लोग नीच समझे जाते हैं। अमीर लोग अपने को अहंकारी अनुभव करते हैं। वे हमेशा गरीबों को हेय दृष्टि से देखा करते हैं।

3. **शोषण** (Exploitation)–इससे शोषण की भी काफी प्रवृत्ति मिलती है। अमीर लोग गरीब का काफी शोषण करते हैं। अधिक घंटों तक काम करवा के कम मजदूरी देते हैं। जिस व्यक्ति के हाथ में फैक्ट्री या करखाना है, वही शोषण कर रहा है। इससे उसकी वैयक्तिक सम्पत्ति में वृद्धि होती है।

4. **क्रांति** (Revolution)–ऊँच-नीच की भावना एवं शोषण की प्रवृत्ति से समाज में हमेशा संघर्ष उत्पन्न होता रहता है। लोगों का अपना सम्बन्ध बिगड़ता रहता है। जब मजदूरों का अधिक शोषण होता है तब वे क्रांति की आग में कूद पड़ते हैं। फ्रांस एवं रूस की क्रांति इसका ज्वलन्त उदाहरण है।

5. **सामाजिक संघर्ष** (Social Conflict)–सम्पत्ति के नाम पर ही आज समाज में अधिक मार-पीट, हत्या, खून-खराबा, मुकदमा और झगड़ा हो रहा है। पिता-पुत्र, मा-बेटी, पुरुष-औरत का सम्बन्ध भी सम्पत्ति के चलते ही खतरे में है। आज भारत का शायद ही कोई परिवार ऐसा हो जिसमें वैयक्तिक सम्पत्ति के लिए संघर्ष न हो।

6. **नैतिक पतन** (Moral Degradation)–अधिक सम्पत्ति हो जाने से मनुष्य उसका दुरुपयोग करना शुरु कर देता है। वह मद्यपान, वेश्यागमन एवं जुआ खेलना शुरू कर देता है। व्यभिचार उसके जीवन का अंग बन जाता है। इस प्रकार, पूर्ण रूप से उसका नैतिक पतन हो जाता है। वे गरीबों की इज्जत पर धावा बोल देते हैं।

7. **परश्रयवादिता** (Dependency)–वैयक्तिक सम्पत्ति परश्रयवादिता पर जोर देता है। एक व्यक्ति की सम्पत्ति पर परिवार के अनेक सदस्य मौज करते हैं। अतएव यह आदमी को आलसी, निकम्मा और आश्रिता बना देता है।

8. **वादों का जन्म** (Birth of Isms)–वैयक्तिक सम्पत्ति ने ही साम्राज्यवाद, उपनिवेशवाद और पूँजीवाद को जन्म दिया। जिसके कारण, दो विश्व युद्धों का जन्म हुआ। सभ्यता एवं संस्कृति का विनाश हुआ।

9. **प्रजातंत्र का शत्रु** (Enemy of Democracy)–प्रजातन्त्र में वैयक्तिक सम्पत्ति का होना खतरे से खाली नहीं। उससे राजनीतिक अधिकारों को कुचला जाता है। समाचारपत्र, रेडियो, टेलीविजन आदि का मुँह बन्द कर दिया जाता है। मतपत्रों को निर्वाचन के समय खरीद लिया जाता है। इस प्रकार, प्रजातन्त्र की नींव को कमजोर बना देता है।

उपर्युक्त कथन से यह स्पष्ट है कि वैयक्तिक सम्पत्ति से लाभ एवं हानि दोनों हैं।

सम्पत्ति का मार्क्सवादी सिद्धान्त
(Marxist Theory of Property)

भूमिका (Introduction)

आधुनिक युग में कार्ल मार्क्स एक क्रान्तिकारी दार्शनिक के साथ ही साथ, एक महान अर्थशास्त्री भी है। उसने आर्थिक सिद्धान्तों के माध्यम से राजनीतिक समस्याओं का समाधान करने का प्रयत्न किया है। उसके अनुसार सम्पत्ति का अर्थ उत्पादन और वितरण के साधनों पर स्वामित्व से है।

कार्ल मार्क्स के आर्थिक विचारों का अध्ययन निम्नलिखित रूप से किया जा सकता है।

1. **निजी सम्पत्ति का उन्मूलन** (Abolition of Private Property)—कार्ल मार्क्स निजी सम्पत्ति का विरोध करता है। साम्यवादी घोषणापत्र में, उसने स्पष्ट रूप से लिखा है, साम्यवादी सिद्धान्त का निचोड़ एक वाक्य में दिया जा सकता है—वैयक्तिक सम्पत्ति का उन्मूलन।[1] वैयक्तिक सम्पत्ति ही एक वर्ग द्वारा दूसरे वर्ग के शोषण का परिणाम है और समाज में निहित बुराइयों की जड़ है।

2. **सम्पत्ति वर्ग-व्यवस्था का परिणाम है** (Property is the Result of Class System)—सम्पत्ति के सम्बन्ध में मार्क्सवादी विचारधारा उदारवादी विचारधारा के ठीक विपरीत है। उदारवादी सम्पत्ति को व्यक्ति और समाज के विकास के लिए परम आवश्यक मानते हैं। उनकी दृष्टि में सम्पत्ति मनुष्य की स्वाभाविक प्रवृत्ति का परिणाम है। इसके विपरीत, मार्क्सवादी सम्पत्ति को वर्ग-व्यवस्था का परिणाम मानता है जो समाज के विकास में बहुत बड़ी बाधा है। सम्पत्ति की उत्पत्ति के बारे में मार्क्स का कथन है कि यह ऐतिहासिक विकास की एक निश्चित अवस्था में पैदा हुई है।

आदिम युग में समाज वर्गहीन था। लोग जंगलों में रहते थे। वे फल एवं पशु का शिकार करके अपना जीवन निर्वाह करते थे। कृषियुग में लोगों ने भूमि पर कब्जा किया। शक्तिशाली किसान दुर्बल व्यक्तियों से खेती का काम कराने लगे। यहीं से निजी सम्पत्ति की उत्पत्ति हुई। धीरे-धीरे समाज स्वामी और दास वर्ग में विभाजित होने लगा। स्वामी निजी सम्पत्ति का मालिक होता था और दासों का शोषण करता था। इस प्रकार, सम्पत्ति के विकास के साथ दो वर्गों, स्वामी और दास वर्ग का विकास हुआ।

3. **निजी सम्पत्ति की रक्षा हेतु राज्य का उद्‌भव** (The Birth of State for the Protection of Private Property)—मार्क्स के अनुसार निजी सम्पत्ति को बढ़ाने और उसकी सुरक्षा के लिए राज्य का उद्‌भव हुआ।

4. **औद्योगिक युग पूँजीवाद** (Industrial Age Capitalism)—औद्योगिक युग ने पूँजीवाद को जन्म दिया। बड़े पैमाने पर उद्योग-धन्धे शुरू किए गए। कल-कारखानों की स्थापना की गई। पूँजीवाद मजदूरों का शोषण करने लगे। खुली प्रतियोगिता के कारण अमीर और गरीब के बीच अर्थिक खाई बढ़ती गई। मार्क्स ने इसके विरुद्ध नारा दिया। उसने सर्वहारा वर्ग को पूँजीपतियों के विरुद्ध संगठित किया। उसने नारा दिया कि विश्व के मजदूरों एक हो जाओ।

5. **अतिरिक्त मूल्य का सिद्धान्त** (Theory of Surplus Value)—निजी सम्पत्ति के दोषों को सिद्ध करने के लिए मार्क्स अतिरिक्त मूल्य के सिद्धान्त का प्रतिपादन करता है। उसका यह सिद्धान्त रिकार्डो के श्रम सिद्धान्त पर आधारित है। मार्क्स का कथन है कि सम्पत्ति का सृजन श्रम द्वारा ही सम्भव है। जिस वस्तु के निर्माण में जितना अधिक श्रम लगेगा, उसका मूल्य उतना ही अधिक होगा। प्रत्येक वस्तु का मूल्य श्रम की उस मात्रा से निर्धारित होता है जो सामाजिक रूप से उस वस्तु के उत्पादन के लिए आवश्यक होती है। पूँजी उस श्रम का प्रतीक है जो श्रमिक द्वारा किया गया है, लेकिन जिसका मूल्य पूँजीपति ने श्रमिक को न देकर स्वयं प्राप्त कर लिया है।

दूसरे शब्दों में, पूँजीवादी व्यवस्था में प्रत्येक श्रमिक अतिरिक्त मूल्य का निर्माण करता है जिसे पूँजीपति हड़प लेते हैं। पूँजीपति मजदूर को उसके काम का पूर्ण मूल्य नहीं देते हैं, केवल उतना ही देते हैं जितना मजदूर के जीवन-निर्वाह के लिए आवश्यक होता है जो अतिरिक्त लाभ होता है, उसे पूँजीपति अपने पास रख लेता है। इस अतिरिक्त मूल्य की परिभाषा देते हुए मार्क्स ने लिखा है, मजदूर अपने श्रम से वस्तु को मूल्य प्रदान करता है, लेकिन वास्तव में मजदूर जो पाता है इन दोनों का अन्तर ही अतिरिक्त मूल्य है।[2]

---

1. "The theory of Communism may be summed up in the Single Sentence—abolition of the private property."—*The Communist Manifesto*.
2. "Surplus value is the difference between the value of the wages which a labour produces and which he actually receives."—Marx

यही अतिरिक्त मूल्य पूँजीपति को सम्पत्ति प्रदान करता है और मजदूर के शोषण का कारण बनता है।

6. **पूँजीवादी शोषण का सिद्धान्त** (Theory of Capitalistic Exploitation)–मार्क्सवादी अर्थशास्त्रियों का कथन है कि अतिरिक्त मूल्य का सिद्धान्त मूल्य का सिद्धान्त नहीं, बल्कि पूँजीवादी शोषण का सिद्धान्त है। पूँजीपति मजदूरों को कम-से-कम मजदूरी देकर उनसे अधिक-से-अधिक काम लेना चाहते हैं। पूँजीपति मजदूरों की लाचारी से लाभ उठाते हैं। गरीब और अशिक्षित मजदूर मालिकों से ठीक मोलजोल नहीं कर सकते। पूँजीपति उनके श्रम से पैदा मूल्य को अधिक से अधिक हड़पने का प्रयत्न करते हैं।

बड़े-बड़े उद्योगपति आवश्यक वस्तुओं पर एकाधिकार करके उपभोक्ताओं से अधिक कीमत वसूलते हैं। मार्क्स का मत है कि राज्य और उसके कानून, सेना, पुलिस, न्यायालय आदि पूँजीपतियों की निजी सम्पत्ति की वृद्धि तथा मजदूरों का शोषण करने में मदद करते हैं।

7. **क्रांति : सर्वहारा की तानाशाही** (Revolution : Dictatorship of Proletariat)–इसीलिए कार्ल मार्क्स निजी सम्पत्ति का उन्मूलन करना चाहता है। उसका कथन है कि पूँजीपतियों के विरुद्ध क्रांति करनी चाहिए। पूँजीपतियों की समस्त पूँजी छीनकर उसे राज्य को दे देना चाहिए। पूँजीवादी राज्य के स्थान पर सर्वहारा वर्ग की तानाशाही स्थापित की जानी चाहिए। कृषि, बैंक, कारखाना, बिजली, व्यापार, यातायात के साधन आदि को सर्वहारा की सरकार अपने नियन्त्रण में ले लेगी। चीन, पोलैण्ड, रूस, रोमानिया, हंगरी जैसे साम्यवादी देशों में उत्पादन और वितरण के सभी साधनों पर राज्य का अधिकार हो गया है।

8. **दैनिक उपभोग की वस्तुओं की छूट** (Relaxation of the Daily Use Goods)–मार्क्स के अनुसार व्यक्तिगत प्रयोग की वस्तुएँ सम्पत्ति का अंश नहीं है। यद्यपि उत्पादन के साधनों पर समाज का नियन्त्रण होगा, व्यक्ति को उसकी आवश्यकतानुसार वस्तुएँ रखने और उनके उपभोग करने का पूरा अधिकार प्राप्त होगा। मार्क्स और एंजिल के मतानुसार, "साम्यवाद लोगों को समाज द्वारा उत्पादित वस्तुओं के उपभोग से वंचित नहीं करता। वह तो केवल यह चाहता है कि लोग दूसरों के श्रम से निर्मित वस्तुओं को स्वयं हड़प नहीं सकेंगे।"[1]

साम्यवादी देशों में नित्यप्रति के व्यवहार की वस्तुएँ नागरिकों की निजी सम्पत्ति के अन्तर्गत आती है। मकान, मकान बनाने के लिए भूखंड, पशुधन, औजार और उपभोग की अन्य वस्तुएँ निजी सम्पत्ति समझी जाती है। साम्यवादी राज्यों में कृषि भूमि की सम्पत्ति के सम्बन्ध में अलग-अलग प्रथाएँ पायी जाती हैं। चीन में किसानों की निजी भूमि प्राप्त है। रूस में कृषि योग्य भूमि का राष्ट्रीयकरण कर दिया गया था। अनेक राज्यों में सामूहिक खेती प्रचलित है। नागरिक बचत और धन संचय की भी छूट है। मकान और उपभोग की अन्य वस्तुएँ भी जमा की जा सकती है। इस प्रकार, कुछ साम्यवादी राज्यों में सीमित मात्रा में निजी सम्पत्ति को स्वीकार कर लिया गया है।

9. **साम्यवाद की स्थापना** (Establishment of Communism)–मार्क्स का कथन है कि साम्यवाद की स्थापना के बाद पूँजीवाद पूर्ण रूप से समाप्त हो जाएगा। समस्त सम्पत्ति पर समाज का नियन्त्रण हो जाएगा। वर्ग-संघर्ष भी समाप्त हो जाएगा। किसी व्यक्ति के पास सम्पत्ति नहीं होगी।

(क) **समाजवाद** (Socialism)–मार्क्स ने कहा है कि पूँजीवाद के अन्त के बाद अचानक साम्यवाद की स्थापना नहीं होगी। उसके पूर्व एक संक्रमणकाल रहेगा। सर्वप्रथम, पूँजीवादी व्यवस्था के बाद समाजवाद की स्थापना होगी जो आगे चलकर साम्यवाद के मार्ग को प्रशस्त करेगा। इसमें निर्देश सिद्धान्त, प्रत्येक व्यक्ति की योग्यता

1. "Communism deprives no man of the power to appropriate the products of society, all that it does is to deprive him of the power to subjugate the labour of others by means of such appropriation."—*The Communist Manifesto*.

और काम के अनुसार होगा।[1] समाजवाद में चीजों का उत्पादन सामाजिक हित की दृष्टि से होगा तथा उत्पादन का वितरण इसी सिद्धान्त पर आधारित होगा।

(ख) **साम्यवाद** (Communism)–कुछ समय के बाद जब चीजों का उत्पादन बड़े पैमाने पर होने लगेगा, तो समाजवाद स्वतः साम्यवाद का रूप ले लेगा। इसमें निर्देश सिद्धान्त, प्रत्येक व्यक्ति की योग्यता और आवश्यकता के अनुसार होगा।[2]

(ग) **राज्य का नाश** (Withering Away State)–समाजवाद से जैसे ही साम्यवाद की स्थापना होगी, राज्य का स्वतः नाश हो जाएगा। क्योंकि, राज्य एक शोषण करने वाली संस्था है। यह अमीरों और निजी सम्पत्ति का रक्षक है।

निष्कर्ष–इस प्रकार, कार्ल मार्क्स निजी सम्पत्ति के उन्मूलन के पक्ष में है। सम्पत्ति पर समाज का पूर्ण नियन्त्रण रहेगा। सभी व्यक्तियों को उसकी योग्यता के अनुसार काम मिलेगा और आवश्यकतानुसार पारिश्रमिक दिया जाएगा।

आलोचना (Criticism)

विभिन्न आलोचकों ने मार्क्स की सम्पत्ति-अवधारणा की कटु आलोचनाएँ की हैं जिनका उल्लेख निम्नलिखित रूप से कर सकते हैं।

1. **अतिरिक्त मूल्य का सिद्धान्त दोषपूर्ण** (Theory of Surplus Value Defective)–आलोचकों का कहना है कि मार्क्स का अतिरिक्त मूल्य का सिद्धान्त आर्थिक दृष्टिकोण से दोषपूर्ण है। यह सिद्धान्त औद्योगिक मजदूरों की काल्पनिक स्थिति को लेकर प्रतिपादित किया गया है, वास्तविक स्थिति को लेकर नहीं। इस सिद्धान्त के आधार पर सम्पत्ति के औचित्य को चुनौती देना उचित नहीं है।

2. **अतिरिक्त मूल्य के निर्धारण में अन्य तत्वों का हाथ** (In Determining Surplus Value, hands of other Elements Also)–मार्क्स का सम्पत्ति सिद्धान्त मूलतः श्रम पर आधारित है। अतिरिक्त मूल्य का सिद्धान्त भी श्रम पर आधारित है। विद्वानों का कथन है कि अतिरिक्त मूल्य के निर्धारण में भूमि, पूँजी और प्रबन्ध जैसे तत्वों की उपेक्षा की है।

3. **व्यक्ति को प्रोत्साहन नहीं** (No Incentive to Individual)–उत्पादन और वितरण के समस्त साधनों पर राज्य का आधिपत्य हो जाने पर व्यक्ति को प्रोत्साहन या प्रलोभन नहीं होगा। जिसके कारण वह उत्पादन में अधिक अभिरूचि नहीं लेगा तथा उत्पादन का ह्रास होगा।

4. **व्यावहारिक कठिनाई** (Practical Difficulty)–राज्य को ही एकमात्र स्वामी बना दिया जाएगा तो मजदूरों के लिए व्यावहारिक कठिनाई हो जाएगी कि उसके पास कोई विकल्प नहीं रह जाएगा।

5. **शक्ति का विकेन्द्रीकरण** (Decentralisation of Power)–यदि यह मान लिया जाए कि सम्पत्ति शक्ति का स्रोत है जिसके द्वारा मजदूरों का शोषण होता है तो इस शक्ति का विकेन्द्रीकरण होना चाहिए, न कि राज्य के हाथों में केन्द्रित रहना चाहिए।

6. **निर्देश सिद्धान्त व्यावहारिक नहीं** (Guiding Principle Not Practical)–मार्क्स का यह दृष्टिकोण कि व्यक्ति को श्रम या योग्यतानुसार मजदूरी दी जाएगी, व्यावहारिक दृष्टिकोण से सम्भव नहीं दिखाई पड़ता है। न तो श्रम की मात्रा को मापा जा सकता है और न आवश्यकताओं का सही रूप से पता लगाया जा सकता है। श्रम और मजदूरी का सम्बन्ध समाप्त कर देने से श्रम का महत्व समाप्त हो जाएगा।

---

1. "From each according to his ability, to each according to his works."—Marx
2. "From each according to his ability, to each according his needs."—Marx

7. **निजी सम्पत्ति विकास का एक साधन** (Private Property a Means of Development)–निजी सम्पत्ति वैयक्तिक गुणों, संस्कृति तथा कला के विकास का साधन है। एम०डी० जावेनल के शब्दों में, यह एंजिल्स की निजी राय ही थी जिसके आधार पर मार्क्स दास कैपिटल की रचना कर सका।

8. **राज्य का नाश नहीं** (State Not Wither away)–मार्क्स ने कहा था कि साम्यवाद की स्थापना के बाद राज्य का स्वत: नाश हो जाएगा। लेकिन, रूस और चीन में साम्यवाद की स्थापना की गई। वहाँ राज्य का नाश नहीं हुआ, बल्कि वह एक शक्तिशाली संस्था के रूप में उभर कर आई। अतएव मार्क्स की यह भविष्यवाणी झूठी साबित हुई।

निष्कर्ष–मार्क्स के सम्पत्ति सिद्धान्त से यह स्पष्ट है कि उसने निजी सम्पत्ति के दुर्गुणों का पर्दाफाश किया तथा समाज से आर्थिक शोषण को समाप्त करने का आह्वान किया। इतना तो सत्य अवश्य है कि मजदूरों को उनके श्रम की तुलना में बहुत ही कम मजदूरी दी जाती है जो उचित नहीं है। उनको सभ्यता के धरातल पर लाने के लिए श्रम के अनुसार मजदूरी देनी होगी, तभी वे अपनी मौलिक आवश्यकताओं को सही ढंग से पूरा करके, एक नारकीय जीवन से हटकर सुसभ्य जीवन की प्राप्ति करेंगे। ऐसा होने से मानव समाज समृद्धि और प्रगति के मार्ग पर चलेगा।

लास्की का सम्पत्ति सिद्धान्त
(Laski's Theory of Property)

भूमिका (Introduction)

लास्की बीसवीं सदी का एक महान राजनीतिक विचारक, बहुलवादी, समाजवादी, राजनीतिक नेता, प्रभवशाली लेखक, शिक्षाविद् तथा सच्चा समाजसेवी था। उन्होंने लंदन स्कूल ऑफ इक्नोमिक्स के राजनीतिक विभाग के अध्यक्ष पद को लगभग तीन दशकों तक सुशोभित किया।

मार्टिन ने लिखा है कि सतरहवीं सदी के बाद यूरोप और अमेरिका में कोई भी ऐसा विचारक और लेखक नहीं हुआ जिसे इस काल के प्रजातान्त्रिक विचारों और संस्थाओं का इतना मौलिक तथा गहरा ज्ञान हो, जितना कि लास्की को था। लास्की के विचार तत्कालीन समस्याओं और वास्तविकताओं से बहुत ज्यादा प्रभावित रहे। इसीलिए, उसमें परिर्वतन के साथ-साथ उसके विचारों में भी परिवर्तन होते रहे। प्रारम्भ में वह बहुलवादी और उदारवादी था। लेकिन, 1933 के बाद उसका झुकाव बहुत अधिक मार्क्सवाद की ओर हो गया। फिर भी, मूलत: वह एक प्रगतिशील, उदारवादी और समाजवादी विचारक था।

हैरोल्ड जे० लास्की ने अपनी पुस्तक *ए ग्रामर ऑफ पॉलिटिक्स* में सम्पत्ति पर सविस्तारपूर्वक वर्णन किया है। इस सम्बन्ध में वे मार्क्सवाद से काफी प्रभावित हुए है। उनका कहना है कि एक ओर तो जनता भूख से तड़प रही है, व जाड़े से ठिठुर रही है और फुटपाथ पर रात्रि विश्राम कर रही है। तो दूसरी ओर, पूँजीपति मलाई और रबड़ी चाभ रहे हैं, आलीशान महल में विहार कर रहे हैं तथा अच्छे वस्त्रों से सुशोभित हो रहे हैं। अमीर और गरीब के बीच में एक बहुत बड़ी आर्थिक खाई है जिसे पाटना होगा।

लास्की वर्तमान सम्पत्ति-प्रणाली को दोषपूर्ण मानता था। वह निजी सम्पत्ति के विरुद्ध था। लेकिन, वह उसका सर्वथा उन्मूलन नहीं चाहता था। वह पैतृक सम्पत्ति का भी विरोधी था। वह उद्योगों पर नियन्त्रण और औद्योगिक क्षेत्र में स्वशासन की स्थापना के पक्ष में था। उसने कृत्यहीन सम्पत्ति के उन्मूलन के पक्ष में तर्क दिया है। उसने पारिश्रमिक के सिद्धान्त पर विचार किया और इस मान्यता पर पहुँचा कि व्यक्ति को उतना पारिश्रमिक मिले जिससे वह अपने व्यक्तित्व का पूर्णरूप से विकास कर सके।

लास्की के सम्पत्ति सिद्धान्त के मुख्य विचार (Main Ideas of Laski's Theory of Property)

लास्की के सम्पत्ति सिद्धान्त के मुख्य विचारों का अध्ययन निम्नलिखित रूप से कर सकते हैं–

1. व्यक्तिगत सम्पत्ति का विरोध (Opposition to Private Property)

प्रारम्भ से ही लास्की निजी सम्पत्ति के बारे में स्पष्ट विचार रखता था। वह सम्पत्ति के वर्तमान स्वरूप का कट्टर आलोचक था। उसने इसके विरोध में उदारवादी परम्परा के अनुकूल तर्क उपस्थित किया है।

(क) **मनोवैज्ञानिक आधार** (Psychological Basis)–लास्की के अनुसार, निजी सम्पत्ति मनोवैज्ञानिक दृष्टिकोण से अपर्याप्त है। यह मनुष्य में भय की भावना को भरती है। वह ऐसे गुणों के संसार को अवरुद्ध करती है जो उन्हें पूर्ण जीवन निर्वाह के योग्य बनाए। निजी सम्पत्ति लोगों को जुआ और तस्करी के लिए प्रेरित करती रहती है।

(ख) **नैतिक आधार** (Ethical Basis)–लास्की ने नैतिक आधार पर भी निजी सम्पत्ति का खंडन किया है। यह उन व्यक्तियों को अधिकार देती है, जिन्होंने उसके उपार्जन के लिए कुछ भी नहीं किया है तथा साथ ही उपार्जन करते समय सामाजिक हितों को ध्यान में नहीं रखा है। वर्तमान सम्पत्ति-प्रथा समाज के एक भाग को दूसरों का रक्त पिपासु बना देती है, दूसरों को साधारण जीवन-यापन करने के अवसर तक से विमुख करती है। सम्पत्तिशाली व्यक्ति भोग-विलास में लिप्त हो जाते हैं। निजी सम्पत्ति का दुरुपयोग किया जाता है।

(ग) **आर्थिक आधार** (Economic Basis)–लास्की का कथन है कि वर्तमान समाज धनी और गरीब वर्ग में विभाजित है। धनी वर्ग गरीब वर्ग का शोषण कर रहे हैं। उद्योगपति उपभोक्ताओं से मनमाना दाम लेते हैं। वे ऐसी वस्तुओं का उत्पादन करते हैं जो अधिकतर समाज के लिए उपयोगी नहीं होती। लास्की ने बड़े ही मार्मिक शब्दों में लिखा है, समाज में जबकि मकान की आवश्यकता है, उसके स्थान पर सिनेमाघर खोले जाते हैं तथा विद्यालयों के स्थान पर जंगी जहाजों के निर्माण पर खर्च किया जाता है। केवल उत्पादन ही गलत ढंग से नहीं होता, सम्पत्ति का वितरण भी दोषपूर्ण ढंग से होता है।[1]

जिसके कारण लोगों की न्यूनतम आवश्यकताओं की पूर्ति नहीं हो पाती। वर्तमान आर्थिक व्यवस्था उत्तराधिकार के सिद्धान्त से मिली हुई है। इसके कारण केवल किसी परिवार में जन्म लेने के कारण कोई अक्षम व्यक्ति अयोग्य होते हुए भी बहुत बड़ी सम्पत्ति का मालिक बन बैठता है। अतएव वर्तमान आर्थिक व्यवस्था में आमूल परिवर्तन करना चाहिए।

(घ) **ऐतिहासिक आधार** (Historical Basis)–ऐतिहासिक आधार पर निजी सम्पत्ति के समर्थन को लास्की भ्रामक बताता है। निजी सम्पत्ति की प्रणाली प्राचीन युग से चली आ रही है। लेकिन, कोई भी अधिकार केवल इसी कारण से उचित नहीं माना जा सकता कि वह परम्परा पर आधारित हैं।

उपर्युक्त तथ्यों से यह स्पष्ट है कि लास्की ने मनोवैज्ञानिक, नैतिक, आर्थिक और ऐतिहासिक आधार पर समाज की वर्तमान आर्थिक व्यवस्था को तिरस्कृत किया है।

2. निजी सम्पत्ति का समर्थन (Support of the Private Property)

लास्की के सम्पत्ति-विरोधी विचार का यह अर्थ नहीं है कि वह मार्क्सवादियों की तरह सम्पत्ति का सर्वथा उन्मूलन चाहता है। वस्तुत: वह इसके चिरभोगी प्रकृति के विरुद्ध था तथा उसका संबंध व्यक्ति के कार्यों से जोड़ना चाहता था। सम्पत्ति पर वह जन्मजात अधिकार के विरुद्ध था। किसी व्यक्ति को उसकी सेवा के अनुकूल मजदूरी देना चाहता

---

1. "It imples a distribution of property at no point referable to moral principle. It means waste and corruption and inefficiency."—Laski, *A Grammar of Politics*.

था।[1] अतएव उसके अनुसार यदि व्यक्ति परिश्रम और उचित कार्यों के द्वारा सम्पत्ति अर्जित करता है तो उसे उसका उपयोग करने की पूरी स्वतन्त्रता है।

डॉक्टर, न्यायाधीश, आविष्कारक और नाविक, ये सभी समाज के लिए उपयोगी हैं। इसलिए, इन लोगों को अपने श्रम से अर्जित सम्पत्ति के रखने तथा उसका उपयोग करने का पूरा अधिकार है। प्रत्येक व्यक्ति को उस सीमा तक सम्पत्ति रखने का अधिकार है, जहाँ तक यह उसकी अंत: प्रेरणा को उत्तम संतुष्टि के योग्य बनाती है। इसका सम्बन्ध किसी व्यक्ति द्वारा की गयी सेवा एवं लोकहित है।[2]

3. पैतृक सम्पत्ति का विरोध (Opposition to Hereditory Property)

लास्की केवल जन्म या उत्तराधिकार के आधार पर सम्पत्ति के स्वामित्व के अधिकार का विरोधी था। वह ऐसे लोगों को समाज का जोंक कहता था। ऐसे लोगों की सम्पत्ति को कर के माध्यम से सरकार द्वारा प्राप्त कर लेना चाहिए। यह वर्ग समाज को भ्रष्ट करता है और देश की राजनीति को विकृत करता है, इसलिए लास्की इस वर्ग को समाप्त कर देने के पक्ष में था। सम्पत्ति केवल सेवा या कार्य के अनुपात में मिलनी चाहिए। इसी से समाज में आर्थिक सुधार सम्भव है।

4. कृत्यहीन सम्पत्ति का उन्मूलन (Abolition of the Functionless Property)

लास्की कृत्यहीन सम्पत्ति का विरोधी है। उसके अनुसार पैतृक सम्पत्ति कृत्यहीन सम्पत्ति का नमूना है। ऐसी सम्पत्ति किसी व्यक्ति को बिना श्रम के, केवल जन्म के आधार पर प्राप्त हो जाती है। उस व्यक्ति का सेवा या कृत्य से कोई सम्बन्ध नहीं रहता है। ऐसी सम्पत्ति को राज्य के द्वारा छीन लेनी चाहिए। लेकिन, सम्पत्ति के स्वामी को उचित क्षतिपूर्ति मिलनी चाहिए।

5. सम्पत्ति का आधार सेवा या कार्य (Service or Function as the Basis of Property)

लास्की ने कहा है कि भविष्य में किसी को उसके द्वारा समाज के लिए उसकी सेवा के अनुपात में सम्पत्ति प्राप्त होगी। अर्थात् व्यक्तिगत हित और लोकहित में सम्बन्ध के आधार पर ही व्यक्ति को सम्पत्ति प्राप्त होगी। लास्की के शब्दों में, भविष्य में समाज कार्यों के आधार पर संग्रहीत तथा कार्यों के अनुसार ही किसी को अधिकार प्राप्त होंगे।[3]

6. पारिश्रमिक का सिद्धान्त (Theory of Reward)

किसी भी व्यक्ति को उसकी सेवा के लिए कितना पारिश्रमिक मिलना चाहिए? यह एक विचारणीय प्रश्न है। लास्की ने निम्नांकित चार सिद्धान्तों का उल्लेख किया है।

(i) समता का सिद्धान्त (Theory of Equility of Income),

(ii) मोलतोल का सिद्धान्त (Theory of Higgling of Market),

(iii) आवश्यकतानुसार वेतन देने का सिद्धान्त (Theory of Reward According to the needs), और

(iv) यह सिद्धान्त कि व्यक्ति को उतना पारिश्रमिक मिले जिससे वह अपना सर्वोत्तम विकास कर सके (Individual should get such Reward by which he can develop his best)

---

1. "Ownership of property confers rights that are purely prescriptive in nature and bear no relation to the performance of any service."—Herbert A. Deane

2. "Each man has right to own property to that extent which enables the descent satisfaction of impulse. If what I own, is broadly speaking, important for the services, I perform and can be shown to be related to the common Welfare as a condition of its maintenance."—Laski, *A Grammar of Politics*.

3. "The Society towards which we are moving will be organised upon the basis of function and the right it will confer, will be dependent upon the functions we perform."—Laski, *The States in the New Social Order*.

लास्की के अनुसार इनमें से पहले के तीन सिद्धान्त दोषपूर्ण हैं। उन्होंने इन सभी सिद्धान्तों को अव्यावहारिक भी बताया है। जैसे, एक ईंट बनाने वाले को उतना वेतन नहीं दिया जा सकता, जितना कि एक न्यायाधीश को, पूँजीपतियों की तुलना में मजदूरी में मोल-तोल की क्षमता नहीं के बराबर रहती है और यदि आवश्यकतानुसार वेतन दिया जाए तो काम एवं योग्यता की कीमत ही नहीं रहेगी। इस प्रकार, लास्की ने तीन सिद्धान्तों का खण्डन किया है।

लास्की चौथे सिद्धान्त को सर्वश्रेष्ठ मानता है। वह व्यक्ति को इतना वेतन देने के पक्ष में है, जिससे वह अपनी योग्यताओं का विकास कर सके। उसके साथ ही उसका यह सुझाव है कि वेतन की दरें ऐसी हो कि हर पैसे से उतने व्यक्ति अवश्य आकृषित हो सकें, जितने की आवश्यकता हो।

लास्की सट्टाबाजारी या एकाधिकार वाले व्यवसायों के लिए ऊँचा पारितोषिक देने का विरोध करता है। पारिश्रमिक की मात्रा निर्धारित करते समय व्यक्ति की सेवा को सामाजिक हित के संदर्भ में मूल्यांकन करना चाहिए।

सम्पत्ति-प्रणाली में परिवर्तन कैसे लाया जाए?
(How to Bring Changes in the System of Property)

लास्की वर्तमान सम्पत्ति-प्रणाली में परिवर्तन लाना चाहता था। वह अधिकतम निजी सम्पत्ति का उन्मूलन चाहता है। वह उत्तराधिकार सम्पत्ति का भी विरोधी है। वह सम्पत्ति का सम्बन्ध व्यक्ति की सेवा या कार्य से जोड़ना चाहता है। वह सार्वजनिक हित को दृष्टि में रखते हुए निजी सम्पत्ति को सीमित करना चाहता है। इस उद्देश्य की प्राप्ति कैसे होगी? यह एक विचारणीय प्रश्न है।

प्रारम्भ में लास्की उदारवादी था। इसलिए वह कहता था कि सम्पत्ति-प्रणाली में परिवर्तन धीरे-धीरे लाना चाहिए तथा इसके लिए, यह आवश्यक है कि मनुष्य के विचारों में अनुभव द्वारा परिवर्तन लाया जाए, क्रान्ति या वर्ग-संघर्ष द्वारा नहीं। लास्की चेतावनी देते हुए कहता है, अगर क्रान्ति या वर्ग-संघर्ष द्वारा परिवर्तन लाने का प्रयत्न किया जाए तो उसका अन्त औद्योगिक सामंतवाद या अराजकता में होगा तथा बौद्धिक विरासत समाप्त हो जाएगा।[1]

आगे चलकर लास्की अधिक मार्क्सवादी हो जाता है और स्पष्ट शब्दों में समष्टिवादी साधनों को अपनाने का सुझाव देता है। उसके शब्दों में, मजदूरों को पूँजीवाद में विश्वास नहीं रह गया; इसलिए उद्योगों के उद्देश्य को प्राप्त करने के लिए पूरे तौर से नियोजित साधनों को अपनाना चाहिए।

अतएव लास्की राष्ट्रीयकरण और औद्योगिक क्षेत्र में स्वशासन पर अधिक बल देता है। उसका कथन है कि समाज से संघर्ष को मिटाने तथा न्याय और समानता पर आधारित सामाजिक व्यवस्था को प्राप्त करने के लिए राज्य को बाध्य किया जाना चाहिए। इसके लिए राज्य की शक्ति के ढाँचे में परिवर्तन लाना चाहिए तथा आवश्यक उद्योगों का राष्ट्रीयकरण होना चाहिए। सम्पत्ति के उत्तराधिकार से सम्पत्ति के अधिकार में बड़े पैमाने पर कटौती की जानी चाहिए, निजी व्यवसायों को पूरे तौर पर नियमित किया जाना चाहिए, प्रत्येक नागरिक को न्यूनतम वेतन की गारण्टी मिलनी चाहिए तथा सरकार सभी को उचित शैक्षणिक सुविधाएँ और कल्याणकारी सेवाएँ प्रदान करे।

लास्की के अनुसार, एक ऐसे नये समाज का निर्माण होना चाहिए जो इस धारणा पर आधारित होगी कि सम्पत्ति पूरे समुदाय की सेवाओं के बदले में पारिश्रमिक के तौर पर प्राप्त होती है, यह समाज ऐसा होगा कि हमारे जीवन में धन की प्रधानता नहीं रहेगी तथा यह हमारे सम्बन्धों और संस्थाओं को विकृत नहीं कर पाएगा।[2]

लास्की ने वर्तमान सम्पत्ति-प्रणाली में परिवर्तन लाने के लिए निम्नलिखित तरीकों को अपनाने का सुझाव दिया है।

---

1. "If the problem of Social change is to be restricted to a struggle between property and poverty, we shall end either by the establishment of an iron industrial feudalism or an anarchy in which our intellectual heritage will perish."—Laski, *Mussolini Affairs*.
2. Laski, *A Grammar of Politics*.

(क) उद्योगों का समाजीकरण और राष्ट्रीयकरण,
(ख) औद्योगिक क्षेत्र में स्वशासन की स्थापना।

(क) उद्योगों का समाजीकरण और राष्ट्रीयकरण (Socialisation and Nationalisation of Industries)

आवश्यक उद्योगों का समाजीकरण (Socialisation of Essential Industries)–वर्तमान सम्पत्ति-प्रणाली में आमूल परिवर्तन लाने के लिए लास्की ने उद्योगों का समाजीकरण और राष्ट्रीयकरण कदम उठाने का सुझाव दिया है। उसका विचार है कि जनहित में आवश्यक उद्योगों का समाजीकरण आवश्यक है। इसके लिए राज्य को उत्पादन के साधनों पर नियन्त्रण करना होगा। उन्हें निजी लाभ के उद्देश्य से दुरुपयोग होने के लिए नहीं छोड़ना होगा। लास्की के शब्दों में, कोई भी राज्य अपनी व्यवस्था को सुचारू रूप से नहीं चला सकता जब तक कि उत्पादन के मौलिक साधन मुनाफा के हथकण्डे रहेंगे।[1]

उद्योग पर राज्य का नियन्त्रण (State Control over Industries)–औद्योगिक क्षेत्र पर राज्य के नियन्त्रण के बारे में, लास्की ने स्पष्ट शब्दों में लिखा है, राज्य नागरिकों के हित में औद्योगिक शक्ति को नियन्त्रित करे अन्यथा औद्योगिक शक्ति ही उसके स्वामियों के हित के लिए राज्य का नियन्त्रण करने लगेगी।[2]

संक्षेप में, लास्की के समाजवाद का उद्देश्य जनहित में राज्य द्वारा उत्पादन और वितरण की व्यवस्था में जानबूझकर हस्तक्षेप करना था। वह आवश्यक उद्योगों के स्वामित्व का समाजीकरण चाहता है। वह आगे कहता है कि सामाजीकरण का अर्थ कोई आवश्यक नहीं कि राष्ट्रीयकरण हो। वह केवल इतना चाहता है कि वह आवश्यक सेवाओं का राष्ट्रीयकरण हो जाए तथा उनका स्वामित्व राज्य में निहित रहे।

केवल राज्य ही सामाजिक और आर्थिक समानता ला सकती है (Only the State can bring Social and Economic Equality)–लास्की के समाजीकरण और राष्ट्रीयकरण के विचार अस्पष्ट हैं और परिस्थिति के अनुसार परिवर्तित होते रहे हैं। लेकिन, अपने जीवन के अन्तिम क्षणों में वह इस निष्कर्ष पर पहुँचता है कि केवल राज्य ही निजी आर्थिक शक्ति को नियमित कर सकता है तथा सामाजिक और आर्थिक समानता ला सकता है।

केवल आवश्यक उद्योगों का राष्ट्रीयकरण (Nationalisation of only Essential Industries)–लास्की केवल आवश्यक उद्योगों, जैसे–बिजली, इस्पात, कोयला आदि का राष्ट्रीयकरण चाहता है।

अन्य उद्योग निजी व्यक्तियों के हाथों में (Other Industries in the Hands of Private Individuals)–अन्य उद्योगों को लास्की निजी व्यक्तियों के हाथों में रहने की छूट देता है। लेकिन, निजी उद्योगों पर भी सरकार का कड़ा नियन्त्रण वांछनीय है। इसके लिए उसने अनेक सुझाव दिए हैं। जैसे–

(क) निजी उद्योगों की पूँजी, लागत और आमदनी के बारे में सरकार को पूरी स्वतन्त्रता देनी होगी।
(ख) सरकार मूल्य निर्धारित करेगी।
(ग) सरकार माँग और आपूर्ति को नियन्त्रित कर बाजार में तीव्र उतार-चढ़ाव को रोकेगी।
(घ) वह वितरण की कुशल व्यवस्था के द्वारा अनाज और अनिवार्य कच्चे मालों की कीमत को कम करेगी।
(ङ) वस्तुतः, राज्य कानून बनाकर निजी उद्योगों को जनहित की दृष्टि से नियन्त्रित करेगा।

---

1. "No state...can rightly order its life, so long as the fundamental instruments of production are the play thing of Private gain."—Laski, *The Value and Defects of the Marxist Philosophy*, *Current History*, XXXIX (Oct., 1928).
2. "Either the state must control the industrial power in the interests of its citizens of industrial power will control the State in the interest of its possessers."—Laski, *A Grammar of Politics*.

इस प्रकार, लास्की ने आवश्यक उद्योगों के राष्ट्रीयकरण पर जोर दिया है। अन्य उद्योगों पर निजी स्वामित्व रहेगा, लेकिन उन पर राज्य का कड़ा नियन्त्रण रहेगा।

(ख) **औद्योगिक क्षेत्र में स्वशासन की स्थापना** (Establishment of Self-Government in the Industrial Areas)

लास्की उद्योगों में स्वशासन की स्थापना करना चाहता है। उसने उद्योगों को दो वर्गों में बाँटा है।

(i) **राष्ट्रीयकृत उद्योग** (Nationalised Industry)–इस उद्योग के लिए लास्की ने एक प्रशासकीय बोर्ड (Governing Board) और क्षेत्रीय बोर्ड (Regional Board) की स्थापना का सुझाव दिया।

(ii) **निजी उद्योग** (Private Industry)–इसके अन्तर्गत एक राष्ट्रीय परिषद (National Council) और अनेक जिला परिषद (District Council) का निर्माण किया जाएगा, जिनमें मालिकों, उपभोक्ताओं और सरकार आदि के प्रतिनिधि रहेंगे।

मजदूर समितियाँ (Workers Committees)

लास्की ने कहा है कि राष्ट्रीयकृत उद्योग और निजी उद्योग दोनों में मजदूर समितियाँ रहेंगी। ये समितियाँ प्रबन्धकों से बातचीत कर काम, काम के घण्टे, मजदूरी, सुरक्षा, अनुशासन, प्रशिक्षण, कल्याण आदि के बारे में नियम तय करेंगी। लास्की का मत है कि इन समितियों के माध्यम से मजदूर उद्योगों के प्रबन्ध में भाग लेंगे। मजदूर संघ प्रबन्धकों से बातचीत करके मजदूरी तय करेंगे।

लास्की ने मजदूर-समिति को फैक्ट्री में स्वतन्त्रता की जड़[1] माना है। क्योंकि, उनके माध्यम से मजदूरों के हितों की सुरक्षा हो सकती है। इस प्रकार, लास्की उद्योग जगत में स्वशासन की स्थापना कर, मजदूरों को अधिक शक्ति देना चाहता है तथा उसके अधिकतम कल्याण की बात सोचता है।

मार्क्सवादी के रूप में लास्की
(Laski as a Marxist)

लास्की उदारवादी से मार्क्सवादी (Laski, Liberalist to Marxist)

प्रारम्भ में लास्की एक उदारवादी विचारक था। उसके बाद वह बहुलवादी बना। लेकिन, 1933 के बाद उसके मस्तिष्क पर मार्क्सवाद का जादू छाया और वह मार्क्सवादी बन बैठा। उसके मार्क्सवादी विचारों का विश्लेषण निम्नलिखित रूप से किया जा सकता है।

1. **आर्थिक शक्ति का राजनीतिक शक्ति पर प्रभुत्व** (Domination of Economic Power over Political Power)–लास्की ने मार्क्स के इस तथ्य को स्वीकार किया कि राजनीतिक शक्तियों पर आर्थिक शक्तियों का प्रभुत्व रहता है। आर्थिक शक्तियों के अनुरूप ही राजनीतिक शक्तियाँ चलती हैं। हर्बर्ट ए॰ डीन के शब्दों में, उसके राजनीति और अर्थशास्त्र के बीच सम्बन्ध के विचारों का सार इस तथ्य में निहित है कि राजनीतिक शक्ति और उसका वितरण पूर्णतया आर्थिक शक्तियों पर निर्भर करता है।[2]

2. **राज्य धनी वर्ग की सम्पत्ति की रक्षा करता है** (State Protects the Property of the Richclass)–लास्की ने मार्क्स के इस तथ्य को भी स्वीकार किया है कि राज्य एक शोषण करने वाली संस्था है और वह धनीवर्ग की सम्पत्ति की रक्षा करता है। यह गरीबों की इच्छाओं की पूर्ति नहीं करता है। लास्की के शब्दों में, वह राज्य को

---

1. Root of Freedom.
2. "Laski's views on the relationship between Politics and Economics can be summed up in the Statement that Political power and changes in its distribution depend almost naturally upon economic power."—Herbert A. Deane, *The Political Ideas of Harald J. Laski*.

प्रधान आर्थिक वर्ग का हथियार मानता है। धनिक वर्ग इसके द्वारा अपनी सम्पत्ति की रक्षा करता है। यह वर्तमान व्यवस्था को अन्तिम लक्ष्य के रूप में स्वीकार करता है और समाज के सामान्य उद्देश्यों की उपेक्षा करता है।[1]

3. **प्रजातन्त्र पूँजीवादी मुनाफाखोरी का एक साधन है** (Democracy is a Means of Capitalistic Profit)–मार्क्सवादियों की तरह लास्की ने प्रजातन्त्र पूँजीवादी मुनाफाखोरी का एक साधन माना है। प्रजातन्त्र हमेशा पूँजीपतियों की रक्षा करता है। मुट्ठी भर पूँजीपति प्रजातन्त्र शासक को अपने नियन्त्रण में रखकर, अपने हित में शासन करते हैं।

4. **राजनीतिक दल आर्थिक वर्गों का प्रतिनिधि** (Political Parties Representatives of Economic Classes)–लास्की राजनीतिक दलों को आर्थिक वर्गों के प्रतिनिधि के रूप में देखता है। राजनीतिक दलों में धनी वर्ग ही महत्वपूर्ण भूमिका निभाते हैं। वे हमेशा राजनीतिक दलों को अपने हित में प्रयोग करते हैं।

5. **समाज दो वर्गों में विभाजित** (Society Divided into Two Classes)–मार्क्स की तरह लास्की ने यह स्वीकार किया है कि चीजों के उत्पादन और वितरण पर पूँजीपतियों का हाथ रहता है। जिसके कारण समाज दो वर्गों में विभाजित हो जाता है, धनीवर्ग और गरीबवर्ग।

6. **पूँजीवाद के स्थान पर समाजवाद** (Socialism in Place of Capitalism)–समाज दो विरोधी वर्गों के रहने से आपस में संघर्ष की स्थिति बनी रहती है। लास्की ने शांतिपूर्ण तरीके से इस संघर्ष को दूर करने का सुझाव दिया है। इसके लिए वह पूँजीवाद के स्थान पर समाजवाद की स्थापना करने की प्रेरणा देता है तथा इसके साथ ही, उत्पादन और वितरण की व्यवस्था पर राज्य का अधिक से अधिक नियन्त्रण का सुझाव देता है। समाज में आर्थिक समानता लाकर ही वर्ग-संघर्ष को समाप्त किया जा सकता है।

उपर्युक्त तथ्यों से यह स्पष्ट है कि लास्की मार्क्सवाद के मूलभूत सिद्धान्तों में आस्था रखता है। लेकिन, वह उसका अन्धानुकरण नहीं करता है। उसके विचार समय के थपेड़ों के साथ परिवर्तित होते रहे हैं। राजनीति विज्ञान के इतिहास में वह एक उदारवादी, समूहवादी, मार्क्सवादी और समाजवादी चिन्तक के रूप में प्रसिद्ध है।

निष्कर्ष–लास्की का सम्पत्ति पर जो विचार है वह अपने आप में महत्वपूर्ण है। वह असीम सम्पत्ति रखने के विरुद्ध था। वह निजी सम्पत्ति का समर्थन करता है। सम्पत्ति पर अपना निष्कर्ष देते हुए लास्की कहता है कि व्यक्ति के पास न इतनी अधिक सम्पत्ति हो, जिससे उसका नैतिक पतन हो और न इतनी कम ही जिससे उसके व्यक्तित्व का विकास न हो। अर्थात् सभी को एक नागरिक न्यूनतम[2] मिलना चाहिए। नागरिक न्यूनतम का यह अर्थ है कि प्रत्येक नागरिक के पास इतनी सम्पत्ति हो जिससे वह रोटी, कपड़ा, मकान, शिक्षा और चिकित्सा जैसी पाँच मौलिक आवश्यकताओं का आसानी से प्रबन्ध कर, एक श्रेष्ठ नागरिक जीवन व्यतीत कर सके। लास्की ने नागरिक अधिकतम[3] के बारे में अपना मत नहीं दिया है। वस्तुतः, एक व्यक्ति के पास अधिक से अधिक कितनी सम्पत्ति होनी चाहिए? यह एक विचारणीय प्रश्न है। इस सम्बन्ध में लास्की ने कहा है कि कोई भी नागरिक अपनी आवश्यकता से दूनी सम्पत्ति रख सकता है और शेष जो बचे वह राज्य को जनहित के लिए दे दे। इस प्रकार, सम्पत्ति पर लास्की का विचार स्पष्ट, मौलिक और व्यावहारिक है।

---

1. "The State is compelled to use the instruments to protect the property of the rich from invasion by the poor. It comes to think of order as the final virtue. It prevents the equal aid, it owes to all in the effort to afford the Special advantage required by same."—Laski, *A Grammar of Politics*.
2. Civic minimum.
3. Civic maximum.

प्रश्न
(Questions)

1. सम्पत्ति की परिभाषा दीजिए। सम्पत्ति के विकास का वर्णन करें।
   Define Property. Describe the Development of Property.
2. सम्पत्ति का क्या अर्थ है? इसके प्रमुख गुणों और विशेषताओं का विश्लेषण करें।
   What is the meaning of Property? Analyse its main merits and features.
3. सम्पत्ति क्या है? इसके वर्गीकरण का उल्लेख करें।
   What is Property? Mention its classification.
4. सम्पत्ति के विभिन्न सिद्धान्तों की व्याख्या करें।
   Explain the different theories of Property.
5. निजी सम्पत्ति के लाभ एवं हानि का वर्णन करें।
   Describe the advantages and disadvantages of the Private Property.
6. सम्पत्ति के मार्क्सवादी सिद्धान्त की विवेचना कीजिए।
   Discuss the Marxist Thoery of Property.
7. लास्की के सम्पत्ति सिद्धान्त की समीक्षा कीजिए।
   Examine Laski's theory of Property.
8. लास्की के अनुसार सम्पत्ति-प्रणाली में कैसे परिवर्तन लाया जा सकता है?
   How the changes may be brought in the System of Property according to Laski?
9. मार्क्सवादी के रूप में लास्की का मूल्यांकन करें।
   Evaluate Laski as a Marxist.

वस्तुनिष्ठ प्रश्न
(Objective Questions)

1. "सम्पत्ति मनुष्य के लिए उसी अर्थ में स्वाभाविक है, जिस अर्थ में परिवार.......।" यह किसने कहा?
   (क) अरस्तू (ख) प्लेटो (ग) मार्क्स (घ) लास्की
   "For man property is natural in that sense, as the family." Who said this?
   (a) Aristotle (b) Plato (c) Marx (d) Laski
2. "यदि व्यक्ति के सर्वोच्च विकास के दृष्टिकोण से सम्पत्ति के अधिकार का अस्तित्व स्पष्ट है।" यह किसने कहा?
   (क) अरस्तू (ख) लास्की (ग) प्लेटो (घ) मार्क्स
   "If property must be possessed in order that a man may be has best self, the existence of such a right is clear." Who said this?
   (a) Aristotle (b) Laski (c) Plato (d) Marx
3. "व्यक्तिगत सम्पत्ति सामूहिक सम्पत्ति से अधिक उपयोगी है। बशर्ते कि उसका प्रयोग सामाजिक क्षेत्र में परम्पराओं और रीति-रिवाजों तथा राजनीतिक क्षेत्रों में उचित कानूनों द्वारा नियन्त्रित हो।" यह किसने कहा?
   (क) लास्की (ख) मार्क्स (ग) अरस्तू (घ) प्लेटो

4. "अपनी सम्पत्ति छीनने वाले की अपेक्षा अपने पिता के हत्यारे को अधिक सुगमता से क्षमा कर देता है।" यह किसने कहा?
(क) हॉब्स (ख) लास्की (ग) मार्क्स (घ) मेकियावेली
"A man more readily forgives the murderer of his father than the confiscator of his property." Who said this?
(a) Hobbes (b) Laski (c) Marx (d) Machiavelli

5. "बोदाँ की सम्पत्ति-सम्बन्धी धारणा बड़ी स्पष्ट है और उसका आधार प्राकृतिक अधिकार है।" यह किसने कहा?
(क) सेबाइन (ख) डनिंग (ग) लास्की (घ) मार्क्स
"Bodin's concept of Property is very clear and its base is natural right." Who said this?
(a) Sabine (b) Dunning (c) Laski (d) Marx

6. "सम्पत्ति, जो केवल भौतिक सम्पदा न होकर उससे कुछ अधिक है। लॉक के श्रेष्ठ जीवन और उत्तम राज्य की भावना की मुख्य आधारशिला है।" यह किसने कहा?
(क) सेबाइन (ख) मेकडोनाल्ड (ग) लॉस्की (घ) मार्क्स
"The property, which is something more than physical, is at the heart of Locke's conception of good life and the good state." Who said this?
(a) Sabine (b) McDonald (c) Laski (d) Marx

7. प्रोपर्टी शब्द किस भाषा के प्रोप्रिटास से ली गयी है।
(क) इंगलिश (ख) यूनानी (ग) लैटिन (घ) जर्मन
The word Property is derived from Proprietas of which language?
(a) English (b) Greek (c) Latin (d) German

8. "मनुष्य के व्यक्तिगत गुणों को छोड़कर समस्त मौलिक और भौतिक वस्तुएँ जो हस्तान्तरण के योग्य है, सम्पत्ति में सम्मिलित की जा सकती है....।" यह किसने कहा?
(क) एडम स्मिथ (ख) अर्नेस्ट बिगल होल (ग) लास्की (घ) मार्शल

9. "सम्पत्ति उस अवधारणा का नाम है जो उन अधिकारों, उत्तरदायित्वों और विशेषाधिकारों के बन्धनों से सम्बन्धित है, जो किसी समाज के मूल्यवान दुर्लभ वस्तुओं के सम्बन्ध में मनुष्य के व्यवहार को निर्धारित करती है।" यह किसने कहा?
(क) अर्नेस्ट बिगल होल (ख) डैमले (ग) मार्शल (घ) लास्की
"Property is the name for a concept that refers to rights and obligations and the privileges and the restrictions with Government and behaviour of man in any society towards the scarce objects of value in that society." Who said this?
(a) Ernest Beagle Hole (b) Damley (c) Marshall (d) Laski

10. "सम्पत्ति अधिकार की वस्तु है। यह वस्तुओं के ऐकान्तिक स्वामित्व और उपभोग का अधिकार है। कानूनी दृष्टि से सम्पत्ति अधिकारों और कर्तव्यों का समूह है जो मनुष्यों के भौतिक वस्तुओं के ऊपर के नियन्त्रण के सम्बन्ध को निश्चित करता है।" यह किसने कहा?
(क) लास्की (ख) डैमले (ग) मार्शल (घ) मार्क्स

"Property is a matter of right; it is a little to the exclusive possession and use of goods. In its legal aspect property may be described as a body of rights and duties which determine the relations of man regarding their control over material things." Who gave this definition?

(a) Laski (b) Damley (c) Marshall (d) Marx

11. "किसी बाह्य वस्तु के ऊपर एक व्यक्ति या व्यक्तियों के समूह के ऐतिहासिक नियन्त्रण और अधिकार को सम्पत्ति कहते हैं।" यह परिभाषा किसने दी है?

(क) डैमले (ख) लास्की (ग) गुरुमुख निहाल सिंह (घ) मार्शल

"Property can be defined as the exclusive control and ownership of some external object or commodity by an individual or a group of individuals." Who gave this definition?

(a) Damley (b) Laski (c) Gurumukh Nihal Singh (d) Marshall

12. इनमें से कौन एक सम्पत्ति का गुण नहीं है?

(क) उपयोगिता (ख) दुर्लभता (ग) परिवर्तनशीलता (घ) स्थायित्व

Which one of the following is not the merit of Property?

(a) Utility (b) Scarcity (c) Transferability (d) Stability

13. इनमें से कौन एक सम्पत्ति का वर्गीकरण नहीं है?

(क) सम्राट सम्पत्ति (ख) निजी सम्पत्ति (ग) सामूहिक सम्पत्ति (घ) सार्वजनिक सम्पत्ति

Which one of the following is not a classification of Property?

(a) King Property (b) Private Property
(c) Collective Property (d) Common Property

14. इनमें से कौन एक सम्पत्ति की विशेषताएँ नहीं हैं?

(क) सम्पत्ति राज्य और समाज में ही सम्भव है (ख) सम्पत्ति राज्य से परे है
(ग) राज्य और समाज की स्वीकृति (घ) ऐकान्तिक स्वामित्व

Which one of the following is not the feature of Property?

(a) Property is possible in the state and society (b) Property is beyond the state
(c) Consent of the state and society (d) Exclusive ownership

15. इनमें से कौन एक श्रम-सिद्धान्त का प्रणेता नहीं है?

(क) एडम स्मिथ (ख) रिकार्डो (ग) बेंथम (घ) कार्ल मार्क्स

Which one of the following is an exponent of the Labour Theory?

(a) Adam Smith (b) Ricardo (c) Bentham (d) Karl Marx

16. "श्रम ही सम्पत्ति का निर्माण करता है।" यह सम्पत्ति के किस सिद्धान्त से सम्बन्धित है?

(क) कानूनी सिद्धान्त (ख) अधिकार सिद्धान्त (ग) व्यक्तिवादी सिद्धान्त (घ) श्रम सिद्धान्त

"Labour produces all wealth". It is associated with which theory?

(a) Legal theory (b) Occupational theory
(c) Individualistic theory (d) Labour theory

17. इनमें से कौन एक आदर्शवादी सिद्धान्त के प्रतिपादक नहीं है?

(क) बेन्थम (ख) काण्ट (ग) हीगल (घ) बोसाँके

Which one of the following is not a propounder of the Idealistic theory?
(a) Bentham (b) Kant (c) Hegel (d) Bosanquet

18. "साम्यवादी सिद्धान्त का निचोड़ एक वाक्य में दिया जा सकता है–वैयक्तिक सम्पत्ति का उन्मूलन।" यह कथन किस किताब से सम्बन्धित है?
(क) रिपब्लिक (ख) दि कम्यूनिस्ट मैनिफेस्टो (ग) पॉलिटिक्स (घ) ए ग्रामर ऑफ पालिटिक्स
"The theory of communism may be summed up in the single sentence—abolition of the Private Property." This statement is associated with which book?
(a) The Republic (b) The Communist Manifesto
(c) Politics (d) A Grammar of Politics

19. "मजदूर अपने श्रम से वस्तु को मूल्य प्रदान करता है, लेकिन वास्तव में मजदूर जो पाता है इन दोनों का अन्तर ही अतिरिक्त मूल्य है।" यह किसने कहा?
(क) लास्की (ख) एंजिल्स (ग) मार्क्स (घ) लेनिन
"Surplus value is the difference between the value of the wages which a labour produces and which he actually receives." Who said this?
(a) Laski (b) Engels (c) Marx (d) Lenin

20. "साम्यवाद लोगों को समाज द्वारा उत्पादित वस्तुओं के उपयोग से वंचित नहीं करता। वह तो केवल यह चाहता है कि लोग दूसरों के श्रम से निर्मित वस्तुओं को स्वयं हड़प नहीं सकेंगे।" यह किसने कहा?
(क) मार्क्स (ख) एंजिल्स (ग) लास्की (घ) मार्क्स और एंजिल्स
"Communism deprives no man of the power to appropriate the products of society, all that it does is to deprive him of the power to subjugate the labour of others by means of such appropriation." Who said this?
(a) Marx (b) Engels (c) Laski (d) Marx and Engels

21. "प्रत्येक व्यक्ति की योग्यता और काम के अनुसार होगा।" यह निर्देश सिद्धान्त किस सिद्धान्त से सम्बन्धित है?
(क) समाजवाद (ख) साम्यवाद (ग) पूँजीवाद (घ) व्यक्तिवाद
"From each according to his ability, to each according to his work." This guiding principle is associated with which theory?
(a) Socialism (b) Communism (c) Capitalism (d) Individualism

22. "प्रत्येक व्यक्ति की योग्यता और आवश्यकता के अनुसार होगा।" यह निर्देश सिद्धान्त किस सिद्धान्त से सम्बन्धित है?
(क) समाजवाद (ख) साम्यवाद (ग) पूँजीवाद (घ) व्यक्तिवाद
"From each according to his ability, to each according to his needs." This guiding principle is associated with which theory?
(a) Socialism (b) Communism (c) Capitalism (d) Individualism

23. *ए ग्रामर ऑफ पॉलिटिक्स* के रचयिता कौन हैं?
(क) मार्क्स (ख) गार्नर (ग) लास्की (घ) गेटेल
Who wrote the book *A Grammar of Politics*?
(a) Marx (b) Garner (c) Laski (d) Gettell

24. "वह इसके चिरभोगी प्रकृति के विरुद्ध था तथा उनका सम्बन्ध व्यक्ति के कार्यों से जोड़ना चाहता था। सम्पत्ति पर वह जन्मजात अधिकार के विरुद्ध था। किसी व्यक्ति को उसकी सेवा के अनुकूल मजदूरी देना चाहता था।" यह किसने कहा?

(क) मार्क्स (ख) लेनिन (ग) लास्की (घ) हर्बर्ट ए० डीन

"Ownership of property confers rights that are purely prescriptive in nature and bear no relation to the performance of any service." Who said this?

(a) Marx (b) Lenin (c) Laski (d) Herbert A. Deane

25. "प्रत्येक व्यक्ति को उस सीमा तक सम्पत्ति रखने का अधिकार है, जहाँ तक यह उसकी अंत: प्रेरणा को उत्तम संतुष्टि के योग्य बनाती है। इसका सम्बन्ध किसी व्यक्ति द्वारा की गयी सेवा एवं लोकहित है।" यह किसने कहा?

(क) लास्की (ख) मार्क्स (ग) लेनिन (घ) गार्नर

"Each man has right to own property to that extent which enables the descent satisfaction of impulse. If what I own, is broadly speaking, important for the services, I perform and can be shown to be related to the common welfare as a condition of its maintence." Who said this?

(a) Laski (b) Marx (c) Lenin (d) Garner

26. "भविष्य में समाज कार्यों के आधार पर संग्रहीत होगा तथा कार्यों के अनुसार ही किसी को अधिकार प्राप्त होगें।" यह किसने कहा?

(क) मार्क्स (ख) लास्की (ग) लेनिन (घ) गार्नर

"The society towads which we are moving will be organised upon the basis of function and the rights it will confer, will be dependent upon the function we perform." Who said this?

(a) Marx (b) Laski (c) Lenin (d) Garner

27. "अगर क्रांति या वर्ग-संघर्ष द्वारा परिवर्तन लाने का प्रयत्न किया जाए तो उसका अन्त औद्योगिक सामंतवाद या अराजकता में होगा तथा बौद्धिक विरासत समाप्त हो जाएगा।" यह किसने कहा?

(क) मार्क्स (ख) लेनिन (ग) लॉस्की (घ) गार्नर

"If the problem of social change is to be restricted to a struggle between property and poverty, we shall end either by the establishment of an iron industrial feudalism or an anarchy in which our intellectual heritage will perish." Who said this?

(a) Marx (b) Lenin (c) Laski (d) Garner

28. "कोई भी राज्य अपनी व्यवस्था को सुचारू रूप से नहीं चला सकता जब तक कि उत्पादन के मौलिक साधन मुनाफा के हथकण्डे रहेंगे।" यह किसने कहा?

(क) मार्क्स (ख) लेनिन (ग) स्टालिन (घ) लास्की

"No state...can rightly order its life, so long as the fundamental instruments of production are the play thing of private gain." Who said this?

(a) Marx (b) Lenin (c) Stalin (d) Laski

29. "राज्य नागरिकों के हित में औद्योगिक शक्ति को नियंत्रित करे अन्यथा औद्योगिक शक्ति ही उसके स्वामियों के हित के लिए राज्य का नियन्त्रण करने लगेगी।" यह किसने कहा?

(क) लॉस्की (ख) मार्क्स (ग) लेनिन (घ) गार्नर

"Either the state must control the industrial power in the interests of its citizens of industrial power will control the state in the interests of its possessers." Who said this?
(a) Laski (b) Marx (c) Lenin (d) Garner

30. "उसके राजनीति और अर्थशास्त्र के बीच सम्बन्ध के विचारों का सार इस तथ्य में निहित है कि राजनीति शक्ति और उसका वितरण पूर्णतया आर्थिक शक्तियों पर निर्भर करता है।" यह किसने कहा?
(क) सेबाइन (ख) हर्बर्ट ए० डीन (ग) गार्नर (घ) लॉस्की
"Laski's views on the relation ship between *Politics* and *Economics* can be summed up in the statement that political power and changes in its distribution depend almost naturally upon economic power." Who said this?
(a) Sabine (b) Herbert A. Deane (c) Garner (d) Laski

31. "वह राज्य को प्रधान आर्थिक वर्ग का हथियार मानता है। धनिक वर्ग इसके द्वारा अपनी सम्पत्ति की रक्षा करता है। यह वर्तमान व्यवस्था को अन्तिम लक्ष्य के रूप में स्वीकार करता है और समाज के सामान्य उद्देश्यों की उपेक्षा करता है।" यह किसने कहा?
(क) सेबाइन (ख) मार्क्स (ग) लास्की (घ) गार्नर
"The state is compelled to use the instruments to protect the property of the rich from invasion by the poor. It comes to think of order as the final virtue. It neglects its larger aims. It prevents the equal aid, it owes to all in the effort to afford the special advantage required by some." Who said this?
(a) Sabine (b) Marx (c) Laski (d) Garner

32. नागरिक न्यूनतम किस विचारक से सम्बन्धित है?
(क) मार्क्स (ख) लेनिन (ग) गार्नर (घ) लॉस्की
Civic minimum is associated with which thinker?
(a) Marx (b) Lenin (c) Garner (d) Laski

33. There are certain writers who regarded the possession of property as a necessary qualification for franchise one of them has written, "It is important that the Assembly which votes the taxes...should be elected exclusively by people who pay something towards the taxes imposed. Those who pay no taxes, disposing by their votes of other people's money, have every motive to the lavish and none to economise." Who said this?
(a) Laski (b) John Stuart (c) Bentham (d) Barker (e) Lord Bryce

34. What was the name of the philosopher who said "The man who after enclosing a piece of land said, 'this is mine' was the founder of Civil Society"?
(a) Plato (b) Green (c) Aristotle (d) Locke (e) Marx

35. Which of the following thinkers advocated abolition of private property in the means of production?
(a) Locke (b) Rousseau (c) Green (d) Karl Marx (e) Herbert Spencer

36. Which of the following did not favour the right of private property
(a) Locke (b) Hobbes (c) Mao-Tsetung (d) Bodin

37. Aristotle
(a) Objects to the Platonic concept of community of property
(b) Does not defend the right to private property

(c) Condemns the right to private property
(d) Does not deal with the question of private property

38. Plato's views on property are known as his:
(a) Communism of property (b) Socialism of property
(c) Natural right to property (d) Rational divisions of property

39. Who said that "the magic of private property can convert sand into gold"?
(a) Laski (b) J.S. Mill (c) Asirvatham (d) T.H. Green

40. Who was the author of *The origin of Family, Private Property and the State*?
(a) Marx (b) Engels (c) Stalin (d) Lenin

41. Who of the following considered property as natural?
(a) Aristotle (b) Plato (c) Marx (d) Rousseau

42. Who said property is necessary for the realisation of one's will?
(a) Marx (b) Rousseau (c) Kant (d) Plato

43. Who said that state did not create property but was itself created in order to protect it?
(a) John Locke (b) Karl Marx (c) T.H. Green (d) H.J. Laski

उत्तर
(Answers)

1. (क) 2. (ख) 3. (ग) 4. (घ) 5. (क) 6. (ख) 7. (ग) 8. (घ) 9. (क)
10. (ख) 11. (ग) 12. (घ) 13. (क) 14. (ख) 15. (ग) 16. (घ) 17. (क) 18. (ख)
19. (ग) 20. (घ) 21. (क) 22. (ख) 23. (ग) 24. (घ) 25. (क) 26. (ख) 27. (ग)
28. (घ) 29. (क) 30. (ख) 31. (ग) 32. (घ) 33. (b) 34. (a) 35. (d) 36. (c)
37. (a) 38. (a) 39. (c) 40. (b) 41. (a) 42. (b) 43. (a)

43

नागरिकता
(Citizenship)

नागरिक की परिभाषा
(Definition of Citizen)

नागरिक का भ्रामक अर्थ **(Wrong Conception of Citizen)**

आधुनिक युग में प्रत्येक व्यक्ति किसी न किसी राज्य का एक नागरिक है। लेकिन, दुःख की बात यह है कि वह नागरिक शब्द का सही अर्थ नहीं समझता है; उसके अधिकारों और कर्तव्यों का पालन करना तो दूर रहा। नागरिक शब्द अँग्रेजी के सिटीजन (Citizen) का हिन्दी अनुवाद है। सिटीजन शब्द सिटी (City) और जेन (Zen) से बना है। सिटी का अर्थ नगर और जेन का अर्थ रहनेवाला होता है। अतएव शाब्दिक अर्थ के अनुसार नागरिक वह है जो नगर में रहता है।

(क) **नागरिक नगरवाले को कहते हैं** (City People Called Citizens)–साधारण बोलचाल की भाषा में भी नागरिक का अर्थ शहरी लोगों से लगाते हैं। अर्थात् नागरिक उसे कहते हैं जो नगर में रहता है, स्वच्छ कपड़ा पहनता है, सूट-बूट में रहता है तथा सुसंस्कृत भाषा बोलता है। लेकिन, नागरिक का यह अर्थ भ्रामक और दोषपूर्ण है।

(ख) **यूनान में प्रचलित अर्थ** (Current Meaning in Greece)–नागरिक शब्द का प्रयोग यूनान में भी किया जाता था। जो व्यक्ति शासन के कार्य में भाग लेते थे, उन्हें ही नागरिक कहा जाता था। यूनान में निम्न प्रकार के व्यक्ति रहते थे–(1) नागरिक, (2) विदेशी, (3) महिला एवं बच्चे, और (4) दास।

केवल नागरिक ही शासन के कार्य में भाग लेते थे। शेष व्यक्ति को नागरिक नहीं कहा जाता था, चूँकि उनको शासन के कार्य में भाग लेने का अधिकार नहीं था। महिलाओं को भी नागरिक नहीं कहा जाता था। इस प्रकार, यूनान की एक बहुत बड़ी जनसंख्या नागरिक के गुणों से वंचित थी। अरस्तू ने नागरिक की परिभाषा इस प्रकार दी है, नागरिक वह व्यक्ति है जो राज्य के शासन में भाग लेता है तथा राज्य से प्राप्त होने वाले लाभों का उपयोग करता है।[1]

(ग) **रोम में प्रचलित अर्थ** (Current Meaning in Rome)–रोम में भी नागरिक का अर्थ यूनान के अर्थ को ही समझा जाता था। किन्तु, रोमन के लोग विदेशियों को भी नागरिक कहने लगे। उनको भी नागरिकता प्रदान की गई। अतएव यूनान की अपेक्षा रोम में नागरिक का प्रयोग कुछ व्यापक अर्थ में किया जाने लगा।

1. "A Citizen is one who has a share in Government of the state and entitled to enjoy its share."—Aristotle

उपर्युक्त जिन-जिन अर्थ में नागरिक शब्द का प्रयोग किया गया है, वह भ्रामक है। वह नागरिक का संकुचित अर्थ है। आज तो शहरी-देहाती, अमीर-गरीब, पुरुष-स्त्री सभी नागरिक की श्रेणी में आते हैं। अतएव आधुनिक युग के दृष्टिकोण से यूनान और रोम के प्रचलित नागरिक का अर्थ, अब म्यूजियम की वस्तु बन गई है। राजनीतिशास्त्र में उसका कोई भी व्यावहारिक महत्व नहीं रह गया है।

नागरिक की सही परिभाषा (True Definition of Citizen)

विभिन्न विद्वानों ने नागरिक शब्द की परिभाषा निम्न प्रकार से दी है।

वैटेल के शब्दों में, नागरिक समाज के वे सदस्य हैं, जो कतिपय कर्तव्यों के द्वारा समाज में बँधें होते हैं, उसकी सत्ता के अधीन रहते हैं तथा उससे होने वाले लाभों में भाग लेते हैं।[1]

गिलक्राइस्ट के अनुसार, नागरिक वह है जो राज्य के अन्दर निवास करता है तथा हर मामले में राज्य के अधीन रहता है।[2]

श्रीनिवास शास्त्री के मतानुसार, नागरिक राज्य का ऐसा सदस्य होता है जो राज्य के अन्तर्गत अपना पूर्ण व्यक्तित्व प्राप्त करने का प्रयत्न करता है तथा साथ ही उसे इस बात का सदैव ध्यान बना रहता है कि राज्य का अधिकतम कल्याण कैसे होगा।[3]

अमेरिका का उच्चतम न्यायालय के अनुसार, नागरिक राजनीतिक समाज के सदस्य होते हैं। इन्हीं से राज्य का संगठन होता है और सामूहिक रूप से ये लोग राज्य के अधीन होते हैं जिससे वैयक्तिक तथा सामूहिक अधिकारों की रक्षा हो सके।[4]

नागरिक के गुण (Features of Citizen)

उपर्युक्त परिभाषाओं के विश्लेषण से पता चलता है कि नागरिक के लिए निम्नलिखित गुणों का होना अति आवश्यक है।

(i) राज्य की सदस्यता,

(ii) राज्य की ओर से प्रदत्त सामाजिक और राजनीतिक अधिकारों की प्राप्ति,

(iii) राज्य के प्रति निर्धारित कर्तव्यों का पालन, और

(iv) राज्य के प्रति भक्ति।

सरल शब्दों में नागरिक की परिभाषा इस प्रकार दे सकते हैं—नागरिक राज्य का वह प्राणी है जो राज्य से प्रदत्त अधिकारों और कर्तव्यों का पालन करता है तथा उसके प्रति पूर्ण भक्ति रखते हुए सदा सामाजिक हित के लिए सक्रिय रहता है।[5]

---

1. "Citizens are the members of the Society, bound to this Society by certain duties, subject to its authority and equal participation in its advantage."—Vattel
2. "A Citizen of a State is one who lives in the State and is subject to the State in all matters."—Gilchrist
3. "A Citizen may be defined as one who is a member of a State and tries to fulfil and realize himself fully within it alongwith an intelligent appreciation of what should conduce to the highest moral welfare of the Community." —Sri Niwas Shastri
4. "The Citizens are the members of the Political Community to which they belong. They are the people who compose the State and who, in their associated capacity have established or subjected themselves to the dominion of a Government for the protection of their individual as well as their collective rights."—*The Supreme Court of America.*
5. Author

नागरिक से वंचित–राज्य के सभी व्यक्तियों को नागरिक नहीं कहा जाता है। पागल, दिवालिया, अपराधी, कोढ़ी, भिक्षुक एवं अन्य ऐसे व्यक्तियों को नागरिक नहीं कहा जाता है।

नागरिकों की श्रेणियाँ
(Classification of Citizens)

राज्य में पाये जाने वाले सभी नागरिक एक समान नहीं होते हैं। उनमें विभेद होता है। उनको निम्नलिखित श्रेणियों में विभाजित कर सकते हैं–

नागरिकता प्राप्ति के नियम के आधार पर (On the Basis of the Rules of Acquiring Citizenship)

इसके अनुसार दो प्रकार के नागरिक होते हैं–

(i) स्वभाविक नागरिक, और (ii) राज्यकृत नागरिक।

(i) **स्वभाविक नागरिक** (Natural Citizen)–स्वभाविक नागरिक वे हैं जो जन्म लेने के साथ ही राज्य के नागरिक बन जाते हैं। उन्हें इसके लिए राज्य से स्वीकृति नहीं लेनी पड़ती है। बल्कि राज्य स्वयं उसको अपना नागरिक मान लेता है। विश्व के अधिकांश देशों में इसी श्रेणी के नागरिक पाये जाते हैं।

(ii) **राज्यकृत नागरिक** (Naturalised Citizen)–राज्यकृत नागरिक वे हैं, जो किसी राज्य की सदस्यता जन्म के आधार पर नहीं, बल्कि कृत्रिम रूप से प्राप्त करते हैं। उनका जन्म किसी दूसरे राज्य में होता है। किन्तु, अधिक दिनों तक रह जाने के कारण तथा वहाँ की शर्तों को पूरा करने के कारण, उसे उस राज्य की नागरिकता मिल जाती है। उसे स्वयं नागरिकता नहीं मिलती है, बल्कि उसके लिए उसे राज्य सरकार के पास आवेदन पत्र देना पड़ता है। सरकार जाँच-पड़ताल करने के बाद, उसे नागरिकता प्रदान करती है।

स्वभाविक नागरिक और राज्यकृत नागरिकों को प्रायः समान अधिकार ही मिलते हैं। किन्तु, किसी देश में दोनों के अधिकारों में कुछ अन्तर होता है। जैसे, अमेरिका में राज्यकृत नागरिक राष्ट्रपति के पद के लिए खड़ा नहीं हो सकता है।

उम्र के आधार पर (On the Basis of Age)

उम्र के आधार पर भी नागरिकों की दो श्रेणियाँ होती हैं–

(i) अल्पवयस्क नागरिक, और

(ii) वयस्क नागरिक।

(i) **अल्पवयस्क नागरिक** (Minor Citizen)–प्रत्येक राज्य में नागरिकों को राजनीतिक अधिकार एक निश्चित आयु पार करने के बाद दी जाती है। यह आयु रूस और भारत में अठारह वर्ष, इंग्लैण्ड और फ्रांस में इक्कीस वर्ष तथा जापान में पच्चीस वर्ष है। अर्थात् इससे कम उम्र वाले नागरिकों को राजनीतिक अधिकार प्राप्त नहीं हैं। वे न तो मत दे सकते हैं और न ही चुनाव में खड़े हो सकते हैं। ऐसे व्यक्तियों को अल्पवयस्क नागरिक कहा जाता है।

(ii) **वयस्क नागरिक** (Adult Citizen)–वयस्क नागरिक के अन्दर वे व्यक्ति आते हैं जो राज्य के द्वारा निश्चित की गयी आयु से अधिक उम्र के होते हैं। जैसे भारत और रूस में अठारह वर्ष, इंग्लैण्ड और फ्रांस में इक्कीस वर्ष तथा जापान में पच्चीस वर्ष या इससे अधिक उम्र वाले सभी व्यक्तियों को वयस्क नागरिक कहा जाता है। उन्हें राजनीतिक अधिकार प्राप्त होता है। वे मत दे सकते हैं और निर्वाचन में भी खड़े हो सकते हैं।

मताधिकार के आधार पर (On the Basis of the Right to Franchise)

इसके अनुसार भी नागरिकों की दो श्रेणियाँ होती हैं–

(i) मताधिकार प्राप्त नागरिक, और

(ii) मताधिकार विहीन नागरिक।

(i) **मताधिकार प्राप्त नागरिक** (Citizen with Franchise)–इस श्रेणी में वैसे नागरिक आते हैं जिन्हें मत देने का अधिकार प्राप्त होता है। वे मत दे सकते हैं और चुनाव में भी खड़े हो सकते हैं। भारत में सभी अठारह या इससे अधिक उम्र वाले व्यक्तियों को मताधिकार प्राप्त नागरिक कहते हैं।

(ii) **मताधिकार विहीन नागरिक** (Citizen without Franchise)–इस श्रेणी में वैसे नागरिक आते हैं जो राज्य के सदस्य तो होते हैं, किन्तु उन्हें मत देने का अधिकार प्राप्त नहीं होता है। सभी अल्पवयस्क नागरिक को मत देने का अधिकार प्राप्त नहीं है। इसके अतिरिक्त, पागल, दिवालिया, अपराधी, भिक्षुक और कोढ़ी भी मताधिकार से वंचित रहते हैं। अतएव इन सभी प्रकार के व्यक्तियों को मताधिकार विहीन नागरिक कहते हैं।

नागरिक और विदेशी
(Citizen and Alien)

विदेशी कौन है? (Who is Alien)

जब किसी राज्य का कोई नागरिक दूसरे राज्य में थोड़े समय के लिए जाता है, तब उसे वहाँ पर विदेशी कहा जाता है। जैसे–भारत का कोई व्यक्ति अमेरिका में विद्याध्ययन, व्यापार या भ्रमण के उद्देश्य से थोड़े समय के लिए जाता है, तो उसे वहाँ पर विदेशी कहा जाता है। ऐसे व्यक्ति को सामाजिक अधिकार तो मिलते हैं, किन्तु राजनीतिक अधिकार नहीं।

विदेशियों के प्रकार (Kinds of Aliens)

विदेशी एक प्रकार का नहीं होता है, बल्कि उसकी श्रेणियाँ निम्नांकित हैं–

(i) बसे हुए विदेशी,

(ii) अस्थायी विदेशी,

(iii) वैदेशिक दूत,

(iv) मित्र विदेशी, और

(v) शत्रु विदेशी।

(i) **बसे हुए विदेशी** (Resident Alien)–बसे हुए विदेशी वे कहलाते हैं जो अपना राज्य छोड़कर दूसरे राज्य में जाकर स्थायी रूप से बस जाते हैं। वहाँ पर उनका घर-द्वार तथा अपनी सम्पत्ति होती है। उन्हें सामाजिक अधिकार प्राप्त होते हैं। उन्हें नागरिकता भी मिल जाती है। बहुत से अंग्रेज भारत में स्थायी रूप से बस गए हैं। ऐसे ही व्यक्ति को बसे हुए विदेशी कहते हैं।

(ii) **अस्थायी विदेशी** (Non-Resident Alien)–जो व्यक्ति अपना राज्य छोड़कर दूसरे राज्य में व्यापार, पढ़ने या भ्रमण के उद्देश्य से थोड़े समय के लिए दूसरे राज्य में जाकर रहता है, तो वहाँ पर उसे अस्थायी विदेशी कहा जाता है। उद्देश्य के पूरा होते ही वह स्वदेश वापस आ जाता है। वहाँ पर वह सामाजिक अधिकार का उपयोग करता है।

(iii) **वैदेशिक दूत** (Diplomatic Agents)–वैदेशिक दूत या राजदूत उसे कहते हैं जो अपने देश का दूसरे देश में जाकर वैदेशिक मामले में अपना प्रतिनिधित्व करता है। वह अपने देश और जिस देश में जाता है, दोनों के बीच में वैदेशिक सम्बन्ध स्थापित करता है। उन्हें अन्य तरह के विदेशियों से अधिक सुविधाएँ दी जाती हैं। वह पत्र-व्यवहार

या भ्रमण कर सकता है। संकट के समय उसके जानमाल की रक्षा की जाती है। जब उस राज्य के साथ युद्ध छिड़ जाता है, तब उसे सम्मान के साथ स्वदेश को भेज दिया जाता है। प्राय: प्रत्येक राज्य दूसरे राज्य में अपना राजदूत भेजता है।

(iv) **मित्र विदेशी** (Friendly Alien)–जब कभी व्यक्ति ऐसे राज्य में जाता है जिसका उसके राज्य के साथ मित्रता का सम्बन्ध रहता है, तो उसे वहाँ पर मित्र विदेशी कहा जाता है। जैसे, अमेरिका का कोई व्यक्ति भारत आता है और दोनों देशों के साथ मित्रता का सम्बन्ध है, तो अमरीकी को भारत में मित्र विदेशी कहा जाएगा। उसे सभी प्रकार के नागरिक और सामाजिक अधिकार प्राप्त होंगे।

(v) **शत्रु विदेशी** (Enemy Alien)–जब कोई व्यक्ति ऐसे राज्य में रहता है जिसके साथ उसके राज्य की शत्रुता हो या युद्ध चल रहा हो, तो उसे वहाँ पर शत्रु विदेशी कहा जाएगा। कभी-कभी मित्र देश के साथ भी अचानक युद्ध हो जाता है। जिसके परिणामस्वरूप, मित्र विदेशी शत्रु विदेशी में बदल जाता है। चीन और पाकिस्तान के व्यक्ति भारत में सदा शत्रु विदेशी की दृष्टि से देखे जाते हैं। उसी तरह चीन और पाकिस्तान में स्थित भरतीय भी शत्रु विदेशी की तरह देखे जाते हैं। उनके अधिकारों पर नियन्त्रण किया जाता है। अवसर पड़ने पर उनको बन्दी भी बनाया जा सकता है। भारत का सम्बन्ध चीन और पाकिस्तान के साथ मैत्रीपूर्ण नहीं हैं। दोनों भारत की भूमि पर युद्ध के लिए डटे हुए हैं।

विदेशियों का अधिकार (Rights of Aliens)

विदेशियों को अतिथि के समान आदर किया जाता है। उन्हें सामाजिक अधिकार प्राप्त होते हैं। उनकी जानमाल की रक्षा की जाती है। विशेषकर युद्ध के समय उनका संरक्षण किया जाता है। सेना में भर्ती के लिए उन्हें बाध्य नहीं किया जाता है। उनको राजनीतिक अधिकार प्राप्त नहीं होता है। वे मतदान नहीं कर सकते हैं और चुनाव में खड़े भी नहीं हो सकते हैं। उन्हें सरकारी नौकरी भी नहीं मिलती है।

नागरिक एवं विदेशी में अन्तर (Differences Between Citizen and Alien)

नागरिक एवं विदेशी में अन्तर को निम्नलिखित रूप से स्पष्ट कर सकते हैं–

(i) **नागरिक राज्य का स्थायी सदस्य** (Citizen is Permanent Member of the State)–नागरिक राज्य का स्थायी सदस्य होता है। वह राज्य की सदस्यता जन्म से ही प्राप्त करता है। इसके विपरीत, विदेशी किसी दूसरे राज्य का स्थायी सदस्य नहीं कहला सकता है। जैसे, भारतीय भारत के स्थायी नागरिक हैं, किन्तु अमेरिका तथा इंग्लैण्ड से आए हुए व्यक्ति स्थायी नागरिक नहीं कहे जा सकते हैं।

(ii) **राज्य भक्ति** (Loyalty)–नागरिक को अपने राज्य के प्रति पूर्ण राज्य भक्ति रहती है। वह पूर्ण निष्ठा के साथ अपने राज्य की सेवा करता है। लेकिन, विदेशी दूसरे राज्य के प्रति अस्थायी और क्षणिक भक्ति प्रदर्शित करता है।

(iii) **सामाजिक अधिकार** (Social Rights)–नागरिक और विदेशी दोनों को सामाजिक अधिकार प्राय: समान मिलते हैं। लेकिन, कुछ राज्यों में विदेशी के सामाजिक अधिकार को नियन्त्रित भी किया जा सकता है। इसके विपरीत, नागरिक को सभी सामाजिक अधिकार प्राप्त होते हैं।

(iv) **राजनीतिक अधिकार** (Political Rights)–नागरिक को राजनीतिक अधिकार प्राप्त होता है। लेकिन, विदेशी को यह अधिकार नहीं दिया जाता है। वह मतदान नहीं कर सकता है और न ही चुनाव में खड़ा हो सकता है। इस प्रकार, विदेशी सदा राजनीतिक अधिकार से वंचित रहता है।

(v) **संकटकालीन समय** (Emergency Period)–संकट के समय में नागरिक अपने राज्य की सुरक्षा के लिए जी-जान से लगा रहता है। लेकिन, विदेशी में इस तरह की भावना नहीं होती है। भारत को चीन और पाकिस्तान से

खतरा बना हुआ है। ऐसी स्थिति में, सभी भारतीय नागरिक अपने देश की रक्षा के लिए कमर कस करके तैयार हैं। लेकिन, विदेशी तो अपने राज्य की मदद की चिन्ता में रहते हैं।

(vi) **सेना में भर्ती** (Recruitment in Army)–नागरिक को युद्ध के समय सेना में भर्ती किया जाता है। उन्हें जबर्दस्ती भी फौज में भर्ती किया जा सकता है। लेकिन, विदेशी को फौज में नहीं लिया जाएगा। उन्हें सेना में आने के लिए बाध्य नहीं किया जा सकता है।

(vii) **राज्य से बहिष्कृत** (Banishment from the State)–नागरिक को कभी-भी राज्य से बाहर नहीं निकाला जा सकता है। लेकिन आवश्यकता पड़ने पर या उसके राज्य के साथ युद्ध हो जाए, तो वैसी स्थिति में, विदेशियों को राज्य से भी बाहर निकाला जा सकता है। अर्थात् विदेशियों को कभी-भी राज्य से निकल जाने की आज्ञा दी जा सकती है।

(viii) **सरकारी नौकरी** (Government Services)–नागरिक सरकारी नौकरी कर सकता है। वह सरकार के बड़े-से-बड़े पद पर जा सकता है। लेकिन, विदेशी व्यक्ति सरकारी नौकरी नहीं प्राप्त कर सकता है।

(ix) **राजद्रोह** (Treason)–नागरिक अपने राज्य के विरुद्ध में कोई काम नहीं कर सकता है। वह अपने देश के विरुद्ध में षड़यन्त्र नहीं रच सकता है। लेकिन विदेशी कभी-भी दूसरे राज्य के प्रति गद्दारी कर सकता है।

नागरिकता की परिभाषा
(Definition of Citizenship)

साधारण लोग नागरिक और नागरिकता को एक ही समझ बैठते हैं। वस्तुतः नागरिक कहने से राज्य के सदस्यों का बोध होता है। किन्तु नागरिकता तो नागरिक शब्द की भावात्मक संज्ञा है। इससे तो नागरिक के गुणों का बोध होता है। राज्य के अन्दर निवास करने वाले सभी व्यक्ति समान रूप से नागरिक हो सकते हैं, लेकिन सभी के अन्दर समान नागरिकता की भावना नहीं हो सकती।

विभिन्न विद्वानों ने नागरिकता की परिभाषा निम्नलिखित रूप से दी है।

1. **लास्की** के शब्दों में, जब मनुष्य सार्वजनिक कल्याण को आगे बढ़ाने में अपने प्रबुद्ध विचारों का सहयोग देता है तो उसे नागरिकता कहते हैं।[1]
2. **गुरुमुख निहाल सिंह** के अनुसार, नागरिकता केवल कुछ अधिकारों का निष्क्रिय उपयोग ही नहीं, बल्कि आत्म ज्ञान और सार्वजनिक भलाई की वृद्धि के लिए सामाजिक जीवन में सक्रिय सहयोग भी है।[2]
3. **कुछ विद्वानों** के अनुसार, अधिकारों और कर्तव्यों के बीच सही संतुलन स्थापित करने की क्रिया भी नागरिकता है।
4. **एक लेखक** के मतानुसार, सच्ची नागरिकता का अर्थ आचारिक दृष्टि से आत्म-बलिदान और सार्वजनिक सेवा का भाव होता है। जब भी स्वार्थ में और सेवा में संघर्ष होता है तो यह भाव मनुष्य को आदतन सार्वजनिक या समान्य कल्याण की ओर जाने के लिए प्रेरित करता है। इसके अतिरिक्त, इसका बौद्धिक पक्ष भी है जो मनुष्य को सत्य और अहिंसा तथा सत्य और असत्य एवं शिव और अशिव के बीच चयन करने का विवेक प्रदान करता है।

---

1. "Citizenship has been defined as the Contribution of one's instructed judgment to the Public good."—Laski
2. "Citizenship is not mere passive possession of certain rights, it is an active participation in the life of Community with a view to self-realisation and consciously promoting Social good."—Gurumukh Nihal Singh

नागरिकता का व्यापक अर्थ (Wider Meaning of Citizenship)

उपर्युक्त परिभाषाओं के विश्लेषण से यह नागरिकता अधिकारों और कर्तव्यों के बीच संतुलन स्थापित करने की क्रिया के साथ, वह व्यक्तिगत स्वार्थ और सार्वजनिक कल्याण के बीच सामंजस्य की भावना है। अब नागरिकता का अर्थ व्यापक पैमाने पर लागू किया जाता है। वह राष्ट्रीयता की सीमा को पारकर, अन्तर्राष्ट्रीय सीमा में घुलमिल गयी है। अतएव उसका सम्बन्ध विश्व शान्ति और मानवता की भलाई से हो गया है। वस्तुतः नागरिकता मानवहित की बलिवेदी पर स्वहित की कुर्बानी का सबक हमेशा देती रहती हैं।

नागरिकता की आवश्यक शर्तें (Necessary Conditions for Citizenship)

नागरिकता के लिए निम्नलिखित शर्तों का होना अति आवश्यक है–

(क) राज्य की सदस्यता,

(ख) राज्य की ओर से सामाजिक और राजनीतिक अधिकारों की प्राप्ति,

(ग) राज्य के प्रति कुछ कर्तव्यों का पालन, और

(घ) राज्य के प्रति भक्ति।

नागरिकता निर्धारण के सिद्धान्त
(Principles for the Determination of Citizenship)

प्रायः प्रत्येक राज्य में दो प्रकार के नागरिक होते हैं–

(अ) जन्म जात नागरिक, और

(ब) राज्यकृत नागरिक।

(अ) जन्म जात नागरिक (Natural Born Citizen)

जन्म जात नागरिकों का निर्धारण निम्न तीन सिद्धान्तों के आधार पर किया जाता है–

(i) जन्मभूमि सिद्धान्त,

(ii) वंश सिद्धान्त, और

(iii) द्वैध या दोहरा सिद्धान्त।

(i) **जन्मभूमि सिद्धान्त** (Jus Soli or Place of Birth): नागरिकता का निर्णय जन्म से (Citizenship Determind by Birth)–इस सिद्धान्त के अनुसार किसी भी व्यक्ति की नागरिकता का निर्णय उसकी जन्मभूमि से किया जाता है। अर्थात् बच्चा जिस राज्य में जन्म लेता है, वह तुरन्त उस राज्य की नागरिकता प्राप्त कर लेता है। अर्जेंटाइना इस सिद्धान्त को मानता है। कल्पना कीजिए कि कोई भारतीय या अंग्रेज नवदम्पति भ्रमण के लिए अर्जेंटाइना जाते हैं और वहाँ पर उन्हें बच्चा हो जाता है, तो बच्चे को वहाँ की नागरिकता मिल जाएगी। चूँकि, अर्जेंटाइना जन्मभूमि सिद्धान्त को मानता है।

नाजायज बच्चे (Illegitimate Children)–इस सिद्धान्त को आसानी से नागरिकता मिल जाएगी। इसका यह अर्थ हुआ कि जिन बच्चों के माता-पिता का ठिकाना नहीं रहता है, उनको नागरिकता मिल जाती है। वे नागरिकता के सभी अधिकारों का उपयोग तथा कर्तव्यों का पालन कर सकते हैं।

इस सिद्धान्त से हानि यह है कि बच्चों को अपने माता-पिता के देश की नागरिकता से सदा के लिए वंचित होना पड़ता है। इसीलिए यह सिद्धान्त सर्वमान्य नहीं है। दुनिया के दो-चार देशों में ही यह प्रचलित है।

(ii) **वंश सिद्धान्त** (Jus Sanguinis or Blood Relationship): नागरिकता का निर्णय माता-पिता के अनुसार (Citizenship Determined by Parents)–इस सिद्धान्त के अनुसार बच्चे की नागरिकता उसके माता-पिता के अनुसार निर्धारित की जाती है। अर्थात् जिस राज्य का माता-पिता होता है। बच्चा भी उसी राज्य की नागरिकता प्राप्त करता है। चाहे बच्चे का जन्म विश्व के किसी राज्य में हो। इटली, फ्रांस, आस्ट्रिया, जर्मनी, स्वेडन, स्विट्जरलैण्ड आदि देश इस सिद्धान्त को मानते हैं।

लेकिन, इस सिद्धान्त से अवैध तरीके से पैदा किए गए बच्चे की नागरिकता निर्धारित नहीं होती है। चूँकि, उसके पिता का पता नहीं रहता है। अतएव इस तरह के बच्चे की नागरिकता वंश के आधार पर निर्धारित करने में काफी कठिनाई होती है। लेकिन, साधारणत: उसकी माँ के राज्य की नागरिकता उसे मिलती है।

(iii) **द्वैध या दोहरा सिद्धान्त** (Double Principle): जन्म और वंश दोनों के आधार पर नागरिकता का निर्णय (Citizenship Determined by Birth and Blood Both)–जन्मभूमि सिद्धान्त और वंश सिद्धान्त दोनों एक दूसरे के विरोधी हैं। दोनों में हमेशा संघर्ष होता रहता है। अतएव उस संघर्ष को मिटाने के लिए, एक तीसरे सिद्धान्त का प्रतिपादन किया गया है जिसे द्वैध या दोहरा सिद्धान्त कहते हैं। इसके अनुसार किसी बच्चे की नागरिकता उसकी जन्मभूमि तथा माता-पिता या वंश दोनों के आधार पर निर्धारित की जाती है। अमेरिका और इंग्लैण्ड इस सिद्धान्त को मानते हैं। जैसे, अमेरिका दम्पति का बच्चा अगर इंग्लैण्ड में पैदा होता है तो वह अमेरिका और इंग्लैण्ड दोनों की नागरिकता प्राप्त कर लेता है।

दोष (Demerit)–यह सिद्धान्त भी दोषरहित नहीं है। कल्पना कीजिए कि एक अमेरिकी दम्पति का बच्चा अर्जेंटाइना में पैदा होता है। अर्जेंटाइना जन्मभूमि सिद्धान्त को मानता है। अत: वह बच्चे पर अपना दावा कर देगा। अर्थात् वह बच्चा जन्म लेते ही अर्जेंटाइना का नागरिक बन जाएगा। अमेरिका का द्वैध सिद्धान्त को मानता है। अत: उस बच्चे पर अमेरिका का भी दावा हो जाएगा। उसे अमेरिका की भी नागरिकता मिल जाएगी। ऐसी स्थिति में, बच्चे को दोहरी नागरिकता प्राप्त हो जाएगी। कभी-कभी इसी संघर्ष में बच्चा दोनों राज्य की नागरिकता से वंचित हो जाता है। अतएव वह राज्यविहीन[1] की स्थिति में पहुँच जाता है।

वस्तुत: जब दो राज्यों का दावा एक बच्चे पर हो जाता है, तो जब बच्चा वयस्क हो जाता है, तब वह अपनी खुशी से एक राज्य की नागरिकता त्याग देता है। अथवा उसके माता-पिता जब स्वदेश लौट जाते हैं, तो बच्चे की नागरिकता स्पष्ट हो जाती है।

(ब) राज्यकृत नागरिक (Naturalised Citizen)

स्वभाविक नागरिकता तो जन्म या वंश से मिलती है। लेकिन, नागरिकता कृत्रिम रूप से राज्य के द्वारा भी दी जाती है। अत: जो व्यक्ति कुछ शर्तों को पूरा करने के बाद, राज्य की ओर से नागरिकता प्राप्त करता है, उसे राज्यकृत नागरिक कहते हैं। इसके लिए राज्य सरकार के पास आवेदन-पत्र देना पड़ता है। पूरी जाँच-पड़ताल के बाद, तब न्यायालय से नागरिकता प्रदान की जाती है।

शर्तें (Conditions)–कृत्रिम रूप से नागरिकता प्राप्त करने के लिए निम्नलिखित शर्तों को पूरा करना पड़ता है। यह स्मरण रखना चाहिए कि ये शर्तें सभी राज्यों में समान नहीं हैं। प्रत्येक राज्य में कुछ विभिन्नता है।

1. **नागरिकता का त्याग** (Surrender of Citizenship)–किसी राज्य की नागरिकता प्राप्त करने के लिए सबसे पहली शर्त यह है कि उस व्यक्ति को पहले राज्य की नागरिकता का त्याग करना होगा। जैसे, अगर कोई भारतीय अमेरिकी नागरिकता प्राप्त करना चाहता है तो उसे भारत की नागरिकता का त्याग करना पड़ेगा। तभी उसे अमेरिका की नागरिकता मिलेगी।

1. Statelessness.

2. **निवास** (Resident)–कुछ राज्यों में नागरिकता प्राप्त करने के लिए निवास-समय की शर्त रहती है। अर्थात् नागरिकता प्राप्त करने के लिए एक निश्चित अवधि तक उस राज्य में निवास करना होता है, तभी उसे नागरिकता मिलती है। ग्रेट-ब्रिटेन, जापान, अमेरिका और नीदरलैण्ड में यह अवधि पाँच वर्ष है। फ्रांस में दस वर्ष और स्विट्ज़रलैण्ड में दो वर्ष है।

3. **अचल सम्पत्ति** (Immovable Property)–किसी-किसी राज्य में नागरिकता प्राप्त करने के लिए अचल सम्पत्ति का स्वामी होना आवश्यक हो जाता है। उसे जमीन खरीदनी पड़ती है। पेरू और मेक्सिको में यह नियम है।

4. **विवाह** (Marriage)–कुछ देशों में यह नियम है कि अगर कोई व्यक्ति वहाँ की नागरिकता प्राप्त करना चाहता है तो उसे वहाँ की लड़की से शादी करनी पड़ती है। जैसे, जापान की नागरिकता तभी दी जाती है जब कोई व्यक्ति वहाँ की लड़की से शादी करता है।

5. **सरकारी नौकरी** (Government Service)–कुछ राज्यों में यह शर्त है कि वहाँ की नागरिकता प्राप्त करने के लिए, व्यक्ति को कुछ समय के लिए नौकरी करनी पड़ती है। तभी उसे वहाँ की नागरिकता मिलती है।

6. **सेना में भर्ती** (Recruitment in Army)–किसी राज्य की नागरिकता प्राप्त करने के लिए सेना में कुछ समय के लिए काम करना पड़ता है। जैसे, अमेरिका में यह शर्त है कि कोई व्यक्ति वहाँ की सेना में एक साल तक वफादारी के साथ काम करता है, तो उसे वहाँ की नागरिकता मिल जाती है।

7. **पराजय** (Defeat)–जब कोई देश युद्ध में पराजित हो जाता है तो पराजित देश के लोग विजित देश की नागरिकता प्राप्त कर लेते हैं।

8. **राज्य के अंग का समर्पण** (Surrender of any Part of State)–जब किसी राज्य का कोई अंग दूसरे राज्य में समर्पित कर दिया जाता है तो समर्पित राज्य के नागरिक उस देश की नागरिकता प्राप्त कर लेते हैं, जिस देश में उसका भूखण्ड मिला लिया जाता है।

9. **गोद** (Adoption)–यदि कोई व्यक्ति किसी विदेशी बच्चे को गोद लेता है तो वह बच्चा अपने देश की नागरिकता खो बैठता है और उस व्यक्ति के देश की नागरिकता को प्राप्त कर लेता है।

10. **अन्य शर्तें** (Other Conditions)–नागरिकता प्राप्त करने की कुछ अन्य शर्तें हैं जो प्रायः उतनी प्रचलित नहीं हैं। जैसे,

(i) राष्ट्रभाषा का ज्ञान,
(ii) शुद्ध नैतिक चरित्र,
(iii) काम करने की क्षमता,
(iv) धर्म परिवर्तन,
(v) रीति-रिवाज में आस्था,
(vi) बहु-विवाह में विश्वास आदि।

अर्थात् नागरिकता प्राप्ति में उपर्युक्त शर्तों को भी किसी-किसी राज्य में पूरा करना पड़ता है।

नागरिकता का लोप
(Loss of Citizenship)

जिस प्रकार नागरिकता की प्राप्ति होती है, उसी प्रकार उसका लोप भी होता है। प्राप्ति में लोप और लोप में प्राप्ति निहित है। निम्नलिखित तरीकों से किसी भी व्यक्ति की नागरिकता का लोप होता है।

1. **विवाह** (Marriage)–यदि कोई स्त्री किसी विदेशी पुरुष से शादी कर लेती है तो वह अपने राज्य की नागरिकता खो बैठती है।
2. **राज्य-आज्ञा** (Order of the State)–राज्य अपनी आज्ञा देकर किसी भी नागरिक को नागरिकता से वंचित कर सकता है।
3. **द्वैध सिद्धान्त** (Double Theory)–द्वैध सिद्धान्त से नागरिकता के निर्णय में कठिनाई होती है। अतएव बच्चा जब वयस्क हो जाता है तो किसी एक राज्य की नागरिकता का वह त्याग कर देता है।
4. **नौकरी** (Service)–जब कोई व्यक्ति दूसरे राज्य में नौकरी करने लगता है तो वह अपने राज्य की नागरिकता खो बैठता है।
5. **अवधि** (Period)–यदि कोई व्यक्ति एक निश्चित अवधि तक अपने देश को छोड़कर दूसरे देश में रह जाता है, तो वह अपने देश की नागरिकता खो बैठता है। फ्रांस और जर्मनी में यह नियम लागू है।
6. **पदवी** (Title)–यदि कोई व्यक्ति विदेशी सरकार से कोई पदवी या खिताब को स्वीकार कर लेता है, तो वह अपने राज्य की नागरिकता खो बैठता है।
7. **त्याग** (Surrender)–जब कोई व्यक्ति अपने राज्य की नागरिकता को स्वेच्छा से त्याग देता है और दूसरे राज्य की नागरिकता स्वीकार करता है। ऐसी स्थिति में, उसका अपने राज्य की नागरिकता समाप्त हो जाती है।
8. **अपराध** (Crime)–यदि कोई व्यक्ति जघन्य अपराध अपने राज्य के प्रति करता है तो उसकी नागरिकता समाप्त हो जाती है।
9. **अन्य कारण** (Other Causes)–पागल, दिवालिया, भिक्षुक, कोढ़ी और लम्बी सजा पाए हुए व्यक्ति नागरिकता से वंचित रहते हैं।

भारतीय नागरिकता
(Indian Citizenship)

भारतीय नागरिकता सम्बन्धी विधेयक 1955 में संसद में पेश किया गया और 1956 में वह दोनों सदनों से पास हुआ। जिनके अन्तर्गत निम्नलिखित नियमों का उल्लेख किया गया है।

1. प्रत्येक वह व्यक्ति जिसका जन्म भारत में हुआ है, भारत का नागरिक माना जाएगा।
2. भारतीय नागरिकों के बच्चे, यदि वे विदेश में पैदा हुए हो तो भी वे भारत का नागरिक कहे जायेंगे।
3. पाकिस्तान से आने वाले वे सब लोग जो 26 जुलाई, 1949 के पहले भारत में आकर बस गए, यहाँ के नागरिक माने जायेंगे। इस तिथि के बाद आने वाले व्यक्ति यदि एक वर्ष तक भारत में रह चुके हो, तो प्रार्थना-पत्र देकर वे नागरिकता प्राप्त कर सकते हैं।
4. विदेशों में रहने वाले भारतीय नागरिक दूतावास में अपना नाम दर्ज कराकर भारतीय नागरिकता प्राप्त कर सकते हैं।
5. विदेशी स्त्रियाँ भारतीय नागरिकों से शादी करने पर, यहाँ की नागरिकता प्राप्त कर सकेंगी।
6. ऐसे विदेशी जो यहाँ की भाषा जानता हो तथा स्थायी रूप से यहाँ निवास करना चाहता हो। वह पिछले सात वर्षों में चार वर्षों तक रह चुका हो, तो वह प्रार्थना-पत्र देकर यहाँ की नागरिकता प्राप्त कर सकता है।

आदर्श नागरिकता
(Ideal Citizenship)

आदर्श नागरिकता क्या है? यह एक विचारणीय प्रश्न है। राज्य के अन्दर सभी व्यक्ति तो नागरिक होते हैं। किन्तु, उनमें से बहुत कम ही आदर्श नागरिक होते है। वस्तुतः नागरिक गुणों का सदुपयोग ही व्यक्ति को आदर्श नागरिकता की ओर ले जाता है। एक आदर्श नागरिक केवल अपने सामाजिक और राजनीतिक अधिकारों का ही सदुपयोग नहीं करता है। बल्कि, इसके साथ-साथ वह कर्तव्यों का भी पालन करता है। अतएव आदर्श नागरिकता उचित अधिकारों और कर्तव्यों के सामंजस्य में ही निहित है।

आदर्श नागरिकता व्यक्ति के ज्ञान, बुद्धि, त्याग और आत्म-संयम में है। उसे सार्वजनिक हित के लिए अपने स्वार्थों की आहूति कर देनी पड़ती है।

लार्ड ब्राइस ने आदर्श नागरिकता के लिए तीन गुणों का होना बताया है–

(क) बुद्धि, (ख) आत्म-संयम, और (ग) सद्विवेक।

डॉ॰ ह्वाइट ने भी आदर्श नागरिकता के गुणों पर प्रकाश डाला है। उनके अनुसार (क) ज्ञान, (ख) व्यवहारिक बुद्धि, और (ग) भक्ति जैसे तीन गुणों का रहना अतिआवश्यक है।

इन गुणों के अतिरिक्त, आदर्श नागरिकता के अन्य गुण भी है। जिनका विवरण निम्नलिखित रूप से किया जा सकता है।

1. **बुद्धि** (Intelligence)–लार्ड ब्राइस ने आदर्श नागरिकता का पहला गुण बुद्धि बताया है। अर्थात् एक आदर्श नागरिक बनने के लिए बुद्धि का होना अतिआवश्यक है। क्योंकि, बुद्धि के रहने से ही वह सामाजिक, आर्थिक, धार्मिक और राष्ट्रीय समस्याओं को आसानी से समझकर, अपने कर्तव्यों का पालन कर सकता है।

लास्की ने भी कहा है, सामाजिक कल्याण के लिए शिक्षित बुद्धि का प्रयोग ही असली नागरिकता है।

अतएव आदर्श नागरिकता का पालन बुद्धि के अभाव में सम्भव नहीं है। उसके लिए बुद्धि का होना अति आवश्यक है।

2. **आत्म-संयम** (Self-Control)–आत्म-संयम ही मनुष्य को महान बनाता है। महात्मा, ऋषि और महापुरुषों ने आत्म-संयम के द्वारा विश्व को जीत लिया है। एक आदर्श नागरिक में इस गुण का रहना आवश्यक है। चूँकि इसी के द्वारा वह अपने मस्तिष्क का संतुलन कर सकता है। स्वार्थ, लोभ, क्रोध, ईर्ष्या आदि की भावना को त्यागकर, अपने कर्तव्यों का पालन कर सकता है। इसी से, उसे अनुशासन और सहनशीलता की शिक्षा भी मिलती है। कोई भी नागरिक आत्म-संयम के अभाव में आदर्श नागरिकता की ओर प्रयाण नहीं कर सकता है। अतएव आदर्श नागरिकता के लिए आत्म-संयम जैसे गुण का रहना वांछनीय है।

3. **सद्विवेक** (Conscience)–सद्विवेक के द्वारा व्यक्ति अच्छाई-बुराई, उचित-अनुचित, सत्य-असत्य तथा नैतिक-अनैतिक का ज्ञान प्राप्त करता है। जो व्यक्ति उचित-अनुचित को नहीं समझ सकता है। वह समाज के लिए कुछ नहीं कर सकता है। वह तो अपने स्वार्थ की पूर्ति में ही दिन-रात व्यस्त रहेगा। सद्विवेक ही एक ऐसा गुण है जो नागरिक को आन्तरिक आचरण का ज्ञान कराता है। उसके अन्दर अन्तः चेतना और संवेदनशीलता का संचार करता है। नागरिक को सामाजिक हित करने के लिए बाध्य करता है।

अतएव लार्ड ब्राइस का यह कहना कि आदर्श नागरिकता के लिए बुद्धि, आत्म-संयम और सद्विवेक का होना आवश्यक है। यह सर्वथा सत्य है।

4. **ज्ञान** (Knowledge)–डॉ॰ ह्वाइट ने आदर्श नागरिकता के लिए ज्ञान का होना आवश्यक बताया है। लार्ड ब्राइस ने बुद्धि को बताया है। दोनों के कथन में साम्यता है। जब तक व्यक्ति को परिवार, संघ और राज्य के बारे में पूर्ण ज्ञान नहीं रहेगा, तब तक वह कुछ नहीं कर सकता है। उसे अधिकारों और कर्तव्यों का भी ज्ञान रहना चाहिए। ज्ञान मनुष्य को महान बनाता है। मूर्ख ही है। ज्ञानी और मूर्ख में कोई तुलना नहीं की जा सकती है।

5. **व्यवहारिक बुद्धि** (Common Sense)–केवल किताबी ज्ञान से काम नहीं चलता। उसके साथ-साथ व्यवहारिक बुद्धि का भी होना आवश्यक है। बहुत-सी ऐसी समस्यायें होती हैं जो बुद्धि के आधार पर सुलझाई नहीं जाती है, बल्कि उसके समाधान के लिए व्यवहारिक बुद्धि की आवश्यकता पड़ती है। अतएव आदर्श नागरिकता की प्राप्ति में व्यवहारिक बुद्धि का भी बहुत बड़ा हाथ रहता है।

6. **भक्ति** (Devotion)–भक्ति आदर्श नागरिक के लिए एक आवश्यक गुण माना गया है। भक्ति ही व्यक्ति को लग्नशील और कर्मठ बनाता है। वस्तुतः भक्ति का अर्थ है–कर्तव्य से। नागरिक अपने परिवार, पड़ोस, गाँव, राज्य, राष्ट्र और मानवता के प्रति अपने कर्तव्य को समझे और उसका यथावत पालन करे। विशेषतः राज्य के प्रति भक्ति का प्रदर्शन बहुत ही आवश्यक है। जिस मनुष्य के हृदय में राज्य के प्रति भक्ति नहीं है, वह नागरिक नहीं है। आदर्श नागरिक बनना तो उसके लिए दूर की बात है।

इसलिए, डॉ॰ ह्वाइट ने ज्ञान, व्यवहारिक बुद्धि और भक्ति की ओर संकेत किया है। उपर्युक्त गुणों के अतिरिक्त, आदर्श नागरिकता के दूसरे गुण निम्नांकित हैं।

7. **सामाजिक भावना** (Social Feeling)–मनुष्य समाज में जन्म लेता है, पलता है और विलीन हो जाता है। वह एक सामाजिक प्राणी है। व्यक्ति कभी-भी अकेला नहीं रह सकता। अगर वह एकाकी जीवन व्यतीत करे, तो उसका जीवन नारकीय हो जाएगा। हो सकता है कि वह अपने जीवन से ऊब जाए। प्रत्येक नागरिक समाज में रहता है। लेकिन, सभी के हृदय में सामाजिक भावना नहीं होती है। समाज के अन्दर भूखमरी, बीमारी, महामारी, गरीबी, अज्ञान, अशान्ति, शोषण और विषाद रहता है। किन्तु, बहुत कम ही नागरिक उसमें हाथ बँटाते हैं। एक आदर्श नागरिक का यह कर्तव्य होना चाहिए कि इस प्रकार के सामाजिक कार्यों में हाथ बँटाये। उसे पीड़ितों को मदद करनी चाहिए। अतएव सामाजिक भावना ही व्यक्ति को आदर्श की ओर ले जाती है।

8. **स्वस्थ जीवन** (Healthy Life)–प्रत्येक मनुष्य को स्वस्थ होना आवश्यक है। चूँकि, "स्वस्थ शरीर में ही स्वस्थ मन रहता है।"[1] जिस नागरिक का स्वास्थ्य ठीक नहीं, वह समाज के लिए कुछ भी नहीं कर सकता है। वह तो हमेशा बीमारी से पीड़ित रहेगा। ऐसी अवस्था में, वह न तो अपने परिवार और न तो समाज की ही सेवा कर सकता है। स्वस्थ जीवन के लिए व्यायाम करना जरूरी है।

9. **सुशिक्षा** (Good Education)–सुशिक्षा ही नागरिकों में आदर्श गुणों का संचार करती है। यह मनुष्य को विवेकशील और अनुभवी बनाती है। उसे अन्धकार से प्रकाश की ओर ले जाती है। उसमें ज्ञान, विवेक, विनय, नम्रता, दया, सहानुभूति, परोपकारिता जैसे गुणों का संचार करती है। उसके अधिकारों और कर्तव्यों से परिचित कराती है। अतएव आदर्श नागरिकता के लिए सुशिक्षा आवश्यक है।

10. **व्यापक दृष्टिकोण** (Broad Mind)–एक आदर्श नागरिक के पास व्यापक दृष्टिकोण का होना अति आवश्यक है। इसी के द्वारा वह अपने कर्तव्यों का पालन कर सकता है। वह सम्पूर्ण मानव के हित के लिए सोच सकता है।

---

1. "Sound mind in a Sound body."

11. **अच्छा चरित्र** (Good Character)–अगर एक सुशिक्षित व्यक्ति है और उसका चरित्र ठीक नहीं है तो समाज की दृष्टि में वह बेकार है। समाज में उसकी कोई प्रतिष्ठा या महत्व नहीं रहता है। वह अपने कर्तव्यों को हमेशा ठुकराता रहता है। अत: एक आदर्श नागरिक के पास अच्छा चरित्र होना आवश्यक है।

12. **निर्भीकता** (Boldness)–आदर्श नागरिक के लिए निर्भीक होना बहुत जरूरी है। निर्भीक व्यक्ति ही साहसी और उद्यमी होता है। वह सरकार के अन्याय पर आवाज उठाता है। वह देश की रक्षा के लिए हमेशा तैयार रहता है। वह अपने प्राणों को कुछ भी नहीं समझता है। एक डरपोक नागरिक से कुछ भी आशा नहीं की जा सकती है। उसकी मौत कुत्तों की तरह होती है। लेकिन, एक निर्भीक पुरुष सिंह की तरह मरता है। अतएव आदर्श नागरिकता के विकास में निर्भीकता का भी हाथ रहता है।

13. **आज्ञापालन एवं अनुशासन** (Obedience and Discipline)–एक आदर्श नागरिक को आज्ञापालक और अनुशासित होना बहुत ही आवश्यक है। जो व्यक्ति बड़ों की आज्ञा का पालन नहीं करता है, अनुशासित जीवन व्यतीत नहीं करता है, उसका जीवन बेकार है। वह कभी-भी आदर्श नागरिक नहीं बन सकता है। इसलिए, आज्ञापालन एवं अनुशासन का होना आदर्श नागरिकता का लक्षण है।

14. **सहयोग की भावना** (Feeling of Co-operation)–दुनिया सहयोग पर टिकी हुई है। प्रत्येक व्यक्ति को दूसरे के सहयोग की आवश्यकता पड़ती है। पुरुष को स्त्री का, पुत्र को पिता का, शिष्य को गुरु का, जनता को सरकार का सहयोग चाहिए। इसी प्रकार, नागरिकों में भी आपसी सहयोग की आवश्यकता पड़ती है। बिना सहयोग के नागरिक जीवन पनप नहीं सकता है।

15. **राजनीतिक चेतना** (Political Consciousness)–नागरिकों को हमेशा राजनीति के प्रति सजग रहना चाहिए। विशेषत: प्रजातन्त्र राज्य में प्रत्येक नागरिक का यह कर्तव्य हो जाता है कि मतदान पत्र का सदुपयोग करे। वह चुनाव के समय योग्य उम्मीदवारों की ही चुने। जो उम्मीदवार कर्मठ, ईमानदार, विवेकशील, सुशिक्षित, उदार और पर-पीड़क हो, उसे ही निर्वाचित करना चाहिए। ऐसे व्यक्ति से नागरिक-कल्याण की आशा की जा सकती है। नागरिकों को भ्रष्टाचारी सरकार के विरुद्ध में नारा लगाना चाहिए। घूसखोरी और अन्याय को बन्द करना चाहिए। यह तभी सम्भव है जब सभी नागरिकों में राजनीतिक चेतना का संचार होगा।

यहाँ पर आदर्श नागरिकता के केवल मुख्य-मुख्य गुणों का वर्णन किया गया है। ऐसे तो इसके अनेक गुण हैं। फिर भी, उपर्युक्त गुणों का आदर्श नागरिकता के लिए होना जरूरी है। आदर्श नागरिक के द्वारा ही आदर्श परिवार, समाज और राज्य की स्थापना की जा सकती है।

आदर्श नागरिकता के मार्ग में बाधाएँ
(Hindrances to Good Citizenship)

आदर्श नागरिकता की प्राप्ति आसान बात नहीं है। उसके मार्ग में अनेक बाधाएँ हैं। जब तक उन बाधाओं को दूर नहीं किया जाएगा, तब तक आदर्श नागरिकता की प्राप्ति नहीं हो सकती है। लार्ड ब्राइस ने तो स्वार्थपरता, आलस्य और दलबन्दी–ये तीन ही रोड़े आदर्श नागरिकता के मार्ग में बताएँ हैं। लेकिन, इसके मार्ग में अनेक रोड़े हैं जिन पर विचार करना आवश्यक है।

1. **स्वार्थपरता** (Selfishness)–स्वार्थ की भावना जन्मजात है। प्रत्येक मनुष्य के स्वभाव में यह निहित है। लेकिन, किसी व्यक्ति में अधिक और किसी में कम पाया जाता है। वर्तमान युग में अधिकांश व्यक्ति स्वार्थी बन गए हैं। स्वार्थ के चलते समाज पतन की ओर जा रहा है। सरकारी पदाधिकारीगण अपनी स्वार्थ सिद्धि के लिए घूस लेकर सरकारी नींव को कमजोर कर रहे हैं। व्यापारी लाभ के लिए मिलावटी चीजों की बिक्री कर रहे हैं। लोगों में स्वार्थ की भावना इतनी अधिक है कि वे सामाजिक कल्याण की भावना को बिल्कुल ही भूल गए हैं। जिस नागरिक के हृदय में यह

भावना है, वह कभी भी देश और राज्य की भलाई नहीं कर सकता है। समाज का उद्धार स्वार्थी नागरिकों से सम्भव नहीं है।

2. **आलस्य** (Laziness)–जिस देश की जनता आलसी है, वह कभी भी उन्नति नहीं कर सकता है। आलसी व्यक्ति अपने अमूल्य समय को नहीं पहचान सकता है। वह तो अपने परिवार, समाज, गाँव, राज्य और देश के लिए भार स्वरूप है। वह संकट के समय देश की भी रक्षा नहीं कर सकता है। वह फौज में भी भर्ती नहीं हो सकता है। देश के अन्दर होने वाले अत्याचार, भ्रष्टाचार और पापाचार के विरुद्ध भी वह आवाज नहीं लगा सकता है। आलसी नागरिक, जीवन का कोढ़ है। वह आदर्श नागरिकता के मार्ग में कंटक स्वरूप है।

3. **दलबन्दी प्रथा** (Party System)–प्रजातन्त्रीय सरकार दलबन्दी प्रथा पर आधारित होती है। इसमें विभिन्न दलों का रहना अतिआवश्यक है। एक दल से काम नहीं चलता है। विरोधी दल का भी रहना आवश्यक है। एक दल सरकार का गठन करता है और दूसरा विरोधी का काम करता है। दलों का संगठन व्यापक उद्देश्य पर होना चाहिए। उनमें स्वार्थ रहित काम करने की लग्न होनी चाहिए। लेकिन स्वार्थ की पूर्ति में व्यस्त रहते हैं। दल के ही लोग देश में भ्रष्टाचार, अन्याय और पापाचार का बीज बोते हैं। इससे देश के अन्दर अशान्ति फैलती है। लोगों में भयादोहन और शोषण व्याप्त है। कुछ दल जातिवाद, क्षेत्रवाद और सांप्रदायिकतावाद पर आधारित हैं जिससे देश का अहित होता है। अतएव दलबन्दी प्रथा आदर्श नागरिकता के मार्ग में रुकावट है।

इस प्रकार, लार्ड ब्राइस के उपर्युक्त तीनों तर्क सत्य के समीप है। आदर्श नागरिकता की प्राप्ति उनकी उपस्थिति में संभव नहीं है।

4. **अशिक्षा** (Illiteracy)–अशिक्षित व्यक्ति संकुचित विचार का होता है। वह देश की आर्थिक और राजनीतिक समस्याओं को ठीक से नहीं समझ सकता है। अत: उन मामलों में वह अपनी सम्मति नहीं दे सकता है। उसकी सभी बातें बुद्धि पर नहीं, बल्कि अन्धविश्वास पर आधारित रहती है। अज्ञानी व्यक्ति अपने अधिकारों और कर्तव्यों का भी उचित रूप से पालन नहीं करता है। उसमें सामाजिकता की भावना नहीं आती है। वह आदर्श नागरिकता के गुणों को समझ नहीं पाता है।

5. **कुशिक्षा** (Bad Education)–कुछ नागरिक शिक्षित भी हैं तो वे कुशिक्षा के शिकार हैं। उन्हें सुशिक्षा प्राप्त नहीं है। वे अहम् और स्वार्थ से भरे रहते हैं। उन्हें सामाजिकता, स्वार्थहीनता और कल्याण का पाठ नहीं पढ़ाया गया है। कुशिक्षा मिलने से नागरिक अपने स्वार्थ की पूर्ति में दिन-रात लगा रहता है। वह समाज कल्याण की चिन्ता नहीं करता है। जिससे समाज की नींव कमजोर होती है। इस प्रकार, अशिक्षा और कुशिक्षा दोनों सगी बहन है जो आदर्श नागरिकता के मार्ग में बाधक है।

6. **दरिद्रता** (Poverty)–दरिद्रता एक जघन्य पाप है।[1] गरीबी सभी बुराइयों की जड़ है।[2] एक भूखा व्यक्ति अपने पेट की ज्वाला को शान्त करने के लिए जघन्य से जघन्य पाप करता है। चोरी, डकैती, लूट आदि दरिद्रता के कारण ही होता है। दरिद्र व्यक्ति के चरित्र का पतन हो जाता है। वह चुनाव में अपने मतदान पत्र को बेच देता है। वह कभी भी स्वतन्त्र नहीं रह सकता है। जिस समाज में दरिद्रता काफी है, वहाँ क्रान्ति हुई थी। गरीब व्यक्ति अपने अधिकारों और कर्तव्यों का भी उपयोग नहीं कर सकता है। एक दरिद्र नागरिक हो सकता है, लेकिन वह कभी-भी आदर्श नागरिक नहीं कहला सकता है।

7. **जातीयता** (Casteism)–भारत की जातीयता इसकी गौरवमयी इतिहास को लेकर डूब गई। जब भी जातीयता का अधिक बोलबाला हुआ, तभी भारत की स्वतन्त्रता खतरे में पड़ी है।

---

1. "Poverty is a crime."
2. "Poverty is the root of all evils."

आज जातीयता की भावना अधिक प्रबल है। प्रत्येक मनुष्य के हृदय में ब्राह्मण, क्षत्रिय, वैश्य और शूद्र की भावना प्रचलित है। सरकारी नौकरियों और शिक्षण संस्थाओं में जाति के नाम पर काफी मनमानी की जा रही है। यहाँ तक कि मन्त्रिमंडल का भी गठन जाति के आधार पर किया जाता है। अर्थात् सरकार जिसे एक निष्पक्ष संस्था माना जाता है। उस पर भी अब जातीयता का रंग चढ़ाया जा रहा है। जातीयता के कारण ही आपस में छोटे-छोटे झगड़े उत्पन्न हो रहे हैं जो राष्ट्रीय विकास में बाधक होते हैं। एक आदर्श नागरिक में जातीयता की भावना का होना, उसकी संकुचिता को बताता है।

8. **साम्प्रदायिकता और प्रान्तीयता** (Communalism)–साम्प्रदायिकता की भावना पुराने समय से चली आ रही है। विशेषतः यह हिन्दू और मुसलमान में पाया जाता है। हिन्दू मुसलमान को और मुसलमान हिन्दू को नहीं देखना चाहता है। साम्प्रदायिकता के कारण ही भारत का विभाजन हुआ। पाकिस्तान उसका उदाहरण है। सम्पूर्ण भारतीय समाज को यह विषाक्त बनाए हुए है।

प्रान्तीयता का भी झगड़ा बराबर चलता रहता है। लोगों में बिहारी, बंगाली, पंजाबी और मद्रासी आदि की भावना है। अतएव साम्प्रदायिकता और प्रान्तीयता दोनों राष्ट्र के विकास में बाधक हैं।

9. **रूढ़िवादी रीति-रिवाज और परम्परायें** (Old Customs and Traditions)–भारतीय समाज में रूढ़िवादिता काफी है। बहुत से ऐसे रीति-रिवाज और परम्परा को श्रद्धा की दृष्टि से देखते हैं। बहुत से ऐसे रीति-रिवाज हैं जो नागरिक जीवन में बाधा उपस्थित करते हैं। अतएव वैसे रीति-रिवाजों का त्याग कर देना चाहिए। समय परिवर्तन के साथ युग का भी परिवर्तन हो रहा है। मनुष्य की विचारधारायें तेजी के साथ बदल रही है। अच्छे रीति-रिवाजों और परम्पराओं को मानना चाहिए तथा जो बुरे हैं उनका त्याग कर देना चाहिए। अन्धविश्वास के कारण मनुष्य आगे नहीं बढ़ता है। बालविवाह, सतीप्रथा, जाति विवाह आदि को त्यागना ही आदर्श नागरिकता के लिए श्रेयस्कर होगा।

10. **बुरी आदतें** (Bad Habits)–नागरिकों को बुरी आदतों से हमेशा बचना चाहिए। नशाखोरी, जुआ, वेश्यावृत्ति, व्यभिचार, पापाचार आदि दुर्गुण मनुष्य को नीचे गिरा देता है। समाज में ऐसे दुर्गुणों से युक्त व्यक्ति की प्रतिष्ठा नहीं होती है। अतएव आदर्श नागरिक के लिए बुरी आदतों का त्यागना ही अच्छा है।

11. **सार्वजनिक कार्यों के प्रति उदासीनता** (Indifference Towards Social Works)–प्रजातन्त्र राज्य में सरकार द्वारा सभी सार्वजनिक कार्य किए जाते हैं। इसका यह अर्थ नहीं रहता है। बिना नागरिकों की मदद के सरकार सार्वजनिक कार्यों का सम्पादन सफलतापूर्वक नहीं कर सकती है। आज नागरिक सार्वजनिक कार्यों के प्रति उदासीन है। वह अपने परिवार की चिन्ता में ही सारा दिन व्यतीत कर देता है। उसे समाज की चिन्ता नहीं रहती है। सार्वजनिक पुस्तकालय, वाचनालय, अस्पताल, क्लब, पार्क आदि को कोई नहीं देखता है। गरीबों के प्रति कोई सहानुभूति प्रकट नहीं करता। इस तरह दिनों-दिन नागरिक सार्वजनिक कार्यों के प्रति उदासीन हो रहे हैं जो आदर्श नागरिकता के मार्ग में बाधक हैं।

12. **उग्र-राष्ट्रीयता** (Extreme Nationalism)–प्रत्येक देश के नागरिक को अपने राष्ट्र के प्रति एक स्वभाविक प्रेम होता है। वह अपने राष्ट्र का सामाजिक, आर्थिक, राजनीतिक और औद्योगिक विकास बड़ी तेजी के साथ करना चाहता है। वह राष्ट्र को आगे बढ़ाना चाहता है। ऐसी स्थिति में, कभी-कभी वह दूसरे राष्ट्रों के हितों को भी कुचल देता है। अर्थात् उग्र-राष्ट्रीयता से दूसरे राष्ट्रों की स्वतन्त्रता खतरे में पड़ जाती है। लोग उसका शोषण करना शुरू कर देते हैं। नाजीवाद और फासीवाद उसी के ज्वलंत उदाहरण हैं। अतएव उग्र-राष्ट्रीयता विश्व नागरिकता और विश्व शान्ति में बाधा पहुँचाती है।

13. **पूँजीवाद और साम्राज्यवाद** (Capitalism and Imperialism)–पूँजीवाद आर्थिक विषमता की जड़ है। समाज के वातावरण को यह विषाक्त बना देता है। सम्पत्ति कुछ लोगों के हाथों में केन्द्रित रहती है। लाखों मजदूर

कारखानों में काम करते हैं। जिन्हें उचित मजदूरी भी नहीं दी जाती है। मिल में अधिक तादाद में वस्तुओं का उत्पादन होता है। जिसके लिए अन्तर्राष्ट्रीय बाजार की जरूरत होती है। यह प्रवृत्ति साम्राज्यवाद को जन्म देती है। अर्थात् पूँजीवाद दुनिया को अपने अधिकार में करना चाहता है। जिससे राष्ट्रों के बीच में संघर्ष और प्रतिद्वन्दिता होती रहती है। यह आदर्श नागरिकता के मार्ग को अवरुद्ध कर देता है।

14. **दूषित राजनीतिक व्यवस्था** (Defective Political System)–कुछ दूषित राजनीतिक व्यवस्था के कारण आदर्श नागरिकता खतरे में पड़ जाती है। नागरिकों का मौलिक अधिकार सुरक्षित नहीं रहता है। उनको समुचित रूप से शासन के कार्य में भाग नहीं लेने दिया जाता है। उसे दलबन्दी के आधार पर तिरस्कृत किया जाता है। जिससे नागरिक राजनीतिक व्यवस्था में अपनी आस्था खो बैठते हैं। वह अपने मताधिकार का भी उचित प्रयोग नहीं करता है। इस कारण, नागरिक जीवन विषाक्त हो जाता है। उसके सारे आदर्श चकना-चूर हो जाते हैं।

अतएव उपर्युक्त वर्णित बाधाएँ ही आदर्श नागरिकता के मार्ग में बाधक हैं, जिन्हें दूर करना अत्यावश्यक है।

बाधाओं को दूर करने के उपाय
(Remedies for Removing Hindrances)

आदर्श नागरिकता के मार्ग में जो बाधाएँ हैं, उनको दूर करना भी एक समस्या है। प्रजातन्त्र राज्य में आदर्श नागरिकता के गुणों का विकास होना आवश्यक है। प्लेटो, रूसो और हीगल ने आदर्शवाद का उल्लेख किया है। वे नैतिक उपायों के द्वारा मानव जीवन में सुधार लाना चाहते हैं।

लार्ड ब्राइस ने उन बाधाओं को दूर करने के लिए दो उपाय बताये हैं, (क) यांत्रिक उपाय, और (ख) नैतिक उपाय।

(क) **यांत्रिक उपाय** (Mechanical Ways)–यांत्रिक उपाय से उनका तात्पर्य है–राज्य, सरकार और उसके कानूनों से। अर्थात राज्य, सरकार और कानूनों के द्वारा आदर्श नागरिकता के गुणों का संचार किया जा सकता है।

(ख) **नैतिक उपाय** (Moral Ways)–नैतिक उपाय का अर्थ है कि परिवार, शिक्षण संस्थाओं आदि में परिवर्तन लाकर, आदर्श नागरिकता के गुणों का विकास किया जा सकता है। बाधाओं को दूर करने के लिए निम्नांकित उपाय सुझाव में दिए जा सकते हैं।

1. **परिवार** (Family)–सर्वप्रथम बच्चे का जन्म परिवार में होता है। उसका लालन-पालन परिवार के सदस्य ही करते हैं। उसके मानसिक विकास पर परिवार के सदस्यों का प्रभाव पड़ता है। वह बच्चा प्रेम, सेवा, त्याग, सहानुभूति, परोपकारिता, दया, सहयोग आदि की भावना को परिवार में ही सीखता है। एक आदर्श नागरिक के लिए इन गुणों का होना अतिआवश्यक है। परिवार तो सामाजिक जीवन की स्थायी पाठशाला है। बच्चा माँ के चुम्बन और पिता के प्यार में बहुत कुछ सीख लेता है। उसके चरित्र का निर्माण परिवार में ही होता है। अतएव आदर्श नागरिकता के लिए परिवार को प्रयोग में लाना होगा। उसमें सुधार लाना होगा। लोगों को उसके महत्व को दर्शाना होगा, तभी आदर्श नागरिकता की प्राप्ति की जा सकती है।

2. **शिक्षण संस्थाएँ** (Educational Institutions)–जब बच्चा बड़ा होता है तो वह पाठशाला भेज दिया जाता है। उसका जीवन निर्माण का समय पाठशाला में बीतता है। पुस्तक ज्ञान के साथ उसे व्यवहारिक ज्ञान भी बताया जाता है। वहाँ पर वह प्रेम, सहयोग, आज्ञापालन और अनुशासन जैसे सद्‌गुणों को सीखता है। बच्चे के मानसिक निर्माण में शिक्षकों का बहुत बड़ा हाथ रहता है। वे शिक्षकों के अच्छे गुणों का अनुकरण करते हैं। लेकिन, आजकल के स्कूल और कॉलेज में असली शिक्षा नहीं दी जाती है। उन्हें केवल किताबी ज्ञान बताया जाता है। विद्यार्थियों के शारीरिक और

नैतिक उत्थान पर ध्यान नहीं दिया जाता है। इसलिए आवश्यकता यह है कि स्कूल और कॉलेज में किताबी ज्ञान के साथ बच्चों को शारीरिक और नैतिक शिक्षा दी जाए। शरीर, मन और आत्मा के संतुलन में ही आदर्श नागरिकता निवास करती है।

3. **आर्थिक समानता** (Economic Equality)–दरिद्रता आदर्श नागरिकता के मार्ग में बाधक है। समाज में आर्थिक विषमता काफी है। रोजी-रोटी के अभाव में मनुष्य कुछ भी नहीं कर सकता है। रोटी की समस्या को हल करने में उसका सारा जीवन बीत जाता है। भूखे-नंगे आदमी से समाज और ईश्वर की सेवा सम्भव नहीं है। अतएव आर्थिक समानता समाज में लानी आवश्यक है। इससे यह नहीं समझना चाहिए कि सभी को बराबर सम्पत्ति दी जाए। बल्कि, आर्थिक समानता का अर्थ यह हुआ कि सभी को रोटी, कपड़ा, मकान, शिक्षा और चिकित्सा प्राप्त करने का समान अवसर मिलना चाहिए। अगर लोगों को मौलिक आवश्यकताओं की पूर्ति आसानी से हो जाए तो आदर्श नागरिकता के गुणों का संचार स्वतः हो जाएगा।

4. **धार्मिक संस्थाएँ** (Religious Institutions)–धार्मिक संस्थाएँ मनुष्य के नैतिक उत्थान में काफी सहायता करती हैं। मन्दिर, मस्जिद, गिरिजा, गुरुद्वारा और विभिन्न धार्मिक संस्थाओं का यह कर्तव्य होना चाहिए कि वे आपस में लोगों के बीच प्रेम, दया, सहानुभूति जैसे गुणों का संचार करें। लोगों के हृदय में ईर्ष्या, द्वेष और संघर्ष की भावना का जन्म नहीं दे। पापाचार और व्यभिचार को बन्द करें। इस प्रकार, धार्मिक संस्थाओं के द्वारा भी आदर्श नागरिकता के गुणों का संचार किया जा सकता है।

5. **आदर्श सरकार** (Ideal Government)–जिस देश की सरकार आदर्श नियमों के अनुसार नहीं चलेगी, वह अधिक दिनों तक टिक नहीं सकती है। प्रत्येक सरकार के कुछ आदर्श नियम होते हैं। जिसके अनुसार वह काम करना चाहती है। सरकार के पास सार्वभौम सत्ता होती है। वह समाज में फैले हुए भ्रष्टाचार, पापाचार और व्यभिचार को दूर कर सकती है। उसके स्थान पर नैतिक गुणों के बीज को वपन किया जा सकता है। अतएव आदर्श नागरिकता के गुणों का विकास एक आदर्श सरकार के द्वारा ही सम्भव है। अगर आदर्श सरकार की स्थापना की जाए, तो नागरिकता के गुणों का विकास आसानी से किया जा सकता है। प्लेटो ने आदर्श सरकार की स्थापना पर काफी बल दिया था। आगे चलकर रूसो और हीगल ने भी इसका समर्थन किया था।

6. **आदर्श राजनीतिक दल** (Ideal Political Party)–राजनीतिक दल प्रजातन्त्र का स्तम्भ है। उसके बिना सरकार का संगठन नहीं हो सकता है। कुछ राजनीतिक दलों का संगठन संकुचित सिद्धान्तों के आधार पर होता है। उनमें जातीयता, क्षेत्रवाद, साम्प्रदायिकता आदि मुख्य हैं। वे नागरिकों के अन्दर वैमनस्य, फूट और घृणा की भावना को भरते रहते हैं। जिससे सामाजिक वातावरण विषाक्त हो जाता है। ऐसे दलों से बनी सरकार भी भ्रष्ट होती है। अतएव आदर्श राजनीतिक दलों का समाज में होना अतिआवश्यक है। ऐसे ही दल व्यक्ति, समाज और सरकार में क्रांतिकारी परिवर्तन ला सकते हैं। वे लोगों का आदर्श नागरिक बनने का सबक दे सकते हैं।

7. **समाचार पत्र, रेडियो और टेलीविजन** (Newspapers Radio and Television)–समाचार पत्र का सम्बन्ध नागरिक से हमेशा बना रहता है। समाचार-पत्रों को झूठी और अफवाहयुक्त खबरें नहीं छापनी चाहिए। रेडियो और टेलीविजन के द्वारा दूर-दूर तक खबरें प्रसारित की जाती हैं। जिसका काफी प्रभाव नागरिकों पर पड़ता है। किताब, पत्र-पत्रिकायें आदि का भी मानव-मस्तिष्क पर काफी प्रभाव पड़ता है। अतएव उन सभी का यह कर्तव्य होना चाहिए कि नागरिकों में ऐसे समाचार का प्रचार नहीं करना चाहिए, जिससे आदर्श नागरिकता खतरे में जाए। आदर्श नागरिकता के गुणों के प्रसार में उनका भी काफी हाथ रहता है।

8. **वादों पर प्रतिबन्ध** (Restriction on Isms)–समाज में विभिन्न प्रकार के वाद पाये जाते हैं। उनमें मुख्य हैं–जातिवाद, सम्प्रदायवाद, पूँजीवाद, साम्राज्यवाद और क्षेत्रवाद आदि। ये वाद आदर्श नागरिक को उसके मार्ग से विचलित कर देते हैं। इसलिए इन वादों पर सरकार का पूरा प्रतिबन्ध लगना चाहिए, तभी आदर्श नागरिकता पनप सकती है।

9. **नैतिक शिक्षा** (Moral Education)–शिक्षा बहुत प्रकार की होती है। चरित्र निर्माण की शिक्षा स्कूल और कॉलेज में नहीं दी जाती है। यही कारण है कि आज अधिकांश विद्यार्थी अनुशासनहीन होते हैं। उनमें नैतिकता का अभाव रहता है। ऐसी स्थिति में, कैसे आदर्श नागरिक की कल्पना कर सकते हैं? वस्तुतः आदर्श नागरिक का निर्माण नैतिक शिक्षा के द्वारा ही सम्भव है। प्रत्येक स्कूल और कॉलेज में इसकी समुचित व्यवस्था होनी चाहिए, तभी विद्यार्थी अनुसाशनयुक्त होकर आदर्श नागरिक बन सकते हैं।

निष्ठाओं के क्रम निर्धारण को ही नागरिकता कहते हैं। (Citizenship Consists in the Right Ordering of Loyalties)

1. **मनुष्य की निष्ठा सभी संस्थाओं से है** (Man's Loyalty to All Institutions)–डॉ॰ विलियम बॉयड[1] की यह उक्ति, निष्ठाओं के क्रम निर्धारण को ही नागरिकता कहते हैं। यह अधिक विचारणीय प्रश्न है। मनुष्य एक सामाजिक प्राणी है। वह समाज में रहता, पलता और विकास पाता है। उसका सम्बन्ध समाज की विभिन्न संस्थाओं से रहता है। परिवार, गाँव, समाज, राज्य और राष्ट्र के प्रति उसकी असीम निष्ठा होती है। आर्थिक, सामाजिक, धार्मिक, राजनीतिक और अन्य समुदायों से भी उसका घना सम्बन्ध रहता है। वह अपने व्यक्तित्व का विकास किसी एक संघ या संस्था के द्वारा नहीं कर सकता है। बल्कि, उसे विभिन्न समुदायों का सदस्य बनना पड़ता है। सभी के प्रति कुछ अधिकार और कर्तव्य होते हैं।

2. **विभिन्न निष्ठाओं में संघर्ष** (Conflict Between Different Loyalties)–अक्सर, विभिन्न निष्ठाओं में संघर्ष उत्पन्न हो जाया करता है। व्यक्ति असमंजस में पड़ जाता है कि किस निष्ठा को अधिक महत्व दे। कल्पना कीजिए कि भारत पर विदेशियों ने आक्रमण कर दिया है। ऐसी परिस्थिति में, सभी भारतीयों का क्या कर्तव्य होना चाहिए? घर पर उसकी पत्नी युद्ध में जाने से उसे रोकती है। बेचारा युद्ध में जाए या घर पर पत्नी का चुम्बन करे। ऐसी स्थिति में, निष्ठा निर्धारण किस प्रकार किया जाए? यह समस्या बन जाती है।

3. **लघु हितों को उच्च्य हितों के लिए हमेशा त्याग करना चाहिए** (Subordination of Lower Interests to Higher Interests)–यदि विलियम बॉयड की उक्ति के अनुसार चला जाए, तो इस समस्या का समाधान तुरन्त हो जाता है। व्यक्ति को पहले राष्ट्र की सुरक्षा में पहले जाना चाहिए। पत्नी का प्यार उसके सामने तुच्छ है। देश की सुरक्षा में ही पत्नी की सुरक्षा निहित है। अतएव व्यक्ति को हमेशा लघुतर स्वार्थों को बड़े स्वार्थ की पूर्ति के लिए त्याग करना चाहिए। परिवार की उन्नति के लिए व्यक्ति का त्याग, गाँव, राष्ट्र के लिए राज्य और अन्तर्राष्ट्रीयता के लिए राष्ट्रीयता तथा मानवता के लिए अन्तर्राष्ट्रीयता का भी त्याग कर देना चाहिए।

कौटिल्य ने कहा है–

त्यजेदेकं कुलस्यार्थे, ग्राम स्वार्थे कुलं त्यजेत।
ग्रामं जनपदस्यर्थे, आत्मार्थे पृथ्वी त्यजेत।।

अर्थात् मनुष्य को अपने कुल के लिए शरीर को, ग्राम के लिए कुल को, देश के लिए ग्राम को और आत्मा के लिए पृथ्वी तक का त्याग कर देना चाहिए।

---

1. Dr. William Boyd.

निष्कर्ष–उपर्युक्त व्याख्या से यह स्पष्ट है कि निष्ठाओं का निर्धारण हित के क्रमानुसार होना चाहिए। अर्थात् बड़े निष्ठाओं की पूर्ति छोटी निष्ठाओं का सर्वथा त्याग करना चाहिए। आदर्श नागरिकता की जाँच तो इसी कसौटी पर होती है। दूसरे शब्दों में, कहा जा सकता है कि एक आदर्श नागरिक अपनी निष्ठाओं का निर्धारण विभिन्न समुदाओं और संस्थाओं के प्रति सार्वजनिक हित के क्रमानुसार करता है।

प्रश्न
(Questions)

1. नागरिक किसे कहते हैं? नागरिक के प्रमुख गुणों का वर्णन करें।
   What is Citizen? Describe the main features of the Citizen.
2. नागरिक की परिभाषा दीजिए। नागरिक की श्रेणियों का उल्लेख करें।
   Difine Citizen. Mention the Classification of Citizen.
3. विदेशी कौन हैं? विदेशियों के विभिन्न प्रकारों का वर्णन करें।
   Who is alien? Describe the different kind of aliens.
4. नागरिक कौन है? नागरिक और विदेशी के बीच के अन्तर को स्पष्ट करें।
   Who is Citizen? Explain the difference between the citizen and alien.
5. नागरिकता की परिभाषा दें। नागरिकता की विभिन्न आवश्यक शर्तों का उल्लेख करें।
   Define Citizenship. Mention the different necessary conditions of Citizenship.
6. नागरिकता निर्धारण के प्रमुख सिद्धान्तों की विवेचना कीजिए।
   Discuss the main Principles for the determination of Citizenship.
7. नागरिकता क्या है? नागरिकता का लोप कैसे होता है?
   What is Citizenship? How Citizenship is Lost?
8. भारतीय नागरिकता के प्रमुख नियमों का उल्लेख करें।
   Mention the main rules of the Indian Citizenship.
9. आदर्श नागरिकता के प्रमुख गुणों की समीक्षा करें।
   Examine the main merits of the Ideal Citizenship.
10. आदर्श नागरिकता के मार्ग की बाधाओं का मूल्यांकन करें।
    Evaluate the hindrances on the way to the Ideal Citizenship.
11. आदर्श नागरिकता के मार्ग की बाधाओं को कैसे दूर किया जा सकता है?
    How the hindrances on the ways to the Ideal Citizenship can be removed?
12. "निष्ठाओं के क्रम निर्धारण को ही नागरिकता कहते हैं।" (डॉ॰ विलियम बॉयड) व्याख्या करें।
    "Citizenship consists in the Right ordering of Loyalties." (Dr. William Boyd). Explain.
13. आदर्श नागरिकता के मार्ग की बाधाओं के क्या निदान हैं?
    What are the remedies on the way to hinrances to the Ideal Citizenship?
14. आदर्श नागरिकता पर एक निबन्ध लिखिए।
    Write an essay on the Ideal Citizenship.
15. आदर्श नागरिकता की बाधाओं एवं निदानों की विवेचना करें।
    Discuss the hindrances and remedies of the Ideal Citizenship.

वस्तुनिष्ठ प्रश्न
(Objective Questions)

1. "नागरिक वह व्यक्ति है जो राज्य के शासन में भाग लेता है तथा राज्य से प्राप्त होने वाले लाभों का उपयोग करता है।" यह किसने कहा?

   (क) अरस्तू (ख) प्लेटो (ग) वैटेल (घ) गार्नर

   "A citizen is one who has a share in government of the state and entitled to enjoy its share." Who said this?

   (a) Aristotle (b) Plato (c) Vattel (d) Garner

2. "नागरिक समाज के वे सदस्य हैं, जो कतिपय कर्तव्यों के द्वारा समाज में बँधे होते हैं, उसकी सत्ता के अधीन रहते हैं तथा उससे होने वाले लाभों में भाग लेते हैं।" यह किसने कहा?

   (क) अरस्तू (ख) वैटेल (ग) प्लेटो (घ) सुकरात

   "Citizens are the members of the society, bound to this society by certain duties, subject to its authority and equal participation in its advantage." Who has given this definition?

   (a) Aristotle (b) Vattel (c) Plato (d) Socrates

3. "नागरिक वह है जो राज्य के अन्दर निवास करता है तथा हर मामले में राज्य के अधीन रहता है।" यह किसने कहा?

   (क) प्लेटो (ख) अरस्तू (ग) गिलक्राइस्ट (घ) गार्नर

   "A citizen of a state is one who lives in the state and is subject to the state in all matters." Who said this?

   (a) Plato (b) Aristotle (c) Gilchrist (d) Garner

4. "नागरिक राज्य का ऐसा सदस्य होता है जो राज्य के अन्तर्गत अपना पूर्ण व्यक्तित्व प्राप्त करने का प्रयत्न करता है तथा साथ ही उसे इस बात का सदैव ध्यान बना रहता है कि अधिकतम कल्याण कैसे होगा।" यह किसने कहा?

   (क) अरस्तू (ख) वैटेल (ग) गिलक्राइस्ट (घ) श्रीनिवास शास्त्री

   "A citizen may be defined as one who is a member of a state and tries to fulfil and realize himself fully within it along with an intelligent appreciation of what should conduce to the highest moral welfare of the community." Who said this?

   (a) Aristotle (b) Vattel (c) Gilchrist (d) Sriniwas Shastri

5. "नागरिक राजनीतिक समाज के सदस्य होते हैं। इन्हीं से राज्य का संगठन होता है और सामूहिक रूप से ये लोग राज्य के अधीन होते हैं जिससे वैयक्तिक तथा सामूहिक अधिकारों की रक्षा हो सके।" यह किसने कहा?

   (क) अमेरिका का उच्चतम न्यायालय (ख) वैटेल
   (ग) अरस्तू (घ) गिलक्राइस्ट

   "The citizens are the members of the political community to which they belong. They are the people who compose the state and who, in their associated capacity have established or subjected themselves to the dominion of a government for the protection of their individual as well as their collective rights." Who said this?

   (a) The Supreme Court of America (b) Vattel
   (c) Aristotle (d) Gilchrist

6. "नागरिक राज्य का वह प्राणी है जो राज्य से प्रदत्त अधिकारों और कर्तव्यों का पालन करता है तथा उसके प्रति पूर्ण भक्ति रखते हुए सदा सामाजिक हित के लिए सक्रिय रहता है।" यह किसने कहा?

(क) वैटेल (ख) लेखक (ग) अरस्तू (घ) गिलक्राइस्ट

7. इनमें से कौन गुण नागरिक से सम्बन्धित नहीं है?

(क) राज्य की सदस्यता (ख) राज्य के प्रति कर्तव्यों का पालन

(ग) सरकार के कार्यों में सम्मिलित होना (घ) राज्य के प्रति भक्ति

Which feature of the following is not associated with the citizen?

(a) Membership of the state
(b) To perform duties towards the state
(c) To participate in the functions of the government
(d) Loyalty towards the state

8. इनमें से कौन राज्य का नागरिक नहीं है?

(क) पागल (ख) अपराधी (ग) भिक्षुक (घ) सभी

Which one of the following is not the member of the state?

(a) Mad (b) Criminal (c) Beggar (d) Above all

9. इनमें से कौन एक राज्य की श्रेणी नहीं है?

(क) ईश्वरकृत नागरिक (ख) स्वभाविक नागरिक (ग) राज्यकृत नागरिक

Which one of the following is not the classification of the citizen?

(a) Godmade citizen (b) Natural citizen (c) Naturalised citizen

10. इनमें से विदेशियों का कौन प्रकार सही हैं?

(क) बसे हुए विदेशी (ख) सभी (ग) वैदेशिक दूत (घ) मित्र विदेशी

Which kind of alien of the following is correct?

(a) Resident Alien (b) All (c) Diplomatic Agents (d) Friendly Alien

11. "जब मनुष्य सार्वजनिक कल्याण को आगे बढ़ाने में अपने प्रबुद्ध विचारों का सहयोग देता है तो उसे नागरिकता कहते हैं।" यह किसने कहा?

(क) अरस्तू (ख) वैटेल (ग) लॉस्की (घ) गिलक्राइस्ट

"Citizenship has been defined as the contribution of one's instructed judgment to the public good." Who said this?

(a) Aristotle (b) Vattel (c) Laski (d) Gilchrist

12. "नागरिक केवल कुछ अधिकारों का निष्क्रिय उपभोग ही नहीं, बल्कि आत्म ज्ञान और सार्वजनिक भलाई की वृद्धि के लिए सामाजिक जीवन में सक्रिय सहयोग भी है।" यह किसने कहा?

(क) लॉस्की (ख) अरस्तू (ग) गिलक्राइस्ट (घ) गुरुमुख निहाल सिंह

"Citizenship is not mere passive possession of certain rights, it is an active participation in the life of community with a view to self-realisation and consciously promoting social good." Who said this?

(a) Laski (b) Aristotle (c) Gilchrist (d) Gurumukh Nihal Singh

13. इनमें से कौन देश नागरिकता के जन्मभूमि सिद्धान्त को मानता है?
(क) अर्जेंटाइना (ख) अमेरिका (ग) जर्मनी (घ) फ्रांस
Which country of the following does recognize the *Jus Soli* of the citizenship?
(a) Argentina (b) America (c) Germany (d) France

14. इनमें कौन एक देश नागरिकता के वंश सिद्धान्त को नहीं मानता है?
(क) फ्रांस (ख) अर्जेंटाइना (ग) स्वेडन (घ) जर्मनी
Which country of the following does not recognize the *Jus Sanguinis* of the citizenship?
(a) France (b) Argentina (c) Sweden (d) Germany

15. इनमें से कौन देश नागरिकता के द्वैध सिद्धान्त को मानता है?
(क) जर्मनी (ख) फ्रांस (ग) इंग्लैण्ड (घ) स्विट्जरलैण्ड
Which country of the following does recognize the *Double Principle* of citizenship?
(a) Germany (b) France (c) England (d) Switzerland

16. इनमें से कौन एक कृत्रिम नागरिकता प्राप्त करने का साधन नहीं है?
(क) विवाह (ख) निवास (ग) सरकारी नौकरी (घ) संविधान द्वारा
Which one of the following is not a means to acquire the naturalised citizenship?
(a) Marriage (b) Resident (c) Government Service (d) By Constitution

17. ग्रेट-ब्रिटेन में कृत्रिम नागरिकता प्राप्त करने की अवधि क्या है?
(क) पाँच वर्ष (ख) दो वर्ष (ग) एक वर्ष (घ) छह माह
What is the duration to acquire the naturalised citizenship in the Great Britain?
(a) Five years (b) Two years (c) One year (d) Six months

18. फ्रांस में कृत्रिम नागरिकता प्राप्त करने की अवधि क्या है?
(क) पाँच वर्ष (ख) दस वर्ष (ग) दो वर्ष (घ) एक वर्ष
What is the duration to acquire the naturalised citizenship in France?
(a) Five years (b) Ten years (c) Two years (d) One year

19. स्विट्जरलैण्ड में कृत्रिम नागरिकता प्राप्त करने की अवधि क्या है?
(क) दस वर्ष (ख) पाँच वर्ष (ग) दो वर्ष (घ) सात वर्ष
What is the duration to acquire the naturalised citizenship in the Switzerland?
(a) Ten years (b) Five years (c) Two years (d) Seven years

20. इनमें से किस देश में कृत्रिम नागरिकता प्राप्त करने के लिए अचल सम्पत्ति आवश्यक है?
(क) फ्रांस (ख) अमेरिका (ग) स्विट्जरलैण्ड (घ) पेरू
Which country of the following prescribes the immovable property to acquire the naturalised citizenship?
(a) France (b) America (c) Switzerland (d) Peru

21. कृत्रिम नागरिकता प्राप्त करने के लिए कौन देश अपनी लड़की से विवाह करना, नियम बनाया है?
(क) फ्रांस (ख) अमेरिका (ग) जर्मनी (घ) भारत

Which country has made the rule of marrying its girl for acquiring the naturalised citizenship?
(a) France (b) America (c) Germany (d) India

22. कृत्रिम नागरिकता प्राप्त करने के लिए कौन देश सेना में भर्ती की आवश्यक शर्त रखी है?
(क) फ्रांस (ख) अमेरिका (ग) जर्मनी (घ) भारत
Which country has kept the recruitment in army as essential condition for acquiring the naturalised citizenship?
(a) France (b) America (c) Germany (d) India

23. इनमें नागरिकता लोप का कौन सा उत्तर सही है?
(क) विवाह (ख) नौकरी (ग) सभी (घ) द्वैध सिद्धान्त
Which answer of the following is correct regarding the lost of citizenship?
(a) Marriage (b) Service (c) All (d) Double Principle

24. इनमें से कौन एक गुण लार्ड ब्राइस से सम्बन्धित नहीं है?
(क) बुद्धि (ख) आत्म-संयम (ग) सद्विवेक (घ) सम्पत्ति
Which one feature of the following is not associated with Lord Bryce?
(a) Intelligence (b) Self-Control (c) Conscience (d) Property

25. इनमें से कौन एक गुण डॉ॰ ह्वाइट से सम्बन्धित नहीं है?
(क) दया (ख) ज्ञान (ग) व्यवहार बुद्धि (घ) भक्ति
Which one feature of the following is not associated with Dr. White?
(a) Sympathy (b) Knowledge (c) Commonsense (d) Devotion

26. "सामाजिक कल्याण के लिए शिक्षित बुद्धि का प्रयोग ही असली नागरिकता है।" यह किसने कहा?
(क) लार्ड ब्राइस (ख) लॉस्की (ग) डॉ॰ ह्वाइट (घ) गार्नर

27. इनमें कौन एक आदर्श नागरिकता के कार्य में बाधक नहीं है?
(क) स्वार्थपरता (ख) आलस्य (ग) अच्छा चरित्र (घ) अशिक्षा
Which one of the following is not hindrance to good citizenship?
(a) Selfishness (b) Laziness (c) Good Character (d) Illiteracy

28. इनमें से कौन एक आदर्श नागरिकता का गुण नहीं है?
(क) ज्ञान (ख) आत्म-संयम (ग) सद् विवेक (घ) आलस्य
Which one of the following is not a feature of good citizenship?
(a) Knowledge (b) Self-control (c) Conscience (d) Laziness

29. इनमें से कौन एक आदर्श नागरिकता के मार्ग में बाधाओं के निदान नहीं हैं?
(क) दरिद्रता (ख) आर्थिक समानता (ग) नैतिक शिक्षा (घ) आदर्श सरकार
Which one of the following is not remedy for hindrances on the way to good citizenship?
(a) Poverty (b) Economic Equality
(c) Moral Education (d) Good Government

30. "त्यजेदेकं कुल स्यार्थे, ग्राम स्वार्थे कुलं त्यजेत।
ग्रामं जनपदस्यर्थे, आत्मार्थे पृथ्वी त्यजेत।।"

यह कथन किसका है?

(क) मनु (ख) कौटिल्य (ग) शुक्र (घ) भीष्म

उत्तर
(Answers)

1. (क) 2. (ख) 3. (ग) 4. (घ) 5. (क) 6. (ख) 7. (ग) 8. (घ) 9. (क)
10. (ख) 11. (ग) 12. (घ) 13. (क) 14. (ख) 15. (ग) 16. (घ) 17. (क) 18. (ख)
19. (ग) 20. (घ) 21. (क) 22. (ख) 23. (ग) 24. (घ) 25. (क) 26. (ख) 27. (ग)
28. (घ) 29. (क) 30. (ख)

44

समाज
(Society)

भूमिका (Introduction)

प्राचीनकाल में व्यक्ति का मूलतः सम्बन्ध परिवार और गिरोह से था। सभ्यता के विकास के साथ, व्यक्ति का सामाजिक सम्बन्ध भी बढ़ता गया। मनुष्य स्वभाव से ही एक सामाजिक प्राणी है। वह समाज में जन्म लेता है, पलता है और विकास पाता है। वह अपने गुणों का विकास समाज से पृथक् रहकर नहीं कर सकता है। उसे पग-पग पर समाज की आवश्यकता पड़ती है। कुछ विद्वानों का मत है कि मनुष्य समाज के बिना भी जीवित रह सकता है। इस सम्बन्ध में वे रॉबिन्सन क्रूसो और गुलिवर का उदाहरण देते हैं। लेकिन, वास्तव में वे समाज से दूर नहीं थे। उन्हें भी समाज की मदद लेनी पड़ी थी।

किसी भी जीव का विकास अकेले में सम्भव नहीं है। उसे अन्य जीवों की सहायता की आवश्यकता पड़ती है। जिस प्रकार मछली पानी के बिना जीवित नहीं रह सकती, उसी प्रकार मनुष्य भी समाज के बिना नहीं रह सकता है। वह प्रेम, दया, सहानुभूति, मैत्री और सहयोग का भूखा है। ये सभी गुण समाज में ही सम्भव है। अतएव यह चिरसत्य है कि मनुष्य एक सामाजिक प्राणी है।

समाज की परिभाषा
(Definition of Society)

1. **भारतीय विद्वान** (Indian Scholar)–समाज क्या है? उसकी परिभाषा क्या है? भारतीय विद्वानों ने समाज की परिभाषा निम्न शब्दों में दी है, समाज वही है जिसमें लोग साथ मिलते हैं।

(सगम् अजन्ति जनः यस्मिन् इति समाज)

अर्थात् जब कुछ व्यक्ति समान विचार, उद्देश्य और हित से आपस में मिलते हैं तो एक समाज का निर्माण होता है। समाज की यह परिभाषा संक्षिप्त है। यह समाज के सभी गुणों को प्रकट नहीं करती है।

2. **जेंक्स** (Jenks) के अनुसार, समाज मनुष्यों के आपसी मैत्रीपूर्ण अथवा शान्तिपूर्ण सम्बन्ध को कहते हैं।[1]

इस परिभाषा के अनुसार समाज मनुष्यों के आपसी सम्बन्ध को ही कहेंगे। वह सम्बन्ध भी मैत्रीपूर्ण होना चाहिए। इसके साथ ही, मैत्रीपूर्ण तरीके से जीवन व्यतीत करने का उद्देश्य होना चाहिए। अर्थात् प्रेम, सहयोग, मैत्री और शान्ति पर ही समाज का संगठन सम्भव है।

1. "The term Society means harmonious or atleast peaceful relationship."—Jenks

3. **मेकाइवर** (MacIver) के शब्दों में, समाज मनुष्य और मनुष्य के बीच स्थापित ऐच्छिक सम्बन्धों को कहते हैं।[1]

इस परिभाषा के विश्लेषण करने पर, यह पता चलता है कि समाज का संगठन मनुष्य की इच्छा से हुआ है। समाज की उत्पत्ति शक्ति से नहीं, बल्कि सहज प्रवृत्तियों और मानवीय आवश्यकताओं के कारण हुई है। मनुष्य भोजन, वस्त्र, आवास और प्रजनन की उत्कंठित प्रवृत्तियों के कारण समाज के चक्र में फँस गया। जिससे मुक्ति पाना अत्यन्त ही कठिन है।

मेकाइवर की परिभाषा को ही विद्वानों ने सही माना है। लेकिन, कोई भी परिभाषा अपने आप में पूर्ण नहीं है। सभी परिभाषाओं में कुछ न कुछ सत्य का अंश वर्तमान रहता है। अतएव समाज मनुष्यों के आपसी सम्बन्ध, ऐच्छिक सम्बन्ध तथा मैत्रीपूर्ण और शान्तिपूर्ण सम्बन्धों का नाम है।

समाज के आधारभूत तत्व
(Basic Elements of the Society)

समाज के आधारभूत तत्वों का उल्लेख निम्नलिखित रूप से किया जा सकता है।

1. **विशाल जनसमूह** (Vast Population)–समाज के संगठन के लिए एक विशाल जनसमूह का होना अतिआवश्यक है। दो-चार या सौ-हजार व्यक्तियों से समाज का निर्माण नहीं होता। प्राचीनकाल में समाज का क्षेत्र बहुत छोटा था। अतः कम जनसमूह से ही काम चल जाता था। लेकिन, आज के वैज्ञानिक युग में परिवार, संघ, गाँव, राज्य, राष्ट्र और अन्तर्राष्ट्रीय संस्थाएँ सभी मानव समाज के अंग हैं। सभी के मिलने पर ही एक विशाल मानव समाज का निर्माण होता है।

2. **सामान्य उद्देश्य** (Common Object)–विशाल जनसमूह बिना सामान्य उद्देश्य के समाज की रचना नहीं कर सकता। लोगों में एक सामान्य और स्थायी उद्देश्य का होना आवश्यक है। सिनेमा, भीड़, प्रदर्शनी, मेला, रैली और सम्मेलन में एक विशाल जनसमूह तो रहता है, लेकिन वह समाज का रूप नहीं लेता। क्योंकि, उनका उद्देश्य सामान्य और स्थायी नहीं होता। अतएव मैत्रीपूर्ण और शान्तिपूर्ण जीवन व्यतीत करने का सामान्य स्थायी उद्देश्य ही मनुष्य को समाज की कड़ी में बाँधता है।

3. **संगठन** (Organisation)–व्यक्तियों के समूह को समाज तभी कहा जा सकता है जबकि वह संगठित हो, सामान्य उद्देश्य के होते हुए भी, भीड़, यात्रा, मेला और नाटक में एकत्रित मनुष्य के जनसमूह को समाज नहीं कहा जा सकता है। इसका मुख्य कारण यह है कि उनमें संगठन नाम की कोई वस्तु नहीं है। अतएव समाज के लोगों को एक सूत्र में बाँधने के लिए संगठन की बहुत आवश्यकता पड़ती है।

4. **मैत्रीपूर्ण और शान्तिपूर्ण सम्बन्ध** (Friendly and Peaceful Relations)–समाज मनुष्य के मैत्रीपूर्ण और शान्तिपूर्ण सम्बन्ध को कहा गया है। मनुष्य के अन्दर मैत्रीपूर्ण भावना का रहना आवश्यक है। आपस में प्रेम, दया, सहानुभूति, सहयोग और मित्रता का होना अतिआवश्यक है। अगर इन गुणों को समाज से निकाल दिया जाए, तो सामाजिक जीवन दुष्कर हो जाए। समाज के अन्दर कलह, मारपीट और बर्बरता का बोलबाला हो जाएगा।

मनुष्य एक शान्तिप्रिय जीव है। वह शान्ति चाहता है। वह अपने जीवन को शान्तिपूर्वक व्यतीत करना चाहता है। समाज और मनुष्य का विकास भी शान्त वातावरण में ही सम्भव है। लड़ाई-झगड़ा एवं युद्ध से तो मानव समाज और उसकी सभ्यता का विनाश होता है। अतएव समाज के अन्दर मैत्रीपूर्ण एवं शान्तिपूर्ण सम्बन्ध होना आवश्यक है।

---

1. "Society includes every willed relationship of man to man."—MacIver

इस प्रकार, विशाल जनसमूह, सामान्य स्थायी उद्देश्य, संगठन एवं मैत्रीपूर्ण और शान्तिपूर्ण सम्बन्ध–चार ऐसे स्तम्भ हैं जिनके ऊपर मानव समाज का विशाल एवं भव्य महल टिका हुआ है।

समाज का व्यापक अर्थ
(Wider Meaning of Society)

आज के समाज का अर्थ सौ वर्ष पहले के अर्थ से भिन्न है। इस वैज्ञानिक युग में दुनिया सिमट गई है। विश्व के कोने-कोने के मनुष्य एक धागे में बँध गए हैं। परिवार, गिरोह, संघ, गाँव, जिला, राज्य और राष्ट्र की सीमा को पार कर आज सभी मनुष्य एक ही समाज के सदस्य हैं और वह समाज मानव समाज है।

मेकाइवर ने समाज की व्यापक व्याख्या करते हुए लिखा है, समाज व्यक्तित्व का विस्तार है, संकीर्णता का संघातक है, व्यक्तिगत पहचान का साधन है, युवावस्था का रक्षक है, पुरुषत्व और नारीत्व का क्षेत्र है। प्रकृति पर मनुष्य विजय का प्रतीक है और प्रकृति के कठिन कानूनों के विरुद्ध मनुष्यों की सद्वृत्तियों का घर है। रीति-रिवाजों का संग्रह है। जीवन का सम्पूर्ण अनुभव है और हजारों छोटे-छोटे संघर्षों या सम्बन्धों का क्षेत्र है जो किसी जाति के सामान्य उद्देश्य में अन्तर्निहित है।[1]

निष्कर्षत: समाज वह विशाल जनसमूह जो सामान्य स्थायी उद्देश्य के आधार पर सामाजिक संगठन द्वारा मनुष्यों के मैत्रीपूर्ण एवं शान्तिपूर्ण जीवन को एक सूत्र में बाँधता है।

समाज की आवश्यकता
(Necessity of Society)
या
मनुष्य एक सामाजिक प्राणी है
(Man is a Social Animal)

समाज स्वाभाविक है (Society is Natural)–मनुष्य को समाज की क्यों आवश्यकता होती है? क्या वह समाज के बिना भी रह सकता है? मनुष्य एक सामाजिक प्राणी है या नहीं? ये ऐसे प्रश्न हैं जिनका उत्तर जानना बहुत ही आवश्यक है। नाना प्रकार के दु:ख और कठिनाईयों को भी सहकर, मनुष्य समाज को नहीं छोड़ना चाहता है। इसका मुख्य कारण यह है कि समाज मनुष्य के लिए स्वाभाविक है। समाज में ही वह जन्म लेता, पलता और फलता-फूलता है। वह अपने नैसर्गिक गुणों का विकास समाज में ही रहकर कर सकता है। साधु-संत भी अपने गुणों का विकास समाज में ही करते हैं। अर्थात् समाज मनुष्य के चारों ओर हवा की तरह तथा उसके अन्दर भी रक्त की तरह है।[2]

समाज आवश्यक है (Society is Indispensible)

समाज मनुष्य के लिए आवश्यक भी है। समाज के बिना मनुष्य अपनी भौतिक आवश्यकताओं की पूर्ति नहीं कर सकता है। भोजन, वस्त्र, आवास, पानी, शिक्षा, चिकित्सा आदि की उपलब्धि समाज के अन्दर ही सम्भव है। मनुष्य मनुष्यों के बीच ही आदमी बन सकता है।[3]

---

1. "The Society is the extension of individuality, the transcendence of self-enclosedness, the vehicle of personal identity, the means of the continuation of personality through generations, the nurse of youth, the arena of manhood and womenhood, the organisation of the human conquest of nature and the refuge of the human spirit against its unpitying laws, the repository of the gathered customs and fettered traditions of man, the summed experience of life, the sphere of a thousand lesser conflicts and unities within the embracing purpose of one community."—MacIver
2. "Society is around man like air and within him like blood."
3. "Man becomes man among men."

बेनी प्रसाद का भी कथन है, मानव जाति के अस्तित्व के लिए समाज अति आवश्यक है। अगर मनुष्य एक साथ समाज में नहीं रहते तो उनका अस्तित्व शीघ्र ही मिट जाता।[1]

मनुष्य समाज में निम्नलिखित कारणों से रहता है।

समाज मानव जीवन की रक्षा के लिए आवश्यक है (Society is Necessary for Physical Existence)

(i) **शिशु की निःसहायता** (Helplessness of the Child)–मानव जीवन इस वसुन्धरा पर एक शिशु जीवन से आरम्भ होता है। माता के गर्भ से शिशु जन्म लेता है। परिवार के लोग उसे दूध पिला-पिलाकर और सेवा करके, उसे समाज में रहने लायक बनाते हैं। दूसरे प्राणियों के बच्चे जन्म के कुछ ही दिन बाद चलना-फिरना आरम्भ कर देते हैं। लेकिन, मनुष्य का शिशु इस मामले में अधिक समय लेता है। अतएव मानव शिशु की अधिक काल तक निर्भरता उसकी सामाजिकता को और भी घनीभूत करती है। प्रत्येक मनुष्य अपनी शैशवास्था में निःसहाय रहता है। जन्म के साथ ही वह अपने जीवन की रक्षा के लिए परिवार और समाज पर निर्भर रहता है।

(ii) **अनुकरण करने की प्रवृत्ति** (Tendency to Imitate)–मनुष्य के अन्दर अनुकरण करने की प्रवृत्ति जन्मजात है। बचपन में बच्चे का मस्तिष्क *सफेद स्लेट* (Tabula Rasa) की तरह होता है। जो कुछ वह परिवार और समाज में देखता है, वह उसकी नकल करने लगता है। माता-पिता, भाई-बहन, दादा-दादी और अन्य सम्बन्धियों का प्रभाव बच्चे के मस्तिष्क पर काफी पड़ता है। वह उसी प्रकार की भाषा सीखता है जो उसके पास बोला जाता है। रहन-सहन, खान-पान, भाषा और चरित्र आदि की जानकारी उसे समाज के अन्दर होती है।

एक बार एक भेड़िया एक शिशु को उठाकर जंगल में ले गया। कुछ वर्षों के बाद वह बच्चा भेड़िये की तरह ही चलता और बोलता हुआ देखा गया। इससे पता चलता है कि बच्चे में अनुकरण की प्रवृत्ति अत्यधिक है।

बादशाह अकबर ने भी मनुष्य के बच्चे को जंगल में एक मकान बनवाकर रखवा दिया। खाने-पीने का प्रबन्ध कर दिया गया। लेकिन, उससे कोई बोलता न था। कुछ समय के बाद देखा गया कि बच्चा गूँगा निकला। वह चलने में भी असमर्थ था। अतएव यह ध्रुव सत्य है कि बच्चे का विकास समाज में ही हो सकता है।

(iii) **कुछ स्वाभाविक प्रवृत्तियाँ** (Some Natural Instincts)–मनुष्य की कुछ स्वाभाविक प्रवृत्तियाँ हैं। जिनकी पूर्ति वह समाज में ही कर सकता है। पैतृक प्रवृत्ति, आत्म रक्षा की प्रवृत्ति, संग्रह, प्रेम, घृणा, क्रोध, परोपकार, दया, सहानुभूति, क्षुधाशान्त की प्रवृत्ति, अपने विचारों को दूसरों पर प्रकट करने की प्रवृत्ति, यश, हँसने-खेलने आदि प्रवृत्तियाँ मुख्य हैं।

इन प्रवृत्तियों की पूर्ति समाज से अलग एकान्त में रहकर नहीं की जा सकती है। पैतृक प्रवृत्ति को पूरा करने के लिए पुरुष का स्त्री के साथ रहना आवश्यक है। आत्मरक्षा समाज के अन्दर ही सम्भव है। हँसना-खेलना, यश प्राप्त करना, क्षुधा शान्त करना, प्रेम, परोपकार आदि समाज के लोगों पर ही आधारित हैं। इस प्रकार, सहज प्रवृत्तियों की पूर्ति समाज में रहकर ही की जा सकती है।

(iv) **अन्न, वस्त्र और आवास के लिए** (For Food, Cloth and Shelter)–मनुष्य को जीने के लिए अन्न चाहिए। उसे पहनने तथा रहने के लिए वस्त्र और मकान चाहिए। उनकी ये मौलिक आवश्यकताएँ हैं। इनके बिना वह जीवित नहीं रह सकता है। बचपन में बच्चा इन चीजों के लिए माता-पिता पर निर्भर रहता है। युवावस्था में वह स्वयं अर्थ अर्जन कर इन चीजों की पूर्ति करता है। बुढ़ापे में वह पुत्र पर निर्भर रहता है।

---

1. "Society is thus indispensible to the continuation of the human race. If men did not live together they would soon cease to live at all."—Beni Prasad

प्राचीनकाल में भी मनुष्य साथियों के सहयोग से ही हिंसक जन्तुओं की हिंसा करता था। जंगल से कन्द-मूल-फल लाता था। अन्न, वस्त्र और आवास की पूर्ति कोई भी व्यक्ति स्वयं नहीं कर सकता है। उसे समाज की मदद लेनी पड़ती है। आज तो चावल बर्मा से, गेहूँ अमेरिका और कनाडा से, कपड़ा बर्मिंघम और बिस्कुट इंग्लैण्ड से भारत में आता है। इस प्रकार, मानव सम्पूर्ण मानव समाज पर निर्भर है।

(v) **आत्म-रक्षा के लिए** (For Self Protection)–सभी को अपनी जान प्यारी होती है। कोई भी व्यक्ति तुरन्त या बिना कारण के नहीं मरना चाहता है। सभी प्राणियों के अन्दर भय है। प्राचीनकाल में जब रेल, तार, मोटरगाड़ी, बन्दूक, अस्त्र-शस्त्र आदि का आविष्कार नहीं हुआ था, तो मनुष्य का जीवन हमेशा जंगली पशुओं के भय से त्रस्त रहता था। शेर, बाघ, चीता, हाथी, अजगर, बिच्छू, घड़ियाल, भेड़िया आदि खूँखार जानवर सदा मनुष्यों को तंग किया करते थे। आज भी जंगल में अचानक मिलने पर मनुष्य की हड्डी को हिला देते हैं। अतएव इन हिंसक और भयानक पशुओं से बचने के लिए मनुष्य समाज में रहने लगा। एक साथ रहने से उनकी हिम्मत बढ़ी और जंगली पशुओं से उसका डर जाता रहा।

प्राकृतिक ॠतुओं से बचने के लिए भी लोगों ने समाज में रहना आरम्भ किया। वर्षा, तूफान, बिजली, बर्फ, ओला, सर्दी, गर्मी और लू से बचने के लिए, घरों की आवश्यकता पड़ी। घर का निर्माण अकेले सम्भव नहीं था। इसलिए, लोग प्राकृतिक यातनाओं से बचने के लिए एक साथ रहना शुरू किया। चोरी, डकैती, हत्या और लूट से भी बचने के लिए मनुष्य समाज में रहने लगा। मनुष्य का शरीर एक समान नहीं रहता है। व्यक्ति, पीड़ा, बीमारी और दुर्घटनाएँ उसके साथ घटती रहती है। अतएव चिकित्सा और सेवा के लिए भी उन्हें समाज की शरण लेनी पड़ी। ये सभी चीजें समाज में ही उपलब्ध हो सकती हैं।

समाज मनुष्य के मानसिक विकास के लिए आवश्यक है (Society is Necessary for the Mental Development of Human Beings)

(i) **शिक्षा** (Education)–मनुष्य का सम्बन्ध केवल शारीरिक विकास से ही नहीं है। वह अन्न खाकर, जल पीकर, वस्त्र पहनकर और महलों में रहकर ही तुष्टि प्राप्त नहीं करता। शरीर के साथ मनुष्य की मानसिक प्रवृत्तियों का भी विकास होना आवश्यक है। उसके अन्दर बहुत-से आन्तरिक गुण हैं जिनका समुचित विकास शिक्षा के द्वारा ही किया जा सकता है। शिक्षा पाकर ही कोई व्यक्ति मनुष्य कहला सकता है। बिना शिक्षा पाए हुए व्यक्तियों की गधे और बैल से तुलना की जाती है। मानवीय गुणों का समुचित विकास स्कूल, कॉलेज, विश्वविद्यालय और अन्य शैक्षणिक संस्थाओं में ही किया जा सकता है। अतएव व्यक्ति अपने मानसिक विकास के लिए भी समाज पर निर्भर रहता है।

(ii) **सभ्यता का विकास** (Progress of Civilization)–समाज सभ्यता का आधार है। समाज के कारण ही सभ्यता जीवित और विकसित है। पूर्वजों की सभ्यता और आज की सभ्यता में जमीन आसमान का अन्तर है। सभ्यता मनुष्य के बाहरी विकास से सम्बन्धित है। लोगों का रहन-सहन, खान-पान और भौतिक विकास सभ्यता का सूचक है। रेल, तार, वायुयान, बिजली, एटम, डाक, जहाज, रेडियो, ट्रान्जिस्टर, टेलीविजन, टेलीस्कोप, मशीनें, टेलीफोन, हेलिकॉप्टर, मिग आदि, ये सभी मानव सभ्यता के विकास के मापदंड हैं। बड़ी-बड़ी नदियों पर पुल बाँधा गया, बड़े-बड़े बाँध और कारखानों का निर्माण हुआ। इन सभी व्यक्तियों के सहयोग का फल है। यह किसी एक व्यक्ति से सम्भव नहीं है। समष्टि ज्ञान के आधार पर ही इन वस्तुओं का आविष्कार किया गया है। इनसे मानव जीवन अत्यन्त ही सुखद और आरामदेह बन गया है।

(iii) **सांस्कृतिक विकास** (Cultural Progress)–संस्कृति मनुष्य के आन्तरिक जीवन से सम्बन्धित है। मनुष्य अपनी भावनाओं को प्रकट करना चाहता है। वह मनोरंजन और आमोद-प्रमोद के लिए साधन चाहता है। अगर मनुष्य

के जीवन में आमोद-प्रमोद न रहे, तो उसका जीवन नीरस हो जाएगा। वह शायद ही अपने जीवन का सच्चा आनन्द उठा सकता है।

सत्यम्, शिवम् और सुन्दरम् की उपासना का नाम ही संस्कृति है। सत्य क्या है? ईश्वर क्या है? शिवम् का क्या रूप है? सत्य-असत्य तथा सुन्दर-असुन्दर में क्या अन्तर है? इनका ज्ञान समाज के अन्दर ही होता है। चित्रकला, मूर्तिकला, वस्तुकला, संगीतकला, नृत्यकला और भाषा का सही-सही ज्ञान समाज के संचित ज्ञान के आधार पर ही किया जा सकता है।

भाषा के द्वारा ही मनुष्य अपनी भावनाओं और विचारों को दूसरे पर प्रकट कर सकता है। मनुष्य के जीवन में संगीत और कला का बहुत बड़ा महत्व है। एक कवि का कहना है,

साहित्य-संगीत कला विहीनः,
साक्षात्पशुः पुच्छ विषाणहीनः।

अर्थात् साहित्य, संगीत और कला के बिना मनुष्य पूँछ और सींघ से विहीन पशु की तरह है। साहित्य समाज का दर्पण कहा गया है। अतएव साहित्य, संगीत, कला, नाटक आदि का विकास समाज में ही सम्भव है। जिनके अभाव में मनुष्य नहीं कहला सकता है।

(iv) **अथाह ज्ञान-भंडार** (Vast Treasury of Knowledge)–समाज अथाह ज्ञान का भंडार है। चिर संचित ज्ञान को वह संजोए हुए रखता है। एक ही व्यक्ति अपने जीवनकाल में कुछ नहीं कर सकता। वह पूर्वजों के ज्ञान को ले करके आगे बढ़ता है। अणु के आविष्कार में कितने वैज्ञानिकों का श्रम लगा, यह कहना मुश्किल है। लेकिन, इतना सत्य है कि सामूहिक विचारों के आदान-प्रदान से ही समाज आगे की ओर बढ़ रहा है। समाज साहित्यिक, सांस्कृतिक, वैज्ञानिक और दार्शनिक ज्ञान को बहुत सतर्कता के साथ रक्षा करता रहता है। कोई भी व्यक्ति इन ज्ञानों को समाज में ही रहकर प्राप्त कर सकता है।

समाज में ही आर्थिक विकास सम्भव है
(Economic Progress is Possible only in Society)

मनुष्य के जीवन में अर्थ का बहुत बड़ा महत्व है। उसके पास अर्थ है तो सब कुछ है। अर्थ के सहारे वह संसार की सभी चीजों का उपयोग कर सकता है। उपयोग की सभी वस्तुओं को वह स्वयं पैदा नहीं कर सकता। दो-चार वस्तुओं को पैदाकर, समाज के दूसरे व्यक्तियों से विनिमय कर अन्य वस्तुओं की पूर्ति वह करता है।

आज बड़े-बड़े कारखानों और मशीनों के द्वारा मनुष्य कम श्रम में अपार सम्पत्ति अर्जन कर सकता है। श्रम-विभाजन की प्रथा के द्वारा ही समाज के आर्थिक विकास का काम आसानी से चल रहा है। सामाजिक सहयोग के आधार पर ही मनुष्य अपनी आर्थिक और भौतिक आवश्यकताओं की पूर्ति करता है। इंग्लैण्ड, अमेरिका, रूस, जर्मनी, फ्रांस, कनाडा, जापान, चीन आदि देशों की बनी हुई वस्तुओं का एक भारतीय व्यवहार में लाता है। यह तो समाज की देन है। अतएव आर्थिक विकास समाज में ही सम्भव है।

राज्य समाज की देन है (State is a Gift of Society)

(i) **राज्य की उत्पत्ति** (Origin of State)–समाज शब्द का व्यवहार एक व्यापक अर्थ में किया जाता है। सामाजिक जीवन को एक सूत्र में बाँधने के लिए नियम और कानून की आवश्यकता पड़ती है। इसके लिए समाज के अन्दर संघ, समुदाय और फिर राज्य की उत्पत्ति हुई। बिना शासन और बंधन का समाज निष्क्रिय है। मनुष्य के सामाजिक, आर्थिक, सांस्कृतिक और अन्य पहलुओं में एकरूपता लाने के लिए राज्य का गठन हुआ। मानव सभ्यता

के परिवर्तन के साथ, राज्य में परिवर्तन हुआ। राजतन्त्र, कुलीनतन्त्र, प्रजातन्त्र, और समाजवाद और साम्यवाद उसके विकास के रूप हैं।

(ii) **शान्ति और व्यवस्था** (Peace and Order)–अगर समाज के अन्दर एक प्रकार का नियम और कानून नहीं हो, तो अराजकता फैल जाएगी। समाज में शान्ति और व्यवस्था लाने के लिए राज्य की आवश्यकता पड़ती है। राज्य पूरे समाज की व्यवस्था को ठीक करता है। झगड़ा, मारपीट, चोरी-डकैती आदि को रोककर वह शान्ति की स्थापना करता है। लोगों को न्याय का मार्ग अनुसरण करने के लिए वह आदेश देता है। इस प्रकार, राजनीतिक व्यवस्था मानव समाज को शान्त और सुखद बनाने में सहायक पहुँचाती है। अतएव समाज राज्य की रचना अपने हित के लिए करता है। इसलिए राज्य समाज की देन है।

समाज मनुष्य के आध्यात्मिक विकास में मदद करता है (Society is Helpful in the Spiritual Development of Human Beings)

मनुष्य शरीर और मन से ही सम्बन्धित नहीं है। उसका गहरा सम्बन्ध आत्मा से भी है। प्रभु ईशु ने कहा है, कि मनुष्य को रोटी के अलावा कुछ और चाहिए।[1] जिसका सम्बन्ध आत्मा यानि ईश्वर से है।

महान गुणों का विकास (Development of Good Qualities)

मनुष्य महान गुणों का विकास समाज में ही रहकर कर स्कता है। प्रेम, दया, सहानुभूति, परोपकार, आज्ञापालन, भक्ति, अनुशासन आदि गुणों का आर्विर्भाव समाज में ही सम्भव है। महान ऋषियों और मुनियों के जीवन चरित्र, उपदेश, वचन और संकलित ज्ञान से लोग लाभ उठाकर, इन गुणों का अपने ह्रदय में संचार करते हैं। वेद, पुराण, उपनिषद्, महाभारत, गीता, रामायण, बाईबल, कुरान, गुरुग्रन्थ साहब आदि ऐसे ज्ञान ग्रन्थ हैं।

जिनके अध्ययन से व्यक्ति अपने को महान बना सकता है। वह ईश्वर के रहस्य को समझ सकता है। उसके अन्दर आत्मबल, चरित्र निर्माण और शुद्ध विवेक आता है। अच्छे चरित्र के व्यक्तियों के सहारे ही अच्छे समाज की स्थापना की जा सकती है।

निष्कर्ष–उपर्युक्त तथ्यों से यह स्पष्ट है कि मनुष्य एक सामाजिक प्राणी है। वह समाज के अभाव में जीवित नहीं रह सकता है। उसका शारीरिक, बौद्धिक, मानसिक, आर्थिक, राजनीतिक और आध्यात्मिक विकास समाज की चहारदीवारी के अन्दर ही सम्भव है। वह अपने व्यक्तित्व का पूर्ण विकास समाज में ही कर सकता है।

बेनी प्रसाद ने कहा है, मस्तिष्क सचमुच समाज की देन है, उसका विकास केवल समाज में हो सकता है।[2]

निष्कर्षत:, व्यक्ति और समाज का वही सम्बन्ध है जो आत्मा और परमात्मा का है। दोनों में अन्योन्याश्रय सम्बन्ध है। एक के अभाव में दूसरे की कल्पना नहीं की जा सकती है।

समाज की उत्पत्ति
(Origin of Society)

वर्तमान में समाज का जो रूप है, कुछ हजार वर्ष पहले नहीं था। समाज तो परिवर्तनशील है। वह मानव सभ्यता के साथ बदलता रहता है। समाज की उत्पत्ति कैसे हुई? यह एक विवादास्पद प्रश्न है। इस तथ्य को समझना बहुत आवश्यक है। इस सम्बन्ध में निम्नलिखित प्रमुख सिद्धान्त प्रचलित हैं:

1. दैवी सिद्धान्त,
2. संविदा या सामाजिक समझौते का सिद्धान्त,

---

1. "Man cannot live by bread alone."—Jesus Christ
2. "The mind infact is Social product, that is, it can develop only in Society."—Beni Prasad

3. पैतृक और मातृक सिद्धान्त, और
4. ऐतिहासिक या विकासवादी सिद्धान्त।

1. दैवी सिद्धान्त (Divine Theory)

समाज ईश्वरकृत है (Society is Made by God)–दैवी सिद्धान्त समाज के उत्पत्ति का अतिप्राचीन सिद्धान्त है। इसके अनुसार समाज ईश्वर की कृति है। जिस प्रकार ईश्वर ने भूमि, जल, वृक्ष, पहाड़, जन्तु, पशु, पक्षी और मनुष्य का निर्माण किया; उसी प्रकार उसने समाज को भी बनाया। उसने समाज की रचना कर मनुष्य को एक सामाजिक प्राणी का रूप दिया। मनुष्य का जीवन समाज के बाहर सम्भव नहीं है। समाज के अन्दर सामाजिक, आर्थिक, धार्मिक, राजनीतिक और अन्य जितनी भी संस्थाएँ पाई जाती हैं, सभी का निर्माण ईश्वर ने किया है। ईश्वर का प्रतिनिधि जिसे राज्य कहते हैं, समाज का शासक माना गया। राजा समाज का पूर्ण नियन्त्रण करता है। इस सम्बन्ध में वह ईश्वर के आदेशों और आज्ञाओं से संचालित होता रहता है। अतएव समाज की उत्पत्ति ईश्वर से बताना ही दैवी सिद्धान्त है।

प्राचीन एवं मध्यकाल में प्रचलित (Prevalent in the Ancient and the Middle Ages)–दैवी सिद्धान्त प्राचीन और मध्यकाल में प्रचलित था। इस सम्बन्ध में रामराज्य, कृष्णराज्य, जनकराज्य और अन्य सामन्तशाही शासनों का उल्लेख किया जाता है। पहले लोगों में अन्धविश्वास काफी था। मध्ययुग में संत ऑगस्टीन और पोपग्रीगोरी ने राज्य की सम्पूर्ण शक्ति को राजा के हाथों में बताया। ईसाई धर्म, बौद्ध धर्म और इस्लाम धर्म भी राजा में विश्वास करते हैं। आज भी पाकिस्तान, बर्मा, चीन, श्रीलंका और अन्य देश धर्म के नाम पर शासित हैं।

पक्ष में तर्क (Arguments in Favour)

दैवी सिद्धान्त के मानने वाले इसके पक्ष में निम्नलिखित तर्क देते हैं। इसके सभी तर्क अपने ढंग का है–

(i) **ईश्वर ने सभी चीजों को बनाया है** (God has Made All Things)–ईश्वर ने सृष्टि की रचना की है। उसने संसार की सभी चीजों को बनाया है। उसने मनुष्य का भी निर्माण किया है। अतएव समाज की रचना भी ईश्वर के द्वारा की गई है।

(ii) **ईश्वर ने समाज को बनाया है** (God Made the Society)–ईश्वर ने स्वयं या अपने प्रतिनिधि द्वारा समाज की रचना करवायी है। अतएव प्रतिनिधि की सभी आज्ञाओं और आदेशों को मानना चाहिए।

(iii) **मनुष्य द्वारा समाज में परिवर्तन नहीं** (No Change in Society by Man)–मनुष्य समाज में परिवर्तन नहीं ला सकता है। चूँकि समाज ईश्वर के द्वारा बनाया गया है। इसमें परिवर्तन लाने का अर्थ है कि ईश्वर के नियम और विधान को भंग करना।

(iv) **समाज एक पवित्र संस्था है** (Society is a Holy Institution)–समाज एक पवित्र संस्था है। अतएव उसका सम्बन्ध ईश्वर और धर्म से है, न कि मनुष्य और पाप से...।

आलोचना (Criticism)

(i) **समाज मानवकृत** (Society Human Made)–आलोचकों का कहना है कि समाज ईश्वरकृत नहीं है। यह मानव कृत है। मनुष्य ने अपनी सुविधा के लिए समाज की रचना स्वयं की है।

(ii) **प्रतिक्रियावादी** (Reactionary)–दैवी सिद्धान्त एक प्रतिक्रियावादी है। सभी संस्थाओं को ईश्वरकृत बताकर मनुष्य को निष्क्रिय, आलसी और चेतनाहीन बना देता है।

(iii) **निरंकुश राजा का समर्थन** (Support of the Absolute King)–यदि समाज को ईश्वरकृत मान लिया जाए, तो यह निरंकुश राजा का समर्थन करता है।

(iv) **निरंकुश राज्य का प्रचार** (Propaganda of the Absolute King)–प्राचीन और मध्यकाल में इसका प्रचार किसी एक राजा को समाज में निरंकुश बनाने के उद्देश्य से किया गया था। समाज की उत्पत्ति के साथ इसका कोई सम्बन्ध नहीं था।

(v) **मनुष्य स्वभाव से सामाजिक** (Man by Nature Social)–मनोविज्ञान यह बताता है कि सामाजिकता मनुष्य के स्वभाव में अन्तर्निहित है। अतएव उसे ईश्वरकृत मानना निराधार है। इतिहास बताता है कि समाज की उत्पत्ति और विकास में मनुष्य का हाथ रहा है। जैसे-जैसे मनुष्य प्रगति करता गया, वैसे-वैसे समाज का रूप भी बदलता गया। अर्थात् समाज का विकास क्रमिक रूप से हुआ है।

(vi) **कोई वैज्ञानिक तथ्य नहीं** (No Scientific Fact)–दैवी सिद्धान्त केवल धार्मिक अन्धविश्वास पर आधारित है। इसके मूल में कोई भी वैज्ञानिक तथ्य नहीं है। अतएव यह सिद्धान्त गलत है। यही करण है कि इस वैज्ञानिक युग में यह सिद्धान्त एक कौतूहल-सा प्रतीत होता है।

सत्यता (Truth)–यद्यपि यह सिद्धान्त गलत है, किन्तु पूर्णरूप से नहीं। इसने समाज की उत्पत्ति का सही-सही विश्लेषण नहीं किया है, फिर भी इसमें कुछ ऐसी बातें हैं जो समाज के विकास पर प्रकाश डालती हैं। इसने मनुष्य को धार्मिक और नैतिक शिक्षा देकर, समाज में संगठित एवं नियमित रूप से रहने को बाध्य किया है। इससे समाज के विकास में काफी मदद मिली है। बर्बरता और झगड़ालू जीवन में उपदेश देकर, इसने मानव को सभ्यता की ओर चलने को प्रेरित किया है। अतएव यह सिद्धान्त निरर्थक होते हुए भी, समाज के विकास में सहायक सिद्ध हुआ है।

2. संविदा या सामाजिक समझौते का सिद्धान्त (The Social Contract Theory)

समाज मनुष्यकृत है (Society is Man Made)–समाज की उत्पत्ति का दूसरा सिद्धांत सामाजिक समझौते का है। इसकी उत्पत्ति दैवी सिद्धांत के विरूद्ध में हुई। इस सिद्धान्त के मानने वाले विद्धानों का कहना है कि समाज मनुष्यकृत है, ईश्वरकृत नहीं। मनुष्य ने स्वयं समझौता द्वारा इसकी रचना की है।

यह सिद्धान्त काफी प्राचीन है। प्राचीनकाल में भी इसका उल्लेख मिलता है। यूनान के सोफिस्ट और एपिक्युरियन मत के मानने वालों ने सामाजिक समझौते सिद्धान्त को काफी मान्यता दी है। कौटिल्य ने अपनी पुस्तक अर्थशास्त्र में इस सिद्धान्त का वर्णन किया है।

आधुनिक काल में रिचार्ड हूकर, अल्थूसियस, ह्यूगो, ग्रोशस, स्पिनोजा, काण्ट, फिक्टे और अन्य दार्शनिकों ने सामाजिक समझौते सिद्धान्त की व्याख्या की है लेकिन, टामस हॉब्स, जॉन लॉक और जीन जेक्स रूसो इस सिद्धान्त के मुख्य प्रवर्त्तक माने जाते हैं।

टॉमस हॉब्स (Thomas Hobbes)–हॉब्स का कथन है कि प्रारम्भ में मनुष्य प्राकृतिक अवस्था में रहता था। उस समय उसका जीवन बड़ा ही कष्टमय था। वह अपने को अकेला अनुभव करता था। उस समय किसी भी प्रकार का कोई संगठित समाज नहीं था। कोई नियम नहीं था। चारों तरफ मत्स्य न्याय फैला हुआ था। जिसकी लाठी उसकी भैंस वाली कहावत चरितार्थ थी। हॉब्स के अनुसार, मानव जीवन एकाकी, दरिद्र, झगड़ालू, घृणित और क्षणिक था।[1]

इस प्रकार के जीवन से ऊबकर, लोगों ने आपस में मिलकर एक समझौता किया। सभी लोग अपने अधिकारों और शक्तियों को बिना किसी शर्त के एक व्यक्ति के हाथों में दे दिया। जिसके परिणामस्वरूप एक समाज की स्थापना हुई और वह व्यक्ति समाज का शासक बन बैठा।

---

1. "Man's life was solitary, poor, brutish, nasty and short."—Hobbes

जॉन लॉक (John Locke)–लॉक के अनुसार, प्राकृतिक अवस्था में मनुष्य का जीवन सुखमय था। लोगों में सहयोग, सद्भावना और प्रेम था। लोग प्राकृतिक नियम को मानते थे। लेकिन कुछ असुविधायें थीं। कोई निश्चित कानून नहीं था। कार्यपालिका और न्यायपालिका का अभाव था। इसलिए लोगों में कभी-कभी संघर्ष उत्पन्न हो जाता था। जिसके कारण लोगों में अशान्ति फैल जाती थी। अतएव इस अशान्ति से बचने के लिए लोगों ने एक समझौता किया। जिसके परिणामस्वरूप समाज की उत्पत्ति हुई। लेकिन, समाज मानव जीवन को सुखी बनाने के लिए पर्याप्त नहीं था। इसलिए दूसरे समझौते के द्वारा लोगों ने एक सरकार की स्थापना की। जिसे जीवन, स्वतन्त्रता और सम्पत्ति की रक्षा का अधिकार दिया गया। शेष शक्तियाँ समाज में रखी गई। समाज को सरकार के ठीक से काम नहीं करने पर अपदस्थ करने का भी अधिकार था। इस प्रकार समाज की स्थापना हुई।

रूसो (Rousseau)–रूसो के अनुसार, मनुष्य प्राकृतिक अवस्था में स्वर्गिक आनन्द[1] का उपयोग करता था। उसका जीवन बड़ा सुखमय था। लोगों के अन्दर शान्ति थी। लेकिन, यह शान्त वातावरण अधिक दिनों तक टिक नहीं सका। जैसे-जैसे सभ्यता का विकास हुआ और आबादी बढ़ती गई, वैसे-वैसे लोगों का जीवन विषाक्त होता गया। लोगों के अन्दर मैं और तेरा की भावना घर कर गई। अतएव इससे बचने के लिए, लोगों ने आपस में मिलकर एक समझौता किया। जिसके अनुसार, लोगों ने अपनी शक्तियों और अधिकारों को एक सामान्य इच्छा[2] में समर्पित कर दिए। सभी लोग उसी सामान्य इच्छा से शासित होने लगे। इस प्रकार समाज की रचना हुई।

यद्यपि हॉब्स, लॉक और रूसो ने प्राकृतिक अवस्था का चित्रण भिन्न-भिन्न रूप से किया है, लेकिन तीनों का मूल उद्देश्य यह है कि समाज की रचना सामाजिक समझौते के आधार पर हुई।

आलोचना (Criticisms)

विभिन्न आलोचकों के अनुसार, सामाजिक समझौते सिद्धान्त को समाज की उत्पत्ति का सही सिद्धान्त नहीं माना जा सकता। चूँकि, इसमें निम्नलिखित दोष हैं।

1. **अनैतिहासिक** (Unhistorical)–मनुष्य ने आपस में मिलकर कब और कहाँ समझौता किया? इसका उल्लेख इतिहास के पन्नों में नहीं मिलता है। इस सम्बन्ध में मेफ्लावर[3] और प्रोविडेंस एग्रीमेण्ट[4] नामक समझौते का उदाहरण देते हैं। लेकिन, यह तो सरकार गठन करने का समझौता था, न कि समाज की उत्पत्ति का। अतएव यह सिद्धान्त अनैतिहासिक है।

2. **असंगत** (Illogical)–संविदा सिद्धान्त तर्क के आधार पर भी ठीक नहीं जँचता है। प्राकृतिक अवस्था में मनुष्य खूँखार, झगड़ालू और ईर्ष्यालू था। अचानक उसमें बुद्धि कहाँ से आ गई? सभ्य मनुष्य ही समाज की रचना कर सकता है, असभ्य नहीं। अतएव बुद्धि के आधार पर भी संविदा सिद्धान्त असंगत और अमान्य है।

3. **अवैधानिक** (Illegal)–समझौता समान स्थिति वाले व्यक्तियों के बीच में ही हो सकता है। बच्चे इसमें भाग नहीं ले सकते हैं। समझौते के पालन के लिए शक्ति की आवश्यकता पड़ती है। लेकिन, इसके पीछे भी शक्ति नहीं थी। इसके अतिरिक्त, हर पीढ़ी में नए समझौते की आवश्यकता पड़ती है। इन सभी का कोई उल्लेख नहीं है। अतएव वैधानिक दृष्टि से संविदा सिद्धान्त मान्य नहीं है।

---

1. Idllic Bliss.
2. General will.
3. May Flower.
4. Providence Agreement.

4. **समाज कृत्रिम नहीं** (Society Not Artificial)–संविदा सिद्धान्त समाज को कृत्रिम बना देता है। आज समाजशास्त्रियों ने यह सिद्ध कर दिया है कि समाज का विकास क्रमिक रूप से हुआ है। यह अचानक नहीं पैदा किया है। इसलिए, वर्तमान समय में ऐतिहासिक या विकासवादी सिद्धान्त सर्वमान्य है।

5. **सत्यता** (Truth)–उपर्युक्त आलोचनाओं के आधार पर संविदा सिद्धान्त बिल्कुल गलत नहीं कह सकते। इसका भी समाज की उत्पत्ति में हाथ है। संविदा सिद्धान्त बताता है कि समाज मनुष्य की इच्छा का प्रतिफल है। मनुष्य के प्रयत्न से ही समाज की उत्पत्ति हुई है। इसमें बहुत कुछ सत्यता का अंश है। जिसे कोई भी विद्वान अस्वीकार नहीं कर सकता। यही कारण है कि समाज की उत्पत्ति के सम्बन्ध में संविदा सिद्धान्त का भी अध्ययन किया जाता है।

3. पैतृक और मातृक सिद्धान्त (Patriarchal and Matriarchal Theory)

पैतृक और मातृक सिद्धान्त के अनुसार समाज न ईश्वर और न मनुष्य के द्वारा बना है। बल्कि, इसकी उत्पत्ति में परिवार का हाथ है।

पैतृक सिद्धान्त (Patriarchal Theory)

समाज की उत्पत्ति पिता से (Origin of Society by Father)

कुछ विद्वानों का मत है कि समाज की उत्पत्ति पिता की प्रधानता के कारण हुई। इसके समर्थक सर हेनरी मेन[1] हैं। उनका कथन है कि प्राचीनकाल में मनुष्य झुण्डों और गिरोहों में रहता था। स्त्रियाँ भी झुण्ड में ही रहा करती थी। उनका अलग सम्बन्ध पुरुष से नहीं था। एक गिरोह की स्त्रियाँ दूसरे गिरोह के साथ सम्पर्क स्थापित करती थी। प्रारम्भ में शादी की प्रथा नहीं थी। बाद में, जैसे-जैसे बुद्धि का विकास होता गया, पुरुष और स्त्री में शादी होने लगी और परिवार का निर्माण हुआ। परिवार से कुटुम्ब, गोत्र, जाति और गाँव का निर्माण हुआ। परिवार का वयोवृद्ध पुरुष ही सभी पर शासन करता था। सभी लोग उसी के आदेशानुसार काम करते थे। इस प्रकार, समाज बना और उसका प्रधान परिवार का सबसे वयोवृद्ध पिता हुआ।

आलोचनाएँ (Criticisms)

पितृ प्रधान सिद्धान्त की निम्नलिखित आलोचनाएँ भी की गई हैं।

1. **माता प्रधान, पिता नहीं** (Mother Dominated, Not Father)–मैकलेनान[2] का मत है कि प्राचीन समाज में पिता प्रधान नहीं होता था, बल्कि माता। बच्चा माताओं के पास रहा करता था। अतएव माताओं की ही प्रधानता समाज में रहती थी।

2. **माता स्वामिनी** (Mother Owneress)–पैतृक सिद्धान्त यह बताता है कि समाज का मुखिया पुरुष ही हुआ करता था। लेकिन, यह सत्य नहीं है। बहुत से ऐसे उदाहरण मिले हैं जिनमे माताएँ स्वामिनी पाई गई।

3. **सामाजिक विकास नहीं** (No Social Evolution)–अगर पैतृक सिद्धान्त को मान लिया जाए तो यह कहना पड़ेगा कि संसार के सभी स्थानों में एक प्रकार से सामाजिक विकास हुआ। लेकिन, ऐसी बात नहीं है।

4. **पैतृक सिद्धान्त समाज के क्रमिक विकास पर बल** (Patriarchal Theory Emphasizes on the Gradual Evolution of the Society)–वास्तव में, पैतृक सिद्धान्त समाज की उत्पत्ति पर प्रकाश नहीं डालता है, बल्कि उसके क्रमिक विकास पर। अतएव समाज की उत्पत्ति पैतृक सिद्धान्त से नहीं माना जा सकता।

---

1. Sir Henry Maine.
2. Maclenan.

मातृक सिद्धान्त
(Matriarchal Theory)

समाज की उत्पत्ति माता से (Origin of Society by Mother)

सर हेनरी मेन के मत का खण्डन करते हुए, मातृक सिद्धान्त के मत के मानने वाले विद्वानों का कथन है कि समाज की उत्पत्ति मातृ-प्रधानता से हुई है। मॉर्गन[1], मैकलेनान और जेंक्स[2] इसके प्रमुख प्रतिपादक हैं। उन लोगों का कहना है कि प्रारम्भ में पुरुष और स्त्रियाँ झुण्ड में रहा करती थीं। दोनों का सम्पर्क हुआ। आगे चलकर स्थायी विवाह की प्रथा चली। इस प्रकार, परिवार का निर्माण हुआ। इस परिवार में माताओं की प्रधानता थी। वे ही परिवार का संचालन करती थीं। परिवार बढ़ते-बढ़ते गोत्र, जाति और समाज का रूप लिया। जो मातृ प्रधान बन गया।

आलोचनाएँ (Criticisms)

जो दोष पितृ प्रधान सिद्धान्त में है, वही इसमें भी है।

1. **मातृ प्रधान समाज सभी जगह नहीं** (Mother Dominated Society, Not Everywhere)–समूची दुनिया में मातृ प्रधान समाज था, ऐसा कहना गलत होगा। पुरुष प्रधान समाज भी था।

2. **आज का परिवार और समाज पुरुष प्रधान** (Today's Family and Society Male Dominated)–आज का परिवार और समाज पुरुष प्रधान है। लेकिन, यह परिवर्तन किस प्रकार हुआ, यह कहा नहीं जा सकता है।

3. **स्त्रियाँ शारीरिक रूप से दुर्बल** (Women Physically Weak)–स्त्रियाँ शारीरिक रूप से दुर्बल होती हैं। मर्द पुरुषार्थी और शक्तिशाली होता है। अतएव वह स्त्रियों की गुलामी नहीं कर सकता है। वह उनकी छत्रछाया में नहीं रह सकता।

4. **समाज का विकास, उत्पत्ति नहीं** (Evolution of Society Not Origin)–वास्तव में, मातृ सिद्धान्त समाज के विकास में सहायक हो सकता है, उसकी उत्पत्ति का कारण नहीं बन सकता।

सत्यता (Truth)

परिवार के बिना समाज सम्भव नहीं (Society is not Possible Without Family)–यद्यपि समाज की उत्पत्ति पैतृक और मातृक सिद्धान्त से नहीं हुई है, फिर भी इसको बिल्कुल अस्वीकार भी नहीं किया जा सकता है। यह समाज के विकास पर प्रकाश डालता है। इसके साथ ही, यह बताता है कि बिना परिवार के समाज का होना सम्भव नहीं है। समाज की उत्पत्ति के पूर्व परिवार का अस्तित्व था। परिवार के बढ़ जाने पर ही समाज की उत्पत्ति या विकास हुआ। अतएव इस सत्यता को अस्वीकार नहीं किया जा सकता है कि परिवार की नींव पर ही समाज रूपी भवन टिका हुआ है।

4. ऐतिहासिक या विकासवादी सिद्धान्त
(Historical or Evolutionary Theory)

समाज का क्रमिक रूप से विकास हुआ है (Society has Developed Gradually)

ऐतिहासिक या विकासवादी सिद्धान्त उपर्युक्त सभी सिद्धान्तों का खण्डन करता है। इस सिद्धान्त के अनुसार समाज को न ईश्वर ने बनाया है और न मनुष्य ने। इसकी स्थिति एक रहस्मय है। यह सिद्धान्त समाज की उत्पत्ति पर प्रकाश नहीं डालता है, बल्कि उसके विकास पर। इस सिद्धान्त के मानने वालों का कहना है कि समाज की उत्पत्ति अचानक नहीं हुई है। बल्कि, यह क्रमिक रूप से विकसित हुआ है। समाज के विकास काल को निम्नलिखित चार भागों में बाँटा गया है–

---

1. Morgan
2. Jenks

1. आखेट युग,
2. पशुपालन युग,
3. कृषि युग, और
4. औद्योगिक युग।

1. आखेट युग (Hunting Period)

केवल शिकार करना (Only Hunting)

आखेट युग मनुष्य के प्रारम्भिक काल से सम्बन्धित है। आरम्भ में, वह जंगलों में रहा करता था। गुफा ही उसके आवास गृह होते थे। वह झुण्ड में रहा करता था। वह जंगलों में इधर-उधर मारा फिरता था। वह कन्द, मूल और फल खाकर अपना जीवन निर्वाह करता था। इसके साथ ही, वह पशुओं का शिकार कर उसके माँस का भक्षण करता था। लकड़ी और पत्थर ही उसके अस्त्र-शस्त्र हुआ करते थे। उन्हें जंगली जानवरों का भय सदा बना रहता था। इस कारण, वह गिरोह में रहता था। स्त्रियाँ भी गिरोह में ही रहती थीं। उनका पुरुषों के साथ आकस्मिक और अनिश्चित सम्पर्क होता था। वैवाहिक सम्बन्ध का प्रचलन नहीं था। उन लोगों में स्वच्छन्द यौन-सम्बन्ध हुआ करता था।

सभ्यता और संस्कृति का नामो-निशान नहीं था। कुछ सांकेतिक शब्द प्रचलित थे। पुरुष और स्त्रियाँ जंगलों में नंगे रहा करते थे। जिन्हें कुछ ज्ञान था, वे छाल या पत्तों से तन को ढँकते थे। आपस में कभी-कभी झगड़ा भी हुआ करता था। भूत, पिशाच, प्रेत, जादू-टोनों में उनका काफी अन्ध विश्वास था। वे वर्षा, आँधी, तूफान, बिजली आदि से डरते थे। यहाँ तक कि उनको वे देवता मानते थे। इस प्रकार, आखेट युग का जीवन बड़ा ही कष्टमय और भयावह था। लोगों को शारीरिक कष्ट काफी उठाना पड़ता था।

2. पशुपालन युग (Pastoral Period)

पशुपालना मुख्य काम था (Cattling was the Main Function)

आखेट युग मनुष्य के लिए बहुत ही कष्टकर साबित हुआ। कभी-कभी तो शिकार की खोज में घने जंगलों में लोगों को जाना पड़ता था। उस पर भी उन्हें शिकार हाथ नहीं लगता था। जिस कारण उन्हें भूखे रहना पड़ता था। उन्हें जानवरों की कमी का अनुभव हुआ। उनके मस्तिष्क में यह बात आयी कि जानवरों को मारने की अपेक्षा, उन्हें पाला जाए। इससे खाद्य समस्या की पूर्ति होगी। लोगों ने जानवरों को पालना शुरू किया। वे एक जगह से दूसरी जगह पर जानवरों के चारे की खोज में घूमने लगे। उन लोगों का जीवन खाना-बदोश या घुमक्कड़[1] का हो गया। उन्हें पशुओं से दूध, माँस, ऊन और अन्य वस्तुएँ प्राप्त होने लगी।

लोगों के अन्दर वैवाहिक सम्बन्ध स्थापित होने लगा। लोगों ने परिवार में रहना प्रारम्भ किया। फिर भी, उन लोगों का रहने का कोई स्थान निर्धारित नहीं हुआ। उन्हें अग्नि की जानकारी हुई। वे अब माँस को पकाकर खाने लगे। इसी प्रकार, समाज आगे की ओर बढ़ा। अनेक परिवारों, गोत्रों और जातियों का निर्माण हुआ।

3. कृषि युग (Agriculture Period)

कृषि मुख्य पेशा (Agriculture Main Profession)

पशुओं के चारे के लिए मनुष्यों को बहुत भटकना पड़ता था। साथ ही, मनुष्यों की संख्या में भी काफी वृद्धि होने लगी। इस कारण, एक स्थान से दूसरे स्थान जाना, लोगों को कष्टकर प्रतीत होने लगा। उन लोगों ने फलते-फूलते

1. Nomad

हुए पौधों को देखा और प्राकृतिक रहस्य को समझा। उन लोगों ने अनाज पैदा करने की विधि को जाना। कुछ लोगों ने औजारों का आविष्कार किया। इस प्रकार, जहाँ की भूमि उपजाऊ होती थी और जहाँ पर सिंचाई की सुविधा रहती थी, वहाँ पर लोगों ने बसाना प्रारम्भ किया। यही कारण है कि आरम्भ में मनुष्य ने नदियों के किनारे अपना निवास स्थान बनाया। मिस्त्र में नील नदी, मेसोपोटामिया में दजला-फुरात, चीन में ह्वागो नदी तथा भारत में गंगा-यमुना के किनारे लोगों ने अपना निवास स्थान बनाया। वे कृषि करने लगे। लोगों की जीविका का मुख्य साधन कृषि बना।

मनुष्य सभी आवश्यकताओं की पूर्ति स्वयं नहीं कर सकता था। अतएव उनको दूसरों की मदद लेनी पड़ी। उनको हल करने के लिए बढ़ई, फार के लिए लुहार तथा आवास-गृह के लिए राजमिस्त्री की आवश्यकता पड़ी। समाज में श्रम-विभाजन का सिद्धान्त प्रचलित हो गया। इसके अतिरिक्त, चार वर्णों की उत्पत्ति हुई। ब्राह्मण, क्षत्रिय, वैश्य और शूद्र मुख्य थे। शत्रुओं से सामना के लिए क्षत्रिय की आवश्यकता हुई। बहुत से लोगों के एक स्थान पर निवास करने से गाँव की उत्पत्ति हुई। आगे चलकर यह नगर और राज्य का रूप लिया। वस्त्रों का आविष्कार हुआ। रंग-बिरंगे कपड़े बनने लगे। इसके साथ ही, अनेक कलाओं और वस्तुओं का भी जन्म हुआ। जिससे बाजार की प्रथा चालू हुई। लोग आपस की वस्तुओं को विनिमय करने लगे। इस तरह मनुष्य का सम्बन्ध बढ़ता गया। उसकी सभ्यता और संस्कृति फलती-फूलती अग्रसर हुई।

4. औद्योगिक युग
(Industrial Period)

कृषियुग में ही मानव की आवश्यकताएँ काफी बढ़ गई थी। व्यापार का प्रचलन हुआ। आगे चलकर वाष्प इंजन, जहाज, स्टीम और बड़ी-बड़ी मशीनों का आविष्कार हुआ। जिसके कारण बड़े-बड़े कारखाने स्थापित किए गए। सतरहवीं और अठारहवीं सदी में यूरोप में औद्योगिक क्रान्ति हुई। वायुयान, मोटर, रेल, ट्राम, वायरलेस, टेलीफोन, रेडियो, टेलीविजन आदि के आविष्कार से दुनिया सिमट गई। विश्व में एक बहुत बड़ा परिवर्तन हुआ।

बड़े-बड़े कारखानों के लिए कच्चा माल काफी मात्रा में चाहिए था। इसके लिए उपनिवेश का जन्म हुआ। उत्पादित वस्तुओं की खपत के लिए बाजार चाहिए था, जिससे साम्राज्यवाद की नींव पड़ी। कृषि युग का सामन्तशाही अब पूँजीवाद में परिवर्तित हो गया। इस प्रकार, समाज का क्षेत्र बढ़ा। सम्पूर्ण मानव समाज इसके अन्दर आ गया। आबादी गाँवों से शहरों की ओर बड़ी तेजी के साथ बढ़ने लगी। अन्ततः, परिवार, गोत्र, जाति, गाँव, नगर, राज्य, राष्ट्र और अन्तर्राष्ट्रीय देशों का जन्म हुआ।

उपर्युक्त कथन से यह नहीं समझना चाहिए कि समाज का विकास रूक गया। समाज निरन्तर परिवर्तनशील है। अब तो इसके विकास के एक युग को और भी बढ़ा सकते हैं। वह है आणविक युग।

आणविक युग
(Atomic Age)

अणु का मानव पर प्रभाव (Effect of Atom on Man)

वर्तमान समाज में विज्ञान इतना विकसित हो चुका है कि चाँद पर मनुष्य जाकर जीवित लौट आया है। वैज्ञानिकों को ऐसी आशा है कि शीघ्र ही चाँद, मंगल और अन्य ग्रहों पर मनुष्य अपना निवास स्थान बनाएगा। पृथ्वी की सारी सुविधायें नक्षत्रलोक में प्रदान की जाएगी। बड़ी-बड़ी मशीनों का संचालन अणु से किया जा रहा है। कुछ वैज्ञानिक इसे स्पेसयुग[1] भी कहते हैं। मानव का कल्याण और विनाश अब अणु में आकर ही केन्द्रित हो गई है। अतएव

1. Space Age

वर्तमान युग को आणविक युग कहा जाए तो कोई अतिशयोक्ति नहीं होगी। अर्थात् अब समाज पृथ्वी तक ही सीमित नहीं रहा, बल्कि यह नक्षत्र लोक, चन्द्रलोक और मंगल लोक तक पहुँच चुका है। भविष्य में यह और भी उन्नति करेगा।

सत्यता (Truth)

विकासवादी सिद्धान्त लोगों को क्यों माना है? इसका मुख्य कारण यह है कि इसमें सत्य का अंश अधिक है। इसके अनुसार समाज का विकास किसी एक कारग से नहीं हुआ, बल्कि इसके विकास में परिवार, वंश, भाषा, रक्त, जीविका आदि सभी तत्वों का हाथ रहा है। इसके अतिरिक्त, समाज एक स्वभाविक संस्था है। इसका विकास अचानक न होकर, क्रमिक रूप से हुआ है। विकासवादी सिद्धान्त वैज्ञानिक अनुसन्धानों पर आधारित है। यह न तो दूसरे सिद्धान्त की तहर काल्पनिक, अनैतिहासिक, असांविधानिक और अतार्किक है। इसकी नींव गहरे में पैठी हुई है।

निष्कर्ष–उपर्युक्त तथ्यों से यह स्पष्ट है कि विकासवादी सिद्धान्त ही समाज की उत्पत्ति या विकास का सच्चा सिद्धान्त है। आज के समाजशास्त्री और वैज्ञानिक इस सिद्धान्त को एकमत और एक स्वर से स्वीकार करते हैं।

व्यक्ति और समाज में सम्बन्ध
(Relationship between Individual and Society)

मनुष्य एक सामाजिक प्राणी है। यह चिरसत्य है। अब प्रश्न यह उठता है कि व्यक्ति और समाज में किस प्रकार का सम्बन्ध है? क्या व्यक्ति साध्य और समाज साधन है? या समाज साध्य और व्यक्ति साधन है? यह एक विवादास्पद विषय है। इसके सम्बन्ध में निम्नलिखित सिद्धान्त प्रतिपादित किए गए हैं:

1. आदर्शवादी सिद्धान्त,
2. व्यक्तिवादी सिद्धान्त,
3. आंगिक या सावयव सिद्धान्त, और
4. समाजवादी सिद्धान्त।

1. आदर्शवादी सिद्धान्त

प्लेटो, रूसो, हीगल, ब्रैडले, बोसाँके और ग्रीन मुख्य प्रवर्तक (Plato, Rousseau, Hegel, Bradley, Bosanquet and Green Main Propounders)

आदर्शवादी सिद्धान्त अति प्राचीन है। सर्वप्रथम प्लेटो ने आदर्शवादी समाज की कल्पना की थी। उसने बताया कि समाज उच्च है और व्यक्ति गौण। समाज साध्य है और व्यक्ति साधन। समाज के कल्याण में ही व्यक्ति का कल्याण है। अतएव व्यक्ति को समाज के लिए अपने आपको समर्पित कर देना चाहिए। आगे चलकर रूसो, हीगल, ब्रैडले, बोसाँके और ग्रीन ने इस सिद्धान्त का अनुसरण किया।

समाज साध्य है और व्यक्ति साधन (Society End: Individual Means)

आदर्शवादी सिद्धान्त समाज को आदर्श मानता है। इसके अनुसार समाज ही सब कुछ है। हीगल ने तो समाज का उद्देश्य व्यक्ति के उद्देश्य से भिन्न और उच्च बताया है। व्यक्ति गलती कर सकता है लेकिन, समाज नहीं। पृथ्वी के ऊपर एक विश्वात्मा[1] है जो सम्पूर्ण जगत में व्याप्त है। इसके ऊपर कोई वस्तु नहीं है। अतएव व्यक्ति को इस विश्वात्मा में मिल जाना चाहिए। इसी में उसकी भलाई निहित है। समाज आदर्श है। यह सर्वोच्च है। इसीलिए इसे आदर्शवादी सिद्धान्त कहते हैं।

---

1. World Spirit.

आलोचनाएँ (Criticisms)

आदर्शवादी सिद्धान्त व्यक्ति और समाज का सही सम्बन्ध का चित्रण नहीं करता है। इसके अन्तर्गत निम्नांकित दोष हैं:

(i) **आदर्शवाद पर अधिक जोर** (Much Emphasis on Idealism)–आदर्शवादी सिद्धान्त के अन्तर्गत आदर्श पर अधिक जोर दिया गया है। समाज की वास्तविकता से इसका सम्बन्ध नहीं है। अतएव व्यक्ति और समाज का सम्बन्ध भी सही नहीं है।

(ii) **व्यक्ति गौण** (Individual Secondary)–इसमें व्यक्ति का स्थान गौण है। वह निष्क्रिय-सा मालूम पड़ता है। उसके अस्तित्व का कोई महत्व नहीं रहता है।

(iii) **एकपक्षीय** (Onesided)–आदर्शवादी सिद्धान्त एकपक्षीय है। यह समाज को ही सब कुछ मानता है। यह व्यक्ति के व्यक्तित्व का मूल्यांकन नहीं करता है।

(iv) **आदर्श नागरिक का उल्लेख नहीं** (No Mention of Ideal Citizen)–समाज का आदर्श रूप आदर्श नागरिक के द्वारा ही स्थापित किया जा सकता है। आदर्शवादी सिद्धान्त में जिसका कोई उल्लेख नहीं किया गया है।

(v) **व्यवहारिक नहीं** (Not Practical)–यद्यपि आदर्शवादी सिद्धान्त एक आदर्श और अनुकरणीय है। किन्तु, इसका पूर्ण रूप से व्यवहारिक रूप नहीं दिया जा सकता है।

उपर्युक्त दोषों के कारण ही आदर्शवादी सिद्धान्त को सही नहीं माना जा सकता है।

2. व्यक्तिवादी सिद्धान्त (Individual Theory)

सोफिस्ट, स्टोइक, हॉब्स, लॉक, रूसो, बेन्थम, मिल और स्पेन्सर मुख्य प्रतिपादक (Sophist, Stoic, Hobbes, Locke, Rousseau, Bentham, Mill and Spencer Main Propounders)

समाज में व्यक्तिवादी दृष्टिकोण अतिप्राचीन है। सर्वप्रथम, सोफिस्ट और स्टोइक ने व्यक्ति को समाज से स्वतन्त्र बताया। आगे चलकर हॉब्स, लॉक और रूसो ने सामाजिक समझौते के सिद्धान्त को प्रतिपादित किया। उन लोगों के अनुसार समाज की उत्पत्ति एक समझौते के द्वारा हुई है। अतएव मनुष्य ने समाज की रचना की है। यही कारण है कि व्यक्तिवादी सिद्धान्त को सामाजिक समझौते का सिद्धान्त भी कहते हैं। तत्पश्चात्, बेन्थम और मिल ने व्यक्तिवादी सिद्धान्त को उपयोगितावाद के रंग में रंगा। हर्बर्ट स्पेन्सर ने व्यक्ति की प्रधानता को विकासवाद के आधार पर सिद्ध किया है।

व्यक्ति श्रेष्ठ : समाज गौण (Individual Supreme : Society Secondary)

उपर्युक्त कथन से यह सिद्ध है कि इसमें व्यक्ति को प्रथम स्थान दिया गया है। व्यक्ति को साध्य और समाज को साधन माना गया है। व्यक्ति ने स्वयं अपनी सुविधा के लिए समाज का निर्माण किया है। इसलिए समाज एक कृत्रिम संस्था है। अगर समाज व्यक्ति के व्यक्तित्व के विकास में बाधक सिद्ध होता है तो उसे यह अधिकार है कि वह समाज को भंग कर दे। एडम स्मिथ और रिकार्डो ने भी व्यक्तिवाद का जोरदार समर्थन किया है। अतएव व्यक्ति पर ही समाज आधारित है। जैसा व्यक्ति होगा वैसा ही समाज।

आलोचनाएँ (Criticisms)

व्यक्तिवादी सिद्धान्त भी पूर्णतः सही नहीं है। इसमें निम्नलिखित दोष हैं–

(i) **समाज स्वभाविक है** (Society is Natural)–व्यक्तिवादियों का यह तर्क कि समाज कृत्रिम है और व्यक्तियों ने सामाजिक समझौते के द्वारा समाज की रचना की है। इस धारणा को कोई मान नहीं सकता। चूँकि, समाज

एक स्वभाविक संस्था है। बच्चा समाज में ही जन्म लेता है। उसके अभाव में, वह अपने जीवन की भी रक्षा नहीं कर सकता है।

(ii) **एकपक्षीय तर्क** (Onesided Logic)–यह तर्क देना कि समाज व्यक्ति पर आधारित है। व्यक्ति समाज के बिना भी रह सकता है, गलत है। समाज और व्यक्ति दोनों एक-दूसरे पर निर्भर हैं। अतएव केवल समाज को व्यक्ति पर निर्भर बताना, एक पक्षीय तर्क देना है।

(iii) **मनुष्य केवल स्वार्थी नहीं** (Man is not only Selfish)–व्यक्तिवादी सिद्धान्त के लोगों का कहना है कि मनुष्य ने अपने स्वार्थ की पूर्ति के लिए समाज की रचना की है। वास्तव में, व्यक्ति स्वार्थी के साथ, परमार्थी भी है। स्वार्थ और परमार्थ के सामंजस्य से ही जीवन और समाज चलता है। अतएव मनुष्य केवल स्वार्थी नहीं है, बल्कि परमार्थी भी है।

(iv) **उत्तरदायित्व नहीं** (No Responsibility)–व्यक्ति को यह बताना कि वह समाज के प्रति उत्तरदायी नहीं है। यह गलत धारणा है। समाज का उत्तरदायित्व उसके कन्धों पर था, है और रहेगा। इसके साथ ही, समाज का भी उत्तरदायित्व व्यक्ति के प्रति है।

उपर्युक्त दोषों के कारण ही, व्यक्तिवादी सिद्धान्त को भी व्यक्ति और समाज का सच्चा सम्बन्ध का सिद्धान्त नहीं कहा जा सकता है।

3. आंगिक सिद्धान्त
(Organic Theory)

प्लेटो, सिसरो, मार्सिलियो और स्पेन्सर मुख्य प्रतिपादक (Plato, Cicero, Marsilio and Spencer Main Propounders)

कुछ लेखक आंगिक सिद्धान्त को आदर्शवादी सिद्धान्त के साथ वर्णन करते हैं। लेकिन, उनका यह विचार गलत है। यद्यपि दोनों में काफी समानता है, फिर भी दोनों सिद्धान्त पृथक हैं। आंगिक सिद्धान्त के मुख्य प्रतिपादक हैं–प्लेटो, सिसरो, मार्सिलियो और स्पेन्सर।

इस मत के मानने वाले समाज को एक जीवधारी शरीर मानते हैं। शरीर में बहुत से अंग होते हैं, जैसे–आँख, नाक, कान, मुँह, हाथ, पैर आदि। वे व्यक्तियों को अंग मानते हैं। इस प्रकार, समाज एक जीवधारी है और व्यक्ति उसके अंग। जिस प्रकार, सभी अंग शरीर पर निर्भर हैं, उसी प्रकार व्यक्ति भी समाज पर निर्भर हैं। शरीर से पृथक अंगों का कोई अस्तित्व नहीं। व्यक्ति का भी समाज से पृथक कोई अस्तित्व नहीं। अतएव व्यक्ति समाज पर निर्भर है।

समानता (Similarity)

दोनों में निम्नलिखित समानताएँ बतायी जाती हैं–

(i) जिस प्रकार शरीर की रचना विभिन्न प्रकार के अंगों जैसे–आँख, नाक, कान, मुँह, हाथ, पैर आदि के मिलने से होता है। उसी प्रकार समाज का संगठन विभिन्न व्यक्तियों के मिलने से होता है।

(ii) दोनों का विकास जीवाणु से होता है। प्रारम्भ में उसका स्वरूप सरल होता है, लेकिन आगे चलकर जटिल हो जाता है।

(iii) शरीर अपने अंगों पर और समाज अपने व्यक्तियों पर निर्भर है।

(iv) हर्बर्ट स्पेन्सर ने कहा है कि जिस प्रकार शरीर में पेट, आँत और रक्त का संचार होता है, उसी प्रकार समाज में कृषि, व्यापार और यातायात है।

इस प्रकार, दोनों में काफी समानता है। अतएव आंगिक समानता के कारण ही इसे आंगिक सिद्धान्त कहते हैं।

आलोचनाएँ (Criticisms)

आंगिक सिद्धान्त भी व्यक्ति और समाज के सम्बन्ध को ठीक रूप से नहीं बताया है। इसकी मान्यताएँ ही गलत हैं।

(i) **मेकाइवर** (MacIver)–मेकाइवर ने आंगिक सिद्धान्त को भ्रान्तिपूर्ण बताया है। क्योंकि, यह सादृश्य को सामान्य मान लेता है।[1]

(ii) **चेतना** (Consciousness)–शरीर में चेतना का केन्द्र स्थल केवल मस्तिष्क में होता है। लेकिन, समाज में चेतना का एक केन्द्र स्थल नहीं होता है। बल्कि जितने व्यक्ति हैं उतने ही चेतना के केन्द्र हैं।

(iii) **व्यक्ति का पृथक् अस्तित्व** (Separate Existence of the Individual)–शरीर के विभिन्न अंगों, जैसे–आँख, नाक, कान, मुँह, आदि का पृथक् कोई अस्तित्व नहीं। उनकी अपनी कोई इच्छा या सोचने की शक्ति नहीं होती। लेकिन, व्यक्ति का अस्तित्व समाज से भी परे रहता है, जैसे–रॉबिन्सन क्रूसो। उसमें सोचने और विचारने की अपनी शक्ति होती है।

(iv) **विकास** (Development)–शरीर का विकास आन्तरिक और प्राकृतिक कारणों से होता है। लेकिन, समाज का विकास बाहरी वातावरण पर निर्भर करता है।

(v) **समाज स्थायी** (Society Permanent)–शरीर अस्थायी है। प्राण के निकलने पर इनकी मृत्यु हो जाती है। इसके विपरीत, समाज एक स्थायी संस्था है। व्यक्ति के निकलने पर इसकी मृत्यु नहीं होती।

(vi) **हर्बर्ट स्पेन्सर**–हर्बर्ट स्पेन्सर ने आंगिक सिद्धान्त को त्यागने की सलाह दी है। उनका कहना है कि यह अपूर्ण है। इससे जितना लाभ है उतनी हानि भी। अतएव, आंगिक सिद्धान्त को भी नहीं माना जा सकता है।

(vii) **जेलीनेक** (Jellinek)–जेलीनेक न आंगिक सिद्धांत को त्यागने की सलाह दी है। उनका कहना है कि यह अपूर्ण है। इससे जितना लाभ है उतनी हानि भी। अतएव, आंगिक सिद्धांत को भी नहीं माना जा सकता है।

4. समाजवादी सिद्धान्त
(Socialist Theory)

कार्ल मार्क्स मुख्य प्रणेता (Karl Marx Main Exponent)–समाजवादी सिद्धान्त प्राचीन होते हुए भी यह एक नवीन सिद्धान्त है। इसे पूँजीवाद का प्रतिफल बताते हैं। आधुनिक काल में समाजवाद के अनेक रूप हैं, जैसे– साम्यवाद, समष्टिवाद, फेबियनवाद, संशोधनवाद, संघवाद, श्रेणी समाजवादी आदि।

यहाँ पर समाजवाद की व्याख्या समष्टिवाद के आधार पर की जा रही है।

व्यक्ति का हित समाज में निहित (Individual's Interest Involved in Society)

समाजवादी सिद्धान्त में समाज को उच्च स्थान दिया जाता है, लेकिन व्यक्ति का स्थान बिल्कुल गौण नहीं समझा जाता है। उसकी स्वतन्त्रता पर कोई आँच नहीं आती है। वस्तुतः, समाज के हित में ही व्यक्ति का हित निहित है। व्यक्ति समाज से पृथक रहकर विकास नहीं कर सकता है। वह समाज में ही रहकर अपना सामाजिक, आर्थिक, बौद्धिक, नैतिक और राजनीतिक गुणों का विकास करता है। समाज के सुखी पर व्यक्ति का सुखी होना निर्भर करता है।

अन्तर (Difference)–कुछ विद्वान समाजवाद और आदर्शवाद को एक ही सिद्धान्त मान लेते हैं। उन लोगों का यह विचार गलत है। यद्यपि दोनों समाज पर अधिक जोर देते हैं, फिर भी उनमें कुछ अन्तर है।

---

1. "This view (Organic theory) is untenable...principally because it confuses the Like with the Common." —MacIver

(i) **आदर्शः वास्तविकता** (Ideal: Reality)–आदर्श समाज के आदर्श रूप पर जोर देता है जबकि समाजवाद उसके वास्तविक रूप पर।

(ii) **न्यौछावर** (Sacrifice)–आदर्शवाद व्यक्ति को समाज पर बिल्कुल न्यौछावर करने को कहता है, लेकिन समाजवाद ऐसा नहीं कहता। वह व्यक्ति की स्वतन्त्रता और मौलिकता को बनाए रखने के पक्ष में है।

अतएव आदर्शवादी और समाजवादी सिद्धान्त में मौलिक अन्तर है।

आलोचनाएँ (Criticisms)–समाजवादी सिद्धान्त के कुछ दोष भी हैं–

(i) **समाज सर्वोच्च** (Society Supreme)–समाजवादी सिद्धान्त भी आदर्शवादी सिद्धान्त की तरह समाज को सर्वोच्च मानता है। उसकी महत्ता पर जोर देता है। ऐसी स्थिति में, व्यक्ति का स्थान गौण हो जाता है।

(ii) **व्यक्ति और समाज का हित समान नहीं** (Individual and Society's Interest Not the Same)–व्यक्ति और समाज का हित हमेशा समान नहीं हो सकता है। अतएव यह मानना कि समाज के हित में व्यक्ति का भी हित है। यह गलत दिखाई पड़ता है। कभी-कभी तो व्यक्ति का सर्वस्व समाज के हित के लिए लूटा जाता है।

(iii) **समाज से मोह** (Attraction Towards Society)–समाजवादी सिद्धान्त को अधिक मोह समाज से है। व्यक्ति तो उसके सामने कुछ भी नहीं। व्यक्ति एक चेतनशील प्राणी है। अतएव उसकी उपेक्षा करना ठीक नहीं।

(iv) **व्यवहारिक अस्थायी रूप से** (Practical Temporarily)–समाजवादी सिद्धान्त कुछ दिनों के लिए व्यवहारिक रूप भले ही ले, लेकिन स्थायी रूप से नहीं ले सकता। क्योंकि, व्यक्ति तन, मन, धन और आत्मा से भिन्न होता है। उसमें एकरूपता आना कठिन है।

उपर्युक्त कथन से स्पष्ट है कि आदर्शवादी, व्यक्तिवादी, आंगिक एवं सामाजिक सिद्धान्त–इनमें कोई भी व्यक्ति और समाज के सम्बन्ध को सही रूप से नहीं बताते हैं। गुण के साथ उनमें दुर्गुण भी काफी है।

अतएव, निम्न प्रकार से व्यक्ति और समाज के सही सम्बन्ध को दिखा सकते हैं।

व्यक्ति और समाज का उचित सम्बन्ध (Proper Relationship between Individual and Society)

व्यक्ति और समाज का उचित सम्बन्ध क्या है? यह समझना बहुत आवश्यक है। समाज को व्यक्ति पर आश्रित और व्यक्ति को समाज पर आश्रित बताया गया है।

समाज कृत्रिम और स्वभाविक दोनों है (Society is Both Artificial and Natural)

समाज कृत्रिम है (Society is Artificial)–समाज को कृत्रिम और स्वभाविक दोनों माना गया है। सर्वप्रथम, यह देखें कि यह कृत्रिम कैसे हैं? समाज व्यक्तियों के मेल से बना है। अर्थात् बिना व्यक्ति के समाज की कल्पना नहीं की जा सकती है। व्यक्ति ही समाज को सदा नयी रोशनी देता रहता है। ईसामसीह, इस्लाम, बुद्धदेव, महावीर, नानक, रामकृष्ण परमहंस, विवेकानन्द और महात्मा गाँधी ने समाज को एक दूसरे साँचे में ढाल दिया। समाज का अस्तित्व व्यक्ति पर निर्भर करता है। व्यक्ति के अनुसार यह बदलता रहता है। इन्हीं करणों से समाज को मनुष्यकृत कहा जाता है। मनुष्य ने अपनी सुविधा के लिए इसे बनाया है। अतएव समाज कृत्रिम है।

समाज स्वभाविक है (Society is Natural)–उपर्युक्त विवरण से यह नहीं समझ लेना चाहिए कि समाज सचमुच में ही कृत्रिम है। यह तो अध्ययन का एक पक्ष हुआ।

बेनी प्रसाद ने कहा है, व्यक्ति एक ही साथ समाज का निर्माता और उपज भी है।[1]

---

1. "Individual is a Social factor and a Social product at the sametime."—Beni Prasad

इस कथन से यह स्पष्ट है कि समाज कृत्रिम होने के साथ ही स्वभाविक भी है। मनुष्य का स्वभाव ही सामाजिक है। वह समाज में जन्म लेता है, बढ़ता है और मृत्यु को प्राप्त करता है। समाज के बिना उसका जीवन सम्भव नहीं है। प्रेम, दया, सहानुभूति, परोपकारिता और सहयोग की भावना–वह समाज के अन्दर ही सीखता है। समाज के बिना उसके व्यक्तित्व का विकास नहीं हो सकता है। अतएव ऊपर के कथन से यह सत्य है कि समाज कृत्रिम और स्वभाविक दोनों हैं।

समाज साध्य एवं साधन दोनों है (Society is an End as well as Means)

समाज साध्य है (Society is an End)–अब यह देखना है कि समाज साध्य एवं साधन किस प्रकार है? समाज साध्य है। चूँकि, व्यक्ति समाज के लिए है। समाज के कल्याण में ही व्यक्ति का कल्याण है। व्यक्ति की उन्नति समाज की उन्नति पर निर्भर करती है। सभ्य, सुसंस्कृत और शिक्षित समाज में सभ्य, सुशील, भद्र एवं शिक्षित व्यक्ति होंगे। खराब समाज में चोर, डकैत, बदमाश और दुष्ट व्यक्ति होंगे। अतएव यथा समाज तथा व्यक्ति। व्यक्ति का विश्वास समाज के विकास पर निर्भर करता है। इसलिए समाज के उत्थान के लिए व्यक्ति को सर्वस्व न्यौछावर कर देना चाहिए। जब समाज उन्नति करेगा तो यह मानी हुई बात है कि व्यक्ति भी उन्नति करेगा। व्यक्ति का लक्ष्य होना चाहिए–समाज को संगठित करना तथा मनुष्यों, पड़ोसियों, दीन-दुखियों एवं मूर्खों की सेवा करना। इसी में व्यक्ति का कल्याण है। इस प्रकार, इस दृष्टिकोण से समाज साध्य है।

समाज साधन भी है (Society is Also Means)–समाज साध्य है। लेकिन, इसके साथ ही वह एक साधन भी है। व्यक्ति के व्यक्तित्व के विकास के लिए समाज सारी सुविधाएँ प्रदान करता है। विवेक, विज्ञान, कला, धर्म, साहित्य आदि का ज्ञान समाज में ही सम्भव है। वेद, पुराण, उपनिषद्, महाभारत, रामायण, कुरान शरीफ, हदीस, मनुस्मृति आदि का अमूल्य ज्ञान समाज संजोए हुए रखता है। अगर ये सब ज्ञान सुरक्षित नहीं रहे, तो बार-बार मनुष्य को इन ज्ञानों का आविष्कार करना होगा। मानसिक तृप्ति के साथ, समाज शारीरिक तृप्ति जैसे–भोजन, वस्त्र, आवास और दाम्पत्य-जीवन का भी प्रबन्ध करता है। शत्रुओं, खराब मौसम, चोरों आदि से भी व्यक्ति को समाज रक्षा करता है।

समाज धन, विद्या, बुद्धि, ज्ञान, सभ्यता और संस्कृति का धरोहर है। बेनी प्रसाद ने तो यहाँ तक कहा है, समाज मनुष्यों के चारों ओर है और समाज उसके अन्दर है।[1]

अतएव, यह सिद्ध है कि समाज में ही व्यक्ति का विकास सम्भव है। निःसन्देह समाज व्यक्ति के लिए एक साधन है। जिसकी मदद से वह अपने जीवन को सफल, उन्नत और सुखी बना सकता है।

समाज और व्यक्ति में अन्योन्याश्रय सम्बन्ध है (Society and Individual are Interdependent)

समाज और व्यक्ति एक दूसरे के पूरक हैं (Society and Individual both are Complementary to each other)–वस्तुतः, समाज और व्यक्ति में कोई विरोधाभास नहीं है। इस सम्बन्ध में मेकाइवर ने कहा है, व्यक्ति और समाज का सम्बन्ध एक पक्षीय नहीं है। एक दूसरे के परिचय के लिए दोनों ही अनिवार्य है।[2] अर्थात् बिना व्यक्ति के समाज का ज्ञान नहीं हो सकता और बिना समाज के व्यक्ति का नहीं। दोनों का रहना अनिवार्य है। जिस प्रकार, कारीगर और सूत तथा राज और ईंट-चूना-वस्त्र एवं भवन निर्माण के लिए आवश्यक है। दोनों में से एक के अभाव में वस्त्र एवं भवन निर्माण नहीं हो सकता है। उसी प्रकार, बिना व्यक्ति के समाज का और बिना समाज के व्यक्ति की कल्पना नहीं की जा सकती है। अर्थात् दोनों का रहना अति आवश्यक है। इससे यह विदित होता है कि व्यक्ति और समाज में

1. "Society is around him and Society is within him."—Beni Prasad
2. "The relationship between individual and Society is not one-sided, both are essential for the comprehension of either."—MacIver

अन्योन्याश्रय का सम्बन्ध है। दोनों एक दूसरे के पूरक हैं। दोनों एक ही सिक्के के दो पहलू, एक ही कैंची की दो धार, एक ही नदी के दो किनारे, एक ही पथ के दो राही तथा एक ही डाल के दो पंछी हैं।

समाज और अन्य संगठन
(Society and Other Organisations)

समाज के साथ कुछ अन्य संगठनों पर विचार कर लेना आवश्यक है, ताकि समाज के समझने में कोई कठिनाई नहीं हो। अधिकांश लोग जाति, संघ, संस्था, राज्य और सरकार को समाज के ही अर्थ में लगाते हैं, जो उनकी भूल है। यहाँ अन्य संगठनों पर विस्तारपूर्वक विचार करें।

समाज और संघ
(Society and Association)

संघ की परिभाषा (Definition of Association)–मनुष्य के ऐसे संगठन को संघ कहा जाता है जो किसी समान उद्देश्य की प्राप्ति के लिए संगठित किया गया हो।

मेकाइवर ने संघ की परिभाषा निम्न शब्दों में दी है, किसी एक या अनेक स्वार्थों को पूर्ण करने के लिए दूसरों के सहयोग के साथ सोच-विचार कर जो संगठन बनाया जाता है, उसे संघ कहते हैं।[1]

जिन्सबर्ग के अनुसार, किसी निश्चित उद्देश्यों की पूर्ति के लिए जब कुछ सामाजिक प्राणी एक-दूसरे के साथ मिलकर एक संगठन की रचना करते हैं तो उसे संघ कहा जाता है।[2]

जी॰डी॰एच॰ कोल के शब्दों में, संघ व्यक्तियों के समूह को कहते हैं, जो निश्चित नियमों के अनुसार परस्पर सहयोग द्वारा समान उद्देश्यों की प्राप्ति करे।

उपर्युक्त परिभाषाओं के विश्लेषण करने से यह पता चलता है कि संघ के लिए तीन तत्व आवश्यक हैं।

(i) बहुत से मनुष्यों की सदस्यता,
(ii) एक समान उद्देश्य, और
(iii) संगठन।

बहुत-से लोग संघ और समाज में अन्तर न समझकर, संघ को समाज के नाम से पुकारते हैं, जैसे–आर्थिक समाज, राजनीतिक समाज, विवाद समाज आदि। यह नामकरण गलत है।

समाज और संघ में अन्तर (Difference between Society and Association)

समाज और संघ में कुछ मौलिक अन्तर हैं–

(i) **उद्देश्य** (Object)–समाज का उद्देश्य व्यापक होता है। लेकिन, संघ का एक निश्चित और संकुचित उद्देश्य होता है।

(ii) **संघ समाज का एक अंग** (Association on Organ of the Society)–संघ समाज का एक अंग है। लेकिन, समाज के अन्दर अनेक संघ होते हैं।

(iii) **समाज की सदस्यता अनिवार्य** (Membership of the Society Compulsory)–समाज की सदस्यता अनिवार्य है। लेकिन, संघ की सदस्यता अनिवार्य नहीं है।

---

1. "Any organisation deliberately formed for the collective pursuit of some interest or set of interests of which the members of it share, is termed as association."—MacIver
2. "A group of Social beings related to one another by the fact that they possess or have instituted in common organisation with a view to securing a specific end or specific ends."—Ginsburg

(iv) **समाज स्थायी** (Society Permanent)–समाज स्थायी है। लेकिन, संघ अस्थायी है। इसके उद्देश्य की पूर्ति होते ही, इसे भंग कर दिया जाता है।

(v) **समाज की सदस्यता स्थायी** (Membership of the Society Permanent)–किसी भी सदस्य को संघ से निकाला जा सकता है। लेकिन, समाज की सदस्यता से किसी को भी वंचित नहीं किया जा सकता है।

(vi) **समाज में विभिन्न विचार** (Different Thoughts in Society)–समाज के अन्दर विभिन्न आचार-विचार और उद्देश्यों के मनुष्य रहते हैं। लेकिन, संघ में केवल एक ही विचार और उद्देश्य के लोग रहते हैं।

समाज और संस्था
(Society and Institution)

संस्था समाज के कुछ ऐसे मान्य आचरण, विचार या परम्परा को कहते हैं, जिसके पीछे कानूनी सत्ता नहीं रहती है, लेकिन जिसे सामाजिक रीति-रिवाजों की सत्ता प्राप्त है।

संस्था की परिभाषा (Definition of Institution)

जी॰डी॰एच॰ कोल ने संस्था शब्द का प्रयोग दो अर्थ में किया है।

प्रथम, एक तो उस प्रकार के सामाजिक नियम और आचरण को संस्था कहा जाता है जो समाज द्वारा मान्य होता है तथा जिसके पीछे कानून का नहीं, बल्कि रीति-रिवाज की सत्ता रहती है। इसमें विवाह पद्धति, संयुक्त परिवार प्रणाली आदि आती हैं।

द्वितीय, संस्था का प्रयोग संघ के स्थान पर भी किया जाता है। इसका मूर्त रूप होता है। ऐसा इसलिए कि उस संघ में संस्था की ही अभिव्यक्ति प्रधानतः देखी जाती है। इसमें राज्य, कॉलेज, सरकार आदि आते हैं।

एल॰टी॰ हॉबहाउस के अनुसार, संस्था एक स्वीकृत रीति अथवा आचरण है जो सामाजिक जीवन के यंत्र का एक भाग है।

मेकाइवर के शब्दों में, सामूहिक कार्य-कलापों के सम्पादन के तरीके या स्वरूपों को ही संस्था कहा जाता है।[1]

जिन्सबर्ग के अनुसार, व्यक्तियों एवं समूहों के सम्बन्धों को निश्चित करने वाले स्वीकृत और स्थापित प्रचलन ही संस्थाएँ हैं।[2]

उपर्युक्त परिभाषाओं के आधार पर संक्षेप में, संस्था रीति-रिवाज को कहा जाता है।

समाज और संस्था में अन्तर (Dfference between Society and Institution)

(i) **उद्देश्य** (Object)–समाज का उद्देश्य व्यापक होता है। लेकिन, संस्था अपने सीमित क्षेत्र के अन्दर लोगों पर नियन्त्रण करती है।

(ii) **व्यक्तियों का समूहः रीति-रिवाज** (Group of Individuals: Customs)–समाज से व्यक्तियों के समूह का बोध होता है। लेकिन, संस्था से रीति-रिवाज या सामाजिक व्यवस्था का बोध होता है। जो समाज के लोगों के जीवन को नियन्त्रित करता रहता है।

समाज और जाति
(Society and Caste)

अँग्रेजी के कम्युनिटी (Community) शब्द का हिन्दी अनुवाद–जाति, सम्प्रदाय और समुदाय आदि किया गया है। जिसमें जाति शब्द अधिक उपयुक्त है। एक ही वर्ग या मनुष्य समुदाय जो एक ही परम्परा, रीति-रिवाज, सामाजिक सम्बन्ध से बँधा हो तथा जीवन के प्रति एक ही आदर्श बना लिया हो, उसे जाति के नाम से पुकारा जाता है।

1. "Institutions are the established forms or conditions of procedure characteristic of group activity."—MacIver
2. "Institutions may be described as recognised and established usages governing the relations between individuals or groups."—Ginsburg

जाति की परिभाषा (Definition of Community)

मेकाइवर के शब्दों में, जब किसी समूह के सदस्य, चाहे वह समूह छोटा हो या बड़ा, इस प्रकार साथ रहते हैं कि उनका एक साथ रहना किसी विशेष प्रयोजन या स्वार्थ के लिए ही नहीं होता, अपितु उनके साथ-साथ रहने की आधारभूत बातें भी एक-सी होती है, तब हम उस समूह को जाति कहते हैं।[1]

जिन्सबर्ग के अनुसार, जाति से तात्पर्य सामाजिक मनुष्यों के उस समूह से है जिसके सदस्य सामान्य जीवन व्यतीत करते हैं।[2]

ऑगबर्न और **निमकॉफ** के विचारानुसार, एक सीमित क्षेत्र में सामाजिक जीवन के सम्पूर्ण संगठन को जाति कहा जाता है।[3]

जाति शब्द का प्रयोग संकुचित अर्थ में, जैसे–हिन्दू जाति, मुस्लिम जाति, ब्राह्मण जाति, वैश्य जाति तथा व्यापक अर्थ में भी, जैसे–मानव जाति में प्रयोग किया जाता है।

जाति के लिए तत्व (Element for the Caste)

जाति के लिए निम्नलिखित तीन तत्वों की आवश्यकता पड़ती है।

(i) सहयोग के आधार पर जीवन बिताने की इच्छा।

(ii) सामान्य जीवन बिताने की इच्छा तथा समान भावनाओं में विश्वास।

(iii) उत्तरदायित्व की भावना।

समाज और जाति में अन्तर (Differences Between Society and Caste)–समाज और जाति में निम्न कुछ मौलिक अन्तर हैं:

(i) **बड़ा संगठन** (Big Organisation)–समाज मनुष्य के एक बड़े संगठन को कहा जाता है। जाति समाज की अपेक्षा छोटी होती है।

(ii) **समाज में अनेक संघ** (Many Associations in Society)–समाज के अन्दर बहुत-सी जातियाँ और संघ के लोग रहते हैं। लेकिन, जाति में एकधर्म, भाषा और संस्कृति के लोग अधिकांशतः रहते हैं।

(iii) **सामाजिक भावना** (Social Feeling)–समाज के लोग सामाजिक भावना से एक सूत्र में बँधे रहते हैं, समान की भावना से नहीं। लेकिन, जाति में रीति-रिवाज, रहन-सहन, खानपान, बोलचाल, आदि की समान भावनाओं से बँधे रहते हैं।

(iv) **नियम कठोर** (Rules Hard)–समाज के नियम कठोर नहीं होते हैं। उनके उल्लंघन करने पर कोई सजा नहीं दी जाती है। लेकिन, जाति का नियम कठोर और दण्डयुक्त होता है। उनका उल्लंघन करने वालों को सजा भी दी जाती है।

समाज और राज्य
(Society and State)

प्रायः लोग समाज और राज्य को एक ही समझ लेते हैं। दोनों में अन्तर नहीं दिखाई पड़ता है। लेकिन, राज्य समाज से भिन्न है। गार्नर ने इसकी परिभाषा निम्न शब्दों में दी है, राज्य कम या अधिक बहुसंख्यक लोगों का वह समुदाय

1. "Whenever the members of any group, small or large, live together in such a way that they share not this or that particular interest but the basic conditions of a common life, we call that group a community."—MacIver
2. "By community is to be understood a group of Social beings living a Common Life."—Ginsburg
3. "A community may be thought of as the total organisation of Social life within a limited area."—Ogburn and Nimkoff

है जो किसी भूखण्ड पर निवास करता है। जो बाहरी नियन्त्रण से मुक्त या प्राय: मुक्त हो और एक संगठित सरकार हो जिसकी आज्ञाओं का पालन समाज के बहुसंख्यक लोग स्वभावत: करते हैं।[1]

अर्थात् राज्य एक राजनीतिक संगठन है जो मनुष्यों के प्रत्येक पहलू पर नियन्त्रण करता रहता है।

समानता (Similarity)–राज्य और समाज में निम्नलिखित समानताएँ विशेष रूप से उल्लेखनीय है।

(i) **मानव समूह** (A Group of Persons)–राज्य और समाज दोनों के लिए मानव समूह की आवश्यकता पड़ती है।

(ii) **उद्देश्य** (Objective)–दोनों का उद्देश्य व्यापक होता है। वे मनुष्य की भलाई करना चाहते हैं।

(iii) **स्वभाविक एवं अनिवार्य** (Natural and Compulsory)–दोनों मनुष्य के लिए स्वभाविक एवं अनिवार्य है। उसके व्यक्तित्व के विकास के लिए बहुत ही आवश्यक है।

(iv) **सदस्यता अनिवार्य** (Membership Compulsory)–दोनों की सदस्यता मनुष्य के लिए अनिवार्य एवं आवश्यक है।

अन्तर (Differences)–दोनों में समानता के साथ निम्नलिखित अन्तर हैं।

(i) **निश्चित भू-भाग** (Definite Territory)–राज्य के लिए एक निश्चित भू-भाग का रहना अनिवार्य है। समाज के लिए कोई निश्चित भू-भाग की आवश्यकता नहीं होती है। उसका अपना कोई निश्चित भूखण्ड नहीं होता है। उसके लिए सारी पृथ्वी ही भूखण्ड है।

(ii) **सरकार** (Government)–राज्य में एक सरकार होती है जो कानून बनाती और लागू करती है। इसके साथ ही, वह कानून के उल्लंघन करने वालों को सजा भी देती है। लेकिन, समाज में इस प्रकार की कोई सरकार नहीं होती है।

(iii) **सम्प्रभुता** (Sovereignty)–राज्य को सार्वभौम सत्ता प्राप्त है। राज्य के सभी आदेश और कानून इसी से लागू किए जाते हैं। राज्य पर बाह्य नियन्त्रण नहीं रहता है। समाज में इस प्रकार की कोई सार्वभौम सत्ता नहीं होती है।

(iv) **राज्य की सदस्यता में परिवर्तन** (Change in the Membership of the State)–राज्य की सदस्यता बदलती है। एक व्यक्ति दूसरे राज्य की सदस्यता प्राप्त कर सकता है। लेकिन, समाज की सदस्यता नहीं बदलती है।

(v) **राजनीतिक जीवन** (Political Life)–राज्य का अधिकतर सम्बन्ध मनुष्य के राजनीतिक जीवन से रहता है। लेकिन, समाज का सम्बन्ध मनुष्य के सामाजिक, आर्थिक, सांस्कृतिक, राजनीतिक और धार्मिक जीवन से भी रहता है।

(vi) **राज्य का विनाश** (Destruction of State)–राज्य समाज के संघों में से एक है। इसका विनाश हो सकता है। लेकिन, समाज स्थायी है। इसका नाश नहीं होता है।

(vii) **समाज स्थायी** (Society Permanent)–समाज आदिकाल से है। राज्य का विकास बाद में चलकर हुआ है।

1. "The State is a Community of persons, more or less numerous, permanently occupying a definite portion of territory, independent or nearly so, of external control and possessing an organised government to which the great body of inhabitant render habitual obedience."—Garner

(viii) **निश्चित नियम** (Definite Rules)–राज्य के निश्चित नियम और कानून होते हैं। जिनके न पालन करने पर सजा दी जाती है। लेकिन, समाज का ऐसा कोई निश्चित नियम और कानून नहीं होता है।

उपर्युक्त विवेचन से साफ पता चलता है कि समाज और राज्य में काफी अन्तर है।

निष्कर्ष–इस प्रकार, राजनीति विज्ञान में समाज, संघ, संस्था, जाति और राज्य की अपनी-अपनी परिभाषाएँ हैं। उनका अपना अलग-अलग अस्तित्व है। वे भिन्न-भिन्न संगठनों के सूचक हैं। उन्हें एक मान लेना सर्वथा भूल है।

प्रश्न
(Questions)

1. समाज की परिभाषा दीजिए तथा इसके आधारभूत तत्वों का वर्णन कीजिए।
   Define Society and describe the basic elements.
2. "मनुष्य एक सामाजिक प्राणी है।" (अरस्तू) व्याख्या करें।
   "Man is a social animal." (Aristotle) Explain.
3. समाज की अवश्यकता क्यों पड़ती है? इसके समर्थन में तर्क दें।
   Why the Society is necessary? Give arguments in its support.
4. "समाज मनुष्य के चारों ओर हवा की तरह है तथा उसके अन्दर रक्त की तरह है।" व्याख्या करें।
   "Society is around man like air and within him like blood." Explain.
5. "मनुष्य मनुष्यों के बीच ही आदमी बन सकता है।" व्याख्या करें।
   "Man becomes man among men." Explain.
6. समाज की उत्पत्ति के दैवी सिद्धान्त का वर्णन करें।
   Describe the divine theory of the Origin of the Society.
7. समाज की उत्पत्ति के संविदा सिद्धान्त की विवेचना कीजिए।
   Discuss the Social Contract theory of the origin of the Society.
8. समाज की उत्पत्ति के पैतृक और मातृक सिद्धान्त की समीक्षा करें।
   Examine the Patriarchal and Matriarchal theory of the origin of the Society.
9. समाज की उत्पत्ति के विकासवादी सिद्धान्त की व्याख्या कीजिए।
   Explain the Evolutionary theory of the origin of the Society.
10. समाज की उत्पत्ति के कौन-से सिद्धान्त सर्वमान्य हैं?
    Which theory of the origin of the Society is acceptable?
11. संक्षेप में समाज की उत्पत्ति के विभिन्न सिद्धान्तों का वर्णन करें।
    In short, describe the different theories of the origin of the Society.
12. व्यक्ति और समाज के सम्बन्ध में विभिन्न सिद्धान्तों का वर्णन करें।
    Describe the different theories of the relationship between individual and Society.
13. व्यक्ति और समाज के सम्बन्ध में आदर्शवादी और व्यक्तिवादी सिद्धान्त की विवेचना कीजिए।
    Discuss the Idealistic and Individualistic theories of the relationship between the individual and Society.
14. व्यक्ति और समाज के सम्बन्ध में आंगिक या समाजवादी सिद्धान्त की व्याख्या करें।
    Explain the organic or Socialist theory of the relationship between the individual and Society.

15. व्यक्ति और समाज में उचित सम्बन्ध क्या है? व्याख्या कीजिए।
What is the proper relationship between the individual and Society? Explain.
16. "व्यक्ति और समाज में अन्योन्याश्रय सम्बन्ध हैं।" कैसे?
"Individual and Society are interdependent." How?
17. "समाज और व्यक्ति एक दूसरे के पूरक हैं।" व्याख्या करें।
"Society and Individual are Complementary to each other." Explain.
18. समाज और संघ के सम्बन्ध को स्पष्ट करें।
Explain the relationship between the Society and the association.
19. समाज तथा जाति के सम्बन्ध को स्पष्ट करें।
Explain the relationship between the Society and Caste.
20. समाज तथा संस्था के सम्बन्ध को स्पष्ट करें।
Explain the relationship between the Society and Institution.
21. समाज तथा राज्य के सम्बन्ध की व्याख्या करें।
Explain the relationship between the Society and the State.

वस्तुनिष्ठ प्रश्न
(Objective Questions)

1. "समाज मनुष्यों के आपसी मैत्रीपूर्ण अथवा शान्तिपूर्ण सम्बन्ध को कहते हैं।" यह किसने कहा है?
(क) जेंक्स (ख) मेकाइवर (ग) गार्नर (घ) लॉस्की
"The term society means harmonious or atleast peaceful relationship." Who said this?
(a) Jenks (b) MacIver (c) Garner (d) Laski
2. "समाज मनुष्य और मनुष्य के बीच स्थापित ऐच्छिक सम्बन्धों को कहते हैं।" यह किसने कहा है?
(क) जेंक्स (ख) मेकाइवर (ग) गार्नर (घ) लॉस्की
"Society includes every willed relationship of man to man." Who said this?
(a) Jenks (b) MacIver (c) Garner (d) Laski
3. इनमें से कौन एक समाज के आधारभूत तत्व नहीं है?
(क) विशाल जनसमूह (ख) सामान्य उद्देश्य (ग) सरकार (घ) संगठन
Which one of the following is not the basic element of the society?
(a) Vast Population (b) Common object (c) Government (d) Organisation
4. "मानव जाति के अस्तित्व के लिए समाज अतिआवश्यक है। अगर मनुष्य एक साथ समाज में नहीं रहते तो उनका अस्तित्व शीघ्र ही मिट जाता है।" यह किसने कहा है?
(क) जेंक्स (ख) गार्नर (ग) मेकाइवर (घ) बेनी प्रसाद
"Society is thus indispensible to the continuation of the human race. If men did not live together they would soon cease to live at all." Who said this?
(a) Jenks (b) Garner (c) MacIver (d) Beni Prasad
5. "मनुष्य को रोटी के अलावा कुछ और चाहिए।" यह किसने कहा है?
(क) जीसस क्राइस्ट (ख) गाँधी (ग) मार्क्स (घ) प्लेटो

"Man cannot live by bread alone." Who said this?

(a) Jesus Christ (b) Gandhi (c) Marx (d) Plato

6. "मस्तिष्क सचमुच समाज की देन है, उसका विकास केवल समाज में हो सकता है।" यह किसने कहा है?

(क) गाँधी (ख) बेनी प्रसाद (ग) जेंक्स (घ) मेकाइवर

"The mind infact is social product, that is, it can develop only in society." Who said this?

(a) Gandhi (b) Beni Prasad (c) Jenks (d) MacIver

7. "प्राकृतिक अवस्था में मानव जीवन एकाकी, दरिद्र, झगड़ालू, घृणित और क्षणिक था।" यह किसने कहा है?

(क) लॉक (ख) रूसो (ग) हॉब्स (घ) मार्क्स

"In the state of nature Man's Life was Solitary, Poor, brutish, nasty and short." Who said this?

(a) Locke (b) Rousseau (c) Hobbes (d) Marx

8. *अर्थशास्त्र* के रचयिता कौन हैं?

(क) मनु (ख) शुक्र (ग) एडम स्मिथ (घ) कौटिल्य

Who is the author of the *Aratha Shastra*?

(a) Manu (b) Shukra (c) Adam Smith (d) Kautilya

9. "आंगिक सिद्धान्त भ्रान्तिपूर्ण है.....। क्योंकि यह सादृश्य को सामान्य मान लेता है।" यह किसने कहा है?

(क) मेकाइवर (ख) जेंक्स (ग) प्लेटो (घ) स्पेंसर

"Organic theory is untenable...principally because it confuses the Like with the Common." Who said this?

(a) MacIver (b) Jenks (c) Plato (d) Spencer

10. "व्यक्ति एक ही साथ समाज का निर्माता और उपज भी है।" यह किसने कहा है?

(क) जेंक्स (ख) बेनी प्रसाद (ग) गाँधी (घ) अरस्तू

"Individual is a social factor and a social product at the same time." Who said this?

(a) Jenks (b) Beni Prasad (c) Gandhi (d) Aristotle

11. "समाज मनुष्य के चारों तरफ है और समाज उसके अन्दर है।" यह किसने कहा है?

(क) अरस्तू (ख) जेंक्स (ग) बेनी प्रसाद (घ) मेकाइवर

"Individual is a social factor and a social product at the same time." Who said this?

(a) Aristotle (b) Jenks (c) Beni Prasad (d) MacIver

12. "व्यक्ति और समाज का सम्बन्ध एक पक्षीय नहीं है। एक दूसरे के परिचय के लिए दोनों ही अनिवार्य है।" यह किसने कहा है?

(क) जेंक्स (ख) मार्क्स (ग) बेनी प्रसाद (घ) मेकाइवर

"The relationship between individual and society is not one-sided, both are essential for the comprehension of either." Who said this?

(a) Jenks (b) Marx (c) Beni Prasad (d) MacIver

13. "किसी एक या अनेक स्वार्थों को पूर्ण करने के लिए दूसरों के सहयोग के साथ सोच-विचारकर जो संगठन बनाया जाता है, उसे संघ कहते हैं।" यह किसने कहा है?

(क) मेकाइवर (ख) जेंक्स (ग) गाँधी (घ) मार्क्स

"Any organisation deliberately formed for the collective pursuit of some interest or set of interests of which the members of it share, is termed as association." Who said this?

(a) MacIver (b) Jenks (c) Gandhi (d) Marx

14. "किसी निश्चित उद्देश्यों की पूर्ति के लिए जब कुछ सामाजिक प्राणी एक दूसरे के साथ मिलकर एक संगठन की रचना करते हैं तो उसे संघ कहा जाता है।" यह किसने कहा है?

(क) जेंक्स (ख) जिन्सबर्ग (ग) जी॰डी॰एच॰ कोल (घ) मेकाइवर

"A group of social beings related to one another by the fact that they possess or have instituted in common organisation with a view to securing a specific end or specific ends." Who said this?

(a) Jenks (b) Ginsburg (c) G.D.H. Cole (d) MacIver

15. "सामूहिक कार्य-कलापों के सम्पादन के तरीके या स्वरूपों को ही संस्था कहा जाता है।" यह किसने कहा है?

(क) जेंक्स (ख) मार्क्स (ग) मेकाइवर (घ) अरस्तू

"Institutions are the established forms or conditions of procedure characteristic of group activity." Who said this?

(a) Jenks (b) Marx (c) MacIver (d) Aristotle

16. "व्यक्तियों एवं समूहों के सम्बन्धों को निश्चित करने वाले स्वीकृत प्रचलन ही संस्थाएँ।" यह किसने कहा है?

(क) जेंक्स (ख) मेकाइवर (ग) कोल (घ) जिन्सबर्ग

"Institutions may be described as recognised and established usages governing the relations between individuals or groups." Who said this?

(a) Jenks (b) MacIver (c) Cole (d) Ginsburg

17. "जब किसी समूह के सदस्य चाहे वह समूह छोटा हो या बड़ा, इस प्रकार साथ रहते हैं कि उनका एक साथ रहना किसी विशेष प्रयोजन या स्वार्थ के लिए ही नहीं होता, अपितु उनके साथ-साथ रहने की आधारभूत बातें भी एक-सी होती है, तब हम उस समूह को जाति कहते हैं।" यह किसने कहा है?

(क) मेकाइवर (ख) जेंक्स (ग) गार्नर (घ) मार्क्स

"Whenever the members of any group, small or large, live together in such a way that they share not this or that particular interest but the basic conditions of a common life, we call that group a community." Who said this?

(a) MacIver (b) Jenks (c) Garner (d) Marx

18. "जाति से तात्पर्य सामाजिक मनुष्यों के समूह से है जिसके सदस्य सामान्य जीवन व्यतीत करते हैं।" यह किसने कहा है?

(क) जेंक्स (ख) जिन्सबर्ग (ग) मेकाइवर (घ) मार्क्स

"By community is to be understood a group of social beings living a common life." Who said this?

(a) Jenks (b) Ginsburg (c) MacIver (d) Marx

19. "एक सीमित क्षेत्र में सामाजिक जीवन के सम्पूर्ण संगठन को जाति कहा जाता है।" यह किसने कहा है?

(क) जेंक्स (ख) जी॰डी॰एच॰ कोल (ग) ऑगबर्न और निमकॉफ (घ) मार्क्स

"A community may be thought of as the total organisation of social life within a limited area." Who said this?

(a) Jenks (b) G.D.H. Cole (c) Ogburn and Nimkoff (d) Marx

20. "राज्य कम या अधिक बहुसंख्यक लोगों का वह समुदाय है जो किसी भूखण्ड पर निवास करता है। जो बाहरी नियन्त्रण से मुक्त या प्राय: मुक्त हो और एक संगठित सरकार हो जिसकी अज्ञाओं का पालन समाज के बहुसंख्यक लोग स्वभावत: करते हैं।" यह किसने कहा है?

(क) लॉस्की (ख) गेटेल (ग) गिलक्राइस्ट (घ) गार्नर

"The state is a community of persons, more or less numerous permanently occupying a definite portion of territory, independent or nearly so, of external control and possessing an organised government to which the great body of inhabitant render habitual obedience." Who said this?

(a) Laski (b) Gettell (c) Gilchrist (d) Garner

उत्तर
(Answers)

1. (क) 2. (ख) 3. (ग) 4. (घ) 5. (क) 6. (ख) 7. (ग) 8. (घ) 9. (क) 10. (ख) 11. (ग) 12. (घ) 13. (क) 14. (ख) 15. (ग) 16. (घ) 17. (क) 18. (ख) 19. (ग) 20. (घ)

परिशिष्ट
(Appendix)

ग्रन्थावली
(Bibliography)

Appadorai, A., *The Substances of Politics.*

Aristotle, *Politics* Trans. by Jowett B.

Asirvatham, E., *Political Theory.*

Bachrach and Barat, *Political Power.*

Bagehot, W., *The English Constitution.*

Barker, E., *Greek Political Theory: Plato and his Predecessors.*

———, *Reflection of Government.*

———, *Principles of Social and Political Theory.*

———, *Political Thought in England—Spencer to Present Day.*

———, *The Study of Political Science and its Relation to the Cognate Sciences.*

Barney, H.E., *Sociology and Political Theory.*

Bentwich and Other, *A Commentary on the Charter of The United Nations.*

Blunt, E., *The I.C.S.*

Boher, M.M., *Karl Marx's Interpretation of History.*

Bosanquet, B., *The Philosophical Theory of the State.*

Brecht, A., *Political Theory.*

Brown, Ivor, *English Political Theory.*

Brown, W.J., *The Austinian Theory of Law.*

Bryce, J., *Modern Democratic.*

Burns, C.D., *Political Ideals.*

———, *Democracy: Its Defects and Advantages.*

Carlyle, A.G., *Political Liberty.*

Carver, T.N., *Essays in Social Justice.*

Catlin, *The Science and Method of Politics.*

———, *A Study of the Principles of Politics.*

Chase, E.P., *The United Nations in Action.*

Cheever and Hariland, *Organising for Peace.*

Clarke, *Outline of Local Government.*

Clark and John, *World Peace Thought World Law.*

Coker, F.W., *Recent Political Thought.*

Cole, G.D.H., *Fabian Socialism, the Intelligent.*

———, *Man's Guide to the Post-war World.*

———, *Local and Regional Government.*

Crick, B., *The American Science to Politics: Its Origin and Conditions.*

Dahl, R.A., *Modern Political Analysis.*

———, *Who Governs?*

Davis, J., *Contemporary Social Movements.*

Dawson, C., *Religion and the Modern State.*

Dealey, J.A., *The Development of the State.*

Dewey, J., *The Public and its Problems.*

Dicey, A.V., *The Law of the Constitution.*

Dickinson, G.L., *Justice and Liberty.*

Duguit, L., *Law in the Modern State.*

Duverger, M., *Political Parties.*

Eagleton, C., *Internal Government.*

Easton, David, *The Political System.*

———, *The Current Meaning of Behaviouralism in Contemporary Political Analysis.*

Evan, Luard, *The Evolution of International Organisation*, 1966.

Faguet, E., *The Cult of Incompetence.*

———, *The Horror of Responsibility.*

Fenwick, *International Law.*

Finer, H., *Theory and Practice of Modern Govt.*

———, *The British Civil Service.*

Follett, M.P., *The New State.*

Foster, M.B., *Master of Political Thought.*

Fowler, M.B., *The City-States of the Greeks and Romans.*

Frazer, J.G., *The Golden Bough*, 1922.

Garner, J.W., *Political Science and Government.*

Gettell, R.G., *Introduction of Political Science.*

———, *History of Political Thought.*

———, *Readings in Political Science.*

———, *Problems in Political Evolution.*

Gilchrist, R.N., *Principles of Political Science.*

Godwin, W., *An Enquiry Concerning Political Justice.*

Gollang Zvictor, *Our Threatened Values.*
Goodrich and Hambro, *Charter of the United Nations.*
Green, T.H., *Lectures on the Principles of Political Obligation.*
Gyanchand, *Local Finance in India.*
Hallowell, J.H., *Main Current in Modern Political Thought.*
Harper and Thompson, *The Government of the Soviet Union.*
Hearnshaw, F.J.C., *Democracy of the Crossways.*
———, *Democracy and Labour.*
Hegels, G.W.F., *Philosophy of Right.*
Hobbes, T., *Leviathan.*
Hobhouse, L.T., *Elements of Social Justice.*
Hobson, A., *Functions of Modern State.*
Hocking, W.F., *Law and Rights.*
Hsiaokungchun, *Political Pluralism.*
Iyengar, S.S., *Problems of Indian Democracy.*
Jenks, E., *The Ship of State.*
———, *A Short History of Politics.*
———, *Law and Politics in the Middle Ages.*
Jennings, W.J., *Cabinet Government.*
Joad, C.E.M., *Modern Political Theory.*
———, *Liberty To-day.*
Lones, Grace A., *The Political Structure*, 1969.
Krabbe, H., *The Modern Idea of a State.*
Koestler, Arthur, *The Yogi and the Commissar.*
Laski, H.J., *The State in Theory and Practices.*
———, *A Grammar of Politics.*
———, *Liberty in Modern State.*
———, *An Introduction to Politics.*
———, *Problems of Sovereignty.*
Lasswell, *Power Who Gets, What, When and How?*
Lasswell and Kaplan, *Power and Society: Framework for Political Enquiry.*
Leacock, S., *Elements of Political Science.*
———, *The Unsolved Riddle of Social Justice.*
Leonard, H., *International Organisation*
Lindsay, A.D., *Essentials of Democracy.*
———, *The Modern Democratic State.*

Lippmann, W., *Public Opinion.*
Locke, J., *Two Treaties on Civil Government.*
Lord, A.R., *The Principles of Politics.*
Lothian, Lord and Others, *Parliament or Dictatorship* (*Spectator Series*).
Lowell, A.I., *Government and Parties in Continental Europe.*
Lowie, R.H., *Origin of the State.*
Mabbott, J.D., *The State and Citizen.*
MacIver, R.M., *The Modern State.*
———, *The Web of Government.*
———, *Society: Its Structure and Changes.*
Maine, H., *Ancient Law*, 1890.
———, *Early History of Institutions*, 1875.
———, *Popular Government.*
Mallock, W.H., *Limits of Pure Democracy.*
Mandere, F., *Peace or Anarchy.*
Markel, P.H., *Political Continuity and Change.*
Marriott, J.A.R., *The Mechanism of the Modern State.*
Maxey, *Political Philosophies.*
Merriam, C.E., *New Aspects of Politics.*
Mill, C.W., *The Power Elite*, 1956.
Mill, J.S., *On Liberty.*
———, *Representative Government.*
Miller, J.D.B., *The Nature of Politics.*
Milton, J., *Areooaegetica.*
Mogi, S., *The Problem of Federalism.*
Montague, G. Harris, *Comparative Local Government.*
Mowet, B.C., *An Introduction to the Study of International Organisation.*
Newmen, K.J., *Basic Democracy as an Experiment in Political Studies,* Vol. X, No. 1, Feb.
Nicholas, H.G., *The United Nations as a Political Institution.*
Oppenheim, L., *International Law.*
Oppenheimer, F., *The State.*
———, *The Rationale of Punishment.*
Parry, G., *Political Elites.*
Pennock and Smith, *Political Science: An Introduction.*
Plato, *The Republic* Trans. by Jowett.
———, *The Laws.*

Pollock, G., *Introduction to the History of the Science of Politics.*
Potter, P.B., *An Introduction to the Study of International Organisation.*
Pye, Lucian W., *Aspects of Political Development.*
Ramaiyer, *Politics.*
Rashdali, H., *The Theory of Good and Evil.*
Ritche, D.G., *Natural Rights.*
Robson, W.A., *The Development of Local Government.*
Rousseau, J.J., *The Social Contract.*
Russell, B., *Roads to Freedom.*
Sabine, G.H., *A History of Political Theory.*
Satorie, *Democratic Theory.*
Schwarzenberger, G., *Power Politics.*
Seeley, J.R., *Introduction to Political Science.*
———, *The State and Government.*
Seth, J., *Ethical Principles.*
Sharma, B.M., *Federal Polity.*
Sharma, M.P., *Local Government in India.*
Sidgwick, H., *Elements of Politics.*
———, *Development of European Polity.*
Sigri, Arne, *United Nations Primer.*
Smith, M.G., *International Encyclopaedia of Social Sciences*, 1968.
Smith, T.V., *The Democratic Way of Life.*
Soltau, R.H., *An Introduction to Politics.*
Spencer, H., *Justice.*
Stephen Fitzjames, *Liberty, Equality and Fraternity.*
Stephen, L., *English Thought in the Eighteenth Century.*
Streit, C.A., *Union Now.*
Ulmar, S.S.E., *Introductory Reading in Political Behaviour.*
U.N., *Everyman's United Nations.*
———, *Year Book of the U.N.*
Vinoba Bhave, *Sarvodaya Ke Adhar.*
Word, P.W., *Sovereignty.*
Wasby, S.L., *Political Science: The Discipline and its Dimensions.*
Watkins, E., *The Political Thought.*
Wayper, C.L., *Political Thought.*
Weldon, T.D., *The Vocabulary of Politics.*

Wells, H.G., *Democracy under Revision.*
Whease, K.C., *Federal Government.*
Wilde, N., *The Ethical Basis of the State.*
Willoughby, W.W., *The Nature of the State.*
———, *Social Justice.*
Wilson, W., *The State.*